MICHAEL JUNGBLUT (HRSG.)

Eric Jungblut

Michael Jungblut

Claudia Krafczyk

Thomas Kramer

WISO-
BÖRSEN-BUCH

DAS
AKTUELLE
LEXIKON
DER
GELDANLAGE

3., aktualisierte und
erweiterte Auflage

UEBERREUTER
WIRTSCHAFT

Die Deutsche Bibliothek – CIP-Einheitsaufnahme

WISO Börsen-Buch : das aktuelle Lexikon der Geldanlage
Michael Jungblut (Hrsg.). – 3., akt. und erw. Auflage
Wien/Frankfurt : Wirtschaftsverlag Ueberreuter, 2001
ISBN 3-7064-0745-0

Unsere Web-Adressen:

http://www.ueberreuter.at
http://www.ueberreuter.de

S 0642   1 2 3 / 2003 2002 2001

Inhalt

C

D

E

F

Vorwort

Was steckt hinter den Begriffen?

Börsenbücher, Ratgeber, Lehrbücher und „Geheimrezepte" für den Erfolg an der Börse gibt es viele. Anfänger und Fortgeschrittene finden ein breites Angebot in den Bücherregalen. Schwieriger wird es, wenn sich ein Anleger gezielt über einen bestimmten Begriff informieren möchte: Was sind Wetter-Derivate? Was ist unter dem Halbeinkünfteverfahren in Bezug auf Kursgewinne und Dividenden zu verstehen? Wozu dienen Ad-hoc-Mitteilungen? Sind Zinsswaps etwas für den normalen Anleger oder kann er sich an Hedge-Fonds beteiligen?

Hier ist es meist schwierig, eine Auskunft zu bekommen. Denn in den üblichen Börsenratgebern muss man sich die oft über viele Kapitel verteilten Informationen zu einzelnen Aspekten eines Begriffs wie Floater mit Hilfe des Registers zusammensuchen – sofern überhaupt etwas dazu zu finden ist. In herkömmlichen Wirtschaftslexika sind zwar viele dieser Begriffe zu finden. Neue und für den Anleger oft besonders wichtige Stichworte (wie Eurex oder AS-Fonds) fehlen jedoch. Zudem ist die Erklärung meist sehr knapp, der Text mit vielen Abkürzungen und Verweisen gespickt. Das hilft dann vielleicht einem Experten, der nur sein Gedächnis etwas auffrischen möchte. Den Nicht-Profi aber lässt das Fachchinesisch oft ratlos zurück. Vor allem bieten die üblichen Lexika in der Regel weder eine allgemein verständliche Erklärung von Hintergründen und Zusammenhängen noch warnen sie vor den Risiken bestimmter Geldanlagen oder weisen auf Chancen hin.

Hier wie in allen WISO-Büchern rund um die Geldanlage wird an den einschlägigen Stellen nicht nur auf die mit einzelnen Anlageformen verbundenen Chancen und Risiken hingewiesen. Es wird auch auf die Gefahren aufmerksam gemacht, die bei speziellen Produkten von unseriösen Anbietern drohen. Denn nur wer die Tricks der Abzocker kennt, ist davor geschützt. Jahr für Jahr werden viele Tausend Anleger in Deutschland um ihre Ersparnisse gebracht, weil selbst ernannte Finanzexperten und Anlageberater aus dem „Grauen Kapitalmarkt" sie mit allerlei Versprechungen, psychologischen Kniffen und Scheingewinnen dazu verlocken, ihnen Geld anzuvertrauen.

Im WISO Börsen-Buch werden also nicht nur alle wichtigen Begriffe rund um die Börse allgemein verständlich erklärt. Sie werden auch in den jeweiligen Zusammenhang gestellt. Es werden Hintergründe ausgeleuchtet und Gefahrenstellen markiert. Und weil sich die Börsenwelt mindestens so schnell wandelt wie die Gesamtwirtschaft, wurde in der 3. Auflage nicht nur berücksichtigt, dass sich bei den Handelszeiten oder der steuerlichen Behandlung von Kursgewinnen, Zinsen und

Dividenden viel geändert hat oder dass aus der Deutschen Terminbörse (DTB) die Eurex geworden ist. Es wurden auch wieder zahlreiche neue Begriffe aufgenommen, die noch vor kurzer Zeit nicht einmal den Profis geläufig waren, bei denen inzwischen aber jeder Anleger wissen sollte, was sich dahinter verbirgt.

Das gilt auch für Wertpapiere wie zum Beispiel Tracking Stocks. Sie wurden bisher zwar nur in den USA gehandelt, aber die Zeiten, in denen deutsche Anleger sich bei ihren Investments auf Deutschland beschränkten, sind lange vorbei. Seit dem Start der Europäischen Währungsunion kann sich der Anleger ohne zusätzliches Wechselkursrisiko im gesamten Euro-Raum nach den besten Chancen für sein Geld umsehen. Wer langfristig investiert, denkt meist global. Wer möglichst viel aus seinem Geld machen möchte, beobachtet auch, was in den USA oder an den Emerging Markets vor sich geht; er interessiert sich für die Nasdaq in New York ebenso wie für den Neuen Markt in Frankfurt. Und dann muss er auch wissen, was die Amerikaner unter einem Wetter-Derivat verstehen.

Im WISO Börsen-Buch erfahren Sie, was hinter den Begriffen steckt.

Michael Jungblut

AAA-Rating

Kennzeichnung für Anleihen von höchster Qualität. Die Geldanlage in die so bewerteten Papiere ist für Anleger mit einem sehr geringen Risiko verbunden. Verliehen werden derartige Prädikate von so genannten Rating-Agenturen, die die jeweiligen Schuldner sorgfältig überprüfen. Die höchste Stufe (AAA) wird nur an Anleiheschuldner höchster Zuverlässigkeit und Zahlungsfähigkeit verliehen.

Rating-Agenturen wie Moody's und Standard&Poors (S&P) prüfen Unternehmen und Staaten, die Anleihen begeben (emittieren), auf ihre Kreditwürdigkeit. Dies soll den Zeichnern dieser Wertpapiere die Möglichkeit geben, das Risiko ihrer Geldanlage abzuschätzen und mit den möglichen Zinserträgen aus der jeweiligen Anleihe zu vergleichen. Im Rahmen des Rating werden von den Agenturen „Zensuren" vergeben, die von AAA (Schuldner höchster Qualität, sehr geringes Anlagerisiko) bis D (Schuldner hat Zahlung von Zinsen und Tilgung eingestellt) reichen. Als Faustregel gilt: Je höher das Risiko, umso höher auch die Zinsen. Schuldner mit geringer Bonität müssen den Geldanlegern höhere Zinsen zahlen, um Kredite zu erhalten, weil die Geldgeber für das höhere Risiko eine entsprechende Entschädigung verlangen. Für Unternehmen wie für Staaten ist es immer sehr unangenehm, wenn sie von den Rating-Agenturen von AAA auf AA oder tiefer zurückgestuft werden. Denn außer dem Imageschaden müssen sie bei künftigen Anleihen auch damit rechnen, dass sie nur mit entsprechend höheren Zinsen auf den Anleihemärkten unterzubringen sind. Es wird für sie also teurer, sich Geld zu beschaffen.

Sehr niedrig eingestuft, dafür aber auch sehr hoch verzinst werden beispielsweise die so genannten Risiko-Anleihen oder High-Yield-Bonds. Private Anleger sollten wegen des Risikos nur einen Teil ihres Geldes in solchen Papieren anlegen. Empfehlenswert ist der Erwerb von entsprechenden Fondsanteilen, da man dann die Risikostreuung gleich mitkauft und außerdem ein darauf spezialisiertes Fondsmanagement, das diese Papiere genau im Auge behält und meist früher als der private Anleger erkennt, wenn die Risiken zu hoch werden. Dafür werden allerdings Verwaltungsgebühren fällig, die den hohen Zinsertrag etwas reduzieren. Mehr Sicherheit hat auch in diesem Fall ihren Preis.

Ad-hoc-Mitteilungen

Aktuelle Informationen von Unternehmen, die an der Börse notiert sind und allen Anlegern zum selben Zeitpunkt bekannt werden sollen. So bestimmt es das Wertpapierhandelsgesetz. Gemeint sind damit vor allem Nachrichten, die die Vermögens- oder Finanzlage eines Unternehmens betreffen und den Börsenkurs seiner Aktien erheblich beeinflussen können.

Die Aktienkurse spiegeln die Erwartungen der Anleger wider. Neben dem allgemeinen wirtschaftlichen und konjunkturellen Umfeld und der staatlichen Wirtschafts-, Finanz- und Steuerpolitik hängen die Erwartungen vor allem von der Antwort auf die folgenden Fragen ab: Wie werden sich Umsätze und Gewinne entwickeln? Welche Investitionen sind geplant? Sind Übernahmen und Fusionen zu erwarten? Welche Strategie verfolgt das Unternehmen? Wie gut ist das Management? Eine besondere Rolle spielen auch Informationen über Erfindungen, über die Entwicklung neuer Produkte oder Verzögerungen bei der Markteinführung sowie über einen Wechsel im Management. Insbesondere Gewinnwarnungen oder Informationen über drohende Schadensersatzforderungen aus der Produkthaftung können zu Kurseinbrüchen führen.

Damit alle Aktionäre eines Unternehmens gleich behandelt werden und die Chance haben, auf positive oder negative Nachrichten rechtzeitig zu reagieren, dürfen so genannte Insider von ihrem Wissen an der Börse keinen Gebrauch machen, solange kursrelevante Informationen nicht über die Medien allgemein zugänglich gemacht worden sind. Sie dürfen auch keinen Dritten vorher informieren, der sein Wissen dazu nutzen könnte, vor der Veröffentlichung der Meldung noch rasch die Aktien des betroffenen Unternehmens zu kaufen oder zu verkaufen.

Vorsicht: Statt sich auf wirklich kursrelevante Mitteilungen wie Gewinnwarnungen, Fusionen, Übernahmen oder Großaufträge zu beschränken, nutzen einige Unternehmen das Instrument der Ad-hoc-Mitteilung, um eher belanglose Meldungen zu verbreiten, von denen sie sich eine Werbewirkung beziehungsweise eine positive Wirkung auf den Kurs ihrer Aktie versprechen. Seit Ende der Neunzigerjahre wurde auch immer häufiger der Verdacht geäußert, dass Insider Aktien kaufen und dann gezielt eine Ad-hoc-Mitteilung lancieren. Nach einem dadurch ausgelösten Kursanstieg können sie wieder mit Gewinn verkaufen. Opfer sind Kleinanleger, die sich durch die positiv klingende Meldung zum Erwerb der Aktie verführen ließen. Gerade bei Unternehmen am Neuen Markt sollten Spontan-Meldungen deshalb sorgfältig gelesen und auf ihre wirkliche Bedeutung hin geprüft werden.

Da aktuelle Mitteilungen nicht bis zur jährlichen Bilanzpressekonferenz zurückgehalten werden sollen und können, wurde in Paragraf 15 des Wertpapierhandelsgesetzes festgelegt, dass sie in Form der „Ad-hoc-Mitteilung" allgemein zugänglich gemacht werden müssen. Das bedeutet: zeitnahe Veröffentlichung über Presseagenturen, das Internet und andere geeignete Kommunikationswege. Kontrollorgan für Ad-hoc-Mitteilungen ist das Bundesaufsichtsamt für den Wertpapierhandel (BaWe).

ADR – American Depository Receipts

In den USA werden ausländische Aktien in der Regel als so genannte American Depository Receipts, kurz ADRs, notiert. Hierbei handelt es sich um Urkunden, die dem Inhaber einen Anteil an einem Unternehmen verbriefen, ohne dass er die eigentlichen Aktien in seinem unmittelbaren Besitz hält. Die Originalaktienurkunden werden von dem emittierenden Unternehmen bei einer amerikanischen Bank hinterlegt. Das ADR verbrieft damit das Recht an einer oder mehreren der hinterlegten Aktien und damit indirekt die Teilhaberschaft an dem betreffenden Unternehmen.

Ausländische Aktien werden in den USA in den wenigsten Fällen direkt als Originalurkunden, sondern in der Regel als so genannte American Depository Receipts (ADR) gehandelt. Der Grund hierfür sind die jeweiligen US-Börsenhandelsvorschriften, die einen direkten Handel ausländischer Aktien nicht oder nur nach erheblichem Aufwand zulassen. American Depository Receipts verbriefen dem Inhaber dieselben Rechte wie die eigentliche Aktie, sind also frei übertrag- und handelbar, beinhalten das Stimmrecht sowie das Recht auf Dividende und Teilnahme an der Hauptversammlung.

Die Inhaber von ADRs haben außerdem die gleichen Informations- und Auskunftsrechte wie „normale" Aktionäre. ADRs werden anstatt der eigentlichen Aktie gehandelt. Für den Aktionär macht es daher keinen Unterschied, ob er ein ADR oder eine „Originalaktie" kauft oder verkauft. Die Originalaktien des betreffenden Unternehmens werden von diesem bei einer amerikanischen Bank, die als Treuhänder fungiert, hinterlegt. Die Nennwerte beziehungsweise Anteilswerte bei nennwertlosen Aktien (Quotenaktien) können auf unterschiedliche Weise auf die ADRs verteilt werden. Entweder können aus einer Aktie mehrere ADRs gemacht werden, oder aber mehrere Aktien werden zu einem ADR zusammengefasst. So ist es möglich, dass ein ADR das Recht auf 1/4 einer Aktie mit einem Nennwert in Höhe von zehn Euro beinhaltet; es kann aber auch sein, dass ein ADR das Recht auf vier Aktien mit einem Nennwert von fünf Euro verbrieft. Die Art der Verteilung der Aktien auf die ADRs lässt sich teilweise aus Zusätzen erkennen. So bedeutet ein Zusatz wie „As = 3A", dass jeweils drei Aktien zu einem ADR zusammengefasst wurden.

Die Art der Verteilung der Nennwerte hängt vielfach davon ab, wie ADRs sich anschließend handeln lassen. So wird man in der Regel vermeiden, Aktien mit einem hohen Kurswert zu einem ADR zusammenzufassen, da so ein optisch teurer Wert entstünde. Das erschwert meist den Handel an der Börse. Man spricht in diesem Fall davon, dass eine Aktie „zu schwer" für den Handel an einer amerikanischen Börse ist. Unter diesen Umständen wird man eher versuchen, eine Aktie auf mehrere ADRs zu verteilen.

ADRs werden aber nicht nur an amerikanischen Börsen wie der Wall Street gehandelt, sondern auch an der deutschen Börse. Dort sind ADRs allerdings lediglich im Freiverkehr zum Handel zugelassen.

Agio

Aus dem Italienischen stammender Begriff für Aufgeld. Das ist der Aufschlag auf den Börsenkurs oder den Ausgabekurs eines Wertpapiers gegenüber dem aufgedruckten Wert. Das Agio wird in Prozent dieses Nennwertes ausgedrückt.

Das Agio ist der Zuschlag auf den Nennbetrag eines Kredits oder den Preis eines Wertpapiers gegenüber dem aufgedruckten Nominalbetrag dieses Papiers. Bei Aktien oder Anleihen, die beim Publikum sehr begehrt sind, kann bei der Ausgabe ein Aufschlag (oder im umgekehrten Fall auch ein Abschlag: Disagio) auf den Nennwert erhoben werden, der den tatsächlichen Wert dieses Papiers besser wiedergibt als der aufgedruckte Betrag. Das Agio errechnet sich aus dem Bezugskurs, für den der Anleger das Wertpapier erwerben kann, abzüglich Nennwert.

Bei Anleihen ist die Beachtung des Agios deshalb wichtig, weil es bei der späteren Rückzahlung der Anleihe wegfällt und auch bei der Berechnung des Zinses nicht berücksichtigt wird. Wer also die tatsächliche Rendite einer Anleihe ermitteln will, muss deshalb das Agio berücksichtigen. Die effektive Verzinsung ist dann nämlich niedriger als die nominale Verzinsung der Anleihe.

> **Beispiel:** Eine Anleihe zum Nominalbetrag von 100 € und mit einem Zins von sechs Prozent wird für 110 € angeboten (das Agio beträgt also zehn Euro). Die tatsächliche Verzinsung ist dann nur 4,54 Prozent. Überdies muss beachtet werden, dass bei der späteren Einlösung der Anleihe nur 100 € ausgezahlt werden.

Bei Aktien ist ein Ausgabeaufschlag vor allem dann üblich, wenn ein bestehendes Unternehmen sein Kapital aufstocken will und daher „junge Aktien" ausgibt. Der

Preis für die Papiere liegt hier meist nahe am Börsenkurs. Aber auch bei Neuemissionen liegt der Zeichnungskurs in der Regel über dem Nennwert der Aktie. Der Aufschlag auf den Nominalwert hat keine Bedeutung für die Berechnung der zu zahlenden Dividende oder das Stimmrecht in der Hauptversammlung einer Aktiengesellschaft. Für beides zählt immer nur der aufgedruckte Nennwert der Aktie.

Bei Aktiengesellschaften muss der Betrag, der bei der Ausgabe von Aktien durch ein Agio über den Nennbetrag hinaus erzielt wird, der gesetzlichen Rücklage zugeführt werden. Das Agio wird nicht der Körperschaftsteuer unterworfen. Für das Unternehmen handelt es sich um Eigenkapital, für das weder Zinsen noch Dividende gezahlt werden müssen. Deshalb ist die Beschaffung von neuem Aktienkapital für ein Unternehmen immer dann besonders interessant, wenn der Börsenkurs der alten Aktien hoch ist und die „jungen Aktien" deshalb mit einem hohen Zuschlag auf den Nennwert zur Zeichnung angeboten werden können.

Da die jungen Aktien in der Regel zu einem Preis angeboten werden, der trotz des Agios unter dem Börsenkurs liegt, ist das Recht, sie zu erwerben, etwas wert. Daher können diese Bezugsrechte an der Börse gehandelt werden. Wenn das gesetzliche Bezugsrecht der alten Aktionäre nicht auf Beschluss der Hauptversammlung aufgehoben wurde, können diese entweder die jungen Aktien mit einem „Rabatt" gegenüber dem aktuellen Börsenkurs erwerben oder das Recht dazu verkaufen.

Wenn allerdings der Börsenkurs sinkt und sich dem Ausgabepreis der jungen Aktien nähert, verliert auch das Bezugsrecht entsprechend an Wert. Sollte er gar unter den festgelegten Ausgabepreis sinken, werden die alten Aktionäre ebenso wie potenzielle Neuerwerber ganz auf den Bezug junger Aktien verzichten, weil sie zusätzliche Anteile am Unternehmen über die Börse billiger erwerben können. Deshalb dürfen Unternehmen das Agio auch nicht zu hoch ansetzen, denn sonst scheitert die Kapitalerhöhung, sobald der Börsenkurs auch nur leicht sinkt.

Beispiel: Ende 1997 musste VW eine geplante Kapitalerhöhung vorläufig aussetzen, weil nach einem durch den Börsencrash in Hongkong ausgelösten allgemeinen Kursrückgang der aktuelle Kurs der VW-Aktie unter den geplanten Ausgabekurs der jungen Aktien fiel.

Aktie

Aktien verbriefen Anteilsrechte an einer Aktiengesellschaft (AG). Mit dem Kauf erwirbt der Aktionär einen Anspruch auf Beteiligung am Jahresgewinn (Dividende). Aktien mussten in Deutschland früher immer auf einen bestimmten Nennbetrag (mindestens fünf DM) lauten. In vielen anderen Ländern waren dagegen schon seit langem nennwertlose Aktien zugelassen. Mit Blick auf die Europäische Währungsunion wurden ab 1998 auch in der Bundesrepublik nennwertlose Aktien zugelassen. Grundsätzlich gibt es zwischen beiden Formen keine wesentlichen Unterschiede. In beiden Fällen stellen die Aktien ein „Bruchteileigentum" an dem jeweiligen Unternehmen dar. Zugelassene Aktien können an der Börse gehandelt werden.

Durch den Kauf von Aktien beteiligt sich der Kapitalgeber am Grundkapital der Gesellschaft und wird so Teileigentümer der AG. Zugleich erwirbt er die damit verbundenen Gesellschaftsrechte. Sein Risiko ist begrenzt auf den totalen Verlust des Wertes seiner Aktie. Für Schulden der Gesellschaft muss er darüber hinaus nicht haften. Seine Chancen liegen in der Beteiligung am Gewinn der AG in Form der Dividende. Hinzu kommt die Chance, bei einem Verkauf des Wertpapiers Kursgewinne zu erzielen. Wenn die gesetzlichen Voraussetzungen erfüllt sind, können Aktien an einer Börse zugelassen und zu den dort ermittelten Kursen (Preis des Wertpapiers) gekauft oder verkauft werden. Durch die Ausgabe von Aktien verschafft sich die Gesellschaft das für ihre wirtschaftlichen Aktivitäten erforderliche Kapital.

Aktien dürfen nicht unter ihrem Nennwert ausgegeben werden. Eine Ausgabe zu einem höheren Preis (über pari) ist möglich und üblich. Der Teil des Aktienpreises, der den Nennwert übersteigt (Agio), wird in die Rücklagen eingestellt. In Deutschland mussten Aktien früher immer einen bestimmten Nennwert haben (meist 100, 50 oder fünf DM). Nennwertlose Aktien waren nicht zugelassen. Im Zusammenhang mit der Europäischen Währungsunion (EWU) und der Umstellung des gesamten Wertpapiergeschäfts auf Euro mit Beginn des Jahres 1999 wurden aber auch in Deutschland nennwertlose Aktien (Stückaktien) zugelassen. Das erleichterte die Umstellung auf Euro, weil so „krumme" Nennwerte bei der Umrechnung auf die gemeinsame Währung verhindert wurden. Deshalb haben sehr viele deutsche Aktiengesellschaften bereits vor oder kurz nach Beginn der Europäischen Währungsunion die Umstellung auf Stückaktien vorgenommen. Mit der Umstellung auf Stückaktien sind für die Anteilseigner keinerlei Nachteile verbunden.

Grundsätzlich hat jeder Aktionär die Möglichkeit, über die Zusammensetzung des Spitzenmanagements, also über die Führungskräfte seiner Gesellschaft mitzubestimmen und im Rahmen der aktienrechtlichen Möglichkeiten die Unternehmensentscheidungen zu beeinflussen. In der Praxis gilt dies aber nur für Großaktionäre sowie für jene Banken, die durch ihr Depotstimmrecht eine starke Stellung auf der Hauptversammlung der meisten großen Aktiengesellschaften haben. Verstärkt wird der Einfluss bei vielen AG durch die Schaffung von Vorzugsaktien.

Die wichtigsten Typen von Aktien

Stammaktien: Sie verbriefen eine Beteiligung am Stammkapital der AG und sichern dem Besitzer ein Stimmrecht auf der Hauptversammlung.

Vorzugsaktien: Wertpapiere, die ebenfalls eine Beteiligung am Stammkapital der AG verbriefen und zudem bestimmte Vorrechte gewähren; dies gilt insbesondere bei der Gewinnbeteiligung. Vorzugsaktien werden oft auch im Rahmen der Vermögensbildung von Unternehmen an die eigenen Mitarbeiter ausgegeben. Die Aktionärsrechte können bei diesem Typ jedoch eingeschränkt sein. In der Regel hat der Inhaber einer Vorzugsaktie kein Stimmrecht, wird dafür aber bei der Dividende bevorzugt.

Junge Aktien: Auch neue Aktien genannt. Sie stammen aus der Kapitalerhöhung einer AG. Oft bieten sie gegenüber den „alten" Aktien zunächst einen geringeren Dividendenanspruch. Der Grund: Weil sie zum Beispiel in der Mitte eines Geschäftsjahres ausgegeben wurden, besteht für das erste Jahr nur die halbe Dividendenberechtigung. Der Zeitpunkt für die Ausgabe junger Aktien wird nämlich vor allem von der Verfassung der Börse abhängig gemacht: In Zeiten steigender Kurse lassen sich junge Aktien leichter und mit höherem Agio (Aufgeld) verkaufen. Junge Aktien kann man über so genannte Bezugsrechte erwerben, die wie alle anderen Wertpapiere an der Börse gehandelt werden können.

Zusatzaktien: Sie entstehen durch Umwandlung von Rücklagen in haftendes Grundkapital. Sie werden auch „Gratisaktien" genannt. Das ist jedoch irreführend. Rücklagen sind Teil des den Anteilseignern gehörenden Eigenkapitals einer AG. Die Umwandlung in dividendenberechtigtes Aktienkapital führt oft zu einem sinkenden Börsenkurs der Aktien, da sich unter anderem der ausgeschüttete Gewinn in Zukunft auf eine größere Zahl von Aktien verteilt.

Nach der Art der Übertragbarkeit:

Inhaberaktien: Bei diesen Wertpapieren wird der jeweilige Inhaber der Aktien nicht namentlich genannt. Als Eigentümer gilt derjenige, der das Papier gerade besitzt. Er kann bestimmte Rechte geltend machen, zum Beispiel ein Vorkaufsrecht bei der Ausgabe junger Aktien, ein Verfügungsrecht oder das Recht auf Dividendenzahlung. Sie werden ihm durch Einigung und Übergabe übertragen. Bei der Mehrzahl der in Deutschland gehandelten Aktien handelte es sich bis Ende der Neunzigerjahre um Inhaberpapiere, da der Börsenhandel damit unkompliziert ist.

Seither stellen immer mehr Unternehmen entsprechend den internationalen Gepflogenheiten auf Namensaktien um. Der Einsatz der Datenverarbeitung erlaubt heute eine weit einfachere Verwaltung als früher.

Namensaktien: Sie werden auf eine bestimmte Person ausgestellt und im Aktienbuch der Gesellschaft eingetragen. Anders als bei Inhaberaktien kann nur der namentlich bezeichnete Inhaber der Urkunde alle Rechte aus dem Wertpapier geltend machen. Die Weitergabe eines Inhaberpapiers erfolgt durch eine Zession (Abtretung). Bei so genannten vinkulierten Namensaktien können die Eigentümer die Papiere nur mit Genehmigung des Vorstandes der Aktiengesellschaft verkaufen. Namensaktien waren früher insbesondere vinkulierte Aktien und sind wegen des erschwerten Eigentumswechsels im Börsenhandel selten. Sie wurden nur von bestimmten Branchen bevorzugt. Dazu gehörten vor allem Versicherungsgesellschaften. Diese Papiere wurden meist in einem sehr engen Markt gehandelt. Seit der Umstellung der Kursnotierung auf Euro und der stärkeren Internationalisierung des Aktienhandels haben aber auch viele andere Gesellschaften auf Namensaktien umgestellt.

Achtung: Das erlaubt aber nicht nur der jeweiligen Aktiengesellschaft einen besseren Einblick in ihre Aktionärsstruktur und eine bessere persönliche Ansprache ihrer Kapitalgeber. Auch der Fiskus kann sich dadurch leichter Informationen beschaffen.

Rechte des Aktionärs:

1. Beteiligung am Gewinn (Dividendenrecht)
2. Teilnahme an der Hauptversammlung
3. Stimmrecht in der Hauptversammlung
4. Auskunft durch den Vorstand
5. Bezug junger Aktien (Bezugsrecht)
6. Bei Auflösung der Gesellschaft Anteil am Liquidationserlös.

Jede Aktie (mit Ausnahme der meisten Vorzugsaktien) gewährt ein Stimmrecht. Der Aktionär gewinnt deshalb umso mehr Einfluss auf die Aktiengesellschaft, je mehr Aktien er besitzt (oder als Bank durch das Depotstimmrecht vertritt). Bei den Abstimmungen in der Hauptversammlung entscheidet die Mehrheit der Stimmen.

Aktienanalyse |

Unter einer Aktienanalyse versteht man die systematische Untersuchung kursrelevanter Informationen mit dem Ziel einer Prognose des Aktienkurses. Dabei muss zwischen Fundamentalanalyse und technischer Analyse unterschieden werden. Die Fundamentalanalyse beschäftigt sich mit der wirtschaftlichen Situation der betreffenden Aktiengesellschaft sowie ihrem wirtschaftlichen und gesellschaftlichen Umfeld. Im Gegensatz dazu beschränkt sich die technische Analyse auf die Untersuchung des Verlaufs des Aktienkurses in der Vergangenheit und versucht, aus den Beobachtungen Rückschlüsse auf die Zukunft zu ziehen. Die technische Analyse wird oftmals mit dem Begriff Chartanalyse gleichgesetzt. Beide Analysemethoden sind keine wissenschaftlichen Verfahren und unterliegen einer relativ hohen Unsicherheit.

Sowohl Privatanleger als auch institutionelle Anleger, Banken und Versicherungsgesellschaften versuchen, mit Hilfe geeigneter Verfahren zu analysieren, ob und welche Aktien in Zukunft die beste Rendite erwarten lassen. Die systematische Untersuchung des Kurspotenzials einzelner Aktien oder ganzer Aktienindizes wird als Aktien- oder Wertpapieranalyse bezeichnet. Große Banken oder Investmentfonds unterhalten in der Regel ganze Abteilungen mit Spezialisten, die sich mit der Analyse von Aktien und anderen Wertpapieren beschäftigen, um so Erkenntnisse für den Eigenhandel, aber auch für die Beratung ihrer Kunden zu gewinnen.

Grundsätzlich unterscheidet man zwei Formen der Aktienanalyse: die Fundamentalanalyse und die technische Analyse, die oftmals mit dem Begriff Chartanalyse gleichgesetzt wird, obwohl diese zwar einen wesentlichen, nicht aber den einzigen Teilbereich der technischen Aktienanalyse ausmacht. Fundamental- und technische Analyse unterscheiden sich ganz erheblich voneinander. Während sich die Fundamentalanalyse vor allem mit der betreffenden Aktiengesellschaft und deren wirtschaftlichem Umfeld beschäftigt, setzt die technische Analyse ganz auf die Untersuchung von börsenbezogenen Daten, wie beispielsweise die Kursentwicklung der Vergangenheit, das Angebots- und Nachfrageverhalten nach dem betreffenden Papier sowie die gehandelten Volumina (Umsatz). Obwohl beide Teilgebiete ihre eingeschworenen Anhänger haben, kann man nicht von „der" richtigen Methode sprechen. Beides sind keine wissenschaftlichen Verfahren und unterliegen Unsicherheiten. Trotzdem können Analyseinstrumente das Verlustrisiko zumindest reduzieren.

1. Fundamentalanalyse

Die Fundamentalanalyse lässt sich im weitesten Sinne als die Frage nach dem Einfluss wirtschaftlicher und konjunktureller Einflüsse auf den Börsenkurs einer spezi-

ellen Aktie oder eines ganzen Aktienmarktes definieren. Hierbei kann man drei Gebiete der Fundamentalanalyse voneinander abgrenzen:

- die Konjunkturanalyse,
- die monetäre Analyse und
- die Unternehmensanalyse,

wobei bei der Kursprognose alle drei Teilgebiete in das Ergebnis fließen.

Die Konjunkturanalyse: Sie umfasst die Untersuchung der voraussichtlichen gesamtwirtschaftlichen Entwicklung einer Volkswirtschaft, einer wirtschaftlichen Region oder sogar der ganzen Welt. Hierbei wird davon ausgegangen, dass der Gewinn eines Unternehmens nicht nur von seinen eigenen ökonomischen Fähigkeiten,
sondern auch von seinem wirtschaftlichen Umfeld abhängt. So wird ein Unternehmen, das Konsumgüter herstellt, umso geringere Umsätze und damit in der Regel
auch geringere Gewinne machen, je mehr Leute arbeitslos sind beziehungsweise je
geringer das verfügbare Einkommen ist.

Neben diesen relativ offensichtlichen Zusammenhängen werden aber auch
komplexere Wechselwirkungen analysiert. So hat man beispielsweise festgestellt,
dass es bei einem rückläufigen Bruttosozialprodukt häufig zu einer expansiven
Geldpolitik der Notenbank (zum Beispiel der Europäischen Zentralbank) kommt.
Eine expansive Geldpolitik, also der Anstieg der Geldmenge, bewirkt aber im Allgemeinen einen Rückgang der Zinsen, was in der Regel wieder gut für den Aktienmarkt ist. Die Konjunkturanalyse wird bevorzugt zur Bestimmung langfristiger Anlagestrategien verwendet, da sich die prognostizierten Entwicklungen meist nicht
kurzfristig, sondern eher mittel- bis langfristig ergeben.

Die monetäre Analyse: Den Nachteil der teilweise sehr langfristigen Wirkungsver-
zögerung von Konjunkturindikatoren und der Feststellung, dass die Börse konjunkturellen Entwicklungen oftmals vorausläuft, versucht man mit der monetären Analyse entgegenzukommen. Die monetäre Analyse untersucht Faktoren wie die Geld-
mengen- und die Zinsentwicklung.

Die monetäre Analyse, die auf die Untersuchungen der so genannten Moneta-
risten zurückgeht, geht von folgender Grundüberlegung aus:

- Ist viel und billiges (niedrige Zinsen) Geld im Markt, so entsteht Anlage-
  druck. Das Geld muss investiert werden. Dies kommt auch dem Aktienmarkt
  zugute.
- Wenig und teures Geld zwingt die Investoren, ihre Anlagen zu verkaufen, wodurch die Preise beziehungsweise Kurse für diese Anlagen fallen.

Aufgabe der monetären Analyse ist es somit, Indikatoren zu finden und zu interpretieren, die frühzeitig Aufschluss über die Entwicklung der Geldmenge geben. Zu
den Einflussfaktoren für die Entwicklung der Geldmenge zählen vor allem die Instrumente der Zentralbank zur Geldmengensteuerung (wie früher beispielsweise

der Mindestreservesatz, der Diskontsatz sowie die Offenmarktpolitik und heute die Referenzzinssätze).

Die Unternehmensanalyse: Der wohl wichtigste Teilbereich der Fundamentalanalyse, zumindest was die Prognose der Kursentwicklung einzelner Aktien betrifft, ist die Unternehmensanalyse. Hierbei geht es um die Untersuchung der vergangenen sowie gegenwärtigen wirtschaftlichen Situation und die Prognose der zukünftigen Entwicklung der betreffenden Aktiengesellschaft. Letztlich soll so der heutige sowie der mögliche zukünftige Wert der Gesellschaft ermittelt werden. Der Wert des Unternehmens, der mit Hilfe der gängigen Verfahren der Unternehmensbewertung ermittelt werden kann, ergibt dann, wenn man ihn durch die Anzahl der ausgegebenen Aktien dividiert, den „fairen" Wert der Aktien. Liegt der gegenwärtige Wert der Aktien unter dem errechneten fairen Wert der Aktie, so kann dies auf entsprechendes Kurspotenzial hindeuten. Ebenso ist es, wenn der heutige Aktienkurs unterhalb des Kurses liegt, den der Analyst für die Zukunft errechnet hat.

Der Unternehmenswert wird anhand einer großen Menge von Faktoren bestimmt, die sich beispielsweise aus der Gewinn- und Verlustrechnung, der Bilanz, dem Geschäftsbericht, aber auch aus den Aussagen des Managements über die künftige Strategie ergeben.

2. Technische Analyse

Im Gegensatz zur Fundamentalanalyse abstrahiert die technische Analyse vollständig von dem Unternehmen und der Volkswirtschaft und konzentriert sich ausschließlich auf Börsenfaktoren wie Angebot und Nachfrage nach der betreffenden Aktie, gehandeltem Volumen und Ähnliches. Die technische Analyse versucht das Kurspotenzial eines Wertpapiers einzig und allein aus dem Angebot und der Nachfrage nach dem Papier in der Vergangenheit zu erklären.

Ein wichtiges Instrument der technischen Analyse ist die so genannte **Chartanalyse**. Hierbei wird versucht, Angebots- und Nachfrageverhalten in verschiedensten Varianten grafisch darzustellen und dann aus dem Verlauf der Kurven oder Balken auf den Kursverlauf in der Zukunft zu schließen. Die Darstellung erfolgt grundsätzlich in Form von Graphen, wobei auf der horizontalen Achse die Zeit und auf der vertikalen Achse die Kurswerte eingetragen werden.

Hierbei werden drei Hauptformen der Darstellung unterschieden:
- **Liniencharts:** Hier werden die Schlusskurse des beobachteten Papiers auf der vertikalen Achse eingetragen. Es entsteht eine Kurve oder Linie, die den Kursverlauf während des analysierten Zeitraums darstellt.
- **Balkencharts:** Bei einem Balkenchart werden pro Zeiteinheit (Tag, Woche oder Monat) der Höchst- und Niedrigstkurs sowie der Eröffnungs- und Schlusskurs eingetragen. Balkencharts geben mehr Auskunft über die tägli-

chen Schwankungen und damit über Verhalten von Angebot und Nachfrage als Liniencharts.

- **Point & Figure-Charts:** Diese Form des Charts dient dazu, das Wechselspiel von Angebot und Nachfrage grafisch darzustellen. Hierzu werden Kursbewegungen, solange sie in eine Richtung gehen, über- beziehungsweise untereinander mit jeweils demselben Symbol (meist eine 0 für Kursrückgänge und ein x für Kurssteigerungen) eingetragen. Sobald es zu einem Richtungswechsel kommt, fängt man eine neue Reihe an, bis es erneut einen Richtungswechsel gibt.

Typisch für die technische Analyse ist, dass bestimmte Formationen, das heißt grafische Bilder, die in der Vergangenheit zu bestimmten Kursverläufen geführt haben, zur Prognose zukünftiger Kurse verwandt werden. Chartanalytiker gehen davon aus, dass bestimmte grafische Bilder auf ganz bestimmte Kursverläufe in der Zukunft hindeuten. Ziel der Analyse ist es, Trendwechsel zu erkennen, das heißt den Wechsel von steigenden zu fallenden Kursen (= Top) oder den Wechsel von fallenden zu steigenden Kursen (= Bottom). Bekannte Chartformationen sind beispielsweise Kopf-Schulter-Formationen, die Rechteck-Formation, verschiedene Dreieck-Formationen, die Flagge-und-Wimpel-Formation sowie die Wimpel-Formation. Zu jeder dieser Formationen empfehlen die „Chartisten" bestimmte Strategien. Die Problematik liegt allerdings darin, dass die jeweilige Formation rechtzeitig erkannt und zudem zum richtigen Zeitpunkt gehandelt werden muss.

Neben der Chartanalyse spielt die Interpretation von technischen Indikatoren eine wichtige Rolle in der **technischen Aktienanalyse.** Hierbei handelt es sich um mathematische Kennzahlen, deren Wert auf bestimmte Kursbewegungen hindeuten soll. Zu den technischen Indikatoren gehören beispielsweise:

- der gleitende Durchschnitt,
- das Momentum,
- die relative Stärke und der
- Betafaktor.

Die Ergebnisse der mathematischen Berechnungen werden erneut in Charts eingetragen und zu interpretieren versucht.

Eines der bekanntesten technischen Analyseinstrumente ist der Wertpapierindex. Hier wird aus den Kursen einer großen Anzahl von Wertpapieren, wie beispielsweise Aktien, Anleihen oder Pfandbriefen, täglich ein Wert errechnet. Vergleicht man dann die Kursentwicklung einzelner Aktien mit der Entwicklung des Wertpapierindex, so kann man daraus unter Umständen zukünftige Entwicklungen der Papiere ableiten.

Vorsicht bei der Anwendung von Charts

Die Berechnung, Erstellung und Interpretation von Charts beziehungsweise technischen Indikatoren verlangt von dem Anleger eine relativ intensive Auseinandersetzung mit diesen Analyseinstrumenten und kann nur dann zum Erfolg führen, wenn der Investor genug Erfahrungen gesammelt hat, um Fehlinterpretationen möglichst weitgehend auszuschließen. Grundsätzlich steigt die Verlässlichkeit der Interpretation mit der zunehmenden Anzahl von Indikatoren und Analyseinstrumenten, die der Anleger einsetzt und die dasselbe Kauf- oder Verkaufssignal geben. Man sollte sich nie nur auf die Aussage eines Instruments verlassen, sondern möglichst viele einsetzen, um so die Fehlerwahrscheinlichkeit zu reduzieren. Trotzdem muss gerade bei der Chartanalyse, die oftmals einen gewissen wissenschaftlichen Eindruck vermittelt, gewarnt werden: Sichere Aussagen können nicht getroffen werden. Es besteht also immer das Risiko, auf das falsche Pferd zu setzen.

Aktienanleihen

Bei Aktienanleihen oder Anleihen mit Aktienandienungsrecht handelt es sich um hochverzinste Anleihen, bei denen die Bank das Recht hat, bei Fälligkeit entweder den nominalen Anleihebetrag zurückzuzahlen oder dem Anleger stattdessen eine bestimmte Zahl an Aktien zu vorher festgelegten Bedingungen zu übertragen. Die Aktie, die statt Geld zur Rückzahlung verwendet werden kann, wird in den Anleihebedingungen festgelegt. Die Bank, welche die Anleihe ausgibt, geht kein Risiko ein. Der Kunde dagegen kann unter dem Strich trotz der „Traumzinsen" erhebliche Verluste machen.

Bei Aktienanleihen, die es erst seit 1998 auf dem deutschen Markt gibt, locken die emittierenden Banken mit Zinsen, die weit höher sind als der zur Zeit übliche Marktzins. Zinssätze von zwölf oder 16 Prozent sind keineswegs ungewöhnlich.

Auf den ersten Blick sind Aktienanleihen ganz normale Anleihen. Sie lauten auf einen bestimmten Nominalbetrag, werden an der Börse zum jeweiligen Tageskurs gehandelt, haben vorher festgelegte Zinszahlungstermine und werden zu einem in den Anleihebedingungen festgelegten Tag eingelöst. Ungewöhnlich ist nur der hohe Zinssatz und das Recht der ausgebenden Bank, die Rückzahlung wahlweise in bar oder durch Hergabe einer vorher festgelegten Zahl von Aktien zu leisten. Das gibt ihr die Möglichkeit, die für sie jeweils günstigere Variante zu wählen.

Der Zeichner der Anleihe erhält also maximal den Nominalbetrag der Anleihe plus die während der Laufzeit fälligen Zinsen. Bei einem ungünstigen Kursverlauf dagegen werden ihm die Aktien ins Depot gelegt. Bei einem Verkauf an der Börse zum Zeitpunkt der Rückzahlung kann dies bedeuten, dass dabei ein Verlust herauskommt, der die Zinsen übersteigt.

Beispiel: Im Juli 2000 bot die BHF-Bank eine mit 16 Prozent verzinste Anleihe an, deren Laufzeit am 31. Januar 2002 endet. Für 1.000 Euro wurden also 160 Euro Zinsen jährlich versprochen. Die Bank behielt sich vor, am Ende der Laufzeit entweder 1.000 Euro zurückzuzahlen oder wahlweise 18 Nokia-OYJ-Aktien gutzuschreiben. Dafür wird am Ausgabetag ein Basiswert von 55,56 Euro (= 1.000 : 18) zugrunde gelegt. Das entspricht dem Nominalwert der Anleihe. Da der tatsächliche Börsenkurs bei rund 45 Euro lag, musste die Bank lediglich 810 Euro investieren.

Im günstigsten Fall erhält der Anleger nach 18 Monaten insgesamt 1.000 Euro plus 240 Euro an fälligen Zinsen. Wenn die zugrunde liegende Aktie in der Zwischenzeit im Kurs über diesen Betrag hinausgestiegen ist (also bei 69 Euro oder darüber liegt), wird die Bank sie an der Börse verkaufen und den 1.240 Euro übersteigenden Gewinn für sich behalten. Liegt der Kurs der Aktie darunter, wird der Gläubiger der Anleihe mit 18 Nokia-Aktien abgefunden. Er kann sie verkaufen und muss sich dann mit einer realen Verzinsung abfinden, die unter 16 Prozent liegt. Falls der Kurs auf weniger als 55,56 Euro gesunken ist, wird der Anleger sogar weniger als die ursprünglich eingezahlten 1.000 Euro erlösen. Er kann aber auch warten und auf spätere Kurssteigerungen hoffen. Dann allerdings wäre es besser gewesen, im Juli 2000 statt der Anleihe für 1.000 Euro gleich 18 Nokia-Aktien für 810 Euro zu kaufen.

Mit Aktienanleihen lassen sich dann Anlageerfolge erzielen, wenn die Marktzinsen niedrig sind und die Aktienkurse sich nur wenig bewegen, sich also während der Laufzeit der Anleihe „seitwärts" entwickeln. Ansonsten gilt: Fällt der Kurs der zugrunde liegenden Aktie, verliert der Anleger Geld. Steigt der Kurs der Aktie, entgeht ihm ein Teil des Gewinns.

Eine Variante der Aktienanleihen liegt darin, dass für die Rückzahlung (sofern sie nicht in bar erfolgt) zwischen zwei Varianten gewählt werden kann. Es kann zum Beispiel entweder eine VW- oder eine Lufthansa-Aktie sein. Die Wahl hat aber nicht der Anleger, sondern die Bank. Und die wird unter den drei Möglichkeiten immer diejenige wählen, die für sie am günstigsten ist.

Gewinnmöglichkeiten bestehen allerdings für spekulative Anleger, die eine Aktienanleihe nicht bei der Ausgabe erwerben, sondern später an der Börse. Wenn sich nämlich der Kurs der zugrunde liegenden Aktie (oder bei Doppelanleihen der schwächsten Aktie) während der Laufzeit ungünstig entwickelt, kann sich der Kauf lohnen, wenn der Anleger mit einer Kurserholung rechnet. Denn dann winkt tatsächlich eine Super-Verzinsung.

Steuerliche Aspekte: Zinsen müssen versteuert werden. Kursgewinne, die beim direkten Erwerb der Aktien vom Anleger erzielt werden könnten, sind dagegen nach Ablauf der Spekulationsfrist von zwölf Monaten steuerfrei. Vereinnahmte Dividenden würden zudem nach dem Halbeinkünfteverfahren nur zur Hälfte besteuert. Umgekehrt können Verluste, die bei Tilgung der Anleihe durch Hergabe von Aktien entstehen, nicht steuerlich geltend gemacht werden. Abgesehen davon, dass die Spekulationsfrist in der Regel abgelaufen ist, hat dies das Bundesfinanzministerium bereits Anfang 2000 klargestellt. Bei Lieferung von Aktien am Ende der Anleihe-Laufzeit beginnt zudem die Spekulationsfrist von neuem.

Aktienbetreuer

Händler am Neuen Markt, die sich verpflichten müssen, bei den von ihnen betreuten Aktien für einen geregelten Handel zu sorgen. Sie sind dort an die Stelle der Kursmakler getreten. Sie müssen für Liquidität sorgen, indem sie gegebenenfalls selber in Geschäfte eintreten, wenn andernfalls keine Käufe und Verkäufe abgewickelt werden können.

Die am Neuen Markt gehandelten Aktien werden ausschließlich in einem Computersystem (Xetra) gehandelt. Kauf- und Verkaufsaufträge werden dabei in einem elektronischen Orderbuch erfasst. Passen ein Kauf- und Verkaufsauftrag zusammen, wird das Geschäft automatisch abgeschlossen. In diesem System gibt es keine amtlichen Kursmakler mehr, die die Geschäfte abwickeln, dafür Courtage berechnen und gegebenenfalls die von ihnen betreuten Papiere auf eigene Rechnung kaufen oder verkaufen, um für einen Ausgleich zwischen Angebot und Nachfrage zu sorgen, indem sie Auftragsspitzen ausgleichen.

Ein elektronisches System kann nicht selbst in den Markt eintreten und Risiko übernehmen. Sobald Kauf- und Verkaufsaufträge nicht exakt zueinander passen, muss es die Ausführung verweigern.

Damit es dennoch jederzeit möglich ist, die betreffenden Aktien zu einem marktgerechten Preis zu kaufen oder zu verkaufen, erhält jedes gelistete Unternehmen einen Betreuer, der auf Anfrage Preise für Kauf oder Verkauf des Titels stellt. Der Betreuer muss deshalb zu jeder Zeit als Käufer oder Verkäufer der betreffenden Aktie auftreten können. Er sichert damit die notwendige Liquidität im Markt des jeweiligen Wertes. Daneben unterrichtet er die von ihm betreute Gesellschaft ständig über den Handel mit ihren Aktien, hilft dem Unternehmen bei der Pflege der Investor Relations und begleitet zukünftige Kapitalerhöhungen.

Aktiendirektvertrieb

Wegen der hohen Kosten vor allem für Kleinanleger sind in den USA einige große Gesellschaften dazu übergegangen, ihre Aktien direkt an Anleger zu verkaufen und sie auch für sie zu verwalten. Dies soll zudem oft der Kundenbindung dienen.

Für Kleinanleger besteht wegen der bei geringen Beträgen relativ hohen Gebühren und Provisionen von Banken und Brokerhäusern oft nur die Möglichkeit, sich auf dem Umweg über Fonds am Aktiensparen zu beteiligen. Um auch diese Anleger an sich zu binden, bieten einige große Aktiengesellschaften in den USA ihnen die Möglichkeit, Aktien direkt bei ihnen zu erwerben. Allerdings sind die Konditionen recht unterschiedlich. So verlangen manche Unternehmen, dass bei der Eröffnung eines Depots (Depotkontos) mindestens für tausend Dollar Aktien der Gesellschaft erworben werden. Erst danach sind regelmäßige oder gelegentliche Käufe für Beträge von 30 oder 50 Dollar möglich. Einige bieten dies von vornherein an.

In anderen Fällen wird eine „Eintrittsgebühr" verlangt: Die Depoteröffnung kostet Geld. Während die Verwaltung oder der Kauf und Verkauf der Wertpapiere bei den einen kostenlos ist, berechnen andere Gesellschaften dafür Provisionen. Diese sind allerdings in der Regel deutlich geringer als beim Aktienkauf über einen Broker.

Um die Verwaltung zu vereinfachen und die Kapitalbildung zu beschleunigen, gehört es oft zu den Bedingungen der Direktanlage, dass die gezahlten Dividenden reinvestiert werden. Die Gewinnanteile werden also von der Gesellschaft sofort wieder zum Erwerb neuer Aktien verwendet.

Beobachter dieser Entwicklung empfehlen diese Art von Investor Relations vor allem den Herstellern von Massenkonsumgütern oder Autos, da auf diese Weise neben der Kapitalbildung auch eine Kundenbindung erreicht werden kann: Wer Aktionär ist, neigt eher dazu, die Produkte „seines" Unternehmens zu erwerben.

Eine weitere Möglichkeit, Aktien „direkt" zu erwerben, bietet das Internet-Broking, bei dem der Anleger sich unter Umgehung von Banken und Brokerhäusern direkt am Börsengeschehen beteiligt (siehe auch Daytrader). Allerdings müssen die Teilnehmer dabei ebenso auf Beratung verzichten wie beim Kauf über Direktbanken. Auch das Risiko beim Internet-Broking ist höher als beim Wertpapierkauf über Banken und Sparkassen.

Aktienfonds

Aktienfonds sind neben Rentenfonds die populärste Variante der verschiedenen, in Deutschland angebotenen Wertpapierfonds. Aktienfonds legen die Mittel ihrer Kunden in den Beteiligungspapieren in- und ausländischer Aktiengesellschaften an. Der Vorteil dieser Art der Vermögensanlage liegt darin, dass der Anleger an den attraktiven Wertsteigerungsmöglichkeiten von Aktien teilhaben kann, das Risiko aber durch die breite Streuung der Fondsmittel im Vergleich zur Einzelanlage in Aktien gering ist.

Aktienfonds sind eine Variante der Investmentfonds. Bei ihnen legt die jeweilige Investmentgesellschaft die Mittel der Anleger in Aktien von national sowie international tätigen Unternehmen an. Die Fonds selbst unterliegen zum einen den Regelungen des Kapitalanlagegesellschaften-Gesetzes (KAGG) und zum anderen ihren eigenen, von ihnen festgelegten Anlagegrundsätzen, die jedem Anleger zur Einsicht offen stehen.

Das Kapitalanlagegesellschaften-Gesetz schreibt den Aktienfonds vor, wie sie ihre Mittel anzulegen haben. Dabei wird nicht festgelegt, in welche Papiere die Investmentgesellschaften anzulegen haben, sondern bis zu welchen Prozentsätzen die Mittel der Anleger investiert sein müssen, wie viele Aktien eines Unternehmens höchstens in dem Fonds gehalten werden dürfen und wie hoch die maximale Kapitalreserve sein darf, die ein Fonds halten kann. So ist beispielsweise vorgeschrieben, dass ein einzelner Fonds höchstens fünf Prozent seiner Mittel in die Aktien eines einzelnen Unternehmens investieren darf, es sei denn, die Anlagegrundsätze sehen eine abweichende Regelung vor. Dann gilt eine absolute Höchstgrenze von zehn Prozent. Des weiteren legt das KAGG fest, dass mindestens 50,1 Prozent der Mittel, die die Anleger in einen Fonds investiert haben, in Aktien investiert sein müssen, der Rest darf in Bankguthaben und anderen kursstabilen Anlageformen gehalten werden. Die genauen Regelungen finden sich im KAGG.

Nahezu jeder Aktienfonds hat einen Anlageschwerpunkt, der in den Anlagegrundsätzen des betreffenden Fonds festgelegt ist. So gibt es Aktienfonds, die ausschließlich in deutschen Aktien anlegen. Andere Fonds bevorzugen Aktien von Unternehmen einer bestimmten Branche. Das kann beispielsweise die Automobilindustrie sein, oder es kann sich um Unternehmen handeln, die in der Umweltbranche tätig sind. Andere Fonds wiederum legen ihre Mittel in Aktien ausländischer Unternehmen an. In diesem Fall spricht man häufig von Regional- oder Länderfonds. Eine weitere Spielart der Aktienfonds sind die so genannten Indexfonds, die ihr Aktiendepot so zusammenstellen, dass es möglichst genau der Zusammenstellung eines bestimmten Wertpapierindex – wie beispielsweise des DAX oder Nikkei – entspricht.

Für den Anleger stellen Aktienfonds eine attraktive Anlagemöglichkeit dar, die sich in Deutschland wachsender Beliebtheit erfreut. Aktienfonds bieten Kleinanlegern, die noch wenig oder keine Erfahrung an der Börse sammeln konnten, die Möglichkeit, ihre Ersparnisse in die Hände erfahrener Wertpapierspezialisten zu geben, um diese in Aktien zu investieren. Sie können so an den teilweise beträchtlichen Kurssteigerungsmöglichkeiten teilhaben, ohne die mit einer Direktanlage in einzelne Aktien immer auch verbundenen Risiken in Kauf nehmen zu müssen. Dadurch, dass Aktienfonds ihre Mittel in viele verschiedene Aktien investieren, reduziert sich das Verlustrisiko erheblich. Man spricht daher von Risikostreuung.

Für den Anleger entstehen beim Kauf von Investmentanteilen Kosten, die sich aus der Differenz zwischen dem Ausgabepreis und dem Rücknahmepreis der Fondsanteile ergeben. Die Differenz, der so genannte Ausgabeaufschlag, liegt bei Aktienfonds zwischen drei und sechs Prozent. Anders als bei der Direktanlage fallen beim Erwerb von Investmentanteilen neben dem Ausgabeaufschlag keine weiteren Kosten an. Der vereinnahmte Ausgabeaufschlag dient den Investmentgesellschaften zur Deckung ihrer Vertriebs- und Verwaltungskosten.

Seit Direktbanken und Discountbroker sich im Markt etabliert haben, sind auch niedrigere Aufschläge möglich. Für Kunden, die auf die Beratung der Bank verzichten wollen, besteht nun die Möglichkeit, ihre Kosten deutlich zu senken, wenn sie ihre Investmentanteile bei einem solchen Institut erwerben. Anleger mit wenig oder keiner Börsenerfahrung sollten allerdings zunächst nicht auf professionelle Beratung verzichten, da auch die Anlage in Aktienfonds durchaus Risiken beinhaltet.

> **Hinweis:** Jeder Anleger sollte sich auch bei einem Investment in einen Aktienfonds darüber im Klaren sein, dass das Risiko zwar geringer als bei einer Direktanlage in einzelne Aktien ist, trotzdem aber, abhängig von der jeweiligen Lage an den betreffenden Börsen und von dem Geschick der Fondsmanager, immer die Gefahr von Kursverlusten besteht. Das Risiko ist von Fonds zu Fonds sehr unterschiedlich. So wird die Wahrscheinlichkeit, große Verluste zu erleiden, bei einer Anlage in einen Fonds, der ausschließlich in DAX-Werte investiert, deutlich geringer sein als bei einem Fonds, der seine Mittel in Aktien osteuropäischer Unternehmen anlegt. So wie bei der Direktanlage in einzelne Aktien muss sich der Anleger immer überlegen, ob er bereit ist, eine Chance auf teilweise sehr hohe Kursgewinne durch das Eingehen von entsprechenden Risiken zu erkaufen, oder ob er sich mit moderaten Gewinnen bei vergleichsweise geringem Risiko zufrieden gibt. Auch hier kann man durch den Kauf mehrerer unterschiedlicher Fonds eine gewisse Risikostreuung erzielen.

Aufgrund des zu entrichtenden Ausgabeaufschlags ist die Anlage in Aktienfonds als mittel- bis langfristiges Investment anzusehen, da der Anleger diese Kosten erst durch Kurssteigerungen der Anteile und/oder Ausschüttungen aus angesammelten Dividenden hereinholen muss, bevor sich sein Investment für ihn auszahlt. Anleger, die ihre Mittel nur kurzfristig binden wollen, sollten daher andere Fondsarten – beispielsweise Geldmarktfonds – wählen.

Aktienklub/Investmentklub

Zusammenschlüsse von Aktiensparern, die gemeinsam Aktien kaufen und verkaufen. Sie diskutieren Anlagestrategien, tauschen Erfahrungen aus und bringen einen Teil ihres Kapitals in ein gemeinsames Depot ein. Dadurch erreichen sie eine breite Risikostreuung und können Anlagestrategien verfolgen, die so von den einzelnen Mitgliedern aufgrund ihrer relativ geringen Mittel nicht zu verwirklichen wären. Achtung: Gelegentlich treten auch Vermögensverwaltungen oder andere Interessenten als „Aktienklubs" auf, um Kunden zu ködern.

Aktien- oder Investmentklubs gibt es in Deutschland seit Ende der Achtzigerjahre. Bis zum Jahr 2000 stieg ihre Zahl auf rund 6.000. Das von ihnen verwaltete Kapital erreichte über 300 Millionen Euro. Neben dem Wunsch, mit anderen Aktiensparern Erfahrungen und Informationen auszutauschen sowie Anlagestrategien zu entwickeln, spielt dabei das Problem eine Rolle, dass die meisten Mitglieder nicht über so viele freie Mittel verfügen, um alleine eine ausgewogene Depotstruktur erreichen zu können.

Die meisten Aktienklubs sind als Gesellschaften bürgerlichen Rechts (GbR) organisiert. Als Verein sind nur wenige Klubs aufgebaut, da das Vereinsrecht wesentlich komplizierter ist und in diesem Fall keine entsprechenden Vorteile bringt. Jeder Gesellschafter der GbR ist gleichzeitig Mitinhaber des gemeinsamen Depots. Der prozentuale Anteil daran richtet sich nach seiner Kapitalbeteiligung. Sobald die gemeinsame Kapitaleinlage eine Million DM (beziehungsweise 511.292 Euro) überschreitet, muss allerdings eine Finanzdienstzulassung beantragt werden. In jedem Fall wird eine Bank gebraucht, bei der das gemeinsame Depot geführt und verwaltet wird. Das kann auch eine Direktbank oder ein Discountbroker sein.

Achtung: Prüfen Sie, ob die Anlagestrategie eines Aktienklubs, dem Sie beitreten wollen, Ihrem eigenen Risikoprofil und Ihren grundlegenden Anlagegrundsätzen entspricht. Das muss vor allem dann geprüft werden, wenn der Klub auch mit Optionen beziehungsweise Futures handelt oder gar Aktien auf Kredit kauft. Denn das kann bedeuten, dass Sie bei fallenden Kursen eigenes Geld nachschießen müssen.

Achten Sie auch darauf, dass es sich um einen echten Aktienklub handelt und nicht um eine Vermögensverwaltung, die unter einer solchen Bezeichnung auftritt, den Mitgliedern aber keine echten Mitspracherechte einräumt und zugleich Verwaltungsgebühren kassiert. Gelegentlich wird auch versucht, ein teures Zeitungsabonnement oder einen „Börsenbrief" unter dem Deckmantel „Aktienklub" zu verkaufen.

Informationen dazu erhalten Sie von der Deutschen Schutzvereinigung für Wertpapierbesitz e.V. oder vom Münchner Investment Club (MIC).

Aktienoptionen

Das Recht, eine bestimmte Aktie zu einem späteren Zeitpunkt zu einem vorher festgelegten Kurs zu kaufen. Dieses Recht wird in den USA (und zunehmend auch in Deutschland) den Mitarbeitern von vielen Unternehmen eingeräumt. Vor allem in jungen Unternehmen und bei im Bereich der „New Economy" angesiedelten Gesellschaften sind Aktienoptionen ein wichtiger Bestandteil der Entlohnung geworden.

Junge, innovative Unternehmen können ihren Mitarbeitern oft noch keine hohen Gehälter zahlen. Da sie aber auf hoch qualifizierte und motivierte Arbeitskräfte angewiesen sind, bieten sie ihnen häufig eine Beteiligung am künftigen Unternehmenserfolg an. Dies geschieht heute in der Regel über Aktienoptionen. Sie räumen dem Mitarbeiter das Recht (aber nicht die Pflicht) ein, zu einem festgelegten späteren Zeitpunkt Aktien des eigenen Unternehmens zu einem im Voraus festgelegten Kurs zu erwerben. Der Anreiz besteht in der Erwartung, dass bei einem erfolgreichen Geschäftsverlauf und nach Einführung der Aktie an der Börse (IPO) der Kurs stark steigt. Die Frist zwischen Einräumung der Option und dem Recht, sie auszuüben, liegt meist zwischen zwei und zehn Jahren.

Der Optionspreis kann von vornherein fixiert werden. Er kann an die Entwicklung eines Index (und an die Bedingung, dass der eigene Kurs stärker steigen muss) gekoppelt sein. Der Preis kann aber auch mit jedem Jahr, in dem die Option nicht ausgeübt wird, um einen bestimmten Prozentsatz steigen. Wer wartet, muss davon ausgehen, dass der Kurs noch schneller steigt. Diese und ähnliche Konditionen sollen dazu beitragen, das Interesse der Mitarbeiter am Unternehmenserfolg wach zu halten.

Bei einem Verkauf können die Mitarbeiter die Differenz zwischen dem Optionspreis und dem aktuellen Börsenkurs kassieren. Sie können ihre Aktien nach Ausübung der Option aber auch behalten und auf weitere Kurssteigerungen hoffen.

In den USA ist dieses System der Entlohnung weit verbreitet. Dort – wie inzwischen aber auch in Deutschland – ist es insbesondere bei technologieorientierten Unternehmen zu einem fast unverzichtbaren Bestandteil der Entlohnung geworden. Bei Unternehmen wie Cisco oder Microsoft ist ein großer Teil der Mitarbeiter über Aktienoptionen zu einem Millionenvermögen gekommen. Auch in Deutschland gibt es vor allem im Bereich der IT-Technologie oder bei Bio-Tech-Unternehmen ähnliche Beispiele.

Im Gegensatz zu Belegschaftsaktien enthalten Aktienoptionen allerdings ein hoch spekulatives Element. Es kann nicht garantiert werden, dass das Unternehmen erfolgreich ist. Auch nach einem Börsengang kommt es nicht in jedem Fall zu der erhofften „Kursexplosion". Es ist aber auch möglich, dass nach anfänglich guter Entwicklung der neu an die Börse gebrachten Aktien der Kurs wieder einbricht. Negative Unternehmensnachrichten, neue Konkurrenten, enttäuschte Hoffnungen der Erstzeichner oder eine schlechtere Einschätzung durch Analysten können die Ursache sein. Wenn der Zeitpunkt, zu dem die Option frühestens ausgeübt werden kann, dann noch nicht erreicht war, kann es sein, dass sie wertlos wird. Wenn der Optionspreis über dem Börsenkurs liegt, könnte das Kaufrecht nur mit Verlust ausgeübt werden. Es ist dann billiger, die Aktien direkt an der Börse zu kaufen. Das aber kann jeder andere Anleger auch.

Aktienrückkauf ❚

Unternehmen in der Rechtsform einer Aktiengesellschaft können unter bestimmten Umständen die von ihnen emittierten Aktien wieder zurückkaufen. Ein solcher Aktienrückkauf kann unterschiedliche Zielsetzungen verfolgen. Einer der wichtigsten Gründe ist die Erhöhung des Werts der verbleibenden Aktien am freien Markt. In Deutschland ist die Möglichkeit, eigene Aktien zurückzukaufen, auf wenige Ausnahmen beschränkt. Diese Beschränkungen sollen mit der nächsten Reform des Aktienrechts gelockert werden, um so die internationale Konkurrenzfähigkeit des Finanzplatzes Deutschland zu stärken.

Der Rückkauf von eigenen Aktien kann unterschiedliche Gründe haben. Zum einen kann die betreffende Aktiengesellschaft eigene Aktien zurückkaufen, um diese in Form von Belegschaftsaktien entgeltlich oder unentgeltlich an die Mitarbeiter weiterzugeben. Zum anderen kann das Unternehmen aber auch bezwecken, die Zahl der umlaufenden Aktien zu verringern, um so den Wert der im Markt verbleibenden Aktien zu erhöhen, da sich dann das Vermögen des Unternehmens auf weniger Anteile verteilt. Ein weiterer Grund für den Rückkauf eigener Aktien kann sein, dass der Vorstand und/oder die leitenden Angestellten am Unternehmen beteiligt werden sollen.

Dies geschieht vor allem in den USA häufig, wird zunehmend aber auch für Deutschland gefordert. Dadurch soll das Engagement der Führungsmannschaft und vor allem auch ihr Interesse an einer Steigerung des Shareholder Value erhöht werden.

In Deutschland war die Möglichkeit, eigene Aktien zurückzukaufen, früher durch das Aktiengesetz sehr beschränkt und nur in Ausnahmefällen vorhanden. So erlaubte § 71 des Aktiengesetzes einer Aktiengesellschaft den Erwerb eigener Aktien nur:

- wenn der Erwerb notwendig ist, um einen schweren, unmittelbar bevorstehenden Schaden von der Gesellschaft abzuwenden,
- wenn die Aktien Personen, die im Arbeitsverhältnis zu der Gesellschaft oder einem mit ihr verbundenen Unternehmen stehen oder standen, zum Erwerb angeboten werden sollen (Belegschaftsaktien),
- wenn der Erwerb dazu dient, Aktionäre im Sinne des Umwandlungsgesetzes abzufinden,
- wenn der Erwerb unentgeltlich geschieht oder ein Kreditinstitut mit dem Erwerb eine Einkaufskommission ausführt,
- durch Gesamtrechtsnachfolge,
- aufgrund eines Beschlusses der Hauptversammlung zur Einziehung nach den Vorschriften über die Herabsetzung des Grundkapitals oder
- aufgrund eines Beschlusses der Hauptversammlung zum Zwecke des Wertpapierhandels, wenn die Gesellschaft ein Kredit- oder Finanzierungsinstitut ist.

Diese Regelungen wurden im Rahmen der Reform des Aktienrechts, die sich an der zweiten gesellschaftlichen Richtlinie der EG von 1976 orientiert, gelockert. Vor allem soll den Unternehmen eine Finanzierung in Form eines Aktientauschs oder die Beteiligung des Vorstands und der leitenden Angestellten am Unternehmen sowie die Reduzierung des Eigenkapitals ermöglicht werden.

Bilanztechnisch gibt es zwei Möglichkeiten, den Rückkauf von Aktien darzustellen.

- Das Grundkapital der Gesellschaft wird um den Nennbetrag der zurückgekauften Aktien vermindert. Bei dieser vor allem in Großbritannien verwendeten Art der Verbuchung kommt es zu einer Verkürzung der Bilanz.
- Das Grundkapital der Aktiengesellschaft bleibt auch nach dem Rückkauf eigener Aktien unverändert. Die Aktien werden stattdessen als eigene Anteile unter den Wertpapieren des Umlaufvermögens verbucht. Diese Vorgehensweise entspricht einem Aktivtausch (zum Beispiel Kasse an eigene Aktien im Umlaufvermögen). Als Gegenposition wird auf der Passivseite eine vom Betrag her gleich hohe Rücklage für eigene Aktien gebildet. Die zurückgekauften eigenen Aktien enthalten weder ein Stimmrecht noch einen Dividendenanspruch.

Das Instrument des Aktienrückkaufs wird in den USA relativ häufig von Unternehmen angewandt, die über höhere Barmittel verfügen, um durch Reduzierung des Eigenkapitals für ihre Aktionäre eine Wertsteigerung der im Markt verbliebenen Anteile zu ermöglichen. Gerade für Anteilseigner in der oberen Steuerklasse kann solch ein Vorgehen oftmals eine deutliche Renditesteigerung bedeuten, da es zu steuerfreien Kursgewinnen kommt.

Stimmrecht und Dividendenanspruch zurückgekaufter Aktien

Wird beim bilanziellen Ausweis von zurückgekauften Aktien die Variante gewählt, bei der die erworbenen Aktien im Umlaufvermögen unter eigenen Anteilen verbucht werden, so müssen den betreffenden Aktien zwei der grundlegenden Rechte eines Aktionärs, nämlich Stimmrecht und Anspruch auf Gewinnbeteiligung (Dividendenrecht), genommen werden.

- Würde das Stimmrecht bei eigenen Aktien nicht entzogen, so könnte es dazu kommen, dass das Unternehmen irgendwann einmal sich selbst und nicht mehr natürlichen Personen gehören würde.
- Der Anspruch auf Zahlung einer Dividende muss den eigenen Aktien entzogen werden, da es ansonsten dazu käme, dass das Unternehmen an sich selbst Gewinne ausschütten würde.

Die Ausschüttung an sich selbst würde beispielsweise die Regelungen des Körperschaftsteuergesetzes unterlaufen, da dort vorgesehen ist, dass ausgeschüttete Gewinne höher besteuert werden als nicht ausgeschüttete Gewinne. Wenn das Unternehmen die Gewinne aber an sich selbst ausschütten könnte, so würden diese mit dem niedrigeren Satz besteuert, obwohl sie das Unternehmen nicht wirklich verließen.

Aktien-Splitting (Stock Split) |

Der so genannte Stock Split gehört zu den Besonderheiten des amerikanischen Aktienrechts. Beim Stock Split werden die umlaufenden Aktien einer Aktiengesellschaft eingezogen, entwertet und durch eine höhere Anzahl neuer Aktien ersetzt. Das Verhältnis, in dem alte in neue Aktien umgetauscht werden, wird als Splitting-Verhältnis bezeichnet. Der Anteil, den der einzelne Aktionär an dem Unternehmen hält, ist vor und nach dem Stock Split unverändert. Das Vermögen der Gesellschaft verteilt sich einfach auf mehr Aktien als vorher. Der Stock Split dient vor allem der optischen Verbilligung und damit der Verbesserung der Handelbarkeit der jeweiligen Aktien.

Vor allem US-Aktiengesellschaften nutzen häufig die Möglichkeit, die von ihnen emittierten Aktien im Wege eines Stock Split (Aktien-Splitting) einzuziehen und durch eine höhere Anzahl neuer Aktien zu ersetzen. Die Initiative zu einer solchen

Maßnahme geht dabei grundsätzlich von der Aktiengesellschaft selbst aus. Das Verhältnis, in dem man alte gegen neue Aktien tauscht, wird als Splitting-Verhältnis bezeichnet. So bedeutet beispielsweise ein Splitting-Verhältnis von 1 zu 3, dass der einzelne Aktionär für eine alte Aktie drei neue Aktien erhält.

Ein Stock Split erfolgt für den Aktionär grundsätzlich kostenfrei. Auch an seiner Vermögenssituation ändert sich dadurch nichts. Sein Anteil an der Aktiengesellschaft verteilt sich nach dem Stock Split lediglich auf mehr Aktien, die einen geringeren Nennwert als die alten Aktien und damit in der Regel auch einen in Abhängigkeit zum Splitting-Verhältnis geringeren Kurswert haben.

Stock Splits werden in den USA relativ häufig durchgeführt. Der Grund für diese Maßnahme ist meist eine optische Verbilligung der Aktien, die zu einer verbesserten Handelbarkeit der Papiere führen soll. Der Grund für einen Stock Split ist damit eher psychologischer Natur, da man festgestellt hat, dass Kleinanleger oftmals davor zurückschrecken, Aktien zu erwerben, die einen hohen Einzelpreis haben, obwohl der Kurs über den relativen Wert, also den Wert, der sich aus einer Betrachtung der Ertrags- und Vermögenslage des Unternehmens ergibt, wenig aussagt. Durch einen Stock Split gelingt es den Unternehmen häufig, die Handelbarkeit ihrer Aktien zu verbessern, was dann auch den Altaktionären zugute kommt, da mit der verbesserten Handelbarkeit oftmals entsprechende Kurssteigerungen verbunden sind.

Ein Stock Split darf keinesfalls mit einer ordentlichen Kapitalerhöhung oder einer Kapitalerhöhung aus Gesellschaftsmitteln (auch: Ausgabe von Gratisaktien) verwechselt werden. Bei einer ordentlichen Kapitalerhöhung werden dem Unternehmen zusätzliche finanzielle Mittel von außen zugeführt, so dass sich das Grundkapital und damit in der Regel auch die Rücklagen der Gesellschaft erhöhen. Bei einem Stock Split hingegen bleiben sowohl Grundkapital als auch Rücklagen vollkommen unverändert. Bei einer Kapitalerhöhung aus Gesellschaftsmitteln werden Kapitalrücklagen in Grundkapital umgewandelt – es kommt also zu einem so genannten Passivtausch, während bei einem Stock Split diese beiden Eigenkapitalpositionen gänzlich unverändert bleiben.

Aktienzertifikate |

Diese Zertifikate verbriefen einen bestimmten Anteil an einer Aktie. Dieser Weg wird von einigen Banken angeboten, wenn die zugrunde liegende Aktie wegen ihres hohen Börsenkurses nur schwer handelbar ist.

Bestimmte Aktien sind für Kleinanleger kaum oder gar nicht zu erwerben, weil der Kurs einer einzelnen Aktie schon so hoch liegt, dass er die Depotstruktur durcheinanderbringen oder die insgesamt verfügbaren Mittel zu stark beanspruchen würde. In diesem Fall bietet sich der Erwerb von Aktienzertifikaten an, wie sie verschiedene Banken anbieten. Sie erwerben die zugrunde liegende Aktie und teilen sie „in kleine Scheibchen". Interessenten können so einen bestimmten Anteil an dem jeweiligen Wertpapier erwerben. Bei Wertpapieren, die an der Börse zu einem Kurs von 26.000 Euro gehandelt werden, können dann beispielsweise Zertifikate ausgegeben werden, die nur einem Anteil von fünf Prozent entsprechen, was bei dem als Beispiel gewählten Kurs einem Kapitaleinsatz von 1.300 Euro entsprechen würde.

Für den Service und die damit verbundenen Kosten verlangen die Banken allerdings einen Zuschlag, der den Preis des Zertifikats gegenüber dem anteiligen Kurswert um zwei bis drei Prozent verteuert. Oder sie behalten die Dividenden ein und berechnen dafür geringere Zuschläge. In vielen Fällen ist auch die Laufzeit der Zertifikate begrenzt. Sie werden nach einer bestimmten Zahl von Jahren zurückgezahlt. Wenn dann der Kurs der zugrunde gelegten Aktie gefallen ist, muss der Anleger sich mit einer entsprechend geringeren Einlösesumme zufrieden geben.

Bei teuren oder „schweren" Aktien, für die es keine Zertifikate gibt, kann der Anleger oft auf Ersatzlösungen wie American Depository Receipts (ADR) zurückgreifen.

Aktionär ▮

Die Anteilseigner und damit Eigentümer von Unternehmen in der Rechtsform einer Aktiengesellschaft werden Aktionäre genannt. Sie stellen dem Unternehmen das benötigte Grundkapital sowie Teile der Rücklagen zur Verfügung und erhalten dafür im Gegenzug verschiedene Rechte in Bezug auf Information, Gewinnverteilung und Bestellung der Geschäftsführung. Der jeweilige Anteil am Eigenkapital des Unternehmens wird den Aktionären in Form von Aktien verbrieft. Das wichtigste Gremium der Aktionäre ist die jährlich stattfindende Hauptversammlung.

Der Besitzer von Aktien einer Gesellschaft wird als Aktionär bezeichnet. Der Besitz einer oder mehrerer Aktien einer Aktiengesellschaft macht ihn zum Gesellschafter und damit Miteigentümer des betreffenden Unternehmens. Die Höhe der Beteiligung sowohl in absoluten Geldbeträgen als auch in Prozent des Grundkapitals (Stückaktien) sowie der Rücklagen richtet sich nach der Anzahl der Aktien, die der einzelne Aktionär hält, sowie nach dem Nennwert, den diese verbriefen. Eine Besonderheit stellen die nennwertlosen Aktien dar, die dem Aktionär keinen festen Anteil, sondern lediglich einen prozentualen Anteil am Grundkapital des Unternehmens bescheinigen.

Der Erwerb von Aktien bringt für den Anleger Rechte und Pflichten gegenüber dem Unternehmen mit sich, dessen Aktien er erwirbt.

Die Pflichten des Aktionärs gegenüber dem Unternehmen und dessen Gläubigern sind allerdings sehr begrenzt. Der Aktionär ist lediglich verpflichtet, die bei der Emission festgelegte Einlage in das Grundkapital sowie ein eventuelles Aufgeld (Agio) in die Rücklagen einzuzahlen. Die Haftung des Aktionärs im Falle eines Konkurses ist auf seine Einlage (Grundkapital + Rückstellungen) begrenzt. Eine Nachschusspflicht besteht für den Aktionär nicht. Der Anteilseigner kann also an einer Kapitalerhöhung teilnehmen, muss dies aber nicht tun.

Als Miteigentümer stehen dem Aktionär verschiedene Rechte zu. Zu den wichtigsten gehört das Recht auf einen Anteil am erwirtschafteten Gewinn des Unternehmens (Dividende), das Recht auf Teilnahme an der Hauptversammlung sowie das zugehörige Stimmrecht und das Recht auf Auskunft.

Der Anteil am Gewinn, der dem Aktionär zusteht, richtet sich zum einen nach seinem prozentualen Anteil am Grundkapital und zum anderen nach den Bestimmungen in der Satzung der betreffenden Aktiengesellschaft sowie natürlich nach der Höhe des erwirtschafteten Gewinns. Die Gewinnausschüttung an den Aktionär wird Dividende genannt und bezieht sich ihrer Höhe nach immer auf den Ausschüttungsbetrag pro Aktie, ausgedrückt in einem absoluten Betrag bei nennwertlosen Aktien oder in Prozent vom Nennwert der Aktie.

Depotstimmrecht

Aktionäre müssen ihr Stimmrecht auf der Hauptversammlung nicht persönlich ausüben, sondern können ihre Rechte auch von Aktionärsvertretern wahrnehmen lassen. Vor allem Banken bieten ihren Kunden die Möglichkeit, sich durch das Kreditinstitut auf der Hauptversammlung vertreten zu lassen. Man spricht dann vom Depotstimmrecht. Die Praxis der Banken, die Stimmrechte ihrer Kunden auf den Hauptversammlungen zu vertreten, ist in den letzten Jahren oft kritisiert worden. So wurde teilweise unterstellt, dass die Banken bei ihrem Abstimmungsverhalten die Interessen der Großanleger und nicht die der Kleinaktionäre vertreten würden.

Bezugsrechte

Dem Aktionär muss bei einer Kapitalerhöhung die Möglichkeit gegeben werden, daran teilzunehmen. Ihm steht also in der Regel bei der Ausgabe von jungen Aktien ein Bezugsrecht zu. Dasselbe gilt auch für eine bedingte Kapitalerhöhung in Form von so genannten Wandelschuldverschreibungen oder Optionsanleihen. Das Recht auf Bezug von jungen Aktien kann von der Hauptversammlung ausgesetzt werden, das heißt, die Aktionäre selbst können beschließen, dass sie an einer Kapitalerhöhung nicht teilnehmen dürfen. In diesem Fall wird das gesetzliche Bezugsrecht ausgeschlossen. Das kann dann der Fall sein, wenn die Kapitalerhöhung dazu dienen soll, einem bestimmten Investor oder einem anderen Unternehmen eine Kapitalbeteiligung einzuräumen.

Kapitalanleger haben verschiedene Motive, sich durch Kauf von Aktien an Unternehmen zu beteiligen. Beim Kauf von Aktien, die an der Börse notiert sind, liegt das Hauptmotiv in der Regel in der Chance, Kursgewinne zu erzielen. Die Aussicht auf die jährliche Dividende spielt dagegen meist nur eine untergeordnete Rolle, weil die dabei zu erzielenden Erträge im Vergleich zum Kurswert der Aktie gering sind. Die Anlage in Aktien spielt vor allem für langfristig orientierte Anleger eine wichtige Rolle. Zudem ist für Anleger mit einer hohen Steuerbelastung von Interesse, dass Spekulationsgewinne, die beim Kauf und Verkauf erzielt werden, nicht steuerpflichtig sind, wenn die so genannte Spekulationsfrist eingehalten wird. Das bedeutet, dass die betreffenden Aktien nach dem Kauf mindestens zwölf (früher sechs) Monate gehalten werden müssen.

Anders bei Aktien von Unternehmen, die nicht an der Börse gehandelt werden. Hier findet der Kauf häufiger in der Hoffnung auf attraktive Gewinnausschüttungen statt. Zwar kann auch dabei mit dem Erwerb die Erwartung verbunden sein, dass langfristig ein Wertzuwachs der Anteile stattfindet. Doch ist zu bedenken, dass der Verkauf von Aktien, die nicht an der Börse gehandelt werden, sehr viel schwieriger ist. Der Kauf solcher Aktien ist also für Privatanleger nur in seltenen Fällen sinnvoll und setzt dementsprechende Kenntnisse über das Unternehmen voraus. In diesem Fall kann aber eine spätere Einführung am Neuen Markt (ein IPO) für die bisherigen Aktionäre sehr attraktiv sein.

Die Möglichkeit, Aktien über die Börse zu erwerben, gibt auch Sparern mit geringen Anlagebeträgen die Chance, Aktionär zu werden und mit diesem Typ von Wertpapieren ihre persönliche Vermögensbildung zu diversifizieren.

American Depository Receipts

In den USA werden ausländische Aktien in der Regel als so genannte American Depository Receipts, kurz ADRs, notiert. Hierbei handelt es sich um Urkunden, die dem Inhaber einen Anteil an einem Unternehmen verbriefen, ohne dass er die eigentlichen Aktien in seinem unmittelbaren Besitz hält. Die Originalaktienurkunden werden von dem emittierenden Unternehmen bei einer amerikanischen Bank hinterlegt. Das ADR verbrieft damit das Recht an einer oder mehreren der hinterlegten Aktien und damit indirekt die Teilhaberschaft an dem betreffenden Unternehmen.

Näheres dazu unter ADR.

Analysten |

Angehörige einer Berufsgruppe, die sich darauf spezialisiert haben, Aktien bestimmter Unternehmen oder Branchen zu beobachten. Dazu untersuchen sie regelmäßig die finanzielle Situation der Gesellschaften, ihre Marktstellung und die Qualität des Managements. Sie analysieren die Geschäftsstrategie und bewerten die Marktchancen von Produkten, die sich noch in der Entwicklung befinden. Durch regelmäßige Gespräche mit der Unternehmensleitung und bei Betriebsbesichtigungen verschaffen sie sich einen persönlichen Eindruck. Auf dieser Basis geben sie Empfehlungen ab, ob Anleger die Aktien der Gesellschaft kaufen, halten oder verkaufen sollten.

Analysten arbeiten vor allem bei oder im Auftrag von Banken, Versicherungen, Vermögensverwaltern oder Investmentfonds. Diese institutionellen Anleger sind nicht nur selber Kapitalsammelstellen, die im Auftrag ihrer Kunden Milliardenbeträge an der Börse anlegen. Sie betreuen oft auch Kunden, die von ihnen Anlageempfehlungen erwarten. Außerdem veröffentlichen vor allem die Kreditinstitute zu PR-Zwecken immer wieder allgemeine Prognosen zur Börsenentwicklung und Empfehlungen zum Kauf oder Verkauf einzelner in- und ausländischer Werte. Sie publizieren Informationsbriefe für ihre Kunden, in denen sie Anlageempfehlungen geben. Sie müssen die Berater in den Wertpapierabteilungen mit allen relevanten Informationen versorgen, damit diese ihre Kunden sachkundig beraten können. Die Kreditinstitute müssen aber nicht zuletzt auch auf Anfragen von Journalisten fundierte Antworten zur Kursentwicklung geben können.

Deshalb unterhalten die meisten Banken, die Sparkassen und ihre Spitzeninstitute sowie Investmentfonds, Versicherungen und Broker eigene Analystenabteilungen. Deren Mitarbeiter spezialisieren sich wiederum auf bestimmte Länder, Regionen oder Branchen. Gelegentlich sind sie auch nur für einzelne, aber besonders wichtige Unternehmen zuständig.

Viele börsennotierte Unternehmen laden die für sie zuständigen Beobachter auch von sich aus regelmäßig zu Analystengesprächen ein, um ihnen das Unternehmen und seine Leistungen aus ihrer Sicht darzustellen und Fragen zu beantworten. Die am Neuen Markt gelisteten Unternehmen sind dazu sogar verpflichtet.

Für börsennotierte Gesellschaften ist die Beurteilung durch die Analysten von großer Bedeutung, da die Kursentwicklung der jeweiligen Aktie und damit die Chance, zu günstigen Bedingungen frisches Kapital über den Kapitalmarkt zu bekommen, nicht zuletzt von deren Empfehlungen abhängt. Unternehmen, die von den Analysten nicht beachtet werden, haben es meist schwer an der Börse, weil sie dadurch auch nur bei wenigen Anlegern auf Interesse stoßen. Manche ziehen daraus sogar durch ein Delisting die Konsequenz.

Da sich nicht nur die großen Fonds, die Versicherungen und Banken sowie andere institutionelle Anleger, sondern auch ungezählte Aktionäre bei ihren Anlageentscheidungen von den Urteilen der Analysten stark beeinflussen lassen, haben deren Aussagen eine große Bedeutung für die Kursentwicklung. Sie wird allerdings dadurch relativiert, dass die einzelnen Analysten oft zu sehr unterschiedlichen Einschätzungen kommen. Eine Aktie, die von den Analysten einer Bank als „klarer Kauf" empfohlen wird, wird von anderen Kreditinstituten vielleicht nur mit „Halten" eingestuft oder gar zum Verkauf empfohlen. Ähnliches lässt sich beobachten, wenn die Fachleute der Kreditinstitute ihre Einschätzung der Märkte für die kommenden Monate kundtun. Da kann es sein, dass der Analyst der X-Bank für den DAX oder den Dow Jones zum Ende des Jahres einen neuen Index-Rekord prophezeit, während die Y-Bank einen kräftigen Rückschlag für wahrscheinlich hält und zu Gewinnmitnahmen rät.

Analysten sind auch nur Menschen

Analysten sind zwar Wertpapierspezialisten und beschäftigen sich in der Regel weit intensiver und sachkundiger mit den einzelnen Unternehmen, als dies ein privater Sparer tun kann. Der große Bedarf der institutionellen Anleger an derartigen Beobachtern hat aber dazu geführt, dass nicht immer nur Spitzenkräfte als Analysten arbeiten. Oft können sie sich wegen der Vielfalt ihrer Aufgaben auch nicht so intensiv mit einzelnen Unternehmen (und erst recht nicht mit jeder kleinen AG am Neuen Markt) beschäftigen, wie dies für ein fundiertes Urteil erforderlich wäre. Viele Unternehmen klagen über die oft noch recht jungen „Besserwisser", die zu ihren Analystengesprächen erscheinen und ihr Urteil gelegentlich auf sehr vordergründige Beobachtungen und Zahlen stützen. Selbst gute Gewinne können zu negativen Analystenurteilen und heftigen Kursverlusten führen, wenn deren noch höher gespannte Erwartungen enttäuscht wurden. (Das sind dann oft Kaufgelegenheiten für antizyklisch eingestellte Börsianer.) Anleger sollten sich deshalb nicht blind auf die Empfehlungen einzelner Analysten verlassen. Bedenken Sie zudem: Die Kreditinstitute, für die die Analysten arbeiten, verdienen am Geschäft mit Aktien. Sie raten deshalb selten vom Wertpapierkauf ab.

Anlageberater/Vermögensberater

So nennen sich Vertreter von Finanzdienstleistern ebenso wie freiberufliche und unabhängige Berater oder Mitarbeiter von Brokerhäusern und Banken. Die Berufsbezeichnung ist gesetzlich nicht geschützt. Auch ein Sachkundenachweis ist nicht erforderlich. Deshalb bezeichnen sich auch solche Verkäufer von Fondsanteilen und anderen Finanzprodukten als Anlageberater, die nur eine geringe Qualifikation für diese Tätigkeit besitzen. Oder sie sind für Anbieter aus dem grauen Kapitalmarkt tätig und versuchen eher mit psychologischen Tricks als mit Sachwissen Kunden zu gewinnen.

Das gestiegene Interesse an einer ertragreichen Geldanlage und die Notwendigkeit einer stärkeren Eigenvorsorge für das Alter haben dazu geführt, dass nicht nur die Zahl und Vielfalt der hierfür mehr oder weniger geeigneten Finanzprodukte steigt. Es gibt auch eine große und weiter wachsende Zahl von Unternehmen, die sich auf den Verkauf von Fondsanteilen und Lebensversicherungen, auf das Angebot von Immobilienbeteiligungen, von Warentermin- und Devisengeschäften sowie zahlreichen anderen Finanzprodukten spezialisiert haben. In ihrem Auftrag bemühen sich so genannte Anlage- oder Finanzberater um Kunden. Daneben gibt es die Wertpapierberater der Banken, Vermögensverwaltungen und Brokerhäuser sowie unabhängige Anlage- beziehungsweise Vermögensberater.

Die Berufsbezeichnung „Anlageberater" ist nicht gesetzlich geschützt. Die erforderliche Sachkunde wird weder durch staatliche Stellen noch durch Industrie- und Handelskammern oder ähnliche unabhängige Institutionen geprüft. Für einen freien Handelsvertreter als Vermittler reicht ein Gewerbeschein. Es hängt also ganz vom jeweiligen Arbeitgeber oder der Eigeninitiative des Anlageberaters ab, ob die erforderlichen Kenntnisse für eine qualifizierte Beratung erworben und auf dem neuesten Stand gehalten werden.

Viele Anlageberater sind nur für einen bestimmten Anbieter und die von ihm vertriebenen Finanzprodukte tätig. Darüber werden die Kunden nicht immer informiert. Eine unabhängige und auf die Bedürfnisse des einzelnen Anlegers zugeschnittene Beratung ist nur dann gewährleistet, wenn dieser sich an einen Sachverständigen für Kapitalanlage wendet, der selber keine Vermögensanlagen vertreibt und statt dessen für seine Beratungsleistung honoriert wird. Auch von unabhängigen Beratern, die zwar auf Provisionsbasis arbeiten, aber nicht an bestimmte Unternehmen gebunden sind, kann eine kundenorientierte Beratung erwartet werden.

Ein Problem ist die Haftung des Anlageberaters für bestimmte Empfehlungen. Kommt es zu Schwierigkeiten, reden sich viele damit heraus, sie seien nur Vermittler von Geldanlagen und keine Berater. Dem hat allerdings der Bundesgerichtshof Anfang 2000 durch eine höchstrichterliche Entscheidung einen Riegel vorgeschoben (AZ: III ZR 62/99 vom 13.1.00). Zwar können keine Garantien für die Wertsteigerung einer Geldanlage verlangt werden. Aber nicht zutreffende Angaben (zum Beispiel über Steuervorteile) können eine Forderung auf Schadenersatz begründen. Zu richtigen und vollständigen Angaben ist der Anlageberater in jedem Fall verpflichtet. Die Überreichung eines Packens von Informationsmaterial ist nicht ausreichend.

Vorsicht ist immer angebracht, wenn sich ein „Anlageberater" unaufgefordert an der Haustür oder am Telefon meldet. Das ist gesetzlich verboten und deutet auf ein unseriöses Unternehmen hin. Auch hohe Gewinnversprechen oder der Hinweis auf Bankgarantien sind ein Hinweis darauf, dass der „Anlageberater" unseriös ist.

Prüfsteine für Anlageberater
- Unerbetener Telefonanruf oder Haustürbesuch: unseriös.
- Kann er keine fachliche Ausbildung vorweisen?
- Ist er nicht bereit, ein Beratungsprotokoll anzufertigen und zu unterzeichnen?
- Wird bereits für die Analyse Ihrer finanziellen Situation ein Honorar verlangt (außer bei einem anerkannten Sachverständigen, der Ihnen nichts verkaufen will)?
- Bleiben im Beratungsprotokoll Rendite, Risiko, steuerliche Aspekte, Laufzeit und Kündigungsmöglichkeiten unerwähnt?
- Wird versucht, Sie unter Zeitdruck zu setzen?
- Werden ungewöhnlich hohe Gewinne in Aussicht gestellt?

Wenn Sie mehrere oder gar alle Fragen mit Ja beantworten müssen, ist höchste Vorsicht angebracht. Aber auch wenn nur einer dieser Punkte zutrifft, ist schon Misstrauen zu empfehlen. Holen Sie möglichst einen zweiten Rat ein. Bewahren Sie Protokoll und andere Unterlagen gut auf. Investieren Sie nicht in Anlagen, die Sie nicht wirklich verstehen. Nutzen Sie gegebenenfalls die Widerrufsfrist von einer Woche: schriftlich per Einschreiben.

Anlagestruktur ▌

Zusammensetzung der in einem Depotkonto enthaltenen Vermögenswerte. Beim Aufbau eines Wertpapierdepots kommt es darauf an, eine ausgewogene Zusammensetzung der darin enthaltenen Risikopapiere sowie Renditetitel anzustreben und daneben auch andere Formen der Geldanlage nicht zu vergessen. Andernfalls könnte eine Branchenkrise oder eine allgemeine und vielleicht für längere Zeit anhaltende Schwächephase an der Börse zu finanziellen Problemen führen.

Näheres dazu unter Depotstruktur.

Anlegerprofil/Risikoprofil

Die Risikobereitschaft ebenso wie die „Nervenstärke" sind von Mensch zu Mensch unterschiedlich. Dies muss auch bei der Geldanlage berücksichtigt werden. Seriöse Berater erkunden deshalb das Risikoprofil von Kunden, ehe sie ihnen eine bestimmte Vorgehensweise empfehlen. Aus dem Risikoprofil ergibt sich zusammen mit den Anlagezielen die passende Vermögensstruktur.

Die Erforschung des Anlegerverhaltens ist auch eine Aufgabe der Behavioral Finance. Finanzexperten unterscheiden zwischen Anlagetypen wie:

- dem chancenorientierten Anleger, der zu größeren Risiken bereit ist,
- dem wachstumsorientierten Anleger, der in seinem Portfolio auch Investments mit überschaubarem Risiko, aber einer gewissen Volatilität haben möchte, und dem
- ertragsorientierten Anleger, der auf eine kontinuierliche Wertentwicklung setzt, aber keine größeren Risiken eingehen will.

Bei der Beratung in der Bank oder durch einen Broker muss das berücksichtigt werden. Anlageberater sind sogar gesetzlich verpflichtet, sich vom Kunden ein entsprechendes Beratungsgespräch bescheinigen zu lassen. Denn Emotionen bestimmen in hohem Maße das Verhalten der Anleger an den Finanzmärkten. Das zeigt sich insbesondere bei heftigen Kursbewegungen, also bei Hausse und Baisse. Viele Marktteilnehmer lassen sich bei steigenden Kursen vom „Herdentrieb" zu Käufen verleiten und übersehen dabei die fundamentalen Rahmendaten und andere Instrumente der Aktienanalyse. Ähnliche Reaktionen sind bei plötzlichen Kurseinbrüchen zu beobachten. Deshalb sollte jeder sein eigenes Anlegerverhalten erforschen, um irrationale Verhaltensweisen zu erkennen und so zu versuchen, teure Fehlentscheidungen zu vermeiden.

Anlegerverhalten/Behavioral Finance

Anleger verhalten sich in höchst unterschiedlicher Form. Das liegt nicht nur an den individuellen Sparzielen oder Erfahrungen. Es hängt auch mit den verschiedenen Risikotypen und anderen psychologischen Faktoren zusammen, wie Forschungen im Rahmen der Behavioral Finance zeigen. Da viele Anleger sich dessen nicht bewusst sind, geraten sie immer wieder in „Psychofallen" und gefährden ihren Anlageerfolg.

Emotionen bestimmen das Entscheidungsverhalten vieler Anleger weit stärker, als ihnen selber bewusst ist. Diese Zusammenhänge werden im Rahmen der „Behavioral Finance" untersucht, einer Wissenschaft, die sich mit dem Einfluss psychologischer Faktoren auf die Entwicklung der Finanzmärkte beschäftigt. Zu ihren Vertretern gehört in Deutschland Rüdiger von Nitzsch, der an der Technischen Hochschule Aachen arbeitet. Auf Grund seiner Untersuchungen unterscheidet er verschiedene Anlegertypen mit entsprechend typischen Fehlern.

Einer dieser Typen ist zum Beispiel der vorschnell Handelnde. Er verfügt nur über wenige Informationen, entscheidet hastig und ist leicht durch allgemeine Ausführungen über den zu erwartenden Börsentrend zu beeinflussen. Das Ergebnis ist, dass er oft einen viel zu hohen Einstandspreis zahlt und dann ebenso hastig und zum falschen Zeitpunkt verkauft, wie er eingestiegen ist.

Ein weiterer Typus kann als „einstandsorientiert" bezeichnet werden. Er hat von allen seinen Aktien den Einstiegspreis im Kopf und will in jedem Einzelfall mit Gewinn abschließen. Er steigt deshalb oft auch dann nicht aus einem Engagement aus, wenn weitere Verluste drohen.

Ein dritter Anlagetyp gehört zur Gruppe der Rechthaber. Er will nicht zugeben, dass er Fehler gemacht hat, und ignoriert alle Nachrichten, die nicht in seine Vorstellungswelt passen.

Viele Anleger – ob neu im Geschäft oder alter Börsenhase – bringen sich um einen möglichen Erfolg oder handeln sich unnötige Verluste ein, weil ihnen die eigene Psyche im Weg ist. Sie schätzen ihr Verhalten falsch ein oder treffen Anlageentscheidungen und gehen Risiken ein, für die ihre Kenntnisse (noch) nicht ausreichen.

Wer nicht in seine eigene Psycho-Falle laufen will, sollte sein Verhalten immer wieder kritisch überprüfen. Das gilt für Anfänger ebenso wie für Anleger mit Erfahrung.

Wichtige Hinweise auf das eigene (Fehl-) Verhalten können spezielle Tests geben, wie sie zum Beispiel von v. Nitsch entwickelt wurden. Das von ihm gegründete Aixigo-Institut bietet jedem Interessierten die Möglichkeit, sich im Internet einem kostenlosen Selbsttest zu unterziehen (www.boersen-coach.com). Wer die Fragen (ehrlich!) beantwortet, erhält ein persönliches Anlegerprofil mit Hinweisen auf bestehende Verbesserungsmöglichkeiten.

Anleihen ▌

Anleihen sind festverzinsliche Wertpapiere, die eine schuldrechtliche Verpflichtung verbriefen und dem Inhaber einen Anspruch auf Rückzahlung und Verzinsung garantieren. Meist handelt es sich um langfristige Geldbeschaffung durch Gebietskörperschaften (Staaten, Länder, Gemeinden), öffentlich-rechtliche Institutionen oder große Unternehmen.

Festverzinsliche Wertpapiere werden von Unternehmen, aber vor allem vom Staat emittiert. Durch die Ausgabe von Anleihen ist es Ländern und Gemeinden möglich, sich Mittel für größere Ausgaben zu beschaffen, die über die laufenden Einnahmen des ordentlichen Haushaltes (vor allem Steuereinnahmen) nicht finanzierbar sind. Unternehmen beschaffen sich Kapital mit Hilfe von Anleihen, wenn dies günstiger erscheint als die Ausgabe neuer Aktien.

Der Inhaber von Anleihen kann sein Forderungsrecht auf Rückzahlung auch im Falle eines Konkurses des Schuldners geltend machen. Das Risiko eines totalen Verlustes ist bei Schuldnern mit guter Bonität gering. Über die Bonität gibt unter anderem die Einstufung beim Rating Auskunft. Die Motive zum Kauf eines festverzinslichen Wertpapiers liegen in der Kapitalverzinsung und im Erzielen von Kursgewinnen. Denn die Anleihe wird ebenso wie die Aktie an der Börse gehandelt. Allerdings halten sich die täglichen Kursschwankungen bei Anleihen in sehr viel engeren Grenzen.

Je nach Emittent spricht man bei Anleihen von:

- Staatsanleihen (Bund sowie dessen Sondervermögen, Anleihen anderer Länder)
- Bundesschatzbriefen (Bund)
- Kommunalobligationen (Gemeinden und Gemeindeverbände)
- Pfandbriefen (private und öffentlich-rechtliche Realkreditinstitute)
- Industrieobligationen (Industrieunternehmen)
- Bank- und Sparkassenobligationen (Banken und Sparkassen)
- Kassenobligationen (Bund sowie dessen Sondervermögen).

Weitere Unterscheidungen:

- Wandelanleihe beziehungsweise Wandelschuldverschreibung: In der Regel ein Inhaberpapier mit dem Recht, es zu einem bestimmten Zeitpunkt in Aktien umzuwandeln.
- Zero-Bonds: Null-Kupon-Anleihen, Emission ohne laufende Zinszahlung. Dabei gibt es zwei Varianten. Zinssammlung: Zins fällig bei Rückzahlung des Kapitals zum Nennwert; abgezinste Papiere: Verkauf mit Disagio unter Nennwert. Zurückgezahlt wird nur der Nennwert. (Wegen der Besteuerung sollte jeder Käufer zuvor Auskünfte einholen.)

- **Auslandsanleihen:** Sie werden von ausländischen Unternehmen oder Staaten auf dem heimischen Kapitalmarkt angeboten. Entweder als auf DM lautende und in DM zu verzinsende Anleihe oder als auf ausländische Währung lautende und darin zu bedienende Anleihe. Bei Auslandsanleihen ist auf die Währungsrelation sowie auf die gesetzlichen und politischen Verhältnisse des Emittentenlandes zu achten. Denn oft muss eine hohe Rendite mit einem höheren Sicherheitsrisiko bezahlt werden, da diese Schuldner kein AAA-Rating erhalten.

Verzinsung:

Die zugesicherte Verzinsung des Anleihebetrages (die Nominalverzinsung) ist ein wichtiges Kriterium für die Geldanlage in Anleihen. Letztlich entscheidend ist jedoch die Rendite, bei der neben der Nominalverzinsung auch Kursgewinne beziehungsweise Kursverluste bis zur Auszahlung mit in die Rechnung einfließen. Außerdem ist es von Nutzen, die so genannte Nettorendite, also die Rendite nach Steuern, zu ermitteln: Nominalverzinsung abzüglich Steueranteil plus steuerfreie Kursgewinne (beziehungsweise Kursverluste, beispielsweise bei Anleihen, die an der Börse über dem Nominal- oder Nennwert notiert werden). Die Auszahlung der Zinsen erfolgt üblicherweise im halb- oder ganzjährigen Turnus. Es gibt allerdings auch Anleihen, bei denen die Zinsen in einer Summe am Ende der Laufzeit oder zu einem bestimmten Termin gezahlt werden.

Laufzeit:

Anleihen werden in Wertpapiere mit kurz-, mittel- und langfristigen Laufzeiten gegliedert. Kurzfristig: drei Monate bis zwei Jahre; mittelfristig: drei bis fünf Jahre; langfristig: über fünf Jahre. Für die Geldanlage spielt die Gesamtlaufzeit einer Anleihe meist nur eine nebensächliche Rolle, viel wichtiger ist die so genannte Restlaufzeit. Das ist der Zeitraum vom Kauf bis zum Rückzahlungstag der Anleihe.

Tilgung:

Die Tilgung, also die Rückzahlung des Anleihebetrages, erfolgt in der Regel nach einem festen Tilgungsplan, der schon bei der Emission festgelegt sein muss:

- Vielfach wird die gesamte Anleihe an einem schon zu Beginn der Laufzeit festgelegten Datum zum Kurs von 100 Prozent (also zum Nominalwert) zurückgezahlt.

- Es kann auch festgelegt werden, dass die Anleihe nach einer Mindestlaufzeit vorzeitig gekündigt und zurückgezahlt werden kann. Das wird der Schuldner vor allem dann anstreben, wenn er sich zu Zeiten sehr hoher Zinsen Geld beschaffen muss.

- Die Konditionen der Anleihe können außerdem so gestaltet sein, dass von einem bestimmten Zeitpunkt an Teile der Anleihe zurückgezahlt und die Stücke per Auslosung bestimmt werden.

- Bei der Ratentilgung wird zu festen Terminen ein gleichmäßiger Betrag zurückgezahlt. Da die Zinsen von der Restschuld berechnet werden und diese durch die Ratenzahlung kleiner wird, entsteht für den Emittenten im Laufe der Zeit eine abnehmende Belastung.

- Bei der Annuitätentilgung wird regelmäßig über die gesamte Laufzeit ein unveränderter Betrag zurückgezahlt, der sich aus Zins- und Tilgungsanteil zusammensetzt.

AS-Fonds/Altersvorsorge-Sondervermögen

Beim Altersvorsorge-Sondervermögen handelt es sich um einen neuen Fondstyp, bei dem die Sicherheit der Geldanlage im Vordergrund steht. Daher ist eine breite Streuung vorgeschrieben. Substanzwerte (Aktien, Immobilien) müssen mindestens 51 Prozent des Anlagevermögens umfassen. Davon wiederum dürfen maximal 75 Prozent in Aktien und stillen Beteiligungen und höchstens 30 Prozent in Immobilien investiert sein. Zugelassen sind auch festverzinsliche Anleihen und Anteile an anderen Fonds. Die Erträge des Fonds werden während der Laufzeit thesauriert.

Mit den AS-Fonds (oder Pensions-Sondervermögen) gibt es auch in der Bundesrepublik eine ähnliche Einrichtung, wie sie die Pensionsfonds in den USA und in Großbritannien darstellen. In Deutschland sollte auf diesem Weg ein neues Instrument für die private Altersvorsorge geschaffen werden.

Damit das langfristige Ziel einer Zusatzrente im Alter erreicht wird, sollte in einen AS-Fonds mindestens 18 Jahre lang oder – je nach Alter des Anlegers – mindestens bis zum 60. Lebensjahr des Sparers eingezahlt werden. Das ist aber keineswegs vom Gesetzgeber starr vorgegeben: Der Sparplan kann jederzeit mit einer dreimonatigen Frist gekündigt werden. Der Anleger kann also im Bedarfsfall kurzfristig sein Geld mobilisieren. Bei Arbeitslosigkeit beträgt die Kündigungsfrist sogar nur vier Wochen.

Die Kapitalanlagegesellschaft (KAG), für die sich der Sparer entscheidet, muss ihm einen Sparplan vorlegen. Darin wird ihm in der Regel die lange Laufzeit empfohlen. Allerdings muss sich niemand an vorgeschriebene Laufzeiten halten. Die Höhe der Einzahlungen in den AS-Fonds ist variabel. Zu Beginn legt der Sparer zwar fest, wie viel monatlich angespart werden soll. Es ist aber auch möglich, diesen Betrag zu verändern, größere Einmalzahlungen vorzunehmen oder eine

Weile mit den Beiträgen auszusetzen. Allerdings muss mindestens einmal im Jahr ein Betrag in den Fonds eingezahlt werden.

Da AS-Fonds das Geld zum Teil in Aktien und andere Wertpapiere mit schwankenden Kursen anlegen, trägt der Anleger auch ein Risiko. Es ist aber bei AS-Fonds breiter gestreut. Gesetzliche Vorschriften und das Bundesaufsichtsamt für Kreditwesen, ohne dessen Lizenz kein Fonds aufgelegt werden darf, sorgen für eine vorsichtige Anlagepolitik. Mindestens 21 Prozent müssen und höchstens drei viertel von 51 Prozent des gesamten Kapitals dürfen in ihrem Portfolio in Form von Aktien enthalten sein. Höchstens 30 Prozent des gesamten Fondsvermögens dürfen in Immobilien angelegt werden. Festverzinsliche Anleihen können ebenso wie Anteile anderer Fonds im Portfolio enthalten sein. Dies und die in der Regel lange Laufzeit mindern das Risiko für den Sparer gegenüber einer vor allem auf hohen Ertrag ausgerichteten Vermögensverwaltung erheblich.

Nachdem der Sparplan abgelaufen ist, kann der Anleger mit der Kapitalanlagegesellschaft vereinbaren, wie das Kapital ausbezahlt werden soll. Dabei geht es um die zeitliche Streckung und die Höhe der Raten. Die Möglichkeiten reichen über eine lebenslange monatliche Rente (mit oder ohne Kapitalverzehr) bis zur sofortigen Auszahlung der gesamten Summe. Diese kann dann entweder wieder nach eigenen Vorstellungen angelegt oder für konsumptive Zwecke verwendet werden.

ATX

Der dem deutschen DAX entsprechende österreichische Aktienindex. Der Austrian Traded Index ist der Leitindex der Wiener Börse. Die Indizes der ATX-Familie umfassen die Blue Chips und die Mid-Cap-Aktien. Der ATX (Austrian Traded Index) ist als Basiswert für Optionen und Futures konzipiert.

Als die österreichische Terminbörse (ÖTB) 1991 gegründet wurde, war der ATX eine wesentliche Voraussetzung dafür. Seit 1995 ist er der Kern einer „Index-Familie", zu der auch der ATX 50, der ATX 50 Performance-Index (ATX 50P) und der ATX MidCap für die mittelgroßen Börsenwerte gehören.

Der ATX spiegelt die Kursentwicklung der 22 liquidesten Werte des österreichischen Aktienmarktes wider und repräsentiert damit fast 90 Prozent der Umsätze und rund 70 Prozent der gesamten Marktkapitalisierung (Börsenwert aller notierten Aktien). Die Auswahl der Aktien erfolgt nach folgenden Kriterien:

- Liquidität.
- Kontinuierlich gehandelter Wert.
- Marktkapitalisierung.

- Die Aktien dürfen nicht überwiegend in fester Hand sein.
- Ab 2001 größere Gewichtung des Streubesitzes.

Bei der im Jahr 2000 konzipierten Neugewichtung des ATX wurde ebenso wie beim Stoxx und später beim DAX dem Faktor „Streubesitz" eine noch größere Bedeutung beigemessen. Das Gewicht einer einzelnen Aktie wurde auf 20 Prozent begrenzt und der Streubesitz als Gewichtungsfaktor ab 2001 eingeführt. Strategische Beteiligungen (bis fünf Prozent) werden dabei nicht berücksichtigt. Es zählen nur die tatsächlich frei verfügbaren Aktien. Das erhöht die Bedeutung der Aktien, die an der Börse in Wien tatsächlich für den Handel verfügbar sind, und zeichnet so ein realistischeres Bild des Marktes.

Der Immobilien-ATX ist der Index der börsennotierten Immobilienwertpapiere österreichischer Immobiliengesellschaften.

Der WBI (Wiener Börse-Index) enthält alle österreichischen Aktien, die im amtlichen Handel der Wiener Börse notieren. Der WBI spiegelt als Gesamtmarktindex die Entwicklung des österreichischen Aktienmarktes wider.

Auslandsanleihen |

Auslandsanleihen sind festverzinsliche Wertpapiere, die von inländischen Schuldnern in ausländischer Währung emittiert werden. Ziel der öffentlichen und privaten Schuldner ist es, die günstigsten Zinssätze an den internationalen Kapitalmärkten auszunutzen. Die wichtigsten Währungen aus der Sicht deutscher Schuldner sind dabei US-Dollar, Yen, Pfund und Schweizer Franken. Daneben werden auch die Schuldverschreibungen ausländischer Unternehmen in Euro (oder früher in DM) am deutschen Markt als Auslandsanleihen bezeichnet.

Die unterschiedlich hohen Zinssätze an den internationalen Kapitalmärkten machen es für große und multinational tätige Unternehmen sinnvoll, ihre Kredite nicht nur in ihrem Heimatland, sondern auch an ausländischen Kapitalmärkten aufzunehmen. Aus diesem Grund emittieren viele Großunternehmen Anleihen in unterschiedlichen Währungen an den verschiedenen Kapitalmärkten. In diesem Zusammenhang versteht man unter Auslandsanleihen zum einen die Anleihen deutscher Unternehmen in fremder Währung an ausländischen Kapitalmärkten und zum anderen Anleihen ausländischer Unternehmen in Euro am deutschen Kapitalmarkt.

In Deutschland unterschied man innerhalb der Auslandsanleihen noch die so genannten DM-Auslandsanleihen. Dabei handelte es sich um Anleihen, die zwar von internationalen Unternehmen emittiert wurden, aber auf DM lauteten und in Deutschland gehandelt wurden. Die Emittenten konnten dabei sowohl deutsche als auch ausländische Unternehmen sein. Seit Beginn der Währungsunion 1999 wurden daraus Euro-Anleihen. Bei den DM- beziehungsweise Euro-Anleihen muss der deutsche Anleger kein Kurs- oder Währungsrisiko tragen, da die Rückzahlung in der eigenen Währung erfolgt.

Normale Auslandsanleihen hingegen sind festverzinsliche Wertpapiere deutscher Emittenten, die an den internationalen Kapitalmärkten in ausländischen Währungen ausgegeben werden.

Die meisten Auslandsanleihen werden in den großen Leitwährungen emittiert: in US-Dollar, japanischen Yen, Schweizer Franken oder englischen Pfund (sowie vor Beginn der Währungsunion in ECU). In der Regel kommen nur solche Währungen für die Ausgabe von Anleihen in Frage, die im internationalen Devisenhandel in großen Volumen gehandelt werden. So ist es jederzeit möglich, die dafür benötigten Mengen an Devisen zu erwerben oder zu verkaufen.

Für die kreditnehmenden Unternehmen besteht der Vorteil einer Emission in ausländischen Währungen an ausländischen Märkten darin, dass die Zinssätze für Anleihen weltweit differieren. Das macht es möglich, die Zinskosten durch Aufnahme der benötigten Beträge an den jeweils günstigsten Märkten zu senken.

Dem steht auf der anderen Seite ein Währungsrisiko gegenüber, denn die Zahlung der Zinsen sowie die Rückzahlung der aufgenommenen Mittel muss ebenfalls in Fremdwährung erfolgen. Dadurch kann es bei Veränderungen des Wechselkurses zu erheblichen Mehrkosten kommen (oder zu günstigeren Konditionen, wenn der Wert der betreffenden Währung sinkt).

Für Emittenten und Kapitalanleger besteht jedoch die Möglichkeit, sich mit Hilfe von Devisen-Terminkontrakten, wie beispielsweise Devisen-Optionen und · Devisen-Futures, gegen Kursschwankungen abzusichern.

Bei Euro-Auslandsanleihen können deutsche Kapitalanleger das Währungsrisiko vermeiden, weil sowohl die Zinszahlungen als auch die Rückzahlung der Anleihe in Euro geleistet werden. Der einzige Unterschied zu normalen, also in Deutschland emittierten Euro-Anleihen besteht darin, dass die Euro-Auslandsanleihen an Kapitalmärkten außerhalb Deutschlands aufgelegt werden.

Durch den zunehmenden Einsatz von Computern sowie durch die internationale Präsenz der großen Banken ist es für eine wachsende Zahl von Unternehmen möglich, die von ihnen benötigten Mittel immer dort zu leihen, wo die Zinsen am niedrigsten sind. Konnten früher nur sehr wenige und zugleich sehr große Unternehmen ihren Kreditbedarf international decken, so sind heute schon viele – auch kleinere – Unternehmen in der Lage, am weltweiten Kreditmarkt teilzunehmen. Durch neue Technologien wie das Internet und andere Datennetze steht der Zugang zu internationalen Kreditmärkten auch kleinen Unternehmen und sogar Privatleuten immer mehr offen.

Darüber hinaus hat die Bildung der Europäischen Währungsunion (EWU) und die damit verbundene Verwendung des Euro dazu geführt, dass den Schuldnern aus den teilnehmenden Ländern ein viel größerer Kapitalmarkt als zuvor zur Verfügung steht.

Aussetzen (von Kursnotierungen) ▌

Der Börsenvorstand jeder deutschen Börse ist berechtigt, die Notierungen einzelner Wertpapiere auszusetzen, wenn es bei diesen plötzlich zu Ereignissen kommt, die überdurchschnittlich starke Kursausschläge auslösen oder dies bewirken können. Damit soll den Marktteilnehmern Gelegenheit gegeben werden, sich zusätzliche Informationen über das jeweilige Unternehmen zu besorgen. Überdies sollen plötzliche, panikartige Überreaktionen des Marktes verhindert werden. Die Möglichkeit der Kursaussetzung dient vor allem dem Schutz der Kleinanleger, die oftmals von solchen Kursturbulenzen völlig überrascht werden und keine Möglichkeit haben, rechtzeitig und angemessen zu handeln.

Das Instrument der Aussetzung von Kursnotierungen dient vor allem dem Schutz der weniger erfahrenen Anleger. Das Aussetzen einer Kursnotierung bedeutet, dass der Börsenvorstand den Handel in einem bestimmten Wertpapier für eine gewisse Zeit unterbindet. Zu einem solchen schwerwiegenden Eingriff in das Handelsgeschehen kommt es immer dann, wenn es bei einem Unternehmen zu Ereignissen gekommen ist, die schwerwiegende Folgen für den Wert der jeweiligen Aktie oder Anleihe haben, über die die Mehrheit der Anleger aber noch nicht informiert ist. Das Aussetzen der Kursnotierung soll dem Unternehmen Zeit geben, seine Anleger und Gläubiger umfassend über die Situation des Unternehmens aufzuklären und so ungerechtfertigte Kursschwankungen beziehungsweise Benachteiligungen bestimmter Anlegerkreise zu vermeiden.

Das Steuerungsinstrument der Kursaussetzung gibt dem Börsenvorstand die Möglichkeit, den Handel eines Wertpapiers, vor allem den Handel mit Aktien, für eine bestimmte Zeit zu unterbinden. Die Aussetzung der Kursnotierung kann sich über wenige Stunden oder auch über mehrere Tage hinziehen. Die Dauer dieser Maßnahme hängt zunächst einmal vor allem davon ab, wie schnell das betroffene Unternehmen seine Aktionäre mit den notwendigen Informationen versorgen kann.

In der Regel erfolgt die Kursaussetzung im Einvernehmen mit dem Unternehmen oder seiner Hausbank, die ungerechtfertigte spekulative Kursschwankungen vermeiden wollen. Hierbei geht es vor allem darum, dass Insidern aus dem Unternehmen oder dem Börsenumfeld gegenüber der breiten Masse der Anleger kein Informationsvorsprung gegeben wird, den diese zu ihrem Vorteil nutzen können. Zusätzlich wird das Instrument der Kursaussetzung gegebenenfalls dazu genutzt, panikartige Zustände an der Börse zu entschärfen. Durch eine handelsfreie Zeit soll eine gewisse Abkühlung der Emotionen herbeigeführt werden. Den Anlegern soll die Möglichkeit gegeben werden, sich ausreichend zu informieren, anstatt ihr Handeln auf bloße Gerüchte zu stützen.

Kommt es zu einer Kursaussetzung, wird vom Emittenten erwartet, dass er die Zeit nutzt, um die Öffentlichkeit so umfassend wie möglich zu informieren. Ist eine sinnvolle Information der Anleger nicht innerhalb eines bestimmten Zeitraums möglich, muss der Handel wieder aufgenommen werden. In einem solchen Fall wird aber im amtlichen Kursblatt ein Hinweis gegeben, damit Anleger erkennen können, dass bei dem betreffenden Papier eine gewisse Bewertungsunsicherheit besteht. Im Allgemeinen wird erwartet, dass das betreffende Unternehmen selbst direkt oder über seine Hausbank eine Kursaussetzung anregt, wenn es ihm nicht möglich ist, mit Hilfe der Ad-hoc-Mitteilung eine sichere Bewertungsbasis für den Anleger zu schaffen.

Baisse

Wenn an der Börse die Kurse auf breiter Front oder in bestimmten Sektoren stark fallen und besonders wenn diese Kursverluste über einen bestimmten Zeitraum hinweg anhalten oder sich sogar noch beschleunigen, wird von Baisse gesprochen. In dieser Situation sind die „Bären stärker als die Bullen". Die konträre Entwicklung dazu ist die Hausse.

Als Baisse wird ein allgemeiner konjunktureller Niedergang der Wirtschaft bezeichnet, eine krisenhafte Entwicklung. Heute wird darunter aber vor allem eine deutliche Abschwächung der Kurse an den Wertpapierbörsen verstanden. Dabei kann es sich sowohl um einen Einbruch auf breiter Front handeln, der sich in einem entsprechenden Rückgang des jeweiligen Index (DAX, CAC, ATX, Dow Jones, Nikkei usw.) ausdrückt, als auch um Sonderbewegungen bei einzelnen Aktien oder einer Branche. Dies führt dann zu einem Fallen des entsprechenden Branchen-Index (in Deutschland des Composite DAX oder CDAX). Oft lösen kräftige Sonderbewegungen bei einzelnen Titeln oder Branchen auch einen allgemeinen Rückschlag an der Börse aus.

Als Baissiers werden diejenigen Börsenteilnehmer bezeichnet, die in einzelnen Branchen oder auf breiter Front mit fallenden Kursen rechnen, sich rechtzeitig mit den entsprechenden Wertpapieren eindecken und damit in einer Art „selffulfilling prophecy" den Aufschwung in Gang setzen. In der Börsensprache wird dann von einer „bearischen Situation" (engl.: bear = Bär) gesprochen, weil die Bären (oder Pessimisten) das Geschehen bestimmen, während die Bullen oder Optimisten im Abseits stehen.

Auch in einer solchen Situation bietet die Börse geschickten Spekulanten Gewinnmöglichkeiten. Denn wer auf sinkende Kurse setzt, seine Papiere verkauft und auf Termin zurückkauft, kann entsprechende Spekulationsgewinne kassieren – wenn die Rechnung aufgeht. Deshalb **Vorsicht:** Optionsgeschäfte müssen auch dann erfüllt werden, wenn die erwartete Kursbewegung nicht eintritt, die Kurse also steigen. Zwar besteht dann die (in der Regel genutzte) Möglichkeit, auf einen Kauf zu verzichten und die für die Option gezahlte Prämie verfallen zu lassen. Aber diese ist dann verloren.

Es kommt auch vor, dass finanzkräftige Spekulanten „à la baisse" spekulieren. Sie versuchen dabei, durch gezielte Verkäufe die Kurse einzelner Papiere oder die Aktien bestimmter Branchen zu drücken. Wenn dann andere Spekulanten oder auch normale Anleger sich mitziehen lassen und ebenfalls verkaufen, ist das Ziel erreicht. Die Kurse fallen, und die Initiatoren können ihre Papiere billiger zurückkaufen. Das ist allerdings ein riskantes (und gelegentlich auch unlauteres oder illegales) Spiel und kann bei den Initiatoren zu erheblichen Verlusten führen, wenn die Absicht von anderen Marktteilnehmern erkannt und durchkreuzt wird.

Bankgarantiehandel

Betrügerische Geschäfte mit in Wirklichkeit nicht existierenden Werten. Unseriöse oder kriminelle Anlageberater locken immer wieder Kunden mit dem Versprechen, ihnen Zugang zu einem hochprofitablen Geschäft zu verschaffen, das die international tätigen Banken angeblich nur unter sich abwickeln. Derartige Bankgarantien existieren aber nicht. Da es es auch keinen entsprechenden Handel geben kann, handelt es sich immer um Betrugsversuche.

Die so genannten Bankgarantiegeschäfte werden auch unter der Bezeichnung „Letter of Credit", Interbankenhandel oder unter ähnlichen Phantasienamen beziehungsweise falschen Bezeichnungen angeboten. Offeriert werden diese angeblich hochprofitablen Geschäfte von Firmen, die im grauen Kapitalmarkt tätig sind. Mittels persönlicher oder telefonischer Kontakte bieten sie über so genannte Anlageberater privaten Sparern die Teilnahme an diesem Handel an. Sie behaupten unter anderem, dass die international tätigen Banken derartige Geschäfte ausschließlich untereinander abwickeln, um andere nicht an den hohen Gewinnen beteiligen zu müssen. Weil ein Zugang zu diesem Markt angeblich nur unter hohem Kapitaleinsatz möglich ist, werden Kleinanleger dann zum Beispiel aufgefordert, sich an einem „Pool" zu beteiligen. Oft locken die Verkäufer auch damit, dass es auf diesem Weg möglich sei, Schwarzgeld zu „waschen" und gleichzeitig eine Verzinsung in zweistelliger Höhe zu erzielen.

Warnung: Lassen Sie sich niemals auf solche Geschäfte ein. Es gibt keinen Bankgarantiehandel. Lassen Sie sich auch nicht dadurch täuschen, dass Ihnen am Anfang vielleicht hohe Gewinne gutgeschrieben werden. Damit sollen die Anleger nur zur Einzahlung höherer Summen veranlasst werden. Diese Geschäfte enden immer mit hohen Verlusten und sehr oft mit einem Totalverlust des eingesetzten Kapitals. Die Anbieter verlassen sich darauf, dass die Betrogenen in vielen Fällen keine Klage einreichen: um sich die Blamage zu ersparen, weil sie die Existenz von Schwarzgeld einräumen müssten oder weil sie ohnehin keine Chance sehen, etwas von ihrem Geld wiederzubekommen.

Bankgeheimnis

Als Bankgeheimnis wird die Verschwiegenheitspflicht der Banken gegenüber Dritten über die Vermögensverhältnisse ihrer Kunden bezeichnet. Das Bankgeheimnis gibt den Kreditinstituten ein Auskunftsverweigerungsrecht und eine Auskunftsverweigerungspflicht gegenüber Personen oder Institutionen. Nur in speziellen, gesetzlich geregelten Fällen müssen die Kreditinstitute von ihrem Auskunftsverweigerungsrecht abweichen und bestimmten staatlichen Institutionen die von diesen verlangten Informationen zur Verfügung stellen. Gegenüber dem Finanzamt ist das Bankgeheimnis in der Praxis inzwischen weitgehend aufgehoben.

Das Bankgeheimnis soll das Vertrauensverhältnis zwischen Bank und Kunden schützen. Es verpflichtet die Kreditinstitute, Dritten keinen Einblick in die Vermögensverhältnisse, Kontenbewegungen und sonstigen finanziellen Belange ihrer Kunden zu geben. Hierbei handelt es sich vor allem um Auskünfte über die Kreditbeziehungen und Vermögensverhältnisse der Kunden. Im Rahmen des Bankgeheimnisses haben die Kreditinstitute auch ein Auskunftsverweigerungsrecht gegenüber Behörden und Ämtern.

Das Bankgeheimnis wird aber in immer mehr Fällen, in denen eine gesetzliche Auskunftspflicht der Banken gegenüber bestimmten Behörden und Institutionen besteht, eingeschränkt oder sogar aufgehoben. Dies gilt in den folgenden Fällen:

Steuerverfahren:

Banken müssen Finanzbehörden zur Feststellung eines für die Besteuerung erheblichen Tatbestandes Auskunft geben, wenn die Aufklärung des in Frage stehenden Sachverhalts durch die unmittelbar Beteiligten nicht gelingt. Hierbei handelt es sich nach der Abgabenordnung vor allem um Fälle des dringenden Tatverdachts einer Steuerhinterziehung. Insbesondere die zunehmende Umstellung auf Namensaktien erlaubt dem Fiskus einen tieferen Einblick. Wer nach wie vor Tafelgeschäfte macht und es dabei mit der Steuerehrlichkeit nicht so ganz genau nimmt, sollte sich dieser zusätzlichen Informationsmöglichkeiten bewusst sein.

Im Erbschaftsfall besteht Auskunftspflicht des Kreditinstituts gegenüber dem für die Erhebung der Erbschaftssteuer zuständigen Finanzamt.

Gerichtsverfahren:

Bei Gerichtsverfahren müssen Banken oder Sparkassen in drei Fällen Auskunft geben, ohne sich auf das Bankgeheimnis berufen zu können.

1. **Im Zusammenhang mit einem Konkurs** besteht für Banken nach § 118 der Konkursordnung eine Auskunftspflicht. Dem betreffenden Konkursverwalter muss Auskunft darüber gegeben werden, wer Gegenstände, die zur Konkursmasse gehören, im Besitz hat. Bei einem Konkursverfahren werden die Interessen der Gläubiger einer in Konkurs gegangenen Person oder Unternehmung höher bewertet als die Wahrung des Bankgeheimnisses. Es soll sichergestellt werden, dass auch wirklich die gesamte Vermögensmasse zur Befriedigung der Gläubiger und Anteilseigner verwendet wird.

2. **Im Zwangsvollstreckungsverfahren** muss eine Bank eine Drittschuldnererklärung abgeben.

3. **In Strafprozessen** sind die Angestellten der Bank verpflichtet, als Zeugen gegenüber Staatsanwalt und Strafgericht auszusagen.

Im Rahmen von Verwaltungsverfahren sind die Banken gegenüber der Deutschen Bundesbank und dem Bundesaufsichtsamt für das Kreditwesen (BAKred) zur Auskunft verpflichtet. Diese Institutionen unterliegen allerdings ihrerseits wiederum der Schweigepflicht, die nur in Ausnahmefällen gebrochen werden darf.

Außer in diesen vom Gesetz genau bestimmten Fällen unterliegen Kreditinstitute in ihrem Verhältnis zum Kunden und zu dritten Personen oder Institutionen grundsätzlich der Schweigepflicht. Verstoßen Banken gegen das Bankgeheimnis, können sie dafür gerichtlich belangt werden.

Ein Bankgeheimnis gibt es in allen Industrieländern und den meisten Entwicklungsländern – allerdings in mehr oder weniger strenger Form. Über eines der strengsten Gesetze in diesem Bereich verfügt die Schweiz. Es schützt auch Kunden mit Wohnsitz im Ausland vor Nachforschungen der heimatlichen Behörden, solange es sich nicht um organisierte Kriminalität und andere schwere Straftaten handelt. Steuerdelikte gehören nicht dazu.

In Deutschland wird immer wieder diskutiert, ob das Bankgeheimnis durch Gesetzesänderungen gelockert werden sollte. Grund für diese Überlegungen ist vor allem der Versuch, zur Bekämpfung der organisierten Kriminalität die Geldwäsche zu verhindern. Es geht aber auch um den Wunsch der Finanzämter, leichter gegen Steuerhinterziehung vorgehen zu können.

Barwert

Als Barwert wird der zusammengefasste heutige Wert einer oder mehrerer zukünftig anfallender positiver oder negativer Zahlungen bezeichnet. Der Barwert wird rechnerisch dadurch ermittelt, dass die in der Zukunft anfallenden Zahlungen auf den heutigen Wert abgezinst und aufaddiert werden. Der Barwert ermöglicht einerseits, den Gegenwartswert einer Zahlungsreihe zu ermitteln. Andererseits erlaubt er es, Investments mit unterschiedlicher Zahlungsreihe, aber gleicher Laufzeit zu vergleichen. Der Barwert ist neben der Rendite eine der wichtigsten Kennzahlen zur Analyse von Anleihen.

Der Barwert gehört zu den wichtigsten und gebräuchlichsten finanzmathematischen Kennzahlen zur Bewertung und zum Vergleich der Vorteilhaftigkeit von Investments. Der Barwert dient zum Vergleich von unterschiedlichen Zahlungsreihen mit Hilfe von jeweils einer Zahl. Hierzu wird die jeweilige Zahlungsreihe auf eine einzige Zahl verdichtet.

Rechnerisch ist der Barwert einfach durch Abzinsen und Addition der einzelnen positiven und/oder negativen Zahlungen zu ermitteln. Die Formel dazu:

Zahlung im Jahr 1/ (1 + Abzinsungsfaktor) + Zahlung im Jahr 2/
$(1 + \text{Abzinsungsfaktor})^2$ + Zahlung im Jahr 3/
$(1 + \text{Abzinsungsfaktor})^3$ + ...

Die einzelnen Zahlungen werden jeweils mit einem Minuszeichen (soweit es sich um eine Auszahlung handelt) oder mit einem Pluszeichen (wenn es sich um Einzahlungen handelt) versehen.

Die Abzinsungsfaktoren werden mit dem jeweiligen Zeitpunkt der Fälligkeit gewichtet. Die Idee hierbei ist, dass ein Investor eine Zahlung, die heute fällig ist, vorteilhafter bewertet als eine gleich hohe Zahlung, die erst morgen fällig ist. Das heißt, 100 DM beziehungsweise Euro heute sind mehr wert als 100 DM beziehungsweise Euro morgen.

Den Barwert kann man als den Wert interpretieren, den ein Investor, der eine bestimmte Mindestverzinsung seines eingesetzten Kapitals erwartet, für eine vorgegebene Zahlungsreihe zu zahlen bereit wäre. Erwartet ein Investor also beispielsweise für eine zweijährige Bindung seines Kapitals eine Verzinsung von sechs Prozent, so wäre er nach oben genannter Formel bereit, für eine Zahlungsreihe von sieben Euro in Jahr eins und 107 Euro in Jahr zwei einen Betrag von 101,83 Euro zu zahlen.

Als Vorteilhaftigkeitskriterium gilt dabei grundsätzlich: Liegt der Kaufpreis für eine Zahlungsreihe unterhalb des Barwerts oder ist er gleich dem Barwert der Zahlungsreihe, so kann das Investment aus Sicht des Anlegers grundsätzlich als positiv beurteilt werden. Liegt der Kaufpreis hingegen über dem ermittelten Barwert, so würde der Anleger die von ihm geforderte Mindestverzinsung nicht erreichen. Das Investment wäre also grundsätzlich negativ zu beurteilen. Vergleicht man zwei Zahlungsreihen miteinander, so ist die Zahlungsreihe vorteilhafter, die den höheren Barwert aufweist.

Zahlungsreihe

Unter einer Zahlungsreihe versteht man eine Reihe zu verschiedenen Zeitpunkten fällig werdender positiver und/oder negativer Zahlungen.

1. Beispiel:
Zahlungsreihe einer Anleihe mit drei Jahren Laufzeit und sieben Prozent Verzinsung

Jahr 0:	Auszahlung (Kauf der Anleihe)	– 10.000
Jahr 1:	Einzahlung (Zins)	+ 700
Jahr 2:	Einzahlung (Zins)	+ 700
Jahr 3:	Einzahlung (Zins)	+ 700
	Einzahlung (Rückzahlung)	+ 10.000

2. Beispiel:
Zahlungsreihe eines aufgenommenen Kredits mit zwei Jahren Laufzeit und acht Prozent Zins

Jahr 0:	Einzahlung (Auszahlung des Kredits):	+ 10.000
Jahr 1:	Auszahlung (Zins):	– 800
	Auszahlung (Tilgung):	– 5.000
Jahr 2:	Auszahlung (Zins):	– 400
	Auszahlung (Tilgung):	– 5.000

Der Barwert wird häufig bei der Bewertung von Anleihen verwendet. So kann ein Anleger errechnen, ob der Kurs einer an der Börse notierten Anleihe fair oder die Anleihe zu teuer ist. Hierbei wird der zu erwartende Zahlungsstrom (Zins und Tilgung) mit einem geeigneten Abzinsungsfaktor in einen Barwert umgerechnet und dann mit dem an der Börse ermittelten Kurs verglichen. Liegt der Börsenkurs unter dem Barwert, ist die Anleihe unterbewertet, also prinzipiell ein interessantes Investment. Ist der Börsenkurs gleich dem Barwert, spricht man von einer fairen Bewertung. Eine Notierung über dem Barwert dagegen wird als eine Überbewertung bezeichnet.

Das Ergebnis der Barwertberechnung hängt im Wesentlichen von der Höhe des Abzinsungsfaktors ab. Für die Auswahl des Abzinsungsfaktors gibt es aber keine verbindliche Regelung. Sie obliegt vielmehr dem Anleger und hängt von dem jeweils zu bewertenden Investment ab. Bei der Bewertung von Anleihen werden meist Referenzzinssätze verwendet. So wird bei der Bewertung einer Anleihe eines Emittenten mit einwandfreier Bonität ein Referenzzins für Anlagen mit gleicher Laufzeit gewählt. Mit zunehmendem Bonitätsrisiko wird in der Regel ein Aufschlag auf den Referenzzinssatz vorgenommen. Auf diese Weise kann man beispielsweise die von einer Rating-Agentur ermittelten durchschnittlichen Renditen bei unterschiedlichen Ratings verwenden.

Beispiel: Berechnung des Barwerts einer Anleihe mit einer Laufzeit von drei Jahren

Ein Anleger möchte den Barwert einer Anleihe, die er zum Nominalwert von 10.000 € erwirbt und während der gesamten dreijährigen Laufzeit hält, berechnen. Die Anleihe hat eine Nominalverzinsung von sieben Prozent und einen Rückzahlungskurs von 100 Prozent. Als Abzinsungsfaktor wählt der Anleger fünf Prozent, da ihm dieser Zins von seiner Bank für ein Festgeld mit gleicher Laufzeit angeboten wurde.

Zahlungsreihe:	Jahr 1: Einzahlung:	+	700
	Jahr 2: Einzahlung:	+	700
	Jahr 3: Einzahlung:	+	700
	Jahr 3: Einzahlung	+	10.000

Barwert: $(700 : 1{,}05) + (700 : 1{,}05^2) + (700 : 1{,}05^{3)}) + (10.000 : 1{,}05^3) =$
666,67 + 634,92 + 604,69 + 8.638,37 =
10.544,65

Der Anleger wäre also bereit, bis zu 10.544,65 Euro für eine Anleihe mit einem Nominalwert von 10.000 Euro, einer Restlaufzeit von drei Jahren und einer Nominalverzinsung von sieben Prozent zu bezahlen. Liegt der Preis der Anleihe unter diesem Betrag, ist die Anleihe vorteilhafter als das Festgeld, während bei einem Kurs über diesem Wert das Festgeld lukrativer wäre.

Problematisch bei der Verwendung des Barwerts ist, dass in der Regel jedes einzelne Glied der Zahlungsreihe mit dem gleichen Abzinsungsfaktor bewertet wird und lediglich eine Gewichtung mit der Laufzeit erfolgt. In der Realität wird sich der Referenzzinssatz aber über die Laufzeit verändern. Verwendet der Anleger beispielsweise einen Zwölfmonatszinssatz zur Berechnung des Barwerts einer Anleihe mit drei Jahren Restlaufzeit, so unterstellt er implizit, dass anfallende Zinsen während der Laufzeit jeweils zu diesem Satz wieder angelegt werden können. Das Wiederanlagerisiko wird also nicht beachtet.

Beispiel: Bewertung von Anleihen mit Hilfe der Barwertmethode
Eine Anleihe wird am 20.2. mit 103,5 Prozent bewertet, das heißt, ein Anleger müsste für einen Nominalbetrag in Höhe von 100 € einen Betrag von 103,50 € bezahlen. Der Zinskupon beläuft sich auf acht Prozent, und die Restlaufzeit beträgt genau drei Jahre. Der Referenzzins für Anlagen mit einer Laufzeit von drei Jahren beträgt 6,5 Prozent.

$$
\begin{aligned}
\text{Barwertberechnung:} \quad + \quad 8 : 1{,}065 \quad &= \quad 7{,}51 \\
+ \quad 8 : 1{,}065^2 \quad &= \quad 7{,}05 \\
+ \quad 108 : 1{,}065^3 \quad &= \quad 89{,}41 \\
&= \quad 103{,}97
\end{aligned}
$$

Der faire Wert der Anleihe wäre also 103,97 Prozent, so dass der Börsenkurs als gerechtfertigt bezeichnet werden kann.

Behavioral Finance/Anlegerverhalten

Anleger verhalten sich in höchst unterschiedlicher Form. Das liegt nicht nur an den individuellen Sparzielen oder Erfahrungen. Es hängt auch mit den verschiedenen Risikotypen und anderen psychologischen Faktoren zusammen, wie Forschungen im Rahmen der Behavioral Finance zeigen. Da viele Anleger sich dessen nicht bewusst sind, geraten sie immer wieder in „Psychofallen" und gefährden ihren Anlageerfolg.

Näheres dazu unter Anlegerverhalten.

Belegschaftsaktie/Aktienoptionen

Belegschaftsaktien sind von einer Aktiengesellschaft an ihre Mitarbeiter ausgegebene eigene Aktien. Diese Möglichkeit wird vor allem von Banken und großen Industriekonzernen genutzt, die so ihre Mitarbeiter am eigenen Unternehmen beteiligen. Dazu werden von der jeweiligen Aktiengesellschaft eigene Aktien entweder im Wege einer bedingten Kapitalerhöhung emittiert oder an der Börse erworben. Die emittierten oder erworbenen Aktien werden dann unter besonders günstigen Bedingungen den Mitarbeitern angeboten. Vor allem junge, innovative Unternehmen bieten ihren Mitarbeitern häufig Aktienoptionen an.

Die Ausgabe von Belegschaftsaktien ist eine der Möglichkeiten, die Mitarbeiter am eigenen Unternehmen zu beteiligen. Ziel einer solchen Kapitalbeteiligung ist es, die Verbundenheit der Mitarbeiter mit dem Unternehmen zu erhöhen. Zusätzlich wird die Kapital- und Vermögensbildung der Mitarbeiter erleichtert und ein Beitrag zur breiteren Verteilung des gesamtwirtschaftlichen Vermögens geleistet. In den USA wurde mit der Ausgabe von Belegschaftsaktien auch versucht, das Unternehmen weniger verletzlich für „unfreundliche Übernahmen" zu machen, indem man die Zahl der an der Börse umlaufenden Aktien verringerte.

Die Aktien, die das Unternehmen an seine Mitarbeiter weitergibt, können auf zwei unterschiedliche Weisen beschafft werden. Zum einen kann die Aktiengesellschaft eine bedingte Kapitalerhöhung durchführen. Für eine solche Kapitalerhöhung ist ein Beschluss der Hauptversammlung mit Dreiviertelmehrheit notwendig. Zum anderen kann die Gesellschaft aber auch eigene Aktien an der Börse erwerben und an ihre Mitarbeiter weitergeben. In diesem Fall gilt das generelle Verbot für Aktiengesellschaften, ihre eigenen Aktien zu erwerben, nicht.

In beiden Fällen räumt die Gesellschaft ihren Mitarbeitern die Möglichkeit ein, eine bestimmte Zahl von Aktien des Unternehmens zu einem besonders günstigen Preis zu erwerben. Oft werden die Aktien zur Hälfte des aktuellen Kurswertes weitergegeben. Die Differenz zwischen Kurswert und Verkaufspreis der Aktie wird durch das Unternehmen getragen. Somit bietet die Geldanlage in Belegschaftsaktien für die Mitarbeiter erhebliche finanzielle Anreize. Aus steuerlichen Gründen müssen Belegschaftsaktien aber in den meisten Fällen für einige Jahre gesperrt werden, das heißt, die Inhaber können die Aktien erst nach einer gewissen Frist weiterveräußern. Außerdem gibt es meist Höchstbeträge, bis zu denen der verbilligte Erwerb von Aktien des eigenen Unternehmens durch die Mitarbeiter steuerlich gefördert wird. In der Bundesrepublik ist dies durch die Gesetze zur Vermögensbildung und die Arbeitnehmersparzulage geregelt.

In Deutschland setzt sich vor allem die „Arbeitsgemeinschaft Partnerschaft in der Wirtschaft" (AGP) für eine Beteiligung der Mitarbeiter am Kapital und Gewinn ihrer Betriebe ein. Neben dem Instrument der Belegschaftsaktie wurden dafür zahlreiche andere Instrumente entwickelt, die sich auch für kleine und mittlere Unternehmen eignen. Mitarbeiterbeteiligung geht aber in vielen Unternehmen weit über die rein materielle Teilhabe hinaus.

Ein prüfenswertes Angebot

Wenn Sie in einem Unternehmen arbeiten, das in der einen oder anderen Form eine Gewinn- und Kapitalbeteiligung anbietet, sollten Sie sich diese Chance nicht entgehen lassen. In der Vergangenheit haben viele Arbeitnehmer das damit verbundene (Rest-)Risiko wegen der Kombination von Arbeitsplatz- und Kapitalrisiko gescheut. Oder sie haben eine angebotene Beteiligung deswegen abgelehnt, weil sie „so etwas noch nie gemacht haben" oder weil die Gewerkschaft dagegen polemisierte. Allerdings sollten Sie auch prüfen, ob der Arbeitgeber Sie wirklich am Gewinn beteiligen möchte oder ob er die Ersparnisse seiner Mitarbeiter nur als den letzten Strohhalm ansieht, nach dem er greift, um den Betrieb vor der Pleite zu retten. Um dann zugleich den eigenen Arbeitsplatz zu retten, riskieren Arbeitnehmer gelegentlich ihre Ersparnisse. Ein riskantes Spiel, weil schließlich beides dabei verloren gehen kann.

Aktienoptionsprogramme: In den USA sind sie „der Renner". Vor allem junge, dynamische Unternehmen bieten sie inzwischen ihren Mitarbeitern auch in Deutschland an. Start-ups und Erfolgsunternehmen aus dem Hightech-Bereich beteiligen in vielen Fällen sofort alle Mitarbeiter. Die Übertragung einer Option gibt dem Mitarbeiter das Recht, zu einem späteren Zeitpunkt Aktien des Unternehmens zu dem Kurs zu kaufen, der an dem Tag galt, an dem dieses Recht gewährt wurde. Der Wert dieser Option wird umso größer, je stärker der Aktienkurs in der Zwischenzeit steigt. Da insbesondere bei neu gegründeten Unternehmen, deren Aktien noch nicht an der Börse gehandelt werden, der Kurs noch ziemlich niedrig angesetzt wird, besteht eine hohe Wahrscheinlichkeit, dass in einigen Jahren (und nach einem IPO), wenn die Option ausgeübt werden darf, eine erhebliche Wertsteigerung eingetreten ist.

Beispiel: Räumt die Option ihrem Besitzer das Recht ein, eine XY-Aktie zum Preis von 33 Euro zu kaufen, und der Kurs der Aktie ist inzwischen auf 145 Euro gestiegen, kann der Mitarbeiter pro Option einen Gewinn von 112 Euro einstreichen. Die Vergabe von Optionen hat deshalb nicht zuletzt eine enorme Motivationskraft. Davon profitieren auch die außenstehenden Aktionäre, die allerdings in Kauf nehmen müssen, dass sie den Gewinn des Unternehmens mit den Mitarbeitern teilen müssen.

Allerdings sind Aktienoptionen auch kein Garantieschein dafür, einmal Millionär zu werden. Wer sich mit einem etwas geringeren Einkommen zufrieden gibt, weil zum Ausgleich Optionen angeboten werden, die in einigen Jahren einmal sehr viel Geld einbringen können, muss dabei einkalkulieren, dass die Wette mit der Zukunft auch verloren gehen kann. Denn wenn wegen einer allgemeinen Flaute an den Börsen die Kurse nur langsam steigen oder wenn sich das Unternehmen nicht wie erhofft entwickelt, kann es durchaus passieren, dass die Option „aus dem Geld" rutscht. Das bedeutet, dass der Aktienkurs unter den Preis sinkt, zu dem die Option ausgeübt werden kann. Sie hat dann keinerlei Wert mehr, da es in dieser Situation billiger ist, die Aktie an der Börse zu kaufen, als die Option auszuüben. Beträgt der Optionspreis wie im obigen Beispiel 33 Euro und sinkt der Kurs der XY-Aktie bis zum festgelegten Bezugstermin auf 18 Euro, ist der Optionsschein wertlos.

Berichtigungsaktien |

Als Gratis- oder Berichtigungsaktien werden jene Aktien bezeichnet, die Unternehmen im Rahmen der Umwandlung von Rücklagen in Grundkapital ausgeben. Diese Papiere werden oftmals fehlerhaft als Gratisaktien bezeichnet, da sie unentgeltlich an die Aktionäre des betreffenden Unternehmens ausgegeben werden. Da sich aber das Aktienkapital ebenso wie das Aktienvermögen des Anteilseigners durch eine solche Kapitalerhöhung nicht verändert, sondern lediglich auf mehr Aktien verteilt wird, ist der Begriff „Gratisaktie" irreführend. Dem Unternehmen wird kein neues Kapital zugeführt.

Näheres dazu unter Gratisaktien.

Besserungsschein |

Eine vertragliche Vereinbarung, mit der sich der Schuldner verpflichtet fühlt, eine bestimmte Summe an einen Gläubiger zu zahlen. Der Besserungsschein wird häufig von Unternehmen bei Sanierungsmaßnahmen angeboten. Besserungsscheine werden aber auch eingesetzt, wenn beim Verkauf von Wertpapieren der Wert des Papiers zu diesem Zeitpunkt nicht richtig eingeschätzt werden kann, oder bei Kapitalherabsetzungen.

Mit einem Besserungsschein gibt ein Schuldner das schriftliche Versprechen, eine Zahlung zu leisten, wenn es seine Einkommenslage wieder erlaubt. Zu diesem Zeitpunkt hat der Gläubiger auf seine Forderung bereits verzichtet. Mit einem Besserungsschein verpflichten sich oft auch Käufer einer Beteiligung oder eines Wertpapiers, später auf den Kaufpreis eine Nachzahlung zu leisten, falls eine Wertsteigerung eintreten sollte, deren Höhe vertraglich fixiert wird.

Besserungsscheine können auch von Unternehmen ausgegeben werden, die in Zahlungsschwierigkeiten geraten sind. Die Gläubiger verzichten dafür ganz oder teilweise auf ihre Forderungen. So kann ein Konkurs des Unternehmens vielleicht vermieden werden. Zugleich wird den Gläubigern die Möglichkeit eröffnet, nach einer Sanierung des Unternehmens alles oder zumindest einen Teil des Geldes zu erhalten. Bei der Sanierung von Aktiengesellschaften werden Besserungsscheine auch als „Sanierungsgenussscheine" bezeichnet.

Bei einem Wertpapiergeschäft kann es bei nicht börsennotierten Gesellschaften schwierig sein, einen angemessenen Preis zu finden. Das gilt vor allem dann, wenn eine solche AG in wirtschaftlichen Schwierigkeiten ist. In diesen Fällen einigt man sich auf einen bestimmten Preis und vereinbart zusätzlich einen Besserungsschein. Der Käufer verpflichtet sich darin, eine Nachzahlung zu leisten, wenn sich herausstellt, dass der Wert des Betriebes zu niedrig angesetzt wurde.

Besserungsscheine werden gelegentlich auch bei einer Kapitalherabsetzung von Aktiengesellschaften verwendet, die in wirtschaftlichen Schwierigkeiten sind. Dann erhalten die Aktionäre bei einer Verbesserung der finanziellen Situation entsprechende Zahlungen.

Betafaktor

Neben der Volatilität wird auch der Betafaktor einer Aktie angegeben. Er drückt aus, wie sich die Rendite einer Aktie verhält, wenn sich die Rendite des Gesamtmarktes um ein Prozent verändert. Hierzu werden in der Regel Wertpapierindizes als Maß für die Veränderung des Gesamtmarktes verwendet. In Deutschland dient meist der DAX als repräsentativer Wert für den Gesamtmarkt der deutschen Aktien.

Wird beispielsweise für eine Aktie ein Betafaktor von 1,7 errechnet, so bedeutet dies, dass sich der Wert der Aktie um 1,7 Prozent positiv oder negativ verändert, wenn sich der Wert aller Aktien des Gesamtmarktes um ein Prozent verändert. Steigt der Wert aller Aktien am Markt um durchschnittlich ein Prozent, so steigt der Wert der betrachteten Aktie um 1,7 Prozent. Der Betafaktor spielt eine wichtige Rolle bei der Berechnung der Risikomaße von Aktien.

Der Betafaktor einer Aktie wird in der Regel ebenso wie die Volatilität als Durchschnittswert über ein Jahr errechnet. Wenn eine Aktie also einen Betafaktor von 1,7 hat, so bedeutet dies lediglich, dass sich die Aktie im Durchschnitt 1,7mal so stark wie der Gesamtmarkt verändert hat. Die tatsächlichen Einzelwerte an den rund 250 Börsentagen im Jahr können aber weit von diesem Wert abweichen. Deshalb ist der Aussagewert des Betafaktors allein relativ gering. Aus diesem Grund wird der Betafaktor einer Aktie meist in Zusammenhang mit deren Korrelationskoeffizienten betrachtet. Der Korrelationskoeffizient ist ein statistisches Maß, das angibt, wie stark der Zusammenhang zwischen der Renditeänderung einer Aktie und der Renditeänderung des Gesamtmarktes ist. Mit Hilfe des Korrelationskoeffizienten kann man also eine Aussage darüber treffen, ob ein vermeintlicher Zusammenhang zwischen der Renditeentwicklung einer Aktie und dem Gesamtmarkt tatsächlich besteht oder lediglich Zufall ist.

Zusätzlich gibt der Korrelationskoeffizient an, ob dieser Zusammenhang positiv oder negativ ist. Der Wert des Korrelationskoeffizienten kann nur zwischen dem Wert +1 und –1 schwanken. Hat eine Aktie beispielsweise einen Betafaktor von 1,7 und einen Korrelationskoeffizienten von +1, so bedeutet dies, dass die Aktie in der Vergangenheit tatsächlich immer um 1,7 gestiegen ist, wenn der Gesamtmarkt (gemessen zum Beispiel am DAX) um ein Prozent gestiegen ist. Für die Zukunft lässt sich damit mit hoher Wahrscheinlichkeit ein ähnliches Verhalten vorhersagen. Umgekehrt würde ein Korrelationskoeffizient von –1 bedeuten, dass der Wert der Aktien um 1,7 Prozent fällt, wenn der durchschnittliche Wert aller Aktien im Markt um ein Prozent steigt. Würde für die Aktie ein Korrelationskoeffizient von Null errechnet, so bedeutet dies, dass der Betafaktor von 1,7 ein rein zufälliger Durchschnittswert ist, der keine Aussage über die tatsächliche Entwicklung der Aktie bei einer Steigerung des Gesamtmarktes um ein Prozent erlaubt. Die Aktien können dann also um einen beliebigen Prozentsatz steigen, sinken oder sich auch gar nicht verändern.

Je näher der Korrelationskoeffizient den Werten +1/–1 kommt, desto höher ist also der Aussagewert des Betafaktors, je weiter der Korrelationskoeffizient sich dem Wert Null nähert, desto geringer wird der Zusammenhang zwischen Marktrendite und Rendite der betrachteten Aktie, der Betafaktor verliert also zunehmend an Aussagekraft.

Das Risiko vermindern

Interessant bei diesen Überlegungen ist auch, dass man mit Hilfe von Betafaktoren und Korrelationskoeffizienten zumindest theoretisch völlig risikolose Aktienportefeuilles zusammenstellen kann, indem man Aktien mit positiven und negativen Korrelationskoeffizienten, aber gleichen Betafaktoren in einem Portfolio kombiniert. Die Kursschwankungen solcher Papiere würden sich gerade ausgleichen, so dass sich der Wert des Portfolios über die Laufzeit nicht verändern würde, egal, wie sich der gesamte Aktienmarkt entwickelt. In der Realität ist eine solche risikolose Kombination allerdings kaum vollständig möglich, da sich keine Aktien finden, die einen Korrelationskoeffizienten von genau +1 oder −1 aufweisen. Außerdem sind die Betafaktoren im Zeitablauf nicht konstant. Trotzdem werden diese Kenntnisse von den Managern von Aktienfonds genutzt, um die verschiedenen Fondstypen an die Bedürfnisse unterschiedlicher Anlegerkreise anzupassen.

Bezugsrechte

Bezugsrechte stellen ein Kaufrecht auf Aktien dar. Sie werden den Aktionären angeboten, wenn die Aktiengesellschaft ihr Grundkapital erhöhen und zu diesem Zweck so genannte junge Aktien an der Börse platzieren will.

Erhöht eine Aktiengesellschaft ihr Grundkapital, so ist sie gesetzlich verpflichtet, den Inhabern der früher schon ausgegebenen Aktien (den Altaktionären) Bezugsrechte für die jungen Aktien anzubieten. Die Hauptversammlung der Aktionäre kann allerdings beschließen, auf das gesetzliche Bezugsrecht zu verzichten.

Der Wert des Bezugsrechts ist vom Bezugsverhältnis abhängig. Um diesen Wert zu ermitteln, wird der Kurs der alten Aktie in Beziehung zum Preis der jungen Aktie gesetzt.

Die Alt-Aktionäre müssen sich innerhalb von zwei bis drei Wochen entscheiden, ob sie ihr Bezugsrecht ausüben wollen oder nicht. Während dieser Bezugsfrist wird das Bezugsrecht an der Börse wie ein selbstständiges Wertpapier gehandelt. Man kann es also kaufen oder verkaufen. Das heißt, der börsennotierte Kurs kann von dem rechnerischen Wert des Bezugsrechts abweichen. Denn ebenso wie beim Aktienhandel bestimmen allein Angebot und Nachfrage den Preis.

Der Bezugsrechtshandel wirkt sich auch auf den Kurs der alten Aktien aus. Mit Beginn der Bezugsfrist, also am ersten Handelstag, wird der rechnerische Wert des Bezugsrechts von der alten Aktie abgezogen. Beispiel: 600 Euro minus 50 Euro

= 550 Euro. An der Kurstafel erscheint das Börsenkürzel „ex Bezugsrecht". Das heißt, der Kurs der alten Aktie wurde um den Wert des Bezugsrechts bereinigt.

Beispiel für die Ermittlung des Wertes von Bezugsrechten:
Eine Aktiengesellschaft hält ein Grundkapital in Höhe von 300.000 Euro. Die Kapitalerhöhung beträgt 60.000 Euro. Daraus ergibt sich ein Bezugsverhältnis von 5 : 1. Das heißt, wer fünf alte Aktien besitzt, kann eine junge beziehen.
Der Börsenkurs der alten Aktie wurde mit 600 Euro notiert; eine neue Aktie wird für 300 Euro zum Bezug angeboten.
Rein rechnerisch ergibt sich der Wert des Bezugsrechts aus folgender Formel:
Wert des Bezugsrechts = Börsenkurs der alten Aktie minus Bezugspreis der neuen Aktie, dividiert durch Bezugsverhältnis plus eins. Bezogen auf das Beispiel: 600 Euro minus 300 Euro, geteilt durch (5 + 1) = 50 Euro.
Der rechnerische Wert des Bezugsrechts beträgt pro junge Aktie also 50 Euro. Diese Bezugsrechte können auch an der Börse verkauft und gekauft werden. Dabei ergibt sich ihr Kurs (Preis) aus Angebot und Nachfrage. Er kann sich also vom rechnerischen Wert entfernen – je nachdem, ob das Interesse am Bezug junger Aktien groß oder klein ist.

Bilanz

Eine Bilanz ist die stichtagsbezogene Gegenüberstellung von Vermögen und Kapital eines Unternehmens. Die Darstellung von Vermögen und Kapital erfolgt in Kontoform. Dabei wird auf der linken Seite des Kontos das Vermögen und auf der rechten das Kapital des betreffenden Unternehmens dargestellt. Die Bilanz dient vor allem der Information der Kunden, Lieferanten, Kreditgeber und Aktionäre. Sie gibt einen Überblick über die wirtschaftliche Stärke eines Unternehmens und wird zusammen mit der Gewinn- und Verlustrechnung als Grundlage zur Besteuerung von Unternehmen verwendet.

Der Begriff Bilanz stammt aus der lateinischen Sprache und bezeichnet eine sich im Gleichgewicht befindliche Waage. Im wirtschaftlichen Sprachgebrauch versteht man unter einer Bilanz die Gegenüberstellung von Vermögen und Kapital eines Unternehmens zu einem bestimmten Stichtag. Diese Gegenüberstellung erfolgt in Kontenform, wobei die linke Seite des Kontos als Aktivseite und die rechte Seite als Passivseite bezeichnet wird. Der Wert der einzelnen Vermögensgegenstände und des Kapitals wird in Geldeinheiten angegeben. Die Summe der einzelnen Werte auf der Aktivseite muss stets mit der Summe der Werte auf der Passivseite übereinstimmen. In der Regel erstellen Unternehmen jährlich eine Bilanz.

Ziel der Bilanzierung ist es, einmal pro Geschäftsjahr darzustellen, welche Vermögensgegenstände sich im Besitz des Unternehmens befinden und wie diese finanziert wurden. Zieht man von der Summe der Vermögenswerte (Aktivseite) die zu ihrer Finanzierung verwendeten Mittel (Eigenkapital plus Fremdkapital) ab, so erhält man als Saldo den Jahresüberschuss oder -fehlbetrag, der mit dem in der Gewinn- und Verlustrechnung ermittelten Jahresüberschuss oder Fehlbetrag übereinstimmt.

Die Aktivseite der Bilanz:

Auf der Aktivseite der Bilanz wird das Vermögen des Unternehmens dargestellt. Die einzelnen Vermögensgegenstände werden danach gegliedert, wie lange sie im Unternehmen verbleiben. Danach unterscheidet man nach abnehmender Verweildauer im Unternehmen zwischen Anlagevermögen, Umlaufvermögen und Rechnungsabgrenzungsposten.

Anlagevermögen: Zum Anlagevermögen gehören alle Vermögensgegenstände, die dazu bestimmt sind, dem Geschäftsbetrieb des Unternehmens dauerhaft zu dienen. Es können also nur solche Gegenstände zum Anlagevermögen gezählt werden, die dem Unternehmen über einen längeren Zeitraum zur Verfügung stehen und die nicht direkt im Prozess der Produktions- oder Leistungserstellung verbraucht oder weiterverarbeitet werden. Zum Anlagevermögen zählen immaterielle Vermögensgegenstände, Sachanlagen sowie Finanzanlagen.

Umlaufvermögen: Der Begriff des Umlaufvermögens ist nicht exakt definiert. Zum Umlaufvermögen werden all die Vermögensgegenstände gezählt, die nicht zum Anlagevermögen oder zu den Rechnungsabgrenzungsposten gehören. Charakteristisch für die Vermögensgegenstände des Umlaufvermögens ist es, dass sie innerhalb des Produktions- oder Leistungsprozesses umgesetzt oder verbraucht werden. Das Umlaufvermögen gliedert sich in Vorräte (vor allem Rohstoffe, Halbzeug, Fertigmaterial, Energievorräte), Forderungen und sonstige Vermögensgegenstände, Wertpapiere sowie liquide Mittel.

Rechnungsabgrenzungsposten: Diese Bilanzposition findet man sowohl auf der Aktivseite als auch auf der Passivseite der Bilanz. Rechnungsabgrenzungsposten dienen der periodengerechten (also auf das jeweilige Geschäftsjahr bezogenen) Darstellung der Vermögenslage eines Unternehmens. Bei den aktiven Rechnungsabgrenzungsposten handelt es sich um Ausgaben, die im Zeitraum vor dem Bilanzstichtag getätigt wurden, aber erst nach dem Bilanzstichtag zu einer Vermögenserhöhung führen. Da die Vermögenserhöhung aber wirtschaftlich gesehen zum abgelaufenen Geschäftsjahr gehört, wird sie mit Hilfe der Rechnungsabgrenzungsposten als schon vorhanden dargestellt.

Die Passivseite der Bilanz:

Auf der Passivseite der Bilanz wird das dem Unternehmen zur Verfügung stehende Kapital dargestellt. Die verschiedenen Kapitalarten werden nach der Dauer der Verfügbarkeit im Unternehmen gegliedert. Danach wird unterschieden nach Eigenkapital, Fremdkapital und Rechnungsabgrenzungsposten.

Eigenkapital: Beim Eigenkapital handelt es sich um Kapital, das dem Unternehmen von den Anteilseignern dauerhaft zur Verfügung gestellt wird. Eigenkapital verbrieft keinen Anspruch auf Rückzahlung und Verzinsung. Zum Eigenkapital zählen beispielsweise das gezeichnete Kapital, die Kapitalrücklagen, die Gewinnrücklagen, der Gewinn- und Verlustvortrag sowie der Jahresüberschuss oder Jahresfehlbetrag. Zum Eigenkapital werden zudem die Sonderposten mit Rücklagenanteil gezählt, die eine Zwitterstellung zwischen Eigen- und Fremdkapital darstellen.

Fremdkapital: Zum Fremdkapital zählen alle Mittel, die dem Unternehmen nur zeitlich begrenzt zur Verfügung gestellt wurden und in absehbarer Zeit zurückgezahlt werden müssen. Hierbei unterscheidet man zwischen Verbindlichkeiten und Rückstellungen.

Rechnungsabgrenzungsposten: Auch auf der Passivseite der Bilanz dienen die Rechnungsabgrenzungsposten der periodengerechten Darstellung der Vermögens- und Finanzlage des Unternehmens. Bei den passiven Rechnungsabgrenzungsposten handelt es sich um Einnahmen des Unternehmens, die zwar schon im abgelaufenen Geschäftsjahr erfolgten, aber erst das folgende Geschäftsjahr betreffen.

Die Summe der Werte auf der Aktiv- und der Passivseite einer Bilanz muss immer übereinstimmen. Hiervon gibt es keine Ausnahme.

Ein Instrument der Information

Die Bilanz eines Unternehmens muss nicht unbedingt mit der tatsächlichen Vermögens- und Kapitallage eines Unternehmens übereinstimmen. Die Höhe des ausgewiesenen Vermögens und Kapitals ergibt sich nach den Erfassungs- und Bewertungsregeln des Handelsgesetzbuches (HGB) und des Steuergesetzbuches (StGB). Die Bewertung eines Vermögensgegenstandes nach dem HGB muss nicht mit dem tatsächlichen Marktwert dieses Gegenstandes übereinstimmen. Zumeist werden die Vermögensgegenstände in der Bilanz mit Werten dargestellt, die deutlich unter dem Marktwert liegen. Eine solche niedrige Bewertung wird – nach dem Prinzip der kaufmännischen Vorsicht – vorgenommen, um die Lage des Unternehmens möglichst nicht besser darzustellen, als sie tatsächlich ist. Diese Vorgehensweise dient dem Gläubigerschutz. In vielen anderen Ländern, wie beispielsweise den USA, wird eine marktgerechtere Bilanzierung von Unternehmen bevorzugt, da sie den tatsächlichen Wert eines Unternehmens aus der Sicht eines Anlegers besser wiedergibt.

Die Bilanz dient der Information sowohl interner als auch externer Adressaten. So wollen sich beispielsweise Investoren und Fremdkapitalgeber darüber informieren, ob das Unternehmen fähig ist, Gewinne zu erwirtschaften, Zinsen zu zahlen und Fremdkapital zurückzuführen. Die Arbeitnehmer des Unternehmens möchten sich ein Bild über die Sicherheit ihrer Arbeitsplätze machen, und der Staat möchte sich über die Lage der Volkswirtschaft beziehungsweise einzelner Branchen informieren. Das Finanzamt verwendet die Bilanz zusammen mit der Gewinn- und Verlustrechnung als Grundlage der Besteuerung. Dem Management wiederum dient die Bilanz als eine Grundlage ihrer geschäftspolitischen Entscheidungen.

Immaterielle Vermögensgegenstände

Unter dem immateriellen Anlagevermögen werden alle nichtkörperlichen Vermögensgegenstände zusammengefasst, die für das Unternehmen einen Wert darstellen. Zu den immateriellen Anlagegütern zählen beispielsweise Patente, Konzessionen, Erfindungen, aber auch der derivative Firmenwert, der sich aus dem Standort, der Qualifikation der Mitarbeiter, dem Kundenstamm und Ähnlichem zusammensetzt. Bei der Bilanzierung solcher Vermögensgegenstände muss man zum einen zwischen entgeltlich erworbenen und selbst erstellten immateriellen Vermögensgegenständen und zum anderen zwischen immateriellen Vermögensgegenständen des Anlage- und des Umlaufvermögens unterscheiden.

Immaterielle Vermögensgegenstände des **Anlagevermögens** müssen aktiviert (also in der Bilanz aufgenommen) werden, sofern sie entgeltlich erworben wurden (lediglich für den Firmenwert besteht ein Aktivierungswahlrecht). Sie dürfen aber nicht aktiviert werden, wenn sie selbst hergestellt oder erarbeitet wurden (Beispiel: neue Herstellungsverfahren, Managementmethoden). Immaterielle Vermögensgegenstände des **Umlaufvermögens** müssen immer aktiviert werden, unabhängig davon, ob sie selbst erstellt oder entgeltlich erworben wurden.

Finanzanlagen

Im Gegensatz zu den immateriellen Vermögensgegenständen und den Sachanlagen dienen die Finanzanlagen nicht unmittelbar der Leistungserstellung. Bei den Finanzanlagen handelt es sich vielmehr um dauerhafte Kapitalbeteiligungen an fremden Unternehmen sowie um langfristige Ausleihungen. In der Bilanz werden die Finanzanlagen danach gegliedert, wie stark der aus ihnen resultierende Einfluss auf das betreffende Unternehmen ist. Danach ergibt sich nach abnehmender Möglichkeit der unternehmerischen Einflussnahme folgende Reihenfolge:

- Anteile an verbundenen Unternehmen
- Beteiligungen
- Wertpapiere des Anlagevermögens
- Ausleihungen an verbundene Unternehmen

- Ausleihungen an Unternehmen, mit denen ein Beteiligungsverhältnis besteht
- sonstige Ausleihungen.

Verbundene Unternehmen sind in der Regel Tochterunternehmen, die in ihren wirtschaftlichen Entscheidungen stark von dem Mutterunternehmen abhängen, wohingegen Finanzanlagen, die unter den „sonstigen Ausleihungen" geführt werden, kaum unternehmerische Einflussnahme erlauben. Unter den sonstigen Ausleihungen werden beispielsweise Genossenschaftsanteile verbucht.

Verbindlichkeiten

Unter Verbindlichkeiten im bilanziellen Sinne versteht man Verpflichtungen des Unternehmens, die zum Bilanzstichtag bezüglich ihrer Höhe und Fälligkeit feststehen. Verbindlichkeiten werden durch drei Eigenschaften charakterisiert:
- Es handelt sich um Leistungen, zu denen das Unternehmen mit juristischen Mitteln gezwungen werden kann.
- Der Wert der Leistung ist eindeutig feststellbar.
- Die Leistung stellt eine wirtschaftliche Belastung für das Unternehmen dar.

In der Bilanz werden die Verbindlichkeiten nach folgendem Schema gegliedert:
- Anleihen
- Verbindlichkeiten gegenüber Kreditinstituten
- erhaltene Anzahlungen auf Bestellungen
- Verbindlichkeiten aus Lieferungen und Leistungen
- Verbindlichkeiten aus der Annahme gezogener Wechsel und der Ausstellung eigener Wechsel
- Verbindlichkeiten gegenüber verbundenen Unternehmen
- Verbindlichkeiten gegenüber Unternehmen, mit denen ein Beteiligungsverhältnis besteht
- sonstige Verbindlichkeiten.

Handelsbilanz und Steuerbilanz

Für Unternehmen besteht die Möglichkeit, ihre Bilanzen nach dem Handelsgesetzbuch (HGB) oder nach dem Steuergesetzbuch zu erstellen. Je nachdem, welche gesetzliche Grundlage verwendet wurde, unterscheidet man demnach zwischen einer Handelsbilanz und einer Steuerbilanz. In vielen Fällen sind Handels- und Steuerbilanz identisch. Nur wenn spezielle Wahlrechte in Anspruch genommen werden, unterscheiden sich beide Formen. Da die Erstellung dieser Art von Bilanzen für Unternehmen von einer bestimmten Größenordnung an verpflichtend ist, bezeichnet man beide Varianten auch als gesetzliche Bilanzen.

Block Trading

Eine Variante der Aktienemission, bei der die Platzierung des durch Kapitalerhöhung geschaffenen zusätzlichen Aktienkapitals direkt an interessierte Zeichner erfolgt. Das gesetzliche Bezugsrecht der Aktionäre wird dazu durch Beschluss der Hauptversammlung aufgehoben. Die potenziellen Käufer der jungen Aktien werden direkt von den Banken angesprochen, die die Emission begleiten. Das Block-Trading-Verfahren ermöglicht eine sehr schnelle Platzierung der jungen Aktien, ohne dass vorher aufwändige Werbemaßnahmen erforderlich sind.

Neben der Emission von Aktien im Wege des Bookbuilding-Verfahrens sowie über Bezugsrechte ist das so genannte Block Trading eine weitere Technik zur Platzierung von durch Kapitalerhöhung entstandenen jungen Aktien. Im Gegensatz zur Kapitalerhöhung über Bezugsrechte bekommen beim Block Trading nicht alle Altaktionäre die Möglichkeit, an der Kapitalerhöhung teilzunehmen. Statt dessen wird das Bezugsrecht formell ausgeschlossen, und die potenziellen Investoren werden von den Emittenten und den begleitenden Banken gezielt ausgesucht. Darüber hinaus ist der Emissionskurs schon von vornherein festgelegt und wird nicht wie bei dem Bookbuilding-Verfahren innerhalb einer bestimmten Bandbreite dem Markt überlassen.

Beim Block Trading wird das zu platzierende Aktienvolumen von den Emissionsbanken direkt an einen Kreis vorab ausgesuchter Investoren verkauft. Bei den Investoren handelt es sich in der Regel um institutionelle Investoren (wie Versicherungen oder Investmentfondsgesellschaften). Es können aber auch andere Großaktionäre sein. Kleinaktionäre und Privatanleger werden in der Regel nicht angesprochen, da das Verfahren sonst zu aufwändig würde. Der Vorteil des Block-Trading-Verfahrens liegt gerade darin, dass ein großes Aktienvolumen innerhalb von kurzer Zeit bei wenigen, kapitalstarken Investoren untergebracht wird.

Der Emissionskurs orientiert sich beim Block Trading weitgehend am Aktienkurs der „alten" Aktien des betreffenden Unternehmens. Von diesem Kurs wird ein so genannter „Kaufreiz-Abschlag" vorgenommen. Ein Dividendenabschlag erfolgt dann, wenn die jungen Aktien nicht von Anfang an gewinnberechtigt sind.

Die eigentliche Platzierung erfolgt in der Regel, indem die Emissionsbank(en) die potenziellen Investoren telefonisch ansprechen und diesen die Aktien zum Kauf anbieten. Die Interessenten müssen sich in der Regel sofort entscheiden, ob und wie viele Aktien sie zeichnen wollen. Kommt es zu einer Überzeichnung, teilt die Emissionsbank die zur Verfügung stehenden Aktien kurzfristig (in der Regel innerhalb eines Tages) unter den Kaufinteressenten auf. Im Optimalfall ist eine Emission über das Block Trading innerhalb weniger Stunden – manchmal sogar innerhalb weniger Minuten – abgeschlossen.

Das Block Trading hat für den Emittenten einige wesentliche Vorteile gegenüber der Kapitalerhöhung über Bezugsrechte oder im Wege des Bookbuilding-Verfahrens. Die wichtigsten:

- Die Emission ist sehr schnell abgeschlossen,
- es sind keine aufwändigen Werbemaßnahmen bei den potenziellen Investoren (so genannte Roadshow) notwendig,
- das Block Trading ist im Vergleich zum Bookbuilding-Verfahren und der Kapitalerhöhung über Bezugsrechte für den Emittenten vergleichsweise kostengünstig.

Eher die Ausnahme

In Deutschland wird das Block-Trading-Verfahren bisher relativ selten angewendet. Das bis dahin spektakulärste Beispiel für Block Trading wurde zur Platzierung der Kapitalerhöhung der Allianz AG 1998 angewandt. Hierbei wurden Aktien aus einer Kapitalerhöhung von nominal 12,3 Millionen Mark (beziehungsweise real 1,5 Milliarden Mark) innerhalb weniger Minuten bei institutionellen Investoren untergebracht.

Blue Chips

Blue Chips werden Aktien höchster Qualität genannt, die an den wichtigsten Börsen weltweit notiert werden. Dahinter stehen renommierte Unternehmen, die weltweit tätig sind.

In der Regel gelten die Beteiligungspapiere von jenen Unternehmen als Blue Chips, die weltweit bekannt sind, eine einwandfreie Bonität aufweisen und regelmäßig ihren Verpflichtungen nachkommen. Das bedeutet, dass sie ihre Bilanzen veröffentlichen und anderen, von der Börsenaufsicht geforderten Berichtspflichten nachkommen. Es wird erwartet, dass sie angemessene Erträge erwirtschaften und regelmäßig Dividende ausschütten. An die Qualität des Managements werden ebenso hohe Anforderungen gestellt wie an die Qualität der von diesen Unternehmen angebotenen Produkte und Dienste.

In Deutschland gelten die zur Berechnung des DAX herangezogenen Aktien (wie beispielsweise die Beteiligungspapiere der Siemens AG, der Deutschen Bank oder von BASF) als Blue Chips. In den USA gehören vor allem die Aktien der Unternehmen zu den Blue Chips, die im Börsenindex Dow Jones enthalten sind.

Die Anlage in Anleihen oder sonstigen Schuldpapieren dieser Unternehmen gilt als weitgehend sicher. Blue-Chip-Unternehmen weisen in der Regel sehr gute Ratings auf, da ihr Bonitätsrisiko gering ist.

Bonität/Bonitätsrisiko

Bei der Bonität beziehungsweise dem Bonitätsrisiko geht es um die Frage, ob der Emittent in der Lage ist oder sein wird, seinen Zins- und Tilgungsverpflichtungen nachzukommen. Die Einschätzung der Zahlungsfähigkeit des Schuldners ist für den Anleihegläubiger oft kaum möglich. Er muss sich daher auf Bewertungen einer Bank oder einer Rating-Agentur verlassen. Grundsätzlich gilt, dass der Zinssatz, den der Emittent einer Anleihe zahlen muss, mit zunehmendem Bonitätsrisiko steigt. Das zusätzliche Risiko des Anlegers wird also mit höheren Erträgen bezahlt.

Bei der Auswahl einer geeigneten Anleihe muss der Anleger verschiedene Aspekte bei seiner Entscheidung berücksichtigen. Dazu zählt neben dem Vergleich der Renditen, der Auswahl einer geeigneten Laufzeit und der Bewertung des Wiederanlagerisikos vor allem die Einschätzung der Bonität des Emittenten. Hierunter versteht man die Fähigkeit des Anleiheschuldners, den Kapitaldienst – die vereinbarten Zins- und Tilgungszahlungen – auch tatsächlich zu leisten. Das Bonitätsrisiko beschreibt also die Gefahr, dass der Anleger das von ihm investierte Kapital nicht oder nur unvollständig zurückerhält beziehungsweise die ihm zustehenden Zinsen nicht gezahlt werden.

Die Einschätzung des Bonitätsrisikos ist von Anleihe zu Anleihe unterschiedlich schwierig. So gelten Staatsanleihen im Allgemeinen als sehr sicher, während Industrieanleihen mit einem vergleichsweise höheren Risiko bewertet werden. Diese Aussage gilt aber schon dann nicht mehr uneingeschränkt, wenn man neben Bundesanleihen, Bundesschatzbriefen und Bundesobligationen auch Anleihen anderer Länder betrachtet. Während die Anleihen der meisten Staaten der Europäischen Union oder der USA kaum ein Bonitätsrisiko beinhalten, ist ein Investment in Anleihen bestimmter osteuropäischer, südamerikanischer oder afrikanischer Staaten oft mit einem vergleichsweise hohen Risiko verbunden. Auf der anderen Seite werden die meisten Anleger Wertpapiere von Unternehmen, deren Aktien als Blue Chips bezeichnet werden, für wesentlich weniger riskant halten als die Anlage in festverzinsliche Wertpapiere, die von einem Land der dritten Welt aufgelegt wurden.

Bei vielen Anleihen ist es für den Kleinanleger kaum möglich, selbst eine verlässliche Aussage hinsichtlich der Bonität des Emittenten zu treffen. Er muss sich auf die Einschätzung seiner Bank oder aber auf das Urteil einer professionellen Rating-Agentur, wie beispielsweise Moody's oder Standard & Poors, verlassen. Diese Agenturen schätzen auf Wunsch und auf Kosten des Emittenten das Bonitätsrisiko der jeweiligen Anleihe ein. Ergebnis dieses relativ komplizierten Prüfungsverfahrens ist das so genannte Rating. Es wird mit Hilfe einer Kennzahl beziehungsweise einer Buchstabenkombination ausgedrückt, die Aufschluss über das

Bonitätsrisiko der Anleihe gibt. In die Prüfung der jeweiligen Anleihe fließen verschiedene Aspekte ein. Dazu gehören beispielsweise:

- die politische und wirtschaftliche Situation des Staates, in der der Emittent seinen Sitz hat,
- die Konkurrenzsituation und die Zukunftsperspektive der Branche, in der der Emittent tätig ist,
- unternehmensspezifische Faktoren, wie beispielsweise die Gewinnsituation, Grad und Struktur der Verschuldung, die Qualität des Managements, etwaige kostspielige laufende rechtliche Auseinandersetzungen oder der zukünftige Kapitalbedarf.

Rating-Agenturen prüfen sowohl Anleihen von Privatunternehmen als auch von öffentlichen Unternehmen oder einzelnen Staaten.

Von dem Rating der jeweiligen Agentur ist auch die Höhe der Rendite abhängig. So muss ein Unternehmen, das ein sehr gutes Rating erreicht, einen geringeren Zins zahlen als ein Unternehmen, dessen Rating auf ein höheres Bonitätsrisiko schließen lässt. Die Differenz wird als Risikozuschlag bezeichnet. Im Allgemeinen kann der Anleger das Risiko verschiedener Anleihen schon dadurch einigermaßen gut abschätzen, indem er die jeweils im Börsenteil einer Tageszeitung angegebenen Renditen der einzelnen Papiere vergleicht. So ist eine Anleihe, die bei annähernd gleicher Laufzeit eine Rendite von neun Prozent aufweist, sicherlich mit einem deutlich höheren Bonitätsrisiko behaftet als eine Anleihe, die eine Rendite von vier Prozent erwirtschaftet. Auch bei Anleihen gilt: Je höher der versprochene Ertrag ist, umso höher ist das Risiko, einen wesentlichen Teil des eingesetzten Kapitals zu verlieren.

Im Falle von zwei oder mehr Anleihen mit gleicher Laufzeit und vergleichsweise ähnlicher Bonität der Schuldner kann der Anleger das Kapitalbindungsrisiko der Papiere mit Hilfe der Duration vergleichen und so seine Anlageentscheidung weiter optimieren.

Bookbuilding-Verfahren

Das Bookbuilding-Verfahren ist eine Methode zur Bestimmung des Emissionspreises von Aktien. Beim Bookbuilding-Verfahren wird von den Banken, die die Börseneinführung der Aktie organisieren, eine Preisspanne vorgegeben, innerhalb derer die interessierten Anleger ihre Kaufangebote abgeben können. Der endgültige Preis der betreffenden Aktie wird dann auf der Basis der abgegebenen Angebote ermittelt. Dabei wird versucht, den maximalen Umsatz zu erzielen. Diese Vorgehensweise soll einen möglichst marktgerechten Emissionspreis gewährleisten.

Die Bookbuilding-Methode ist ein bei der Emission von Aktien verwendetes Verfahren zur erstmaligen Preisfeststellung. Normalerweise wird der Preis einer Aktie täglich an der Börse aufgrund von Angebot und Nachfrage ermittelt. Da aber vor der Emission von Aktien bei einem IPO noch kein Handel mit diesem Papier an der Börse stattgefunden hat, muss der erste Kurs außerhalb der Börse festgelegt werden. Diesen Kurs bezeichnet man als den Emissionskurs einer Aktie. Vor allem bei den am Neuen Markt platzierten Aktien wird dieses Verfahren häufig angewendet.

Zur Feststellung des Emissionskurses gibt es unterschiedliche Verfahren und Möglichkeiten. In der Vergangenheit wurde der Emissionskurs der Aktien bei der Auflegung zur öffentlichen Zeichnung von vornherein von dem Emissionskonsortium vorgegeben. Die interessierten Anleger konnten dann nur noch angeben, wie viele Aktien sie zeichnen wollten. Der Nachteil dieses Verfahrens liegt in der Gefahr, dass es bei Festlegung des Emissionskurses zu einer Fehleinschätzung des Marktes durch die Banken kommt und dadurch ein zu hoher oder zu niedriger Kurs gewählt wird. Liegt der Kurs nach Meinung der Anleger zu hoch, so werden diese von einer Zeichnung absehen. Dadurch kann es sein, dass die Banken und damit das Unternehmen, das an die Börse gehen möchte, Schwierigkeiten haben, die Aktien am Markt unterzubringen. Liegt der Emissionspreis dagegen zu niedrig, so werden zwar alle Aktien problemlos bei den Anlegern untergebracht; das Unternehmen, das seine Aktien an die Börse bringt, erhält durch die Emission aber weniger Eigenkapital, als es eigentlich hätte bekommen können.

Beim Bookbuilding-Verfahren dagegen gibt das Emissionskonsortium keinen festen Preis, sondern lediglich eine Preisspanne für die betreffenden Aktien an. Die Anleger können dann innerhalb einer bestimmten Frist, beispielsweise einer Woche, ihre Gebote abgeben. Die Gebote müssen sich innerhalb der vorgegebenen Spanne bewegen, um bei der Preisfindung und Zuteilung berücksichtigt zu werden. Die Anleger können innerhalb dieser Spanne selbst bestimmen, wie viel Aktien sie zeichnen wollen und welchen Preis sie dafür zu zahlen bereit sind. Das Bankenkonsortium ermittelt dann am Ende der Frist aufgrund der abgegebenen Gebote den endgültigen Preis für die Aktien. Der Preis wird in der Regel so gewählt, dass der maximale Umsatz zustande kommt. Die Gefahr, den Markt falsch einzuschätzen, reduziert sich bei diesem Verfahren darauf, dass die Preisspanne falsch gewählt wird. Sie ist damit deutlich geringer als bei Festlegung eines bestimmten Preises, der keinen Spielraum nach oben oder unten hat. Innerhalb der vorgegebenen Kursspanne entscheiden dann Angebot und Nachfrage über den tatsächlichen Verkaufspreis der Aktie.

Die Zuteilung der Aktien an die interessierten Anleger erfolgt im Anschluss an die Kursfeststellung so, dass die Banken alle Anleger bedienen, deren Gebote mindestens dem Preis entsprechen, der endgültig festgelegt worden ist. Alle Anleger, die einen Preis geboten haben, der unterhalb des Emissionskurses lag, werden nicht berücksichtigt. Wer darüber lag, erhält die Wertpapiere zu einem geringeren Preis als von ihm angeboten. Liegt zu dem bestimmten Kurs die Nachfrage nach den Aktien über dem Angebot, so müssen die Banken die Zuteilung repartieren, also nach einem bestimmten Schlüssel auf die in Frage kommenden Anleger aufteilen.

Das Bookbuilding-Verfahren wird in den USA schon seit vielen Jahren eingesetzt, um einen möglichst marktgerechten Emissionskurs festzulegen. In Deutschland wird dieses Verfahren erst seit Mitte der Neunzigerjahre verwendet, es erfreut sich aber zunehmender Beliebtheit. So wurde beispielsweise der Emissionskurs der Aktien der Adidas AG mit Hilfe des Bookbuilding-Verfahrens festgestellt. Auch beim Börsengang der Deutschen Telekom wurde der Ausgabepreis für die T-Aktie auf diese Weise ermittelt. Am Neuen Markt gehört es inzwischen zu den Standardverfahren.

Börse

Die Börse ist ein organisierter Markt für den Kauf und Verkauf von Wertpapieren, Devisen, Rohstoffen oder den Abschluss von Termingeschäften. Die bekannteste und populärste Börse ist die Wertpapierbörse. Hier werden Aktien und Anleihen sowie Optionen und andere „Derivate" gehandelt, die einer kurz-, mittel- oder langfristigen Geldanlage dienen. Der Wert der Papiere bestimmt sich aus Angebot und Nachfrage. Nach jedem Handelsabschluss wird der Stückpreis als Kurs notiert und veröffentlicht.

Der Handel mit Wertpapieren, aber auch mit einer Vielzahl von Waren und Rohstoffen findet überwiegend an dafür organisierten Märkten statt, den so genannten Börsen. Wenn in Deutschland von Börse gesprochen wird, dann ist im Allgemeinen die Wertpapierbörse gemeint, an der mit Aktien, Anleihen oder Optionen und anderen Derivaten gehandelt wird. In der Bundesrepublik sind die Landesregierungen berechtigt, Börsen zu errichten und Staatskommissare zu bestellen, die über die

Einhaltung der Gesetze und Vorschriften wachen. Die rechtliche Grundlage ist das Börsengesetz. Für jeden Börsenplatz gibt es darüber hinaus eine Börsenordnung. Nachdem freiwillige Regeln sich als nicht ausreichend erwiesen hatten, sorgen gesetzliche Regelungen dafür, dass Insidergeschäfte strafrechtlich verfolgt werden können. Dies alles dient dem Schutz der Anleger vor Manipulationen.

Nicht jeder, der Wertpapiere kaufen oder verkaufen will, kann selbst am Börsengeschehen teilnehmen. Mit Börsengeschäften muss in der Regel ein börsenzugelassenes Institut beauftragt werden. (Beim Internet-Broking oder bei Daytradern gibt es inzwischen aber Ausnahmen.) Der Kunde wählt für den Kauf von Aktien, Anleihen oder Optionen normalerweise eine Bank oder Sparkasse, die für ihre Dienstleistungen eine Provision verlangen. Die Kreditinstitute oder Brokerhäuser geben den Auftrag elektronisch an das eigene Börsenbüro weiter. Diese wickeln ihre Geschäfte mit den amtlichen Börsenmaklern ab, die früher allein berechtigt waren, den Kurs für das Wertpapier aufgrund von Angebot und Nachfrage zu bestimmen. Heute gewinnen allerdings die vollelektronischen Börsen (in Deutschland Xetra) bis hin zum Internet-Handel immer größere Bedeutung.

Im Euro-Zeitalter wachsen die Börsen dichter zusammen. Die Wertpapiergeschäfte sollen auch grenzüberschreitend effizienter organisiert werden. Zur Schaffung solcher Handels- und Abwicklungsplattformen schmieden die Börsen zunehmend Allianzen. So ist die Eurex, die deutsch-schweizerische Terminbörse, nach Chicago die zweitgrößte der Welt. Auf dem Kassa-Markt kooperieren die Londoner und die Frankfurter Börse miteinander.

Das Auf und Ab der Kurse wird von speziellen Indizes gespiegelt. Der wichtigste davon ist in der Bundesrepublik der Deutsche Aktienindex (DAX). Daneben gibt es spezielle Indizes wie den CDAX, den M-DAX oder den DAX 100. Seit Beginn der Währungsunion spielen die europäischen Aktienindizes (wie der Stoxx) eine immer wichtigere Rolle. Neben der Wertpapierbörse hat auch die frühere Deutsche Terminbörse (DTB) beziehungsweise heutige Eurex, die von Beginn an als reine Computerbörse organisiert wurde, eine wichtige Rolle im Wertpapiergeschäft.

Die Kurse von Wertpapieren wurden jahrzehntelang während der Handelszeit an jedem Börsentag aufgrund der vorliegenden Kauf- und Verkaufsaufträge festgestellt. Die Kursnotierung obliegt dem Vorstand der Börse, der diese Aufgabe bei den traditionellen Börsen den amtlichen Kursmaklern übertragen hat. Es gab in Deutschland drei feste Termine, zu denen Kurse festgestellt werden mussten: Der Eröffnungskurs war zu Börsenbeginn um 10.30 Uhr fällig, der Kassakurs wurde um 12.00 Uhr festgesetzt und der Schlusskurs um 13.30 Uhr. Der Kassakurs, auch Einheitskurs genannt, war bei Kauf und Verkauf am jeweiligen Börsentag für alle Anleger gültig, die Wertpapiere kaufen oder verkaufen wollten, welche nicht zum variablen Handel zugelassen waren oder die von variabel notierten Aktien weniger als 50 Stück kaufen oder verkaufen wollten. Die Kursnotierungen wurden im Börsensaal für alle Teilnehmer ersichtlich über eine Kursanzeigetafel veröffentlicht. Zahlreiche Banken zeigen die Kursentwicklung wichtiger Aktien zudem zeitgleich in ihren Schalterhallen an. Viele Anleger nutzen inzwischen aber vor allem die elektronischen Informationssysteme wie Videotext, Mobiltelefon, Pager und vor allem das Internet. Die Anleger konnten (und können auch weiterhin) die wichtigsten Kurse am nächsten Tag im Wirtschaftsteil der Tageszeitungen nachlesen. Dabei sollte auch immer auf die Kurszusätze geachtet werden, da sie wichtige Zusatzinformationen für den Anleger enthalten.

Inzwischen wurden die Handelszeiten an den Börsen stark ausgedehnt, der Aktienhandel findet in Deutschland ebenso wie an allen anderen wichtigen Börsen der Welt überwiegend oder ausschließlich vollelektronisch statt (in der Bundesrepublik über das Xetra-System), und die starren Regeln hinsichtlich der Stückzahlen sind weitgehend aufgehoben.

Zugelassene Wertpapierhändler

Börsenhändler und Börsenmakler sind an der Börse zugelassene Wertpapierhändler. Voraussetzung für eine Zulassung sind gute Kenntnisse über die Kapitalmärkte und eine sichere Beherrschung der Börsentechnik; beides muss in einer Prüfung nachgewiesen werden. Makler arbeiten als selbstständige Kaufleute, unterhalten an der Börse eigene Büros und dürfen Mitarbeiter beschäftigen. Ihre wichtigste Einnahmequelle ist die Courtage (Maklergebühr). Sie erhalten also kein festes Gehalt, sondern sind vom Umsatz abhängig. Außerdem müssen angemessene finanzielle Mittel vorhanden sein, weil Makler nicht nur Geschäfte vermitteln, sondern auch im eigenen Namen und auf eigene Rechnung mit Wertpapieren handeln. Die hohen Gebühren waren ein wichtiger Grund dafür, dass der Aktienhandel inzwischen auch auf zahlreichen anderen Wegen abgewickelt wird.

Amtliche und freie Makler

Die **amtlichen Makler** sind dem Handelsgesetzbuch und der Börsenordnung unterworfen. Sie müssen von der Landesregierung bestellt und vereidigt werden. Ihre Aufgaben: Ausführung der Kauf- und Verkaufsorders von Wertpapieren im amtlichen Handel und deren Kursnotierung. Alle Kursmakler, die zur amtlichen Kursfeststellung berechtigt sind, haben einen festen Standplatz. Er befindet sich direkt auf dem Parkett, hinter den Maklerschranken.

Freie Makler sind Wertpapierhändler, die Geschäfte vermitteln, aber keine Kurse feststellen. Sie werden vom Börsenvorstand zugelassen und bewegen sich wie alle anderen Börsenhändler frei im Börsensaal. Die Anzahl der Kursmakler und freien Makler richtet sich nach der wirtschaftlichen Bedeutung der einzelnen Börsenplätze.

Wertpapiermärkte

Die an der Börse gehandelten Aktien werden bestimmten Bereichen zugeordnet, für die auch unterschiedlich strenge Zulassungsbedingungen gelten. Das dient der Sicherheit der Anleger und soll ihnen deutlich zeigen, in welchen Bereichen sie unter Umständen mit einem höheren Risiko rechnen müssen. Es wird unterschieden zwischen den Börsensegmenten

- amtlicher Handel,
- geregelter Markt,
- Freiverkehr und den
- Neuen Märkten.

Ob ein Wertpapier zum Handel zugelassen wird oder nicht, entscheidet die Zulassungsbehörde. Seit 1987 gibt es neben dem amtlichen Handel den geregelten Markt für Wertpapiere. Hierfür wurden die Zulassungsbestimmungen etwas gelockert. Später wurde zusätzlich noch der Neue Markt geschaffen, an dem Aktien junger, technologieorientierter Unternehmen notiert werden, deren Papiere meist risikobehafteter sind, dem Anleger dafür aber auch die Chance auf hohe Gewinne bieten.

Bei Wertpapieren, die im Freiverkehr gehandelt werden, sind die Zulassungsbedingungen einfacher als bei den amtlich gehandelten Papieren. So wird zum Beispiel von den Unternehmen keine so umfassende Publizitätspflicht verlangt. Der geregelte Freiverkehr vollzieht sich ebenso wie der amtliche Handel in den Räumen der Börse, jedoch außerhalb der Maklerschranken. Er steht unter der Aufsicht des Freiverkehrsausschusses, der für Zulassung und Überwachung zuständig ist. Der ungeregelte Freiverkehr, auch Telefonhandel genannt, fand dagegen auch früher schon zu jeder Tageszeit statt. Daran beteiligen sich vor allem die Banken. Noch recht jung sind die Neuen Märkte, die es inzwischen an vielen europäischen Börsen gibt. Hier werden junge, innovative und vor allem technologieorientierte Unternehmen gehandelt, die die strengen Zulassungsregeln für den amtlichen Handel oder Freiverkehr noch nicht erfüllen können. Sie dienen der Kapitalbeschaffung für zukunftsträchtige Unternehmen und bieten risikobewussten Anlegern interessante Anlagemöglichkeiten. Spektakulären Kursteigerungen stehen aber auch immer Flops gegenüber.

Die rechtlichen Grundlagen für den Börsenhandel finden sich im Börsengesetz. In der ergänzenden Börsenordnung ist vor allem festgelegt:

- Geschäftszweige des Börsenplatzes
- Organisation des Börsenplatzes
- Art der Preis- und Kursveröffentlichung
- Wahl und Zusammensetzung der Mitglieder der Zulassungsstelle
- Berechtigung des Börsenvorstandes, die Umsätze zu veröffentlichen
- Bedeutung der Kurszusätze und Kurshinweise.

Börsenkapitalisierung/Marktkapitalisierung ▌

Der Wert eines Unternehmens, gemessen an der Bewertung seiner Aktien an der Börse. Im Gegensatz zu anderen Formen der Wertermittlung handelt es sich hierbei um einen stark schwankenden Betrag, da sich der Wert an dem im Tagesverlauf ständig schwankenden Kurs der Aktie orientiert. Insbesondere bei einem Börsencrash kann sich die Börsenkapitalisierung einer Gesellschaft innerhalb kürzester Zeit stark verändern. Die Börsenkapitalisierung ist eine wichtige Kennziffer für die Aufnahme einer Aktie in einen Index oder für das Gewicht, das ihr in einem Fonds eingeräumt wird.

Die Markt- oder Börsenkapitalisierung einer Aktiengesellschaft ist eine wichtige Kennziffer für die Aufnahme ihrer Aktien in einen Index wie den DAX oder Stoxx. Sie spielt oft auch eine Rolle für das Gewicht, das diesen Wertpapieren in einem Fonds eingeräumt wird. Bei Aktienfonds, die die Struktur des Index nachbilden, müssen die Schwergewichte am Aktienmarkt entsprechend stark in ihrem Portefeuille vertreten sein.

Auch für den Anleger ist die Börsenkapitalisierung von Bedeutung. Denn je höher die Markt- oder Börsenkapitalisierung ist, umso geringer sind in der Regel eher zufällige Kursausschläge nach oben und unten oder die Auswirkungen gezielter Manipulationen. Einzelne Interessenten müssen in einem solchen Fall nämlich erhebliche Mittel einsetzen, um den Kurs durch Käufe oder Verkäufe in ihrem Interesse zu beeinflussen.

Bei Papieren mit einer geringen Börsenkapitalisierung kann es dagegen durch positive oder negative Gerüchte oder Maßnahmen von Spekulanten zu starken Kursveränderungen kommen. Die Volatilität dieser Aktien ist also deutlich höher. Das bedeutet andererseits auch, dass sich bei diesen Werten oft leichter Kursgewinne (aber auch Verluste) erzielen lassen als bei den „schwereren Aktien".

Die Börsenkapitalisierung wird durch Multiplikation des Kurses mit der Zahl der umlaufenden Aktien errechnet. Der Börsenwert eines Unternehmens kann deshalb weit höher sein als der von ihm erzielte Umsatz oder gar Gewinn. Dies war vor allem bei Technologie-Aktien in den Neunzigerjahren oft zu beobachten, deren Kurs nach der Börseneinführung steil anzog. Allerdings schützt in diesen Fällen auch eine hohe Börsenkapitalisierung nicht vor Überraschungen. Wenn die Umsatz- und vor allem die Gewinnentwicklung nicht den Erwartungen der Anleger entsprechen oder Produkte, in die große Hoffnungen gesetzt worden sind, vom Markt zurückgezogen werden müssen (zum Beispiel wegen gesundheitlicher Risiken bei pharmazeutischen Innovationen), kann aus dem Börsenriesen sehr schnell wieder ein Zwerg werden.

Gezielte Kursmanipulation

Dass auch Schwergewichte nicht gegen Kursmanipulationen geschützt sind, zeigte sich bei der zweiten großen Platzierung von T-Aktien im Juni 1999. Durch massive Verkäufe drückte eine Gruppe von Banken und institutionellen Anlegern den Kurs der alten Aktien kurz vor Börsenschluss so stark, dass der Ausgabekurs der neuen Aktien stark zurückgenommen werden musste. Dadurch erlitt die deutsche Telekom eine Milliardeneinbuße. Dabei hatte die T-Aktie zu diesem Zeitpunkt die höchste Börsenkapitalisierung aller im DAX vertretenen Unternehmen. Das gilt auch für manche Unternehmen aus dem Bereich der „New Economy", die an den Neuen Märkten und vor allem an der amerikanischen Nasdaq gehandelt werden und 1999/2000 oft schon beim IPO vom Start weg eine regelrechte Kursexplosion erlebten. Dabei übertraf die Marktkapitalisierung dieser Börsenneulinge, bei denen nicht absehbar war, ob sie jemals einen Gewinn erwirtschaften würden, oft schon nach kurzer Zeit den Börsenwert etablierter Gesellschaften mit hohen Umsätzen und guten Erträgen. Anleger sollten bei derartigen Kursentwicklungen immer sehr aufmerksam bleiben, rechtzeitig einen Gewinn mitnehmen und vor allem dann nicht mehr blind einsteigen, wenn der Kurs bereits stark in die Höhe geschossen ist.

Börsenkrach/Börsencrash |

Als Krach oder Crash wird an der Börse ein besonders starker Kursrückgang innerhalb eines Handelstages bezeichnet. Dabei geht es nicht um einen starken Kursrückschlag bei einer Aktie oder einer Gruppe von Aktien, sondern um Kursverluste auf breiter Front. Davon sind alle an der jeweiligen Börse gehandelten Papiere mehr oder weniger stark betroffen. Ein Crash wird in der Regel von negativen wirtschaftlichen Nachrichten oder Daten ausgelöst, die zu panikartigen Verkäufen der Anleger führen. Im Zeitalter der Computerbörsen kann ein Crash auch durch computergestützte Verkäufe ausgelöst oder zumindest verstärkt werden. In der Regel ist ein Crash eine übertriebene Reaktion, die meist durch eine anschließende Korrektur zumindest teilweise wieder ausgeglichen wird: Besonnene Anleger nutzen die niedrigen Kurse zum „Einsteigen".

Der Begriff Crash oder auch Börsenkrach steht für starke, kurzfristig ausgelöste Kurseinbrüche an einzelnen oder meist mehreren Weltbörsen. Im Allgemeinen spricht man von einem Crash oder „Schwarzen Freitag", wenn die Kurse an einem Handelstag im Durchschnitt um mindestens zehn Prozent fallen. In der Regel erfolgt ein Crash zunächst an einer der bekannten Börsen und zieht dann weitere Crashs an den anderen Weltbörsen nach sich. Dieses Phänomen ist auf die enge internationale Vernetzung der Finanzmärkte zurückzuführen, die eine losgelöste Betrachtung einzelner Börsen praktisch nicht mehr erlaubt. Die Bezeichnung Crash bezieht sich nicht auf den Kurseinbruch einzelner Werte, wenngleich der Zusammenbruch einzelner Kurse oder Unternehmen einen Crash auslösen kann, sondern auf den Einbruch der Kurse zahlreicher Wertpapiere, ausgedrückt durch einen entsprechend starken Rückgang des Wertpapierindex (wie DAX, Stoxx oder Dow Jones).

Ein Crash wird in der Regel durch überraschende negative Wirtschaftsdaten, schlechte Unternehmensnachrichten oder politische Äußerungen verursacht. Er kann aber auch einfach ein Zeichen für einen überhitzten Markt sein, das heißt eine kurzfristige Korrektur übermäßig stark gestiegener Kurse, ausgelöst durch Gewinnmitnahmen. In jedem Fall kommt es bei einem Crash zu panikartigen Verkäufen der institutionellen oder privaten Anleger. Der dadurch ausgelöste, vergleichsweise starke Rückgang der Kurse veranlasst weitere Anleger, die bis dahin stillgehalten haben, rasch zu verkaufen, um noch „zu retten, was zu retten ist". Der große Crash von 1987 wurde durch computergestützte Verkäufe – wie etwa Stop Loss – noch verstärkt.

Zu den bekanntesten Crashs der Börsengeschichte gehören der so genannte „Schwarze Freitag" im Jahre 1929 an der New Yorker Börse sowie der ebenfalls von der New York Stock Exchange ausgelöste Crash vom 19.10.1987. Als Minicrash kann man außerdem den überproportionalen Kursrückgang im Oktober 1989 sowie die im Oktober und November 1997 erfolgten Kursrückgänge an den internationalen Börsen bezeichnen, die durch die Turbulenzen im asiatischen Finanzraum, vor allem durch die starken Kursrückgänge an der Börse in Hongkong und Tokio, ausgelöst wurden. Die europäischen und amerikanischen Börsen wurden im Verlauf der asiatischen Finanzkrise ebenfalls nach unten gezogen, obwohl die fundamentalen Wirtschafts- und Finanzdaten solche Rückschläge nicht rechtfertigten. Hieran zeigte sich erneut die enge Verflechtung der internationalen Finanzmärkte.

In der Regel kommt es bei einem Crash, der aus einem Dominoeffekt heraus auch Börsen in solchen Ländern erschüttert, bei denen die fundamentalen Wirtschaftsdaten einen solchen Rückschlag nicht rechtfertigen, rasch zu einer Erholung. Übertriebene Kursreaktionen werden von Marktteilnehmern genutzt, um sich relativ billig mit Wertpapieren einzudecken. In vielen Fällen ist zu beobachten, dass auf starke Kurseinbrüche relativ kräftige Kurssteigerungen folgen.

Börsenkürzel

Auf den Kurstafeln in den Börsenteilen der Zeitungen stehen neben den Notierungen in Geldbeträgen häufig bestimmte Kürzel, die darüber Auskunft geben, wie der Kurs zustande gekommen ist. Sie geben dem Anleger oft wichtige Hinweise, wenn er kaufen oder verkaufen will.

Näheres dazu unter Kurszusätze.

Börsenmäntel

So werden Aktien von Unternehmen bezeichnet, die immer noch an der Börse gehandelt werden, obwohl die Gesellschaft praktisch nicht mehr existiert. Es sind Gesellschaften, denen der Konkurs droht oder die aus anderen Gründen den Geschäftsbetrieb praktisch eingestellt haben und abgewickelt werden. Die Kurse dieser Papiere liegen meist bei wenigen Cent. Ein Engagement ist hoch spekulativ.

Aktien, hinter denen kaum noch aktives Geschäft steht, finden sich besonders oft im Bereich von Branchen, die ihre besten Zeiten längst hinter sich haben: Eisenbahnen, Textilindustrie, Bergbau, aber auch kleine Brauereien, Stahlunternehmen oder Maschinenfabriken. Dazu gehören Aktien wie die der Bremer Wollkämmerei, der Altenburger Spielkartenfabrik oder der Pittler Maschinenfabrik. Es können aber auch Computerunternehmen sein, die aus den Zeiten des Gründungsbooms stammen (wie Escom) und sich nicht durchsetzen konnten.

Manche dieser Papiere werden für wenige Cents gehandelt, andere mit über hundert Euro. Das hängt davon ab, ob noch wertvolle Grundstücke vorhanden sind oder andere Werte vermutet werden, die nach einer endgültigen Liquidation unter den Aktionären aufgeteilt werden könnten, oder ob es Altlasten in unkalkulierbarer Höhe gibt. Dazu zählen hohe Schulden oder Haftungsrisiken für Umweltschäden, wie zum Beispiel ein mit Schwermetallen und Altöl belastetes Firmengelände.

Weil mal diese, mal jene Gerüchte kursieren, sind Börsenmäntel heiße Spekulationspapiere mit oft extremen Kursschwankungen. Sie werden aber häufig auch von Unternehmern gesucht, die an den Kapitalmarkt gehen wollen. Denn wenn sie einen Börsenmantel in ihren Besitz bringen, können sie ohne große Formalitäten an die Börse gehen. Da das Papier bereits zugelassen ist, brauchen sie unter anderem keine Bank für ein IPO und müssen keine neuen Zulassungsprospekte drucken. Sie müssen den Anlegern nur deutlich machen, dass hinter der alten Aktie jetzt zum Beispiel ein gesundes mittelständisches Unternehmen steht.

Beispiele: Den ehemaligen Gummibandhersteller Goldzack verwandelten Investoren in ein erfolgreiches Emissionshaus, das junge Unternehmen an die Börse bringt. Aus der Brauerei Amberg wurde das Internet-Emissionshaus Net.IPO.

Vorsicht: Spekulationen mit Aktien, die nur noch als Börsenmäntel gehandelt werden, sind äußerst riskant. Oft stecken hohe Altlasten dahinter oder die Kurse werden von interessierter Seite manipuliert. Wenn ein Neuanfang geplant ist, kann dies durch Anfechtungsklagen kleiner Aktionärsgruppen behindert werden. Wenn das Unternehmen endgültig in Konkurs geht, droht ein Totalverlust des Anlagebetrages. Gefährlich ist der Einstieg nach einem starken Kursanstieg, weil oft schon nach kürzester Zeit ein ebenso steiler Sturz folgt.

Börsenorgane

Als Börsenorgane werden die mit der Leitung, Kontrolle und Organisation des Börsengeschäfts betrauten Personen und Institutionen der Börse bezeichnet. Hierzu zählen vor allem der Börsenvorstand, die Maklerkammer, die Wertpapierzulassungsstelle, das Börsenehrengericht, das Börsenschiedsgericht und der Staatskommissar. Die Aufgaben der einzelnen Organe sind in der Börsenordnung niedergelegt.

Der Ablauf und die Kontrolle der Börse erfolgen sowohl durch externe als auch interne staatliche und private Organe. Die internen, also direkt der Börse zugehörigen Institutionen bezeichnet man als Börsenorgane. Zu den Aufgaben der Börsenorgane gehört das Management des täglichen Börsengeschäfts, die Börsenhandelszulassung von Wertpapieren, die Kontrolle der Börsenbesucher (vor allem Handelsteilnehmer) und der ordentlichen Kursbildung sowie die Schlichtung von Unstimmigkeiten zwischen den Börsenbesuchern.

Zu den Börsenorganen gehören vor allem folgende Institutionen:
- der Börsenvorstand
- die Maklerkammer
- das Börsenehrengericht
- die Börsenschiedsstelle
- die Wertpapierzulassungsstelle sowie
- der Staatskommissar.

I. Der Börsenvorstand

Der Börsenvorstand stellt die Geschäftsleitung der Börse dar. Er setzt sich zum größten Teil aus Börsenbesuchern zusammen. Aufgabe des Börsenvorstands ist die

Zulassung von Personen zum Börsenbesuch, die Überwachung der die Börse betreffenden Gesetze und Bestimmungen, die Festsetzung der Börsengeschäftsbedingungen sowie die Überwachung der Kursfeststellung.

2. Die Maklerkammer

Der Maklerkammer gehören alle an den Börsen Deutschlands zugelassenen Kursmakler an. Zu den wichtigsten Aufgaben der Maklerkammer gehören die Auswahl und Zulassung sowie die Kontrolle der Kursmakler.

Die Maklerkammer schlägt zusammen mit dem Börsenvorstand die einzelnen Makler zur Zulassung vor. Der Vorschlag zur Zulassung zum Makler erfolgt erst nach einer intensiven Prüfung der fachlichen, wirtschaftlichen und persönlichen Qualifikation der Kandidaten. Sowohl Maklerkammer als auch Börsenvorstand stellen hohe Anforderungen an die zukünftigen Makler. Die Zulassung sowie die Vereidigung selbst wird durch den jeweils zuständigen Landesminister vorgenommen.

Neben der Auswahl der einzelnen Makler kümmert sich die Maklerkammer vor allem um die Kontrolle der Makler und der Kursbildung. Daneben gehört aber auch die Schlichtung von Unstimmigkeiten zu den Aufgaben der Maklerkammer. Ferner kümmert sie sich um die Verteilung der Geschäfte sowie um die Gruppenbildung. In der Regel werden jeweils zwei Makler für den Handel mit bestimmten Wertpapieren betraut. Die so eingeteilten Makler kümmern sich ausschließlich um den Handel mit ihren Papieren, nehmen also nicht an der Geschäftsvermittlung und Kursfeststellung anderer Papiere teil.

Die Maklerkammern sind regional organisierte Körperschaften des öffentlichen Rechts. An jeder deutschen Börse existiert eine Maklerkammer, in der alle an der betreffenden Börse zugelassenen Makler organisiert sind. Die Maklerkammer wird durch einen gewählten Vorstand vertreten.

3. Das Börsenehrengericht

Ein Börsenehrengericht besteht ebenfalls an jeder deutschen Börse. Aufgabe dieses Börsenorgans ist es, diejenigen Mitglieder zur Verantwortung zu ziehen, die sich Tätigkeiten zuschulden haben kommen lassen, die sich nicht mit den Statuten und Regeln der Börse vereinbaren lassen. Hierzu zählen beispielsweise absichtlich fehlerhafte Kursfeststellungen und wissentlich falsche Kauf- oder Verkaufsabrechnungen sowie Insidergeschäfte. Das Börsenehrengericht kann verurteilte Börsenmitglieder mit einem Bußgeld bis zu 2.000 DM und/oder dem Ausschluss von der Börse für bis zu zehn Börsentage belangen.

4. Die Börsenschiedsstelle

Das Börsenschiedsgericht hat die Aufgabe, Streitigkeiten aus Börsengeschäften zu schlichten. Die Schiedsstelle besteht in der Regel aus Mitgliedern des Börsenvorstands. Ziel des Gerichts ist es, etwaige Unstimmigkeiten schnell und unbürokratisch auszuräumen. Die Entscheidungen der Börsenschiedsstelle unterliegen nicht der Aufsicht der zuständigen Landesbehörde.

5. Wertpapierzulassungsstelle

Jedes Wertpapier, das an der Börse gehandelt werden soll, muss von der Wertpapierzulassungsstelle zugelassen werden. Die Zulassungsstelle besteht aus einer Kommission, die nach den Regeln der Börsenordnung gebildet wird, wobei allerdings mindestens die Hälfte aller Mitglieder Personen sein müssen, die sich nicht berufsmäßig mit der Börse beschäftigen. Die Wertpapierzulassungsstelle hat die Aufgabe, zu prüfen, ob die Börsenhandelszulassung eines Wertpapiers nicht zu einer Schädigung des allgemeinen oder individuellen Interesses und somit auch zur Schädigung des Rufs der Börse führen kann. So kann schon bei Antrag auf Zulassung eines Wertpapiers ersichtlich sein, dass es zu einer Übervorteilung der das Papier erwerbenden Anleger führen wird, wenn zum Beispiel im Falle eines Optionsscheins die Ausübungsbedingungen derart ausgestaltet sind, dass das Investment unter normalen Bedingungen nicht zu einem positiven Ergebnis führen kann.

Daneben hat die Wertpapierzulassungsstelle zu prüfen, ob die notwendigen Publizitäts- und Informationspflichten, die zur Zulassung zum Börsenhandel notwendig sind, von dem Emittenten erfüllt wurden.

Die Zulassungsstelle kann eine einmal gewährte Zulassung zum Börsenhandel auch wieder zurückziehen, wenn den Mitgliedern der Kommission dies notwendig erscheint.

6. Der Staatskommissar

Der Staatskommissar an der Börse wird von der jeweils zuständigen Landesregierung beziehungsweise der Börsenaufsichtsbehörde als zuständiges Organ zu ihrer Vertretung an der Börse ernannt. Dem Staatskommissar obliegt die Überwachung der Börsenbestimmungen sowie des ordnungsgemäßen Börsenhandels. Zur Erfüllung seiner Aufgaben hat der Staatskommissar das Recht, an allen Sitzungen der Börsenorgane teilzunehmen. Etwaige Verstöße der Börsenbesucher oder Börsenorgane gegen die Börsenordnung beziehungsweise gegen die kaufmännischen Pflichten hat der Staatskommissar seinem Dienstherrn, also dem zuständigen Minister oder der Landesregierung, mitzuteilen.

So wie bei einem Unternehmen hängt auch die Funktionsweise einer Börse von dem optimalen Zusammenspiel der beteiligten Organe ab, vor allem vor dem Hintergrund, dass hier öffentliche wie auch private Organe zusammenarbeiten.

Börsensegmente

Die Börse ist nicht ein einziger großer Markt. Wegen der unterschiedlichen Arten und Qualitäten der Wertpapiere findet der Handel mit ihnen auf verschiedenen Teilmärkten statt. Nach der Art des Handels gibt es einen amtlichen Handel, einen geregelten Markt und den Freiverkehr. Gleichzeitig gibt es Spezialmärkte wie den Neuen Markt und die Terminbörse Eurex. Diese Märkte oder Börsensegmente unterscheiden sich auch durch unterschiedliche Vorschriften für die Zulassung zum Handel und dessen Abwicklung.

Der Wertpapierhandel an deutschen Börsen unterliegt dem Börsengesetz vom 22. Juni 1896. Hinsichtlich der Organisationsstruktur kann eine vertikale und eine horizontale Gliederung festgestellt werden. Bei einer Betrachtung der vertikalen Struktur gliedert sich der Wertpapiermarkt in folgende Bereiche:

Amtlicher Handel: Dies ist in der Bundesrepublik Deutschland das umfangreichste Marktsegment. Für die Einführung eines Wertpapiers in diesen „ersten Markt" gelten die strengsten Vorschriften.

Geregelter Markt: Seit 1987 das zweite Börsensegment. Hier werden Unternehmen notiert, die noch nicht zum amtlichen Handel zugelassen sind. Die Zulassungsvoraussetzungen sind weniger streng.

Freiverkehr: Für Unternehmen ist dies die einfachste Form, Aktien an die Börse zu bringen, da es keine förmliche Zulassung zum Handel gibt. Die Aufnahme kommt zustande, indem ein Freimakler feststellt, dass ein Bedarf für den Handel mit den Aktien eines kleineren deutschen oder eines ausländischen Unternehmens besteht. Das Unternehmen stellt in diesem Fall keinen Antrag, es kann aber gegen die Aufnahme in den Handel Widerspruch einlegen.

Da der Freiverkehr nicht staatlich reglementiert ist, sind für Unternehmen damit auch weit weniger Verpflichtungen verbunden. So gibt es zum Beispiel keine Pflicht zu Ad-hoc-Mitteilungen. Es muss kein so umfangreicher Verkaufsprospekt erstellt werden wie bei der Zulassung zum amtlichen Handel, und das Unternehmen unterliegt auch nicht der Prospekthaftung.

Neuer Markt: Für innovative kleinere Unternehmen wurde der Neue Markt an der Frankfurter Börse ins Leben gerufen.

Bei einer Gliederung nach horizontalen Marktsegmenten gibt es den:

Aktienhandel (siehe oben) und den

Terminhandel an der 1990 gegründeten Deutschen Terminbörse (DTB), aus der später die Eurex wurde. Hier werden Optionen gehandelt, die das Recht verbriefen, Wertpapiere oder Devisen zu einem späteren Zeitpunkt zu kaufen oder zu verkaufen.

Börsenvorstand █

Dem Börsenvorstand ist die Geschäftsführung der Börse übertragen. Zu seinen Aufgaben gehört vor allem die Zulassung von Börsenbesuchern, die Überwachung der Einhaltung der Börsenordnung, des Börsengesetzes und der ordentlichen Kursfeststellung sowie die Gestaltung und Festlegung der Börsengeschäftsbedingungen. Der Börsenvorstand besteht aus bis zu 18 Mitgliedern und setzt sich in der Regel aus Börsenbesuchern zusammen.

Der Börsenvorstand führt die Geschäfte der Börse. Er wird für einen Zeitraum von drei Jahren gewählt und setzt sich hauptsächlich aus Börsenbesuchern zusammen. Unter den Mitgliedern des Börsenvorstands müssen sich mindestens ein amtlicher und ein freier Kursmakler befinden. Daneben wählen die Angestellten der Börse, die zum Börsenbesuch berechtigt sind, ein Mitglied des Vorstands als ihren Vertreter. Ferner kann ein Mitglied aus dem Kreis der Emittenten von zum Börsenhandel zugelassenen Wertpapieren, der Kapitalsammelstellen oder der Anleger in den Vorstand gewählt werden. Die Hauptaufgaben des Börsenvorstands sind:

- Zulassung von Börsenbesuchern
- Zulassung von Wertpapieren zur fortlaufenden Notierung
- Überwachung der Einhaltung des Börsengesetzes
- Aufstellen sowie Überwachen der Einhaltung der Börsengeschäftsbedingungen
- Überwachung der ordentlichen Kursfeststellung
- Aufrechterhalten der allgemeinen Ordnung in der Börse.

Die Aufgaben des Börsenvorstands lassen sich damit in zwei Hauptbereiche unterteilen: in die Zulassungsfunktion und die Kontrollfunktion.

1. Zulassungsfunktion des Börsenvorstands

Zu diesem Bereich zählt die Zulassung von Personen zum Börsenbesuch. Nur wer vom Börsenvorstand als Besucher zugelassen wird, kann die Räume der Börse betreten, wobei zwischen handelnden und nichthandelnden Besuchern unterschieden wird. Die Zulassung zum Börsenbesuch unterliegt strengen Kriterien und einer genauen Auswahl durch den Vorstand. Nur Personen, die einen einwandfreien Ruf, geordnete wirtschaftliche Verhältnisse sowie die notwendige Sachkenntnis im Börsengeschäft nachweisen können, werden vom Börsenvorstand berücksichtigt. Der Börsenvorstand ist berechtigt, eine einmal erteilte Zulassung zum Börsenbesuch zu widerrufen, wenn das Verhalten der betreffenden Person Anlass zu der Befürchtung gibt, dass der Ruf der Börse Schaden nehmen könnte.

Daneben entscheidet der Börsenvorstand darüber, ob bestimmte Wertpapiere zur fortlaufenden Notierung zugelassen werden. Auch die Entscheidung, ob Papiere zum Terminhandel zugelassen werden, liegt beim Börsenvorstand. Zusätzlich obliegt ihm die Entwicklung einer angemessenen Börsengeschäftsbedingung.

2. Kontrollfunktion des Börsenvorstands

Die Kontrollfunktion des Börsenvorstands umfasst im weiten Sinne alles, was notwendig ist, um einen ordnungsgemäßen Ablauf des Börsenhandels zu gewährleisten. Hierzu nimmt der Börsenvorstand weitreichende Kontrollfunktionen wahr, die sich zum einen auf die Einhaltung des Börsengesetzes, der Börsenordnung und der Börsengeschäftsbedingungen erstrecken, zum anderen aber auch die Überwachung einer ordentlichen Kursbildung beinhalten.

Zu den wichtigsten Kontrollfunktionen zählt sicherlich die Überwachung der ordnungsgemäßen Kursfeststellung, die der Börsenvorstand zusammen mit der Maklerkammer wahrnimmt. Die Überwachung erstreckt sich dabei auf die Kursbildung aller an der Börse gehandelten Wertpapiere, wie beispielsweise Aktien, Anleihen und Optionsscheine.

Zusätzlich muss der Börsenvorstand in besonders kritischen Fällen zur Kursbildung beziehungsweise zu dem damit verbundenen Handel hinzugezogen werden. Ein solcher kritischer Fall liegt zum einen dann vor, wenn Angebot und Nachfrage nach einem bestimmten Wertpapier so weit voneinander abweichen, dass ein Ausgleich nur durch Rationierung, das heißt Zuteilung der Papiere, erreicht werden kann, und zum anderen dann, wenn der Kurs einer Aktie um mindestens fünf Prozent beziehungsweise der Kurs einer Anleihe um mindestens einen Prozent vom Vortagskurs abweicht.

Allgemein hat der Börsenvorstand die Aufgabe, Ruhe und Ordnung an der Börse zu sichern. Hierzu kann der Börsenvorstand beispielsweise den Handel für einen gewissen Zeitraum aussetzen, um zum Beispiel bei einem Börsencrash zu versuchen, wieder Ruhe in das Wertpapiergeschäft zu bringen und Panikreaktionen zu dämpfen. Ähnliches gilt, wenn die Aktien einer Gesellschaft aufgrund von positiven oder negativen Nachrichten oder Gerüchten hektischen Kursveränderungen unterliegen.

Börsenzeiten

Der Zeitraum, an dem an den Wertpapierbörsen Aktien und Anleihen gehandelt werden. Da an jedem Zeitpunkt des Tages irgendwo auf der Welt eine oder mehrere Börsen geöffnet sind, ist es an sich möglich, jederzeit Wertpapiere zu kaufen oder zu verkaufen. In der Praxis nutzten früher nur große Banken und institutionelle Anleger diese Möglichkeit. Für den privaten Anleger waren die Handelszeiten in seinem jeweiligen Heimatland von Bedeutung. Diese wurden in den vergangenen Jahren stark ausgeweitet. Auch Kleinaktionäre können inzwischen während der gesamten Handelszeit Kauf- und Verkaufsaufträge erteilen oder sich über den Internet-Handel einschalten. Das Internet bietet heute auch dem privaten Anleger die Möglichkeit, „rund um die Uhr" am weltweiten Börsenhandel teilzunehmen. Global gesehen findet immer irgendwo auf der Welt ein Aktienhandel statt.

Näheres dazu unter Handelszeiten.

Börsenzulassungsprospekt

Vor der Zulassung von Wertpapieren zum Börsenhandel müssen der Emittent und die mit der Emission beauftragten Kreditinstitute den so genannten Börsenzulassungsprospekt veröffentlichen. Dieser Prospekt enthält eine Reihe von Informationen über das betreffende Wertpapier und den Emittenten. Jeder Börsenzulassungsprospekt wird von der zuständigen Börsenzulassungsstelle auf seine Richtigkeit bezüglich Quantität und Qualität der darin enthaltenen Informationen geprüft. Der Emittent sowie die emittierenden Banken haften gesamtschuldnerisch für die Richtigkeit der Angaben im Börsenzulassungsprospekt.

Vor der Einführung von Wertpapieren zum Börsenhandel muss der Emittent in bestimmten großen Zeitungen, den so genannten Börsenpflichtblättern, Anzeigen veröffentlichen, die bestimmte Informationen über den Emittenten und die zum Handel zuzulassenden Papiere enthalten. Diese Anzeigen werden allgemein als Börsenzulassungsprospekt oder kurz Börsenprospekt bezeichnet und sind nicht mit dem so genannten Verkaufsprospekt oder dem Zeichnungsprospekt zu verwechseln. Der Börsenzulassungsprospekt stellt eines der zentralen Elemente der vom Emittenten zu leistenden Voraussetzungen zur Börsenzulassung von Wertpapieren, wie beispielsweise Aktien, Anleihen, Wandelschuldverschreibungen oder Optionsanleihen, dar.

Der Börsenzulassungsprospekt dient primär der Information und dem Schutz von Anlegern. Form und Inhalt des Börsenprospekts werden in der Börsenzulassungsverordnung geregelt. Der Inhalt des Börsenzulassungsprospekts variiert je nach der Art der zum Handel an der Börse zuzulassenden Wertpapiere. Bei allen Emissionen sind Angaben über die Gesellschaft, über die Personen, die für den Inhalt des Prospekts zuständig sind, sowie über Art, Stückzahl und Gesamtbetrag der zuzulassenden Wertpapiere zu machen. Daneben müssen die Anleger auf eventuelle Handelsbeschränkungen beziehungsweise Restriktionen hinsichtlich der Übertragbarkeit hingewiesen werden, wie beispielsweise bei der Emission von Namensschuldverschreibungen.

Die Emission von Aktien erfordert zusätzliche Hinweise im Börsenprospekt. So verlangt die Börsenzulassungsverordnung, dass dem Anleger die mit dem Besitz der Aktie verbundenen Rechte und der Zeitpunkt der Dividendenberechtigung bekannt gemacht werden.

Bei der Zulassung von Anleihen zum Börsenhandel sind der Ausgabepreis, die Laufzeit, die Verzinsung und die Art der Tilgung anzugeben.

Daneben sind eine Reihe von Angaben zum Emittenten der Papiere zu machen. So ist der Anleger über den Namen, den Sitz und die Gesellschaftsform zu informieren. Zusätzlich muss der Börsenprospekt Angaben über die wesentlichen Geschäftsbereiche des Unternehmens und eine vergleichende Darstellung der Bilanzen sowie der Gewinn- und Verlustrechnung für die letzten drei Jahre enthalten. Außerdem müssen Angaben über den voraussichtlichen Geschäftsverlauf des laufenden Geschäftsjahres gemacht werden. Beteiligungen an anderen Unternehmen müssen offengelegt werden, soweit sie einen Buchwert von mindestens zehn Prozent des Eigenkapitals ausmachen oder für mindestens zehn Prozent des Jahresüberschusses stehen. Auch Großaktionäre des Emittenten sind bekannt zu geben, soweit sie mindestens 20 Prozent am Kapital der Gesellschaft halten.

Umfang und Anforderungen an den Börsenzulassungsprospekt werden zunehmend kritisiert, da sie häufig ein Hemmnis für den Börsengang kleinerer Unternehmen darstellen. Die Fertigung eines Börsenzulassungsprospekts verursacht hohe Kosten für den Emittenten und birgt zudem über die so genannte Prospekthaftung das Risiko, auch lange nach der Einführung der Papiere an der Börse hohen Schadenersatzforderungen ausgesetzt zu sein, wenn sich Angaben im Prospekt als falsch erweisen. Um die Emission von Wertpapieren an der Börse für kleinere, weniger kapitalkräftige Unternehmen interessanter zu machen, werden deshalb einige dieser Regelungen mit dem Dritten Kapitalmarktförderungsgesetz entschärft. So soll die im internationalen Vergleich noch zu niedrige Börsenkapitalisierung deutscher Unternehmen gefördert werden.

Der Börsenzulassungsprospekt wird im Allgemeinen vom Emittenten in Zusammenarbeit mit dem beteiligten Bankenkonsortium erstellt. Das Emissionskonsortium haftet auch gemeinsam mit dem Emittenten für die Richtigkeit und Vollständigkeit der Angaben im Börsenprospekt.

Die Börsenzulassungsstelle kann auf einzelne Angaben im Börsenzulassungsprospekt verzichten, wenn diese entweder für unwesentlich oder aber dem Informationsinteresse der Anleger zuwiderlaufend erachtet werden.

Branchenfonds

Branchenfonds sind eine Spezialform der Aktienfonds und konzentrieren ihre Investmentaktivitäten auf Aktien von Unternehmen bestimmter Wirtschaftsbereiche. Es kann sich dabei um die Telekommunikationsindustrie, die Umwelttechnologie, um Automobilwerte, Chemie oder die Rohstoffindustrie handeln. Die Branchenfonds können sich auf einzelne Länder konzentrieren oder international anlegen.

Branchenfonds zählen neben den Länderfonds, den Indexfonds sowie den Regionalfonds zur Familie der Aktienfonds. Die einzelnen Fonds konzentrieren ihre Mittel auf eine mehr oder weniger breite Auswahl von Aktien bestimmter Branchen. Die möglichen Investitionsobjekte werden dabei durch die von der Investmentgesellschaft festgelegten Anlagegrundsätze eingegrenzt.

Innerhalb der ausgewählten Branchen werden die Mittel – nach Maßgabe der Einschätzung der einzelnen Unternehmen – so weit wie möglich gestreut, um so eine hohe Risikomischung zu erreichen. Da die Palette der Aktiengesellschaften, in die ein Investmentfonds seine Mittel anlegen kann, durch die Beschränkung auf eine Branche begrenzt ist, ist in diesem Fall die mögliche Risikostreuung des Fonds geringer als bei normalen Aktienfonds. Andererseits sind die Ertragschancen höher, da die möglichen Gewinne bei guter Konjunktur in einzelnen Branchen nicht durch Verluste in anderen Wirtschaftszweigen aufgezehrt werden. Bei unterschiedlich verlaufenden Branchenzyklen kann also ein Branchenfonds sowohl Vorteile als auch Nachteile gegenüber herkömmlichen Aktienfonds haben.

Auch bei Branchenfonds erwirbt der einzelne Anleger Anteile an einer Art Wertpapierdepot, dem so genannten Sondervermögen. Die Anteile werden dem Anleger durch Investmentzertifikate verbrieft. Der Wert des einzelnen Zertifikats ergibt sich aus der Division des gesamten Sondervermögens durch die Anzahl der ausgegebenen Anteile. Der Anleger kann seine Zertifikate jederzeit zum aktuellen Tageswert an die Fondsgesellschaft zurückgeben. Die Fondsgesellschaft lässt sich ihre Dienste durch einen bestimmten Aufschlag auf den Kurswert des Zertifikats vergüten. Dieser Ausgabeaufschlag liegt bei Aktienfonds bei ungefähr drei bis sechs Prozent und zeigt sich in der täglichen Differenz zwischen Ausgabe- und Rücknahmekurs des jeweiligen Fondsanteils.

Dem interessierten Anleger steht in Deutschland eine breite Palette an Branchenfonds zur Verfügung, die in verschiedene Wirtschaftsbereiche investieren. So gibt es beispielsweise Fonds, die die Mittel ihrer Anleger in Aktien von Unternehmen investieren, welche in der Rohstoffbranche tätig sind. Diese Variante der Branchenfonds ist streng von so genannten Rohstoffonds zu unterscheiden, die direkt in einzelne Rohstoffe investieren. Andere Investmentfonds, so genannte Ökofonds, investieren ihre Mittel entweder in Unternehmen der Umweltbranche oder aber in Betriebe, die sich besonders durch umweltgerechte Produktion hervorgetan haben. In den Neunzigerjahren sind so genannte Technologiefonds sowie Telekommunikationsfonds sehr beliebt geworden. Technologiefonds investieren in Unternehmen, die sich mit der Entwicklung neuer Technologien in zukunftsträchtigen Bereichen wie der Biochemie, der Computersoft- und -hardware oder der Medizin befassen. Die Anlage in solche meist sehr kleine und junge Unternehmen bietet hohe Gewinnchancen, birgt aber auch ein entsprechendes Risiko. Eine Beteiligung ist hier oft nur über Fonds möglich, da die Direktanlage dadurch erschwert wird, dass über diese Unternehmen in der Regel nur wenige Informationen öffentlich zugänglich sind. Für den interessierten Kleinanleger bietet es sich deshalb an, entsprechende Fondsanteile zu erwerben. Das empfiehlt sich auch deshalb, weil die Gesellschaften, die diese Fondsanteile ausgeben, die erhaltenen Gelder auf mehrere Unternehmen verteilen und so das Risiko hoher Verluste stark reduzieren. Telekommunikationsfonds, die speziell nach dem Börsengang der T-Aktie einen starken Aufschwung erlebt haben, profitieren davon, dass viele Fachleute dieser Branche eine große Zukunft voraussagen. Entsprechende Fonds werden von verschiedenen großen Investmentgesellschaften angeboten.

Allgemein sind Branchenfonds eine gute Depotbeimischung für Investoren, die die Chancen einzelner Branchen nutzen wollen. Anleger können auf einzelne Branchen setzen, ohne die schwierige und riskante Einzelauswahl bestimmter Unternehmen vornehmen zu müssen. Grundsätzlich lassen sich beim Investment in Branchenfonds zwei Anlagemotive unterscheiden:

- Zum einen kann ein Anleger in einen Branchenfonds investieren, weil er die Zukunftschancen dieser speziellen Branche besonders hoch einschätzt. Eine solche Anlage ist sicherlich eher langfristig orientiert.
- Zum anderen kann ein Anleger aber auch die zeitlich unterschiedlich ablaufenden Konjunkturzyklen einzelner Branchen nutzen. Die verschiedenen Branchen reagieren meist zeitversetzt auf den allgemeinen Konjunkturzyklus einer Volkswirtschaft. Während sich die Ertragslage in der einen Branche schon nach oben entwickelt, befindet sich ein anderer Wirtschaftszweig womöglich noch im Abwärtstrend. Diese Trends können eher kurzfristig orientierte Anleger nutzen, indem sie von einem Fonds in den anderen wechseln. Schwierig hierbei ist, herauszufinden, wann der Aufwärtstrend beziehungsweise Abwärtstrend der einzelnen Branchen beginnt oder endet. Solche Spekulationen können, wie alle Spekulationen, auch zu empfindlichen Verlusten führen.

Im Allgemeinen ist das Kursrisiko für den Anleger bei Branchenfonds höher als bei Aktienfonds, die in Unternehmen unterschiedlicher Branchen investieren (Risikostreuung, unterschiedliche Branchenkonjunkturen). Die Chance der Wertsteigerung ist ebenso wie das Verlustrisiko bei spezialisierten Fonds größer.

Broker/Brokerhäuser

Als Brokerhäuser werden in Großbritannien und in den USA Finanzdienstleister bezeichnet, die sich ausschließlich auf den Wertpapierhandel spezialisiert haben. Brokerhäuser beraten ihre Kunden hinsichtlich der Vermögensanlage in Wertpapieren und führen die Kauf- und Verkaufsaufträge der Anleger aus. Andere Finanzdienstleistungen, wie beispielsweise die Vergabe von Krediten, das Mergers & Acquisitions-Geschäft sowie das Führen von Girokonten, waren Brokerhäusern lange Zeit verboten. Für ihre Dienstleistungen erhalten die Broker von ihren Kunden eine Provision, die sich am Auftragswert bemisst.

Brokerhäuser sind spezielle Finanzdienstleister, die sich auf den Handel mit Wertpapieren spezialisiert haben. Sie fungieren dabei als Vermittler zwischen dem Publikum, also privaten und institutionellen Anlegern, und der Börse. Vermittelt werden alle Arten von börsengehandelten Wertpapieren, wie beispielsweise Aktien, Anleihen, Optionsscheine, Genussscheine oder die verschiedenen Derivate.

Neben der reinen Vermittlung von Wertpapiergeschäften übernehmen Brokerhäuser auch eine beratende Funktion für ihre Kunden. Da sie sich ausschließlich auf das Wertpapiergeschäft konzentrieren, haben sie ein großes Fachwissen auf diesem Gebiet, das sie ihren Kunden zur Verfügung stellen können. Brokerhäuser erhalten für ihre Tätigkeit eine Provision. Sie bemisst sich an der Höhe des Auftragswerts der Wertpapiergeschäfte.

Die Tätigkeit von Brokerhäusern resultiert aus dem in den USA und in Großbritannien üblichen und bis vor kurzem dort sehr streng gehandhabten Trennbankensystem. Es untersagte den so genannten Commercial Banks den Handel mit Wertpapieren oder Effekten. Den Commercial Banks war zwar das Effekteneigen- beziehungsweise Effektenkommissionsgeschäft erlaubt. Aber auch diese Geschäfte mussten jeweils über ein Brokerhaus geleitet werden. Das Brokerhaus fungierte damit als Mittler zwischen den Commercial Banks und den Jobbern beziehungsweise Dealern an der Börse. Heute ist auch in den angelsächsischen Ländern das traditionelle Trennbankensystem stark aufgeweicht. Dadurch haben die Brokerhäuser ihre eigentliche Funktion als reine Mittler zwischen den privaten und institutionellen Anlegern sowie den Banken auf der einen Seite und der Börse auf der anderen Seite verloren. Im Rahmen der Liberalisierung des Trennbankensystems wurden eine Reihe von

Brokerhäusern von Commercial Banks übernommen. Umgekehrt üben einige Brokerhäuser inzwischen auch Tätigkeiten im traditionellen Finanzsektor aus.

Broker in Deutschland

In Deutschland konzentrieren sich Brokerhäuser vor allem auf den Handel mit ausländischen Wertpapieren beziehungsweise auf die Betreuung von vermögenden Privatkunden. Dabei verfolgen sie meist eine wesentlich aggressivere und renditeorientiertere Anlagestrategie als normale Geschäftsbanken. Da das Wertpapiergeschäft oftmals das einzige Geschäft ist, das Brokerhäuser betreiben, sind sie stark auf die Zufriedenheit ihrer Kunden und ihren Ruf als erfolgreiche Wertpapiermanager angewiesen, zumal sich Brokerhäuser auch immer wieder gegenseitig die lukrativsten Kunden abspenstig machen.

Heute konzentrieren sich Brokerhäuser als hoch qualifizierte Berater in erster Linie auf vermögende Privatkunden und institutionelle Anleger. Vor allem englische, amerikanische und japanische Brokerhäuser verfügen über ein verzweigtes Netz von Niederlassungen an allen wichtigen Börsen der Welt, um ihren Kunden eine umfassende Angebotspalette an Dienstleistungen anbieten zu können. Neben umfangreichem Know-how bieten Brokerhäuser ihrer anspruchsvollen Kundschaft oftmals Zusatzleistungen wie 24-Stunden-Erreichbarkeit und individuell zugeschnittene Anlagekonzepte. Zudem verlangen Brokerhäuser oft deutlich geringere Provisionen als herkömmliche Banken. Allerdings können Anleger die Dienste von Brokerhäusern in der Regel nur in Anspruch nehmen, wenn sie ein Mindestdepotvolumen erreichen. Dieses Mindestdepotvolumen liegt häufig zwischen 100.000 und 500.000 DM.

Bullen und Bären

Mit dem Bild von den Bullen und den Bären werden in der Börsensprache die beiden widerstreitenden Gruppen am Wertpapiermarkt bezeichnet: diejenigen, die auf steigende Kurse setzen, und die anderen, die eher mit sinkenden Notierungen rechnen. Je nach Lage heißt es daher auch, die Börse sei „bullish" oder „bearish".

Das Bild von den „bulls and bears" wird vor allem an den Börsen von New York und London verwendet, um die jeweils vorherrschende Tendenz an den Börsen zu umschreiben. Eine bronzene Plastik von Bulle und Bär steht aber auch auf dem Vorplatz der Frankfurter Börse. Weil der Bulle mit seinen Hörnern immer von unten nach oben stößt und eine vorwärts stürmende Kraft symbolisiert, verkörpert er die optimistisch gestimmten Händler, Spekulanten und Anleger, die auf steigende Kurse setzen und entsprechend disponieren. Sie sind entweder „bullish" für den gesamten Markt, für bestimmte Branchen oder einzelne Aktien. Es sind – anders ausgedrückt – die Haussiers oder Optimisten am Wertpapiermarkt.

Der Gegensatz zum „Bull-Market" ist eine Situation, die eher von der Erwartung sinkender Kurse geprägt wird. Dies ist dann der „Bear-Market", in dem die Pessimisten oder Baissiers das Sagen haben. Der eher schwerfällige Bär, der mit seiner Pranke von oben nach unten schlägt, symbolisiert diese Gruppe von Marktteilnehmern.

Natürlich kommt kein Börsianer als Bulle oder Bär auf die Welt. Die gleichen Marktteilnehmer, die in bestimmten Situationen „bullish" eingestellt sind, können wenig später zu den Bären überlaufen, wenn Nachrichten aus Wirtschaft und Politik kommen, die einen Stimmungsumschwung bei den Anlegern und damit ein Sinken der Kurse erwarten lassen.

Das Bild von Bulle und Bär wird auch zur Kennzeichnung von Optionsscheinen verwendet – je nachdem, ob die Käufer dieser Scheine damit auf sinkende oder steigende Kurse wetten. Die Rückzahlung einer Bull & Bear-Anleihe ist dementsprechend an die positive oder negative Entwicklung eines Index gekoppelt.

Bundesanleihen

Bei Bundesanleihen handelt es sich um von der Bundesrepublik Deutschland ausgegebene festverzinsliche Wertpapiere und festverzinsliche Schuldbuchforderungen mit Wertpapiercharakter. Bis 1990 hatten alle Bundesanleihen einen festen Koupon. Danach wurden auch variabel verzinsliche Anleihen aufgelegt. Die Papiere eignen sich für die private Geldanlage.

Bundesanleihen und Schuldbuchforderungen dienen dem Bund zur Finanzierung seines langfristigen Kapitalbedarfs hinsichtlich öffentlicher Ausgaben. Sie können auch zur Konsolidierung kurz- und mittelfristiger Kredite verwendet werden. Bundesanleihen verbriefen Forderungsrechte (§ 793 Bürgerliches Gesetzbuch, BGB). Als Sicherheit für die Bundesanleihen dient das Vermögen des Bundes sowie das gegenwärtige und zukünftige Steueraufkommen. Eine Emissionsgenehmigung des Bundesfinanzministeriums, wie sie für nichtöffentliche, inländische Schuldner notwendig ist, wird für Bundesanleihen nicht benötigt, denn sie werden durch ein festes Emissionskonsortium – das Bundesanleihekonsortium – emittiert und zur öffentlichen Zeichnung platziert. Da Bundesanleihen in unregelmäßigen Abständen emittiert werden, spricht man auch von Einzelemissionen oder Einmalemissionen.

Bundesanleihen werden ohne Zulassungsverfahren an der Börse in den amtlichen Handel eingeführt. Dort wird börsentäglich ein Einheitskurs für sie ermittelt.

Neben dem amtlichen Handel werden die Anleihen auch vor- und nachbörslich im ungeregelten Freiverkehr zwischen Banken und Maklern gehandelt. Die Laufzeit der Bundesanleihen liegt in der Regel bei zehn Jahren, allerdings gibt es auch welche mit zwölf- oder dreißigjähriger Laufzeit. Da Bundesanleihen gesamtfällig sind, werden sie am Ende ihrer Laufzeit in einer Summe zum Nennwert zurückgezahlt. Die Zinszahlungen erfolgen aber jährlich. Wichtig für Anleger ist, dass weder der Gläubiger noch der Schuldner ein Papier vorzeitig kündigen kann.

Bundesanleihen bilden darüber hinaus die Basis für einige derivative Produkte, wie den Bund-Future und Optionen auf den Bund-Future.

> **Hinweis:** Private Anleger können Bundesanleihen bei allen Banken, Landeszentralbanken und Sparkassen erwerben und dort auch verwahren (Wertpapierverwahrung) lassen. Da Bundesanleihen Wertrechtsemissionen sind, ist eine Ausgabe von effektiven Stücken nicht möglich. Empfehlenswert ist, die Wertpapiere bei der Bundesschuldenverwaltung aufzubewahren, da dort keine Depotgebühren für die Verwahrung anfallen. Bei Geschäftsbanken muss man dagegen mit Kosten in Höhe von ca. 1,25 Promille vom Nennwert, mindestens aber mit 5 € im Jahr rechnen.

Der Erwerb der Papiere, die an der Börse gehandelt werden, ist bei allen Banken und Sparkassen gebührenfrei. Bundesanleihen gibt es in Stückelungen ab 100 DM (oder den entsprechenden Betrag in Euro). Eine Mengenbegrenzung beim Erwerb gibt es nicht. Sie sind jederzeit auf Dritte – auch Ausländer – übertragbar und mündelsicher. Da bei Bundesanleihen die Zinszahlungen jährlich erfolgen, eignen sie sich insbesondere für Anleger, die an einer regelmäßigen Auszahlung ihres Anlageertrags interessiert sind.

Die Einlösung der Papiere ist bei allen Landeszentralbanken sowie bei der Bundesschuldenverwaltung gebührenfrei. Alle anderen Geschäftsbanken und Sparkassen erheben wie bei der Verwahrung – teilweise recht hohe – Gebühren.

Bundesobligationen

Bundesobligationen sind Schuldverschreibungen des Bundes, die zur Finanzierung von öffentlichen Ausgaben aufgelegt werden. Es gibt sie seit Ende 1979. Bundesobligationen sind Inhaberschuldverschreibungen. Sie eignen sich für private Geldanleger.

Bundesobligationen werden nicht in effektiven Stücken ausgegeben, sondern als Forderungen in das Bundesschuldbuch eingetragen und als Daueremissionen ausgegeben. Eine neue Serie wird jeweils aufgelegt, wenn die Marktlage den Übergang zu einem neuen Nominalzins erfordert. Nach Einstellung des Verkaufs einer Serie wird sie – ohne besonderes Zulassungsverfahren – zum amtlichen Handel an allen deutschen Wertpapierbörsen eingeführt.

Die Obligationen des Bundes können nach dem Ersterwerb von jedem Anleger erworben werden und sind Inhaberschuldverschreibungen. Sie sind mündelsicher und können seit 1988 auch von Ausländern erworben werden. Ihr Kurs wird täglich an der Börse festgesetzt. Bundesobligationen haben eine Laufzeit von fünf Jahren und sind gesamtfällig. Das bedeutet: Sie werden bei Fälligkeit in einer Summe zum Nennwert zurückgezahlt. Eine Gläubiger- oder Schuldnerkündigung ist ausgeschlossen. Die Mindestanlage sind 100 DM (beziehungsweise der entsprechende Betrag in Euro).

Private Anleger können Bundesobligationen bei allen Banken und Sparkassen erwerben und dort auch verwahren (Wertpapierverwahrung). Für Bundesobligationen, die bei der Bundesschuldenverwaltung verwahrt werden, sind keine Depotgebühren zu zahlen. Bei Geschäftsbanken muss man mit Kosten in Höhe von ca. 1,25 Promille vom Nennwert, mindestens aber mit zehn DM beziehungsweise 5 € im Jahr rechnen.

Da bei Bundesobligationen die Zinszahlung jährlich erfolgt, sind sie insbesondere für Anleger geeignet, die an einer regelmäßigen Ausschüttung ihrer Anlagegewinne interessiert sind. Die Einlösung der Papiere ist bei allen Landeszentralbanken und bei der Bundesschuldenverwaltung gebührenfrei. Alle anderen Banken und Sparkassen erheben teilweise hohe Gebühren bei der Einlösung.

Bundesschatzanweisungen

Bundesschatzanweisungen sind festverzinsliche Inhaberschuldverschreibungen und stellen eine Zwischenform von Geldmarkt- und Kapitalmarktpapieren dar. Für den privaten Anleger sind diese vom Bund, seinen Sondervermögen, den Ländern und Gemeinden zur Finanzierung von öffentlichen Ausgaben aufgelegten Papiere weniger geeignet.

Die Laufzeit der Bundesschatzanweisungen liegt in der Regel unter fünf Jahren oder beträgt sechs bis sieben Jahre. Nach Möglichkeit werden sie im Zweimonatsrhythmus angeboten. Von Bundesanleihen und Bundesobligationen unterscheiden sich Bundesschatzanweisungen vor allem durch ihre höhere Stückelung von 5.000 DM (beziehungsweise der entsprechende Betrag in Euro) und den Erwerberkreis: Sie werden vor allem von Kreditinstituten nachgefragt. Bis 1988 nannte der Bund diese Form des Wertpapiers Kassenobligation.

Die Emission der Bundesschatzanweisungen erfolgt in Form eines Tenderverfahrens, also in Form einer Versteigerung. Die Bundesbank gibt dabei die

Konditionen im Bundesanzeiger bekannt. Danach können Gebote unter Nennung des Gesamtnominalbetrages und des Kurses bei den Landeszentralbanken abgeben werden. Die Gebote müssen jedoch auf durch 5.000 € teilbare Beträge lauten und ein Kursangebot enthalten, zu dem der Bieter bereit ist, zugeteilte Beträge zu übernehmen. Die Zuteilung erfolgt dann zum Einheitskurs – also zu dem Kurs, bei dem die meisten Interessenten bereit sind, die Schatzanweisungen zu kaufen. Bei einer Zuteilung werden zuerst die Gebote derjenigen bedient, die auf „billigst" lauten, sowie Gebote, deren Bietungskurs über dem festgesetzten Verkaufskurs liegt.

Nach der Emission werden die Papiere, bei denen es sich um Inhaberschuldverschreibungen handelt, an der Börse in den geregelten Markt eingeführt. Die größten Umsätze finden jedoch im Telefonverkehr unter den Banken statt. Da die Papiere in erster Linie von Kreditinstituten und Kapitalsammelstellen erworben werden, liegen die gehandelten Einheiten überwiegend bei rund einer Million DM.

Bundesschatzbriefe

Bundesschatzbriefe sind Schuldverschreibungen des Bundes, die zur Finanzierung öffentlicher Ausgaben dienen. Bundesschatzbriefe sind Inhaberschuldverschreibungen: Die Verbriefung erfolgt durch Eintrag in das Bundesschuldbuch. Sie eignen sich zur privaten Geldanlage.

Als Daueremission des Bundes werden die Papiere über die Kreditinstitute verkauft. Das Volumen der Emission ist dabei von der Nachfrage abhängig. Bundesschatzbriefe werden nicht an der Börse gehandelt. Ausgabe und Rücknahme der Papiere erfolgt über Kreditinstitute, die Rücknahme auch über die Bundesschuldenverwaltung. 1969 wurden erstmals Bundesschatzbriefe ausgegeben. Sie sind in zwei verschiedenen Typen erhältlich:

Bundesschatzbriefe vom Typ A besitzen eine mit der Laufzeit (sechs Jahre) ansteigende Verzinsung. Die Zinsen werden jährlich gezahlt.

Bundesschatzbriefe vom Typ B haben eine Verzinsung, die ebenfalls mit der Laufzeit (sieben Jahre) steigt, die Zinsen werden jedoch zuzüglich der Zinseszinsen addiert und erst bei Fälligkeit oder Rückgabe ausgezahlt.

Bundesschatzbriefe eignen sich für den privaten Anleger als „Parkstation" für frei werdende Gelder, denn ihr Vorteil liegt im flexiblen Rückgaberecht. Nach Ablauf einer Sperrfrist von einem Jahr können sie jederzeit bis zu einem Höchstbetrag von 10.000 DM pro Monat wieder zurückgegeben werden.

Zudem sind Bundesschatzbriefe mündelsicher und können jederzeit problemlos auf erwerbsberechtigte Dritte – allerdings nur Gebietsansässige (in Deutschland lebende Personen) – übertragen werden. Sie können also nicht von Ausländern erworben werden. Die Stückelung beträgt beim Typ A 100 DM, beim Typ B 50 DM. Eine Ausgabe von effektiven Stücken ist nicht möglich. Schatzbriefe des Bundes können bei Banken und Sparkassen gekauft, verwahrt und zurückgegeben werden. Die Verwahrung und Rückgabe über die Bundesschuldenverwaltung ist – im Gegensatz zu Banken und Sparkassen – gebührenfrei. Bei Geschäftsbanken muss man dagegen mit Kosten in Höhe von ca. 1,25 Promille vom Nennwert, mindestens aber mit zehn DM pro Jahr rechnen.

Die Papiere werden nicht an der Börse gehandelt, Ausgabe und Rücknahme erfolgen über die Kreditinstitute (die Rücknahme auch über die Bundesschuldenverwaltung). Da sie nicht an der Börse gehandelt werden, findet erst nach Einführung des Euro auch als Bargeld im Jahr 2002 eine Umstellung oder Abrechnung in Euro statt.

Bundesschuldenverwaltung

Die Bundesschuldenverwaltung ist eine selbstständige Bundesoberbehörde im Bereich der Bundesfinanzverwaltung. Unter anderem überwacht sie die Bundesschulden und die Kreditaufnahme für den Bund. Sie beurkundet Kredite und übernimmt die Verwaltung und den Schuldendienst für die Bundesschuld. Eine weitere wichtige Aufgabe ist die Führung des Bundesschuldbuches. Daneben ist die Bundesschuldenverwaltung im Münzwesen tätig.

Die wichtigste Aufgabe der Bundesschuldenverwaltung mit ihren rund 500 Mitarbeitern ist die Überwachung der Kreditaufnahme des Bundes im Rahmen der im Haushaltsgesetz vom Parlament erteilten Kreditermächtigungen. Sie beurkundet die Kredite, die der Bundesminister der Finanzen – der für die Kreditbeschaffung des Bundes zuständig ist – aufnimmt, und verwaltet diese Schulden. Als eigenständige Behörde ist die Bundesschuldenverwaltung dabei nicht an Weisungen des Bundesministers der Finanzen gebunden. Im Gegensatz zur nachträglichen Prüfung des Bundesrechnungshofes hat die Bundesschuldenverwaltung eine vorbeugende Finanzkontrolle.

Hauptaufgabe der traditionsreichen Behörde ist die Bedienung der Bundesschuld. Dazu gehört vor allem die termingerechte Zahlung der Zins- und Tilgungsbeträge. Hierzu müssen die Gelder beim jeweiligen Emittenten angefordert und rechtzeitig auf die Gläubigerkonten überwiesen werden. 1997 bediente die Bundesschuldenverwaltung eine Schuld von rund 1.000 Milliarden DM.

Hinweis: Die Bundesschuldenverwaltung ist auch befugt, für private Anleger tätig zu werden. Sie verwaltet auf Antrag und für die privaten Gläubiger gebührenfrei deren Bundeswertpapiere. Sie führt insgesamt mehr als eine Million derartiger Konten. Anleger, die Wertpapiere des Bundes erwerben, können wählen, ob sie die Papiere im Depot eines Kreditinstituts oder durch die Bundesschuldenverwaltung aufbewahren lassen. Da die Verwahrung von Wertpapieren bei Kreditinstituten für den Anleger teuer werden kann, entscheiden sich immer mehr Sparer für den kostenlosen Service der Bundesbehörde. Daher hat sich die Zahl der privaten Schuldbuchkonten seit den Achtzigerjahren versiebenfacht. Private Anleger, die bei ihrer Hausbank Bundeswertpapiere kaufen und diese bei der Bundesschuldenverwaltung verwahren lassen möchten, müssen beim Erwerb der Papiere ihre Bank oder Sparkasse ausdrücklich darauf hinweisen und einen Antrag auf Eröffnung eines Schuldbuchkontos ausfüllen. Das Antragsformular kann auch über die Bundesschuldenverwaltung (Bahnhofstraße 16–18, 62352 Bad Homburg, Telefon: 06172/108–0, Fax: 06172/108–450) angefordert werden.

Da die Bundesschuldenverwaltung eine selbstständige Behörde ist, bleibt das Bankgeheimnis ebenso gewahrt wie bei Kreditinstituten, denn alle Daten der privaten Schuldbuchkonten sind vertraulich. Die Bundesschuldenverwaltung darf nur dem Kontoinhaber, seinem Vertreter oder dem Rechtsnachfolger über Stand und Inhalt des Depots Auskunft erteilen. Auch die Vertraulichkeitsregelungen gegenüber den Finanzämtern gelten hier ebenso wie bei Geschäftsbanken.

Die Bad Homburger Behörde ist außerdem im Bereich des Münzwesens tätig. Im Auftrag des Bundesministers der Finanzen beschafft sie die Münzplättchen, die für die Prägung von Bundesmünzen von den staatlichen Münzämtern benötigt werden, und überwacht das Prägeverfahren. Als Verkaufsstelle für deutsche Sammlermünzen vertreibt die Bundesschuldenverwaltung Gedenkmünzen in Spiegelglanzausführung und komplette Serien von Umlaufmünzen. Derzeit werden rund 140.400 Sammler beliefert.

Die fachliche Aufsicht über die Bundesschuldenverwaltung liegt beim Bundesschuldenausschuss. Ihm gehören die Präsidentin oder der Präsident des Bundesrechnungshofes als Vorsitzende, drei vom Bundestag gewählte Abgeordnete sowie die vom Bundesrat benannten Vertreter an.

Bund-Futures

Unter einem Bund-Future versteht man ein Finanzinstrument, das dem Inhaber das Recht und die Pflicht gibt, zu einem festgelegten Zeitpunkt eine idealtypische Bundesanleihe im Wert von nominal 250.000 DM (beziehungsweise dem entsprechenden Betrag in Euro) und einer Rendite von sechs Prozent zu kaufen oder zu verkaufen.

Diese Art von Futures entspricht der Vereinbarung, zu einem festgelegten Zeitpunkt eine idealtypische Bundesanleihe im Nominalwert von 250.000 DM (beziehungsweise Euro) zu kaufen oder zu verkaufen. Der Kontrakt ist so gestaltet, dass mehrere Anleihen zur Lieferung in Frage kommen. Nach den Bestimmungen für Bund-Futures sind alle Bundesanleihen mit einer Restlaufzeit von achteinhalb bis zehn Jahren zur Lieferung zugelassen. Der Verkäufer eines Bund-Futures hat damit die Wahl, aus einem Bündel von Bundesanleihen die für ihn billigste zu liefern („cheapest-to-deliver"). Durch die Möglichkeit, unterschiedliche Anleihen zu liefern, wird die Gefahr der Illiquidität reduziert.

Wie bei allen Futures können sich Käufer und Verkäufer ihrer Verpflichtung durch den Abschluss eines identischen Gegengeschäfts entledigen. Der Käufer eines Bund-Futures kann seine Position also „glattstellen" (wie Profis das ausdrücken), indem er einen bezüglich Preis und Laufzeit identischen Bund-Future verkauft. Analog wird der Verkäufer eines Bund-Futures sich durch einen Kauf glattstellen. Somit haben beide Kontrahenten die Möglichkeit, entstandene Gewinne zu sichern oder Verluste zu begrenzen.

Der Bund-Future wird an der deutsch-schweizerischen Terminbörse Eurex (früher Deutsche Terminbörse) sowie an der London International Financial Futures Exchange (LIFFE) gehandelt.

Der Preis eines Bund-Futures an der Deutschen Terminbörse wird wie bei allen börsengehandelten Werten durch Angebot und Nachfrage bestimmt. Die Anleger richten sich hierbei nach Faktoren wie Kurserwartungen, Zinshöhe und Finanzierungskosten. Man muss bei der Betrachtung eines spezifischen Bund-Futures zwischen dem rechnerischen und dem tatsächlichen Wert unterscheiden. Der rechnerische Wert ist der Preis, der theoretisch gerechtfertigt wäre, wohingegen der tatsächliche Preis der Kurs ist, der an der Terminbörse durch Angebot und Nachfrage zustande kommt.

Ermittlung des rechnerischen Werts

Um den rechnerischen Wert eines Bund-Futures zu ermitteln, benötigt man eine Angleichung sämtlicher lieferbaren Bundesanleihen an das Renditeniveau der idealtypischen Bundesanleihe mit einer Nominalverzinsung von sechs Prozent. Die Angleichung der möglichen Bundesanleihen erfolgt mit Hilfe des Preisfaktors.

Bei der Ermittlung des rechnerischen Wertes eines Futures geht man grundsätzlich von folgender Fragestellung aus: Welchen Betrag wäre ein Anleger bereit zu zahlen, wenn er alternativ zu einer Kassaposition, also dem Kauf einer Bundesanleihe an der Börse, einen Bund-Future kaufen würde? Die Antwort: Der Anleger wäre bereit, einen Preis zu zahlen, bei dem die Rendite bei beiden Alternativen identisch ist, es also genauso teuer ist, einen Bund-Future zu kaufen, um damit die Bundesanleihe zu beziehen, als wenn die Anleihe direkt an der Börse erworben wird. Der rechnerische Wert eines Futures ändert sich ständig, je nachdem, wie sich die Kurse der Bundesanleihen verändern.

Der tatsächliche Kurs eines Bund-Futures an der Terminbörse weicht meist von dem rechnerischen Wert ab, da die Anleger aufgrund spekulativer Erwartungen oftmals bereit sind, mehr als diesen rechnerischen Wert zu zahlen. Am letzten Handelstag ist der rechnerische Wert eines Bund-Futures grundsätzlich mit seinem tatsächlichen Wert identisch, da keinerlei Spekulation mehr stattfindet.

Futures werden von den Anlegern aus zwei verschiedenen Motiven gekauft. Zum einen werden sie dazu verwendet, um sich gegen Zinsschwankungen und daraus resultierende Kursschwankungen abzusichern. Zum anderen werden Kontrakte in Bund-Futures abgeschlossen, um auf bestimmte Kursschwankungen zu spekulieren. Hierbei werden Anleger, die steigende Kurse (= sinkende Zinsen) erwarten, Bund-Futures kaufen, wohingegen Anleger, die sinkende Kurse (= steigende Zinsen) erwarten, Bund-Futures verkaufen werden.

Kommt es am Fälligkeitstag des Futures zur Lieferung, haben also Käufer und/oder Verkäufer ihre Position nicht glattgestellt, so wird der Abrechnungspreis ermittelt, den der Käufer des Bund-Futures an den Verkäufer zahlen muss. Es kommt allerdings bei Futures nur in wenigen Fällen tatsächlich zur Lieferung. Meist stellen sich Käufer und Verkäufer von Futures schon vor Fälligkeit durch identische Gegengeschäfte glatt.

Call

Ein Call gibt dem Käufer das Recht, einen vereinbarten Handelsgegenstand (meist ein Wertpapier) innerhalb einer bestimmten Frist oder zu einem bestimmten Zeitpunkt zu einem fest vereinbarten Preis zu kaufen. Für dieses Recht muss der Optionskäufer dem Optionsverkäufer eine Prämie zahlen. Eine solche Kaufoption wird als Call bezeichnet. Das Gegenstück dazu ist ein Put (Verkaufsoption).

Wertpapiere oder Waren können nicht nur unmittelbar gekauft werden. Die Lieferung kann auch für einen späteren Zeitpunkt vereinbart werden. Wenn es sich dabei um keinen festen Kaufvertrag handelt, sondern lediglich um das Recht, ein Wertpapier, einen Rohstoff, Fertigwaren oder Immobilien in der Zukunft zu erwerben, wird von einer Option gesprochen. Im Wertpapierhandel haben diese Optionen einen Preis und können an der Börse gekauft oder verkauft werden. Sie zählen zu den so genannten derivativen Finanzinstrumenten oder Derivaten, deren Wert sich von der Preisentwicklung des zugrunde gelegten Handelsgegenstandes (Aktie, Anleihe, Rohstoff, Wertpapierindex usw.) ableitet. Der Handel mit dieser Art von Optionen findet an den Terminbörsen statt, zum Beispiel in Deutschland an der Eurex (früher Deutsche Terminbörse). Man unterscheidet Kaufoptionen (Calls) und Verkaufsoptionen (Puts).

Der Käufer eines Calls (Kaufoption) erwirbt das Recht, einen vereinbarten Handelsgegenstand (Basiswert) innerhalb einer bestimmten Zeitspanne (Optionslaufzeit) oder zu einem bestimmten Zeitpunkt (Optionstermin) zu einem vorher vereinbarten Preis (Basiskurs) zu erwerben. Der Verkäufer verpflichtet sich, diesen Wert am Liefertermin zum vereinbarten Preis zu verkaufen. Er erhält dafür eine Prämie (Optionsprämie), die er auch dann nicht zurückzahlen muss, wenn der Käufer des Calls seine Option nicht ausübt.

Der Käufer einer Option hat nicht nur das Recht, den vereinbarten Gegenstand oder das Wertpapier zum vereinbarten Zeitpunkt zu kaufen (oder auch auf den Erwerb zu verzichten). Wenn es sich um die Option auf Wertpapiere oder auf an den Warenterminbörsen notierten Produkten handelt, kann er seine Kaufoption während der Laufzeit jederzeit an der Terminbörse an einen anderen veräußern. Rechte und Pflichten gehen dann auf den Erwerber über. Der Kurs der Option ergibt sich ebenso wie bei anderen Wertpapieren aus Angebot und Nachfrage. Diese orientieren sich vor allem am Basiskurs, dem Kurs des Basiswerts und der Laufzeit der Option.

Käufer und Verkäufer einer Option haben unterschiedliche Erwartungen hinsichtlich des Kursverlaufs des Basiswerts innerhalb der Laufzeit. Der Käufer eines Calls rechnet damit, dass der Kurs des zugrunde liegenden Wertes innerhalb der Laufzeit über den vorab vereinbarten Preis steigt. Er kann dann zum Beispiel die zum festgelegten Kurs erworbenen Aktien sofort wieder mit Gewinn an der Börse verkaufen. Geht diese Erwartung nicht in Erfüllung, wird er seine Option nicht ausüben, da er die Wertpapiere zum gleichen Zeitpunkt an der Börse billiger bekommt. In diesem Fall verfällt die Option, und den Vorteil hat dann der Verkäufer: Er kann die Optionsprämie behalten und nach seinem Gutdünken über die Aktien verfügen, da er nach Ablauf der Optionsfrist von seiner Pflicht zur Lieferung befreit ist. Der tatsächliche Gewinn oder Verlust des Käufers beziehungsweise des Verkäufers ergibt sich aus der Differenz zwischen dem Basiskurs und der Summe aus Börsenkurs und Optionsprämie.

Der Käufer eines Calls ist aber in der Regel nicht am Bezug des zugrunde liegenden Basiswertes interessiert. Er nutzt die Option entweder zur Kursabsicherung (Risikominderung) seiner Wertpapiere oder zu spekulativen Zwecken. Denn da Optionen während ihrer Laufzeit handelbar sind und ihr Wert sich vor allem an der Kursentwicklung des zugrunde liegenden Wertes (Aktie, Anleihe, Rohstoff) orientiert, unterliegt der Kurs von Optionen im Verhältnis zur Entwicklung des Basiswertes überproportionalen Schwankungen. Der Gewinn oder Verlust kann somit bei gleichem Kapitaleinsatz ein Vielfaches der Gewinne oder Verluste betragen, die zur gleichen Zeit zum Beispiel mit der auf Termin verkauften Aktie gemacht werden könnten. Optionen sind deshalb hochspekulativ.

Der Handel mit Calls und Puts findet an der Terminbörse Eurex im standardisierten Handel statt. Das bedeutet, dass nur bestimmte Laufzeiten, Basispreise und Optionspreise möglich sind. Der Handel mit Optionen hat in Deutschland seit Einführung der Deutschen Terminbörse (DTB), aus der später die deutsch-schweizerische Eurex wurde, stark an Bedeutung gewonnen. Optionen dürfen nicht mit Optionsscheinen verwechselt werden, die in der Regel mit Optionsanleihen ausgegeben und ebenfalls an den Wertpapierbörsen gehandelt werden.

Cap |

Als Cap wird eine zwischen Schuldner und Gläubiger ausgehandelte Zinsobergrenze für Verbindlichkeiten mit variabler Verzinsung bezeichnet. Caps können individuell oder im Zusammenhang mit der Emission eines Floaters vereinbart werden. Der Verkäufer eines Caps verpflichtet sich, an den Käufer des Caps zu bestimmten, vorab festgelegten Terminen die Differenz zwischen Cap-Zins und Marktzins zu zahlen, wenn der Marktzins über dem Cap-Zins liegt. Caps sind also eine Versicherung gegen steigende Zinsen.

Cap-Vereinbarungen werden entweder zwischen Kreditnehmern und Banken individuell getroffen oder bei der Emission eines Floaters in den Anleihebedingungen festgehalten. Das Gegenteil von Caps sind so genannte Floors, mit denen man für variabel verzinsliche Geldanlagen eine Mindestverzinsung vereinbart. Caps dienen zur zinsmäßigen Absicherung variabel verzinslicher Kredite. Bei einer Cap-Vereinbarung verpflichtet sich der Verkäufer des Caps, dem Käufer die Differenz zwischen Marktzins und vereinbartem Cap-Zins zu zahlen, wenn der Marktzins über den Cap-Zins steigt.

Variabel verzinsliche Anleihen (Floater) mit Cap-Vereinbarung

Werden bei variabel verzinslichen Anleihen (Floating-rate-notes) Cap-Vereinbarungen in die Anleihebedingungen aufgenommen, so spricht man von so genannten „gekappten" Floatern. Auch bei dieser Spielart des Floaters hängt die Verzinsung, die der Anleihegläubiger erhält, vom jeweiligen Zinsniveau am Geldmarkt ab, doch ist vorab eine Maximalverzinsung vereinbart. Darüber hinaus kann die Verzinsung des Floaters nicht steigen, selbst wenn der Geldmarktzins über dieser Marke liegt.

Für den Emittenten eines gekappten Floaters bietet diese Form der Anleihe den Vorteil, dass der Zins, den er an die Anleihegläubiger zu zahlen hat, nach oben hin begrenzt ist. Der Emittent hat damit eine sicherere Kalkulationsbasis als bei ungekappten Floatern, bei denen die Verzinsung – in Abhängigkeit von den Geldmarktzinsen – theoretisch unbegrenzt steigen kann. Für den Anleger, der einen solchen gekappten Floater erwirbt, bietet diese Form der Anleihe den Vorteil, dass er in der Regel eine Verzinsung erhält, die bei Emission der Anleihe über der Verzinsung liegt, die für ungekappte Floater gezahlt wird.

Eine Besonderheit dieser Caps liegt darin, dass sie von der eigentlichen Anleihe abtrennbar sind (Stripping) und damit Rechte darstellen, die auch ohne die Anleihe selbst handelbar sind. Der Emittent der Anleihe kann dann den in der Anleihebedingung vereinbarten Cap an einen Dritten (beispielsweise eine Bank) verkaufen. Für den Emittenten verliert damit die von ihm begebene Anleihe den „gekappten" Charakter. An die Anleger, die die Anleihe gezeichnet haben, zahlt er nur den vereinbarten Höchstzins. An den Käufer des Caps muss er die Differenz zwischen Höchstzins und tatsächlichem Geldmarktzins zahlen, falls dieser über dem Höchstzins liegt.

Instrument der Zinssicherung

Caps lassen sich auch als Zinssicherungsinstrumente für Bankkredite verwenden. In diesem Fall werden die Caps frei zwischen zwei Vertragskontrahenten ausgehandelt. So bieten beispielsweise Banken ihren Kreditnehmern Caps als eine Art Versicherung gegen Zinssteigerungen an. Dem Käufer eines Caps wird dabei zugesichert, dass er von der Bank beziehungsweise einer dritten Person die Differenz zwischen dem von ihm zu zahlenden Geldmarktzins und der vereinbarten Höchstverzinsung erhält. Für diese Versicherung muss der Kreditnehmer der Bank eine einmalige Prämie zahlen (Cap-Fee). Caps sind somit mit Zins-Put-Optionen zu vergleichen. Im Gegensatz zu einer Put-Option, die nur einmal ausgeübt werden kann, sind bei Cap-Vereinbarungen mehrfache Zahlungen möglich.

Der Käufer eines Caps, also diejenige Person, die sich gegen steigende Zinsen absichern möchte, muss für dieses Recht an den Verkäufer eines Caps eine Prämie zahlen. Die Höhe der Prämie richtet sich zum einen nach der Laufzeit der Vereinbarung und zum anderen nach der Differenz zwischen vereinbartem Höchstzins und momentanem Marktzins. Je länger die Laufzeit der Vereinbarung beziehungsweise je größer die Differenz zwischen Markt- und Höchstzins ist, desto höher ist die Prämie für den Cap.

Cash-Flow

Der Cash-Flow ist eine Kennzahl, die Auskunft über die Finanzkraft eines Unternehmens gibt. Die Höhe des Cash-Flow zeigt, inwieweit das Unternehmen Investitionen, Kredittilgungen und Gewinnausschüttungen aus selbst erwirtschafteten Mitteln, also ohne Hilfe von außen, vornehmen kann. Der Cash-Flow ist somit ein Maßstab dafür, wie viel Geld das Unternehmen innerhalb einer bestimmten Periode erwirtschaftet hat.

Der Cash-Flow gehört zu den wichtigsten betriebswirtschaftlichen Kennzahlen bei einer Unternehmensbewertung. Banken, Investoren, aber auch das Unternehmensmanagement selbst verwenden den Cash-Flow, um sich ein Bild über die Finanzkraft des Unternehmens zu machen. Deshalb ist diese Kennzahl auch für Aktiensparer wichtig.

Der Cash-Flow ist ein zentrales Kriterium bei der Finanzierung eines Management-Buy-out und bei einer Projektfinanzierung. Aufgrund seiner Wichtigkeit bei der Bewertung der finanziellen Lage des jeweiligen Unternehmens wird der Cash-Flow in den Geschäftsberichten vieler Gesellschaften angegeben und spielt auch bei der Unternehmensberichterstattung der Wirtschaftspresse eine Rolle. Hierbei besteht aber für den Betrachter oftmals das Problem, dass die Art der Berechnung nicht oder nur sehr schwer nachvollziehbar ist. Man unterscheidet den Cash-Flow im engeren Sinne und den Cash-Flow im weiteren Sinne.

1. Der Cash-Flow im engeren Sinne

Der Cash-Flow im engeren Sinne gibt Auskunft über die Höhe der Finanzierung eines Unternehmens aus den Umsatzerlösen. Dies ist der Betrag, der dem Unternehmen über die reine Aufwandsdeckung hinaus zur Finanzierung von Investitionen, Gewinnausschüttungen und Schuldentilgungen zur Verfügung steht. Der Cash-Flow im engeren Sinne zeigt an, inwieweit sich das Unternehmen aus eigenen Mitteln finanzieren kann, also ohne Zuflüsse von außen in Form von Krediten oder zusätzlichem Eigenkapital.

2. Der Cash-Flow im weiteren Sinne

Der Cash-Flow im weiteren Sinne erfasst nicht nur die Mittel aus der Selbstfinanzierung des Unternehmens (siehe oben), sondern auch Fremdkapital, das bis zu seiner Inanspruchnahme zur Finanzierung anderer Dinge verwendet werden kann. Ein Beispiel für solche Fremdmittel sind die so genannten Pensionsrückstellungen, die von dem Unternehmen zur Zahlung von Pensionsansprüchen von altersbedingt ausscheidenden Mitarbeitern zurückgestellt werden. Da die Mittel aber erst bei der Pensionierung der jeweiligen Angestellten und Arbeiter benötigt werden, können sie zur Finanzierung anderer Aufgaben verwendet werden. Der Grundgedanke bei der Ermittlung des Cash-Flow im weiteren Sinne ist, dass die gesamten Geldzuflüsse, die dem Unternehmen in einer Periode zur Verfügung stehen, erfasst werden. Mit dieser Cash-Flow-Berechnung wird also das gesamte Kapital ermittelt, das dem Unternehmen für Investitionen oder Schuldentilgungen zur Verfügung steht. Dabei wird keine Rücksicht darauf genommen, ob es Eigen- oder Fremdmittel sind.

Die Berechnung des Cash-Flow im weiteren Sinne kann direkt – also ausgehend von den Umsatzerlösen – oder indirekt – also aus der Rückrechnung aus dem Jahresergebnis – vorgenommen werden.

Man muss bei der Betrachtung des Cash-Flow immer berücksichtigen, dass die errechneten Mittel zum Zeitpunkt der Ermittlung nicht mehr zur Verfügung stehen. Die Gelder sind im Laufe der Berechnungsperiode bereits teilweise verausgabt worden. So könnten beispielsweise Teile des Cash-Flow für Ersatzinvestitionen verwendet worden sein. Die Cash-Flow-Analyse gibt also lediglich an, welche Mittel dem Unternehmen in der vergangenen Periode insgesamt zur Finanzierung von Investitionen, für die Schuldentilgung sowie die Gewinnausschüttung zur Verfügung gestanden haben. Die Kennzahl spiegelt demnach nicht den gegenwärtigen finanziellen Status wider.

Der Cash-Flow wird zudem zur Berechnung von Rentabilitätskennzahlen verwendet. Beispiele hierfür sind die Eigenkapitalrentabilität, die Gesamtkapitalrentabilität und die Umsatzrentabilität. Auch der dynamische Verschuldungsgrad wird auf Basis des Cash-Flow berechnet.

Catastrophe-Bonds

Eine spezielle Art von Anleihen, mit denen sich Unternehmen gegen die Folgen von Naturkatastrophen abzusichern versuchen. Die Zeichner der Bonds bekommen nur dann den vollen Anleihebetrag zurück, wenn das in den Anleihebedingungen genannte Ereignis nicht eingetreten ist. Neben US-Gesellschaften, die sich vor allem gegen die Schäden durch Wirbelstürme abzusichern versuchen, begeben insbesondere japanische Unternehmen Katastrophen-Bonds.

Näheres dazu unter Katastrophen-Anleihen und Erdbeben-Anleihen.

Certificates of Deposit

Als Certificate of Deposit bezeichnet man ein Finanzprodukt zur Geld-
aufnahme oder -anlage. Es wurde in den USA entwickelt und inzwischen
auch in Deutschland eingeführt. Für den Anleger sind Certificates of Deposit mit Termingeldern vergleichbar. Anders als bei Termineinlagen erhält er hier aber ein Wertpapier, das den Betrag, die Laufzeit und den
Zinssatz verbrieft. Certificates of Deposit sind frei handelbar und können deshalb jederzeit in Geld verwandelt werden. Sie werden von Banken auf Rechnung von Industrieunternehmen oder anderen Banken ausgegeben.

Certificates of Deposit (CD) sind eine in Deutschland neue und bis zur Mitte der
Neunzigerjahre noch relativ seltene Form der Kapitalanlage oder Kapitalbeschaffung. In den angelsächsischen Ländern erfreuen sie sich dagegen bereits großer
Beliebtheit. Es handelt sich dabei um Wertpapiere, die eine Art Termineinlage bei
Banken oder großen Industrieunternehmen verbriefen. Ähnlich wie bei einer
Festgeldanlage stellt der Anleger die ihm zur Verfügung stehenden Mittel kurz-
bis mittelfristig einer Bank zur Verfügung. Bei dieser Variante erhält er dafür von
der Bank jedoch eine Urkunde, in der die Laufzeit, der angelegte Betrag sowie
der Zinssatz festgehalten sind. Im Gegensatz zu Festgeld oder Kündigungsgeld
kann der Anleger das Papier jederzeit weiterverkaufen und so schon vor Fälligkeit über seine Mittel verfügen. Diese Anlageform gibt dem Anleger damit eine
viel höhere Flexibilität bei seinen Dispositionen, als dies bei einer klassischen
Festgeldanlage der Fall ist.

Die Laufzeit von Certificates of Deposit kann zwischen 30 Tagen und fünf
Jahren betragen. Meist liegt sie aber eher im kurz- bis mittelfristigen Bereich zwischen 30 und 180 Tagen. Es kann sowohl ein Festzins als auch eine variable Verzinsung vereinbart werden. Die Rückzahlung erfolgt am Ende der Laufzeit zum Nennbetrag.

Für den Anleger haben diese Papiere den großen Vorteil, dass die Mittel kurzfristig zu günstigen Konditionen angelegt werden können. Denn die Rendite liegt
meist deutlich höher als bei anderen Anlageformen, die jederzeit veräußert werden
können. Für die Papiere besteht, vor allem in den USA, ein liquider und gut organisierter Markt, der von darauf spezialisierten Händlern getragen wird. Dieser Markt
bietet die Möglichkeit, ständig Certificates of Deposit zu kaufen oder zu verkaufen.
Aufgrund der meist eher kurzen Laufzeiten sind die Kursschwankungen der CDs
relativ gering, so dass selbst bei vorzeitigem Verkauf die Gefahr eines höheren Ka-
pitalverlustes unwahrscheinlich ist.

Emittiert werden diese Papiere in hohen Nennbeträgen vor allem von Banken.
Die endgültigen Schuldner sind aber oft Industrie- oder Dienstleistungsunterneh-

men. Zielgruppe als Käufer sind Privatanleger, Investmentfonds oder Banken, die ihre überschüssigen Mittel kurz- bis mittelfristig verzinslich anlegen möchten.

Die Rendite der Papiere hängt vom Marktzins, von der Laufzeit und vom Emittenten ab. Je höher die Bonität des Schuldners ist, desto geringer ist die Verzinsung. Hier wird also, ähnlich wie bei Anleihen, ein Risikoaufschlag für das individuelle Ausfallrisiko vom jeweiligen Emittenten verlangt.

Oft räumen Banken ihren Großkunden feste Kreditlinien ein, die diesen jederzeit die Emission von Certificates of Deposit ermöglichen. Solche Kreditlinien werden als „Certificate of Deposit Facility" bezeichnet. Den Unternehmen steht damit eine flexible und relativ kostengünstige Möglichkeit zur Verfügung, am Markt jederzeit Mittel in Form einer Emission von Certificates of Deposit aufzunehmen.

Certificates of Deposit werden auch zunehmend am Euro-Geldmarkt (das sind Märkte, die sich lange vor der Währungsunion gebildet haben und auf denen Kredite in Währungen außerhalb ihres jeweiligen Heimatlandes aufgenommen werden) eingesetzt, wobei sie dort als Euro-CDs bezeichnet werden. Die Emission und der Handel erfolgen hier ebenfalls zumeist durch internationale Großbanken. Im Unterschied zu normalen Certificates of Deposit übernehmen die Banken bei Euro-CDs allerdings kein Platzierungsrisiko. Sie müssen die Papiere also nicht selbst erwerben, wenn diese sich nicht am Markt absetzen lassen. Das Risiko liegt allein beim Emittenten.

Chartanalyse

Bei der Aktienanalyse muss die Fundamentalanalyse und die technische Analyse unterschieden werden. Die Fundamentalanalyse beschäftigt sich mit der wirtschaftlichen Situation der betreffenden Aktiengesellschaft sowie ihrem wirtschaftlichen und gesellschaftlichen Umfeld. Die technische Analyse beschränkt sich auf die Untersuchung des Aktienkurses in der Vergangenheit und versucht, aus den Beobachtungen Rückschlüsse auf die Zukunft zu ziehen. Die technische Analyse wird oftmals mit dem Begriff Chartanalyse gleichgesetzt. Beide Analysemethoden sind keine wissenschaftlichen Verfahren und unterliegen einer relativ hohen Unsicherheit.

Näheres dazu unter Aktienanalyse.

Composite DAX (CDAX)

Der Composite DAX ist ein Wertpapierindex, der alle an der Frankfurter Wertpapierbörse im amtlichen Handel in Euro notierten deutschen Aktien umfasst. Mit Hilfe des CDAX lässt sich die Entwicklung (Performance) aller gehandelten Aktien mit der Performance der ebenfalls veröffentlichten 16 Branchenindizes vergleichen.

Der Composite DAX ist ein Aktienindex, der im Gegensatz zum traditionellen Deutschen Aktienindex (DAX) und dem DAX 100 an der Frankfurter Wertpapierbörse alle im amtlichen Handel notierten Aktien beinhaltet. Neben dem Composite DAX werden zusätzlich 16 Branchenindizes veröffentlicht. So lässt sich die Entwicklung aller im amtlichen Handel notierten Aktien mit der Entwicklung der Aktien einer bestimmten Branche vergleichen.

Die Gewichtung der Aktien erfolgt nach dem zugelassenen und lieferbar erklärten Grundkapital. Der Index wird um Kapitalveränderungen, Bezugsrechte und Dividenden bereinigt. Der CDAX sowie CDAX-Auto, CDAX-Chemie, CDAX-Kreditbanken und CDAX-Eisen und Stahl werden minütlich während der Börsensitzung ermittelt. Die restlichen Branchenindizes werden einmal täglich, am Ende der Börsensitzung, ermittelt.

Neben dem CDAX und den CDAX-Branchen mit Dividendenbereinigung werden auch Gesamt- und Branchenindizes ohne Dividendenbereinigung (FWBX) veröffentlicht.

Für den Anleger bietet der CDAX die Möglichkeit, sich ein Bild der Entwicklung aller an der Frankfurter Wertpapierbörse amtlich gehandelten Aktien zu machen und diese Entwicklung mit einzelnen Branchen zu vergleichen. Zusätzlich kann er die börsenmäßige Entwicklung einzelner Branchen miteinander vergleichen und somit Anregungen zur Umschichtung seines Depots erhalten.

Brancheneinteilung – Branchenindizes	
• CDAX – Automobil	• CDAX – Verkehr
• CDAX – Bau	• CDAX – Maschinenbau
• CDAX – Chemie	• CDAX – Papier
• CDAX – Beteiligungen	• CDAX – Versorgung
• CDAX – Elektro	• CDAX – Eisen und Stahl
• CDAX – Brauerei	• CDAX – Textil
• CDAX – Hypothekenbanken	• CDAX – Versicherungen
• CDAX – Kreditbanken	• CDAX – Konsum

Computerbörse/Präsenzbörse

Von einer Computerbörse wird gesprochen, wenn die Marktteilnehmer den Handel mit Wertpapieren oder Waren mit Hilfe von Computern abwickeln können, ohne persönlich oder telefonisch in Kontakt zu treten. Dagegen ist die Präsenzbörse die klassische Form des Börsenhandels. Hier finden die Geschäftsabschlüsse auf dem Börsenparkett zwischen den Händlern im persönlichen Kontakt statt.

Gegenüber der alten Präsenzbörse spielen heute die Computerbörsen die dominierende Rolle. Bei ihnen treten Käufer und Verkäufer nicht mehr persönlich miteinander in Kontakt. Sie wickeln vielmehr ihre Käufe und Verkäufe per Computer ab. Beispiele dafür sind schon seit langem die Börsen in Tokio und Hongkong. Aber auch die frühere Deutsche Terminbörse und heutige Eurex wird seit Beginn vollelektronisch abgewickelt. Dagegen fand bis in die Neunzigerjahre der Handel an der klassischen Aktienbörse zu festen Zeiten und zumeist mit amtlicher Kursnotierung statt. Hierbei sind die Händler persönlich „auf dem Parkett" anwesend. In Deutschland wurde seit der zweiten Hälfte der Neunzigerjahre ein immer geringerer Teil des Aktienhandels noch im Börsensaal abgewickelt. Das gilt sowohl für Frankfurt als auch die kleineren deutschen Börsenplätze. Inzwischen hat aber der computergestützte Xetra-Handel eine dominierende Stellung. Der deutsche Aktienindex DAX wird seit Mitte 1999 nur noch auf der Basis von Xetra während der gesamten Handelszeit kontinuierlich berechnet.

Von einer Computerbörse spricht man, wenn die Marktteilnehmer den Handel mit Hilfe von Computern abwickeln können, ohne persönlich oder telefonisch in Kontakt zu treten. Oft wird der Begriff Computerbörse aber auch für Börsen verwendet, die Computer zur Unterstützung und Rationalisierung des Präsenz- oder Telefonhandels verwenden. Insofern muss man drei Arten von Computerbörsen unterscheiden:

1. Computerunterstützter Handel: Der Handel erfolgt durch direkten Kontakt zwischen den Marktteilnehmern. Die Computer werden nur zum Weiterleiten von Aufträgen an die Börse, zur Abwicklung bereits abgeschlossener Geschäfte und anderer technischer Transaktionen verwendet.

2. Computergestützter Handel: Der Handel erfolgt weiterhin durch direkte Kommunikation zwischen Käufer und Verkäufer. Die Computer werden hier als Informationssystem verwendet, in das die Händler die von ihnen getätigten Umsätze sowie die Kurse eingeben, damit die aktuellen Preise und Umsätze stets allen Marktteilnehmern zur Verfügung stehen.

3. Computerhandel: Die Marktteilnehmer treten nicht mehr direkt miteinander in Kontakt. Verbindliche Kauf- und Verkaufsangebote sowie der eigentliche Geschäftsabschluss werden über den Computer abgewickelt. In Deutschland wird dafür das Handelssystem Xetra genutzt.

Zwei Formen des Wertpapierhandels, die sich erst Mitte der Neunzigerjahre zu verbreiten begannen, sind das Internet-Broking sowie die Daytrader. Hier wird der Wertpapierhandel über das weltweite Online-System Internet betrieben. Auch wenn zunächst nur eine beschränkte Zahl von Börsen und eine vergleichsweise geringe Zahl von Wertpapieren online gehandelt wurden, nahm die Bedeutung dieses globalen Kapitalmarktes ständig zu. Bei der Internet-Börse handelt es sich um eine spezielle Form der Computerbörse.

Corporate Governance

Damit wird ein Bündel von Kriterien umschrieben, mit deren Hilfe sich kontrollieren lässt, ob das Management eines Unternehmens wertorientiert und damit im Sinne der Aktionäre arbeitet. Die Prüfung ist umfassender als beim Shareholder-Value-Konzept. In den USA investieren die großen Pensionsfonds nur in Unternehmen, die sich am Corporate Governance (CG) orientieren. Gleichbehandlung aller Aktionäre, umfassende Transparenz und wirksame Kontrollmechanismen sind die wesentlichsten Punkte bei CG.

Während unter Shareholder Value oft nur eine kurzfristige Steigerung des Unternehmenswertes verstanden wird, orientiert sich Corporate Governance an einem langfristig angelegten, wertorientierten Management. Es geht um die Forderungen, die an die Leistung von Vorstand und Aufsichtsgremien gestellt werden, und um einen langfristigen Ausgleich zwischen den Interessen von Management und Anteilseignern. Weder riskante Investitionsentscheidungen, die einer kurzfristigen Gewinnmaximierung dienen, aber keinen dauerhaften Erfolg versprechen, noch eine Unternehmenspolitik, die auf eine angemessene Rendite keine Rücksicht nimmt, passen in dieses Konzept. Unternehmensaufkäufe, Fusionen oder ein Vorstoß in neue Geschäftsfelder, die bloß der „Intuition" des Vorstandsvorsitzenden entspringen, denen jedoch keine strategische Planung zugrunde liegt, verstoßen fundamental gegen die Grundsätze von Corporate Governance. Durch geeignete Kontrollmechanismen muss verhindert werden, dass Konflikte auf der Führungsebene zum Schaden des Unternehmens und seiner Anteilseigner ausgefochten werden.

Während in Deutschland auch zu Beginn des neuen Jahrtausends erst wenige Fonds derartige Kriterien bei ihren Investitionsentscheidungen berücksichtigten, investieren in den USA die großen Pensionsfonds bereits seit langem nur noch in Unternehmen, die sich auf Corporate Governance verpflichtet haben. Unternehmen, in

denen es Aktien mit Mehrfachstimmrecht gibt – wodurch einzelne Aktionäre begünstigt werden – oder die nicht monatlich oder zumindest vierteljährlich ihre Anteilseigner über alle wesentlichen Geschäftsvorfälle und die Gewinnaussichten un-
terrichten oder deren Management nicht zu einem maßgeblichen Teil erfolgsabhängig bezahlt wird, gehören nicht dazu. Umgekehrt dürfen auch keine Bonuszahlun-
gen an Spitzenmanager vorgenommen werden, die nicht durch entsprechende
außergewöhnliche Erfolge gerechtfertigt sind.

Langfristig orientierte Anleger sollten prüfen, ob Aktiengesellschaften, bei
denen sie sich engagieren wollen, die Gewähr für eine Unternehmenspolitik bieten,
die sich an den Grundsätzen der Corporate Governance orientiert. Investmentsparer
sollten sich darüber informieren, ob die Fondsmanager bei ihren Investments darauf achten, wie weit die jeweiligen Unternehmen CG beachten. Einige große deutsche Fondsgesellschaften praktizierten dies 1999/2000 bereits ebenso konsequent
wie US-Pensionsfonds.

Corporate Responsibility Rating/ Ethisches Rating

**Eine Form der Bewertung von Aktiengesellschaften, bei denen ihr gesell-
schaftliches Verhalten im Vordergrund steht. Dieses „ethische Rating"
soll Anlegern, die sich in politischen, ökologischen oder sozialen Fragen
engagieren, die Möglichkeit geben, Aktien von Unternehmen zu erwerben, mit deren Geschäftspolitik sie sich einverstanden erklären können.
Spezielle Rating-Agenturen richten ihre Bewertung darauf aus.**

Näheres dazu unter Ethisches Rating.

Cost-Average-Effekt

An den Börsen gibt es ein stetiges Steigen und Fallen einzelner Kurse oder des gesamten Marktes. Dies gehört zum Wesen der Börse. Spekulativ veranlagte Anleger versuchen, möglichst niedrige Kurse für den Kauf und möglichst hohe Kurse zum Verkauf zu nutzen. Andere investieren regelmäßig und hoffen auf eine insgesamt steigende Tendenz. Dies gilt insbesondere für Fonds-Sparer. Wer regelmäßig und für gleichbleibende Summen Fondsanteile kauft, erwirbt bei hohen Kursen weniger, bei niedrigen Kursen aber mehr Anteile. Daraus ergibt sich ein Durchschnittspreis oder ein Cost-Average-Effekt.

Eine Anlagestrategie, die auf durchschnittliche Einstandspreise und nicht auf (nur mit Glück zu erwischende) Niedrig- und Höchstkurse setzt, nennt man „Cost-Averaging". Sie hat vor allem gegenüber der Einmalzahlung den Vorteil, dass es nicht vom mehr oder weniger großen Glück des Anlegers abhängt, ob er seine Anteile günstig oder ungünstig erworben hat. Er macht sich so unabhängig von Zufallsergebnissen, verzichtet allerdings auch auf den besonders günstigen Einstieg und entsprechend hohe Renditen. Bei niedrigen Preisen erwirbt er stattdessen automatisch mehr Anteile. Bei steigenden Fondspreisen (oder Aktienkursen) sind es entsprechend weniger Anteile. Diese Strategie lässt sich bei Aktien ebenso anwenden wie bei Fondsanteilen, ist da aber weniger sinnvoll. Denn sie bedeutet, dass ein Anleger über einen längeren Zeitraum stets die Aktie einer bestimmten Gesellschaft erwirbt. Es fehlt dann die Risikostreuung, die bei Fonds praktisch „eingebaut" ist.

Fonds-Sparpläne bauen auf dem Gedanken des günstigen Durchschnittskurses auf: Bei fallenden Fondspreisen kann im Rahmen eines Sparplanes für den vereinbarten Geldbetrag eine höhere Anzahl von Anteilen erworben werden. Bei steigenden Kursen sinkt die Zahl der Anteile, die auf dem Depotkonto gutgeschrieben wird.

Courtage

Die Gebühr, die ein Makler für die Vermittlung eines Geschäfts bekommt. Dies gilt auch für den Börsenmakler, der den Abschluss zwischen Käufer und Verkäufer zustande bringt. Dafür erhält er eine Courtage.

An der Präsenzbörse werden die Geschäfte zwischen dem Erwerber und dem Verkäufer über einen Kursmakler abgeschlossen. Er muss für den Marktausgleich sorgen und dazu gegebenenfalls Spitzenbeträge auf eigene Rechnung kaufen oder verkaufen. Der Kursmakler erhält bei jedem abgeschlossenen Geschäft sowohl vom

Käufer als auch vom Verkäufer für seine Tätigkeit eine Courtage genannte Gebühr. Sie ist meist in Prozent oder Promille festgelegt, seltener in einem bestimmten festen Betrag. Auf der Abrechnung über das Wertpapiergeschäft, die jeder Kunde von seiner Bank erhält, wird die Maklerprovision neben den anderen Kosten ausgewiesen. Für Aktien und Anleihen werden meist unterschiedliche Courtagen berechnet. Im Gegensatz zu den amtlichen Kursmaklern haben die freien Makler keine so festen Sätze. Bei Neuemissionen fallen in der Regel keine Maklercourtagen an.

Crash

Als Crash wird an der Börse ein besonders starker Kursrückgang innerhalb eines Handelstages bezeichnet. Dabei geht es nicht um Kursrückschläge bei einer Aktie oder einer Gruppe von Aktien, sondern um Kursverluste auf breiter Front. Davon sind alle an der jeweiligen Börse gehandelten Papiere mehr oder weniger stark betroffen. Ein Crash wird in der Regel von negativen wirtschaftlichen Nachrichten oder Daten ausgelöst, die zu panikartigen Verkäufen der Anleger führen. Im Zeitalter der Computerbörsen kann ein Crash auch durch computergestützte Verkäufe ausgelöst oder zumindest verstärkt werden. In der Regel ist ein Crash eine übertriebene Reaktion, die meist durch eine anschließende Korrektur zumindest teilweise wieder ausgeglichen wird: Besonnene Anleger nutzen die niedrigen Kurse oft zum „Einsteigen".

Näheres dazu unter Börsenkrach.

DAX – Deutscher Aktienindex/Xetra-DAX

Der Deutsche Aktienindex (DAX) spiegelt den durchschnittlichen Börsenkurs einer repräsentativen Zahl von ausgewählten Aktien wider. Mit diesem laufend aktualisierten Performance-Index werden Zeitreihen aufgestellt, um die Kursentwicklung deutscher Aktien über einen längeren Zeitraum hinweg vergleichbar zu machen.

Seit dem 4. Januar 1999 werden an den Börsen in Euro-Land alle Wertpapiere nur noch in Euro notiert. Das hatte auch für den DAX tiefgreifende Wirkung. Bereits ein halbes Jahr später wurde der DAX und die gesamte DAX-Indexfamilie abgeschafft. Seither werden ausschließlich die Xetra-Indizes verwendet. Der DAX spiegelte nämlich nur die Umsätze während der Präsenzbörse wider. Dagegen bezieht der Xetra-DAX auch die Umsätze über den vorher und nachher laufenden Computerhandel mit in seine Berechnung ein. Da der elektronische Handel eine immer stärkere Bedeutung erhält, ist es nicht mehr notwendig, Parketthandel und Computerhandel in zwei Indizes auszuweisen.

Neben dem Xetra-DAX und seiner Indexfamilie sind seit Februar 1998 auch die neuen Dow Jones Stoxx an der Börse Frankfurt, Paris und Zürich vertreten. Wichtigster Börsenindikator ist der Dow Jones Euro Stoxx 50. Er enthält die 50 stärksten europäischen Aktiengesellschaften der Länder, die an der Währungsunion von Anfang an beteiligt waren. Dazu zählen auch elf deutsche Titel. Sie sind mit rund 28 Prozent im Index gewichtet.

Der Deutsche Aktienindex wurde 1987 an allen deutschen Börsen eingeführt. Ziel des Index (lateinisch: Anzeiger) ist es, die ständige Veränderung der Börsenkurse in einer einzigen Größe zusammenzufassen. Gleichzeitig wurde mit dem DAX ein optimierter Maßstab geschaffen, der die einzelnen Börsentage miteinander vergleichbar macht. Das Ergebnis der DAX-Berechnung wird in Punkten ausgedrückt, beginnend mit dem Jahresende 1987 gleich 1.000 Punkte. Dieser Basiswert bildet auch beim Xetra-DAX seit seinem Start die Berechnungsgrundlage.

Der Xetra-DAX besteht aus 30 Standardwerten. Dabei handelt es sich um die Aktien großer deutscher Kapitalgesellschaften, die mit ihrer Marktstellung ein repräsentatives Bild der deutschen Wirtschaft abgeben. Um in den Xetra-DAX aufgenommen zu werden, müssen bestimmte Kriterien erfüllt sein: hoher Umsatz der jeweiligen Aktie an der Börse, hohe Börsenkapitalisierung, frühe Eröffnungskurse. Der Festbesitzanteil darf 80 Prozent nicht überschreiten. Diese Bedingung wird ähnlich wie beim Euro-Stoxx (wo dies bereits im Jahr 2000 geschah) umgekehrt: Im DAX dürfen nur Papiere von Gesellschaften vertreten sein, bei denen die Mehrheit der Aktien im Streubesitz ist, da nur dann eine ausreichende Menge für einen reibungslosen Handel am Markt ist. Außerdem müssen die Unternehmen Quartalsberichte erstellen und mindestens einmal jährlich Veranstaltungen mit Analysten abhalten. Kann eine Aktiengesellschaft diese Kriterien nicht mehr erfüllen, wird der Titel herausgenommen und durch einen anderen ersetzt.

Wichtiges Kriterium ab 2001 ist beim DAX (ebenso wie beim Stoxx und ATX) für die Aufnahme und Gewichtung einer Aktie, die in die Berechnung des Index aufgenommen werden soll, ob ein ausreichend großer Streubesitz vorhanden ist, der dafür sorgt, dass das Wertpapier an der Börse leicht handelbar ist. Denn wenn sich ein zu großer Teil des Anteilsbesitzes in festen Händen befindet, kann sich am Markt kein repräsentativer Kurs dafür bilden. Kursausschläge sind eher zufällig. Es fällt schwerer, Käufer und Verkäufer in ausreichender Zahl zueinander zu bringen.

Dass die Aktiengesellschaften im DAX ausgetauscht wurden, geschah bereits mehrfach. So wurde 1995 die Deutsche Babcock aus dem „Korb" herausgenommen und durch die Stammaktien des Softwareherstellers SAP ersetzt. Seit September 1996 werden statt Anteilsscheinen der Continental AG die Namensaktien der

Münchner Rück AG (Versicherung) gehandelt. Mit den Aktien der Deutschen Telekom, der so genannten T-Aktie, kam erstmals eine Neuemission direkt in den DAX und ersetzte damit die Aktien der Metallgesellschaft.

Alle Xetra-DAX-Titel sind an der Börse zum amtlichen Handel zugelassen. Die Kurse werden während der Handelszeit (seit 2. Juni 2000 zwischen 09.00 Uhr und 20.00 Uhr, vorher bis 17.00 Uhr) fortlaufend notiert. Dazu kommen Eröffnungskurs, Kassakurs und Schlusskurs. Die Kassa-Notierung erfolgt um 12.00 Uhr. Sobald sich der Kurs eines Standardwerts verändert, ändert sich auch der Xetra-DAX: Per Computer wird er alle 15 Sekunden neu berechnet. Das Ergebnis kann im Frankfurter Börsensaal an der elektronischen Kursanzeigetafel abgelesen werden und ist auch im Internet zu finden. Zusätzlich erscheint der Xetra-DAX während des gesamten Parketthandels in grafischer Form als Kurve, die ebenfalls per Internet abgerufen werden kann (zum Beispiel unter www.zdf.msnbc.de). Dadurch lässt sich schnell erkennen, welche Tendenz die Börse im Augenblick hat. Auch Nachrichtenagenturen, Radio- und TV-Stationen melden täglich, zum Teil live vom Parkett, die Veränderungen des DAX. Ebenso sind die Kurse (oft mit einer Zeitverzögerung von 15 Minuten) über Mobiltelefone und das Internet zu erhalten. Am nächsten Tag lassen sie sich außerdem im Kursteil der Tageszeitungen nachlesen.

Der Xetra-DAX zeichnet sich durch einige Besonderheiten aus, die ihn von vielen anderen Indizes auf Aktien qualitativ unterscheiden. Beim Xetra-DAX handelt es sich um einen gewichteten und bereinigten Index. Das heißt, bei seiner Berechnung werden die Tageskurse der Aktiengesellschaften mit dem Grundkapital gewichtet. Um Kapitalveränderungen zu berücksichtigen, wie sie zum Beispiel durch Bezugsrechte und Dividenden (Bardividende ohne Körperschaftsteuer) entstehen, wird der Index um diese Faktoren bereinigt. Das soll Verzerrungen verhindern. Demgegenüber stellt der populäre Dow-Jones-Index für die an der Wall Street in New York gehandelten Aktien nur einen ungewichteten Kursdurchschnitt dar.

Obwohl der DAX erst seit 1987 berechnet wird, ist auch ein längerfristiger Kursvergleich möglich. Er wurde mit dem langjährig berechneten Index der „Börsenzeitung" verknüpft und bis 1959 zurückgerechnet. Für speziellere Informationsbedürfnisse, wie sich zum Beispiel eine bestimmte Branche entwickelt hat, gibt es daneben – jetzt ebenfalls mit neuen Namen – den Xetra-DAX 100, den M-Xetra-DAX sowie den C-Xetra-DAX und den Xetra-DAX-Futures. Seit 1991 gibt es an der Deutschen Börse auch einen Index für Anleihen, den Rentenindex REX, und seit 1995 einen für Pfandbriefe, den PEX (siehe Pfandbriefindex).

Alle großen Börsenplätze der Welt verwenden heute zur Beurteilung ihrer Börsentendenz Aktienindizes. Die bekanntesten sind neben dem Dow-Jones-Index in den USA der Nikkei-Index in Tokio, der FTSE-100-Index in London sowie der CAC-Index in Paris.

Hinweis: Für Kleinanleger war früher vor allem der Kassakurs von Bedeutung, da Aufträge mit kleiner Stückzahl (unter 100) nur zu diesen Kursen abgewickelt wurden. Inzwischen gibt es aber auch für Kleinanleger die Möglichkeit, am variablen Handel teilzunehmen. Vor allem die kleineren deutschen Börsen bieten diese Möglichkeit. Das kann wichtig sein, wenn die Tendenz der gesamten Börse oder die Notierung einzelner Aktien sich im Laufe des Tages stark ändern. Die so genannten Daytrader nutzen diese Veränderungen aus, um innerhalb von Minuten durch rasche Käufe und Verkäufe Gewinne zu erzielen. Wer als normaler Anleger am variablen Handel teilnimmt, sollte vor allem beim Kauf und Verkauf von Aktien mit geringer Börsenkapitalisierung nur limitierte Aufträge erteilen, um keine unangenehmen Überraschungen zu erleben.

DAX 100

Der Deutsche Aktienindex 100 (DAX 100) spiegelt den durchschnittlichen Börsenkurs der einhundert liquidesten Aktien in Deutschland. Er drückt die laufenden Veränderungen der Kurse dieser Aktien während des Handels in einem einzigen Wert aus.

Mit dem Xetra-DAX 100 berechnet die Deutsche Börsen AG für die Marktteilnehmer und Anleger neben dem traditionellen Deutschen Aktienindex (DAX) und dem Composite DAX (CDAX) seit Mai 1994 einen weiteren Index, der die Kursentwicklung der 100 wichtigsten deutschen Aktiengesellschaften widerspiegelt.

Der Deutsche Aktienindex (DAX) erfasst lediglich 30 Aktien, die so genannten Blue Chips. Diese Aktien repräsentieren 60 Prozent des gesamten Grundkapitals inländischer börsennotierter Aktiengesellschaften. Der Nachteil des DAX ist, dass sich die Kurse der in ihm vertretenen Aktien oftmals sehr unterschiedlich zum restlichen Markt entwickeln. Der umfassendere DAX 100 repräsentiert eine wesentlich breitere Palette an deutschen Aktien. Er umfasst knapp ein Fünftel der in Deutschland amtlich gehandelten Titel.

Im DAX 100 sind nur variabel gehandelte Aktien enthalten. Dies stellt sicher, dass der Aktienindex stets aktuell ist. Der DAX 100 wird börsentäglich während der Handelszeit jede Minute neu ermittelt. Er bietet damit einen guten Überblick über das aktuelle Geschehen am Markt. Ebenso wie der DAX berücksichtigt er Dividendenzahlungen und Bezugsrechte.

Der DAX 100 ermöglicht dem Anleger Kursvergleiche zwischen verschiedenen Zeitpunkten, ohne die Kurse aller einzelnen Aktien miteinander vergleichen zu müssen. Somit lassen sich auch längerfristige Trends ermitteln und auf dieser Basis Anlagestrategien entwickeln.

DAX-Futures

Der DAX-Future ist ein Terminkontrakt, der den Inhaber berechtigt und verpflichtet, einen theoretischen Aktienkorb – den Deutschen Aktienindex (DAX) – zu einem festen, vorab vereinbarten Preis und zu einem festen Termin zu kaufen oder zu verkaufen.

Der DAX-Future gehört zu den Derivaten oder derivativen Finanzinstrumenten. Er berechtigt den Käufer, einen theoretischen Aktienkorb – den Deutschen Aktienindex (DAX) – zu einem im Voraus festgelegten Preis und an einem künftigen Termin zu kaufen. Der Verkäufer ist berechtigt, dieses Anlageinstrument, also den Index, zu einem festen Preis an einem späteren Termin zu verkaufen. Diesem Future ist also eine Art Aktiendepot zugrunde gelegt, dessen Zusammensetzung dem DAX entspricht.

Anders als bei den meisten anderen Futures kommt es beim DAX-Future am Ende der Laufzeit nicht zur Lieferung des zugrunde gelegten Handelsgegenstandes, also dem DAX-Index. Statt dessen ist die Auszahlung des Differenzbetrags zwischen festgelegtem Preis und Kontraktwert am Ende der Laufzeit vereinbart. Man spricht deshalb in diesem Fall vom Barausgleich.

Um den DAX-Future gut handelbar zu machen, wurde seine Ausgestaltung standardisiert. Dies bedeutet, dass beispielsweise bei diesem Handel nur bestimmte Preise, Laufzeiten und Erfüllungstermine möglich sind.

Wie bei allen Future-Kontrakten besteht für den Käufer und den Verkäufer eines DAX-Futures die Möglichkeit, sich vor Fälligkeit des Kontrakts durch „Glattstellung" der Verpflichtung zum Kauf oder Verkauf zu entledigen. Der Käufer eines DAX-Futures kann sich glattstellen (das heißt, eine offene Position durch ein Gegengeschäft schließen), indem er einen bezüglich Laufzeit und Preis identischen Future verkauft. Analog kann sich der Verkäufer eines DAX-Futures glattstellen, indem er einen identischen Future kauft.

Möchte ein Privatanleger einen DAX-Future-Kontrakt abschließen, so wendet er sich an seine Hausbank, die für ihn einen solchen Future kauft oder verkauft, denn nur Mitglieder der Terminbörse Eurex können mit der Clearing-Stelle – der Vermittlungsstelle zwischen Käufer und Verkäufer an der Options- oder Terminbörse – Termingeschäfte abschließen. Näheres zur Clearing-Stelle unter Eurex.

Sowohl Käufer als auch Verkäufer eines DAX-Futures, also beide Handelspartner, haben die Deutsche Terminbörse als Clearing-Stelle. Das bedeutet: Die Clearing-Stelle ist für den Käufer eines DAX-Futures der Verkäufer; für den Verkäufer ist sie der Käufer. Dies hat den Vorteil, dass ein Anleger, der einen Future-Kontrakt abschließen will, sich nicht erst mühsam einen anderen Anleger suchen muss, der zum gleichen Basispreis und für die gleiche Laufzeit die Gegenposition einnehmen will. Zudem muss sich der Anleger keine Sorgen machen, ob sein

Marktpartner am Erfüllungstermin auch wirklich den vereinbarten Preis zahlt. Dieses Risiko liegt bei der Clearing-Stelle. Um die Gefahr zu begrenzen, dass Mitglieder der Clearing-Stelle ihren Verpflichtungen nicht nachkommen können, verlangt diese, dass die Käufer und Verkäufer von Futures eine Sicherheitenleistung, die so genannte Margin, einbringen.

Gewinne und Verluste aus der Future-Position werden täglich ausgeglichen. Verluste werden vom Marginkonto abgebucht, Gewinne auf dem Konto gutgeschrieben. Über Beträge, die die verlangte Sicherheitenleistung auf dem Konto übersteigen, kann sofort verfügt werden. Fällt der Saldo auf dem Marginkonto aufgrund abgebuchter Verluste unter einen bestimmten Betrag (Maintenance-Margin), so kann von dem Inhaber des Futures ein Nachschuss verlangt werden. Der Anleger muss dann sein Sicherheitenkonto wieder auf den vereinbarten Betrag aufstocken. Kann der Future-Inhaber den verlangten Nachschuss nicht erbringen, ist die Clearing-Stelle befugt, die bestehende Position glattzustellen, also ein identisches Gegengeschäft zu tätigen.

Anleger kaufen und verkaufen DAX-Futures aus unterschiedlichen Motiven. DAX-Future-Kontrakte können zur Absicherung von bestehenden Depots gegen Kursverluste dienen. Sie können aber auch aus spekulativen Zwecken abgeschlossen werden. Es sind Instrumente für Profis und Anleger, die bereit sind, sich mit diesen Finanzinstrumenten, ihrer Funktionsweise, ihren Chancen und Risiken ausführlich zu befassen. Wer noch nicht über entsprechende Kenntnisse verfügt und keine Erklärung bei seiner Bank hinterlegt hat, in der er bestätigt, dass ihm die Risiken des Terminhandels bekannt sind („Wichtige Informationen zu Verlustrisiken bei Börsentermingeschäften"), sollte beziehungsweise kann nicht an diesem Handel teilnehmen.

Daytrader

Als Daytrader werden Kleinanleger bezeichnet, die per Computer und Datenleitung online am Börsengeschehen teilnehmen. Sie nutzen kleinste Schwankungen der Kurse, um in kürzester Zeit Aktien oder derivative Werte zu kaufen und zu verkaufen. Die Daytrader wurden zunächst in den USA aktiv. Auch in Deutschland betreiben diese privaten „Freizeitbörsianer" auf eigene Rechnung Wertpapiergeschäfte.

Wie so vieles im Wertpapierhandel stammt auch die Daytrader-Bewegung aus den USA. Es handelt sich dabei um meist junge Frauen und Männer, die sich per Computer direkt in das Börsengeschehen einschalten und oft innerhalb von Minuten oder Sekunden kaufen und wieder verkaufen. Sie versuchen dabei, auch kleinste Kursschwankungen zu nutzen, um Gewinn zu erzielen. Sie wetten bei ihren Transaktionen auf die nächsten Minuten und sind dann entweder um einige tausend Dollar beziehungsweise Euro reicher oder ärmer. Die Daytrader handeln in Echtzeit, da sie immer die aktuellen Kurse auf ihren Monitoren haben und ihre Börsengeschäfte ohne (teuren) Umweg über eine Bank oder einen Broker abwickeln. In der Regel handeln sie mit Futures und Optionen, da die meist sehr viel langsameren Kursveränderungen bei Aktien keine so großen Gewinnmöglichkeiten bei diesem schnellen Geschäft bieten.

1999 wurden auch in Deutschland die ersten Handelsräume für private Daytrader eingerichtet. Die Tagesspekulanten zahlen für die Nutzung der Räume und eines dort aufgestellten PC Miete und Gebühren. Nach einer kurzen Schulung können sie bei einer Bank ein Konto eröffnen, über das ihre Geschäfte verbucht werden. Die Einlage beträgt dann zum Beispiel 25.000 Euro. Wenn durch fehlgeschlagene Spekulationen die Hälfte der Summe verlorengegangen sein sollte, kommt ein Warnsignal von der kontoführenden Bank. Wird dann nicht wieder auf die Mindesteinlage aufgestockt, muss der Daytrader aussteigen. Der Internet-Handel bietet immer neue Möglichkeiten, direkt Aktien oder Derivate zu kaufen und zu verkaufen und sich auch auf diese Art sogar nachts und global am Wertpapierhandel zu beteiligen. Dabei muss aber auch immer das Risiko derartiger Geschäfte beachtet werden.

Deckungsstockfähigkeit

Deckungsstockfähige Wertpapiere sind solche, die für die Anlage des von Versicherungsunternehmen zu bildenden Deckungsstocks zugelassen sind. Sie müssen daher besonders strenge Anforderungen erfüllen.

Der Deckungsstock oder Prämienreservefonds ist die Summe der erforderlichen Vermögenswerte, die eine Versicherung besitzen muss, um die notwendige Sicherheit für die Ansprüche der Versicherten zu bieten. Der Deckungsstock muss getrennt von den übrigen Anlagen verwaltet werden. Die Einhaltung der strengen gesetzlichen Richtlinien zur Anlage und Verwaltung dieses Vermögens wird von einem Treuhänder überwacht.

Deckungsstockfähige Wertpapiere sind solche, die zur Anlage der im Prämienreservefonds befindlichen Mittel zugelassen sind. Es muss sich dabei um Schuldscheindarlehen von Unternehmen handeln, die durch ihre bisherige und die von ihnen zukünftig zu erwartende Entwicklung die Gewähr dafür bieten, dass sie jederzeit zur Verzinsung und Tilgung der von ihnen aufgenommenen Mittel in der Lage sind (AAA-Rating). Das Schuldscheindarlehen muss überdies durch erstrangige Grundpfandrechte gesichert sein.

Delisting |

Wenn ein Unternehmen sich wieder von der Börse zurückzieht und seine Aktien aus den Kurstabellen gestrichen werden, wird dies als Delisting bezeichnet. Gründe dafür können eine Insolvenz, eine komplette Übernahme oder auch eine unbefriedigende Kursentwicklung der Aktie sein, die eine günstige Kapitalbeschaffung über die Börse verhindert.

Delisting ist das Gegenteil zum Börsengang, dem Listing beziehungsweise der Aufnahme in den Kurszettel. Eine Aktiengesellschaft kann vom Börsenhandel zurückgezogen werden, wenn sie ihren Geschäftsbetrieb einstellt, wenn sie in Konkurs geht oder vollständig von einem anderen Unternehmen übernommen wird. Sie kann ihre Aktien aber auch freiwillig vom Börsenhandel zurückziehen, wenn sich eine Notierung an der Börse für sie nicht mehr lohnt. Dies kann dann der Fall sein, wenn den hohen Kosten, die mit einer Zulassung zum Handel verbunden sind, keine entsprechenden Vorteile mehr gegenüberstehen. Dabei geht es vor allem darum, ob die Möglichkeit besteht, über die Börse zu günstigen Bedingungen Kapital zur Finanzierung von Investitionen zu beschaffen.

Das Interesse der Anleger konzentriert sich oft auf die Blue Chips und die Unternehmen am Neuen Markt, auf die Vertreter der New Economy, von denen gute Gewinne und starke Kurssteigerungen erwartet werden. Mittlere und kleine Unternehmen, aber auch manche Großunternehmen, die der Old Economy zuzurechnen sind, werden von den Anlegern oft kaum beachtet. Dementsprechend unbefriedigend ist die Kursentwicklung. Zusätzliches Kapital können sich diese Unternehmen in dieser Situation nur bei den Banken beschaffen, da sie Kapitalerhöhungen zu günstigen Bedingungen an der Börse nicht durchsetzen können.

Umgekehrt ist die Zulassung an der Börse mit Kosten verbunden und verpflichtet zu entsprechender Publizität. Zudem schadet ein sinkender Börsenkurs dem Image und kann daher die normale Geschäftstätigkeit negativ beeinflussen. Daraus ziehen manche Unternehmen die Konsequenz und greifen zum Delisting.

Für die Aktionäre – und vor allem die Kleinaktionäre – ist dies meist nachteilig. Ihre Aktien sind kaum noch handelbar, da Käufer außerhalb der Börse gefunden werden müssen. Kurssteigerungen und damit eine Teilhabe am wirtschaftlichen Wachstum und Erfolg des Unternehmens finden praktisch nicht mehr statt. Die Aktionäre sind allein davon abhängig, ob eine angemessene Dividende ausgeschüttet wird. Zwar muss den Kleinaktionären bei Delisting ein Abfindungsangebot gemacht werden, aber maßgeblich dafür ist der – meist niedrige – Aktienkurs, der deutlich unter dem realen Unternehmenswert liegt. Eine gerichtliche Überprüfung des Abfindungsangebots ist nicht möglich.

Delta

Als Delta wird das Verhältnis zwischen der Kursänderung eines Derivats und des zugrunde liegenden Basiswertes bezeichnet. Das Delta zeigt, um wie viel sich der Wert eines Derivats ändert, wenn der Preis des Basiswerts um eine Einheit steigt oder fällt. Für Anleger ist das Delta deshalb ein sehr wichtiges Hilfsmittel. Das gilt vor allem bei der Risikoabsicherung von Wertpapierdepots durch Hedging.

Beim Hedging von Wertpapierpositionen spielt die Berechnung des Delta eine wichtige Rolle. Um ein Depot oder eine einzelne Wertpapierposition abzusichern, ist es notwendig, die Anzahl der dafür notwendigen Derivate zu berechnen. Deren Zahl hängt davon ab, wie stark sich der Wert des Derivats verändert, wenn sich der Wert der jeweiligen Aktie oder Anleihe (der Basiswert) verändert. Das Delta eines Derivats wird in Prozent angegeben.

Wenn eine Wertpapierposition durch den Kursgewinn oder Kursverlust des zugehörigen Derivats genau ausgeglichen wird, ist dies „deltaneutral". Das Verhältnis zwischen der Anzahl der Derivate, die notwendig sind, um bei einer gegebenen Anzahl von Basiswerten (Aktien, Anleihen) Deltaneutralität zu erreichen, nennt man Hedge-Ratio.

Bei der Berechnung der notwendigen Anzahl von Derivaten muss berücksichtigt werden, dass sich der Kurswert oder die Kursveränderung des Derivats nicht allein aus dem Delta ergibt. Es können auch eine Vielzahl anderer Faktoren eine Rolle spielen. Dazu kann beispielsweise die Restlaufzeit des Derivats gehören. Aus diesem Grund ist eine hundertprozentige Deltaneutralität in der Praxis nur schwer zu erreichen. Sie wird meist auch nicht beabsichtigt, da diese vollständige Risikoabsicherung einen vollständigen Verzicht auf Kursgewinne bedeutet.

> **Beispiel:** Ein Anleger hat 100 Aktien der XY-AG in seinem Depot. Weil er einen Gewinnrückgang bei XY befürchtet, rechnet er mit sinkendem Kurs der Aktie. Er ist aber der Meinung, dass es sich nur um einen kurzfristigen Kurseinbruch handeln wird und sich langfristig das Engagement in diesem Wert deshalb lohnt. Um sich dennoch abzusichern, will der Anleger Put-Optionen auf XY-Aktien erwerben. Die Option, die er für geeignet hält, weist ein Delta von 50 Prozent auf, das heißt, der Wert der Option steigt oder fällt um 0,50 Euro, wenn der Kurs der XY-Aktie um einen Euro fällt oder steigt. Um seine Aktienposition zu 100 Prozent abzusichern, müsste der Anleger demnach 200 Put-Optionen erwerben.

Depot/Depotkonto/Wertpapierdepot

Als Depotkonto gilt das Konto eines Kunden bei einer Bank, auf dem sein Bestand sowie alle Käufe und Verkäufe an Wertpapieren verbucht werden. Ein Depotkonto ist vergleichbar mit einem Girokonto. Der Kunde kann – sofern keine anderen Vereinbarungen getroffen wurden – täglich über die Wertpapiere in seinem Depot verfügen. Für die Verwaltung und Verwahrung der Wertpapiere vereinnahmen die Banken eine Depotgebühr.

Depotkonten sind Konten bei Banken zur Aufbewahrung von Wertpapieren, wie beispielsweise Aktien, Anleihen, Wandelschuldverschreibungen und Optionsscheinen. Depotkonten gehören zu den so genannten offenen Depots, bei denen die Bank Kenntnis über die Beschaffenheit und zugleich auch Zugang zu den verwahrten Gegenständen hat. Innerhalb der offenen Depots unterscheidet man zwei Verwahrarten, die Girosammelverwahrung und die Streifbandverwahrung (mehr dazu unter Wertpapierverwahrung).

Neben den offenen Depots gibt es die Möglichkeit, Wertpapiere (aber auch andere Wertgegenstände) in geschlossenen Depots aufzubewahren. Darunter versteht man die Aufbewahrung von Gegenständen in verschlossenen Behältern (Tresoren) bei der Bank. Hier hat die Bank keine Kenntnis von der Art und Beschaffenheit der einzelnen Gegenstände in den Tresoren. Geschlossene Depots werden von Kunden vor allem zur Aufbewahrung von Schmuck, Kunstgegenständen, wichtigen Papieren und Ähnlichem verwendet. Die Aufbewahrung von Wertpapieren in geschlossenen Depots ist seltener. Sie zwingt den Eigentümer dazu, seine Wertpapiere selber zu verwalten, vor allem also Zinsen und Dividenden abzuholen und Erneuerungsscheine abzusenden. In diesen Fällen wird auch eine erhöhte Zinsabschlagsteuer erhoben. (Siehe auch Tafelgeschäfte.)

Die Verwahrung von Wertpapieren in offenen Depots bietet den Kunden eine Reihe von Vorteilen. Zum einen sind die Wertpapierhinterleger im Gegensatz zur privaten Verwahrung vor dem Verlust, beispielsweise durch Diebstahl und Vernichtung (Feuer, Wasserschäden), geschützt. Zum anderen übernimmt die Depotbank die Verwaltung bei Fälligkeitsterminen für Dividenden und Zinsen, Auslosungen, Rückzahlungen, die Ausübung oder den Verkauf von Bezugsrechten sowie die Vertretung auf den jeweiligen Hauptversammlungen. Für diese Dienstleistung berechnet die Depotbank eine Depotgebühr.

Depotkonten können, vergleichbar mit Girokonten, als Einzel- oder Gemeinschaftskonten geführt werden. Im Falle eines Gemeinschaftskontos ist klarzustellen, ob jeder Kontoinhaber allein (ODER-Konto) über das Depot verfügen darf oder nur eine gemeinsame Verfügung durch beide Kontoinhaber möglich sein soll (UND-Konto).

Über die in dem Depot vorhandenen Wertpapiere sowie deren Kurswert informieren die Banken ihre Kunden mindestens einmal im Jahr mit Hilfe eines Depotauszugs. Der Kunde kann sich aber auch sonst jederzeit einen Depotauszug erstellen lassen.

Depotstimmrecht

Unter dem Depotstimmrecht versteht man die Ausübung des Stimmrechts durch die Depotbanken für die bei ihnen in den Kundendepots befindlichen Aktien. Um das Stimmrecht stellvertretend für die Aktieninhaber ausüben zu können, benötigen die Banken eine Vollmacht.

Aktionäre haben die Möglichkeit, die Ausübung ihres durch das Aktiengesetz zugesicherten Stimmrechts auf die Bank zu übertragen, die ihr Depotkonto führt. Hierzu bedarf es einer schriftlichen Vollmacht. Eine solche Vollmacht gilt im Höchstfall 15 Monate und muss danach erneuert werden. In der Regel lassen sich die Banken von ihren Kunden jedes Jahr von neuem bevollmächtigen.

Die Bank ist verpflichtet, dem Aktionär ihre Vorschläge zu den einzelnen Tagesordnungspunkten der jeweiligen Hauptversammlung bekannt zu geben und diesen um eigene Weisungen für die Ausübung des Stimmrechts zu bitten. Für die eigene Hauptversammlung kann die Depotbank das Stimmrecht nur dann ausüben, wenn sie von dem jeweiligen Aktionär genaue Anweisungen zu jedem Tagesordnungspunkt erhalten hat. Die Bank ist verpflichtet, bei der Ausübung des Stimmrechts im Interesse ihres Kunden zu handeln.

Durch die Möglichkeit des Depotstimmrechts erhalten die Banken einen erheblichen Einfluss auf die Führungsentscheidungen verschiedener Aktiengesellschaften, ohne dass sie ihrerseits das Kapitalrisiko tragen. In Deutschland übertragen sehr viele Aktionäre das Stimmrecht ihrer Hausbank, da sie wegen der meist geringen Anzahl von Aktien in ihrem Besitz kaum Einfluss auf die Führung der jeweiligen Gesellschaft nehmen können. Daher ist der Anreiz zur aktiven Teilnahme an Hauptversammlungen gering. Die Geschäftsbanken hingegen, die in ihren Depots die Aktien sehr vieler Aktionäre verwalten, erhalten durch das Bündeln der Stimmrechte einen erheblichen Einfluss auf die Geschäftsführung zahlreicher in- und ausländischer Aktiengesellschaften. Diese Konzentration von Macht und Einfluss in den Händen weniger großer Banken war immer wieder Anlass zu kontrovers geführten Diskussionen über das Depotstimmrecht.

Depotstruktur/Anlagestruktur

Zusammensetzung der in einem Depotkonto enthaltenen Vermögenswerte. Beim Aufbau eines Wertpapierdepots kommt es darauf an, eine ausgewogene Zusammensetzung der darin enthaltenen Risikopapiere und Renditetitel anzustreben und daneben auch andere Formen der Geldanlage nicht zu vergessen. Andernfalls könnte eine Branchenkrise oder eine allgemeine und vielleicht für längere Zeit anhaltende Schwächephase an der Börse zu finanziellen Problemen führen.

Wer mit dem Wertpapiersparen beginnt, wird meist Schwierigkeiten haben, gleich zu Beginn auf eine ausgewogene Zusammensetzung der im Depot enthaltenen Wertpapiere und anderer Vermögenswerte zu achten. Mittel- und langfristig sollte dies aber angestrebt werden. Das gilt insbesondere dann, wenn die Vermögensbildung der Altersvorsorge, der Sicherung von Familienangehörigen oder dem Aufbau einer Rücklage für die vielen Wechselfälle des Lebens dienen soll. Denn dann kommt es darauf an, dass neben den Vermögenswerten, die im Hinblick auf eine deutliche Wertsteigerung oder aus spekulativen Gründen erworben wurden, auch solche Anlageformen vertreten sind, die geringen Wertschwankungen unterliegen und/oder eine sichere Rendite bringen. Schließlich kann es immer sein, dass ein Teil des spekulativ angelegten Geldes verlorengeht oder dass gerade dann Liquidität benötigt wird, wenn bestimmte Wertpapiere nur mit hohem Verlust verkauft werden können. Deshalb gilt bei der Geldanlage mehr noch als in anderen Lebensbereichen: Nie alles auf eine Karte setzen.

Die ideale Depot- und Vermögensstruktur gibt es allerdings nicht. Denn was im Einzelfall „ideal" ist, hängt unter anderem vom Einkommen und Alter, vom Gesundheitszustand, der familiären Situation, der persönlichen Risikobereitschaft und den Erwartungen ab, die im Ruhestand an den Lebensstandard gerichtet werden. Wichtig ist auch, ob mit einer Rente plus einer Betriebsrente, mit einer berufsständischen Versorgung, mit einer Lebensversicherung oder eventuell auch mit einer Erbschaft zu rechnen ist.

Dennoch gibt es einige Anhaltspunkte, die bei der individuellen Planung zugrunde gelegt werden können. Dabei gibt es zunächst die grobe Unterteilung in vier Kategorien:

- Kasse,
- Reserve,
- Vermögen,
- „Spielgeld".

In der **Kasse** sollte soviel sein, dass unvorhergesehene kleinere Ausgaben bewältigt werden können, ohne gleich teure Kredite (dazu zählt auch schon der „Dispo") in

Anspruch nehmen zu müssen. Oft lässt sich aber auch dieses Geld so anlegen, dass es bei kurzfristiger Verfügbarkeit wenigstens einen bescheidenen Zinsertrag bringt (Sparbuch, Geldmarktfonds).

Als **Reserve** sollten Geldanlagen dienen, die nicht jederzeit, aber doch kurzfristig verfügbar gemacht werden können. Auch wenn größere Anschaffungen oder Ausgaben (Auto, der Urlaub im nächsten Jahr) vorhersehbar sind, sollten sie aus der Reserve finanziert werden können. Hier bieten sich neben Geldmarktfonds oder Termingeld (Festgeld) vor allem Anleihen mit mittlerer Laufzeit und Bundesschatzanweisungen an.

Beim **Vermögen** sollten Qualitäts-Aktien und Fondsanteile den Schwerpunkt bilden, weil bei langfristiger Anlagestrategie die höchsten Erträge zu erwarten sind. Aber auch hier nicht alles auf eine Karte setzen, sondern eine sinnvolle Depotstruktur anstreben. Das bedeutet nicht nur verschiedene Aktien, sondern auch unterschiedliche Fondsanteile und Anleihen. Denn niemand weiß, wann wieder einmal ein Börsencrash kommt und wie lange er dauert. Sehr sinnvoll ist zudem, neben dem Geld- und Wertpapiervermögen auch Immobilien in die Strukturplanung aufzunehmen. Dies kann durch Anteile an Immobilienfonds geschehen (Vorsicht bei „geschlossenen Fonds": Die Anteile sind meist nur sehr schwer wieder zu verkaufen) oder durch eigenen Grunderwerb (Eigentumswohnung, Grundstück, Einfamilienhaus). Eine interessante Variante sind auch Immobilienaktien, da sie Elemente der Aktienanlage mit denen von Grundbesitz kombinieren.

Wenn diese Punkte berücksichtigt sind, kann ein Teil der verbleibenden Mittel als **„Spielgeld"** eingesetzt werden. Bei entsprechender Risikobereitschaft bieten sich Anlageformen mit großem Kurssteigerungspotenzial (aber auch entsprechenden Verlustmöglichkeiten) an. Dazu zählen Aktien am Neuen Markt, Anteile an Unternehmen, die die Chance haben, wieder aus einer Krise herauszukommen (Turnaround-Werte), oder die so genannten Derivate.

Bei der Struktur des eigentlichen **Wertpapierdepots** gelten ganz ähnliche Überlegungen. Neben Blue Chips kann es auch Wachstumswerte enthalten, also Aktien von Unternehmen, die mit innovativen Produkten und Dienstleistungen zu Umsatz und Ertrag kommen könnten. Außer Aktien aus dem Euro-Raum können auch Papiere dazu gehören, die von den „Emerging Markets" kommen. Neben soliden Anleihen (AAA-Rating) können Hochzinsanleihen liegen – bis hin zu den Junk-Bonds, von denen nicht völlig sicher ist, ob der Schuldner sie auch zurückzahlen kann. Aber auch auf eine ausgewogene Branchenstruktur muss geachtet werden. Wer nur Banktitel besitzt, weil dort gerade die Kurse besonders kräftig steigen, wird ebenso voll erwischt, wenn zum Beispiel durch eine Schuldenkrise in Südamerika weltweit die Finanztitel unter Druck geraten.

Von Gold, das früher – und manchmal auch heute noch – immer als Bestandteil eines ausgewogenen Depots genannt wurde, ist eher abzuraten. Sein Preis ist über viele Jahre fast kontinuierlich gefallen. Es bringt keine Zinsen, verursacht aber

Verwaltungs- und Lagerkosten. Ob es in Krisenzeiten im Fluchtgepäck mitgenommen werden kann, ist höchst zweifelhaft. Zudem besteht hohe Diebstahlgefahr, wenn es als „Zahlungsmittel für alle Fälle" zu Haus aufbewahrt wird.

Die optimale Vermögensstruktur gibt es nicht

Das gilt für das Vermögen insgesamt einschließlich eventuell vorhandener Immobilien. Es gilt auch für das eigentliche Wertpapierdepot. Die für den einzelnen Sparer richtige Struktur hängt von der Höhe seines Einkommens, seines Gesamtvermögens, vom Alter, von der Risikobereitschaft und von dem Zeitpunkt ab, zu dem ein bestimmter Teil der Mittel liquide sein muss (zum Beispiel um ein Haus oder eine Wohnung zu kaufen, zum Erwerb eines Autos, zur Aufbesserung der Rente). Ein seriöser Anlageberater wird diese und andere Punkte mit Ihnen durchsprechen und Ihnen dann darauf abgestimmte Vorschläge machen.

Derivate

An der Börse werden damit Finanzinstrumente bezeichnet, deren eigener Wert vom Kurs anderer Finanztitel oder Waren abhängt. Derivate berechtigen zum Kauf oder Verkauf der zugrunde gelegten Werte. Zu den wichtigsten derivativen Finanzprodukten zählen Optionen, Futures, Terminkontrakte und Swaps. Es handelt sich um hochspekulative Werte. Deshalb unterliegt der Handel strengen Kontrollen innerhalb der Banken und durch die Aufsichtsbehörden.

Derivat ist ein ursprünglich aus der Chemie stammender Begriff und steht dort für eine chemische Verbindung, die aus einer anderen entstanden ist. In der Wirtschaft wird unter dem Oberbegriff „Derivate" eine Gruppe von Finanzierungsinstrumenten zusammengefasst, deren Bedeutung in jüngster Zeit stark gewachsen ist. Der Handel mit derivativen Finanzinstrumenten findet entweder an Terminbörsen oder zwischen Banken, anderen Finanzinstituten und sonstigen Unternehmen statt. Die zugrunde liegenden Titel – beispielsweise Aktien, Devisen, Anleihen oder Rohstoffe – werden an den Kassamärkten gehandelt, also dort, wo im Gegensatz zu Terminmärkten die Lieferung, Abnahme und Bezahlung der Wertpapiere sofort erfolgt.

Derivate berechtigen den Erwerber zum Kauf oder Verkauf der zugrunde gelegten Werte zu einem festen, im Voraus vereinbarten Preis zu einem späteren Zeitpunkt. Der Abschluss des Geschäfts und die Zahlung des vereinbarten Preises fallen also zeitlich auseinander.

Der Ursprung des Terminhandels liegt im Handel mit Rohstoffen. Produzenten, die sich gegen sinkende Preise absichern wollten, trafen im Voraus Vereinbarungen mit ihren Abnehmern, in denen Preise und Liefermengen für ihre Erzeugnisse (zum Beispiel Weizen, Öl oder Schweinebäuche) für einen bestimmten Termin in der Zukunft festgelegt wurden. Umgekehrt vereinbarten Abnehmer, die einen Preisanstieg befürchteten, zu ihrer eigenen Absicherung mit ihren Lieferanten im Voraus den Abnahmepreis. Daraus entstanden die Warenterminbörsen.

Daran wird deutlich, dass für das Zustandekommen solcher Termingeschäfte bei den Geschäftspartnern gegensätzliche Erwartungen über die zukünftige Preisentwicklung vorliegen müssen. Ausgehend von dem Preis, zu dem das Geschäft zustande kommt, erwartet der Verkäufer bis zum Liefertag einen fallenden Preis. Der Käufer hingegen erwartet einen steigenden Preis.

Derivate ist der Sammelbegriff für die verschiedenen Finanztitel, die zum späteren Kauf oder Verkauf der zugrunde gelegten Werte berechtigen. Die wichtigsten Formen sind:

- Optionen
- Futures
- Swaps
- Forward Rate Agreements.

Diese Derivate unterscheiden sich in den jeweiligen Möglichkeiten, Rechten und Pflichten der Marktpartner.

Der Handel mit Futures ist in Deutschland erst seit relativ kurzer Zeit möglich, gewinnt seitdem aber ständig an Bedeutung. An der deutsch-schweizerischen Terminbörse Eurex werden Futures auf Bundesanleihen (so genannte Bund-Futures) und auf den Deutschen Aktienindex DAX (so genannte DAX-Futures) gehandelt. Future-Geschäfte werden aus unterschiedlichen Gründen abgeschlossen. Sie dienen zum einen der Risikoabsicherung und zum anderen der Spekulation. Neben den bereits erwähnten derivativen Finanztiteln spielen auch Devisen-Futures sowie Devisen-Optionen eine wichtige Rolle. Private Anleger können entweder direkt über die Börsen an diesem Geschäft teilnehmen oder sich an so genannten Hedge-Fonds beteiligen.

Termingeschäfte und der Handel mit derivativen Finanztiteln bieten große Gewinnchancen, bergen aber auch hohe Risiken. Deshalb unterliegen sie sowohl innerhalb der Banken als auch an den Börsen strengen Kontrollen, und Preise sowie Zinsrisiken müssen in Deutschland dem Bundesaufsichtsamt für das Kreditwesen gemeldet werden. Der Handel und die spätere Abwicklung der Geschäfte dürfen bei den Banken nicht von den gleichen Personen vorgenommen werden. Dadurch soll eine gegenseitige Kontrolle gesichert und verhindert werden, dass riskante Positionen ohne ausreichende Absicherung durch Gegengeschäfte aufgebaut werden. Eine zusätzliche Sicherung stellt das bankinterne Controlling dar.

Dennoch kommt es immer wieder vor, dass Händler ihre Limits überschreiten oder die Kontrollen nicht ausreichend ausgeübt werden. Dies kann für die betroffenen Banken oder Finanzplätze schwerwiegende Folgen haben, da bei ungesicherten

Termingeschäften innerhalb kürzester Zeit sehr hohe Verluste entstehen können. Die deutsche Metallgesellschaft AG und die britische Baring Bank gerieten als Folge missglückter Termingeschäfte in eine Existenzkrise beziehungsweise verloren ihre Selbstständigkeit.

Achtung: Geringer Kapitaleinsatz – aber hohes Gewinn- und Verlustrisiko

Ein Kapitalanleger kann Derivate in der Hoffnung erwerben, an Kursbewegungen an den Märkten zu verdienen. Erwartet ein Anleger beispielsweise einen steigenden Goldpreis, so kann er entweder direkt Gold kaufen (das erfordert aber einen hohen Kapitaleinsatz und bringt das Problem der Lagerung mit sich), oder er kauft Gold-Futures. Diese erfordern nur einen geringen Kapitaleinsatz und werden in einem Wertpapierdepot bei einer Geschäftsbank verbucht.

Derivate ermöglichen hohe Gewinne bei relativ geringem Kapitaleinsatz, bergen aber auch hohe finanzielle Risiken, da sie eine Verpflichtung zum Kauf oder Verkauf enthalten.

Vorsicht: Unseriöse „Anlageberater", die auf dem grauen Kapitalmarkt agieren, locken Kunden oft mit den hohen Gewinnmöglichkeiten, die die verschiedenen Derivate bieten. Das Verlustrisiko ist bei Geschäften mit derartigen Vermittlern immer extrem hoch. Oft sind die Angebote von vornherein betrügerisch. Die Verträge sind fast immer so gestaltet, dass so hohe Gebühren usw. fällig werden, dass selbst bei Gewinnen für den Anleger kaum etwas übrig bleibt. Derartige Spekulationsgeschäfte sollten daher immer nur nach sorgfältiger Information und Beratung über seriöse Institute wie Banken, Sparkassen oder renommierte Brokerhäuser abgeschlossen werden.

Handelsplätze

In Deutschland findet der Handel mit derivativen Titeln an der Terminbörse Eurex statt. Die wichtigsten Terminbörsen im Ausland sind: Chicago Board Options Exchange, European Options Exchange in Amsterdam, London Stock Exchange, die jüngeren Spezialterminbörsen Commodity Exchange in New York und London sowie International Financial Futures Exchange und International Petroleum Exchange in London.

Spekulative Geschäfte

Das Risiko und Gewinnpotenzial für die Kontraktpartner beim Terminhandel liegt in der Preisentwicklung zwischen dem Datum des Abschlusses und des Fälligkeitstags des Geschäfts.

Liegt der Preis des zugrunde gelegten Handelsgegenstands bei Fälligkeit über dem vorher vereinbarten Preis, so hat der Abnehmer der Ware einen Gewinn gemacht: Er muss weniger zahlen, als die Ware am Tag der Lieferung wert ist. Der Verkäufer hingegen erleidet einen Verlust, da er seine Ware zu einem Preis abgeben muss, der niedriger ist als der Preis am Fälligkeitstag. Der Gewinn oder Verlust ergibt sich aus der Differenz des Preises für die Ware oder das Wertpapier am Fälligkeitstag und dem Preis, der vorab „auf Termin" ausgehandelt wurde. Umgekehrt erzielt der Verkäufer einen Gewinn und der Käufer einen Verlust, wenn der Preis des zugrunde liegenden Wertes am Fälligkeitstag unter dem zuvor vereinbarten Terminpreis liegt.

Ökonomische Funktion von Futures

Futures können verwendet werden, um sich gegen die Risiken von Preisänderungen abzusichern. So kann sich zum Beispiel ein Weizenproduzent gegen Preisschwankungen am Weizenmarkt absichern, indem er Futures verkauft, die ihn berechtigen und verpflichten, seinen Weizen zu einem vereinbarten Preis zu einem späteren Zeitpunkt zu verkaufen. Der Produzent kann also schon heute fest mit dem Preis rechnen, den er erst später erzielen wird, unabhängig davon, wie sich der Marktpreis entwickelt.

Umgekehrt kann ein Brotproduzent Weizen-Futures kaufen, die ihn berechtigen, Weizen zu einem späteren Zeitpunkt zu einem festen Preis zu kaufen. Er ist dann in seiner Kalkulation unabhängig von der Entwicklung des Marktpreises.

Deutsche Terminbörse (DTB)/Eurex

Die Deutsche Terminbörse wurde ausschließlich für den Handel mit Terminkontrakten gegründet. Dazu gehören beispielsweise Optionen und Futures. Die Deutsche Terminbörse war die Finanzterminkontraktbörse der Bundesrepublik Deutschland. Sie war keine Präsenz-, sondern von Beginn an eine Computerbörse. Daher konnten nicht nur die in Frankfurt ansässigen Händler am Börsengeschehen direkt teilnehmen. Dies stand vielmehr allen Händlern und Kunden in ganz Deutschland offen. Sie wurde Mitte 1998 von der Deutschen Börse AG auf die Eurex GmbH, Frankfurt, übertragen, um so den Weg frei zu machen für den Zusammenschluss mit der Schweizer Terminbörse Soffex (September 1998) sowie die Zusammenarbeit mit weiteren europäischen Terminbörsen und der Warenterminbörse in Chicago (CBot).

Näheres dazu siehe unter Eurex.

Devisen

Bei Devisen handelt es sich nicht um körperlich vorhandene Gegenstände oder Bargeld. Es sind Ansprüche auf Zahlungen in fremder Währung an einem Platz im Ausland. Mit Devisen kann gehandelt werden. An diesem Geschäft können sich auch private Anleger beteiligen, die bereit sind, entsprechende Risiken zu tragen.

Bei den Ansprüchen, um die es bei Devisen geht, handelt es sich meist um Guthaben bei ausländischen Banken. Es können aber auch auf fremde Währungen lautende und im Ausland zahlbare Schecks oder Wechsel sein. Es handelt sich also nicht um Bargeld (Sorten). Devisenhandel bedeutet deshalb den An- und Verkauf von ausländischem Buchgeld gegen inländisches Buchgeld oder andere Devisen (Beispiel: Dollar-Guthaben werden gegen Yen-Guthaben verkauft). Die Abwicklung dieser Geschäfte findet täglich an den internationalen Devisenbörsen statt. Dabei bilden sich je nach Angebot und Nachfrage sinkende oder steigende Kurse für die einzelnen Währungen. Der Devisenhandel diente ursprünglich vor allem der Finanzierung und Abwicklung des Außenhandels. Das macht inzwischen aber nur noch einen kleinen Teil des Geschäfts aus. Der überwiegende Teil des Devisenhandels und vor allem des Handels mit Dollar dient spekulativen Zwecken, der Kurssicherung und der Bereitstellung von Währungskrediten. Der Devisenhandel ist dadurch auch die Basis für Geschäfte mit Derivaten wie den Devisen-Futures.

Seit Beginn der Europäischen Währungsunion nehmen die alten nationalen Währungen nicht mehr am Devisenhandel teil. International gehandelt wird seit Anfang 1999 nur noch der Euro. Bis zum völligen Übergang zum Euro 2002 kann der Wert von DM, Franc oder Gulden gegenüber fremden Devisen daher nur über den unwiderruflich festgelegten Umrechnungskurs der alten nationalen Währungen zum Euro ermittelt werden.

Hinweis: Devisen dürfen nicht mit Sorten (Bargeld) verwechselt werden. Beim Umtausch von Sorten berechnen die Banken einen Kurs, der immer ungünstiger ist als der Devisenkurs. Der Preis für die Fremdwährungen beinhaltet neben dem Kursrisiko nämlich auch den Aufwand für Transport, Lagerung und Versicherung des Bargeldes sowie die Personalkosten. Zudem ist Bargeld nicht gegen Verlust oder Diebstahl gesichert. Die Verwendung von Kreditkarten ist daher in der Regel günstiger, obwohl die meisten Kreditkartenunternehmen Gebühren für den Auslandseinsatz nehmen. Es kann sich dennoch lohnen, bei Reisen ins Ausland eine Kreditkarte zu verwenden. Wählen Sie ein Kartenunternehmen, bei dem keine oder nur geringe Gebühren für den Einsatz der Karte im Ausland berechnet werden.

Devisenbörse/Devisenmarkt

Der Handel mit ausländischen Währungen kann entweder zwischen den Handelspartnern direkt oder an organisierten Börsen stattfinden. Im zweiten Fall spricht man vom Devisenhandel an Devisenbörsen. In Deutschland gibt es fünf Devisenbörsen. Einen amtlichen Devisenkurs und ein „Fixing" der Kurse gibt es in Deutschland seit Einführung des Euro Anfang 1999 nicht mehr.

Der organisierte Devisenhandel in Deutschland wurde früher über die fünf deutschen Devisenbörsen in Hamburg, Düsseldorf, München, Berlin und Frankfurt abgewickelt, wobei Frankfurt sowohl vom internationalen Renommee als auch vom Handelsvolumen her bei weitem die bedeutendste Stellung in Deutschland einnahm. Doch schon vor 1999 konnte der Handel mit Devisen sowohl an den organisierten Devisenbörsen als auch zwischen den Handelspartnern direkt stattfinden. Der direkte Handel zwischen den Marktkontrahenten wurde dabei als OTC-Handel (Over-the-Counter-Handel) bezeichnet. Während in einigen Ländern, wie beispielsweise den USA und Großbritannien, der Devisenhandel schon immer direkt zwischen Käufer und Verkäufer stattfand, bestand in Deutschland die Möglichkeit, Devisen entweder an den Devisenbörsen zu handeln oder die Devisengeschäfte direkt zwischen den Kontrahenten abzuwickeln. Das Handelsvolumen an den Devisenbörsen war allerdings im Vergleich zum Handelsvolumen im OTC-Handel vergleichsweise gering. Er war vor allem für kleinere Banken und Finanzdienstleister von Bedeutung. Die amtlichen Makler an der Frankfurter Börse gaben die von ihnen festgestellten Kurse direkt an die anderen vier Devisenbörsen weiter. Die Berechnung der jeweiligen Mittelkurse erfolgte um 13.00 Uhr. Vor allem der DM-Dollar-Kurs stand dabei über viele Jahrzehnte im Mittelpunkt des Interesses.

Mit Beginn der Europäischen Währungsunion wurde das System der amtlichen Kursermittlung aufgegeben und der Devisenhandel den internationalen Gepflogenheiten angepasst. Ein Devisen-Fixing gibt es nicht mehr. Die Devisenkurse (als Referenz- oder Orientierungskurse) werden auf unterschiedlichen Wegen börsentäglich ermittelt:

Referenzkurse der Banken: Die großen Geschäfts- und Privatbanken errechnen ebenso wie die öffentlichen und genossenschaftlichen Banken auf der Basis des morgendlichen Handels ihre Orientierungskurse für die Abrechnung innerhalb der verschiedenen Abteilungen der Bank und gegenüber den Kunden. Da alle Banken dies mit einem Unterschied von nur wenigen Sekunden auf der Basis der um 13.00 Uhr im Interbankenhandel geltenden Kurse tun, unterscheiden sich die jeweiligen Referenz- oder Orientierungskurse meist nur minimal. Größere Unterschiede werden durch die ständig stattfindende Arbitrage (Ausnutzung von Kursdifferenzen zur

Gewinnerzielung im Wertpapier- oder Devisenhandel) meist innerhalb von Sekunden ausgeglichen.

Referenzsystem der Europäischen Zentralbank: Die EZB hat ein eigenes System zur Ermittlung der Devisenkurse und berechnet die Euro-Kurse erst gegen 14.00 Uhr. In einer täglichen Telefonkonferenz von 15 Minuten Dauer teilen die an dem Verfahren beteiligten 20 Notenbanken die Mittelkurse aus dem von ihnen beobachteten Handel in ihren jeweiligen Ländern mit. Daraus errechnet die EZB ihre Referenzpreise.

Die unterschiedlichen Verfahren und die Zeitverschiebung um eine Stunde bringen es mit sich, dass es immer wieder zu Unterschieden zwischen den Referenzpreisen der Banken und der Europäischen Notenbank kommt. Für die großen Geschäfte im internationalen Devisenhandel spielt das aber keine Rolle, da diese direkt zwischen den internationalen Großbanken weltweit abgewickelt werden. Dabei werden täglich rund zwei Billionen Dollar bewegt. Je nach Tageszeit liegt der Schwerpunkt der Geschäfte in London, New York, Sydney, Singapur oder Tokio. Der Devisenhandel findet praktisch ohne Unterbrechung 24 Stunden lang statt. Schlusskurse wie an den Aktienbörsen gibt es daher im Devisengeschäft nicht.

Die Referenzkurse der Banken und der EZB haben deshalb vor allem orientierenden Charakter. Sie werden von den Zeitungen veröffentlicht und dienen als Verrechnungsgrundlage für Verträge oder Termingeschäfte und bei Standardgeschäften mit Privatkunden. Scheck- und Kreditkartenzahlungen in fremden Währungen werden ebenfalls auf dieser Basis abgerechnet. Bei größeren Beträgen haben allerdings auch private Kunden die Möglichkeit, über den jeweiligen Kurs zu verhandeln, denn es kann schon einen Unterschied machen, ob die benötigten Devisen am Morgen oder am Abend erworben werden.

Hinweis: Die zwischen Anfang 1999 und Ende 2001 veröffentlichten Kurse von DM, Lira, Peseta, Gulden oder Franc gegenüber den Währungen von Drittländern (vor allem dem Dollar) sind nur theoretischer beziehungsweise informierender Natur. Sie ergeben sich aus der Umrechnung der Euro-Kurse. Einen eigenständigen Handel in diesen Währungen gibt es seit dem letzten Börsentag des Jahres 1998 nicht mehr. Der Dollar-Euro-Kurs muss immer mit dem festen Umrechnungskurs von 1,95583 umgewandelt werden, wenn der Dollarpreis in DM dargestellt werden soll.

Devisen-Fixing |

So wurde die bis zum Beginn der Europäischen Währungsunion übliche Feststellung der Devisenkurse durch einen amtlichen Kursmakler bezeichnet. Dabei war vor allem von Interesse, wie der Kurs des US-Dollar gegenüber der DM an jedem Börsentag um 13.00 Uhr festgestellt (gefixt) wurde.

Dieses Verfahren existiert nicht mehr. Der Devisenhandel findet direkt zwischen den Marktteilnehmern statt. Der Kurs des Euro gegenüber anderen Währungen wird einerseits von den am Handel teilnehmenden Banken und andererseits von der Europäischen Zentralbank ermittelt (siehe Devisenbörse).

Devisen-Futures |

Ein Devisen-Future ist ein Terminkontrakt, der den Inhaber berechtigt und verpflichtet, einen bestimmten Währungsbetrag zu einem bestimmten Zeitpunkt und zu einem vereinbarten Kurs zu kaufen oder zu verkaufen.

Devisen-Futures als Spezialform der Futures gehören zu den Derivaten oder derivativen Finanzinstrumenten. Ein Devisen-Future berechtigt und verpflichtet den Käufer, einen bestimmten, vorab festgelegten Währungsbetrag zu einem bestimmten Zeitpunkt zu einem vereinbarten Kurs zu kaufen. Der Verkäufer eines Devisen-Futures ist hingegen berechtigt und verpflichtet, einen bestimmten Währungsbetrag zu einem bestimmten künftigen Zeitpunkt zum vereinbarten Kurs zu verkaufen.

Devisen-Futures werden an verschiedenen Terminbörsen gehandelt. Die beiden bedeutendsten Handelsplätze für Devisen-Futures sind der International Monetary Market (IMM) in Chicago und der Marché à Terme International de France in Paris.

Der Unterschied zwischen einem Devisen-Future und einer Devisen-Option besteht darin, dass der Inhaber eines Devisen-Futures eine verbindliche Verpflichtung eingeht, einen bestimmten Währungsbetrag zu einem bestimmten Preis zu kaufen oder zu verkaufen. Dagegen hat der Inhaber einer Devisen-Option zwar das Recht, nicht aber die Pflicht, von seinem Kauf- beziehungsweise Verkaufsrecht Gebrauch zu machen.

Der Handel mit Devisen-Futures ist weitgehend standardisiert, um diese Art von Futures möglichst leicht handelbar zu machen und das Risiko des Leistungsausfalls so weit wie möglich zu reduzieren. Die Kurse der Devisenkontrakte werden grundsätzlich in Dollar je Fremdwährungseinheit notiert.

Die Marktteilnehmer auf den Future-Märkten nehmen aus verschiedenen Motiven am Handel mit Devisen-Future-Kontrakten teil. Nach ihren Motiven lassen sie sich in verschiedene Gruppen einteilen:

1. Hedger: Unter Hedgern versteht man Marktteilnehmer, die sich am Handel mit Devisen-Futures beteiligen, weil sie sich gegen Kursrisiken schützen wollen. Hierunter fallen zum Beispiel Unternehmen, die Handelsbeziehungen zu ausländischen Partnern unterhalten und ihre Geschäfte ganz oder teilweise in Fremdwährung abwickeln. (Siehe auch Hedge-Fonds.)

2. Spekulanten: Diese Marktteilnehmer setzen auf steigende oder fallende Kurse bestimmter Währungen und versuchen durch den Kauf oder Verkauf von Devisen-Futures Gewinne zu erzielen.

3. Broker (Makler): Die Makler handeln im Dienste der Hedger und Spekulanten. Sie wickeln deren Aufträge ab, übernehmen die Buchführung, führen das Sicherheitenkonto und beraten ihre Kunden. Für ihre Dienste erhalten sie eine Kommission.

Käufer von Devisen-Futures setzen auf einen steigenden Wechselkurs bei der zugrunde gelegten Währung. Steigt der Kurs für die Devise tatsächlich, so werden sie einen Gewinn erzielen, bei fallendem Wechselkurs erleiden sie einen Verlust. Verkäufer von Devisen-Futures hingegen erzielen bei fallenden Kursen Gewinne und bei steigenden Kursen Verluste.

Devisenhandel

Als Devisenhandel bezeichnet man den Kauf und Verkauf von Devisen per Termin oder zur Kasse. Gehandelt werden Ansprüche auf Zahlungen in ausländischen Währungen, wobei es meistens um Guthaben bei Banken im Ausland geht. Der Devisenhandel findet am Devisenmarkt statt. Der größte Teil der Geschäfte spielt sich zwischen Geschäftsbanken ab.

Devisenhandel besteht im Kauf und Verkauf von Devisen auf dem Devisenmarkt. Es handelt sich dabei um Ansprüche auf Zahlungen in ausländischer Währung an ausländischen Plätzen. Devisen sind streng von den so genannten Sorten zu unterscheiden.

Unter dem Devisenmarkt versteht man den meist telefonischen Handel mit an ausländischen Plätzen zahlbaren Fremdwährungsguthaben. Der Devisenmarkt oder die Devisenbörse ist also in diesem Fall keine Bezeichnung für einen räumlich zu bestimmenden Platz, an dem der Handel stattfindet. Eine Ausnahme sind die festen Devisenbörsen, die aber bezüglich des Gesamtvolumens der gehandelten Devisen eine eher untergeordnete Rolle spielen. Der Devisenmarkt ist also räumlich nicht einzugrenzen. Devisenhandel findet weltweit und zeitlich unbegrenzt statt, ohne an bestimmte Zeiten und Orte gebunden zu sein.

Bezüglich des Zeitpunktes, an dem die Devisen bezahlt und geliefert werden, muss man zwischen Devisenkassageschäften und Devisentermingeschäften unterscheiden. Bei Devisenkassageschäften werden die Devisen am zweiten Werktag nach Geschäftsabschluss vom Käufer bezahlt und vom Verkäufer übergeben. Beim Devisentermingeschäft hingegen erfolgen Bezahlung und Anschaffung zu einem vorher vereinbarten Termin in der Zukunft.

Devisenkurs

Der Preis für Devisen wird als Devisenkurs bezeichnet. Der Devisenkurs ist demnach der Preis, der in einem Land für eine bestimmte Menge an ausländischer Währung bezahlt wird. Man unterscheidet zwei Varianten:

- Die so genannte Preisnotierung, die ausdrückt, wie viele Einheiten an Inlandswährung man für eine Einheit Auslandswährung bezahlen muss (zum Beispiel 0,96 Dollar für einen Euro), und
- die Mengennotierung, bei der angegeben wird, wie viele Einheiten ausländischer Währung man für eine Einheit inländischer Währung erhält (zum Beispiel 1,06 Euro für einen Dollar).

In den meisten Ländern wird die Preisnotierung verwendet, aber auch die Mengennotierung ist in einigen Ländern gebräuchlich (beispielsweise in Großbritannien). Der Kurs wird für eine, hundert oder tausend Einheiten Fremdwährung angegeben. Devisenkurse ergeben sich bei freien Wechselkursen durch Angebot und Nachfrage. Letztere sind abhängig von den Erwartungen der Marktteilnehmer hinsichtlich des zukünftigen Kursverlaufs. Es handelt sich also um Spekulationen über Inflationsraten, Zinsdifferenzen und konjunkturelle Bedingungen in den verschiedenen Ländern. Aber auch die erwarteten politischen Entwicklungen können eine wichtige Rolle spielen.

Nicht alle Wechselkurse werden frei durch Angebot und Nachfrage ausgehandelt. Es gibt auch Wechselkurssysteme, bei denen die Devisenkurse nur innerhalb einer bestimmten Bandbreite (wie früher beim Europäischen Wechselkurssystem, EWS) oder gar nicht schwanken dürfen.

Die meisten Devisenkurse unterliegen weder zeitlichen noch anderen Beschränkungen. Manche Devisenkurse werden aber auch an den offiziellen Devisenbörsen bestimmt. Hier unterliegt der Handel bestimmten zeitlichen Beschränkungen. In der Bundesrepublik Deutschland beispielsweise wurden Devisen an den Börsen in Frankfurt, Berlin, Düsseldorf, Hamburg und München in der Zeit von 13.00 bis 14.30 Uhr gehandelt. Es gab eine amtliche Kursfeststellung.

Notiert werden Geld-, Brief- und Kassakurse. Der Geldkurs ist der Kurs, zu dem Banken von ihren Kunden Devisen ankaufen, der Briefkurs ist jener Kurs, zu dem sie Devisen an ihre Kunden verkaufen. Der Handel mit Devisen, aber auch die Absicherung von Außenhandelsgeschäften vor Kursänderungsrisiken haben in den letzten Jahren ständig an Bedeutung zugenommen. Vor allem für exportorientierte Länder wie die Bundesrepublik Deutschland ist das Vorhandensein eines leistungsfähigen Devisenhandelssystems von hoher Bedeutung. In den letzten Jahren hat aus diesem Grund der Handel mit Kurssicherungsinstrumenten in Form von Derivaten wie Optionen und Futures ständig an Volumen zugenommen. Das weltweit sehr hohe Volumen des Devisenhandels lässt sich aber nicht allein durch den Bedarf an Fremdwährungen für Handelsgeschäfte erklären. Vor allem der Handel in US-Dollar findet nur zu einem geringen Teil zur Finanzierung von Außenhandelsgeschäften statt. Überwiegend sind es daher rein spekulative Gründe. Hierbei versuchen die Handelsteilnehmer, durch weltweiten Kauf und Verkauf von Devisen Preisunterschiede zu nutzen. Aus diesem Grunde lassen sich Kursbewegungen immer weniger aufgrund von ökonomischen Daten erklären und prognostizieren.

Devisen-Optionen

Bei Devisen-Optionen hat der Inhaber das Recht, nicht aber die Pflicht, einen bestimmten Währungsbetrag zu einem vorab festgelegten Kurs und zu einem im Voraus vereinbarten Termin zu kaufen oder zu verkaufen.

Devisen-Optionen gehören zu den Derivaten oder derivativen Finanzinstrumenten. Diese Spezialform der Optionen berechtigt den Inhaber, einen bestimmten Währungsbetrag, beispielsweise eine Million japanische Yen, zu einem festen, vorab vereinbarten Kurs (Basispreis) und zu einem bestimmten Termin zu kaufen (Devisen-Call-Option) oder zu verkaufen (Devisen-Put-Option). Für dieses Recht muss der Inhaber eine Prämie zahlen, die sich aus Angebot und Nachfrage an den Märkten ergibt.

Devisen-Optionen werden an den Terminbörsen gehandelt. Zu den wichtigsten Terminbörsen, an denen Devisen-Optionen gehandelt werden, zählen die Chicago Board Option Exchange (CBOE) und die London Stock Exchange. Der Handel mit Devisen-Optionen ist stark standardisiert, um die Optionen gut handelbar zu machen und den Optionsmärkten eine möglichst große Tiefe zu geben.

Devisen-Optionen sind von Devisen-Futures zu unterscheiden. Bei einem Devisen-Future geht sowohl der Käufer als auch der Verkäufer die Verpflichtung ein, einen bestimmten Währungsbetrag zu einem festen Preis, zu einem vorab festgelegten Zeitpunkt zu kaufen und zu liefern oder zu verkaufen und anzunehmen. Bei einer Devisen-Option erwirbt der Käufer gegen Zahlung der Optionsprämie das Recht, den Fremdwährungsbetrag zum vereinbarten Basispreis und Zeitpunkt zu kaufen (Call-Option) oder zu verkaufen (Put-Option). Der Optionskäufer muss aber nicht von diesem Recht Gebrauch machen. Der Verkäufer hingegen verpflichtet sich, den Fremdwährungsbetrag entgegenzunehmen (Put-Option) oder zu liefern (Call-Option), wenn der Käufer von seinem Recht Gebrauch macht. Für diese eingegangene Verpflichtung erhält der Optionsverkäufer vom Optionskäufer die Optionsprämie. Bei dieser Art von Termingeschäft geht also nur der Verkäufer eine bindende Verpflichtung ein.

Diese Unterscheidung ist sehr wichtig, da der Käufer einer Option aus diesem Grund sein Verlustrisiko auf die gezahlte Optionsprämie begrenzen kann.

Anleger kaufen Devisen-Optionen grundsätzlich aus zwei Motiven: zur Absicherung gegen Wechselkursrisiken und aus spekulativen Gründen. Vor allem Unternehmen nutzen die Möglichkeit, sich mit Devisen-Optionen gegen steigende oder fallende Wechselkurse abzusichern. In diesem Falle kann die Optionsprämie als eine Art Versicherung gegen Wechselkursschwankungen angesehen werden.

> **Achtung:** Dem spekulativen Anleger bietet das Instrument der Devisen-Option die Möglichkeit, hohe Renditen zu erwirtschaften; es birgt aber auch die Gefahr des Totalverlustes der eingesetzten Optionsprämie. Deshalb ist große Vorsicht zu empfehlen, wenn derartige Geschäfte von „Anlageberatern" telefonisch oder bei Hausbesuchen angeboten werden. Firmen aus dem grauen Kapitalmarkt veruntreuen jedes Jahr Kundengelder in Milliardenhöhe bei derartigen Geschäften.

Diamanten

Diamanten sind Edelsteine von hohem Wert und großer Wertbeständigkeit. Für Händler existieren organisierte Märkte. Privat werden Diamanten vor allem in Form von Schmuckstücken erworben. Sie können aber geschliffen oder als Rohdiamanten auch als Geldanlage betrachtet werden. Vielfach werden sie auch für „Notzeiten" erworben, um sie dann als Zahlungs- beziehungsweise Tauschmittel einzusetzen.

Diamantenpreise sind relativ stabil, da die Preise für Rohdiamanten durch die Förderländer und das Diamantenkartell jahrzehntelang bestimmt und auch heute noch weitgehend kontrolliert werden. Deshalb werden sie von manchen Anlegern in der Hoffnung auf regelmäßige Wertsteigerung und auch als Zahlungsmittel in Krisenzeiten erworben. Wegen ihrer geringen Größe lassen sich relativ große Werte auf der Flucht mitnehmen, in die Kleidung einnähen und gegebenenfalls wegen ihrer Wertbeständigkeit auch dann noch in Zahlung geben, wenn die regulären Währungen zusammengebrochen sind. Auch die Überlegung, dass so Werte ohne Wissen des Finanzamtes in einem Safe gelagert und im Erbschaftsfall unversteuert weitergegeben werden können, spielt bei der Geldanlage in Diamanten manchmal eine Rolle.

Ob man persönlich derartige Überlegungen teilt, muss jeder Anleger selber entscheiden. Ansonsten aber gilt weitgehend, was sich auch zum Horten von Gold sagen lässt: Diamanten bringen keine Zinsen. Ob ein Wiederverkauf möglich ist (und zu welchem Preis), ist nur schwer abzuschätzen. Das Verlust- und Diebstahlsrisiko ist hoch. Hinzu kommt, dass es für einen Nicht-Fachmann sehr schwer ist, die Qualität der angebotenen Ware und ihren Wiederverkaufswert einzuschätzen.

Warnung: Weil es nur für Experten möglich ist, den Wert von Diamanten einzuschätzen, und sich mit Habgier oder Angst gute Geschäfte machen lassen, nutzen immer wieder Betrüger die sich ihnen dadurch bietenden Möglichkeiten, Anleger über den Tisch zu ziehen. Deshalb ist immer größtes Misstrauen angebracht, wenn Diamanten als Geldanlage angeboten werden. Dies gilt auch dann oder erst recht, wenn „Echtheitszertifikate" oder spätere Rücknahme zu einem höheren Preis offeriert werden. Oft handelt es sich auch um mehrere Steine, die nur gemeinsam erworben werden können. Manchmal werden die Diamanten in Kästchen oder Säckchen angeboten, die nicht geöffnet werden dürfen, weil sonst die „Rücknahmegarantie" erlischt. Lassen Sie sich nicht auf solche Geschäfte ein. Falls Ihnen ein bestimmtes Angebot interessant erscheint, sollten Sie die Qualität der Steine und den geforderten Preis unbedingt durch einen Fachmann prüfen lassen. Wenn der Anbieter von einer solchen Prüfung abrät, sie ablehnt oder dafür selber einen „Experten" vorschlägt, ist dies ein sicheres Zeichen dafür, dass es sich um einen Betrugsversuch handelt.

Direktbanken

Wesentliches Merkmal der Direktbanken im Gegensatz zur ortsansässigen Bank: Der Bankkunde tritt beim „Direct Banking" nicht mehr in unmittelbaren Kontakt zu einem Angestellten in einer Filiale seiner Bank. Er nutzt vielmehr ausschließlich Brief, Fax, E-Mail, Internet oder das Telefongespräch zur Abwicklung sämtlicher Bankgeschäfte. Der Kundenverkehr findet also auf elektronischem Weg oder per Post statt.

Für die Banken entsteht durch die weltweite Marktöffnung, die hohen Filialkosten und die aufgrund der restriktiven Öffnungszeiten eingeschränkte Erreichbarkeit der traditionellen Bankdienstleistungen starker Wettbewerbs- und Handlungsdruck. Die Tele-Finanzdienstleistung, zuerst nur als zielgruppenspezifisches Nischenprodukt konzipiert, wandelt sich zu einem Service für breite Kundenschichten. Immer mehr Kontoinhaber lassen sich per Automat, Drucker, Fax oder Telefon über ihre Guthaben und Depots informieren oder wickeln so ihre Bankgeschäfte ab. Für eine wachsende Zahl von Verbrauchern ist es daher nur noch ein kleiner Schritt bis zur Direktbank ohne Kassenschalter.

Es müssen verschiedene Formen des Direct Banking unterschieden werden: Viele Sparkassen oder Privatbanken bieten ihren Kunden zwar die Möglichkeit, während der normalen Dienstzeiten beschränkte Teile ihrer Angebote per Telefon oder Telebanking abzuwickeln. Dies ist aber nur eine Erweiterung des normalen Filialgeschäfts und noch kein Direct Banking. Denn Direktbanken bieten ihren Kunden eine breite Palette von Bankdienstleistungen. Dazu gehören der allgemeine Zahlungsverkehr, Sparangebote, Kreditvergabe und Wertpapiergeschäft. Sie bieten Direct Banking per Computer oder per Telefon. Der Verbraucher kann von zu Hause aus seine Geldgeschäfte erledigen, unabhängig von den Schalteröffnungszeiten der Sparkassen oder Banken. Den direkten Kontakt mit einem Bankangestellten des Vertrauens gibt es bei den Direktbanken dagegen nicht mehr.

Lange Zeit konnten die Direktbanken nur eine Ergänzung zur normalen Hausbank sein, weil sie lediglich spezielle Leistungen, wie etwa nur Sparkonten oder nur Wertpapierservice, anboten. Doch seit Beginn der Neunzigerjahre wandeln sich die Direktbanken zu Erst- oder Vollbanken. Die „klassischen Direktbanken" besitzen kein Filialnetz und bezeichnen sich selbst als eigenständige, von großen Bankkonzernen unabhängige Kreditinstitute. Ihnen folgten die „integrierten Direktbanken", die an einen großen, international tätigen Bankkonzern angegliedert sind. Diese formal eigenständigen Tochterunternehmen großer Banken stellen einen Teil ihrer Dienstleistungen den Kunden der Direktbanken zur Verfügung. Dazu gehört beispielsweise die Bargeldabhebung an Geldautomaten oder der weltweite Börsenzugang. Das Angebot aller Direktbanken umfasst eine immer breitere Palette:

Beim allgemeinen Zahlungsverkehr gehört das Girokonto fast bei allen Anbietern zum Standard. Alle gängigen Geldgeschäfte lassen sich inzwischen per Telefon erledigen: Daueraufträge, Einzelbuchungen, Lastschriften, Transaktionen per ec-Karte oder Euroschecks sowie Bargeldauszahlungen an eigenen oder fremden Geldautomaten. Im Bereich des Sparens bieten die Direktbanken vor allem Festgelder und Sparbriefe. Auch Kredite werden von Direktbanken angeboten. Ein weiterer Service vieler Direktbanken ist das Wertpapiergeschäft. Da meist keine Beratung am Telefon stattfindet, sind die Kosten geringer: Die Transaktionsprovisionen betragen bei Aktienorder über Direktbanken oft um 50 bis 70 Prozent weniger als bei herkömmlichen Banken. Wichtig für Direct-Banking-Kunden ist hier, wann die Bank erreichbar ist.

Ein wichtiger Kostenfaktor bei Direct Banking sind dagegen die Telefongebühren. Die Bargeldauszahlung ist ein weiterer wichtiger Punkt. Viele Direktbanken haben keine Schalter oder bundesweiten Auszahlungsautomaten. Ohne Zweigstellennetz führt jede Bargeldauszahlung an fremden Automaten zu einer entsprechenden Kostenbelastung beim Kunden. Bei einigen Anbietern können die Kunden allerdings kostenfrei die Geldautomaten von deren Muttergesellschaften nutzen.

Bei Eröffnung eines Direktbankkontos gelten alle gesetzlich vorgeschriebenen Kontrollen, wie sie etwa das Geldwäschegesetz vorschreibt. So muss die Identität beispielsweise per beglaubigter Kopie des Personalausweises nachgewiesen und auf dem Postweg eingeschickt werden. Außerdem werden bei Einrichtung eines solchen Kontos alle einschlägigen personenbezogenen Nachfragen eingeholt. Wichtigster Bestandteil ist der Nachweis eines regelmäßigen Einkommens, in jedem Falle wird die so genannte Schufa-Auskunft eingeholt. Für den Austausch der Verträge und Originalbelege ist zu Beginn der Postweg zu nutzen, später gehen eventuell auch Kontoauszüge diesen Weg.

Außerdem bieten einige Direktbanken elektronischen Service per T-Online, AOL oder einem anderen Dienstleister an. Dabei kann der Kunde via Home- oder Telebanking vom heimischen PC oder von Terminals der Telekom sein Konto einsehen oder Transaktionen vornehmen. Inzwischen bieten die meisten Anbieter Informationen und Service im Internet. Zum Teil stellen die Banken das erforderliche Modem, die Software und bieten sogar preiswerte PC an oder erstatten Jahresgebühr. Internet-Broking ist aber auch ohne Einschaltung eines Kreditinstituts möglich.

Disagio/Damnum

Unter Disagio und Damnum wird ein Abschlag oder Abzug vom Nennwert bei Wertpapieren oder Krediten verstanden. Bei der späteren Zinsberechnung spielt dieser Abschlag vom nominellen Wert keine Rolle, da immer der Nominalwert zugrunde gelegt wird.

Beim Disagio (als Gegenteil vom Agio) wie beim Damnum geht es im Prinzip um den gleichen Sachverhalt: Vom vollen Nennwert einer Anleihe oder vom vereinbarten Kreditbetrag (100 Prozent) wird ein Abschlag vorgenommen. Über dessen prozentuale Höhe wird eine Vereinbarung zwischen dem Kreditnehmer und der Bank, der Versicherung oder der Bausparkasse getroffen. Die vereinbarte Darlehenssumme vermindert sich um diesen Disagio-Betrag. Er kann auch auf den Kreditbetrag aufgeschlagen werden, damit die vereinbarte Kreditsumme zu 100 Prozent ausgezahlt werden kann. In diesem Fall muss das Damnum allerdings mitfinanziert (also in die Tilgung einbezogen) und mitverzinst werden. Das Disagio ist eine Zinsvorauszahlung. Sie gilt nur für die Zeit der Festzinsvereinbarung. Bei erneuten Zinsverhandlungen wird von der nominellen Höhe des Kredits ausgegangen. Bei der Rückzahlung oder Tilgung eines Kredits gilt immer die volle nominelle Darlehenssumme.

Zwei Effekte machen das Disagio als Finanzierungsbestandteil dennoch interessant: Kreditnehmer sind meist an einem Disagio interessiert, weil sie durch Einwilligung in einen Abschlag bei der Auszahlung des Kredits ihre monatlichen Zinszahlungen senken können. Ein zweiter Grund ist ein möglicher Steuervorteil.

Discountbroker

Vermittler von Aktiengeschäften, die geringere Gebühren berechnen, als dies bei Banken und Sparkassen üblich ist. Vor allem der Handel über das Internet und andere Formen des Homebanking haben dazu geführt, dass die Discountbroker den Wertpapierabteilungen der herkömmlichen Kreditinstitute Konkurrenz machen.

Wertpapiergeschäfte an der Börse müssen über ein Bankkonto abgewickelt werden. Daher treten traditionellerweise Banken und Sparkassen als Vermittler der Geschäfte auf und führen das Wertpapierkonto (Depot). Neben die Kreditinstitute sind Brokerhäuser getreten, die sich auf das Wertpapiergeschäft konzentrieren und keine anderen Bankdienstleistungen anbieten. Die Angestellten in den Wertpapierabteilungen der Banken und Brokerhäuser nehmen aber nicht nur die Aufträge der Kunden entgegen. Sie stehen ihnen auch zur Beratung zur Verfügung. Überdies übernimmt die Bank die Verwaltung der Wertpapiere. Diese Dienste lassen sich die Kreditinstitute und Broker bezahlen.

Seit immer mehr Bankgeschäfte in Form des Homebanking abgewickelt werden und auch immer mehr Kleinanleger das Internet für ihre Geldgeschäfte nutzen, sind neben die traditionellen Kreditinstitute die so genannten Direktbanken und andere Discountbroker getreten, die die Abwicklung von Wertpapiergeschäften zu deutlich niedrigeren Gebühren vornehmen als die Sparkassen und Geschäftsbanken. Sie können billiger anbieten, weil sie geringere Kosten haben. Sie haben ihre Büros meist außerhalb der Ballungszentren und brauchen keine Schalterhallen, sondern nur Call-Center. Der Kunde erteilt seine Aufträge per Telefon oder Fax. Er kann auch vom PC aus seine Aufträge über das Internet direkt eingeben. Vor allem aber fällt die personalintensive und damit teure Beratung ganz oder teilweise weg. Discountbroker eignen sich daher vor allem für Anleger, die über genügend Erfahrung in Börsengeschäften verfügen oder aus anderen Gründen auf Beratung verzichten wollen. Auch wenn ein Anleger seine Papiere häufig kauft und verkauft, kann der Weg über einen Discountbroker zu deutlichen Einsparungen führen.

Um Wertpapiergeschäfte über einen Discountbroker abwickeln zu können, ist zuvor eine Anmeldung und eine Kontoeröffnung erforderlich. Die Verfahren sind bei den einzelnen Anbietern unterschiedlich

Viele Banken haben Direktbanken als Tochtergesellschaften gegründet, um in diesem Rahmen an dem Discountgeschäft teilzunehmen. Außerdem bieten viele ihren Kunden die Möglichkeit, per Internet zu niedrigeren Gebühren Kauf- und Verkaufsaufträge zu erteilen.

Discountzertifikate ▎

Die von einigen Banken angebotenen Discountzertifikate bieten dem Anleger die Möglichkeit, mit geringerem Risiko und einem Preisnachlass in Aktien zu investieren. Dafür ist der mögliche Kursgewinn begrenzt. Discountzertifikate eignen sich besonders in Situationen, in denen die Kurse bereits stark gestiegen sind, der Anleger aber dennoch auf ein Engagement nicht verzichten möchte. Neben Aktien- gibt es auch Indexzertifikate.

Ein Discountzertifikat erfordert weniger Kapitaleinsatz und begrenzt das Risiko. Dafür gibt es allerdings eine Obergrenze (Cap) für den zu erzielenden Gewinn. Die Discountzertifikate haben eine festgelegte Laufzeit. Endet sie, erhält der Anleger entweder die Aktie, auf die das Zertifikat lautet, in sein Depot oder nur den vorher festgelegten Geldbetrag. Dies ist immer dann der Fall, wenn der Kurs der Aktie zu diesem Zeitpunkt über der Obergrenze liegt. Ein Nachteil ist das aber nur dann, wenn der zwischenzeitlich eingetretene Kursgewinn die Summe aus Rabatt und Cap überschreitet.

Beispiel: Das Discountzertifikat bezieht sich auf die XY-Aktie, die mit 144 Euro notiert wird. Das Zertifikat kostet nur 130 Euro. Die Obergrenze für Kurssteigerungen (Cap) liegt bei 200 Euro. Wenn der XY-Kurs bei Fälligkeit des Zertifikats darüber liegt (zum Beispiel bei 230 €), erhält der Anleger dennoch nur 200 € gutgeschrieben. Er hat dann insgesamt einen Gewinn von 70 € gemacht. Hätte er die Aktie direkt gekauft, läge sein Gewinn bei 86 € (230 minus 144).

Wenn der Kurs dagegen am Verfallstag bei 170 € liegt, wird die Aktie geliefert. Beim Verkauf kann ein Gewinn von insgesamt 40 € erzielt werden (170 minus 130). Beim direkten Aktiengeschäft hätte der Gewinn nur 26 € betragen (170 minus 144), da der Rabatt beim Erwerb des Discountzertifikats den Gewinn erhöht.

Ein Verlust tritt im Gegensatz zum direkten Kauf erst ein, wenn der Kurs der XY-Aktie bis zur Fälligkeit des Discountzertifikats unter 130 € rutscht. Durch die Lieferung der Aktie behält der Anleger zudem die Chance, bei einer späteren Kurserholung wieder in die Gewinnzone zu kommen. Die Aktie, die von der Bank bei jedem Kurs unter 200 statt Bargeld geliefert wird, kann zwar, muss aber nicht verkauft werden.

Discountzertifikate sind vor allem in Zeiten begrenzter Kursschwankungen ein interessantes Angebot für risikobewusste Anleger. Dennoch sollte in jedem Einzelfall geprüft werden, ob die Bank ein faires Angebot macht. Sie verliert nämlich in keinem Fall, da hinter der gesamten Konstruktion ein Termingeschäft steht, durch das sich der Emittent des Discountzertifikats absichert. Ein Anleger kann den gleichen Effekt durch den Kauf der Aktie und den Verkauf eines Kaufoptionsscheins (Call) erreichen. Der faire Preis für ein Discountzertifikat ergibt sich daher aus der Faust-formel: Aktienkurs minus Preis für den Call. Bequemer ist der Effekt aber über ein entsprechendes Discountzertifikat zu erreichen.

> **Hinweis:** Sie können auch beim Kauf von Discountzertifikaten von weiter stei-genden Kursen profitieren und dennoch das „Sicherheitsnetz" behalten, wenn Sie das Zertifikat vorzeitig über die Börse verkaufen und dafür ein anderes mit höherem Cap erwerben.

Die Begrenzung des Risikos hat auch hier ihren Preis. Ob er im Einzelfall zu hoch ist, ist für Anleger schwer zu prüfen. So kann der Preisabschlag gegenüber dem Ak-tienkurs zu gering sein, um die Gewinnbegrenzung zu kompensieren. Ein Vergleich mit anderen Angeboten ist meist nicht möglich, weil keine Bank die gleichen Dis-countzertifikate anbietet wie ein Konkurrent.

Diskontsatz

Den Diskontsatz, der auch als Leitzins bezeichnet wurde, legte früher die Bundesbank fest. Er war ein Instrument zur Steuerung der volks-wirtschaftlichen Geldmenge. Der Diskont hatte eine wichtige Signalfunk-tion für die von privaten Banken bei der Kreditvergabe geforderten oder für Einlagen gezahlten Zinsen. Nach Beginn der Europäischen Wäh-rungsunion hat der Diskontsatz seine Bedeutung verloren, da er von der Europäischen Notenbank nicht mehr eingesetzt wird.

Technisch gesehen handelte es sich beim Diskontsatz um den Zinssatz bei Wechsel-geschäften. Über den von ihr jeweils festgelegten Diskontsatz ermittelte die Bun-desbank den Betrag, den sie Banken für den Ankauf von Wechseln zahlte. Insofern stellte er einen Vorschusszins dar: Die Banken erwarben die Wechsel von Ge-schäftsleuten, die Bargeld benötigten, und gaben diese Wechsel an die Bundesbank weiter, wenn sie sich ihrerseits Geld beschaffen (refinanzieren) wollten. Indem die Bundesbank den Diskontsatz festlegte, machte sie die Finanzierung von geschäftli-chen Transaktionen über die Ausgabe von Wechseln teurer oder billiger. An die Stelle des Diskont- und Lombardsatzes sind Anfang 1999 die Referenzzinssätze der Europäischen Zentralbank getreten.

Dispositionskredit

Der Dispositionskredit ist ein meist nicht durch Sicherheiten gedeckter Personalkredit auf einem Girokonto. Die Kreditinstitute räumen ihren privaten Kunden, die ein Konto bei ihnen unterhalten, in der Regel einen Kreditrahmen ein, der jederzeit bis zum vereinbarten Höchstbetrag in Anspruch genommen (disponiert) werden kann. Wegen der hohen Zinsen ist der Kredit relativ teuer und eignet sich nicht für Wertpapiergeschäfte.

Ein Dispositionskredit wird meist durch einseitige Erklärung der Bank oder Sparkasse eingeräumt. Bei Girokonten von Lohn- oder Gehaltsempfängern liegt der Höchstbetrag, bis zu dem das Konto überzogen werden darf, häufig beim Zwei- bis Dreifachen des Monatseinkommens des Kontoinhabers. Im Gegensatz zu einem Darlehen kann dieser Kredit je nach Inanspruchnahme in seiner Höhe ständig schwanken oder auch gar nicht genutzt werden. Wenn er durch entsprechende Einzahlungen getilgt worden ist, erlischt der Kredit(rahmen) nicht, sondern kann bei Bedarf erneut in Anspruch genommen werden. Da ein Dispositionskredit teurer ist als ein Darlehen, eignet er sich vor allem für kurzfristige Inanspruchnahme.

Das heißt: Wenn der Kontoinhaber mehr Geld von seinem Konto abhebt oder überweist, als seinem Guthaben entspricht, nimmt er automatisch einen Dispositionskredit oder einen Kontokorrentkredit in Anspruch. Grundlage dieses Kredits ist das Girokonto. Ein „Dispokredit" besagt nichts anderes, als dass der Saldo auf dem Girokonto mit genereller Zustimmung der jeweiligen Bank oder Sparkasse überzogen werden kann. Meist wird Kontoinhabern ein Dispositionskredit ohne besonderen Antrag eingeräumt. Oft finden Sie einen entsprechenden Hinweis auf Ihren Kontoauszügen.

Wurde einmal der Kreditrahmen festgelegt, kann darüber ohne weiteres verfügt werden. Die Zinsen werden nur vom tatsächlich beanspruchten Betrag berechnet und nicht vom zugesagten Kreditrahmen. Wie und bis wann der Kredit getilgt wird, also wann auf dem Girokonto wieder ein Haben-Saldo ist, bleibt dem Kunden freigestellt. Feste Ratenzahlungen zur Tilgung des Kredits gibt es nicht. Eingehende Zahlungen werden allerdings sofort gegen den Minusbetrag auf dem Konto aufgerechnet.

Der Dispositionskredit ist deshalb besonders geeignet für die Abwicklung der täglichen Geldgeschäfte. Kreditzinsen brauchen nur für den Betrag bezahlt werden, der in Anspruch genommen wird. Der Inhaber des Kontos muss also nicht ständig kontrollieren, ob noch ein Guthaben vorhanden ist, um nicht in Gefahr zu geraten, ungedeckte Schecks auszustellen. Ein Dispokredit dient vor allem der kurzfristigen Überbrückung von Zahlungsengpässen, da er meist teurer ist als ein Ratenkredit.

Warnung: Für Wertpapiergeschäfte sollten keine Kredite aufgenommen werden, da sich dadurch das Risiko für den Anleger beträchtlich erhöht. Denn bei sinkenden Kursen geht statt des erhofften Gewinns nicht nur ein Teil des eingesetzten Kapitals verloren. Es muss auch verzinst und getilgt werden. Der Anleger muss deshalb oft die Wertpapiere mit Verlust verkaufen, obwohl auf mittlere Sicht begründete Aussicht auf eine Kurserholung besteht. Mit Spekulationen auf Kredit haben sich schon viele Anleger dauerhaft ruiniert. Deshalb sollten auch bei einem „todsicheren Tipp" Börsengeschäfte nie auf Kredit gemacht werden.

Dividende

Die Dividende ist der auf eine Aktie anfallende Anteil vom Bilanzgewinn einer Aktiengesellschaft. Die Höhe der Dividende wird entweder in Geldeinheiten pro Aktie oder in Prozent vom Nennwert der Aktie angegeben. Die ausgeschüttete Dividende unterliegt sowohl der Körperschaft- als auch der Kapitalertragsteuer. Privatpersonen können ihrer Bank im Rahmen der steuerlichen Grenzen einen Freistellungsauftrag erteilen. Ab 2002 gilt für Dividenden das Halbeinkünfteverfahren.

Den Anteil am ausgeschütteten Bilanzgewinn einer Aktiengesellschaft bezeichnet man als Dividende. Für den Aktionär als Gesellschafter des Unternehmens stellt die Dividende seinen Anteil am Erfolg des Unternehmens dar.

Die Höhe der Dividende wird meist in Prozent vom Nennwert der Aktie oder bei nennwertlosen Aktien in Euro pro Aktie angegeben. Die Satzung des Unternehmens kann aber auch eine andere Verteilung vorsehen. Vor allem bei Aktiengesellschaften, die sowohl Stammaktien als auch Vorzugsaktien ausgegeben haben, kommt es zu unterschiedlich hohen Ausschüttungen pro Anteilsschein, je nach Art der Aktie. Meist enthalten die Vorzugsaktien einen Dividendenzuschlag, der die Anteilseigner dafür entschädigen soll, dass sie bei der Hauptversammlung kein Stimmrecht haben. Aktien derselben Gattung haben denselben Dividendenanspruch; so haben beispielsweise alle Stammaktionäre das Recht auf eine Dividende in einheitlicher Höhe. Eine Ausnahme besteht bei jungen Aktien nach einer Kapitalerhöhung: Hier wird oft nur eine anteilige Dividende ausgeschüttet. Die Höhe der Anteile an der Dividende richtet sich meist nach dem Zeitpunkt der Emission innerhalb des Geschäftsjahres. Bei der Börseneinführung der jungen Aktien ist die genaue Dividendenberechtigung anzugeben. Die jungen und alten Aktien werden bis zur Dividendengleichberechtigung getrennt an der Börse notiert.

Im Gegensatz zu Fremdkapitalgebern, die – unabhängig von der Ertragslage des Unternehmens – ein Recht auf Zinszahlungen haben, steht den Aktionären in

Jahren ohne Gewinn nicht automatisch eine Dividende zu. Eine Dividendengarantie durch das Unternehmen zugunsten der eigenen Aktionäre ist nicht erlaubt.

Ausschüttung der Dividende

Die Höhe der Dividende wird in der Regel durch den Vorstand sowie den Aufsichtsrat der Gesellschaft vorgeschlagen und durch die Hauptversammlung beschlossen. Die Ausschüttung der Dividende an die Aktionäre erfolgt meist direkt nach dem Beschluss auf der Hauptversammlung. Die Geschäftsleitung einer Aktiengesellschaft versucht oft, möglichst kontinuierlich eine Dividende auszuschütten, da die Herabsetzung oder Aussetzung der Dividende in der Regel starke Kurseinbrüche mit sich zieht. Aus diesem Grund wird in besonders guten Geschäftsjahren oftmals nicht die offizielle Dividende erhöht, sondern ein gesonderter Bonus ausgeschüttet. Dadurch muss die eigentliche Dividende nicht reduziert werden, wenn im folgenden Geschäftsjahr weniger Gewinn erwirtschaftet wird.

Ein wichtiger Maßstab

Für die freien Aktionäre ist die so genannte Dividendenrendite ein wichtiger Indikator zur Einschätzung des Erfolgs ihrer Kapitalanlage. Als Dividendenrendite bezeichnet man den Quotienten aus dem Hundertfachen der Dividende und dem Kurs der Aktie an der Börse. Die Dividendenrendite ist ein wichtiger Maßstab zur Beurteilung des Aktienkurses im Vergleich zum Kurs anderer Unternehmen derselben Branche. Liegt die Dividendenrendite eines Unternehmens weit unter der anderer Unternehmen derselben Branche, so kann dies bedeuten, dass die Aktie überbewertet und damit zu teuer ist. Die Dividendenrendite ist aber nur eines von vielen Analyseinstrumenten zur Beurteilung von Aktien und sollte niemals als einziger Maßstab verwendet werden.

Der Kurs der Aktie bei börsennotierten Unternehmen reduziert sich meist am Tag der Ausschüttung um den Betrag der Dividende. Man spricht dabei vom so genannten Dividendenabschlag. Hierin kommt zum Ausdruck, dass sich der Wert des Unternehmens aufgrund der Verminderung des Eigenkapitals reduziert hat. Die auszuschüttende Dividende unterliegt der Körperschaftsteuer. Die Höhe des Körperschaftsteuersatzes auf ausgeschüttete Gewinne liegt bis 2002 bei einheitlich 30 Prozent. Als Ergebnis der im Jahr 2000 beschlossenen Steuerreform sinkt sie dann auf 25 Prozent. Der Anteilseigner erhält nur noch für die im Jahr 2000 erzielten Gewinne eine Steuergutschrift für die auf seine Anteile entfallende Körperschaftsteuer. Diese Gutschrift für bereits gezahlte Steuern kann er mit seiner Einkommensteuerschuld verrechnen. Danach entfällt die Steuergutschrift. Stattdessen wird das Halbeinkünfteverfahren angewendet. Das bedeutet, dass Dividenden (ebenso wie innerhalb der Spekulationsfrist erzielte Kursgewinne) nur noch zur Hälfte zum steuerpflichtigen Einkommen hinzugerechnet werden.

Die ausgeschüttete Dividende unterliegt zudem der Kapitalertragsteuer. Der Steuersatz beträgt 25 Prozent vom Dividendenbetrag. Die Steuer wird vor der Gutschrift abgezogen und direkt an das Finanzamt abgeführt, sofern der Aktionär seiner Bank keinen Freistellungsauftrag erteilt hat, in dessen Rahmen er von der Zinsabschlagsteuer befreit ist. Der Anteilseigner kann aber die von ihm bereits gezahlte Kapitalertragsteuer mit seiner Einkommensteuerschuld verrechnen. Dadurch wird sichergestellt, dass Kapitalerträge bei den Empfängern entsprechend ihrer jeweiligen Einkommenslage besteuert werden, also gemäß dem progressiven Tarif der Einkommensteuer.

Für die freien Aktionäre ist die so genannte Dividendenrendite ein wichtiger Indikator zur Einschätzung des Erfolgs ihrer Kapitalanlage. Als Dividendenrendite bezeichnet man den Quotienten aus dem Hundertfachen der Dividende und dem Kurs der Aktie an der Börse. Die Dividendenrendite ist ein wichtiger Maßstab zur Beurteilung des Aktienkurses im Vergleich zum Kurs anderer Unternehmen derselben Branche. Liegt die Dividendenrendite eines Unternehmens weit unter der anderer Unternehmen derselben Branche, so kann dies bedeuten, dass die Aktie überbewertet und damit zu teuer ist. Die Dividendenrendite ist aber nur eines von vielen Analyseinstrumenten zur Beurteilung von Aktien und sollte niemals als einziger Maßstab verwendet werden.

Dividendenrendite

Die Dividendenrendite ist eine Kennzahl zur Bewertung und zum Vergleich von Aktien und drückt das Verhältnis der vom Unternehmen gezahlten Dividende zum Kurs der Aktien aus. Diese Kennzahl kann sowohl auf Basis der momentan gezahlten Dividende als auch auf Basis von erwarteten künftigen Dividenden berechnet werden.

Die Dividendenrendite ist eine der am häufigsten verwendeten Kennzahlen zur Bewertung und zum Vergleich von Aktien. Neben dem Kurs-Gewinn-Verhältnis (KGV) gehört die Dividendenrendite zu den wichtigsten Kennzahlen der Aktienanalyse.

Sie drückt das Verhältnis zwischen der vom Unternehmen zuletzt ausgeschütteten Dividende und dem Kurswert einer Aktie aus. Die Berechnung erfolgt durch Division der Dividende pro Aktie durch den Kurs der Aktie. Die Höhe der Dividendenrendite steigt mit steigender Dividende und/oder fallendem Aktienkurs. Umgekehrt sinkt die Dividendenrendite bei fallender Dividende und/oder steigendem Aktienkurs.

Da die Dividendenrendite lediglich von den zwei genannten Faktoren abhängt, ist ihr Aussagewert begrenzt und muss mit viel Vorsicht interpretiert werden. Bei der Betrachtung der Dividendenrendite muss immer analysiert werden, warum es zu einer bestimmten Höhe dieser Kennzahl gekommen ist:

- Grundsätzlich kann eine **hohe Dividendenrendite** auf ein relativ niedriges Kursniveau der betrachteten Aktie im Vergleich zur ausgeschütteten Dividende hinweisen. In diesem Fall lässt sich auf eine Unterbewertung der Aktie schließen, was wiederum auf ein attraktives Kurspotenzial deuten kann. Der Grund für die hohe Dividendenrendite kann aber auch darin liegen, dass das Unternehmen in wirtschaftliche Schwierigkeiten geraten ist, was weitere Dividendenzahlungen womöglich verhindert, so dass es zu einem starken Kursverfall der Aktie gekommen ist.

- Umgekehrt kann eine **niedrige Dividendenrendite** auf eine Überbewertung der betreffenden Aktie schließen lassen; andererseits kann sie aber auch darauf hindeuten, dass die Anleger sehr gute Geschäftsergebnisse erwarten, die dann wiederum zu einer Erhöhung der Dividende führen könnten.

Aus den oben genannten Gründen findet man heute häufig auch Dividendenrenditeberechnungen auf Basis von geschätzten zukünftigen Dividenden. Hierbei berechnen Wertpapieranalysten die wahrscheinlichen Gewinne des Unternehmens und die daraus resultierenden Dividendenzahlungen für die nächsten Jahre. Auf Basis dieser Zahlen wird dann die Dividendenrendite berechnet. So kann sich der Anleger überlegen, ob der derzeitige Kurs der betreffenden Aktie unter Berücksichtigung der wahrscheinlichen wirtschaftlichen Entwicklung des Unternehmens gerechtfertigt ist oder nicht. Auch wenn eine solche, auf die Zukunft gerichtete Betrachtung für eine Anlageentscheidung und die damit verbundene Bewertung von Aktien sinnvoller erscheint, sollte bei dieser Kennzahl natürlich nicht vergessen werden, dass der jeweilige Wert auf Prognosen beruht, die mit einer mehr oder weniger großen Ungenauigkeit verbunden sind, je weiter sie in die Zukunft reichen. So ist es oftmals noch relativ gut möglich, den wahrscheinlichen Gewinn eines Unternehmens für das nächste Jahr zu prognostizieren, da meist schon eine Reihe von verbindlichen Aufträgen vorliegen und auch die mit der Auftragsbearbeitung (zum Beispiel Produktion, Vertrieb) verbundenen Kosten hinreichend genau geschätzt werden können. Je weiter die Gewinnprognose aber in die Zukunft gerichtet ist, desto größer ist die Gefahr, dass die tatsächlich realisierten Aufwendungen und Erträge von den geschätzten Werten abweichen.

Weitere Bewertungsinstrumente

Eine Bewertung von Aktien allein aufgrund der aktuellen sowie der geschätzten künftigen Dividendenrendite ist nicht sinnvoll. Es sollten möglichst weitere Kennzahlen, wie beispielsweise das Kurs-Gewinn-Verhältnis, zur Bewertung hinzugezogen werden. Daneben sollte der Anleger immer versuchen, sich mit Hilfe von Wirtschaftszeitungen sowie den jedermann zugänglichen Geschäftsberichten ein Bild von der wirtschaftlichen Lage des Unternehmens zu machen. Zusätzlich bieten heute einige Fachzeitschriften weitere, meist anspruchsvollere Kennzahlen an, die bei der Auswahl der geeigneten Anlageobjekte helfen können. Hierzu gehört die Standardabweichung beziehungsweise Volatilität der Aktie, die die Schwankungsbreite einer Aktie ausdrückt, oder aber der so genannte Betafaktor, der die Kursbewegung einer Aktie im Vergleich zum Gesamtmarkt, also beispielsweise im Vergleich zu allen DAX-Werten, ausdrückt.

Für den Anleger kann die Dividendenrendite bei der Auswahl von Aktien trotzdem von Nutzen sein. So kann ein Anleger bewusst Aktien mit hoher Dividendenrendite als Alternative zur Geldanlage in Anleihen oder Schuldverschreibungen auswählen. In Zeiten allgemein schwacher Börsen kann es sein, dass die Veranlagung in bestimmte Aktien mit hoher Dividendenrendite auch ohne Kursgewinne einen besseren Ertrag erwirtschaftet als die Anlage in festverzinsliche Papiere. Außerdem bietet eine hohe Dividendenrendite eine Art Sicherheitspolster gegen stagnierende oder gar fallende Kurse. Betrachtet man beispielsweise die Dividendenrendite einer Aktie in Verbindung mit deren Volatilität, so kann sich ein eher konservativer, vorsichtiger Anleger Aktien aussuchen, die eine geringe Schwankungsbreite und damit ein verhältnismäßig geringes Risiko extremer Kursverluste bei gleichzeitig hoher Dividendenrendite haben. Eine solche Anlage bringt relativ stetige Erträge bei überschaubarem Risiko. In Deutschland zählten früher die Unternehmen im Stromversorgungssektor klassischerweise zu den Unternehmen, die keine allzu großen Kursschwankungen aufwiesen und gleichzeitig eine attraktive Dividende ausschütteten. Seit der Öffnung des Strommarktes für den Wettbewerb hat sich dies stark verändert.

Price-Dividend-Ratio

Der Kehrwert der Dividendenrendite, das so genannte Price-Dividend-Ratio, drückt ähnlich wie das KGV aus, wie viel der Anleger heute für einen Euro Dividende, der in der Zukunft ausgeschüttet wird, zahlen muss. Ein Price-Dividend-Ratio von 15 besagt also, dass der Anleger für einen Euro an zukünftig ausgeschütteter Dividende heute 15 Euro zu zahlen hat. Damit ist das Price-Dividend-Ratio dem Kurs-Gewinn-Verhältnis sehr ähnlich, das ausdrückt, wie viel Euro der Anleger für einen Euro zukünftigen Gewinns zahlen muss. Man muss aber auch hier beachten, dass das Price-Dividend-Ratio entweder auf der zuletzt gezahlten Dividende beruht, von der man nicht weiß, wie sie in der Zukunft ausfallen wird, oder aber auf Schätzungen, die ebenfalls unsicher sind.

Dow Jones

Der amerikanische Dow Jones Industrial Average, so die volle Bezeichnung, ist der älteste Aktienindex der Welt. Er spiegelt die durchschnittliche Kursentwicklung von 30 wichtigen börsennotierten Aktiengesellschaften in den USA wider.

Die Ursprünge des Dow-Jones-Index sind im Jahre 1896 zu finden. Damals kreierte ein gewisser Charles Dow einen Aktienindex für Eisenbahnwerte, dem wichtigsten Industriezweig der damaligen Zeit. An der New York Stock Exchange wurden zwölf Kurse addiert und durch zwölf geteilt. Ein sehr einfacher Berechnungsmodus, der erst 1928 unter statistischen Gesichtspunkten verändert wurde und seitdem in der heute bekannten Form existiert.

Gleichzeitig fand eine Unterteilung des Dow Jones in drei Branchen statt. Als Folge davon gibt es seither den Industrieindex, den Transportindex und den Versorgungsindex. Wenn aber irgendwo auf der Welt vom „Dow Jones" gesprochen wird, ist damit immer der Industrieindex gemeint. Er war das Vorbild für alle anderen Aktienindizes, die sich danach auch an anderen Börsenplätzen bildeten.

Der Dow-Jones-Industrieindex repräsentiert heute die 30 wichtigsten Aktiengesellschaften der USA. Steigt der Index, kann man jedoch nicht darauf schließen, dass die 30 Aktien ebenfalls alle im Kurs gestiegen sind. Auch die Kursentwicklung der übrigen an der Wall Street notierten Aktien kann im Einzelfall sehr unterschiedlich ausfallen, denn der Index bildet lediglich die allgemeine Tendenz ab und repräsentiert zahlenmäßig nur einen kleinen Teil der insgesamt gehandelten Titel. Im Durchschnitt wird an der Wall Street, dem Sitz der New Yorker Börse, aber ein Drittel der Tagesumsätze mit diesen „Blue Chips" erzielt. Die 30 Werte wurden unter dem Gesichtspunkt der Unternehmensgröße und der Zahl der gehandelten Aktien ausgewählt. Sobald eine Aktiengesellschaft diese Kriterien nicht mehr erfüllt, wird der Titel durch einen anderen ersetzt.

Beim Dow-Jones-Index handelt es sich, im Gegensatz zum deutschen DAX, um einen ungewichteten Index. Der Index wird ermittelt, indem man die aktuellen Kurse addiert und die Summe durch einen konstanten Divisor dividiert. Dieser Divisor bleibt so lange unverändert, bis einer der 30 Werte aufgespalten wird oder sich der Kurs einer Aktie durch Dividendenabschlag oder durch Ausgabe von Gratisaktien reduziert.

Kritisiert wird die Berechnungsweise des Dow Jones vor allem wegen der Behandlung von Aktien-Splittings oder der Ausgabe junger Aktien. Im Fall der Aufspaltung von Aktien treten an die Seite der alten Wertpapiere so genannte junge Aktien, die einen wesentlich niedrigeren Kurs haben als die bisherigen Aktien. Der Divisor erhält nach der Aufnahme dieses Mischkurses, der sich nach der Emission der jungen Aktien ergeben hat, eine andere (niedrigere) Gewichtung. Vor allem

Großunternehmen, die im Zuge von Kapitalerhöhungen häufiger junge Aktien herausgeben, sind danach im Dow Jones nicht ausreichend repräsentiert. Der Index ist daher für die langfristige, rückwirkende Beobachtung des Börsengeschehens nur eingeschränkt zu gebrauchen.

Wegen dieser Mängel und Defizite wurden neben dem Dow Jones an der New Yorker Börse zwei gewichtete Indizes entwickelt: der Standard&Poors-Index, der 500 Werte beinhaltet, und der Index der New York Stock Exchange. Beide können den Markt in seiner gesamten Breite besser erfassen als der Dow Jones. Dennoch hat sich der „Dow" weltweit durchgesetzt und in den letzten Jahren nichts von seiner Popularität verloren. Dieses Phänomen ist sicher auch auf die lange Tradition zurückzuführen.

Duration

Die Duration ist eine Kennzahl zur Bewertung des Kapitalbindungsrisikos einer Anleihe. Die Grundidee ist, dass die Einschätzung der Bonität eines Schuldners mit zunehmender Laufzeit einer Anleihe immer schwieriger wird. Dadurch steigt das Risiko des Anlegers, sein investiertes Kapital nicht wieder zurückzuerhalten. Um festverzinsliche Wertpapiere gleicher Laufzeit und Rendite, aber unterschiedlicher Zinskupons hinsichtlich dieses Risikos vergleichbar zu machen, wird die Duration berechnet.

Eines der wesentlichen Risiken der Anlage in festverzinslichen Wertpapieren liegt in der schwierigen Einschätzung der Bonität des Emittenten, also in der Fähigkeit des Schuldners, das geliehene Geld auch tatsächlich wieder zurückzahlen zu können. Während sich relativ leicht feststellen lässt, ob ein Schuldner in der Lage ist, einen bestimmten Betrag im nächsten Jahr zurückzuzahlen, ist eine solche Bewertung für einen Zeitraum von beispielsweise zehn Jahren sehr viel schwieriger. Das Risiko, sein Geld nicht wieder zurückzuerhalten, steigt also mit zunehmender Laufzeit einer Anleihe. Das Kreditrisiko hängt aber nicht nur von der Laufzeit des Papiers ab, sondern auch von der Verteilung der Zahlungen während der Laufzeit. So ist das Risiko eines Papiers, bei dem sowohl Zinsen als auch Tilgung erst am Ende der Laufzeit gezahlt werden, höher als das Risiko bei einem Papier, bei dem die Zinsen über die Laufzeit verteilt gezahlt werden und nur die Tilgung am Ende der Laufzeit erfolgt. Man spricht vom Kapitalbindungsrisiko einer Anleihe.

Die Duration ist eine Kennzahl, die es einem Anleger ermöglicht, das Kapitalbindungsrisiko zweier (oder mehrerer) festverzinslicher Wertpapiere zu vergleichen, die die gleiche Rendite erwirtschaften und zudem die gleiche Laufzeit haben.

Berechnung der Duration

Die Berechnung der Duration erfolgt nach folgendem Verfahren:
1. Berechnung des Barwerts jeder einzelnen Zahlung der Anleihe
2. Multiplikation der ermittelten Werte mit der Zahl an Jahren, die noch verstreichen, bis die Zahlung erfolgt
3. Addition aller so gewichteten Barwerte
4. Berechnung des Barwerts der Anleihe
5. Division der gewichteten Barwerte durch den Barwert der Anleihe.

Das Ergebnis der Berechnung ist eine gewichtete Kapitalbindung in Jahren. So bedeutet eine Duration von 2,5 Jahren, dass das vom Anleger investierte Kapital nach durchschnittlich 2,5 Jahren zurückgeflossen ist.

Vergleicht man zwei Anleihen mit der gleichen Rendite und Laufzeit, so ist die Anleihe mit der niedrigeren Duration im Hinblick auf das Bonitätsrisiko vorteilhafter für den Anleger. Der Anleger, der die Anleihe mit der kleineren Duration erwirbt, muss also weniger lang warten, bis das von ihm investierte Geld wieder an ihn zurückgeflossen ist, als jener Anleger, der in die Anleihe mit der höheren Duration investiert hat. Grundsätzlich kann man sagen, dass die Duration immer höher wird, je weiter die Zahlungen in die Zukunft verlagert werden. Aus diesem Grund hat ein Zero-Bond, bei dem es während der Laufzeit zu keinerlei Zinszahlungen kommt, grundsätzlich eine Duration gleich der Restlaufzeit. So hat beispielsweise ein Zero-Bond mit einer Restlaufzeit von drei Jahren auch eine Duration von drei Jahren.

Die Duration eignet sich also, um mit Hilfe relativ leichter Berechnungen das Kapitalbindungsrisiko verschiedener Anleihen zu bewerten. Der Aussagegehalt der Duration allein ist allerdings beschränkt, da sich die Duration nur dann sinnvoll anwenden lässt, wenn man zwei Anleihen vergleicht, bei denen die Emittenten zum Zeitpunkt der Berechnung annähernd die gleiche Bonität aufweisen. Handelt es sich hingegen um zwei Emittenten, deren Zahlungsfähigkeit sehr unterschiedlich zu beurteilen ist – wie beispielsweise die Anleihe eines wirtschaftlich angeschlagenen Unternehmens und eine Anleihe der Bundesrepublik Deutschland –, so wird man bei gleicher Rendite aus Risikogesichtspunkten nicht die Anleihe des angeschlagenen Unternehmens vorziehen, nur weil sie die kleinere Duration aufweist.

Daneben ist die Duration unter dem Gesichtspunkt des Wiederanlagerisikos völlig anders zu interpretieren, da dann eine Anleihe mit einer höheren Duration einer anderen Anlage mit einer niedrigeren Duration vorzuziehen ist.

Wie bei allen Risiko- oder Ertragskennzahlen sollte eine Anlageentscheidung nie nur nach Betrachtung einer einzelnen Kennzahl getroffen werden. Stattdessen sollte zunächst ermittelt werden, welche Kriterien beziehungsweise Risikofaktoren für den individuellen Anleger am wichtigsten sind. Dann kann mit Hilfe geeigneter Kennzahlen das optimale Investment für diesen Anleger gesucht werden.

Beispiel: Berechnung der Duration einer Anleihe

Eine Anleihe soll folgende Ausstattungsmerkmale aufweisen: Restlaufzeit drei Jahre, Zinssatz acht Prozent, Rendite 7,5 Prozent, Rückzahlung zu 100 Prozent.

1. Berechnung des Barwerts der während der Laufzeit erfolgenden Zahlungen

Während der Laufzeit der Anleihe wird es zu insgesamt vier Zahlungen kommen: drei Zinszahlungen und der Rückzahlung des Nominalbetrags. Für jede Zahlung muss nun der Barwert errechnet werden:

I. Zinszahlung nach einem Jahr: $\qquad$ 8 € : 1,075 = 7,44 €

II. Zinszahlung nach zweitem Jahr: $\qquad$ 8 € : $1,075^2$ = 6,92 €

III. Zinszahlung nach drittem Jahr: $\qquad$ 8 € : $1,075^3$ = 6,44 €

IV. Rückzahlung des Nominalbetrags: 100 € : $1,075^3$ = 80,50 €

2. Multiplikation der ermittelten Werte mit der Zahl der Jahre, bis die Zahlung erfolgt

I. Zinszahlung nach einem Jahr: $\qquad$ 7,44 € x 1 = 7,44

II. Zinszahlung nach zweitem Jahr: $\qquad$ 6,92 € x 2 = 13,84

III. Zinszahlung nach drittem Jahr: $\qquad$ 6,44 € x 3 = 19,32

IV. Rückzahlung nach drittem Jahr: $\qquad$ 80,50 € x 3 = 241,50

3. Addition der im vorherigen Schritt ermittelten Werte

7,44 + 13,84 + 19,32 + 241,50 = 282,10

4. Berechnung des Barwerts der Anleihe

$$
\begin{aligned}
8 \text{ €} : 1,075 &= 7,44 \\
+ 8 \text{ €} : 1,075^2 &= 6,92 \\
+ 8 \text{ €} : 1,075^3 &= 6,44 \\
+ 100 \text{ €} : 1,075^3 &= 80,50 \\
&= 101,30
\end{aligned}
$$

5. Division des unter 3. berechneten Werts durch den in Schritt 4 berechneten Wert

282,10 : 101,30 = 2,78 Jahre

Die Duration der Anleihe beträgt also 2,78 Jahre, was bedeutet, dass das vom Anleger investierte Geld nach durchschnittlich 2,78 Jahren wieder an ihn zurückgeflossen ist.

Easdaq

Die Easdaq ist eine spezielle Börse in Brüssel, die als gesamteuropäische Börse für den Handel mit Aktien junger und innovativer Unternehmen gegründet wurde. Sie nahm ihre Tätigkeit im November 1996 auf. Die Easdaq soll vor allem Unternehmen, die ansonsten einen Börsengang an der amerikanischen Nasdaq gewählt hätten, die Möglichkeit geben, Beteiligungskapital in Europa aufzunehmen.

Die Easdaq (European Association of Securities Dealers Automated Quotations) ist eine 1997 gegründete Computerbörse mit Sitz in Brüssel. Sie dient vor allem dem Handel mit Aktien von jungen, innovativen Technologieunternehmen, die aufgrund der strengen Emissionsbedingungen nur schwer einen Zugang zu den etablierten Börsen finden. Der Handel an der Easdaq findet wie bei ihrem amerikanischen Vorbild, der Nasdaq, ausschließlich auf elektronischem Wege statt. Die Easdaq ist also eine reine Computerbörse. Ein Präsenzhandel, wie beispielsweise an der Frankfurter Börse oder an der New York Stock Exchange, ist nicht vorgesehen.

Die Easdaq richtet sich an junge, innovative Unternehmen aus so genannten Zukunftsbereichen, wie beispielsweise Umwelttechnik, Biotechnologie, Telekommunikation und Multimedia, die eine möglichst internationale Ausrichtung haben. Aber auch jungen Unternehmen aus traditionellen Branchen steht der Zugang zum Handel offen. Solchen Unternehmen waren die europäischen Börsen als Quelle für Beteiligungskapital bisher weitgehend verschlossen. Erst in jüngster Zeit sind spezielle Börsen, wie beispielsweise der Nouveau Marché in Paris, die AIM in Großbritannien, seit März 1997 der so genannte Neue Markt in Frankfurt sowie der Nieuwe Markt in Amsterdam, entstanden, die dem Marktzugang solcher Unternehmen dienen sollen. Die Easdaq kann damit zur Erweiterung des Marktes für Risikokapital beitragen, der in Europa im Vergleich zu den USA noch immer unterentwickelt ist und dadurch für den Standort Europa einen erheblichen Wettbewerbsnachteil darstellt.

Brüssel als Sitz der Easdaq soll signalisieren, dass sich diese nicht als Konkurrenz zu den großen europäischen Finanzplätzen Frankfurt, London und Paris versteht, sondern als gemeinsame europäische Börse. Die Easdaq versucht sich im Prozess der fortschreitenden europäischen Wirtschaftsintegration als Börse für Technologieunternehmen in Europa zu etablieren. Vor allem aber soll die Easdaq eine Alternative zur Börsenemission an der Nasdaq bieten, an der im Gründungsjahr der Easdaq 80 europäische Unternehmen gehandelt wurden. Einer der Gründe dafür ist, dass die Zulassungsvoraussetzungen dort deutlich geringer sind als an vergleichbaren Börsen in Europa. Kurz nach der Gründung waren sechs Unternehmen an der Easdaq gelistet.

E-Commerce/E-Trading

Unter E-Commerce oder Electronic Commerce lassen sich alle Geschäfte zusammenfassen, die unter Verwendung elektronischer Medien abgewickelt werden. Dazu gehören vor allem Fax, Telefon und Computer. In der Regel wird mit Electronic Commerce aber in erster Linie der Geschäftsverkehr im Internet bezeichnet. Seit Ende der Neunzigerjahre gewinnen auch Finanzinformationen und der Wertpapierhandel im Internet immer schneller an Bedeutung. Überdies ging 1999/2000 eine große Zahl von Unternehmen der „New Economy" an die Nasdaq und die Neuen Märkte in Europa. Manche erreichten in kurzer Zeit (aber oft auch nur für kurze Zeit) eine Marktkapitalisierung, die die der alten Blue Chips übertraf.

Die Zahl der Unternehmen, die über das Internet Produkte oder Dienstleistungen anbieten, steigt seit der zweiten Hälfte der Neunzigerjahre rasant. Darüber hinaus tauschen Unternehmen über das Internet Daten aus, bieten Produkte und Dienstleistungen an und ermöglichen es den Nutzern oft, Software herunterzuladen. Auch für Sparer und Anleger bietet das Internet neben Homebanking zahlreiche neue Dienste und Leistungen. Viele Banken und Informationsdienstleister (darunter auch WISO unter www.wiso.de) stellen umfangreiche Finanzinformationen ins Netz und bieten jedem, der sich einen Zugang zum Worldwide Web einrichtet, die Möglichkeit, kostenlose Musterdepots zu installieren oder die Kursentwicklung der eigenen Wertpapiere kontinuierlich zu beobachten. Auch direkter Aktienhandel im Internet, das Internet-Broking, und die Teilnahme am Internet-Markt sind möglich und werden zu einer Konkurrenz für die herkömmlichen Börsen. Zu den wichtigsten und nützlichsten Funktionen des Internet gehört es, dass alle Anleger aktuell die Kursentwicklung rund um die Welt verfolgen können und nicht mehr bis zum Erscheinen der Tageszeitung am nächsten Morgen warten müssen. Der Informationsvorsprung der Profis gegenüber den Kleinanlegern wird so weitgehend aufgehoben.

E-Commerce oder E-Trading machen möglich, was zuvor nur bei Derivaten erfolgreich praktiziert wurde: Wertpapierhandel über nationale Grenzen hinweg auf einer elektronischen Plattform. Die Basis dafür ist eine globale Vernetzung. Die Marktteilnahme ist dabei unabhängig vom Standort des Händlers. Er muss nur über einen Computer Zugang zu den elektronischen Handelssystemen wie Xetra oder Eurex haben.

Vor allem in den Jahren 1999/2000 gingen viele Unternehmen aus dem Bereich der New Economy an die Börse. Zeitweise war die Euphorie der Anleger so groß, dass fast jede IPO zunächst eine Kursexplosion nach sich zog und die Erstzeichner mit einem nahezu sicheren Kursgewinn rechnen konnten. Erst als sich im Jahr 2000 die ersten Pleiten abzeichneten und dann auch einstellten, wurden viele Anleger vorsichtiger.

ECU – Europäische Währungseinheit

Die Europäische Währungseinheit (European Currency Unit) war eine „Kunstwährung", die bis zur Einführung des Euro überwiegend für Verrechnungszwecke innerhalb der Europäischen Gemeinschaft verwendet wurde. Sie hatte nur in wenigen Bereichen (zum Beispiel bei Anleihen) die Funktion von echtem Geld. Die Abkürzung ECU erinnerte auch an das historische Zahlungsmittel Ecu.

Die Europäische Währungseinheit wurde ab 1984 anstelle der früheren Europäischen Rechnungseinheit (ERE) verwendet und war die Grundlage für alle finanziellen Transaktionen zwischen den Organen der Europäischen Gemeinschaft (EG) und der daraus entstandenen Europäischen Union (EU). Dies galt für den Haushalt der EU ebenso wie für die gemeinsamen Agrarpreise und vor allem für das EWS, das Europäische Währungssystem. Der ECU-Wert errechnete sich aus einem „Korb", in dem die Währungen der (älteren) Mitgliedsländer enthalten waren und in Annäherung an die wirtschaftliche Bedeutung des jeweiligen Landes gewichtet wurden. Diese Zusammensetzung wurde alle fünf Jahre überprüft und bei Bedarf verändert. Dabei spielte der Anteil des Landes am Handel innerhalb der Gemeinschaft ebenso eine Rolle wie die Höhe der gesamtwirtschaftlichen Leistung (Sozialprodukt). Der Kurswert der ECU gegenüber dem Dollar wurde täglich um 14.30 Uhr von der EU-Kommission aufgrund der Marktkurse der im Korb enthaltenen Währungen an den wichtigen Börsenplätzen in der EG ermittelt. Unternehmen und Privatpersonen konnten auf ECU lautende Anleihen erwerben oder auf ECU lautende Konten führen. In der Bundesrepublik Deutschland konnten ECU ab 1989 gehandelt werden. 1999 wurden ECU-Konten und Anleihen automatisch eins zu eins auf Euro umgestellt.

Effekten

Mit diesem heute etwas altmodisch wirkenden Begriff sind Wertpapiere gemeint. Es handelt sich um „vertretbare" Wertpapiere, die zur Kapitalanlage geeignet sind. Banknoten sind keine Effekten.

Als Effekten werden Wertpapiere bezeichnet, die zum Zweck der Kapitalanlage erworben werden können, Zinsen oder Dividenden einbringen und vertretbar sind, also gegeneinander austauschbar. (Eine Aktie des Unternehmens xy ist so gut wie jede andere Aktie dieser Gesellschaft.) Wichtigste Beispiele für Effekten sind Aktien und Anleihen sowie Obligationen, Pfandbriefe oder Kuxe. Banknoten verbriefen zwar eine in Geld ausgedrückte Forderung, werden aber nicht zu den Effekten gerechnet, da sie weder Zinsen bringen noch Kursschwankungen unterliegen.

In den Effektenabteilungen der Banken und Sparkassen werden die An- und Verkäufe der Kunden abgewickelt und deren Wertpapiere beziehungsweise Depotkonten verwaltet. Dazu gehört vor allem die Überwachung von Zins- und Dividendenterminen und die erforderliche Einlösung der Zins- und Dividendenscheine, das Beschaffen der neuen Zinsbögen, die Anmeldung und Hinterlegung der Aktien für die Hauptversammlung und die Ausübung oder der Kauf und Verkauf von Bezugsrechten.

Die Effektenbörse ist der Handelsplatz für Wertpapiere und wird heute nur noch als Börse bezeichnet, der Effektenkurs als Kurs. Das Effektengirogeschäft oder -verkehr besteht in der stücklosen (nicht körperlichen) Eigentumsübertragung zwischen den Depots von Wertpapierkäufern und -verkäufern. Da abgesehen von Tafelgeschäften die Wertpapiere fast ausschließlich in Sammeldepots verwahrt werden, erübrigt sich ein körperlicher Transport. Es handelt sich bei Effektengiroverkehr also ausschließlich um Buchungsvorgänge.

Effektivzins

Der tatsächliche Zins in Prozent, der die Verzinsung unter Berücksichtigung aller Kosten bei einem Wertpapier oder bei einem Kredit wiedergibt. Der Effektivzins muss von Banken und anderen Kreditgebern insbesondere bei jeder Darlehensvergabe an private Kunden ausgewiesen werden, damit diesen ein genauer Vergleich zwischen verschiedenen Angeboten ermöglicht wird.

Der Effektivzins (der anfängliche effektive Jahreszins) soll dem Kreditnehmer den Vergleich zwischen unterschiedlichen Kreditangeboten ermöglichen. Sowohl in Kreditangeboten und -verträgen als auch in der Werbung dafür müssen die tatsächlichen Kosten des Kredits angegeben werden. Für die Berechnung der effektiven Zinsen, also der tatsächlichen Kosten eines Kredits, müssen einheitliche Maßstäbe angewendet werden. Der Effektivzins muss als Preis der Gesamtbelastung eines Kredits in Prozent angegeben werden. Zwei Besonderheiten sind zu beachten:

Erstens: Es sind nicht alle tatsächlich anfallenden Kosten in diesem Effektivzins erfasst, obwohl sie auf die Gesamtbelastung aus einem Kredit unter Umständen ganz erheblichen Einfluss haben.

- Im Effektivzins sind enthalten: der eigentliche Zinssatz, die Bearbeitungsgebühr, Disagio (Abschlag) oder Agio und die Vermittlungsgebühren. Bei der Berechnung wird der effektive Zins unter Berücksichtigung der Laufzeit ermittelt.
- Im Effektivzins sind nicht enthalten: die Bereitstellungszinsen, die Gebühren für Grundschuldbestellung, für Kontoführung und Bürgschaften sowie Ge-

bühren für Notar und Grundbucheintragungen. Ebenso wenig sind eventuelle Schätzkosten und Zuschläge für Teilauszahlungen enthalten.

Zweitens: Es ist gesetzlich vorgeschrieben, den Effektivzins für die Anschlussfinanzierung anzugeben – und zwar bezogen auf die Restschuld zu Beginn der neuen Zinsfestschreibung. Oft wird dies aber von den Kreditanbietern falsch gemacht, weil der ursprüngliche Kreditbetrag zugrunde gelegt wird.

Einlagensicherung

Zur Sicherstellung der Zahlungsfähigkeit der Kreditinstitute, die in der Bundesrepublik Deutschland tätig sind, gibt es im deutschen Kreditwesen rechtliche Regelungen und freiwillige Maßnahmen. Die Einlagensicherung soll den privaten Bankkunden vor Verlust seiner Sicht-, Termin- und Spareinlagen schützen, wenn ein Kreditinstitut in wirtschaftliche Schwierigkeiten gerät.

Bargeldloser Zahlungsverkehr und Kontensparen sind in allen Bevölkerungsgruppen in der Bundesrepublik Deutschland zu einer Selbstverständlichkeit geworden. Eine Krise bei einer oder mehreren Banken könnte eine große Zahl von Menschen in enorme finanzielle Schwierigkeiten bringen und das Vertrauen in das deutsche Bankwesen erschüttern. Zudem ist deutschen Kreditinstituten eine sehr freie und weitgehende Betätigung in allen Bereichen des Finanzwesens erlaubt. Durch den Wegfall vieler staatlicher und gesetzlicher Reglementierungen sind der Wettbewerb sowie das Risiko von wirtschaftlichen Verlusten gestiegen. Dies ist für den privaten Bankkunden von Vorteil, da der schärfere Wettbewerb die Banken zu höheren und besseren Leistungen zwingt. Der Konkurrenzkampf erhöht gleichzeitig aber auch die Gefahr, dass Kunden ihre Gelder durch Missmanagement der Kreditinstitute ganz oder teilweise verlieren.

Deshalb ist die Absicherung der Bankkunden sowohl eine wirtschaftliche als auch eine soziale Notwendigkeit. Diesem Ziel dient die Einlagensicherung. Sie soll private Bankkunden der Kreditwirtschaft in Deutschland vor wirtschaftlichen Verlusten bei drohenden oder schon eingetretenen Konkursen von Banken, Sparkassen und vergleichbaren Instituten schützen und private Bankkunden weitestgehend gegen das Risiko absichern, ihr Vermögen durch Bankpleiten zu verlieren. Um dies zu gewährleisten, wurden freiwillige und gesetzliche Maßnahmen ergriffen.

Zu den gesetzlichen Regelungen zur Liquiditätssicherung der Kreditinstitute zählen die Vorschriften der Deutschen Bundesbank bezüglich der Mindestreserven sowie die Grundsätze über das Eigenkapital, die Liquidität und die Liquiditätsvorschriften des Kreditwesengesetzes. Daneben beruht die Einlagensicherung vor allem auf dem Schutz durch zwei freiwillige Organisationen: die Liquiditäts-Konsortialbank GmbH und den Einlagensicherungsfonds.

I. Liquiditäts-Konsortialbank

Die Liquiditäts-Konsortialbank GmbH ist eine Gesellschaft, an der das gesamte deutsche Kreditgewerbe beteiligt ist. Die Liquiditäts-Konsortialbank GmbH leistet Banken finanzielle Hilfe, die wirtschaftlich gesund sind, aber durch den plötzlichen Abzug großer Einlagen in Liquiditätsschwierigkeiten gekommen sind. Hier werden also solche Banken unterstützt, die eigentlich die Mittel besitzen, um allen ihren Kunden ihre Einlagen zurückzuzahlen, die aber kurzfristig nicht liquide sind, da sie die Kundeneinlagen längerfristig verliehen oder angelegt haben. Sobald das in Schwierigkeiten geratene Kreditinstitut wieder über genug flüssige Gelder verfügt, zahlt es die in Anspruch genommene Hilfe an die Liquiditäts-Konsortialbank GmbH zurück.

II. Einlagensicherungsfonds

1. Einlagensicherungsfonds des privaten Bankgewerbes: Der Einlagensicherungsfonds des privaten Bankgewerbes soll bei finanziellen Schwierigkeiten von Banken deren Einleger sowie allgemein das Vertrauen in das private Bankgewerbe schützen. Hierzu kann der Fonds Zahlungen an Kunden leisten und Bürgschaften sowie Garantien zugunsten des in Schwierigkeiten geratenen Kreditinstituts abgeben. Der Einlagensicherungsfonds des privaten Bankgewerbes schützt die Einlagen privater Kunden bis zu bestimmten Höchstgrenzen. Die Höchstgrenze, bis zu der einzelne Forderungen abgesichert sind, beträgt 30 Prozent des haftenden Eigenkapitals. Aufgrund dieser Regelung sind private Bankkunden fast ausnahmslos in voller Höhe ihrer Einlage gesichert. Bei den deutschen Großbanken liegt die Sicherungsgrenze pro Bankkunde aufgrund des hohen haftenden Eigenkapitals dieser Institute in Milliardenhöhe.

Der Einlagensicherungsfonds finanziert sich durch jährliche Einzahlungen der Gesellschafter. Die Mitgliedsbanken zahlen jedes Jahr einen Betrag in Höhe von 0,3 Prozent der Bilanzposition „Verbindlichkeiten aus dem Bankgeschäft gegenüber anderen Gläubigern" in den Fonds ein. Der Vorstand des Einlagensicherungsfonds kann bei gegebenem Anlass beschließen, dass diese Zahlungen ausgesetzt oder erhöht werden. Er kann auch verlangen, dass Sonderzahlungen zu leisten sind.

Ein Rechtsanspruch von Bankkunden aus dem Einlagensicherungsfonds besteht allerdings nicht. Die Leistung ist rein freiwillig.

2. Einlagensicherung der gemeinwirtschaftlichen Geschäftsbanken: Dieser Einlagensicherungsfonds hat prinzipiell die gleiche Zielsetzung wie der des privaten Bankgewerbes. Er besteht aus den Garantiefonds, die in Schwierigkeiten geratene

Genossenschaftsbanken unterstützen, sowie dem Garantieverbund, der kurzfristige Hilfe leistet. Die Einlagensicherung erfolgt hier indirekt, da zunächst versucht wird, den Fortbestand der in Schwierigkeiten geratenen Genossenschaftsbank und damit auch die Kundeneinlagen zu sichern.

3. Sicherungsfonds der Sparkassenorganisation: Die Einlagensicherung bei Sparkassen setzt sich aus zwei Komponenten zusammen: zum einen aus der Mittelzuführung durch den Staat, da Sparkassen öffentlich-rechtliche Organisationen sind; zum anderen aus der freiwilligen Hilfe durch den Sparkassensicherungsfonds. Auch hier wird primär versucht, den Fortbestand der einzelnen Organisation zu erhalten und damit zugleich die Einlagen der Kunden zu sichern.

Emerging Markets |

Allgemein werden darunter die Börsen in Entwicklungsländern verstanden. Als Emerging Markets gelten im Wertpapierhandel aber auch die nach der Wende wieder entstandenen Wertpapierbörsen in den ehemals sozialistischen Ländern. Neben großen Chancen sind vor allem die ausgeprägten wirtschaftlichen und politischen Risiken sowie die für den Anleger oft unzureichenden Informationsmöglichkeiten zu beachten.

Als aufstrebende (emerging) Märkte gelten die Börsen in den Entwicklungsländern sowie in den osteuropäischen Reformstaaten und China, die meist erst nach 1990 wieder entstanden sind. Einige der dort notierten Unternehmen haben große Wachstumschancen und erwirtschaften oft überdurchschnittlich hohe Gewinne. Allerdings ist es für die meisten Anleger nur sehr schwer zu überblicken, welche Unternehmen langfristig gute Aussichten haben und welche Kapitalanlage ein überproportional hohes Risiko beinhaltet. Die in den jeweiligen Ländern erscheinenden Zeitungen sind aus sprachlichen Gründen für die meisten Interessenten nicht zu lesen, die Informationen zudem oft für kurz- oder langfristige Anlageentscheidungen nicht ausreichend. Auch in den heimischen Zeitungen wird nicht regelmäßig und umfassend über die Situation an den Emerging Markets oder die Entwicklung einzelner Unternehmen in den Entwicklungsländern oder Reformstaaten berichtet.

Für Anleger, die dennoch von den Chancen dieser Länder überzeugt sind und an deren wirtschaftlichem Aufschwung teilhaben wollen, empfiehlt es sich daher, nach Fonds Ausschau zu halten, die in die Emerging Markets investieren und deren Management die Entwicklung dort professionell beobachtet.

Zu den Börsen, die zu den Emerging Markets gezählt werden, gehören in Osteuropa die Wertpapiermärkte von Warschau, Budapest, Prag und Moskau. Unter den Entwicklungs- und Schwellenländern sind es beispielsweise Indien, Türkei, Israel, Südafrika, Korea, Indonesien oder Malaysia. Auch Brasilien mit der wichtigsten Börse Südamerikas zählt zu den Emerging Markets.

Achtung: Die Emerging Markets in Südamerika, Asien oder Osteuropa bieten dem Anleger immer wieder interessante Möglichkeiten. Das gilt insbesondere für die Börsen der osteuropäischen Staaten. Je schneller der Auf- und Umbau der Wirtschaft vorankommt und vor allem je größer die Aussichten werden, dass die jeweiligen Länder in die Europäische Union aufgenommen werden, umso stärker wird sich dies in der Kursentwicklung an den dortigen Börsen widerspiegeln. Allerdings ist es für den normalen Anleger sehr schwer, sich selber ein zutreffendes Bild von der Entwicklung einzelner Branchen oder Unternehmen zu machen, da über die wirtschaftliche Entwicklung bei uns in der Regel nur sehr pauschal berichtet wird. Hinzu kommt, dass in einigen Ländern mafiöse Organisationen Kurse manipulieren. Deshalb empfiehlt es sich, nicht Aktien einzelner Unternehmen, sondern den „Markt" zu kaufen, also Investmentfonds, Baskets oder Index-Zertifikate zu erwerben. Die haben dann die Risikostreuung sozusagen inklusive und Sie überlassen die Auswahl der im Korb enthaltenen Aktien erfahrenen Anlageexperten, die den jeweiligen Markt kennen.

Emission

Emission bedeutet die Ausgabe (den Verkauf) von neuen Wertpapieren an Anleger. Die Emission von Wertpapieren dient der privaten Wirtschaft oder der öffentlichen Hand zur Beschaffung von Kapital. Emittent oder Emissionsschuldner ist das Unternehmen oder die Körperschaft, die die Wertpapiere herausgibt. Emissionen werden entweder durch das kapitalsuchende Unternehmen selbst oder mit Hilfe von Banken durchgeführt. Die Ausgabe neuer Wertpapiere kann auch über die Börse vorgenommen werden.

Unter einer Emission versteht man die Ausgabe von Wertpapieren durch ein Unternehmen oder die öffentliche Hand. Zweck ist die Beschaffung von Kapital. Das Unternehmen, das die Wertpapiere ausgibt, wird als Emittent oder Emissionsschuldner bezeichnet. Grundsätzlich können alle Arten von Effekten, wie beispielsweise Aktien und Anleihen, Wandelschuldverschreibungen, Optionsanleihen oder Genussscheine, emittiert werden.

Die Emission von Wertpapieren kann als Selbstemission oder als Fremdemission erfolgen. Selbstemissionen unterscheiden sich von Fremdemissionen dadurch, dass das kapitalsuchende Unternehmen die Wertpapiere selbst am Markt unterbringt. Bei Fremdemissionen übernehmen eine oder mehrere Banken diese Aufgabe. In Deutschland werden Selbstemissionen in der Regel nur von Banken durchgeführt. Andere Unternehmen müssen den Weg der Fremdemission wählen.

Bei der Fremdemission erfolgt die Ausgabe der Effekten meist nicht nur durch eine Bank, sondern durch mehrere Banken, die zu diesem Zweck ein Konsortium bilden. Dies hat zum einen den Vorteil, dass der Vertriebsweg mehrerer Banken genutzt werden kann, zum anderen verteilt sich das Risiko auf alle Konsortialmitglieder. Es gibt fünf verschiedene Formen von Emissionskonsortien, und zwar:

- Übernahmekonsortium
- Begebungskonsortium
- Garantiekonsortium
- Optionskonsortium
- Kombiniertes Übernahme- und Begebungskonsortium.

Diese verschiedenen Grundtypen unterscheiden sich vor allem hinsichtlich des Risikos, das Konsortium und Emittent eingehen. Beim Begebungskonsortium ist das Absatzrisiko für den Emittenten relativ hoch, wohingegen das Konsortium keinerlei Risiko eingeht. Beim Übernahmekonsortium geht allein das Konsortium das Absatzrisiko ein, während der Emittent mit einem festen Erlös aus der Ausgabe der Wertpapiere rechnen kann.

Ist die Form des Emissionskonsortiums gewählt, so muss über die Art der Unterbringung der Effekten beim Anlegerpublikum entschieden werden. Hierfür gibt es vier Verfahren:

1. Auflegung zur öffentlichen Zeichnung: Bei dieser Art der Platzierung veröffentlicht die Bank oder das Konsortium ein Verkaufsangebot für die Wertpapiere in überregionalen Zeitungen und Wirtschaftsfachzeitschriften. Zusätzlich wird das Verkaufsangebot meist noch in den Filialen der teilnehmenden Banken ausgelegt. Das Verkaufsangebot enthält eine genaue Beschreibung der zu emittierenden Wertpapiere, also beispielsweise bei einer Anleihe die Gesamthöhe der Emission, den Verkaufspreis der Papiere, die Stückelung, den Zinssatz und die Laufzeit. Zudem werden die genauen Verkaufsbedingungen bekannt gegeben. Hierbei handelt es sich beispielsweise um die Zeichnungsfrist, also um den Zeitraum, innerhalb dessen die Anleger die Effekten kaufen können, und das Zuteilungsverfahren (wie zum Beispiel Bookbuilding).

Übersteigt die Nachfrage der Anleger das Angebot an Papieren, so muss das Konsortium die Repartierung (Zuteilung) übernehmen. Hierunter versteht man die Verteilung der vorhandenen Gesamtemission auf die interessierten Anleger. Meist behält sich das Konsortium vor, die Art der Verteilung zu bestimmen. Ziel ist es, die Papiere so zu verteilen, dass die Emission möglichst dauerhaft untergebracht ist. Das Konsortium versucht also, die Papiere vor allem an langfristig orientierte Anleger zu geben, um unnötige Kursschwankungen zu vermeiden.

2. Freihändiger Verkauf: Bei diesem Verfahren werden die Wertpapiere allmählich und über einen längeren Zeitraum verkauft. Die Konsortialmitglieder behalten sich das Recht vor, den Verkaufskurs zwischenzeitlich zu verändern sowie die Zeichnungsfrist zu verlängern oder zu verkürzen. Dieses Verfahren lässt sich nur dann verwenden, wenn der Emittent nicht die gesamte Summe sofort benötigt, sondern mit einem mehr oder weniger stetigen Kapitalfluss zufrieden ist. Ein Vorteil des freihändigen Verkaufs besteht in der Möglichkeit, die Konditionen der Emission der jeweiligen Marktlage anzupassen. Diese Art der Emission ist damit flexibler als die Auflegung zur öffentlichen Zeichnung.

3. Platzierung über die Börse: Bei der Platzierung über die Börse werden die Effekten direkt über die Börse abgesetzt. Bei einem IPO bietet das Konsortium die Papiere am Tag der Einführung direkt an der Börse zu einem bestimmten Kurs an und versucht, durch Angebotsregulierung die Emission zum gewünschten Kurs abzusetzen. Dieses Verfahren wird heute nicht mehr angewandt. Es werden nur noch „Restposten" aus einer Emission an der Börse verkauft.

4. Emission junger Aktien: Hierbei handelt es sich um eine Sonderform der Emission, bei der die Kreditinstitute an der Kapitalerhöhung von Aktiengesellschaften beteiligt werden. In diesem Fall übernimmt das Konsortium die gesamte Emission der jungen Aktien und bietet diese den Altaktionären zum Bezug an. Hierzu benachrichtigt es alle Altaktionäre und bittet um Weisung, ob das jeweilige Bezugsrecht ausgeübt oder veräußert werden soll.

Nach der Platzierung der Emission erfolgt meist die Börseneinführung und Kurspflege der betreffenden Effekten. Dabei muss entschieden werden, an welchen Börsen die Wertpapiere eingeführt werden sollen, es muss ein Zulassungsantrag für die jeweilige Börse gestellt und ein Prospekt eingereicht werden. Das Konsortium wird zudem dafür sorgen, dass bei der Börseneinführung der Kurs nicht unter den Emissionskurs sinkt, da dies einen negativen Einfluss auf die Anleger hätte und bei späteren Emissionen Schwierigkeiten bei der Platzierung bewirken könnte. Man spricht hierbei von Kurspflege.

Energie-Derivate/Wetter-Derivate |

Die in den USA gehandelten Wetter-Derivate stellen eine Spielart der Termingeschäfte dar. Hierbei handelt es sich um den standardisierten Handel mit Energie auf Termin. Genutzt werden hierzu Optionen und Futures-Kontrakte, die es den Käufern ermöglichen, eine bestimmte Menge an Energie zu einem bestimmten Preis zu einem Termin in der Zukunft zu kaufen oder zu verkaufen. Der Handel mit Wetter-Derivaten war zunächst nur in den USA möglich. Nach der Liberalisierung des Strommarktes in Deutschland und Europa entstanden aber auch hier Strombörsen. In Deutschland zunächst in Leipzig und dann in Frankfurt.

Näheres dazu unter Wetter-Derivate.

Erdbeben-Anleihen |

Vor allem japanische Unternehmen platzieren im Ausland Anleihen, deren Ziel es ist, ihre Zahlungsfähigkeit im Fall eines schweren Erdbebens zu sichern. Diese Anleihen ähneln den amerikanischen Sonderanleihen, die beispielsweise als Wirbelsturmanleihen auf den Markt kamen. Die Mittel werden außerhalb Japans angelegt und nur im Bedarfsfall abgerufen. Die Zeichner erkaufen einen günstigen Zinssatz mit dem Risiko, im Falle eines Bebens zumindest einen Teil ihres Geldes einzubüßen.

Zielgruppe der Erdbeben-Anleihen, die sich am Vorbild der amerikanischen Katastrophen-Bonds orientieren, sind ausländische Investoren. Die zufließenden Mittel werden vom Emittenten der Anleihe wieder auf ausländischen Märkten (wie zum Beispiel den Cayman-Inseln) angelegt. Erst im Fall einer Naturkatastrophe werden sie von dem japanischen Unternehmen abgerufen, das die Anleihe begeben hat. So soll entweder die Beseitigung von Schäden finanziert oder die Zahlungsfähigkeit des Unternehmens gesichert werden. Denn die Wirtschaft hat in Japan selber keine Möglichkeit, sich gegen Liquiditätsprobleme als Folge von Erdbeben (Betriebsunterbrechung, Zahlungsausfall bei Kunden, Einnahmeausfälle) zu versichern.

Die Anleger erhalten bei Fälligkeit der Anleihe (meist nach fünf Jahren) den gesamten Betrag zurück, wenn nichts passiert ist. Kommt es in der Zeit zu einem schweren Erdbeben, wird ihnen nur ein Teil des investierten Geldes zurückgezahlt. Als Risikoprämie erhalten sie dafür ähnlich wie bei High Yield Bonds oder Junk Bonds überdurchschnittlich hohe Zinsen. Es handelt sich also um eine Wette auf die Wahrscheinlichkeit eines schweren Erdbebens in der Region, in der das jeweilige Unternehmen ansässig ist.

Die Katastrophen-Bonds dürfen nicht mit den Wetter-Derivaten verwechselt werden, die sich auf den Handel mit elektrischem Strom beziehen. (Siehe auch Strombörsen.)

Ethisches Rating/ Corporate Responsibility Rating

Eine Form der Bewertung von Aktiengesellschaften, bei der ihr gesellschaftliches Verhalten im Vordergrund steht. Dieses „ethische Rating" soll Anlegern, die sich in politischen, ökologischen oder sozialen Fragen engagieren, die Möglichkeit geben, Aktien von Unternehmen zu erwerben, mit deren Geschäftspolitik sie sich einverstanden erklären können. Spezielle Rating-Agenturen richten ihre Bewertung darauf aus.

Weil eine wachsende Zahl von Anlegern ihr Kapital nicht nur unter dem Gesichtspunkt der Rentabilität anlegen will, sondern auch fragt, ob sich das Unternehmen in der täglichen Praxis an sozialen, politischen und ökologischen Maßstäben orientiert, sind Agenturen entstanden, die unter diesen Gesichtspunkten ein Rating vornehmen. So hatte die Oekom Research AG in München Mitte 2000 bereits 170 internationale Unternehmen aus den Bereichen Banken, Einzelhandel, Auto, Konsum, Medien und Energie überprüft. Auch die schweizerische Bank Sarasin berücksichtigt bei der Investmentpolitik ihrer darauf ausgelegten Fonds ethische Kriterien neben den rein wirtschaftlichen. Einzelanleger können gegen Gebühr Ratings abrufen (www.oekom.de) oder dem Verein Corporate-Responsibility-Investment-Partners (Crisp) beitreten, der seine Mitglieder berät (Tel.: 06198/324 70 oder E-Mail: J.Hoffmann@em.uni-frankfurt.de).

Oekom prüft, ob sich ein Unternehmen gegenüber den Ländern, in denen es engagiert ist, verantwortlich verhält, ob es seinen Hauptsitz nur aus steuerlichen Gründen in bestimmte Staaten verlegt hat und ob die Kultur und das vorhandene Wissen der Bevölkerung angemessen berücksichtigt und respektiert werden. Das soziale Engagement wird ebenso wie die Berücksichtigung ökologischer Gesichtspunkte bei Produktion und Vertrieb geprüft. Es gibt Noten für das Verhalten gegenüber Mitarbeitern. In diesem Zusammenhang wird unter anderem die Fluktuationsrate geprüft.

Achtung: Nicht immer wenden so genannte Ökofonds oder Umweltindizes so umfassende und strenge Kriterien an. Deshalb sollten interessierte Anleger immer prüfen, ob der Name oder Namenszusatz „Öko" auch wirklich etwas über die Auswahl- und Geschäftspolitik des jeweiligen Fonds aussagt.

Eurex

Die Eurex ist die Nachfolgerin der Deutschen Terminbörse (DTB). Wie schon bei der DTB werden ausschließlich Terminkontrakte gehandelt. Dazu gehören beispielsweise Optionen und Futures. Die Deutsche Terminbörse war die Finanzterminkontraktbörse der Bundesrepublik Deutschland mit Sitz in Frankfurt am Main. Sie war von Beginn an keine Präsenz-, sondern eine reine Computerbörse. Mit der Eurex wurde ab 1998 zunächst ein grenzüberschreitender und schließlich sogar ein transatlantischer Handel möglich. Die Eurex hat bereits kurz nach ihrer Entstehung die zuvor führende Londoner LIFFE überflügelt.

Im Gegensatz zu herkömmlichen Präsenzbörsen läuft der Handel mit Finanzterminkontrakten an der Eurex vollelektronisch ab. Käufe und Verkäufe werden per Computer eingegeben und innerhalb des Systems abgewickelt. Durch eine solche Computerbörse sind die Marktteilnehmer nicht mehr an den Standort der Börse gebunden, sondern können von jedem beliebigen Ort in Deutschland, der Schweiz, Finnland und anderen angeschlossenen Euro-Terminbörsen sowie den USA per Computerterminal am Handel teilnehmen. So kann der grenzüberschreitende Handel mit Zins- und Aktienderivaten auf einem Computersystem gebündelt werden.

Zunächst war die Deutsche Terminbörse der zentrale Handelsort für deutsche Terminkontrakte. An der DTB wurden unter anderem gehandelt:

- Optionen auf umsatzstarke deutsche Aktien
- Futures auf langfristige Bundesanleihen (Bund-Futures)
- Futures auf den Deutschen Aktienindex, so genannte DAX-Futures.

Nachdem die Deutsche Terminbörse von der Deutschen Börsen AG Mitte 1998 auf die Eurex GmbH in Frankfurt übertragen worden war, stand der Weg frei für einen Zusammenschluss mit der Schweizer Terminbörse Soffex, der im September 1998 vollzogen wurde. Seither wurde die Zusammenarbeit auf verschiedene andere Börsen im Euro-Raum ausgeweitet und 1999 sogar eine enge transatlantische Kooperation mit der Warenterminbörse in Chicago (CBOT) vereinbart. Die Zahl der zum Handel zugelassenen Werte hat sich seither stark erhöht. Besonderes Gewicht haben dabei der Bund-Future, Stoxx- und DAX-Derivate sowie die auf die skandinavischen Märkte bezogenen Derivate auf den Nordic Stoxx.

Der Handel an der Eurex findet wie zuvor bei der DTB nach dem Market-Maker-System statt. Den Market-Makern kommt die Aufgabe zu, einen kontinuierlichen Handel an der Terminbörse zu gewährleisten. Deshalb sind sie verpflichtet, jederzeit als Käufer oder Verkäufer von Terminkontrakten aufzutreten, wenn ein Anleger Kontrakte erwerben oder veräußern möchte. So können die Marktteilnehmer sicher sein, dass sie ihre Terminkontrakte jederzeit handeln können, ohne „über den

Tisch gezogen" zu werden. Die Market-Maker sind verpflichtet, ständig faire Kurse für die gehandelten Titel zu stellen. Ein Marktteilnehmer, der aus irgendeinem Grund schnell einen Titel kaufen oder verkaufen muss, braucht so nicht zu fürchten, dass sein Handelspartner die Situation ausnutzt.

Am Börsenhandel sind weiterhin die Börsenteilnehmer mit Eigen- und Kundengeschäft beteiligt. Diese Teilnehmer handeln entweder für eigene Rechnung oder im Auftrag eines Kunden (zum Beispiel eines Privatanlegers).

An der Eurex läuft der Handel mit Terminkontrakten immer über die so genannte Clearing-Stelle. Das heißt, Käufer und Verkäufer von Terminkontrakten haben bei jedem Geschäft die Clearing-Stelle als Partner; sie ist für jeden Käufer eines Terminkontrakts der Verkäufer und für jeden Verkäufer eines Terminkontrakts der Käufer. Nur Clearing-Mitglieder dürfen direkt Geschäfte mit der Clearing-Stelle tätigen. Börsenmitglieder, die nicht Clearing-Mitglied sind, und andere Kunden, wie zum Beispiel Privatanleger, müssen ihre Geschäfte über die Clearing-Mitglieder indirekt mit der Clearing-Stelle durchführen. Von der Eurex wird bei bestimmten Termingeschäften eine Sicherheitenleistung verlangt, um das Risiko der Nichterfüllung für die Clearing-Mitglieder und die Clearing-Stelle möglichst gering zu halten. Die Höhe orientiert sich am Risiko und am Volumen des jeweiligen Geschäfts. Seit der Novellierung des Börsengesetzes von 1989 können auch Privatpersonen verbindliche Geschäfte an der Eurex abschließen, wenn sie zuvor schriftlich auf die besonderen Risiken von Börsentermingeschäften hingewiesen wurden.

Ein umfangreicher und gut funktionierender Markt für Terminkontrakte ist ein unverzichtbarer Bestandteil jedes wichtigen Finanzplatzes. Die Deutsche Terminbörse zählt zu den international jüngsten Terminbörsen. Ihre Gründung 1988 war ein wichtiger Schritt, um den Finanzplatz Deutschland zu sichern und im Wettbewerb um internationale Anleger zu stärken. Seit ihrer Gründung hat die Eurex international und vor allem innerhalb Europas ständig an Bedeutung gewonnen. Schon im ersten Jahr konnte sie die zuvor führende Londoner LIFFE überflügeln.

Market-Maker

Das sind Banken oder Wertpapierhäuser, die sich verpflichten, für bestimmte Finanztitel laufend verbindliche Kauf- und Verkaufskurse zu stellen. Sie sorgen so dafür, dass für die betreffenden Titel ständig ein liquider Markt vorhanden ist. Andere Marktteilnehmer können dadurch sicher sein, dass sie jederzeit zu fairen Preisen kaufen und verkaufen können. Handelsobjekt können Optionen, Futures, Devisen, Aktien und festverzinsliche Wertpapiere sein. An der Deutschen Terminbörse sind immer mehrere Market-Maker für bestimmte Terminkontrakte zuständig. So entsteht ein Wettbewerb um den Geschäftsabschluss zwischen den verschiedenen Market-Makern. Banken können sowohl zum Handel für eigene Rechnung, für Kundenanlagen wie auch als Market-Maker zugelassen werden. Makler hingegen werden nur zum Handel in eigener Rechnung und als Market-Maker zugelassen.

Clearing-Stelle

Die Clearing-Stelle der Deutschen Terminbörse ist eine Art Vermittler. Sie führt Käufer und Verkäufer von Terminkontrakten zusammen, ohne dass diese direkt miteinander in Kontakt treten. So ist beispielsweise für den Käufer einer Aktienoption die Clearing-Stelle der Handelspartner, also der Verkäufer der Aktienoption. Auf der anderen Seite ist für den Verkäufer einer identischen Aktienoption der Handelspartner ebenfalls die Clearing-Stelle der Eurex, also der Käufer. Indirekt hat die Clearing-Stelle die beiden zusammengeführt und haftet für die Erfüllung des Geschäfts. Sollte beispielsweise der Verkäufer einer Option am Fälligkeitstag den vereinbarten Handelsgegenstand nicht liefern können, so wird die Clearing-Stelle die Verpflichtung übernehmen. Die Clearing-Stelle wird von den Clearing-Mitgliedern getragen. Diese werden in zwei Gruppen unterteilt:

General-Clearing-Mitglieder. Sie sind befugt, eigene Transaktionen, Kundentransaktionen und Geschäfte anderer Börsenmitglieder, die nicht Clearing-Mitglieder sind – so genannte Non-Clearing-Mitglieder – abzuwickeln.

Direct-Clearing-Mitglieder. Sie dürfen nur eigene Transaktionen und Kundentransaktionen abwickeln.

An die Mitglieder der Clearing-Stelle werden hohe Bonitätsanforderungen gestellt, damit sie jederzeit ihren Verpflichtungen aus dem Clearing nachkommen können. Nur Clearing-Mitglieder können mit der Clearing-Stelle Geschäfte tätigen. Die Clearing-Mitglieder müssen wiederum die Haftung für die Erfüllung aller Termingeschäfte übernehmen, die sie abwickeln. Führt beispielsweise ein Clearing-Mitglied ein Future-Geschäft für einen Privatkunden durch, der dann in Zahlungsschwierigkeiten gerät und seinen Verpflichtungen nicht nachkommen kann, muss die Clearing-Stelle die Geschäftserfüllung übernehmen. Dies erklärt auch die hohen Bonitätsanforderungen an die Clearing-Mitglieder.

EURIBOR |

EURIBOR (European Interbank Offered Rate) ist die Abkürzung für den seit Anfang 1999 wichtigsten Referenzzinssatz für kurzfristige Geldanlagen unter Geschäftsbanken. Der EURIBOR löste die bis zur Umsetzung der dritten Stufe der Europäischen Währungsunion verwendeten Referenzzinssätze für Geldanlagen in den jeweiligen nationalen Währungen ab.

Mit der Einführung der gemeinsamen europäischen Währung Euro wurden die zuvor verwendeten Referenzzinssätze für kurzfristige Geldanlagen, wie etwa der FIBOR („Frankfurt Interbank Offered Rate"), der PIBOR („Paris Interbank Offered Rate") und der MIBOR („Madrid Interbank Offered Rate"), abgelöst. Nachdem die

Geldmarktgeschäfte in den alten nationalen Währungen eingestellt werden, erübrigte sich auch die Berechnung der korrespondierenden Referenzzinssätze.

Mit dem EURIBOR, der für „European Interbank Offered Rate" steht, gilt ein neuer Zinssatz, der als Referenzzinssatz für Geldanlagen beziehungsweise Kreditaufnahmen zwischen Banken in der gemeinsamen europäischen Währung Euro verwendet wird. Der EURIBOR hat im Januar 1999 die genannten Referenzzinssätze mit Beginn der Europäischen Währungsunion abgelöst.

Wie schon der FIBOR ist auch der EURIBOR ein wichtiger Referenzzinssatz für Geldmarktgeschäfte und dient als Basis für revolvierende (regelmäßig erneuerte) Darlehen an private Unternehmen sowie Körperschaften öffentlichen Rechts. Der EURIBOR ist zudem für die Kursermittlung verschiedener Derivate – wie beispielsweise Zinsoptionen – von Bedeutung.

Die Rahmenbedingungen für die Ermittlung des EURIBOR wurden durch die European Banking Federation in Zusammenarbeit mit den Verbänden der Kreditwirtschaft und der Financial Markets Association entwickelt. Dadurch sollte sichergestellt werden, dass der EURIBOR, dessen Berechnung weitgehend analog der Berechnung des früheren FIBOR erfolgt, möglichst repräsentativ die Angebots- und Nachfragesituation im Markt für kurzfristige Geldanlagen widerspiegelt.

Zur Ermittlung des EURIBOR melden bis zu 64 Banken, die am Geldmarkt in Euro handeln, darunter auch zwölf deutsche Kreditinstitute (wie etwa die Deutsche Bank, die West LB oder die Dresdner Bank), Geld- und Briefsätze für Anlagen mit einer Laufzeit von einem bis zwölf Monaten an einen zentralen Informationsdienstleister. Auf Grundlage der gemeldeten Sätze errechnet dieses Dienstleistungsunternehmen einmal täglich einen Durchschnittszins. Der Durchschnittszins kann von allen an den Dienstleister angeschlossenen Marktteilnehmern (auch Nichtbanken) abgefragt werden. Die Meldung der Geld- und Briefsätze sowie die Abfrage des EURIBOR erfolgen ausschließlich per Datennetz.

Wie auch schon beim FIBOR ist zu beachten, dass es sich beim EURIBOR lediglich um einen Referenzzinssatz handelt, an dessen Höhe sich die Marktteilnehmer orientieren können. Ob sich die einzelne Bank zu diesem Satz tatsächlich bei einer anderen Bank beziehungsweise einem Bankenkonsortium refinanzieren (also für die Kreditvergabe benötigtes Geld beschaffen) kann, hängt entscheidend von der Bonität des Instituts ab. Während der finanziellen Krise war es beispielsweise japanischen und anderen asiatischen Banken 1997/98 aufgrund der schwierigen wirtschaftlichen Situation in ihrer Region kaum möglich, sich zu einem FIBOR- oder LIBOR- Satz zu refinanzieren (also Geld von anderen Banken zu beschaffen). In einer solchen Situation sind die betroffenen Kreditinstitute gezwungen, einen Risikozuschlag, die so genannte „Zitter-Prämie", auf den jeweiligen Referenzsatz zu entrichten. Die kreditgebenden Banken müssen nämlich befürchten, dass einige Kreditinstitute aufgrund von „faulen" Krediten, das heißt uneinbringlichen Forderungen gegenüber Kunden, Konkurs anmelden.

Andererseits gibt es auch Banken, die eine so einwandfreie Bonität besitzen, dass sie sich unterhalb des jeweiligen Referenzzinssatzes refinanzieren können. Ein Beispiel für eine solche Bank ist die Europäische Investitionsbank (EIB), die aufgrund ihrer sehr soliden Eigenkapitalbasis und ihres einwandfreien Gesellschafterhintergrundes sowohl von der Rating-Agentur Moody's wie auch von Standard&Poors mit dem bestmöglichen Rating (Aaa beziehungsweise AAA-Rating) bewertet wird.

Aufgrund der Tatsache, dass der LIBOR vor allem für kurzfristige Geldanlagen in US-Dollar berechnet wird und Großbritannien nicht zu den Ländern gehört, die an der europäischen Währungsunion von Beginn an teilnehmen werden, wird der LIBOR auch weiterhin berechnet und verwendet.

Geld- und Briefsätze

Im Handel am Geldmarkt wie auch am Devisenmarkt unterscheidet man grundsätzlich zwischen Geld- und Briefsätzen beziehungsweise Geld- und Briefkursen. Am Geldmarkt gilt: Der Geldsatz gibt an, zu welchem Zinssatz die jeweilige Bank bereit ist, kurzfristige Gelder aufzunehmen, während der Briefsatz den Zinssatz darstellt, zu dem die Bank bereit ist, anderen Banken kurzfristige Gelder anzubieten. Auf dem Devisenmarkt gilt: Der Geldkurs zeigt an, zu welchem Kurs eine Bank bereit ist, eine bestimmte Währung zu erwerben. Der Briefkurs hingegen zeigt, zu welchem Kurs die Bank bereit wäre, dieselbe Währung abzugeben. Es gilt also grundsätzlich: Geld = Nachfrage, Brief = Angebot.

Euro ▌

„Euro" wird in vielen Zusammenhängen verwendet. Der Begriff steht aber seit 1999 in erster Linie für die gemeinsame europäische Währung mit dem Symbol €. Diese Bezeichnung wurde vom Europäischen Rat im Dezember 1995 beschlossen. Der Euro wird seit 1999 zunächst im Finanzsektor und ab 2002 auch als Bargeld und alleiniges gesetzliches Zahlungsmittel innerhalb der Europäischen Währungsunion verwendet. An den Börsen innerhalb der Währungsunion ist der Euro bereits seit 1999 alleinige Handelswährung.

Seit dem 1. Januar 1999 ist der Euro die gemeinsame Währung von zunächst elf EU-Ländern: Belgien, Deutschland, Finnland, Frankreich, Irland, Italien, Luxemburg, Niederlande, Österreich, Portugal, Spanien.

Die alten nationalen Währungen dieser Länder sind keine selbstständigen Währungen mehr, sondern nur noch ein anderer Ausdruck für die Gemeinschaftswährung Euro. Für seine Stabilität ist allein die Europäische Zentralbank in Frankfurt zuständig. An den Devisenmärkten wird seit Anfang 1999 statt der elf alten nationalen Währungen nur noch der Euro gegenüber den Währungen von Drittländern (wie USA oder Japan) gehandelt. Der Umtausch der D-Mark und der anderen alten Währungen gegenüber dem Dollar und sonstigen Drittwährungen errechnet sich also nur noch auf dem Umweg über den (wechselnden) Tageskurs des Euro und das (unwiderrufliche) Umtauschverhältnis der jeweiligen Alt-Währung zum Euro. Auch an den Wertpapierbörsen innerhalb des europäischen Währungsgebiets findet der Handel nur noch in Euro statt.

Da der Umtausch der bisherigen Währungen in Euro wertgleich erfolgt, gibt es für jede nationale Währung einen eigenen Umrechnungsfaktor zum Euro. Bei der Mark beträgt er unwiderruflich 1,95583 DM für einen Euro. Ein Franzose muss für einen Euro 6,55957 Francs hergeben (siehe Tabelle 1). In der Übergangszeit bis zur Ausgabe des Euro als Bargeld sind die Umtauschkurse der alten nationalen Währungen untereinander ebenfalls unwiderruflich (Tabelle 2). Das gilt auch für alle Wertpapiergeschäfte an den Börsen von Amsterdam bis Wien.

1. Die Umtauschkurse der nationalen Währungen zum Euro
(unwiderruflich festgelegt am 31. Dezember 1998)

Belgischer Franc	40,3399	Luxemburgischer Franc	40,3399
D-Mark	1,95583	Niederländischer Gulden	2,20371
Spanische Peseta	166,386	Österreichischer Schilling	13,7603
Französischer Franc	6,55957	Portugiesischer Escudo	200,482
Irisches Pfund	0,787564	Finnische Mark	5,94573
Italienische Lira	1936,27		

2. Die unwiderruflichen Kurse der europäischen Währungen zur Mark

Belg/Lux. Franc	20,6255	Niederländischer Gulden	1,12674
Spanische Peseta	85,0722	Portugiesischer Escudo	102,505
Französischer Franc	3,35386	Österreichischer Schilling	7,03552
Irisches Pfund	0,402676	Finnische Mark	3,04001
Italienische Lira	990,002		

Hinweis: Eine korrekte Umrechnung der alten nationalen Währungen untereinander muss immer auf dem Weg über den Euro stattfinden, um Rundungsdifferenzen zu minimieren.

Achtung: Die traditionellen Euro-Geldmärkte und die Euro-Kapitalmärkte haben mit dem gemeinsamen Kapital- und Geldmarkt innerhalb der Europäischen Währungsunion nichts zu tun. Diese schon jahrzehntealten Bezeichnungen können daher leicht zu Missverständnissen führen.

Euro-Geldmarkt

Ein Begriff, der bereits lange vor Beginn der Europäischen Währungsunion geprägt wurde. Der Euro-Geldmarkt entstand als ein internationaler Markt für kurzfristige Geldanlagen und für Kredite in fremden Währungen. Kennzeichnend für den Euro-Geldmarkt war immer, dass zum einen die Geschäfte zwischen den Handelspartnern in Währungen abgeschlossen werden, die nicht ihre eigene Landeswährung sind, und zum anderen, dass nur Geschäftsbanken und Zentralbanken an diesem Handel teilnehmen können. Der Euro-Geldmarkt konzentriert sich auf einige wenige Finanzzentren rund um die Welt. Der Handel wird telefonisch und über Computernetze abgewickelt, findet also nicht an räumlich festen Plätzen statt.

Der Euro-Geldmarkt hat nichts zu tun mit der Europäischen Währungsunion und der gemeinsamen Währungseinheit, dem Euro. Es handelt sich vielmehr um einen Markt für kurzfristige Finanzgeschäfte zwischen internationalen Großbanken, so genannten Euro-Banken, und Zentralbanken der teilnehmenden Länder. Auf dem Euro-Geldmarkt werden kurzfristige Anlagen und Kredite gehandelt, dadurch unterscheidet er sich vom Euro-Kreditmarkt, auf dem langfristige Kredite und Anlagen gehandelt werden.

Der Name Euro-Geldmarkt oder Euro-Kreditmarkt erklärt sich aus dem Ursprung dieser Geschäfte. Zunächst wurde als Euro-Markt der Handel von europäischen Banken mit Guthaben in US-Dollar (die bei amerikanischen Kreditinstituten geführt werden) bezeichnet. Später hat sich dieser Handel von Europa auf viele Finanzplätze in der Welt ausgedehnt, die so genannten Euro-Zentren. Neben US-Dollar werden inzwischen auch andere Währungen gehandelt. Dazu gehört der Euro. Genau genommen müsste man also von Euro-Euro-Märkten sprechen, wenn außerhalb der Währungsunion kurzfristige Kredite auf Euro-Basis gehandelt werden.

Der Euro-Geldmarkt ist durch zwei wesentliche Merkmale gekennzeichnet. Zum einen werden die Finanzgeschäfte zwischen den Handelspartnern in der Regel in Währungen abgeschlossen, die nicht einer der heimischen Währungen der beteiligten Partner entsprechen. Beide handeln also mit Fremdwährungen. Dies kann beispielsweise bedeuten, dass eine deutsche Bank einen kurzfristigen Dollarkredit bei einer japanischen Bank aufnimmt. Zum anderen nehmen an dem Handel nur internationale Großbanken sowie Zentralbanken teil. Aus diesem Grund werden diese Finanztransaktionen auch als Interbankenhandel bezeichnet.

Ein weiteres Kennzeichen für den Euro-Geldmarkt ist, dass die Mindestgröße für die gehandelten Geldbeträge eine Million Währungseinheiten beträgt, also beispielsweise eine Million DM beziehungsweise Euro, US-Dollar, französische Francs oder britische Pfund. In der täglichen Praxis liegen die gehandelten Beträge aber meist bei einem Vielfachen dieser Summe. Die Höhe der gehandelten Beträge erklärt auch, warum weltweit neben den nationalen Zentralbanken nur etwa tausend Geschäftsbanken am Euro-Geldmarkthandel teilnehmen. Diese Institute nutzen den Euro-Geldmarkt oder Euro-Kapitalmarkt hauptsächlich zur Anlage überschüssiger Mittel. Wie hoch der Anteil der Zentralbanken am Euro-Handel ist, lässt sich nur schwer einschätzen, da sie meist nicht direkt als Handelspartner auftreten, sondern ihre Geschäfte über nationale Kreditinstitute abwickeln.

Am Euro-Geldmarkt werden so genannte „Call-Gelder", Festgelder, Euro-CDs und Euro-Notes gehandelt. Bei den „Call-Geldern" handelt es sich um sehr kurzfristige Geldanlagen mit einer Kündigungsfrist von zwei oder sieben Tagen. Festgelder haben Laufzeiten zwischen einem Tag und zwölf Monaten. Die so genannten Euro-CDs (Certificates of Deposit) sind Anlageformen mit einer Laufzeit von drei oder sechs Monaten, für die ein etwas höherer Zins zu entrichten ist als für die übrigen Finanzinstrumente, die auf dem Euro-Geldmarkt gehandelt werden. Euro-CDs sind eine Sonderform der vor allem in den USA gebräuchlichen Certificates of Deposit und werden nur in wenigen Währungen gehandelt. Der wesentliche Teil des Handels findet dabei in US-Dollar statt. Als Euro-Notes bezeichnet man kurz- bis mittelfristige Schuldtitel, die von Schuldnern mit einwandfreier Bonität ausgegeben werden. Die Laufzeit beträgt in der Regel zwischen drei und sechs Monaten.

Der gesamte Handel am Euro-Geldmarkt findet per Telefon oder Computer statt. Es besteht also im Gegensatz zu einer Präsenzbörse kein fester Raum, in dem sich die handelnden Personen physisch gegenüberstehen.

Die im Euro-Handel vergebenen Kredite beziehungsweise die hereingenommenen Einlagen werden grundsätzlich nicht besichert. Der Handel findet ausschließlich auf Vertrauensbasis statt. Dies ist ein weiterer Grund dafür, dass, gemessen an der Gesamtzahl der weltweit tätigen Banken, nur relativ wenige Institute am Euro-Handel teilnehmen. Nur bonitätsmäßig erstklassige Kreditinstitute können Gelder auf diesem globalen Finanzmarkt aufnehmen.

Die Abwicklung der Geschäfte erfolgt in der Regel über Girokonten, die im Währungsursprungsland des zugrunde liegenden Geschäfts unterhalten werden. Nimmt also etwa ein deutsches Kreditinstitut bei einer japanischen Bank einen kurzfristigen Euro-Kredit in US-Dollar auf, so kann die Zahlungsabwicklung über die Girokonten der beiden Banken bei einem Kreditinstitut in den USA erfolgen. Hierbei kann es sich entweder um eine Filiale der beiden Banken in den USA handeln oder aber um eine dritte Bank, bei der beide Kontrahenten jeweils Dollar-Konten unterhalten.

Als Zinssatz am Euro-Geldmarkt werden spezielle Zinssätze verwendet, die in der Regel leicht von den Zinssätzen auf den nationalen Geldmärkten abweichen. So liegt der Anlagezinssatz meist etwas höher und der Kreditzinssatz etwas niedriger als auf den nationalen Geldmärkten. Der tatsächliche Zinssatz, den eine Bank zu zahlen hat, richtet sich stark nach ihrer Bonität und ihrem Herkunftsland. Nur erstklassige Banken mit einem Top-Rating können Gelder zum LIBOR oder EURI-BOR beziehungsweise zu einem vergleichbaren Zinssatz aufnehmen. Banken mit geringerer Bonität müssen einen Aufschlag auf den Zinssatz entrichten, der sich nach der Risikoeinschätzung der anderen Marktteilnehmer richtet.

Euro-Kreditmarkt

Der Euro-Kreditmarkt ist ein internationaler Markt zur Fremdfinanzierung großer Unternehmen, öffentlicher Institutionen und Regierungen. Der Euro-Kreditmarkt ist räumlich nicht an einen bestimmten Platz gebunden, sondern findet weltweit an allen wichtigen Bankplätzen statt. Eine Besonderheit des Euro-Kreditmarkts ist, dass die vergebenen Kredite in der Regel von Bankenkonsortien bereitgestellt werden. Der Grund hierfür liegt zum einen in der Höhe der einzelnen Darlehen und zum anderen in den mit der Kreditvergabe einhergehenden Risiken. Achtung: Der Euro-Kreditmarkt hat nichts mit der Währungseinheit Euro zu tun.

Der Euro-Kreditmarkt bietet – im Gegensatz zum Euro-Geldmarkt – nicht nur Großbanken, sondern vor allem Konzernen und internationalen öffentlichen Institutionen sowie Regierungen die Möglichkeit, sich kurz-, mittel- und langfristige Kreditmittel zu beschaffen. Wie jeder Kreditmarkt hat auch der Euro-Kreditmarkt die Aufgabe, Liquidität zu sammeln, zu bündeln und in produktive Anlagemöglichkeiten weiterzuleiten. Von nationalen Kreditmärkten unterscheidet sich der Euro-Kreditmarkt vor allem durch die Höhe der vergebenen Darlehen. Die Kreditsummen erreichen oftmals einen Gegenwert von mehreren hundert Millionen Mark. Der Euro-Kreditmarkt entstand lange vor (und völlig unabhängig von) der Europäischen Währungsunion. Er bezeichnet Märkte, an denen fremde Währung (früher meist Dollar und D-Mark, seit 1999 zunehmend auch Euro) außerhalb ihres Ursprungslandes gehandelt wird. Diese Bezeichnung hat sich in den vergangenen Jahrzehnten so eingebürgert, dass sie auch nach Einführung des Euro als gemeinsame europäische Währung beibehalten wurde.

Neben der Finanzierung von Großinvestitionen werden die am Euro-Kreditmarkt aufgenommenen Mittel für Infrastrukturprojekte, wie beispielsweise den Bau von Staudämmen, Kraftwerken oder Straßen- und Schienenwegen, verwendet. Viele Staaten finanzieren aber auch ihre Haushaltsdefizite über Kreditaufnahme am Euro-Markt. Zur Finanzierung dieser Projekte werden unterschiedliche Finanzinstrumente, wie etwa Euro-Festsatzkredite und Roll-Over-Kredite, verwendet. Bei den Euro-Festsatzkrediten handelt es sich um kurzfristige Kredite, die selten eine längere Laufzeit als sechs Monate haben – ähnlich wie die auf dem Euro-Geldmarkt gehandelten Kredite. Dagegen dienen Roll-Over-Kredite eher der mittel- bis langfristigen Fremdfinanzierung. Bei dieser Kreditart wird der zu zahlende Zins regelmäßig den aktuellen Sätzen am Geldmarkt angepasst. Dabei setzt sich der Zinssatz in der Regel aus einem Basiszins (wie beispielsweise LIBOR oder EURIBOR) und einer vereinbarten, festen Marge zusammen. Der Zinssatz schwankt damit von Zinsperiode zu Zinsperiode.

Der Euro-Kreditmarkt unterscheidet sich von den nationalen Kreditmärkten zum einen dadurch, dass die Unternehmen ihre Kredite in der Regel nicht in ihrer Heimatwährung, sondern in einer Drittwährung aufnehmen. So würde ein deutsches Unternehmen beispielsweise einen Dollarkredit aufnehmen, während ein japanischer Konzern sich unter Umständen in Euro oder britischen Pfund verschulden könnte. Zum anderen unterscheidet sich der Euro-Kreditmarkt aber vor allem durch die Höhe der vergebenen Kredite von den nationalen Kreditmärkten. Das Volumen der aufgenommenen Mittel übersteigt meist nicht nur die Möglichkeiten einzelner Banken, sondern oft auch die Möglichkeiten der nationalen Kreditmärkte. Aus diesem Grund werden zur Bereitstellung der Kredite oft Bankenkonsortien gegründet. Diese Konsortien setzen sich häufig aus einer Vielzahl von Banken aus unterschiedlichen Ländern zusammen.

Im Unterschied zum Euro-Geldmarkt gibt es beim Euro-Kreditmarkt keinen repräsentativen Zins, da sich dieser aus einem Basiszins, meist einem Euro-Geldmarktzins, der Marge sowie einer Anzahl von Provisionen (Fees) zusammensetzt. Da die Marge sowie die Fees von Kreditnehmer zu Kreditnehmer stark variieren, kann man keinen einheitlichen Zinssatz beobachten. Die Höhe der Marge und der Fees hängt zum einen von der Größe und Bonität des Schuldners ab, zum anderen aber auch vom Risiko der Finanzierung. Je besser die Bonität des Schuldners ist, desto geringer werden die Fees und die Marge ausfallen. Umgekehrt steigen die Marge und die Fees mit zunehmendem Risiko der Finanzierung.

Neben den Fees und der Marge ist der Kreditnehmer in der Regel verpflichtet, der Lead Bank ihre Kosten (beispielsweise für Anwälte, für in Auftrag gegebene Gutachten oder Reisekosten) zu ersetzen. Dies muss der Kreditnehmer in seine Finanzierungskosten einrechnen, um seinen effektiven Zinssatz zu ermitteln.

Euro.NM

Beim Euro.NM handelt es sich um einen Index, der mit Blick auf die Europäische Währungsunion geschaffen wurde. Er soll die Kursentwicklung im Bereich der „Neuen Märkte" widerspiegeln.

Der Euro.NM wurde vom Verbund europäischer Wachstumsbörsen geschaffen und wird seit dem 16. Januar 1998 berechnet. Er fasst die Entwicklung der Kurse am Neuen Markt in Frankfurt, am Nouveau Marché in Paris, dem NMAX in Amsterdam und der Easdaq in Brüssel (Euro.NM Belgium) zusammen. Basis sind die dort ermittelten Indizes, die jeweils als Performance- und als Kursindex berechnet werden. Die Berechnung der insgesamt zehn Indizes übernimmt die Deutsche Börse in Frankfurt. Die am Neuen Markt in Frankfurt gehandelten Werte stellten wegen der stürmischen Entwicklung dieses Marktes in den Neunzigerjahren fast 90 Prozent der gesamten Marktkapitalisierung in diesem Segment dar. Da der Euro.NM anderen Ländern zum Beitritt offen steht, verschieben sich aber die Gewichte.

Vor der Einführung des Euro erfolgte eine Synchronisierung der Indizes durch Umrechnung der Aktienkurse in ECU. Auf einer Basis von 1.000 Punkten wurden die Indizes bis zum 30.12.1997 zurückgerechnet. Da ECU eins zu eins auf Euro umgestellt wurden, konnte auch der Index unverändert weiter berechnet werden.

Euwax

Die Abkürzung für European Warrant Exchange. An diesem Markt der Stuttgarter Börse werden Optionsscheine auf elektronischer Basis im Freiverkehr gehandelt. Dieser Markt soll eine Alternative zum außerbörslichen Geschäft mit Optionsscheinen bieten.

Die Euwax ist der von der Stuttgarter Börse organisierte Handel mit Optionsscheinen (Warrants) im Freiverkehr. Er soll für mehr Transparenz sorgen, als sie beim unorganisierten Optionsscheingeschäft herrscht. Die teilnehmenden Emissionshäuser müssen einen Betreuer oder Market-Maker benennen, der fortlaufend die Kurse für Angebot und Nachfrage nach den einzelnen Optionsscheinen bekannt gibt. Die Teilnehmer am Markt müssen auch dadurch für ausreichende Transparenz bei den gehandelten Warrants sorgen, dass sie das Handelsvolumen angeben sowie die maximale Spanne zwischen An- und Verkaufspreis für einen Schein. Außerdem müssen sie eine verbindliche Zeit für den Handel mit dem jeweiligen Optionsschein nennen.

Factoring

Factoring ist ein Finanzierungsgeschäft, bei dem ein Finanzdienstleistungsinstitut (Faktor) einmalig oder regelmäßig Geldforderungen von seinen Kunden ankauft. Es gibt „echtes Factoring", bei dem die Factoring-Gesellschaft das Ausfallrisiko übernimmt, und „unechtes Factoring", bei dem das Risiko des Ausfalls beim Forderungsverkäufer verbleibt.

Factoring ist eine Finanzierungsform, die in der Bundesrepublik erst in den letzten Jahren an Bedeutung gewonnen hat. Beim Factoring handelt es sich um eine Finanzdienstleistung, bei der ein Finanzinstitut, der so genannte Faktor, von seinen Kunden Geldforderungen an Abnehmer (Drittschuldner) aus Waren- oder Dienstleistungsgeschäften ankauft.

Man unterscheidet „echtes" und „unechtes" Factoring. Beim echten Factoring übernimmt der Faktor das Ausfallrisiko, beim unechten Factoring verbleibt das Risiko des Forderungsausfalls beim Forderungsverkäufer. Ferner unterscheidet man „offenes" und „stilles" Factoring. Beim „offenen" Factoring wird dem Abnehmer (Drittschuldner) die Abtretung seiner Schuld an den Faktor mitgeteilt. Beim „stillen" Factoring erhält der Drittschuldner von der Forderungsabtretung keine Kenntnis.

Für die Kunden der Factoring-Gesellschaften hat Factoring manche Vorteile. Der wichtigste Vorteil für den Kunden (meist Industrie-, Handels- oder Dienstleistungsunternehmen) liegt darin, dass sie ihr Geld aus den getätigten Geschäften zeitlich früher erhalten und dadurch ihre Liquiditätslage verbessern. Sie können die erhaltenen Mittel zur Abdeckung kurzfristiger Bank- oder Lieferantenverpflichtungen verwenden, die meist mit einer hohen Zinslast verbunden sind. Ein weiterer Vorteil des Factoring für den Forderungsverkäufer liegt in der „Servicefunktion". Der Faktor übernimmt alle Verwaltungsarbeiten, die mit einer Forderung zusammenhängen. Dazu gehören beispielsweise Debitorenbuchhaltung, Schriftverkehr, Inkasso und Mahnwesen. Dies kann besonders für Unternehmen mit einer hohen Anzahl an Kunden und somit Einzelforderungen eine große Ersparnis bedeuten. Zudem bietet das „echte" Factoring dem Forderungsverkäufer den Vorteil, dass das Risiko des Forderungsausfalls auf den Faktor übergeht.

In der Praxis lässt sich der Faktor von seinen Kunden alle Forderungen vorlegen, die diese gerne verkaufen würden, und prüft sie nach Bonität des Schuldners. Ergibt die Bonitätsprüfung ein zufriedenstellendes Ergebnis, werden die Forderungen angekauft, wobei der Faktor zunächst oft nur 80 Prozent des Betrags der Forderung auszahlt und mit den restlichen 20 Prozent das Risiko von eventuellen Mängelrügen, Rückgaben und Ähnlichem abdeckt. Später, wenn das Risiko von Reklamationen seitens des Drittschuldners gering geworden ist, werden die letzten 20 Prozent der Forderung an den Forderungsverkäufer ausgezahlt. Factoring-Gesellschaften kaufen meist nur Forderungen mit einer Restlaufzeit von bis zu 90 Tagen auf. In Ausnahmefällen kann die Restlaufzeit aber auch höher liegen.

Export- und Import-Factoring

Eine besondere Rolle spielt das Factoring im Außenhandel. Hierbei muss man Export- und Import-Factoring unterscheiden. Beim Export-Factoring legt das deutsche Exportunternehmen dem Faktor vorläufige Rechnungen und Verträge zur Prüfung vor. Der Inlandsfaktor leitet diese an einen Korrespondenzfaktor im Ausland weiter, mit der Bitte um Bonitätsprüfung des Drittschuldners und um eine Kreditzusage. Der ausländische Faktor kann die Kreditwürdigkeit des Handelspartners des deutschen Exportunternehmens dank seiner räumlichen Nähe und Kenntnisse des Landesrechts besser prüfen als der deutsche Faktor. Kommt der ausländische Faktor zu einem positiven Ergebnis, so erteilt er seine Haftungszusage (credit approval). Der inländische Faktor seinerseits gibt die Haftungs- und Kreditzusage an seinen Kunden weiter.

Beim Import-Factoring übernimmt der inländische Faktor gegenüber dem ausländischen Lieferanten die Haftung für die Zahlungsfähigkeit des inländischen Abnehmers.

Für den Forderungsverkäufer entstehen Kosten aus dem Factoring-Geschäft. Diese setzen sich aus Factoring-Gebühren, Delkredere-Gebühr und Zinsen zusammen. Die Zinsen, die den Hauptanteil an den Kosten bilden, werden vom Tag der Auszahlung bei Forderungsankauf bis zum Eingang des Rechnungsbetrags berechnet. Die Factoring-Gebühr hängt von der Höhe der Forderung, der Anzahl der Einzelforderungen, der Forderungslaufzeit und Ähnlichem ab. Die Delkredere-Gebühr hängt vom Risiko des Forderungsausfalls, also von der Bonität des Drittschuldners, ab.

Factoring ist kein Bankgeschäft nach dem 1. KWG (Kreditwesengesetz) und fällt aus diesem Grunde auch nicht unter die Bankenaufsicht.

Feindliche Übernahme (Unfriendly Takeover)

Als feindliche Übernahme wird der Erwerb der Kapitalmehrheit eines Unternehmens bezeichnet, wenn der Vorstand, der Aufsichtsrat oder die Belegschaft nicht zuvor von der geplanten Übernahme informiert oder um ihre Zustimmung gebeten werden. Oft finden feindliche Übernahmen gegen den erklärten Willen von Management und Belegschaft des angegriffenen Unternehmens statt. Das Unternehmen wird dabei durch Aufkauf seiner Aktien erworben und dann in der Regel in eine andere Konzernstruktur eingebracht oder zerschlagen. Anschließend werden meist einzelne Teile verkauft. Das ist eine in den USA verbreitete, in Deutschland aber lange Zeit unübliche Praxis.

Bei einer feindlichen Übernahme verschafft sich ein Investor oder ein anderes Unternehmen gegen den Willen des Managements der zu übernehmenden Gesellschaft die Kontrolle über die Kapitalmehrheit. Bei Aktiengesellschaften geschieht dies durch den Erwerb der Aktienmehrheit. Dieser Kauf oder das Angebot dazu an die bisherigen Aktionäre wird entweder vorgenommen, ohne dass vorher Gespräche mit Vertretern des angegriffenen Unternehmens stattgefunden haben oder nachdem diese Gespräche erfolglos abgebrochen wurden. Besonders anfällig für den Versuch einer feindlichen Übernahme sind Aktiengesellschaften, deren Kapital sich zu mehr als der Hälfte in Streubesitz befindet und nicht in Händen weniger Großaktionäre ist.

Oft wird versucht, zunächst einen Teil der Aktien möglichst verdeckt über die Börse aufzukaufen, um den Kurs nicht zu stark in die Höhe zu treiben. Ist so bereits ein größeres Paket erworben worden, folgt meist ein offizielles Übernahmeangebot. Damit sich möglichst viele der bisherigen Aktionäre von den Papieren trennen, muss der vom Aufkäufer gebotene Preis deutlich über dem aktuellen Börsenkurs liegen. Der Aufkäufer muss aber nicht jedem einzelnen Kleinaktionär die von ihm gehaltenen Anteile abhandeln. Die meisten Privatanleger haben ihre Aktie bei einer Bank deponiert. Sie übt für sie aufgrund einer Vollmacht bei der Hauptversammlung ihr Stimmrecht (Depotstimmrecht) aus. Diese Banken empfehlen ihren Kunden auch bei Übernahmeangeboten eine bestimmte Vorgehensweise, nämlich Verkauf oder Nichtverkauf. Üblicherweise werden die Übernahmeofferte mit der Klausel versehen, dass ihre Gültigkeit davon abhängt, ob dem übernehmenden Unternehmen auch tatsächlich ein ausreichend großer Prozentsatz der Aktien zum Kauf angeboten wird. Denn wenn der Angreifer nicht die Mehrheit der Anteile unter seine Kontrolle bringen kann, verliert die ganze Aktion für ihn ihren Sinn. Sie bindet viel Geld, ohne dass der Zweck – Beherrschung des Unternehmens – erreicht wird.

Feindliche Übernahmen waren in Deutschland früher selten und eher verpönt. Die deutschen Konzerne in Handel, Industrie und Finanzgewerbe sind vor allem durch mehr oder weniger einvernehmliche Überkreuzbeteiligungen (Tausch von Aktienpaketen) entstanden. Auch durch wechselseitige Aufsichtsratsmandate und/oder die Gründung von Gemeinschaftsunternehmen können die Kräfte gebündelt und Einflussmöglichkeiten geschaffen werden. In den USA dagegen sind unfreundliche Börsenmanöver weit verbreitet. Der ursprüngliche Plan von Krupp, die Thyssen AG im Wege einer feindlichen Übernahme unter Kontrolle zu bringen, oder der Übernahmekampf Mannesmann/Vodafone 1999/2000 haben einer breiten Öffentlichkeit gezeigt, dass feindliche Übernahmen auch in Deutschland möglich sind.

Es sind allerdings nicht immer nur Außenstehende, die die bisherigen Aktionäre auskaufen. Vor allem bei kleinen und mittleren Betrieben ist es oft das eigene Management, das die Kapitalanteile übernimmt. Dieses Management-Buy-out entwickelte sich in den Achtzigerjahren im angelsächsischen Bereich und ist inzwischen auch in Europa und besonders in Deutschland eine gängige Praxis. Allerdings findet der Aufkauf eines Unternehmens durch das eigene Management in der Regel nicht als unfreundliche Übernahme statt. Vielmehr handelt es sich häufig um den Versuch, ein Unternehmen aus einer Krise herauszuführen.

Die Folgen einer feindlichen Übernahme sind für das gekaufte Unternehmen und seine Mitarbeiter oft wenig erfreulich. Denn entweder dient die Fusion dem Abbau überschüssiger Kapazitäten. Oder die aufgekauften Unternehmen werden von den Erwerbern in ihre Teile zerlegt und einzelne Betriebe oder wertvoller Grundbesitz mit hohem Gewinn verkauft. Dadurch verlieren zahlreiche Beschäftigte ihren Arbeitsplatz.

Chancen und Risiken für Kleinaktionäre

Aus der Sicht der Kleinaktionäre sind Übernahmen und auch „unfreundliche Übernahmen" oft willkommen, da der Kurs ihrer Anteile durch die Aufkäufe über die Börse stabilisiert oder in die Höhe getrieben wird. Außerdem wird ihnen vom Aufkäufer oft ein attraktives Übernahmeangebot gemacht. Wenn allerdings die Übernahme scheitert, kann dies erhebliche Kursverluste zur Folge haben. Es kann auch eine längere Stagnation der Kurse folgen. Denn während der öffentlichen Diskussion um die Übernahme werden oft die Schwächen der angegriffenen Gesellschaft hinsichtlich Struktur und Management offenkundig, und ein weiterer Aufkäufer findet sich nach einem fehlgeschlagenen Versuch meist auch nicht. Aber auch bei geglückten Übernahmen und Fusionen zeigt sich oft, dass dadurch die Probleme nicht gelöst oder neue geschaffen werden. Untersuchungen zeigen, dass es in vielen Fällen zu keiner größeren Wirtschaftlichkeit kommt. Es gibt auch keine Garantie, dass der Aktienkurs steigt. Ein deutliches Beispiel dafür ist DaimlerChrysler. Nach der (einvernehmlich vollzogenen) Fusion begann für die Aktie eine lange Talfahrt.

In Deutschland waren und sind feindliche Übernahmen zwar nicht verboten, aber das Kartellgesetz soll ihnen dann Grenzen setzen, wenn dadurch marktbeherrschende Großunternehmen zu entstehen drohen. Allerdings können Verbote durch das Kartellamt vor Gericht angefochten werden. Selbst wenn das Gericht das Verbot bestätigt, kann es vom Bundeswirtschaftsminister durch eine „Ministererlaubnis" aufgehoben werden, wenn die Fusion aus gesamtwirtschaftlicher Sicht als sinnvoll oder sogar notwendig erscheint (zum Beispiel, um international wettbewerbsfähige Unternehmensgrößen zu schaffen). Bei grenzüberschreitenden Fusionen und Übernahmen (wie bei Mannesmann/Vodafone) ist europäisches Kartellrecht anzuwenden und sind die Brüssler Behörden zuständig.

Angegriffene Unternehmen sind dem Versuch einer feindlichen Übernahme aber auch ohne Eingriffe des Kartellamtes nicht immer wehrlos ausgesetzt. Um sich gegen den Zugriff eines anderen Konzerns zu wehren, stehen den davon bedrohten Gesellschaften verschiedene Möglichkeiten zur Verfügung:

- Ein durch die Politik des Shareholder Value und gute Investor Relations erreichter hoher Aktienkurs bietet bereits eine gewisse Sicherheit. Denn für den Aufkäufer steigt dadurch das Risiko, sich beim Erwerb der Aktienmehrheit finanziell zu übernehmen. Zudem fallen dann die bei einer Zerschlagung zu erzielenden Gewinne niedriger aus.
- Auch die Existenz einer „Goldenen Aktie", die dem Besitzer die Mehrheit selbst dann sichert, wenn die tatsächliche Kapitalmehrheit bei anderen liegt, schützt das Unternehmen vor einer feindlichen Übernahme. Allerdings gibt es

solche Mehrstimmrechtsaktien nur noch in wenigen Fällen aus historischen Gründen bei Traditionsunternehmen.

- Einige Unternehmen versuchen sich durch die Beschränkung der Höchststimmrechte einzelner Aktionäre gegen einen unerwünschten Mehrheitsaktionär zu schützen. Allerdings bieten Höchststimmrechte nur einen beschränkten Schutz, da es zahlreiche Umgehungsmöglichkeiten gibt.

Festgeld/Termineinlage

Dabei handelt es sich um die Festlegung eines bestimmten Geldbetrages bis zu einem vorher fixierten Zeitpunkt. Der Gläubiger stellt diesen Betrag für die vereinbarte Zeit zur Verfügung und erhält dafür eine Verzinsung. Auch zum „Parken" von Geld bis zur nächsten Anlageentscheidung ist die Termineinlage geeignet.

Meist handelt es sich um eine befristete Einlage bei Banken oder Sparkassen mit einem zuvor vereinbarten Fälligkeitstag. Sehr oft werden Sichteinlagen oder Sparguthaben zeitlich befristet in Termineinlagen – auch Festgeld genannt – umgewandelt. Dies geschieht in der Regel dann, wenn der Geldgeber diese Mittel während des vereinbarten Zeitraums selbst nicht benötigt. Durch die mittelfristige Festlegung kann er eine deutlich höhere Verzinsung erzielen als bei einer Anlage des Betrages auf dem Girokonto. Das kann zum Beispiel dann der Fall sein, wenn ein Unternehmen erst in drei Monaten größere Lieferungen bezahlen muss. Ein anderes Beispiel: Ein privater Anleger möchte seine verfügbaren Mittel zwar in Aktien anlegen, will aber noch einige Zeit warten, da er mit sinkenden Kursen rechnet. In der Zwischenzeit möchte er durch die Anlage des Betrages als Festgeld bessere Zinsen einnehmen als durch die Zwischenlagerung auf dem Girokonto.

Termineinlagen werden von Banken oder Sparkassen in der Regel für einen bis drei Monate angenommen. Sie können aber auch über längere Zeiträume laufen. Die Mindesteinlage beträgt meist 10.000 Mark beziehungsweise Euro. Die Verzinsung hängt von der jeweiligen Marktlage ab, ist jedoch in der Regel höher als bei den nur sehr gering oder gar nicht verzinsten Sichteinlagen (Girokonto) und den ebenfalls niedrig verzinsten Sparguthaben. Der höhere Zins kann deshalb erzielt werden, weil die Kreditinstitute das Geld für einen überschaubaren Zeitraum sicher disponieren und deshalb selbst mittelfristiger ausleihen können. Zwar können bei dringendem Bedarf auch Termineinlagen (Festgeld) gekündigt werden. Doch dann sind meist „Strafzinsen" fällig. Denn da die Banken und Sparkassen die als Festgeld angelegten Beträge ihrerseits als kurzfristige Kredite an Unternehmen oder zur Finanzierung von Konsumentenkrediten ausgeliehen haben, müssen sie sich das für die vorzeitige Rückzahlung benötigte Geld selbst am Geldmarkt beschaffen und dafür Zinsen zahlen.

Der Nachteil einer Termineinlage gegenüber einem Sparguthaben oder einer Sichteinlage ist, dass der Gläubiger nicht (wie beim Sparbuch) kurzfristig zumindest über einen Teil oder (wie bei einer Sichteinlage) jederzeit über den gesamten Betrag verfügen kann. Diese Nachteile lassen sich durch die Anlage in Geldmarktfonds vermeiden. Denn durch diese Form der kurzfristigen Verwertung disponibler Gelder können die Vorteile der verschiedenen Anlageformen weitgehend miteinander kombiniert werden: Die am Geldmarkt angelegten Mittel sind einerseits leichter zu kündigen und damit für den Geldgeber kurzfristig wieder verfügbar zu machen, andererseits bringen sie im Allgemeinen deutlich höhere Zinsen als Spar- oder Sichtguthaben. Dafür besteht im Gegensatz zu Festgeldern ein (geringes) Kursrisiko.

FIBOR (Frankfurt Interbank Offered Rate) |

Die Frankfurt Interbank Offered Rate, besser bekannt unter der Abkürzung FIBOR, war der Zinssatz, zu dem sich erstklassige Banken untereinander kurzfristige DM-Darlehen mit Laufzeiten von einem bis zu zwölf Monaten gewährten. Der FIBOR wurde täglich einmal aus den Quotierungen von 19 Banken, die eine führende Position auf dem Geldmarkt hatten, ermittelt. Der FIBOR-Satz lag in der Regel deutlich niedriger als der Satz, den Kunden bei Kreditaufnahme an eine Bank zu zahlen hatten. Der FIBOR wurde 1999 durch den EURIBOR abgelöst.

Die Frankfurt Interbank Offered Rate (FIBOR) war (wie es der EURIBOR heute ist) ein Durchschnittszinssatz, der den Zins spiegelte, den eine hinsichtlich ihrer Bonität (ihres Rufs als zuverlässig und zahlungsfähig) erstklassige Bank im Interbankenhandel zahlen musste, um ein kurzfristiges DM-Darlehen zu erhalten. Es wurden einmal täglich FIBOR-Sätze für Laufzeiten von ein bis zwölf Monaten gebildet. Dabei gelten die Drei- und Sechs-Monatssätze als Referenzzinssätze für variable DM-Anleihen. Der FIBOR galt neben dem LIBOR (London Interbank Offered Rate) als der wichtigste internationale Referenzzinssatz für die Entwicklung am Geldmarkt und damit für die Entwicklung im kurzfristigen Kredit- und Anlagegeschäft.

Die FIBOR-Kurse konnten ebenso wie heute die EURIBOR-Sätze weltweit abgerufen werden und stellten nach den LIBOR-Sätzen die wichtigsten Referenzsätze für die Entwicklung am Geldmarkt dar. Neben dem EURIBOR und dem LIBOR wurden und werden noch eine ganze Reihe von anderen Referenzzinssätzen berechnet, wie beispielsweise der VIBOR (Vienna Interbank Offered Rate), der MIBOR (Madrid Interbank Offered Rate), der PIBOR (Paris Interbank Offered Rate) sowie der SIBOR (Singapore Interbank Offered Rate). Keiner dieser Referenzzinssätze hat allerdings je die Bedeutung für den internationalen Geldhandel erlangt wie LIBOR und FIBOR und seit 1999 der EURIBOR.

Finanzierungsschätze |

Finanzierungsschätze sind nicht vorzeitig kündbare, abgezinste Schatzanweisungen des Bundes und dienen zur Finanzierung seiner Aufgaben. Im Gegensatz zu Bundesanleihen und Bundesobligationen gehören Finanzierungsschätze mit ihrer relativ kurzen Laufzeit von bis zu zwei Jahren nicht zum Rentenmarkt, sondern zählen zu den Geldmarktpapieren. Sie eignen sich für private Investoren zur kurzfristigen Geldanlage.

Finanzierungsschätze dienen der kurzfristigen Kreditaufnahme und sind in monatlich neu aufgelegten Ausgaben erhältlich. Sie werden mit einem Zinsabschlag verkauft (Abzinsungspapier) und zum Nennwert zurückgezahlt. Da sie als Wertrechte ausgegeben werden, ist eine Ausgabe von effektiven Stücken nicht möglich. Ein Handel an der Börse findet nicht statt.

Der Mindestanlagebetrag liegt bei 1.000 DM beziehungsweise dem entsprechenden Betrag in Euro. Je Person oder Gesellschaft können für höchstens 500.000 DM (beziehungsweise Euro) Finanzierungsschätze erworben werden. Der Erwerb steht jedermann frei, außer Kreditinstituten. Wichtig für private Anleger: Eine vorzeitige Rückgabe ist nicht möglich. Der An- und Verkauf der mündelsicheren „Papiere" ist bei allen Banken und Sparkassen gebührenfrei. Da die Geschäftsbanken, Landeszentralbanken und Sparkassen jedoch bei der Verwahrung Depotgebühren berechnen, lassen viele private Anleger die stücklosen Wertrechte bei der Bundesschuldenverwaltung verwahren, da dort keine Gebühren anfallen. Bei Geschäftsbanken muss man mit Kosten in Höhe von ca. 1,25 Promille vom Nennwert, mindestens aber mit zehn Mark (oder 5,11 Euro) im Jahr rechnen.

Finanzmarktförderungsgesetz (Zweites) |

Das Zweite Finanzmarktförderungsgesetz soll dazu beitragen, die Akzeptanz des deutschen Kapitalmarkts bei nationalen wie internationalen Anlegern zu stärken. Zugleich wurden die deutschen Börsenregeln durch Änderungen bei der Kapitalmarktaufsicht und die Umsetzung wichtiger EG-Richtlinien an internationale Gepflogenheiten angepasst und das Börsengesetz novelliert.

Das neue Wertpapierhandelsgesetz bildet den Kern des Gesetzespakets. Es legt die rechtlichen Grundlagen zur Schaffung eines Bundesaufsichtsamtes für den Wertpapierhandel mit Sitz in Frankfurt. Gleichzeitig wurden wichtige EG-Richtlinien in nationales Recht umgesetzt. Seit dem 1. August 1994 gelten zudem die im Wertpapierhandelsgesetz enthaltenen Insider-Strafbestimmungen. Damit sollen die wich-

tigsten Regeln für den Wertpapierhandel innerhalb der Europäischen Union verein-
heitlicht werden, und die Wettbewerbsfähigkeit des Finanzplatzes Deutschland soll
gestärkt werden.

1. Wertpapierhandelsgesetz

Damit dem Bundesaufsichtsamt eine Überprüfung von Insider-Verstößen möglich
ist, müssen die Emittenten von Aktien oder anderen Wertpapieren seit 1995 alle
Tatsachen, die den Kurs dieser Papiere beeinflussen können und nicht öffentlich bekannt sind, zunächst der Geschäftsführung der Börsen und dem Bundesaufsichtsamt für den Wertpapierhandel mitteilen und dann veröffentlichen. Dazu gehört auch die Meldung von „wesentlichen Beteiligungen". Die Veröffentlichung
muss so erfolgen (zweckmäßigerweise in einem elektronischen Nachrichtensys-
tem), dass sie bei den Marktteilnehmern eine weite Verbreitung findet. Verstöße gegen die Pflicht zur Veröffentlichung können mit einer Geldbuße von bis zu drei Millionen DM geahndet werden.

Wohlverhaltensregeln: Danach haben Kreditinstitute Wertpapierdienstleistungen mit
der erforderlichen Sachkenntnis, Sorgfalt und Gewissenhaftigkeit im Interesse ihrer
Kunden zu erbringen. Sie müssen Interessenkonflikte vermeiden und dafür sorgen,
dass bei unvermeidbaren Interessenkonflikten Kundenaufträge unter Wahrung des
Kundeninteresses ausgeführt werden. Zudem enthalten die Verhaltensregeln Vorgaben für die Anlageberatung. Ihre Einhaltung wird durch das Bundesaufsichtsamt
überwacht. Das Amt kann auch einzelnen Kundenbeschwerden nachgehen.

Meldepflichten: Um dem Bundesaufsichtsamt die Beaufsichtigung des Wertpapierhandels zur Verhinderung von Insidergeschäften, zur Überwachung von Melde-
und Informationspflichten sowie zur Kontrolle der Einhaltung von Wohlverhaltensregeln zu ermöglichen, müssen die Kreditinstitute dem Amt unverzüglich sämtliche
Geschäfte in Wertpapieren oder Derivaten melden.

2. Börsengesetz

Die Börsenaufsichtsbehörden der Länder sind befugt, das Handelsgeschehen unmittelbar „vor Ort" zu überwachen und auch erste Ermittlungen zur Verfolgung
von Insider-Verstößen vorzunehmen. Die Kreditinstitute müssen Kommissionsaufträge ihrer Kunden zum Kauf oder Verkauf von Wertpapieren nach strikten gesetzlichen Vorgaben ausführen. Kommissionsaufträge in Wertpapieren, die an einer inländischen Börse gehandelt werden, müssen über den Handel an der Börse
ausgeführt werden, sofern nicht der Auftraggeber ausdrücklich eine abweichende
Weisung erteilt.

Die gesetzliche Definition des Börsenpreises legt Qualitätsstandards für sein
Zustandekommen fest; es schafft damit Kontrollmöglichkeiten der Aufsichtsbehör-

den und verhindert Manipulationen. So wird die Kennzeichnung eines Kurses als Börsenpreis zu einem Qualitätsmerkmal. Verkaufsprospekte für amtlich notierte Wertpapiere und Börsenzulassungsprospekte können nicht nur durch Abdruck in den Börsenpflichtblättern veröffentlicht werden. Den Emittenten ist auch eine Veröffentlichung im Wege der so genannten Schalterpublizität gestattet, indem Prospekte kostenlos an bestimmten Zahlstellen und bei der Zulassungsstelle bereitgehalten werden.

Die Anlagemöglichkeiten für Kapitalanlagegesellschaften wurden erweitert. So werden auch in Deutschland Geldmarktfonds zugelassen. Die Kapitalanlagegesellschaften können neue Anlageformen anbieten und ein effizientes Risikomanagement betreiben. So wird ihnen ein stärkeres Engagement im Bereich der Terminmärkte erlaubt, und die Handelsmöglichkeiten in Optionen werden ebenso erweitert wie der Kauf von Devisen auf Termin. Investmentfonds können Optionsrechte auf Devisen und Finanzterminkontrakte erwerben und Wertpapiere der von ihnen verwalteten Investmentfonds verleihen, um zusätzliche Erträge für die Anteilsinhaber zu erwirtschaften.

Der Mindestnennbetrag für Aktien von früher 50 DM wurde auf fünf DM herabgesetzt. Den Kreditinstituten wird der Erwerb eigener Aktien zu Handelszwecken im begrenzten Umfang ermöglicht. Durch Änderung des Depotgesetzes wird die kostengünstige und einfache Girosammelverwahrung als Regelform für die Verwahrung von Wertpapieren anerkannt. In Verbindung mit der Einführung des Euro wurde der Mindestnennbetrag auf einen Euro herabgesetzt und als Alternative die international ohnehin gebräuchlichere nennwertlose Aktie zugelassen.

Finanzmarktförderungsgesetz (Drittes) ▌

Das Dritte Finanzmarktförderungsgesetz beinhaltet umfangreiche gesetzliche Neuerungen für Börsen- und Wertpapierhandel, Investmentgesellschaften und Unternehmensbeteiligungsgesellschaften. Ziel der im Dritten Finanzmarktförderungsgesetz zusammengefassten Gesetzesänderungen ist die Deregulierung, Modernisierung und damit Verbesserung der Wettbewerbsfähigkeit des Finanzplatzes Deutschland.

Die Attraktivität eines Wirtschaftsstandorts hängt ganz erheblich von der Funktionsfähigkeit des Finanzmarkts ab. Im Zuge der Bemühungen zur Stärkung des Standorts soll der Finanzplatz Deutschland durch das Dritte Finanzmarktförderungsgesetz attraktiver und moderner gestaltet werden. Dabei wird der Schwerpunkt auf die Verbesserung der Funktionsfähigkeit des Börsen- und Wertpapierhandels und auf den erleichterten Zugang zu Risikokapital für kleinere und innovative Unternehmen gelegt.

Im Dritten Finanzmarktförderungsgesetz, das allerdings vor seinem Inkrafttreten noch der Zustimmung des Bundesrates bedarf, wurden vor allem die Gesetzesbereiche Börsen- und Wertpapierhandel, Investmentfonds und Unternehmensbeteiligungen neu geregelt, verändert und erweitert.

I. Änderungen im Börsen- und Wertpapierhandelsrecht

Im Börsen- und Wertpapierhandelsrecht wurden verschiedene Neuerungen eingeführt, um die Aktie als Anlageinstrument für breite Bevölkerungsschichten zu erschließen, um den Schutz des Anlegers zu verbessern und um Aktiengesellschaften einen erleichterten Zugang zur Börse zu ermöglichen. So wird beispielsweise die Verjährungsfrist für fehlerhafte Verkaufs- oder Börsenzulassungsprospekte von fünf auf drei Jahre verkürzt, um das Haftungsrisiko beziehungsweise die Haftungsansprüche besser abschätzen zu können. Auch die Verjährungsfrist für falsche Anlageberatung soll von 30 auf nunmehr drei Jahre verkürzt werden.

Wichtig ist, dass die in Deutschland immer noch sehr restriktiven Bedingungen für die Börsenzulassung für Emittenten von Aktien erleichtert werden, um so mehr und vor allem auch kleineren Unternehmen einen Zugang zur Börse zu ermöglichen. Zu den hier vorgeschlagenen Neuerungen zählt der Verzicht auf eine Mindestbestandsdauer für Unternehmen, die ihre Aktien an der Börse emittieren wollen. Bislang schrieb die Börsenzulassungsverordnung (BörsZulV) vor, dass Aktiengesellschaften, die ihre Papiere zum Börsenhandel zulassen wollten, mindestens drei Jahre bestanden und ihre Jahresabschlüsse in den drei dem Antrag vorangegangenen Jahren gemäß den für sie geltenden Vorschriften veröffentlicht haben mussten.

Zusätzlich soll ein Wechsel vom geregelten Markt in den amtlichen Handel möglich sein, ohne erneut einen Börsenprospekt anfertigen zu müssen. Voraussetzung ist allerdings, dass die Aktie des Unternehmens schon mindestens drei Jahre lang am geregelten Markt einer inländischen Börse zum Handel zugelassen ist. Auch ausländischen Gesellschaften soll das Anfertigen eines Börsenprospekts erlassen werden, wenn ihre Aktien schon seit mindestens drei Jahren an einer anderen Börse eines EU-Mitgliedslandes oder sonstigen EWR-Staates im amtlichen Handel notiert werden. Zusätzlich soll das so genannte Delisting, also der Rückzug eines Unternehmens von der Börse, gesetzlich geregelt werden.

2. Änderungen des Kapitalanlagegesellschaftengesetzes (KAGG)

Zusätzlich zu den bereits im Kapitalanlagegesellschaftengesetz vorgesehenen Arten von Investmentfonds sollen neue Varianten zum Vertrieb zugelassen werden, um so einerseits die Konkurrenzfähigkeit der in Deutschland agierenden Investmentgesellschaften gegenüber den im Ausland registrierten Fonds zu stärken und andererseits den veränderten Bedürfnissen der Anleger Rechnung zu tragen.

Zu den wichtigsten vorgeschlagenen Neuerungen gehört die Einführung so genannter Pensions-Sondervermögen. Die Besonderheit von Pensions-Sondervermögen liegt darin, dass das Fondsmanagement hinsichtlich der Anlagepolitik besonderen Regelungen unterliegt, die gewähren sollen, dass die betreffenden Fonds zur langfristigen Altersvorsorge geeignet sind. So ist vorgesehen, dass Aktien und Immobilien mindestens 51 Prozent des Fondsvermögens ausmachen müssen. Hier spielt vor allem der Gedanke der langfristigen Substanzerhaltung beziehungsweise -mehrung eine Rolle, da eine Anlageform, die für die Altersversorgung geeignet sein soll, weitgehend inflationsresistent sein muss. Während Bargeldbestände und Anleihen durch anhaltende Inflation durchaus an Wert verlieren können, werden Unternehmensbeteiligungen und Immobilienvermögen allgemein als langfristig guter Schutz gegen Inflation angesehen. Nach oben hin ist eine Begrenzung von 75 Prozent für Anlagen in Aktien und stille Beteiligungen vorgesehen. Auch Dachfonds sowie gemischte Wertpapier- und Grundstücksfonds sollen in Zukunft als Pensions-Sondervermögen zugelassen werden, solange sie nicht mehr als 30 Prozent ihres Vermögens in Grundstücke, Grundstücksgesellschaften oder Anteilen an Grundstückssondervermögen investiert haben.

3. Änderungen im Gesetz über Unternehmensbeteiligungsgesellschaften (UBGG)

Die Veränderungen im Unternehmensbeteiligungsgesetz zielen vor allem auf eine Verbesserung der steuerlichen Möglichkeiten solcher Gesellschaften, um so den Markt für Risikokapital und Beteiligungen zu stärken. Leitgedanke dieser steuerlichen Neuregelungen ist, dass ein funktionsfähiger Markt für Risikokapital und Beteiligungen in erster Linie kleinen und mittleren Unternehmen zugute kommt. Mit Inkrafttreten des Kapitalmarktförderungsgesetzes soll es so genannten Unternehmensbeteiligungsgesellschaften ermöglicht werden, ihre Beteiligungen an Kapitalgesellschaften schon nach einem Jahr ohne Besteuerung eines eventuell entstandenen Gewinns zu verkaufen. Die Spekulationsfrist wurde damit um fünf Jahre verkürzt. Auf diese Weise wird die Anlage in solche Gesellschaften, die Unternehmen oder Teile von Unternehmen erwerben, um sie später möglichst zu einem höheren Preis wieder zu veräußern, für Investoren deutlich attraktiver. Diese Form der Kapitalanlage wendet sich vor allem an Anleger mit hohem Einkommen beziehungsweise einer Steuerprogression, die bereit sind, für einen steuerfreien Spekulationsgewinn ein erhöhtes Risiko einzugehen.

Floater (Floating-rate-notes)

Eine Floating-rate-note ist eine Anleihe mit variabler Verzinsung. Die Verzinsung einer Floating-rate-note wird in der Regel alle sechs Monate an einen bestimmten, vorab vereinbarten Geldmarktzins angepasst. Die Laufzeit einer Floating-rate-note liegt bei fünf bis zehn Jahren.

Floating-rate-notes sind mittel- bis langfristige Schuldverschreibungen, bei denen der zu zahlende Zins regelmäßig an einen bestimmten Referenzzinssatz angepasst wird. Im Gegensatz zu herkömmlichen Anleihen ist der Zinssatz also nicht über die gesamte Laufzeit konstant, sondern variiert mit dem Marktzins. Als Referenzzins wird ein bestimmter, vorab vereinbarter Geldmarktzins verwendet. Häufig wird als Referenzsatz der EURIBOR vereinbart. Die Anpassung sowie die Zinszahlungen erfolgen in der Regel halbjährlich. Auf den Geldmarktzins wird meist noch ein Aufschlagssatz gezahlt, der von der Bonität des Emittenten, also von seiner Kreditwürdigkeit, abhängig ist und zwischen einem achtel und dreiviertel Prozent liegt.

Meist werden Floating-rate-notes mit einer Mindestverzinsung versehen, so dass der Anleger einerseits mit einer Mindestrendite rechnen kann, auf der anderen Seite aber die Chance auf eine theoretisch unbegrenzt steigende Rendite hat. In der Praxis werden Floater aber oftmals mit einem Cap, also einer Zinsobergrenze, versehen. Die Verzinsung schwankt dann nur in bestimmten Bandbreiten.

Die Laufzeit von Floating-rate-notes liegt meist zwischen fünf und zehn Jahren. Es handelt sich also um ein langfristiges Wertpapier, das mit einem Zinssatz für kurzfristige Anlagen verzinst wird. Emittenten, also Anleiheschuldner, sind in der Regel Großbanken, Kapitalsammelstellen und Staaten.

Der Vorteil, aber auch das Risiko einer Floating-rate-note für den Anleger und den Schuldner liegt in der stets aktuellen Verzinsung. Bei steigendem Geldmarktzins wird die Verzinsung für den Inhaber einer Floating-rate-note attraktiver, die Rendite seiner Anlage steigt. Für den Emittenten der Schuldverschreibung hingegen steigen die Kapitalkosten. Die Belastung für das aufgenommene Kapital wächst. Bei sinkendem Geldmarktzins hingegen wird die Verzinsung für den Anleger unattraktiver, während die Belastung für den Emittenten geringer wird.

Im Gegensatz zu herkömmlichen Schuldverschreibungen lässt sich bei Floating-rate-notes die Rendite vom Zeitpunkt des Erwerbs bis zur Endfälligkeit des Papiers nicht mit Sicherheit ermitteln. Es gibt viele Varianten von Floating-rate-notes, wie zum Beispiel solche mit Zinsobergrenze oder mit Optionsscheinen zum Bezug von Aktien der emittierenden Gesellschaft.

Floor

Floors sind Finanzinstrumente zur Absicherung gegen sinkende Zinsen. Sie werden vor allem von Anlegern nachgefragt, die in Anleihen mit variabler Verzinsung investiert haben. Der Käufer eines Floors kann während der Laufzeit vom Verkäufer des Floors die Zahlung der Differenz zwischen dem vereinbarten Mindestzins und dem tatsächlichen Zins verlangen, sobald der Marktzins unter die vereinbarte Grenze fällt.

Ähnlich wie bei einer Option treten auch bei einer Floor-Vereinbarung zwei Marktteilnehmer miteinander ins Geschäft. Der Käufer eines Floors erwirbt dabei vom Verkäufer des Floors das Recht auf Zahlung der Differenz zwischen dem Marktzins und dem vereinbarten Mindestzins. Die Zahlungen erfolgen zu bestimmten, vorab festgelegten Terminen während der Laufzeit der Vereinbarung. Für das Recht auf Zahlung der Zinsdifferenz muss der Käufer eine Prämie an den Verkäufer des Floors, auch Stillhalter genannt, zahlen. Ein Floor ist also ein Finanzinstrument, das der (Ver-)Sicherung von Anlegern gegen fallende Zinsen dient. Beim Kauf eines Floors werden die Floor-Bedingungen vorab vereinbart:

- Laufzeit
- Zahlungstermine
- Prämie
- Basissummen, auf die sich der Zinssatz beziehen soll, sowie
- Floor- beziehungsweise Mindestzins.

Floors sind von ihrer Ausgestaltung und ihrer Verwendung her das Gegenteil von Caps, mit denen Kreditnehmer sich gegen steigende Zinsen absichern können. Sie sind aus Sicht von Anleger und Verkäufer (Stillhalter) eine Versicherung gegen fallende Zinsen. Das ist nicht kostenlos zu haben: Die Absicherung kostet einen bestimmten Betrag, und die Vereinbarung kommt nur dann zum Tragen, wenn die vereinbarte Bedingung (hier: Unterschreiten eines bestimmten Zinssatzes) eintritt.

Die Prämie, die ein Investor für den Kauf eines Floors an den Stillhalter des Floors entrichten muss, richtet sich zum einen nach der Laufzeit des Floors und zum anderen nach der Höhe des vereinbarten Mindestzinses. Je länger die Laufzeit eines Zinssicherungsinstruments ist, desto höher ist normalerweise der Preis, der für die Absicherung zu zahlen ist. Diese Regel gilt auch für Floors. Daneben hängt die Höhe der Prämie davon ab, wie weit der vereinbarte Mindestzins unter dem aktuellen Marktzins bei Abschluss der Vereinbarung liegt. Je weiter der Mindestzins unter dem Marktzins liegt (je geringer also auch das Risiko für den Stillhalter ist, tatsächlich zur Zahlung herangezogen zu werden), desto geringer wird die zu entrichtende Prämie sein.

Wirtschaftlich betrachtet kann man einen Floor mit einem Portfolio von europäischen Zinsoptionen mit unterschiedlichen Ausübungszeitpunkten vergleichen.

Ein Floor berechtigt nicht nur einmal zum Erhalt einer Zahlung. Wenn die vereinbarten Bedingungen eintreten, kann es auch mehrere Ausübungszeitpunkte geben.

Ein Instrument der Absicherung auch für private Anleger

Floors eignen sich somit zur Absicherung der meisten Arten von variabel verzinslichen Anlagen, wie beispielsweise Floatern. Mit Hilfe von Floors können sich sowohl private und institutionelle Anleger als auch Banken dagegen absichern, dass die Verzinsung ihrer Investments und damit die Rendite unter einen bestimmten Mindestwert fallen. Banken nutzen Floors, um die von ihnen vergebenen, variabel verzinslichen Kredite nach unten abzusichern. Eine solche Absicherung ist beispielsweise dann sinnvoll, wenn eine Bank ein Darlehen auf variabler Zinsbasis vergibt, die Refinanzierung aber auf fixer Basis vorgenommen hat.

Fondsgebundene Lebensversicherungen |

Fondsgebundene Lebensversicherungen sind eine Spezialform der Lebensversicherung. Sie legen Teile der von ihren Kunden eingezahlten Gelder in Investmentfonds an, wobei der Kunde aus einer Palette unterschiedlicher Fonds wählen kann. Die von dieser Form der Lebensversicherung erwirtschaftete Rendite liegt meist deutlich über der Rendite, die sich mit klassischen Lebensversicherungen erzielen lässt, birgt aber auch das Risiko einer unterdurchschnittlichen Rendite bei entsprechend schlechter Wertentwicklung der Fonds. Die fondsgebundene Lebensversicherung gewann in Deutschland erst in den Neunzigerjahren eine größere Bedeutung.

Fondsgebundene Lebensversicherungen sind eine Form der Lebensversicherung, die sich vor allem an den renditeorientierten Anleger richtet, der eine finanzielle Absicherung seiner Angehörigen bei gleichzeitig möglichst gewinnbringender Kapitalanlage sucht. Fondsgebundene Lebensversicherungen zeichnen sich dadurch aus, dass sie einen Teil der von ihren Kunden eingezahlten Mittel in Fondsanteile investieren, während der restliche Teil der Beiträge ähnlich wie bei der Anlage in einer klassischen Lebensversicherung verwendet wird.

Insgesamt erfolgt eine Aufteilung der von den Kunden der Versicherung eingezahlten Beiträge auf folgende drei Bereiche:
- Ein Teil der Versicherungsbeiträge wird zur Absicherung des Todesfallrisikos verwendet. Dieser Teil soll dazu dienen, die vom Versicherungsnehmer genannten Begünstigten im Falle seines Ablebens finanziell zu versorgen.

- Ein Teil der Versicherungsbeiträge wird zur Begleichung der Verwaltungskosten der Versicherungsgesellschaft sowie der an den Vermittler gezahlten Prämien verwendet.
- Der so genannte Sparteil wird in einen oder mehrere Investmentfonds investiert.

Somit verbinden diese Formen der Lebensversicherung sowohl Risikoabsicherung als auch langfristige Kapitalbildung.

Im Gegensatz zu den fondsgebundenen Lebensversicherungen sind die Anbieter klassischer Lebensversicherungen im Hinblick auf die Anlage des „Sparteils" an strenge gesetzliche Rahmenbedingungen gebunden. So müssen alle Anlagen dem Kriterium der Deckungsstockfähigkeit genügen. Den Anbietern klassischer Lebensversicherungen ist es daher meistens verboten, die ihnen anvertrauten Mittel in so genannte Finanzinnovationen zu investieren. Aus dieser sehr konservativen Anlagepolitik, verbunden mit hohen Kosten für Verwaltung und Vermittlung der Versicherungen, resultieren dann auch in der Regel eher unterdurchschnittliche Anlageergebnisse und eine relativ geringere Ablaufleistung.

Die Ablaufleistung von fondsgebundenen Lebensversicherungen liegt zwar meist deutlich höher als bei klassischen Lebensversicherungen, kann aber – und hier liegt das Risiko – je nach Art des gewählten Fonds und der Situation am Kapitalmarkt bei Ablauf der Versicherung deutlich schwanken. Im Einzelfall kann die Ablaufleistung einer fondsgebundenen Lebensversicherung auch unter dem Ergebnis einer klassischen Lebensversicherung liegen. Sie ist daher wesentlich schwerer zu prognostizieren als die Höhe der Ablaufleistung einer klassischen Lebensversicherung.

Um das Risiko zu minimieren, dass die Fondsanteile mit Verlust oder geringer Rendite verkauft werden müssen, weil das Ende der Laufzeit der Versicherung in eine ungünstige Kapitalmarktsituation fällt, bieten die Versicherungsgesellschaften häufig eines oder mehrere der folgenden Optionsrechte an:
- Die Laufzeit der Versicherung kann auf Wunsch des Versicherungsnehmers um bis zu fünf Jahre verlängert werden.
- Der Versicherungsnehmer hat die Wahl, sich entweder den Gegenwert der Investmentzertifikate zum Zeitpunkt der Fälligkeit der Versicherung auszahlen oder aber sich die Zertifikate selbst übertragen zu lassen, so dass er auf einen günstigen Zeitpunkt zum Verkauf warten kann.
- Der Versicherungsnehmer hat nicht nur die Möglichkeit, zwischen verschiedenen Investmentfonds zu wählen, sondern kann diese auch zwischendurch verkaufen und dafür andere erwerben. So kann in einem guten Börsenjahr ein Gewinn realisiert und in weniger kursreagible Fonds investiert werden.

Die im Vergleich zu klassischen Lebensversicherungen wesentlich größere Entscheidungsfreiheit und Mitwirkungsmöglichkeit des Versicherten macht die Anlage in fondsgebundene Lebensversicherungen sehr viel transparenter und nachvollziehbarer für den Versicherten. Der Versicherte hat mehr Möglichkeiten, auf das Verhältnis zwischen Chance und Risiko Einfluss zu nehmen und die Versicherung so an seine Bedürfnisse anzupassen.

Hinsichtlich der Investmentfonds, in die die Gesellschaft den Sparanteil der Versicherung investiert, hat der Anleger in der Regel eine breite Auswahl von Aktienfonds, Rentenfonds und Immobilienfonds. Daneben werden teilweise auch einige Spezialitätenfonds angeboten, wie beispielsweise Länder- und Regionalfonds oder Branchenfonds. Die Auswahl ist aber meist auf weniger volatile, also auf weniger stark schwankende Fonds beschränkt. Das unterstreicht den langfristigen und eher konservativen Charakter einer Lebensversicherung als Anlageinstrument.

Ein weiterer Unterschied zwischen diesen beiden Formen der Lebensversicherung liegt darin, dass den Versicherten einer klassischen Lebensversicherung die Kosten für Abschluss und Verwaltung in der Regel vollständig am Anfang angelastet werden. Das bedeutet, dass die ersten Beiträge hauptsächlich zur Begleichung dieser Kosten dienen. Dies zeigt sich auch darin, dass der „Rückkaufswert" einer klassischen Lebensversicherung im ersten Jahr meist bei Null liegt und sich dann über die Laufzeit immer mehr den getätigten Einzahlungen zuzüglich des Gewinnanteils annähert. Bei fondsgebundenen Lebensversicherungen werden die Kosten dagegen gleichmäßig über die Laufzeit der Versicherung verteilt, so dass hier der Rückkaufswert in den ersten Jahren (auch ohne Gewinnanteil) über dem einer gleich hohen klassischen Lebensversicherung liegt. Im Zeitablauf nähern sich dann die Rückkaufswerte einer klassischen Lebensversicherung und einer fondsgebundenen Lebensversicherung an.

Daneben unterscheiden sich die beiden Lebensversicherungsvarianten auch hinsichtlich ihrer Behandlung im Rahmen der Einkommensteuer. Hier hatte die klassische Lebensversicherung einen Vorteil gegenüber der fondsgebundenen, da die gezahlten Beiträge innerhalb bestimmter Grenzen als Sonderausgaben von dem zu versteuernden Einkommen abgezogen werden konnten.

Vor Abschluss einer Lebensversicherung: informieren und neutral (!) beraten lassen

Für den langfristig orientierten Kapitalanleger eignet sich die in Deutschland noch relativ neue Form der fondsgebundenen Lebensversicherung als Teil der Altersvorsorge bei gleichzeitiger Absicherung der Familie. Das überschaubare Risiko, verbunden mit einer guten Chance auf eine attraktive Rendite, bietet eine Möglichkeit, regelmäßig Kapital für den Ruhestand anzusammeln. Aufgrund des damit verbundenen Risikos sollte die fondsgebundene Lebensversicherung allerdings nur ein Baustein einer sorgfältig geplanten Altersversorgung sein. Überdies muss sich ein Anleger vor Abschluss einer Lebensversicherung immer darüber informieren, welche steuerlichen Aspekte zu beachten sind. Da es in den letzten Jahren zu immer häufigeren und oft widersprüchlichen Änderungen beim Einkommensteuerrecht kam, ist eine Information über den aktuellen Stand sehr wichtig. Sonst könnten alle Renditeüberlegungen unzutreffend sein. Es empfiehlt sich auch immer, einen unabhängigen Versicherungsberater aufzusuchen, da die Vertreter einzelner Anbieter vor allem an ihre eigene Provision denken und daher oft nicht neutral beraten. Ein Versicherungsberater arbeitet gegen Honorar und bietet selber keine Verträge an, wie dies die Vertreter von Versicherungen oder so genannte Finanzberater von Strukturvertrieben tun. Sie empfehlen meist die Versicherungen und andere Anlageformen, bei denen sie die höchsten Provisionen bekommen, die – wenn auch in der Prämie versteckt – immer der Kunde zahlen muss.

Fondsgestützte Vermögensverwaltung

Das Konzept der fondsgestützten Vermögensverwaltung basiert auf der Erkenntnis, dass sich durch professionelle Kombination mehrerer Investmentfonds eine zweifache Diversifikation des Vermögens des einzelnen Anlegers erreichen lässt. Zum einen streut jeder einzelne Fonds die ihm zur Verfügung gestellten Mittel auf verschiedene Anlagen, zum anderen streut der professionelle Vermögensverwalter noch einmal die Mittel seines Kunden auf verschiedene Fonds.

Fondsgestützte Vermögensverwaltung wird in Deutschland von den meisten Banken sowie von verschiedenen freien Vermögensverwaltern angeboten. Eine professionelle Vermögensverwaltung entlastet den einzelnen Anleger davon, sich regelmäßig darüber Gedanken zu machen, wie und für welchen Zeitraum er seine Mittel investieren muss, um eine angemessene Rendite zu erzielen. Für viele private Anleger wird es zunehmend schwieriger, sich auf den immer komplexeren und schnelle-bigeren Kapitalmärkten zurechtzufinden. Ein erfolgreiches Management des eige-nen Vermögens erfordert oftmals viel Zeit und Fachkenntnisse. Beides ist manch-mal nicht im hinreichenden Maße vorhanden. Hieraus resultiert der zunehmende Erfolg professioneller Vermögensverwalter, die ihren Kunden diese Aufgabe ab-nehmen.

Während es sich früher nur sehr vermögende Anleger leisten konnten, ihre Mittel durch ein professionelles Management verwalten zu lassen, hat das Konzept der fondsgestützten Vermögensverwaltung dies weiten Anlegerkreisen erschlossen. Heute ist eine Vermögensverwaltung schon ab einer Einlage von 10.000 Euro (be-ziehungsweise rund 20.000 DM) möglich und sinnvoll. Die fondsgestützte Vermö-gensverwaltung erfolgt dabei in der Weise, dass der Anleger dem Vermögensver-walter oder der Vermögensverwaltungsgesellschaft einen bestimmten Betrag über-lässt. Diese investiert die Mittel in verschiedene Fonds.

Bei Vertragsabschluss wird zunächst mit dem Anleger vereinbart, welche Anla-gestrategie verfolgt werden soll. Hierbei geht es dem Vermögensberater vor allem da-rum, herauszufinden, wie lange der Kunde seine Mittel anlegen möchte und wie viel Risiko er dabei eingehen will. Auf Basis dieser Analyse wählt der Vermögensverwal-ter eine bestimmte Anzahl von Fonds aus, auf die er die Mittel des Kunden verteilt.

Wünscht der Kunde beispielsweise eine konservative, sicherheitsorientierte Anlagestrategie, so wird der Vermögensverwalter das Kapital größtenteils in Ren-tenfonds anlegen und höchstens einen kleinen Teil in Aktienfonds investieren. Bei einem risikofreudigen Anleger, der eine maximale Rendite anstrebt, steht dem Ver-walter eine breite Palette von Fondsvarianten zur Verfügung, wie beispielsweise Optionsscheinfonds, Future-Fonds, Branchenfonds sowie Länder- und Regional-fonds. Welche der verschiedenen Fondsvarianten gewählt wird, hängt von den Wünschen des Kunden sowie der Einschätzung des Vermögensverwalters ab. Die meistgewählte und wahrscheinlich sinnvollste Strategie liegt zwischen diesen bei-den Extremen, wobei eine Kombination aus konservativen und renditeorientierten Fonds zusammengestellt wird.

Der Vorteil und gleichzeitig die Grundidee der fondsgestützten Vermögens-verwaltung liegt darin, dass der Anleger gleich eine zweifache Diversifikation sei-nes Vermögens erreicht. Zum einen werden seine Mittel von der Vermögensverwal-tung auf verschiedene Fonds verteilt, so dass eine eventuelle negative Performance des einen Fonds durch die positive Entwicklung der anderen Fonds wieder ausge-glichen wird. Eine weitere Risikostreuung erfolgt dann innerhalb der einzelnen In-vestmentfonds. Das Management verteilt die Mittel der Kunden auf verschiedene Anlagen, so dass auch hier eventuelle negative Ergebnisse einzelner Wertpapiere durch positive Ergebnisse anderer Wertpapiere ausgeglichen werden können. Die Pflicht zur Risikostreuung wird durch das Kapitalanlagegesellschaftengesetz (KAGG) geregelt.

Fondsgestützte Vermögensverwaltung wird heute von einer Vielzahl in- und ausländischer Banken sowie privater Vermögensverwaltungsgesellschaften angeboten. Der Anleger sollte sich die einzelnen Vermögensverwalter genau ansehen, ehe er einem der Anbieter sein Vermögen anvertraut. Während die Gefahr des Betruges oder der unsachgemäßen Beratung bei einer Bank relativ gering ist, kann die Wahl eines ungeeigneten freien Anbieters zu unangenehmen Überraschungen führen. Auf der anderen Seite sind gerade renommierte freie Vermögensverwaltungsgesellschaften oft besonders bemüht, gute Ergebnisse zu erreichen und dem Kunden spezielle Serviceleistungen zu bieten, um sich neben den großen Banken behaupten zu können. Auf keinen Fall sollten Anleger ihre Ersparnisse so genannten Vermögensberatern anvertrauen, die telefonisch Kontakt zu ihnen aufnehmen oder ihre Dienste per Kleinanzeigen anbieten. Vor allem sollten sie vorsichtig sein, wenn ihnen sehr hohe Renditen versprochen werden. Hier ist die Gefahr des Betrugs hoch.

Besonders wichtig bei der Auswahl des individuell am besten geeigneten Vermögensberaters ist ein genauer Vergleich der Preise, die diese für ihre Dienstleistung berechnen. In der Regel setzen sich die Kosten für eine professionelle Vermögensberatung aus drei Preiskomponenten zusammen:

- einer einmaligen „Aufnahmegebühr"
- einer jährlichen Managementgebühr
- einer bestimmten Gebühr pro Kauf und Verkauf eines Fonds.

Schon bei der einmaligen „Aufnahmegebühr" gibt es starke Preisdifferenzen, die sich zwischen 0,5 und zehn Prozent bewegen. Im Allgemeinen verlangen private Anbieter höhere Aufnahmegebühren als Banken. Dafür bieten sie häufig auch eine breitere Palette an Fonds an, während die Banken hauptsächlich die hauseigenen Fonds verwenden.

Bei der jährlichen Managementgebühr gibt es ebenfalls starke Preisunterschiede. Sie können zwischen 0,5 und fünf Prozent liegen. Die Managementgebühr wird als Ausgleich für die entstehenden Verwaltungs- und Managementkosten des Vermögensverwalters veranschlagt. Die Preisdifferenzen resultieren dabei zum Teil aus der unterschiedlichen Betreuungsintensität der einzelnen Anbieter. Im Allgemeinen wird die Managementgebühr in Deutschland unabhängig vom erzielten Anlageerfolg erhoben. Dies bedeutet, dass die in schlechten Börsenjahren ohnehin geringe oder sogar negative Rendite des Vermögens noch einmal durch die Managementgebühr geschmälert wird. Allerdings ist anzunehmen, dass es in Deutschland – wie heute schon in den USA und Großbritannien üblich – zunehmend Anbieter geben wird, die ihre Managementgebühr erfolgsabhängig, also als Prozentsatz vom Anlageerfolg, erheben.

Die dritte Preiskomponente, die Kosten pro Transaktion, ist vor allem für Anleger wichtig, die häufig zwischen verschiedenen Fonds umschichten. Während ein Anleger, dessen Mittel hauptsächlich in Rentenfonds investiert sind, von dieser Gebühr nur wenig betroffen ist, weil Umschichtungen in der Regel nur selten vorkommen, können diese Gebühren für risikofreudige Anleger, die ihre Mittel in volatile (stark schwankende) Fonds investieren lassen und daher oftmals einzelne Fonds verkaufen und dafür andere Fonds kaufen, einen beträchtlichen Kostenfaktor darstellen. Es ist deshalb unerlässlich, dass der Anleger zunächst analysiert, welches Preismodell für ihn am günstigsten ist, und dann eine geeignete Vermögensverwaltung auswählt.

Meist erfolgt eine regelmäßige Berichterstattung hinsichtlich des Anlageerfolges durch die Vermögensverwaltung. Grundsätzlich ist der Vertrag mit der Vermögensverwaltung jederzeit kündbar.

Für private Anleger geeignet – aber ...

Die fondsgestützte Vermögensverwaltung ist vor allem den Anlegern zu empfehlen, denen entweder das notwendige Fachwissen oder die Zeit fehlt, um sich selbst mit dem Management des eigenen Vermögens zu befassen. Solchen Anlegern können die Verwaltung und das Management durch professionelle Vermögensverwalter abgenommen werden. Es empfiehlt sich aber, sich trotzdem mit den grundlegenden Funktionsweisen modernen Kapitalmanagements, der Börse sowie des Kapital- und Geldmarkts auseinanderzusetzen. Nur so ist es dem Anleger möglich, die Leistung seines Vermögensberaters zu beurteilen und nötigenfalls entsprechende Maßnahmen zu treffen.

Forfaitierung

Forfaitierung ist der Ankauf von Forderungen aus Exportgeschäften, die erst zu einem späteren Zeitpunkt fällig werden. Der Rückgriff auf den Verkäufer der Forderung wird bei diesem Finanzierungsinstrument vertraglich ausgeschlossen. Das Risiko der Nichtbezahlung durch den Gläubiger liegt also beim Erwerber der Forderung. Als Käufer von Exportforderungen treten meist internationale Großbanken auf.

Die Forfaitierung ist ein Finanzinstrument, das speziell für die Außenhandelsfinanzierung entwickelt wurde und der Finanzierung von Exportgeschäften dient. Hintergrund dieser Finanztechnik ist, dass Exporteure häufig das Entgelt für ihre Leistung – also beispielsweise für die Lieferung von Maschinen, Rohstoffen, Dienstleistungen – erst nach einer gewissen Zeit erhalten. Sie müssen also dem Käufer einen Kredit gewähren. Der Zeitraum zwischen Lieferung und Bezahlung der Ware kann sich dabei je nach Vertrag und Branche auf bis zu fünf Jahre erstrecken. Für den Exporteur bedeutet dies, dass er für den gesamten Zeitraum auf

Liquidität in dieser Höhe verzichten muss. Dieses Geld könnte er ansonsten zur Bezahlung eigener Verpflichtungen (Löhne, Zulieferungen) oder zu Investitionszwecken nutzen. Oft muss der Exporteur selbst einen Kredit zur Gegenfinanzierung aufnehmen.

Zusätzlich trägt der Exporteur das Risiko, dass der Importeur seiner Zahlungsverpflichtung nicht nachkommen kann oder will. Durch die Forfaitierung kann der Exporteur sowohl die Finanzierung als auch das Risiko auf eine dritte Partei, meist eine Bank, übertragen. Denn bei der Forfaitierung verkauft der Exporteur seine Forderung gegen einen Importeur an den so genannten Forfaiteur und erhält dafür den Rechnungsbetrag abzüglich eines Diskonts. Der Forfaiteur übernimmt dabei sowohl die Finanzierungsfunktion als auch das Risiko der Nichtbezahlung. Der Verkäufer der Forderung (Exporteur) behält allerdings weiterhin die Verpflichtung, das Grundgeschäft, also beispielsweise die Warenlieferung, ordnungsgemäß abzuwickeln. Das Risiko der Nichtannahme oder Reklamation der erbrachten Leistung bleibt ebenfalls beim Exporteur.

Damit eine Forderung von einem Forfaiteur angekauft wird, muss sie in der Regel folgende Merkmale aufweisen:

- Der Mindestbetrag liegt bei 50.000 Euro,
- die Laufzeit sollte zwischen sechs Monaten und fünf Jahren liegen,
- der Rechnungsbetrag muss auf eine unbeschränkt konvertible Währung wie Euro, US-Dollar oder Yen lauten,
- die Forderung muss durch eine Bankgarantie oder ein Akkreditiv abgesichert sein,
- die Überprüfung des wirtschaftlichen und politischen Risikos muss ein positives Resultat ergeben.

Als das der Forderung zugrunde gelegte Finanzinstrument wird im Normalfall ein Solarwechsel (siehe dazu unter Wechsel) verwendet. Hierbei stellt der Importeur einen Wechsel an die Order (den Begünstigten) des Exporteurs aus. Der Exporteur gibt den Wechsel durch Unterschrift mit dem Zusatz „Ohne Obligo" an den Forfaiteur weiter. Mit diesem Zusatz schließt der Exporteur jeden Rückgriff seitens des Forfaiteurs bei Nichtzahlung durch den Importeur aus.

Die Kosten, die dem Exporteur aus der Forfaitierung erwachsen, setzen sich aus einer Bereitstellungsprovision und dem vereinbarten Diskont zusammen. Die Bereitstellungsprovision wird für den Zeitraum zwischen Exportvertragsabschluss und Lieferung der Ware vereinnahmt. Meist handelt es sich dabei um 1/1000 der Rechnungssumme pro Monat. Dieses Entgelt ist dafür zu zahlen, dass die Bank dem Exporteur die Kreditmittel zur Verfügung stellt, dieser sie aber nicht in Anspruch nimmt und daher auch keine Zinsen entrichtet. Die Bank kann diese Mittel während dieser Zeit nicht anderweitig einsetzen und erleidet daher einen Einnahmeausfall, für den sie der Exporteur entschädigen muss.

Die Höhe des Diskonts richtet sich unter anderem nach der Bonität des Schuldners oder des Schuldnerlandes, der Laufzeit, der Höhe der Forderung und nicht zuletzt nach den Refinanzierungskosten der Bank.

Dem Exporteur bietet das Finanzinstrument der Forfaitierung neben der früheren Verfügbarkeit des Geldes und dem Wegfall des Risikos der Nichtzahlung noch weitere Vorteile. So geht er kein Währungsrisiko ein und kann daher auf Absicherungen des Wechselkurses (beispielsweise durch Devisen-Optionen und Devisen-Futures) verzichten. Zudem entfallen für ihn kosten- und zeitaufwendige Arbeiten, wie beispielsweise Forderungsüberwachung und Inkasso. Als einen weiteren Vorteil sehen viele Exporteure die Tatsache, dass die Forderung und die damit verbundene Gegenfinanzierung aus der Bilanz verschwinden. Das führt zu einer optischen Verbesserung der Bilanz.

Eine ähnliche Rolle wie die Forfaitierung spielt das Factoring bei der Finanzierung von Geschäften, bei denen keine sofortige Zahlung üblich oder vereinbart ist.

Forward Rate Agreement

Bei einem Forward Rate Agreement (FRA) handelt es sich um eine vertragliche Vereinbarung zwischen zwei Geschäftspartnern zur Absicherung von Zinsänderungsrisiken. Der Käufer eines FRA erhält das Recht, eine fiktive Summe zu einem vorab vereinbarten Zinssatz am Ende der Laufzeit beim Verkäufer des Forward Rate Agreements anzulegen. Der Käufer sichert sich so gegen Zinssenkungen in der Zukunft ab. Umgekehrt beabsichtigt der Verkäufer eine Absicherung gegen Zinserhöhungen.

Forward Rate Agreements zählen neben Optionen und Futures zu den so genannten Termingeschäften. Geschäfte dieser Art bedeuten, dass in der Gegenwart Vereinbarungen über ein Geschäft getroffen werden, das erst in der Zukunft abgewickelt wird. Bei einem FRA wird schon heute der Zinssatz für eine fiktive Kapitalanlage in der Zukunft vereinbart. Ziel dieses Geschäftes ist eine Absicherung gegen mögliche Zinsschwankungen.

Durch den Abschluss eines Forward Rate Agreements wird dem Käufer garantiert, dass er eine fiktive Summe zu einem vorab vereinbarten Zeitpunkt zu einem garantierten Zinssatz beim Verkäufer des Agreements anlegen kann. Bestandteile eines FRA sind der Zinssatz (Referenzzins), der Zeitpunkt der Kapitalanlage (Fälligkeitstermin) sowie die Summe, die angelegt werden soll.

Am Fälligkeitstermin wird der vereinbarte Referenzzins mit dem tatsächlichen Kapitalmarktzins verglichen und die Differenz ausgeglichen. Liegt der Kapitalmarktzins unterhalb des Referenzzinssatzes, muss der Verkäufer des Forward Rate Agreements dem Käufer die Differenz bezahlen. Liegt der Kapitalmarktzins hingegen über dem Referenzsatz, so erhält der Verkäufer einen Ausgleich in Höhe der Differenz vom Käufer. Da es sich bei dem vereinbarten Anlagebetrag nur um eine fiktive Summe handelt, werden außer den Zinszahlungen keine Gelder ausgetauscht. Es wird also im Allgemeinen nicht wirklich das Geld vom Käufer des Agreements beim Verkäufer angelegt.

Käufer von Forward Rate Agreements können Firmen, vermögende Privatkunden oder Banken sein. Verkäufer von FRA sind grundsätzlich Banken.

Der Käufer eines Forward Rate Agreements möchte sich gegen Zinssenkungen in der Zukunft absichern, während der Verkäufer eine Absicherung gegen steigende Zinsen beabsichtigt. Beide Vertragspartner haben unterschiedliche Erwartungen bezüglich der Höhe des zukünftigen Zinssatzes. Der Käufer des Forward Rate Agreements geht bei seinen Überlegungen von sinkenden Zinsen aus, wohingegen der Verkäufer eher mit steigenden Zinsen rechnet.

Forward Rate Agreements unterscheiden sich von Optionen und Futures dadurch, dass sie keiner Standardisierung unterliegen, das heißt, der Vertragsinhalt kann frei ausgehandelt werden. Aus diesem Grund können FRA auch nicht an der Terminbörse gehandelt werden.

Frankfurt Interbank Offered Rate (FIBOR) |

Die Frankfurt Interbank Offered Rate, besser bekannt unter der Abkürzung FIBOR, war der Zinssatz, zu dem sich erstklassige Banken untereinander kurzfristige DM-Darlehen mit Laufzeiten von einem bis zu zwölf Monaten gewährten. Der FIBOR wurde einmal täglich aus den Quotierungen von 19 Banken, die eine führende Position auf dem Geldmarkt hatten, ermittelt. Er wurde 1999 durch den EURIBOR abgelöst.

Näheres dazu unter FIBOR beziehungsweise EURIBOR.

Freistellungsauftrag |

Ein vom Sparer der Bank oder Sparkasse erteilter Auftrag, ihn im Rahmen der zulässigen Grenzen von der direkten Abführung der Körperschaftsteuer sowie der Kapitalertragsteuer durch das Kreditinstitut an das Finanzamt freizustellen. Nur wenn der Bank ein solcher formeller Auftrag vorliegt, ist sie berechtigt, dem Kunden den vollen Betrag seiner Zins- oder Dividendeneinkünfte zu überweisen. Wird ein solcher Auftrag nicht erteilt oder der jeweils geltende Freibetrag überschritten, kann der Empfänger von Zinszahlungen die im Quellenabzug vorab gezahlten Steuern erst später im Rahmen seiner Einkommensteuererklärung geltend machen.

Seit dem 1. Januar 1993 werden in Deutschland (wie auch in vielen anderen Ländern) alle Erträge aus Kapitalvermögen unmittelbar an der Quelle besteuert. Das gilt grundsätzlich für alle Zinseinnahmen, unabhängig davon, ob es sich um die Erträge von Sparbüchern oder die Zinsen auf Anleihen und Pfandbriefe, von Null-Kupon-Anleihen und Optionsanleihen, Index- oder Fremdwährungsanleihen, auf Euro lautenden Auslandsanleihen, Investmentfonds und Bundesschatzbriefen, Dividenden aus Aktien oder ähnlichen Wertpapieren handelt. Anfallende Steuern auf Zinseinnahmen werden grundsätzlich sofort an das Finanzamt überwiesen. Dies geschah zunächst anonym, also ohne dass die Bank oder Sparkasse die Namen der Steuerpflichtigen der Behörde mitteilte. Doch die Auskunftspflichten der Banken gegenüber dem Finanzamt wurden in den vergangenen Jahren immer weiter verschärft, um Steuerhinterziehern auf die Spur zu kommen. Missbräuchliche Freistellungsbescheinigungen bei mehreren Banken oder Sparkassen, mit denen die insgesamt höchstzulässige Summe überschritten wird, sollen so verhindert werden.

Vermieden werden kann der sofortige Abzug der Zinsabschlagsteuer nur, wenn der Kunde seiner Bank einen Freistellungsauftrag erteilt. Denn da für Einkünfte aus Kapitalvermögen Freibeträge gewährt werden, kann der Empfänger im Rahmen der gesetzlich festgelegten Höchstsummen bei seinem Kreditinstitut beantragen, dass ihm Zinseinkünfte ohne Abzug gutgeschrieben werden. Bei Ledigen waren Zinseinkünfte und Dividenden bis Ende 1999 bis zu 6.000 DM und bei Verheirateten bis zu 12.000 DM (plus jeweils 100 DM Werbekostenpauschale pro Person) steuerfrei. Ab 2000 wurden diese Beträge (beziehungsweise die entsprechende Summe in Euro) jeweils halbiert. Bis zu dieser Höhe werden Kapitalerträge in der steuerlich jeweils zulässigen Höhe ohne Abzug auf dem Girokonto gutgeschrieben oder auf Wunsch bar ausgezahlt. Voraussetzung ist aber immer, dass die Freigrenzen nicht überschritten werden und ein entsprechender Freistellungsauftrag vorliegt.

Verheiratete müssen Freistellungsaufträge immer gemeinsam erteilen und unterschreiben. Im Freistellungsauftrag muss der vom Familiennamen abweichende

Geburtsname des Antragstellers oder seines Ehepartners angegeben werden. Sonst wird der Freistellungsauftrag nicht anerkannt.

Erteilung von mehreren Freistellungsaufträgen

Sparer, die bei mehreren Kreditinstituten Konten oder Wertpapierdepots unterhalten, können die Gesamtsumme der ihnen zustehenden Freibeträge auf mehrere Banken, Sparkassen, Investmentfonds usw. verteilen und somit mehrfach Freistellungsaufträge erteilen. Die insgesamt beantragte Freistellungssumme darf aber die jeweils geltenden Obergrenzen für Ledige/Verheiratete nicht überschreiten. Achtung: Ist das doch der Fall, gilt dies als Versuch der Steuerhinterziehung. Kapitalbesitzer müssen deshalb bei der Erteilung mehrerer Freistellungsaufträge genau rechnen. Denn die Kreditinstitute müssen dem Fiskus auf Verlangen Auskunft über vorliegende Freistellungsaufträge geben. Damit soll verhindert werden, dass Steuerpflichtige sich höhere Freibeträge erschleichen, indem sie bei mehreren Banken Freistellungsaufträge in voller Höhe einreichen.

Wichtige Hinweise: Ab 2000 sollten in jedem Fall neue Freistellungsaufträge erteilt werden. Sonst muss die Bank von sich aus die Aufträge anpassen. Dabei wird dann auch die Werbungskostenpauschale für Verheiratete halbiert, obwohl beide Partner einen Anspruch auf je 100 DM (oder 51,13 €) haben. Ähnliches gilt für Singles, die ihren Freibetrag auf mehrere Kreditinstitute oder Fonds aufgeteilt haben.

Wer keine Freistellungsaufträge erteilt, dem werden automatisch 30 Prozent von den Zinserträgen abgezogen. Für alle über die Freibeträge hinausgehenden Kapitalerträge muss die Zinsabschlagsteuer immer vom Kreditinstitut abgezogen werden. Zwar lassen sich diese Beträge beim Finanzamt geltend machen, aber erst mit der Einkommensteuererklärung. Wer keine Steuererklärung abgeben muss (zum Beispiel Rentner oder Kinder), kann sich durch Vorlage einer Nicht-Veranlagungsbescheinigung (NV-Bescheinigung) vom Zinsabschlag befreien lassen.

Zu beachten ist, dass nicht alle Zinseinkünfte unter die Zinsertragsteuer fallen und dass für bestimmte Erträge keine Freistellungsanträge gestellt werden müssen oder können. Das gilt zum Beispiel für steuerbegünstigte Kapitallebensversicherungen, für Zinsen auf Sichteinlagen (Kontokorrent, Girokonten) unter einem Prozent, für Erträge ausländischer thesaurierender Fonds sowie für jährliche Zinsgutschriften bis zur Bagatellgrenze von 20 DM. Sonderregelungen gelten auch für Vereine, für ertragslose Anlagen, für Instandhaltungsrücklagen, Notaranderkonten (treuhänderische Konten, die ein Notar verwaltet) oder Mietkautionen. Hier muss sich der Bezieher von Zinseinkünften bei seiner Bank oder Sparkasse, bei seinem Steuerberater oder direkt beim Finanzamt immer aktuell informieren, da die entsprechenden Gesetze mehrfach geändert wurden und weitere Änderungen nicht auszuschließen sind.

Der Fiskus prüft

Das Finanzamt erhält immer mehr Instrumente, mit deren Hilfe sich nicht deklarierte Zinseinkünfte aufspüren lassen. Die Umstellung auf Namensaktien erleichtert die Kontrolle ebenso wie erweiterte Prüfungsrechte bei Banken und Sparkassen. Die Kreditinstitute müssen dem Finanzamt mitteilen, bis zu welcher Höhe Sie die Freibeträge tatsächlich ausgeschöpft haben. Das gilt auch rückwirkend für die bis 1999 geltenden höheren Freibeträge. Wenn Sie früher die Freibeträge voll genutzt haben und jetzt nur Zinserträge bis zu 1.533/3.067 Euro melden, könnte das Finanzamt Erläuterungen dazu verlangen. Achten Sie also darauf, dass Sie nicht in „Erklärungsnotstand" geraten.

Besitzer von Kapitalvermögen, die ihre Wertpapiere selbst verwahren oder in einem Schließfach deponieren, können damit weiterhin zum Bankschalter gehen und sich gegen Abgabe der entsprechenden Zinskupons oder Dividendenscheine ihre Erträge bar auszahlen lassen. Bei diesen „Tafelgeschäften" muss die Bank jedoch 35 Prozent Kapitalertragsteuer (statt der sonst fälligen 30 Prozent) abziehen. Es kostet meist viel Zeit, dieses Geld später wieder vom Finanzamt zurückzuholen.

Unabhängig davon, ob ein Freistellungsauftrag erteilt wurde oder nicht, müssen alle Zinserträge in der Steuererklärung angegeben werden. Bei der Einkommensteuerveranlagung werden die Freibeträge, die dem Freistellungsauftrag an das Kreditinstitut zugrunde liegen, vom Finanzamt bei der Berechnung der Steuerschuld berücksichtigt. Die über die Freibeträge hinausgehende und von den Kreditinstituten vorab an das Finanzamt überwiesene 30-prozentige Steuer wird als Vorauszahlung anerkannt. Es muss also nur noch die dem jeweiligen Einkommensteuersatz entsprechende Summe nachgezahlt (oder zurückgefordert) werden.

Nur deutsche Banken zum Abzug verpflichtet

Der Abzug an der Quelle findet nur statt, wenn die Papiere bei einem im Inland ansässigen Kreditinstitut im Depot liegen oder bei ihm eingelöst werden (Tafelgeschäfte). Das gilt im Inland für Ausländer ebenso wie für Deutsche. Banken mit Sitz im Ausland können vom deutschen Fiskus dagegen nicht zur Abführung der Zinsabschlagsteuer für deutsche oder ausländische Konteninhaber gezwungen werden. Deutsche, die dort ihre Wertpapiere verwahren lassen oder bei einer ausländischen Bank ihre Zins- und Dividendenscheine einlösen, müssen diese Einnahmen aber dem Fiskus mit der Einkommensteuererklärung offenlegen. Ob dies immer geschieht, ist für die Finanzämter nur schwer zu kontrollieren. Es gibt allerdings starke Bestrebungen, europaweit zu einheitlichen Regeln zu kommen, gegenseitig Kontrollmitteilungen zu schreiben oder zu ähnlichen Maßnahmen zu greifen, um Steuerflucht zu erschweren.

Überlegen Sie: Es könnte steuerlich interessant sein, die Dividendeneinnahmen zu Lasten von Zinserträgen zu reduzieren. Denn für Dividenden ebenso wie für Kursgewinne wurde durch die Steuerreform das Halbeinkünfteverfahren eingeführt: Die Erträge werden nur noch zur Hälfte der Steuer unterworfen.

Freiverkehr

Der Freiverkehr ist das am wenigsten geregelte Segment des deutschen Börsenwesens. Die Aufnahme von Aktien, Optionsscheinen und Rentenwerten in diesen Marktbereich ist im Vergleich zum geregelten Markt und dem amtlichen Handel von relativ wenigen Auflagen abhängig. Der Handel im Freiverkehr erfolgt telefonisch. Die Kursfeststellung wird durch freie Makler übernommen. Damit es zu keinen Unregelmäßigkeiten kommt, unterliegt der Freiverkehr einer Missbrauchsaufsicht durch die Vorstände der jeweiligen Börsen.

Die deutschen Börsen bieten neben dem amtlichen Handel sowie dem geregelten Markt noch den so genannten Freiverkehr zum Handel mit Aktien, Renten (Anleihen) und Optionsscheinen. Die drei Marktsegmente unterscheiden sich in den unterschiedlich strengen gesetzlichen Auflagen, denen die Handelsteilnehmer unterliegen. Die Regelungen im Börsengesetz, die für den amtlichen Handel und den geregelten Markt bestehen, gelten für den Freiverkehr nicht.

Der Handel im Freiverkehr findet per Telefon zwischen Freimaklern statt. Die Kurse dürfen allerdings nur dann veröffentlicht werden, wenn ein ordnungsgemäßer Handel an der Börse gewährleistet ist. Das heißt, der angegebene Kurs hat sich durch Angebot und Nachfrage ergeben, und es handelt sich nicht um eine einseitige Preisfestsetzung durch den Makler.

Im Freiverkehr werden vor allem die Aktien und Anleihen kleinerer oder ausländischer Unternehmen gehandelt. Zur Aufnahme in den Freiverkehrshandel bedarf es lediglich des Antrags durch einen Freimakler, der begründet, dass ein Bedarf nach Handel in diesem Wert besteht. Das Unternehmen, dessen Aktien oder Anleihen in den Freiverkehr aufgenommen werden sollen, muss dem Handel nicht zustimmen. Der Handel mit den betreffenden Wertpapieren darf allerdings nicht aufgenommen werden, wenn das betreffende Unternehmen diesem ausdrücklich widerspricht.

Die Unternehmen, deren Wertpapiere im Freiverkehr gehandelt werden, unterliegen nicht der Prospektpflicht. Sie müssen auch keine Unternehmensberichte oder Zwischenberichte erstellen. Ebenso wenig gibt es Regelungen hinsichtlich der Mindestlebensdauer des Unternehmens sowie eines Mindestkapitals bei der Emission.

Mitte der Neunzigerjahre wurden im Freiverkehr an der Frankfurter Börse rund 600 Aktien von in- und ausländischen Unternehmen gehandelt. Dazu kommen noch zahlreiche Optionsscheine und Rentenpapiere. Die Anzahl dieser Papiere schwankt aufgrund ihrer an die Laufzeit gebundenen Lebenszeit.

Der Freiverkehr bietet den Vorteil, dass aufgrund der geringen Zulassungskosten auch Papiere kleiner oder ausländischer Unternehmen, die keine Zulassung zum amtlichen Handel anstreben, gehandelt werden können. Für den Anleger bietet der Freiverkehr die Möglichkeit, in die Papiere weniger bekannter Unternehmen investieren zu können und so eine breitere Streuung seines angelegten Kapitals zu erreichen. Der Nachteil des Freiverkehrs besteht darin, dass es teilweise zu starken Kursschwankungen kommen kann, da einzelne Papiere nur in sehr geringer Stückzahl am Markt gehandelt werden. Daher sind bei größerer Nachfrage oder steigendem Angebot heftige Kursschwankungen möglich.

Achtung: Teilweise sind die Umsätze bei einzelnen Papieren, die im Freiverkehr gehandelt werden, so gering, dass es zu keiner regelmäßigen Kursfeststellung kommt oder die Kurse durch die Makler geschätzt werden müssen. Oft kann es Tage oder Wochen dauern, bis eine bestimmte Aktie angeboten oder nachgefragt wird. Der Anleger sollte aus diesem Grund seine Kauf- beziehungsweise Verkaufsaufträge grundsätzlich limitieren, das heißt einen Höchst- oder Mindestkurs (beim Verkauf) angeben, zu dem der Auftrag durch den Makler durchgeführt werden soll. Andernfalls kann es sein, dass weit mehr gezahlt werden muss oder sehr viel weniger beim Verkauf erzielt wird, als vorgesehen war.

Fußball-Aktien

Grundsätzlich unterliegen die Aktien von Fußball-Vereinen den gleichen Gesetzen und Bewertungskriterien wie jede andere Aktie auch. Es handelt sich aber in gewisser Weise auch um „Liebhaberpapiere", die von Fans unabhängig vom Ertrag und der zu erwartenden Kursentwicklung gekauft werden. Daher unterliegen sie auch stärker als andere Aktien Stimmungsschwankungen.

Während zum Beispiel in Großbritannien schon seit längerer Zeit Fußballvereine als Aktiengesellschaften geführt und ihre Aktien an der Börse gehandelt wurden, brachte Ende 2000 mit Borussia Dortmund erstmals in Deutschland ein Sportverein Kapitalanteile an die Börse. Zur gleichen Zeit wurden an europäischen Börsen bereits die Aktien von 32 Fußballmannschaften gelistet. Allein 19 dieser Fußball-AGs waren in Großbritannien beheimatet. Die meisten davon notierten unterhalb ihres Einstandskurses.

Da neben normalen Anlegern vor allem Anhänger der jeweiligen Vereine als Käufer in Frage kommen, bleibt bei Fußballklubs oft ein großer Teil der Papiere in festen Händen. Das vermindert die Liquidität und damit die jederzeitige Handelbarkeit. Fonds und andere institutionelle Anleger investieren deshalb oft nicht in „Fan-Papiere".

Obwohl die Fußball-Unternehmen einen großen Teil ihrer Geschäfte mit Merchandising (wie Verkauf von Fan-Artikeln) machen und zahlreiche andere Geschäfte betreiben, bei denen sie ihren bekannten Markennamen vermarkten, hängt die Kursentwicklung der Aktien in starkem Maße vom sportlichen Erfolg der Mannschaft ab. Entsprechend hoch ist das Risiko für Anleger, die solche Papiere unter rein wirtschaftlichen Gesichtspunkten erwerben.

Futures |

Futures sind Finanzinstrumente, die den Inhaber berechtigen und verpflichten, einen zugrunde gelegten Handelsgegenstand zu einem vorab vereinbarten Preis am Ende der Laufzeit zu kaufen oder zu verkaufen. Man unterscheidet, ob die Futures zum Kauf (Long Futures) oder zum Verkauf (Short Futures) eines bestimmten Handelsgegenstands berechtigen und verpflichten.

Futures gehören zu den Finanzinstrumenten, die als Derivate bezeichnet werden und deren Wert sich von dem zugrunde gelegten Handelsgegenstand ableitet. Der Handel mit Futures findet an den Terminbörsen statt, zum Beispiel in Deutschland an der Eurex.

Je nachdem, ob es sich bei dem vereinbarten Lieferungsgegenstand eines Futures um einen Finanztitel, einen Wertpapierindex, um Devisen oder Rohstoffe, um Schlachtvieh, Nahrungsmittel usw. handelt, unterscheidet man Financial Futures oder Commodity Futures.

Ein Future ist eine verbindliche Vereinbarung zwischen zwei Geschäftspartnern, eine bestimmte Anzahl oder Menge eines zugrunde gelegten Handelsgegenstands zu einem bestimmten künftigen Zeitpunkt zu einem vorab vereinbarten Preis zu kaufen und abzunehmen (Käufer des Futures) oder zu verkaufen und zu liefern (Verkäufer des Futures).

Der Unterschied zwischen Futures und Optionen besteht darin, dass beim Future Käufer und Verkäufer eine Verpflichtung eingehen, wohingegen sich bei der Option nur der Verkäufer einer Option verpflichtet, zu liefern oder zu zahlen.

Future-Kontrakte sind von Terminkontrakten zu unterscheiden. Bei Terminkontrakten werden der Preis, die Menge und das Lieferdatum des jeweiligen Wertes frei ausgehandelt. Terminkontrakte werden nicht an der Terminbörse gehandelt. Bei

Future-Kontrakten hingegen findet ein standardisierter Handel statt. Das bedeutet, dass nur bestimmte Mengen, Preise, Laufzeiten usw. zugelassen sind.

Der Geschäftspartner bei einem Future-Geschäft ist immer die so genannte Clearing-Stelle, eine Institution, die Käufer und Verkäufer bei Future- und Optionsgeschäften zusammenbringt, ohne dass die Kontrahenten direkt in Kontakt treten. Die Clearing-Stelle sorgt zudem dafür, dass diese Termingeschäfte ordnungsgemäß ablaufen und die Geschäftsteilnehmer ihren Verpflichtungen nachkommen.

Käufer und Verkäufer von Futures haben entgegengesetzte Erwartungen hinsichtlich der künftigen Preisentwicklung des zugrunde gelegten Handelsgegenstandes. Der Käufer eines Futures erwartet, dass der Preis des Lieferungsgegenstandes innerhalb der Laufzeit steigen wird, während der Verkäufer erwartet, dass der Preis fällt.

Möchte der Erwerber eines Futures sich während der Laufzeit seiner Verpflichtung zum Kauf oder Verkauf des zugrunde gelegten Wertes entledigen, beispielsweise weil er seine Meinung über die Preisentwicklung geändert hat oder weil er entstandene Gewinne absichern will, so kann er dies durch ein identisches Gegengeschäft tun. Der Käufer eines Futures verkauft also einen hinsichtlich Handelsgegenstand, Menge und Liefertermin identischen Future. Da sich diese Verpflichtungen gegenseitig ausgleichen, besteht per saldo also keine Verpflichtung mehr.

Future-Geschäfte werden aus unterschiedlichen Gründen abgeschlossen. Sie dienen zum einen der Risikoabsicherung und zum anderen der Spekulation.

Der Handel mit Futures ist in Deutschland erst seit kurzer Zeit möglich, nimmt seitdem aber in seiner Bedeutung ständig zu. Zunächst wurden an der Deutschen Terminbörse Futures auf Bundesanleihen und Bundesobligationen (so genannte Bund-Futures und Bobl-Futures) und auf den Deutschen Aktienindex DAX (so genannte DAX-Futures) gehandelt.

Future-Fonds

Future-Fonds zählen zu den Exoten unter den in Deutschland gehandelten Fondsarten. Diese Art von Investmentfonds legt die Gelder seiner Kunden in Futures an, die je nach Anlagegrundsätzen zum Bezug eines Wertpapierindex, von Devisen, Anleihen oder Waren berechtigen. Future-Fonds zeichnen sich durch hohe Kursschwankungen aus und richten sich zum einen an renditeorientierte, risikofreudige Anleger und zum anderen an Anleger, die mit Hilfe eines solchen Engagements ihre bestehenden Wertpapierdepots absichern möchten.

Future-Fonds waren noch Ende der Neunzigerjahre eine in Deutschland weitgehend unbekannte Form des klassischen Investmentfonds. Diese Fondsvariante konzentriert ihre Investments ganz auf den Kauf oder Verkauf von Futures an den internationalen Terminmärkten. Der Schwerpunkt der Anlage dieser Fonds liegt meist im Bereich der Financial Futures, also je nach Zielrichtung und Anlagegrundsätzen bei Devisen-Futures, Index-Futures oder Zins-Futures. Es werden aber auch Future-Fonds gehandelt, die sich auf Waren-Futures, so genannte Commodity Futures, spezialisiert haben. Gehandelt werden die den Fonds zugrunde liegenden Termin-kontrakte an allen großen Terminmärkten, wie beispielsweise an der Terminbörse Eurex oder der Chicago Board of Trade.

Die Direktanlage in Futures ist für die meisten Privatanleger aufgrund der hohen Volatilität dieser Finanzinstrumente mit einem zu hohen Risiko verbunden. Zudem setzt das Engagement an den Future-Märkten ein hohes Maß an Fachwissen sowie ein nahezu tägliches Engagement von Seiten der Anleger voraus. Diese Gründe führten unter anderem zur Entwicklung von Future-Fonds. Hier kann der Anleger die Chancen, die ein Engagement am Terminmarkt bietet, wahrnehmen, ohne sich täglich selbst intensiv mit der Entwicklung der gehandelten Futures auseinanderzusetzen.

Future-Fonds richten sich grundsätzlich an zwei unterschiedliche Anleger-kreise. Die Investmentgesellschaften sprechen mit diesem Angebot zum einen renditeorientierte Anleger an, die an den extremen Gewinnchancen interessiert sind, welche Future-Kontrakte bieten, und zum anderen Anleger, die ihre Wertpapierdepots gegen Kursschwankungen absichern möchten.

Durch die vertragliche Konstruktion von Futures ist es möglich, sowohl auf steigende als auch auf fallende Kurse zu setzen. Diese Möglichkeit besteht bei der Veranlagung in Aktien oder Anleihen nicht, da diese nur bei steigenden Kursen positive Ergebnisse erzielen können. Bei Futures lassen sich sowohl bei steigenden als auch bei fallenden Kursen Gewinne erwirtschaften. Ein Future-Fonds kann daher so strukturiert werden, dass er sich bei fallenden Kursen an der Börse gegenläufig entwickelt, also Gewinne erwirtschaftet. Future-Fonds, die speziell zur Kursabsicherung entwickelt und betrieben werden, nennt man Hedge-Fonds. Für Anleger mit verhältnismäßig großen Wertpapierdepots, die sich nicht direkt am Terminmarkt engagieren wollen, bieten Future-Fonds oft die einzige Möglichkeit zum Hedging, also zur Absicherung gegen fallende Kurse.

Future-Fonds sind wahrscheinlich Investmentfonds mit den stärksten Renditeschwankungen, da eine breite Risikostreuung wie bei Aktienfonds oder Optionsscheinfonds nicht möglich ist. Sie ist aufgrund des spekulativen Charakters solcher Fonds oft auch gar nicht gewollt. Die meisten gehandelten Future-Fonds zeichnen sich durch starke Kursschwankungen aus und sind daher nicht für den eher vorsichtigen, risikoscheuen Anleger geeignet.

Dem spekulativen Anleger, der sich auf den Future-Märkten nicht oder nicht gut genug auskennt, aber trotzdem eine Anlage mit sehr hohen Renditechancen sucht, bieten Future-Fonds die Möglichkeit, das Fachwissen professioneller Fondsmanager für sich zu nutzen und so indirekt am Terminhandel teilzunehmen. Allerdings sollte bei spekulativen Anlageinstrumenten wie Future-Fonds beachtet werden, dass stets nur ein Teil des Vermögens in ein solches Finanzinstrument investiert wird. Future-Fonds sollten für den normalen Anleger immer nur eine Depotbeimischung sein, nie der einzige Vermögensträger.

Anleger sollten sich regelmäßig über den Kursverlauf, also die Performance der Fondsanteile informieren, um die aufgrund der hohen Volatilität oft nur kurzfristig auftretenden Gewinne realisieren zu können und Verluste durch schnellen Verkauf der Anteile möglichst gering zu halten.

Nur mit Vorsicht und gutem Rat

Für interessierte Anleger ist die Auswahl an Future-Fonds in Deutschland und Europa gering. Daher muss in der Regel auf ausländische – vor allem amerikanische Fonds – zurückgegriffen werden. Das erhöht das Risiko zusätzlich, da dem deutschen Anleger meist nur spärliche Informationen zur Verfügung stehen. Daher sollte dem Engagement in Future-Fonds immer eine ausführliche Beratung durch einen erfahrenen Wertpapierspezialisten einer Bank sowie eine intensive Auseinandersetzung des Anlegers mit den Chancen und Risiken jedes in Frage kommenden Fonds vorausgehen. Auf keinen Fall sollten solche Geschäfte mit Anbietern aus dem grauen Kapitalmarkt abgeschlossen werden. Sonst ist mit einem Totalverlust des eingesetzten Geldes zu rechnen. Selbst wenn tatsächlich Gewinne erzielt werden, sind die dem Kunden berechneten Gebühren oft so hoch, dass für ihn nichts übrig bleibt. Durch häufiges – und aus Sicht des Anlegers völlig unsinniges – Umdisponieren sorgen diese Anbieter dafür, dass die Spesen in die Höhe getrieben werden.

Geldmarktfonds

Geldmarktfonds sind Investmentfonds, die die ihnen zur Verfügung gestellten Gelder in Geldmarktpapiere und festverzinsliche Wertpapiere mit kurzer Restlaufzeit anlegen. Zu den Vorteilen von Geldmarktfonds zählt die schnelle Verfügbarkeit der Mittel und das geringere Kursrisiko.

Geldmarktfonds sind eine Spezialform der Investmentfonds, bei denen das Sondervermögen, also das Geld der Anleger, in Geldmarktpapiere und Anleihen mit geringer Restlaufzeit angelegt wird.

Geldmarktfonds bieten zwei Vorteile: Zum einen sind die angelegten Mittel aufgrund der kurzen Laufzeit der zugrunde gelegten Anlagewerte schnell wieder verfügbar. Geldmarktfonds eignen sich also zur kurzfristigen Anlage. Zum anderen ist das Kursrisiko aufgrund der kurzen Laufzeit sehr gering, womit die Kapitalanlage in einen Geldmarktfonds eine verhältnismäßig risikolose Anlageform darstellt. Geldmarktfonds bedeuten für den Anleger eine interessante Alternative, wenn sich die Kapitalmärkte in einer Phase unsicherer, tendenziell steigender Zinssätze befinden und sich der Anleger aus diesem Grunde nicht für lange Zeit binden möchte, aber trotzdem eine Anlageform mit einer möglichst hohen Rendite sucht.

Geldmarktfonds werden meist mit einem geringen oder gar keinem Ausgabeaufschlag ausgegeben.

Die Rendite der Geldmarktfonds hängt vom jeweiligen Zinsniveau am Markt für kurzfristige Kapitalanlagen ab, dem Geldmarkt. Die Zinssätze am Geldmarkt nennt man Geldmarktsätze, sie hängen stark von der jeweiligen Liquiditätslage der großen Kreditinstitute ab.

Geeignet zum Parken

Für private Sparer eignen sich Geldmarktfonds auch zum zwischenzeitlichen „Parken" von Anlagegeldern. Wenn beispielsweise bekannt ist, dass ein bestimmter Betrag für eine spätere Zahlung benötigt wird, empfiehlt es sich nicht, ihn zinsbringend in Anleihen (wegen der Kosten für Kauf und Verkauf bei kurzfristiger Anlage) oder gar in Aktien oder Derivaten (wegen des Kursrisikos) anzulegen. Auch wenn nach einer Gewinnmitnahme auf eine günstige Gelegenheit zum Wiedereinstieg an der Börse gewartet wird, ist der Kauf von Geldmarktfonds sinnvoll. Sie bringen bei geringem Kursrisiko Zinsen und sind bei Bedarf fast so schnell verfügbar wie zinslose Guthaben auf Girokonten.

Reine Geldmarktfonds waren früher in der Bundesrepublik Deutschland verboten. Nach Verabschiedung des Finanzmarktförderungsgesetzes und der Genehmigung durch das Bundesaufsichtsamt für das Kreditwesen haben auch die deutschen Sparer die Möglichkeit, ihre Mittel in diese Anlageform zu investieren. Bis dahin boten sich nur zwei Möglichkeiten, wenn sich deutsche Anleger am Geldmarkt engagieren wollten: Sie konnten ein Festgeldgeschäft abschließen oder in einen geldmarktnahen Fonds investieren.

Genusscheine

Genusscheine sind Wertpapiere, die eine Zwischenstellung zwischen Aktien und Anleihen einnehmen. Sie verbriefen dem Inhaber Rechte unterschiedlichster Art gegenüber einem Unternehmen. Meist handelt es sich dabei um einen Anteil am Reingewinn und/oder am Liquidationserlös. Die Scheine begründen keine Teilhaberschaft am Unternehmen. Daher hat der Inhaber auch kein Stimmrecht auf der Hauptversammlung.

Genusscheine verbriefen dem Inhaber Genussrechte. Unter Genussrechten versteht man den Anspruch des Inhabers auf einen Anteil am Reingewinn des emittierenden Unternehmens. Genusscheine können unterschiedlich ausgestattet sein. Im Unterschied zu den meisten anderen börsengehandelten Wertpapieren gibt es bei Genusscheinen keine einheitlichen Kriterien der Ausgestaltung, wie beispielsweise bei Aktien und Anleihen. Man kann vier Grundtypen unterscheiden:

- Festverzinsliche Wertpapiere mit einer Beteiligung am Verlust,
- Genusscheine mit Mindestausschüttung und einem dividendenabhängigen Bonus,
- Genusscheine, deren Ausschüttung allein von der Höhe der ausgeschütteten Dividende abhängt, sowie
- Genusscheine mit einer renditeabhängigen Ausschüttung.

Es gibt aber noch viele andere Möglichkeiten der Ausstattung. Genusscheine sind Anlageinstrumente, die eine Zwitterstellung zwischen Aktien und Anleihen, also zwischen Eigenkapital und Fremdkapital, einnehmen. Ob einzelne Genusscheine eher mit Aktien vergleichbar sind, also Eigenkapitalcharakter haben, oder eher Anleihen gleichen und somit als Fremdkapital anzusehen sind, hängt von der jeweiligen Ausgestaltung ab.

Die Ausgabe von Genusscheinen ist nicht an eine bestimmte Rechtsform der Gesellschaft gebunden. Genusscheine können also auch von Unternehmen herausgegeben werden, die keine Aktiengesellschaft sind. Anleger haben so die Möglichkeit, sich an anderen Unternehmen zu beteiligen als nur an Aktiengesellschaften. Für den Anleger kann der Erwerb von Genusscheinen zudem von Vorteil sein, da die Verzinsung meistens über dem Kapitalmarktzinsniveau liegt und die Inhaber von Genusscheinen, die von einer Aktiengesellschaft herausgegeben wurden, gegenüber den Aktionären bei einer Gewinnausschüttung vorrangig bedient werden.

Problematisch bei der Anlage in Genusscheinen ist, dass sich die einzelnen Papiere hinsichtlich ihrer Ausstattung stark voneinander unterscheiden und somit schwer zu vergleichen sind. Weitere Nachteile gegenüber der Anlage in Aktien oder Anleihen sind das fehlende Stimmrecht und die mögliche Beteiligung an den Verlusten des Unternehmens. Es empfiehlt sich also eine genaue Analyse der jeweiligen Genussscheinbedingungen.

Die Emission von Genussscheinen kann für Unternehmen von Vorteil sein, da die Gestaltung der Konditionen sehr flexibel erfolgen kann und daher genau auf die Bedürfnisse des Unternehmens zugeschnitten werden kann. Außerdem werden die Besitz- und Führungsrechte durch die Emission von Genussscheinen nicht verändert, da die Inhaber von solchen Papieren kein Stimmrecht haben. Für Unternehmen, die nicht in der Rechtsform der Aktiengesellschaft firmieren, bieten Genussscheine die Möglichkeit, die Arbeitnehmer im Rahmen der Gesetze über vermögenswirksame Leistungen am Unternehmen zu beteiligen.

In Deutschland wird die Emission von Genussscheinen vor allem von Banken in Anspruch genommen. Es kann für sie von Vorteil sein, da das Genussscheinkapital nach dem Kreditwesengesetz (KWG) als Eigenkapital anerkannt wird. Insgesamt spielt der Genussscheinmarkt in der Bundesrepublik eher eine untergeordnete Rolle. Im Vergleich zu anderen Wertpapieren wird nur eine geringe Zahl von Titeln an der Börse gehandelt.

Neben den herkömmlichen Genussscheinen kann man zwei Spezialformen unterscheiden: die WandelGenussscheine und die Optionsgenussscheine. Diese beiden Varianten wurden in den letzten Jahren von Banken eingeführt, um die Attraktivität dieses Finanzinstruments für die Anleger zu erhöhen.

Giro/Girokonto

Die wichtigste Form des bargeldlosen Zahlungsverkehrs. Die auf Girokonten verbuchten Guthaben (Sichteinlagen) können jederzeit dazu genutzt werden, um fällige Zahlungsverpflichtungen durch Ausgabe eines Schecks oder durch Überweisungen zu erfüllen. Dies geschieht durch einfaches Umschreiben des jeweiligen Betrages vom Konto des Schuldners auf das Konto des Gläubigers. Auch beim Wertpapierhandel spielt der Giroverkehr eine bedeutende Rolle. Girokonten eignen sich für das Homebanking.

Giroeinlagen sind Guthaben auf Konten, über die der Inhaber durch Ausstellung von Schecks und Überweisungen verfügen kann. Sie gehören zu den Sichteinlagen und dienen der raschen Abwicklung des Zahlungsverkehrs. Anders als bei Sparbüchern oder Festgeld ist keine vorherige Kündigung der auf Girokonten eingezahlten Beträge erforderlich, ehe über sie verfügt wird. Girokonten dienen der Verbuchung von Sichteinlagen (Habenseite des Kontos) und von Kontokorrentkrediten (Sollseite). Dem Inhaber kann ohne besonderen Antrag ein jederzeit abrufbarer kurzfristiger Kredit (der „Dispo" oder Dispositionskredit) eingeräumt werden. Bei der Nutzung sollte der Kontoinhaber aber immer die relativ hohen Zinsen beachten (die noch einmal deutlich steigen, wenn der eingeräumte Dispo überschritten wird).

Der bargeldlose Zahlungsverkehr von Konto zu Konto wird auch als Girogeschäft bezeichnet. Nicht nur Rechnungen, sondern auch der weitaus größte Teil der Lohn- und Gehaltszahlungen werden in Deutschland inzwischen durch Überweisung von einem auf ein anderes Girokonto beglichen. Es handelt sich dabei um unbare Zahlungen, die nur in Form von Umbuchungen auf den Konten des Zahlungspflichtigen und des Empfängers stattfinden. Das Giral- oder Buchgeld ist deshalb auch nicht gesetzliches Zahlungsmittel (wie die von der Bundesbank herausgegebenen Banknoten), sondern nur ein allgemein akzeptiertes Zahlungsmittel. Auf Verlangen werden die auf Girokonten gutgeschriebenen Beträge aber auch bar ausgezahlt. Dies geschieht heute überwiegend an Geldautomaten.

Dem Inhaber des Kontos wird regelmäßig ein Kontoauszug zur Verfügung gestellt. Ihm können alle Gutschriften und Abbuchungen entnommen werden. Als Ergebnis dieser Zahlungsvorgänge ergibt sich ein Saldo. Er zeigt entweder das noch vorhandene Guthaben oder eine Kontenüberziehung (Soll) an. Als Kontokorrentkredit wird zwischen dem Kreditinstitut und dem Kunden ein Betrag vereinbart, bis zu dem der Soll-Saldo höchstens steigen darf. Wer einen PC besitzt und sich per Telefonleitung einen Zugang zum Internet verschafft, kann am Homebanking teilnehmen und so jederzeit seinen Kontostand kontrollieren, Überweisungen durchführen usw.

Dem Vorteil der jederzeitigen Verfügbarkeit steht der Nachteil gegenüber, dass Guthaben auf Girokonten entweder gar nicht oder nur sehr gering verzinst werden, da die Banken dieses bei ihnen deponierte Geld im Gegensatz zu Termineinlagen nur sehr beschränkt als Basis für Kreditgeschäfte einsetzen können. Schließlich wissen sie nie, wann der Kontoinhaber darüber verfügt.

Überweisungen von Konten, die bei der gleichen Bank oder Sparkasse geführt werden, finden durch einfaches Umbuchen innerhalb des Instituts statt. Wenn es sich um Konten bei verschiedenen Kreditinstituten handelt, werden die Zahlungsvorgänge über Gironetze abgewickelt. Dabei handelt es sich um die organisierten Geldströme zwischen Großbanken und ihren Filialen sowie um den Zahlungsverkehr zwischen verschiedenen Banken und den Sparkassenorganisationen. Innerhalb dieser Netze werden Gutschriften und Lastschriften miteinander verrechnet und nur die Spitzenbeträge ausgeglichen.

Neben dem Gironetz der Kreditinstitute, das von der Bundesbank überwacht und geleitet wird, bestehen weitere Organisationen für die Abwicklung des Zahlungsverkehrs. Dazu gehört vor allem der Giroverkehr der Postbank, über den der Postscheckverkehr läuft, sowie ein Gironetz der Städte und Gemeinden. Sie haben sich zu Giroverbänden zusammengeschlossen, um so den Geldverkehr innerhalb der Kommunen abzuwickeln. Alle diese Netze arbeiten im Überweisungsverkehr eng zusammen und garantieren so, dass Überweisungen rasch ausgeführt und auf dem Konto des Empfängers verbucht werden. Der kann dann sofort wieder darüber verfügen.

Girosammeldepots

Ein weiterer wichtiger Bereich des Giroverkehrs ist die Wertpapierverwahrung auf Girosammeldepots (Depotkonten). Zwar können die Besitzer von Aktien, Anleihen und anderen verbrieften Anteils- oder Gläubigerpapieren sich diese auch körperlich aushändigen lassen (Tafelgeschäft) und selbst verwalten oder bei einem Kreditinstitut in Verwahrung geben. Aber dies ist entweder unsicherer (da nicht gegen Verlust oder Diebstahl geschützt) oder teurer als die Verwahrung in einem Girosammeldepot. Überdies wird der Handel mit diesen Wertpapieren bei Einzelverwahrung erschwert, da sie jeweils körperlich aus den Einzeldepots entnommen oder vom Besitzer zur Bank gebracht werden müssen. Bei der Girosammelverwahrung dagegen findet bei Kauf und Verkauf lediglich eine buchmäßige Übertragung der Wertpapiere (Effektengiroverkehr) statt, die ohne zeitliche Verzögerung auf elektronischem Weg abgewickelt wird. Möglich ist dies allerdings nur bei vertretbaren Wertpapieren, die auf den Inhaber lauten, nicht dagegen bei Namensaktien, bei denen ein bestimmter Eigentümer registriert ist.

Die Girosammelverwahrung auf einem Depotkonto hat für den Anleger auch den Vorteil, dass die Einlösung der Zins- und Dividendenscheine (Kupons) sowie der Erneuerungsscheine von der Wertpapiersammelbank übernommen wird. Der Anleger erhält automatisch eine Abrechnung sowie die Gutschrift über den Zins- und Dividendenertrag auf seinem Girokonto.

Gold |

Das gelbe Edelmetall ist seit Jahrhunderten Zahlungsmittel, Wertaufbewahrungsmedium und Spekulationsobjekt. Es wird in Barrenform und als Münze sowie in Form von Zertifikaten und anderen Derivaten gehandelt. Sein Preis wird täglich an den Börsen ermittelt. Wichtigste Maßeinheit ist die Feinunze. International von größter Bedeutung für die Preisbildung ist das zweimal täglich stattfindende Goldfixing in London. Die Bedeutung des Goldes als Geldanlageform hat in den vergangenen Jahrzehnten stark abgenommen. Führende Notenbanken haben in den Neunzigerjahren begonnen, den Goldanteil an ihren Währungsreserven zu verringern.

Das Edelmetall wird in Form von Münzen und Barren gehandelt. Barren sind die reinste Form, da sie einen Goldgehalt von 999 Promille haben. Es gibt sie in Gewichtsklassen von fünf Gramm bis zwölf Kilogramm. Je kleiner der Barren, umso größer ist der Aufschlag, den die Anbieter für die Herstellung verlangen (zwischen einem und acht Prozent). Wichtig ist der Prägestempel einer seriösen Schmelze und der Erwerb über eine Bank, um das Risiko von Fälschungen zu vermeiden.

Gold war über Jahrhunderte der Inbegriff von Wert sowie Wertbeständigkeit und wurde in zahlreichen Staaten zunächst physisch als Geld und später als hinter Papier und Münzen stehende Deckungsgarantie für die umlaufenden Zahlungsmittel verwendet (Gold- und Goldkernwährung). Auch private Sparer haben Gold sowie Silber gehortet, weil dies die einfachste und meist auch beste Möglichkeit war, liquides Vermögen zu bilden. Es war als Medium der Wertaufbewahrung besonders gut geeignet, weil es nicht beliebig vermehrbar war (wie es Papiergeld ist, wenn seine Produktion durch die Notenbank nicht strikt limitiert wird) und weil es in Notzeiten entweder auf der Flucht vor Feinden mitgenommen oder – ohne Schaden zu nehmen – für lange Zeit vergraben oder in anderer Form versteckt werden konnte. Daraus entstand der „Mythos des Goldes", der auch heute noch dazu führt, dass Gold von vielen Sparern als eine besondere Form der Geldanlage betrachtet wird.

Sofern dies nicht aus Liebhaberei (insbesondere in Form von Münzen und Medaillen) geschieht, in Krisenregionen als einzige Möglichkeit gesehen wird, Vermögenswerte bei der Flucht zu retten, oder irrationale Gründe hat, muss Gold als Anlagemedium aber sehr kritisch betrachtet werden:

- Gold bringt keine Zinsen oder sonstigen Erträge.
- Gold verursacht Lager- und Versicherungskosten oder ist bei persönlicher Verwahrung in höchstem Maße diebstahlgefährdet.
- Beim Erwerb in Deutschland muss anders als bei Wertpapieren Mehrwertsteuer gezahlt werden.
- Goldmünzen (gesetzliche Zahlungsmittel) haben An- und Verkaufspreise, die in den Tageszeitungen veröffentlicht werden. Der jeweilige Preis hängt an der Goldpreisentwicklung plus einem kleinen Aufschlag.
- Goldmedaillen sind „Liebhaberstücke", die ebenso wie Goldschmuck zu Preisen verkauft werden, welche weit über dem Metallwert liegen. Als Geldanlage sind sie daher auf keinen Fall zu empfehlen. Ein Wiederverkauf ist – wie bei allen Medaillen – nur selten möglich.

Diese Nachteile wurden in der Vergangenheit nicht durch entsprechende Preissteigerungen aufgewogen. Im Gegenteil: Jahrzehntelang hatte die US-Notenbank durch entsprechende An- und Verkäufe dafür gesorgt, dass der Goldpreis exakt 35 Dollar je Feinunze (31,1035 Gramm) betrug. Seit dem kurz nach der Freigabe des Goldpreises erreichten Höchststand von rund 850 Dollar je Feinunze im Jahr 1980 ist sein Preis bis zum Ende der Neunzigerjahre auf rund 250 Dollar gefallen. (Hohe Zinsverluste und die in dieser Zeit eingetretenen Kaufkraftverluste des Dollar dürfen dabei auch nicht vergessen werden.) Wer Gold für Notzeiten gehortet oder aus spekulativen Gründen erworben hat (wie es einige wie Gurus auftretende Anlageberater in den Achtzigerjahren empfohlen haben), musste schwere Vermögenseinbußen hinnehmen. Das wird noch deutlicher, wenn die Goldpreisentwicklung mit dem durchschnittlichen Anstieg der Aktienkurse im gleichen Zeitraum verglichen wird. Da der Goldpreis international in Dollar festgestellt wird, kommt bei einer Geldanlage in Gold auch noch das Währungsrisiko hinzu.

Statt Gold können auch Goldminenaktien, Goldoptionen und Goldzertifikate erworben werden. Letztlich hängt aber auch hier die Wertentwicklung vom Goldpreis ab. Die spezifischen Risiken der jeweiligen Wertpapiere müssen zusätzlich beachtet werden.

Vorsicht Anlagebetrüger

Oft wird die Angst von Sparern vor tatsächlichen oder vermeintlichen Gefahren (wie Inflation, Umstellung auf den Euro) von so genannten Anlageberatern genutzt, um angeblich risikosichere Formen der Geldanlage zu empfehlen. Neben Gold oder vom Gold abgeleiteten Derivaten gehören dazu auch Diamanten. Auch oder gerade dann, wenn solche Anlageformen mit „Wertgarantien", Rücknahmezusicherungen oder Ähnlichem verbunden sind, ist vom Kauf dringend abzuraten. Derartige Angebote werden fast immer in betrügerischer Absicht gemacht. Wertgarantien bei der Geldanlage kann niemand geben. Die Diamanten sind fast immer von minderwertiger Qualität und in jedem Fall nur schwer wieder zu verkaufen, da es dafür ebenso wie bei Medaillen keinen organisierten Markt gibt.

Goldfixing

Die international wichtigsten Märkte für Gold (in Barrenform) sind Zürich, London und Paris. Auch in Frankfurt findet ein Goldhandel statt. Auf diesen Märkten wird täglich auf der Basis von Angebot und Nachfrage der Preis für das Edelmetall ermittelt. Die stärkste Beachtung findet dabei das zweimal täglich stattfindende Goldfixing in London.

Gold wird an vielen Märkten gehandelt. Für die Preisbildung sind aber die Notierungen in Zürich und vor allem in London maßgeblich. In London wird der Goldpreis zweimal täglich beim so genannten Fixing festgestellt, das jeweils um 10.30 und um 15.00 Uhr in Dollar je Feinunze (31,1035 Gramm) stattfindet und neben dem örtlichen Handel auch das weltweite Verhältnis von Angebot und Nachfrage berücksichtigt. Die Preise auf den anderen Märkten folgen den Notierungen am Londoner Markt sehr eng. Angaben in anderen Währungen sind somit meist bloße Umrechnungen des Dollarpreises. Der jeweilige nationale Goldpreis hängt daher sowohl von den Schwankungen beim Londoner Fixing als auch von der Entwicklung des Dollarkurses ab. Ein sinkender Goldpreis kann also durch einen steigenden Dollarkurs neutralisiert oder durch einen Kursverfall des Dollar verschärft werden.

Da es sich beim Goldpreis um eine weltweit beachtete Notierung handelt, sind beim Gold keine „Schnäppchen" möglich. Wenn Medaillen oder Schmuck in einem anderen Land dennoch billiger angeboten werden, liegt das an geringeren Arbeitskosten bei der Herstellung, unterschiedlich hohen Kauf- oder Verbrauchssteuern und geringeren Handelsspannen. Oder es handelt sich um minderwertige Ware.

Schmuck ist keine gute Kapitalanlage

Schmuck ist in der Regel sehr viel teurer, als es dem reinen Materialwert entspricht. Auch „Schnäppchen" sind selten eine gute Kapitalanlage. Bei einem Wiederverkauf wird meistens kaum mehr als der reine Goldpreis vergütet – es sei denn, es handelt sich um seltene Stücke und Liebhaberpreise. Doch es ist auch bei solchen Stücken meist schwer, einen privaten Käufer zu finden. Bleibt nur der Gang zu Händlern. Bei denen spielt der hohe ideelle Wert, den der Schmuck oft für seinen Besitzer hat, keine Rolle. Sie zahlen den Marktpreis.

Gratisaktien (Berichtigungsaktien) |

Als Gratis- oder Berichtigungsaktien werden jene Aktien bezeichnet, die Unternehmen im Rahmen der Umwandlung von Rücklagen in Grundkapital ausgeben. Diese Papiere werden oftmals fehlerhaft als Gratisaktien bezeichnet, da sie unentgeltlich an die Aktionäre des betreffenden Unternehmens ausgegeben werden. Da sich aber das Aktienkapital ebenso wie das Aktienvermögen des Anteilseigners durch eine solche Kapitalerhöhung nicht verändert, sondern lediglich auf mehr Aktien verteilt wird, ist der Begriff „Gratisaktie" irreführend. Durch eine Kapitalerhöhung aus Gesellschaftsmitteln und der damit verbundenen Ausgabe von Berichtigungsaktien erhält das Unternehmen keinerlei zusätzliche Eigenmittel.

Berichtigungsaktien, die auch oft fehlerhaft als Gratisaktien bezeichnet werden, dienen der Anpassung der Beteiligungsverhältnisse nach erfolgter Umwandlung von Rücklagen oder Gewinn in Grundkapital. Die Zuteilung von Berichtigungsaktien darf nicht mit einem Aktien-Splitting verwechselt werden, bei dem lediglich das bisherige Grundkapital auf eine größere Zahl von Aktien aufgeteilt wird.

Aktiengesellschaften haben die Möglichkeit, einen Teil ihrer Rücklagen in Grundkapital umzuwandeln. Man spricht in diesem Zusammenhang auch von einer Kapitalerhöhung aus Gesellschaftsmitteln. Bei dieser Art der Kapitalerhöhung werden der Aktiengesellschaft keine neuen Mittel zugeführt, sondern es wird lediglich eine Position auf der Passivseite der Bilanz verringert (Rücklagen) und dafür eine andere Position um den gleichen Betrag erhöht (Grundkapital).

Die Umwandlung von Rücklagen in Grundkapital ist unter folgenden Vorausset-zungen möglich:

- Die zugrunde liegende Bilanz darf keinen Verlust aufweisen,
- im Fall einer Umwandlung von Gewinnrücklagen in Grundkapital darf es sich bei den betreffenden Rücklagen nicht um zweckgebundene Mittel han-deln (wie beispielsweise bei Erneuerungsrücklagen),
- Kapitalrücklagen und gesetzliche Rücklagen können nur dann in Grundkapi-tal umgewandelt werden, wenn ihre Höhe jeweils zehn Prozent des Grundka-pitals übersteigt. In diesem Fall darf der übersteigende Teil für eine Kapitaler-höhung aus Gesellschaftsmitteln verwandt werden.

Die Kapitalerhöhung ist neben den oben genannten Voraussetzungen an einen Be-schluss der Hauptversammlung gebunden. Der Beschluss muss von mindestens drei Viertel der anwesenden Grundkapitalvertreter getragen werden. Liegt ein sol-cher Beschluss vor, wird das Grundkapital um denselben Betrag erhöht, wie die Rücklagen vermindert werden. Für das so entstandene zusätzliche Grundkapital müssen entsprechend viele Aktien ausgegeben werden. Ihr aufaddierter Nennwert muss also dem Betrag entsprechen, um den das Grundkapital erhöht wurde. Durch die Umwandlung von Rücklagen in Grundkapital verändert sich die Gesamthöhe des verfügbaren Eigenkapitals nicht. Es kommt lediglich zu einer Veränderung der Struktur des Eigenkapitals.

Für die Aktionäre des Unternehmens ergibt sich zunächst keine materielle Ver-änderung, da sie nun zwar mehr Aktien haben, diese aber jeweils einen geringeren Anteil am gesamten Vermögen des Unternehmens repräsentieren. Daher verändert sich der Wert des Beteiligungsvermögens des einzelnen Aktionärs in der Regel nicht.

Veränderungen für den Aktionär treten nur insofern auf, als sich der Kurs der einzelnen Aktie im Verhältnis zur Kapitalerhöhung vermindert und so zumindest optisch billiger wirkt. Dies kann dazu führen, dass die betreffende Aktie leichter handelbar wird und so die Nachfrage nach der Aktie steigt. Daneben kann eine Ka-pitalerhöhung aus Gesellschaftsmitteln von Vorteil für die Aktionäre sein, wenn das Unternehmen die Dividende pro Aktie unverändert lässt, also nicht im Verhältnis zur Kapitalerhöhung reduziert. In diesem Fall erhält der Aktionär nach erfolgter Zuteilung der Berichtigungsaktien eine höhere Gesamtdividende (Anzahl der Ak-tien, multipliziert mit der Dividende pro Aktie) als vor der Kapitalerhöhung.

Kapitalerhöhungen aus Gesellschaftsmitteln werden meistens dann vorge-nommen, wenn die Rücklagen im Verhältnis zum Grundkapital übermäßig hoch sind und/oder wenn das Grundkapital im Verhältnis zur Gesamtbilanz zu niedrig wirkt.

Eine Kapitalerhöhung aus Gesellschaftsmitteln wird von dem Zeitpunkt an rechtlich wirksam, zu dem der Hauptversammlungsbeschluss in das Handelsregis-ter eingetragen wird.

Grauer Kapitalmarkt

Als grauer Kapitalmarkt wird der Bereich der Geldanlage bezeichnet, der nicht von Banken, Sparkassen und Versicherungen sowie mit diesen verbundenen Unternehmen bedient wird. Die dort agierenden Anbieter sind in Deutschland kaum einer Kontrolle unterworfen. Experten schätzen, dass bis zu 80 Prozent der Angebote dieser Firmen unseriös sind. Nicht zu verwechseln mit dem „grauen Markt" bei Neuemissionen.

Es gibt eine große Zahl von privaten Anlagegesellschaften, die in Konkurrenz zu Banken, seriösen Fondsanbietern und Versicherungen einen bunten Strauß von Kapitalanlagen für kleine und große Sparer anbieten. Dazu gehören vor allem Beteiligungssparpläne, Time-Sharing, Erwerbermodelle, der so genannte Bankgarantiehandel sowie Options- und Termingeschäfte an den Waren- und Devisenbörsen. Die Anbieter nehmen meist über so genannte „Vermögensberater", selbsternannte „Finanzvermittler" oder „Anlagespezialisten" Kontakt zu potenziellen Kunden auf. Oft werden auch nebenberufliche Vertreter aus dem Kreis der Verwandten und Bekannten potenzieller Kunden eingesetzt, die selber vielleicht gar nicht ahnen, für welche Zwecke sie angeworben werden.

Während Versicherungen und Kreditinstitute durch staatliche Kontrollorgane wie das Bundesaufsichtsamt für Kreditwesen, das Bundesaufsichtsamt für das Versicherungswesen oder das Bundesaufsichtsamt für den Wertpapierhandel überwacht werden, können die Anbieter am grauen Kapitalmarkt in Deutschland weitgehend frei agieren. Erst wenn es zu größeren Betrugsfällen kommt, greift die Staatsanwaltschaft ein. Doch dann ist es für die Geschädigten fast immer zu spät. Experten schätzen, dass bis zu 80 Prozent der Angebote auf dem grauen Kapitalmarkt unseriös sind und mit hohen Verlusten für die Anleger enden.

Warnung: Selbst wenn mit den riskanten Spekulationen Gewinne gemacht werden, gehen die Anleger weitgehend leer aus. Die im grauen Kapitalmarkt agierenden Firmen verlangen in der Regel so horrende Gebühren, dass die Erträge der Geldanlage dadurch aufgezehrt werden. Um sich bei einem Prozess herausreden zu können, steht dies oft sogar im „Kleingedruckten" der Verträge. So heißt es bei einem Anbieter: „Unsere Kosten sind oben aufgeführt. Sie erreichen eine Größenordnung, die bewirkt, dass die Gewinnchance reduziert und das Chancen-Risiko-Verhältnis außer Verhältnis gebracht wurde." Wenn Verluste entstehen, muss der Anleger nicht nur diese hinnehmen, sondern obendrein noch die Abkassier-Gebühren zahlen. So kann das eingesetzte Kapital in kürzester Zeit aufgezehrt sein. Da viele Anleger die Vertragsklauseln nicht lesen oder nicht verstehen, fallen jedes Jahr Tausende auf das Geschwätz der psychologisch gut geschulten Verkäufer herein. Oft sind dann nach kurzer Zeit die Ersparnisse eines ganzen Lebens verloren.

Besonders beliebt am grauen Kapitalmarkt sind Beteiligungssparpläne, der Handel mit Bankgarantien (der ausschließlich von Betrügern angeboten wird, denn es gibt weder die angeblich zugrunde liegenden Bankgarantien noch die versprochenen hohen Renditen), Time-Sharing (der Handel mit Teilzeiteigentum an Ferienwohnungen), Erwerbermodelle (Kauf von Immobilien auf Kredit mit dem Ziel, Steuern zu sparen) sowie Options- und Termingeschäfte (Ausnutzen von Kursdifferenzen an Waren- oder Devisenbörsen), also Spekulationen, die mit einem sehr hohen Risiko behaftet sind.

Die Betrügereien auf dem grauen Kapitalmarkt funktionieren häufig nach dem „Schneeballprinzip": Mit dem Geld neuer Anleger werden anfangs die „Renditen" der Altanleger bezahlt, um sie zu immer höheren Investitionen zu verleiten. Dennoch finden die auf dem grauen Kapitalmarkt tätigen Anbieter immer wieder ihre Opfer. Denn entweder lassen sich diese von „Traumrenditen" verlocken, oder sie suchen eine profitable Anlagemöglichkeit für Schwarzgeld. Bei der Anlage von Einkommen, das nicht beim Finanzamt deklariert wurde, sind die Opfer von Anlagebetrügern in einer besonders schwachen Position, da sie oft keine Anzeige erstatten können, ohne sich selber zu belasten. Das wissen die Anbieter im grauen Kapitalmarkt und suchen daher gezielt nach Angehörigen von Berufsgruppen, bei denen sie Schwarzgeld vermuten.

Der graue Kapitamarkt darf nicht mit dem grauen Markt verwechselt werden, auf dem vor einem IPO die Aktien der noch nicht börsennotierten Gesellschaften gehandelt werden.

Nicht verführen lassen

Damit Sie erst gar nicht in Gefahr geraten, sich „einwickeln" zu lassen: Werfen Sie die Werbebriefe von unbekannten „Finanzdienstleistern" weg. Verweigern Sie „Anlageberatern", die unangemeldet bei Ihnen klingeln, den Zutritt zu Ihrer Wohnung. Legen Sie bei unerbetenen Anrufen auf – vor allem dann, wenn das Gespräch mit Suggestivfragen beginnt wie: „Sie zahlen doch sicher auch nicht gerne Steuern?" Lassen Sie sich nicht auf Anlageempfehlungen von – meist selber getäuschten – Freunden und Bekannten ein. Oft sind diese noch in der Phase, in denen ihnen über hohe (Schein-)Gewinne vorgegaukelt wird, sie machten das Geschäft ihres Lebens. Je höher die Gewinne sind, die Ihnen in Aussicht gestellt werden, umso misstrauischer sollten Sie sein.

Grauer Markt

In vielen Fällen werden Aktien, die aus einer Neuemission demnächst an die Börse kommen, bereits am „grauen Markt" per Termin gehandelt. Die Kurse, die dort geboten werden, sind oft ein Indiz dafür, wie sich der Preis der Aktie unmittelbar nach dem Beginn des offiziellen Börsenhandels entwickeln könnte. Der Handel ist aber wenig transparent und nicht sicher vor Manipulation.

Der graue Markt für noch nicht im Börsenhandel erhältliche Aktien darf nicht mit dem grauen Kapitalmarkt verwechselt werden, obwohl sich auch Anbieter aus diesem Bereich dort engagieren. Es handelt sich vielmehr darum, dass Aktien aus einem IPO, die noch gar nicht vorhanden sind, deren Einführung an der Börse aber kurz bevorsteht, bereits auf Termin gehandelt werden. Käufer und Verkäufer verpflichten sich also, diese Papiere zu einem bestimmten Zeitpunkt nach dem Börsengang zu kaufen oder zu liefern.

Sobald bekannt ist, wie groß im Rahmen eines Bookbuilding die Preisspanne für die neue Aktie ist, nehmen darauf spezialisierte Makler Kontakt zu Marktteilnehmern (institutionellen Anlegern) auf. Kurze Zeit später kommen die ersten Aufträge. Teilnehmen an diesem Handel können auch Privatanleger, die ihrer Bank eine entsprechende Weisung erteilen. Die Kurse, die sich dabei bilden, sind ein Indiz dafür, wie begehrt die jungen Aktien sind und welche Kurschancen sie haben. Deshalb ist der graue Markt oft ein besserer Indikator für die Entwicklung am ersten Handelstag als die Preisspanne der Banken.

Da sich die Kurse am grauen Markt aber auch durch gezielte Käufe manipulieren lassen, kann nicht ausgeschlossen werden, dass hin und wieder von interessierter Seite versucht wird, ein günstiges Klima für den Börsengang zu schaffen. Auch der Bank, die die Emission begleitet, ist es nicht grundsätzlich untersagt, am grauen Markt zu handeln.

Je höher die Erwartungen am grauen Markt sind, umso leichter lässt sich ein höherer Einführungskurs durchsetzen und umso größer ist die Wahrscheinlichkeit, dass der Markt alle neuen Aktien aufnimmt. Viele Anleger orientieren sich bei der Entscheidung, ob sie sich an einer Erstzeichnung beteiligen sollen, nicht zuletzt auch an den Kursen am grauen Markt.

Riskantes Spiel

Wird zum Beispiel eine Aktie, die mit 35 Euro auf den Markt kommen soll, in den Tagen zuvor am grauen Markt bereits zu Kursen von über 70 Euro gehandelt, ist ein entsprechend hoher Zeichnungsgewinn zu erwarten. Allerdings können ihn – falls es überhaupt zu einem so hohen Kurs kommt – oft nur diejenigen realisieren, die unmittelbar bei Beginn des Börsenhandels wieder verkaufen. Sie können dann praktisch ohne Kapitaleinsatz einen Gewinn von 35 Euro je Aktie kassieren (den sie allerdings als Spekulationsgewinn versteuern müssen). Wer sofort wieder verkauft, verliert aber die Chance, an weiteren Kurssteigerungen teilzunehmen. Fällt der Börsenkurs sofort unter den Emissionskurs – was auch bei Aktien geschehen kann, die am grauen Markt hohe Kursgewinne hatten –, bleiben nur rote Zahlen für den Anleger. Das ist besonders schmerzlich, wenn in Erwartung eines sicheren Zeichnungsgewinns auf Kredit gekauft wurde.

Grundkapital |

Dabei handelt es sich um den von den Aktionären bei Gründung einer Aktiengesellschaft mindestens in die Gesellschaft einzubringenden Kapitalbetrag. Das Grundkapital einer Aktiengesellschaft darf nach deutschem Recht nicht weniger als 100.000 DM betragen und stellt damit gleichzeitig das Mindesthaftungsvermögen der Gesellschaft dar. Es wird den Aktionären in Form von Aktien verbrieft, die früher auf einen in DM ausgedrückten Anteil am Grundkapital lauteten. Seit 1999 sind auch Stückaktien und Euro-Beträge möglich.

Das nominelle Eigenkapital einer Aktiengesellschaft bezeichnet man als Grundkapital. Dieses lässt sich rechnerisch durch Multiplikation der Aktien der Gesellschaft mit deren Nennwert ermitteln (außer bei nennwertlosen Aktien). In Deutschland muss das Grundkapital mindestens 100.000 DM (oder den entsprechenden Betrag in Euro) betragen und ist von den Aktionären bei Gründung der Gesellschaft einzuzahlen.

Das Grundkapital ist eine feste Rechnungsgröße und darf nicht mit dem Eigenkapital der Gesellschaft verwechselt werden. Das Eigenkapital einer Aktiengesellschaft ist zum einen in der Regel wesentlich höher als das Grundkapital; zum anderen verändert es sich im Zeitablauf, während das Grundkapital eine weitgehend fixe Größe ist, die nur durch eine Änderung der Satzung der Gesellschaft verändert werden kann. Zum Eigenkapital einer Aktiengesellschaft gehören neben dem Grundkapital die Rücklage, der Gewinn-/Verlustvortrag sowie der Jahresüberschuss beziehungsweise der Jahresfehlbetrag. Eine grundkapitalerhöhende oder -senkende Änderung der Satzung einer Aktiengesellschaft kann nur durch Beschluss der Hauptversammlung herbeigeführt werden. Bei einem Beschluss, der eine Erhöhung des Grundkapitals zur Folge hat, spricht man von einer Kapitalerhöhung und umgekehrt von einer Kapitalherabsetzung.

Das Grundkapital hat für die Gläubiger der Aktiengesellschaft, also beispielsweise für die kreditgebenden Banken, und die Lieferanten eine Art Garantiefunktion, da es im Gegensatz zum restlichen Gesellschaftsvermögen keine variable Größe ist, die von der Gewinnentwicklung des Unternehmens abhängt. Damit das Grundkapital diese Garantiefunktion dauerhaft wahrnehmen kann, sieht das Aktiengesetz (AktG) verschiedene Einschränkungen und Regelungen vor, die dem Gläubiger eine Mindesthöhe des Grundkapitals sichern.

Regelungen des Aktiengesetzes hinsichtlich des Grundkapitals

1. Es dürfen keine Aktien zu einem Betrag herausgegeben werden, der unter dem Nennbetrag der Aktie liegt (sofern es sich nicht um Stückaktien oder nennwertlose Aktien handelt). Es ist der Gesellschaft also beispielsweise nicht möglich, bei Gründung oder im Rahmen einer Kapitalerhöhung Aktien mit einem Nennwert von fünf Euro zu einem Preis von drei Euro pro Stück zu verkaufen. Dies wird als Verbot einer Unterpari-Emission bezeichnet.

2. Eine Aktiengesellschaft entsteht erst bei vollständiger Übernahme aller ausgegebenen Aktien durch die Gründer. Mit dieser Regelung begründet das Aktiengesetz der Gesellschaft einen Anspruch auf die Einzahlung des Grundkapitals, denn wenn die Aktionäre die Aktien übernommen haben, sind sie auch zur Zahlung des damit verbrieften Grundkapitals verpflichtet.

3. Nach Übernahme der Aktien der zu gründenden Aktiengesellschaft sind die Aktionäre verpflichtet, mindestens 25 Prozent des durch die Aktien verbrieften Eigenkapitals in Form einer Bareinlage tatsächlich einzuzahlen. Sieht die Satzung auch die Möglichkeit einer Sacheinlage vor, so ist diese vor Eintragung der Gesellschaft in das Handelsregister vollständig einzubringen.

4. Erfolgt die Einlage des Grundkapitals ganz oder teilweise durch Sacheinlagen, so ist von den Gründern nachzuweisen, dass die Sacheinlagen (zum Beispiel Gebäude oder Maschinen) einen Wert haben, der mindestens dem ansonsten einzuzahlenden Eigenkapital entspricht.

5. Die Bareinlage des Nennwerts kann nur durch Zahlung mit gesetzlichen Zahlungsmitteln oder aber durch einen bundesbankbestätigten Scheck erfolgen. Die Zahlung muss zugunsten eines Kontos der Gesellschaft oder des Vorstandes bei der Bundesbank oder einer Geschäftsbank erfolgen.

6. Es gibt keine Möglichkeit, die Aktionäre von ihrer Pflicht zur Leistung ihres Anteils am Grundkapital zu befreien. So ist es nicht möglich, dass sich ein

Aktionär seiner Leistungspflicht entzieht, indem er seine Zahlungsverpflichtung mit einer Forderung gegenüber der Gesellschaft (zum Beispiel einer Forderung aufgrund einer Warenlieferung) verrechnet.

7. Kommen Aktionäre ihrer Einzahlungspflicht nicht rechtzeitig nach, so kann die Aktiengesellschaft diesen Aktionären androhen, ihre Aktien sowie bereits geleistete Einzahlungen einzuziehen, wenn diese nicht innerhalb einer bestimmten Nachfrist ihrer Einzahlungspflicht nachkommen.

8. Die einmal geleisteten Einlagen dürfen den Aktionären nicht wieder zurückgezahlt werden (Verbot der Einlagenrückgewähr), es sei denn, die Gesellschaft wird aufgelöst, und das Grundkapital wird nicht zur Befriedigung von Gläubigern benötigt.

9. Der Erwerb eigener Aktien (Aktienrückkauf) ist Aktiengesellschaften in Deutschland nur in sehr beschränktem Maße erlaubt, da dieses wirtschaftlich auf eine Rückzahlung des geleisteten Eigenkapitals hinausläuft.

10. Da eine Kapitalherabsetzung mit einer Herabsetzung des Grundkapitals einhergeht, bewirkt eine solche Maßnahme eine Reduktion der Garantiefunktion des Grundkapitals. Um die daraus resultierende Schlechterstellung der Gläubiger der Gesellschaft möglichst gering zu halten, sieht das Aktiengesetz sehr strenge Regelungen hinsichtlich der Herabsetzung des Grundkapitals vor. Hierzu gehört beispielsweise, dass die Gläubiger der Gesellschaft im Falle einer Kapitalherabsetzung eine anderweitige Besicherung ihrer Forderungen verlangen können.

11. Das Grundkapital einer Aktiengesellschaft muss bilanziell auf der Passivseite dargestellt werden, um so eine Gewinnausschüttung aus dem Grundkapital zu vermeiden. Bilanzieller Gewinn kann somit nur dann entstehen, wenn das Gesellschaftsvermögen das Grundkapital übersteigt.

12. Im Falle eines Verlustes, der die Hälfte des Grundkapitals erreicht, ist sofort eine Hauptversammlung einzuberufen.

Die detaillierten Regelungen des Aktiengesetzes hinsichtlich des Grundkapitals zeigen, dass dem Gesetzgeber der Erhalt und die Garantie eines Mindesthaftungskapitals sehr wichtig sind. Dies liegt vor allem daran, dass Aktionäre den Gläubigern ihres Unternehmens nur in Höhe des von ihnen zu leistenden Grundkapitals haften. Das heißt, sie haften wesentlich eingeschränkter als beispielsweise die Gesellschafter einer OHG oder einer BGB-Gesellschaft. Um den Gläubigern wenigstens den Mindestschutz durch das Grundkapital zu erhalten, haben sich die strengen Regelungen des AktG herausgebildet.

Veränderungen des Grundkapitals

Veränderungen des Grundkapitals sind nur in Form von Kapitalerhöhungen oder Kapitalherabsetzungen möglich.

Bei der **Kapitalerhöhung** einer Aktiengesellschaft unterscheidet man zwischen einer effektiven und einer nominellen Erhöhung des Eigenkapitals. Effektive Kapitalerhöhungen kennzeichnen sich dadurch, dass der Gesellschaft zusätzliche Geldmittel von außen zugeführt werden und damit das Eigenkapital erhöht wird. Man unterscheidet dabei die ordentliche und die bedingte Kapitalerhöhung sowie das genehmigte Kapital. Bei der nominellen Kapitalerhöhung werden hingegen lediglich Rücklagen in Grundkapital umgewandelt, was die absolute Höhe des Eigenkapitals unberührt lässt und lediglich dessen Zusammensetzung verändert. Die Erhöhung des Grundkapitals wird den Aktionären in diesem Fall mit so genannten Gratisaktien verbrieft.

Für eine **Kapitalherabsetzung** kann es grundsätzlich zwei Gründe geben: Zum einen kann es sein, dass das Unternehmen zu viel Eigenkapital hat und dieses reduzieren möchte; zum anderen ist es möglich, dass das Eigenkapital durch andauernde Verluste angegriffen ist, so dass eine rechnerische Herabsetzung notwendig wird. Analog unterscheidet man zwischen einer effektiven und einer nominellen Kapitalherabsetzung.

Sowohl Kapitalerhöhungen als auch Kapitalherabsetzungen können nur mit einer Dreiviertelmehrheit der Hauptversammlung beschlossen werden.

Zu einer Ausschüttung des gesamten Grundkapitals kann es lediglich im Falle der Auflösung oder der Liquidation der Gesellschaft kommen.

Halbeinkünfteverfahren

Ein Begriff aus dem Steuerrecht. Er bedeutet, dass ab 2002 bestimmte Einkunftsarten in Deutschland nur zur Hälfte der Steuer unterworfen werden. Wichtig für Anleger ist, dass dies für Dividenden und während der Spekulationsfrist realisierte Kursgewinne gilt. Verluste an der Börse, die innerhalb der Spekulationsfrist erzielt werden, können bei der Einkommensteuererklärung allerdings auch nur zur Hälfte gegen Gewinne aufgerechnet werden. Dies soll unter anderem ein Ausgleich dafür sein, dass die Körperschaftsteuergutschrift für alle Dividenden entfällt, die aus Unternehmensgewinnen stammen, welche vom Jahr 2001 an erzielt werden.

Ab 2002 wird bei der Berechnung der Einkommensteuer jeweils nur noch die Hälfte der Spekulationsgewinne und -verluste berücksichtigt. Das Gleiche gilt für innerhalb eines Jahres vereinnahmte Dividenden. (Achtung: Das trifft nicht auf Zinseinnahmen zu! Sie werden weiterhin voll versteuert.) Das Halbeinkünfteverfahren wurde im Rahmen der im Jahr 2000 verabschiedeten Steuerreform beschlossen, um einen Ausgleich dafür zu schaffen, dass ein Anteilseigner für die zuvor im Rahmen der Körperschaftsteuer vom Unternehmen abgeführten Beträge ab 2002 keine Körperschaftsteuergutschrift mehr erhält. Das bedeutet, dass der Gewinn zweimal besteuert wird: durch die Körperschaftsteuer bei der Gesellschaft und über die Einkommensteuer beim Aktionär. Wegen der Neuregelung bei Veräußerungsgewinnen wird das Halbeinkünfteverfahren ab 2002 auch auf Spekulationsgeschäfte angewendet.

Von großer Bedeutung für Wertpapiersparer ist, dass Gewinne und Verluste, die vor und nach der Einführung des Halbeinkünfteverfahrens innerhalb der Spekulationsfrist von einem Jahr realisiert werden, steuerlich unterschiedlich behandelt werden. Alle bis Ende 2001 erzielten Spekulationsgewinne unterliegen voll der individuellen Einkommensteuer. Sie können aber mit Verlusten verrechnet werden, die bei Wertpapierverkäufen entstanden, welche vor Ablauf von zwölf Monaten nach dem Erwerb dieser Papiere stattfanden. Ab 2002 werden alle Spekulationsgewinne und -verluste – steuerlich gesehen – halbiert. Zuvor entstandene Verlust können aber zu 100 Prozent auf spätere Jahre vorgetragen und dann auch mit „halbierten" Gewinnen verrechnet werden.

Aktionäre können steuerlich „gestalten"

Alle Verluste aus der Zeit vor Einführung des Halbeinkünfteverfahrens (also bis Ende des Jahres 2001) können zu 100 Prozent geltend gemacht und auf folgende Jahre vorgetragen werden, solange ihnen keine entsprechenden Spekulationsgewinne gegenüberstehen. Bedingung: Gewinne und Verluste müssen in der Steuererklärung deklariert werden.

Gewinne, die nach dem 1. Januar 2002 innerhalb der Spekulationsfrist erzielt werden, sind nur noch zur Hälfte steuerpflichtig. Das bedeutet, dass während der Übergangszeit alte Verluste und neue Gewinne unterschiedlich behandelt werden. Das können Sie ganz legal nutzen, um Ihre Steuerlast zu erleichtern. Denn alle bis zum 31.12.2001 innerhalb der Spekulationsfrist realisierten Verluste können nach Beginn des Jahres 2002 einen doppelt so hohen Gewinn steuerlich „neutralisieren".

Wenn Sie bei bestimmten Wertpapieren Verluste erlitten haben und nicht damit rechnen, dass es in einer angemessenen Zeit (oder überhaupt) wieder zu einer Kurserholung kommt, sollten Sie einen Verkauf so terminieren, dass er noch vor Ablauf der Spekulationsfrist erfolgt.

Das alles gilt natürlich auch umgekehrt: Steuerpflichtige Gewinne, die bis zum Ende des Jahres 2001 anfallen, zählen voll. Verluste, die ab 2002 entstehen, können nur zur Hälfte geltend gemacht werden.

Beachten Sie: Verluste aus Wertpapiergeschäften dürfen nicht mit Einkünften aus anderen Quellen (wie Arbeitslohn, Mieteinnahmen oder Honoraren) verrechnet werden.

Wie sich das Halbeinkünfteverfahren auswirkt und wie sich die ab 1999 bestehende Möglichkeit, Verluste ohne zeitliche Beschränkung auf andere Jahre zu übertragen, für Aktiensparer auswirkt, machen die folgenden Beispiele deutlich:

- *Beispiel 1:* Im Jahr 2000 haben Sie 100 X-Aktien innerhalb der Spekulationsfrist verkauft und dabei einen Gewinn von 1.200 Euro gemacht. Im gleichen Jahr haben Sie sich von 50 Y-Aktien getrennt und dabei einen Verlust von 1.000 Euro gemacht. Nach der bis Ende 2001 geltenden Regelung bleibt nach der Verrechnung ein steuerlich relevanter Gewinn von 200 Euro, der als Einkommen versteuert werden muss. Wenn Ihr persönlicher Steuersatz bei 35 Prozent liegt, kassiert das Finanzamt 70 Euro.

- *Beispiel 2:* Sie haben im Jahr 2000 jeweils innerhalb der Spekulationsfrist einen Gewinn von 800 Euro und einen Verlust von 1.300 Euro gemacht. Bleiben 500 Euro Verlust, die Sie zwar nicht gegen Einnahmen aus anderen Quellen aufrechnen, aber als Verlust auf das folgende Jahr vortragen können. Wenn Sie im Jahr 2002 dann 100 XY-Aktien mit einem Gewinn von 1.000 Euro verkaufen, werden Ihnen davon nach dem Halbeinkünfteverfahren nur 500 Euro als steuerpflichtiger Gewinn angerechnet. Diesen können Sie gegen den im Jahr 2000 oder 2001 erlittenen und ins Jahr 2002 übertragenen Verlust von 500 Euro aufrechnen. Das steuerliche Ergebnis: null. Das Finanzamt geht in diesem Fall leer aus.

- *Beispiel 3*: Sie erzielen im Jahr 2002 (oder in einem späteren Jahr) einen Spekulationsgewinn von 900 Euro. Ein anderes Wertpapiergeschäft endet mit einem Verlust von 600 Euro. In beiden Fällen ist jeweils die Hälfte der Summe steuerlich relevant. Von 450 Euro steuerpflichtigem Spekulationsgewinn können dann 300 Euro realisierter Verluste abgezogen werden. Bleiben 150 Euro Spekulationsgewinn, die Sie zusammen mit Ihrem Jahreseinkommen (zu dem für Sie zutreffenden Steuersatz) mit dem Finanzamt teilen müssen.

Achtung: Das Halbeinkünfteverfahren gilt nicht für Zinseinnahmen und nicht für Gewinne und Verluste, die bei Fondsanteilen entstehen.

Handelszeiten

Der Zeitraum, an dem an der Börse im Computer- oder Parketthandel Wertpapiere gekauft und verkauft werden können und Kurse ermittelt werden, die dem jeweiligen Angebot und der Nachfrage entsprechen. Da rund um den Globus je nach örtlicher Tageszeit Börsen öffnen und schließen, finden der Devisen- und Wertpapierhandel sowie andere Börsengeschäfte global gesehen 24 Stunden am Tag statt. Das war früher für den privaten Anleger ohne große Bedeutung, da er auf die örtlichen Handelszeiten angewiesen war. Das Internet macht es inzwischen aber möglich, 24 Stunden am Tag am weltweiten Börsengeschehen teilzunehmen.

Die Handelszeiten der Frankfurter Wertpapierbörse und der Eurex wurden Anfang Juni 2000 bis 20.00 Uhr verlängert. Zuvor fand der Handel von 9.00 bis 17.30 Uhr statt. Im Präsenzhandel und auf Xetra gilt dies für alle Aktien und Optionsscheine und bei der Eurex für alle deutschen Aktien- und Aktienindexderivate (ODAX, FDAX und alle Optionen auf deutsche Aktien). Der Rentenhandel sowie der Handel von Aktien mit ausschließlicher Einheitskursfeststellung im Präsenzhandel oder nur einer Auktion in Xetra sind von der Handelszeitverlängerung ausgenommen. Die deutschen Regionalbörsen haben sich diesem Schritt angeschlossen.

Die Börse hatte registriert, dass es ein hohes Marktpotenzial für den Abendhandel gab: Bis zu 30 Prozent des Umsatzes von Direktbrokern wurde schon bei Einführung der verlängerten Handelszeiten in den Abendstunden gemacht. Institutionelle Investoren hatten ebenfalls immer längere Handelszeiten am Abend verlangt. Es bestand die Gefahr, dass sich der Handel auf Systeme außerhalb der Börse verlagert oder an andere Plätze abwandert. Electronic Communication Networks (ECN) bieten vermehrt Handelsservices in den Abendstunden an. Um ihre Wettbewerbsfähigkeit zu sichern, musste die Frankfurter Börsen AG darauf reagieren. Angesichts des sich ausweitenden globalisierten Handels soll durch verlängerte Handelszeiten eine höhere Attraktivität des Finanzplatzes Deutschland für internationale Investoren erreicht werden.

Diese Zeiten sind auch für private Anleger wichtig, weil sie ihrem Kreditinstitut unter Umständen am frühen Morgen oder am späten Nachmittag noch Aufträge geben können, wenn sie aufgrund von Nachrichten (wie zum Beispiel der Kursentwicklung in Tokio oder New York) rasch kaufen oder verkaufen wollen. Denn diese Aufträge können heute (im Gegensatz zu der Zeit, als nur Parketthandel möglich war) sofort übermittelt und über das elektronische Handelssystem Xetra abgewickelt werden. Wenn die Zahl der Aktien für einen Handel an der Frankfurter Börse zu gering sein sollte, kann unter Umständen ein anderer deutscher Börsenplatz gewählt werden, an dem auch kleinere Aufträge bis Börsenschluss abgewickelt werden. Es kann auch sein, dass dort im Augenblick ein etwas besserer Kurs erzielt werden kann. Der Wertpapierberater der Bank kann oft schon nach wenigen Minuten mit einem Blick auf seinen Bildschirm feststellen, ob der Auftrag seines Kunden zu den gesetzten Bedingungen (bestens, billigst oder limitiert) ausgeführt wurde.

Da Anleger heute viele Möglichkeiten haben, sich selber aktuell oder sehr zeitnah über die Kursentwicklung zu informieren, haben sie auch häufig den Wunsch, sofort mit Käufen oder Verkäufen zu reagieren. Vor allem das Internet bietet die Möglichkeit, die allgemeine Kursentwicklung oder auch das eigene Depot ständig zu beobachten und während der gesamten Handelszeit günstige Kurse für die eigene Disposition zu nutzen. Daytrader machen dies in besonders ausgeprägter Form. Über das Internet bieten sich auch Möglichkeiten, außerhalb der deutschen beziehungsweise europäischen Börsenzeiten das weltweite Börsengeschehen zu beobachten und daran teilzunehmen.

Hauptversammlung

Die zur Entscheidungsfindung zusammengerufene Versammlung aller Anteilseigner einer Aktiengesellschaft wird als Hauptversammlung bezeichnet. Die Hauptversammlung ist das oberste Organ der Aktiengesellschaft. Die Hauptversammlung trifft viele für die Gesellschaft wichtigen Entscheidungen, wie beispielsweise die Erhöhung oder die Herabsetzung des Kapitals der Gesellschaft, die Verwendung des erwirtschafteten Gewinns oder die Entlastung des Vorstands und des Aufsichtsrats. Die Hauptversammlung ist nicht in die Entscheidungen der täglichen Geschäftsführung eingebunden. Die Hauptversammlung tritt in der Regel einmal im Jahr zusammen.

Die Hauptversammlung ist das oberste Entscheidungsorgan einer Aktiengesellschaft. Die Hauptversammlung setzt sich ausschließlich aus den Aktionären der Gesellschaft zusammen, denen die Entscheidungsbefugnis beziehungsweise das Stimmrecht in Abhängigkeit der von ihnen jeweils gehaltenen Aktien obliegt.

Trotz ihrer Funktion als oberstes Entscheidungsorgan der Aktiengesellschaft ist die Hauptversammlung grundsätzlich nicht zur Geschäftsführung berechtigt. Die Geschäftsführung der Unternehmung liegt allein in den Händen des Vorstands. Der Vorstand trifft die Entscheidungen des täglichen Geschäfts grundsätzlich ohne vorherige Konsultation der Hauptversammlung. Nur in wenigen Ausnahmefällen kommt es vor, dass der Vorstand der Hauptversammlung eine geschäftspolitische Frage zur Entscheidung vorlegt. Hierbei handelt es sich dann meistens um Entscheidungen, die einen erheblichen Einfluss auf die Rechte und Interessen der Aktionäre haben.

Die Entscheidungsbefugnis der Hauptversammlung bezieht sich vor allem auf die generellen Rahmenbedingungen der Gesellschaft. Grundsätzlich entscheidet die Hauptversammlung über:

- die Verwendung des Bilanzgewinns,
- die Entlastung des Vorstands und des Aufsichtsrats,
- die Bestellung der Aktionärsvertreter in den Aufsichtsrat,
- die Bestellung des Abschlussprüfers,
- Änderungen der Satzung der Gesellschaft,
- Kapitalerhöhungen,
- Kapitalherabsetzungen,
- Auflösung der Gesellschaft oder
- Umwandlung der Gesellschaft.

Daneben kann die Satzung noch weitere Entscheidungsbereiche und -befugnisse für die Hauptversammlung vorsehen.

Die Hauptversammlung findet in der Regel einmal jährlich auf Einladung (Einberufung) des Vorstands statt. Die Satzung der Gesellschaft kann auch davon abweichend bestimmen, dass die Hauptversammlung in kürzeren Zeitabständen zusammentritt. Daneben ist die Hauptversammlung immer in solchen Situationen einzuberufen, in denen es das Wohl der Gesellschaft notwendig macht. Hierzu zählen beispielsweise Krisensituationen, in denen außerordentlich hohe Verluste eintreten, die den Fortbestand des Unternehmens gefährden.

Normalerweise beruft der Vorstand die Hauptversammlung ein. Es ist aber in einigen Fällen auch möglich, dass die Hauptversammlung auf Wunsch einzelner Aktionäre zusammentritt. In diesem Fall spricht man von einer außerordentlichen Hauptversammlung.

Die ordentliche Hauptversammlung ist mindestens einen Monat vor dem geplanten Zusammentreffen einzuberufen. Zudem muss die Tagesordnung zum Zeitpunkt der Einberufung in den in der Satzung festgelegten Zeitungen bekannt gemacht werden. Der Vorstand und der Aufsichtsrat haben zu jedem Tagesordnungspunkt, bei dem eine Entscheidung durch die Hauptversammlung getroffen werden soll, einen Vorschlag zu unterbreiten.

Innerhalb der Hauptversammlung stehen dem Aktionär vielfältige Auskunftsrechte zu, soweit diese Auskünfte dazu geeignet sind, eine sachgemäße Beurteilung der Punkte der Tagesordnung zu fördern. Der Vorstand darf die gewünschte Auskunft nur in wenigen, im Aktiengesetz geregelten Fällen verweigern.

Grundsätzlich ergibt sich der Anteil der Stimmrechte jedes Aktionärs aus dem Anteil am Grundkapital, den ihm seine Aktien verbriefen. Hat ein Aktionär beispielsweise Aktien, die ihm einen Anteil von 20 Prozent am Grundkapital der Gesellschaft verbriefen, so hat er auch 20 Prozent aller Stimmrechte. Ausnahmen davon bilden lediglich Mehrstimmrechtsaktien und stimmrechtslose Vorzugsaktien.

Jeder Aktionär kann einen von ihm gewählten Stellvertreter mit der Ausübung seines Stimmrechts bevollmächtigen. In der Regel erfolgen solche Bevollmächtigungen zugunsten der Bank, bei der die Aktien im Depot gehalten werden, oder zugunsten von Aktionärsschutzvereinigungen. Im Falle der Bevollmächtigung der jeweiligen Hausbank spricht man von dem so genannten Depotstimmrecht. Dieses ist in Deutschland sehr umstritten, da es den Banken große Macht bei der Entscheidungsfindung in Aktiengesellschaften gibt, ohne dass sie selbst an dem Unternehmen beteiligt sein müssen.

Für unterschiedliche Themenbereiche, über die die Hauptversammlung zu entscheiden hat, sind im Aktiengesetz unterschiedliche Mehrheiten festgelegt. Die Art der benötigten Mehrheiten richtet sich dabei nach der Tragweite der jeweiligen Entscheidung. So benötigt ein einfacher, nicht die Satzung verändernder Beschluss lediglich eine einfache Mehrheit in der Hauptversammlung (50 Prozent der Stimmen), während eine Kapitalerhöhung oder -herabsetzung eine Mehrheit von 75 Prozent des in der Hauptversammlung vertretenen Grundkapitals erfordert. Eine Mehrheit von ebenfalls 75 Prozent der anwesenden Grundkapitalvertreter benötigt die Abberufung von Aufsichtsratsmitgliedern, die Auflösung der Gesellschaft sowie die Umwandlung der Aktiengesellschaft in eine Kapitalgesellschaft anderer Rechtsform (wie beispielsweise eine GmbH).

Die Rechte und Pflichten der Hauptversammlung weichen in anderen Ländern teilweise erheblich von den Rechten und Pflichten in Deutschland ab. So haben beispielsweise die Aktionäre japanischer Unternehmen wesentlich weniger umfassende Auskunftsrechte als die Aktionäre deutscher Gesellschaften.

Hausse

Wenn an der Börse die Kurse auf breiter Front oder in bestimmten Sektoren stark steigen und vor allem wenn diese Kursgewinne über einen bestimmten Zeitraum hinweg anhalten oder sich sogar noch beschleunigen, spricht man von einer Hausse. Die konträre Entwicklung dazu ist die Baisse. Bei der Hausse beherrschen die „Bullen" das Börsengeschehen. Die Stimmung an der Börse ist „bullish".

Im weiteren Sinne bezeichnet eine Hausse einen allgemeinen konjunkturellen Aufschwung der Wirtschaft. Während sich hierfür aber immer mehr der Begriff Boom eingebürgert hat, bezeichnet Hausse heute vor allem einen deutlichen Anstieg der Kurse an der Aktienbörse oder auch bei Anleihen. Dabei kann es sich sowohl um einen Aufschwung auf breiter Front handeln, der sich in einem entsprechenden Anstieg des jeweiligen Index (Xetra-DAX, CAC, ATX, Dow Jones, Nikkei usw.) ausdrückt, als auch um Sonderbewegungen bei einzelnen Aktien oder einer Branche, die dann zu einem Steigen des jeweiligen Branchenindex (in Deutschland des Composite oder CDAX) führt. Die Erfahrung zeigt allerdings, dass kräftige Sonderbewegungen bei einzelnen Titeln oder Branchen auch andere Werte mit sich ziehen beziehungsweise einen allgemeinen Kursanstieg auslösen können.

Als Haussiers (oder Bullen) werden diejenigen Händler, Fondsverwalter und Anleger bezeichnet, die in einzelnen Branchen oder auf breiter Front mit steigenden Kursen rechnen, sich rechtzeitig mit den entsprechenden Wertpapieren eindecken und damit in einer Art „selffulfilling prophecy" den Aufschwung in Gang setzen. Die Gewinnmöglichkeiten (aber auch die Risiken) bei dieser Spekulation auf bald steigende Kurse steigen noch, wenn die entsprechenden Aktien zu derzeitigen Kursen auf Termin gekauft werden, um sie dann tatsächlich günstig zu erwerben oder auch sofort wieder mit Gewinn verkaufen zu können, sobald die entsprechenden Kurse erreicht werden.

Vorsicht: Das Geschäft muss auch erfüllt werden, wenn die erwartete Kursbewegung nicht eintritt. Zwar besteht die (in der Regel genutzte) Möglichkeit, auf einen Kauf zu verzichten und die für die Option gezahlte Prämie verfallen zu lassen. Aber diese muss dann als Verlust verbucht werden. Der potenzielle Verkäufer dagegen kann seine Aktien ebenso wie die gezahlte Prämie behalten. Im umgekehrten Fall gilt, dass er zwar die Prämie kassieren kann, aber seine Aktien zu dem vereinbarten Preis abgeben muss, der dann unter dem aktuellen Börsenkurs liegt.

Es kommt auch vor, dass Finanzgruppen, Fonds oder einzelne finanzkräftige Spekulanten „à la hausse" spekulieren. Sie versuchen hierbei, durch gezielte Käufe die Kurse einzelner Papiere oder die Aktien in bestimmten Branchen nach oben in Bewegung zu setzen. Wenn dann andere Spekulanten oder auch normale Anleger auf den „fahrenden Zug aufspringen", ist das Ziel erreicht. Die Kurse steigen, und die Initiatoren können ihre Papiere auf dem Höhepunkt der Entwicklung mit Gewinn verkaufen. Das ist allerdings ein riskantes (und gelegentlich auch unlauteres oder illegales) Spiel und kann bei den Initiatoren zu erheblichen Verlusten führen, wenn es von anderen Marktteilnehmern erkannt und durchkreuzt wird. Dies gilt vor allem dann, wenn die Haussiers für ihr Manöver hohe Kredite aufgenommen haben.

Hebel ▌

Als Hebel oder Hebelwirkung bei Optionsscheinen wird das Phänomen bezeichnet, dass sich der Kurs eines Optionsscheins in der Regel prozentual wesentlich stärker verändert als der Kurs des zugrunde liegenden Basiswerts. Das Verhältnis zwischen Kurssteigerung des Basiswerts und des Optionsscheins wird durch den Hebel ausgedrückt. Der Hebel misst, um wie viel Prozent sich der Kurs des Optionsscheins verändert, wenn sich der Kurs des Basiswerts um einen Prozent verändert.

Näheres dazu unter Optionsschein.

Hedge-Funds ▌

Hedge-Funds sind Investmentfonds, die bezüglich ihrer Anlagepolitik keinerlei gesetzlichen oder sonstigen Beschränkungen unterliegen. Sie streben unter Verwendung sämtlicher Anlageformen eine möglichst rasche Vermehrung ihres Kapitals an. Hedge-Funds bieten die Chance auf eine sehr hohe Rendite, bergen aber auch ein entsprechend hohes Risiko des Kapitalverlusts. Die Nähe des Begriffs zum Hedging darf also nicht zu der Vorstellung führen, hier handele es sich um relativ risikolose Geschäfte.

Hedge-Funds sind eine Spezialform der Investmentfonds, die bezüglich ihrer Anlagepolitik keinerlei gesetzlichen oder anderen Beschränkungen unterliegen. Hedge-Funds können beispielsweise auch Leerverkäufe tätigen (also ohne diese Papiere schon zu besitzen), Optionen und Futures kaufen und verkaufen oder andere Formen von Termingeschäften tätigen. Ursprünglich waren die getätigten Termingeschäfte zur Absicherung des Fondsvermögens gegen Kursschwankungen gedacht, woraus sich auch der Name Hedge-Funds (engl. to hedge = sich gegen einen Verlust absichern) ableitet. Anders als beim Hedging werden die Termingeschäfte heute verstärkt aus spekulativen Gründen von Fondsmanagern genutzt.

Hedge-Funds versuchen eine möglichst schnelle Vermehrung ihres Kapitals zu erreichen und gehen dazu auch verhältnismäßig hohe Risiken ein. Einige der erfolgreichsten Hedge-Funds erwirtschafteten allein 1993 zwischen 40 und 60 Prozent Rendite für ihre Anleger. Allerdings bedrohte 1998 die Krise eines solchen Fonds die Stabilität der Weltfinanzmärkte. Eine schwere Krise konnte nur durch eine konzertierte Aktion internationaler Großbanken verhindert werden.

Echte Hedge-Funds sind Anlagegemeinschaften einer begrenzten Anzahl von Anlegern, die ihr Kapital der Leitung eines Fondsmanagers übertragen. Der Fondsmanager wird seinem Anlageerfolg entsprechend vergütet und investiert oft auch beträchtliche Summen seines eigenen Vermögens in den Fonds. Dies gewährleistet, dass er selbst an einer möglichst hohen Rendite interessiert ist. Die Mindestanlagesumme bei Hedge-Funds beträgt oftmals um 100.000 Dollar. Das hohe Minimum und der Umstand, dass Hedge-Funds in der Bundesrepublik verboten sind und daher lediglich eine Anlage im Ausland möglich ist, machen diese Anlageform nur für sehr kapitalstarke Anleger interessant.

Hedge-Funds sind oftmals in so genannten Off-shore-Zentren (also internationalen Bankenplätzen, an denen besonders liberale Rahmenbedingungen für Kapitalgeschäfte gelten) angesiedelt, wie beispielsweise den Cayman Islands oder den Bermudas, um keinen gesetzlichen Restriktionen zu unterliegen. Ende der Neunzigerjahre gefährdeten missglückte Spekulationen von Hedge-Funds die Stabilität der internationalen Finanzmärkte so stark, dass sich internationale Großbanken zu einer teuren Rettungsaktion entschließen mussten.

Hedging |

Absicherung gegen Kurs- oder Preisrisiken durch kompensatorische Börsengeschäfte mit dem Ziel, Verlustrisiken zu vermeiden oder zumindest zu begrenzen. Die Idee des Hedging besteht darin, dass ein vorhandenes Risiko durch ein anderes, genau umgekehrt liegendes Risiko ausgeglichen wird. Absicherbar sind dabei alle Arten von Preisänderungsrisiken. Dazu gehören Kursrisiken bei Aktien und festverzinslichen Wertpapieren, aber auch bei Handelswaren wie beispielsweise Gold, Öl oder Agrarprodukten. An der Börse erfolgt Hedging überwiegend durch Zuhilfenahme von derivativen Finanzinstrumenten wie beispielsweise Optionen oder Futures.

Die Strategie des Hedging ist eng mit derivativen Finanzgeschäften verbunden. Grundsätzlich wird unter Hedging der Abschluss eines Geschäftes verstanden, dessen Zweck darin liegt, ein Risiko aus einem anderen Geschäft ganz oder teilweise zu eliminieren. Die Idee dabei ist, dass man das Risiko eines Geschäfts durch Abschluss eines anderen Geschäfts absichert, dessen Risiko sich genau umgekehrt zum Risiko des Grundgeschäfts verhält.

Beispiel: Ein deutscher Geschäftsmann weiß, dass er in drei Monaten für eine Rohstofflieferung 100.000 US-Dollar zahlen muss. Um das Risiko eines Kursanstiegs des US-Dollar zu eliminieren, verkauft der Geschäftsmann eigene Waren im Wert von 100.000 Dollar, zahlbar in drei Monaten, in die USA. Steigt der Dollar, so muss der Geschäftsmann zwar mehr Euro einsetzen, um 100.000 Dollar zur Begleichung seiner Rechnung zu erwerben, auf der anderen Seite erhält er aber auch mehr Euro für die von ihm verkaufte Ware. Der Verlust aus dem einen Geschäft gleicht sich mit dem Gewinn aus dem anderen Geschäft aus. Im umgekehrten Fall – wenn der Dollarkurs gegenüber dem Euro sinkt – muss der Geschäftsmann zwar weniger Euro aufwenden, um die erhaltene Ware zu bezahlen, erhält aber auch weniger Euro für die von ihm verkaufte Ware.

Da nur die wenigsten Unternehmen oder Privatpersonen die Möglichkeit haben, ihre Risiken durch entsprechende Gegengeschäfte im Warenhandel abzusichern, und da eine solche Risikoabsicherung auch sehr aufwändig wäre, wird Hedging in der Regel mit Hilfe von Derivaten betrieben. Hierbei geht es vor allem um den Einsatz von Optionen und Futures. Wichtig ist, dass das jeweils verwendete Finanzinstrument in Bezug auf seine Laufzeit, den zugrunde liegenden Handelsgegenstand (zum Beispiel Aktie, Fremdwährung [Devisen] oder Ware) und den Ausübungspreis so gewählt wird, dass es zu einer Risikokompensation kommt. So macht es beispielsweise wenig Sinn, ein Wechselkursrisiko durch eine Option zu sichern (hedgen), die erst nach fünf Monaten ausgeübt werden darf.

Multinationale Unternehmen, die ihre Geschäfte in vielen Ländern und in unterschiedlichen Währungen betreiben, können sich durch so genannte interne Hedges (wie im Beispiel oben beschrieben) weitgehend absichern und müssen nur noch Spitzenbeträge durch Einsatz von Finanzderivaten abdecken.

Private Risikoabsicherungsstrategie

Oft wollen Anleger nicht das gesamte aus einer Anlage oder einem Handelsgeschäft erwachsende Risiko absichern, sondern nur einen Teil davon. Bei vollständigem Hedge ist nämlich kein Gewinn aus dem Grundgeschäft möglich. Würde ein Anleger beispielsweise die Risiken aus einer Aktienanlage vollständig durch Kauf von Put-Optionen hedgen, würde zwar jeder möglicherweise auftretende Kursverlust der Aktien durch einen entsprechend hohen Gewinn der Optionen eliminiert, aber auf der anderen Seite auch jeder Kursgewinn der Aktienposition durch einen gleich hohen Kursverlust des Put ausgeglichen. Die Rendite der Aktienanlage wäre also unabhängig vom Kursverlauf der Aktien immer gleich Null. Das Ausmaß, in dem Risiken gehedged werden, hängt damit von der Risikobereitschaft des Anlegers sowie seinen Erwartungen hinsichtlich des zukünftigen Kursverlaufs ab. Je risikoscheuer der Anleger ist, desto umfänglicher wird sein Hedging ausfallen.

Möglich ist auch, einen bereits erreichten, aber noch nicht realisierten Kursgewinn durch Hedging abzusichern. Dies kann eine sinnvolle Strategie in einer Zeit sein, in der ein allgemeiner Kurseinbruch an der Börse möglich erscheint. Dabei müssen allerdings auch die beim Hedging entstehenden Kosten beachtet werden.

High Yield Bonds/Junk Bonds

Als High Yield Bonds werden Anleihen bezeichnet, die eine überdurchschnittlich hohe Verzinsung bei gleichzeitig überdurchschnittlich hohem Risiko aufweisen. High Yield Bonds werden vor allem von Unternehmen ausgegeben, die aufgrund ihrer bereits bestehenden hohen Verschuldung keine weiteren Bankdarlehen aufnehmen können beziehungsweise denen auch keine Emission von „normalen" Anleihen (mehr) möglich ist. Deshalb werden High Yield Bonds oft auch als Junk Bonds (wörtlich: Ramsch-, Schrott- oder Abfallanleihen) bezeichnet.

High Yield Bonds sind eine in den USA entwickelte Form der Anleihe, die entweder aufgrund des Emittenten oder aufgrund ihrer rechtlichen Ausgestaltung ein höheres Risiko aufweisen als herkömmliche festverzinsliche Wertpapiere. Der Begriff High Yield (hoher Ertrag) weist auf die höhere Verzinsung solcher Anleihen hin. Dieses für den Emittenten vergleichsweise teure Finanzierungsinstrument wird in der Regel von Unternehmen in Anspruch genommen, denen es aufgrund ihrer bereits vorhandenen hohen Verschuldung nicht möglich ist, weitere Darlehen bei Banken beziehungsweise am Kapitalmarkt aufzunehmen.

Ein solcher Fall tritt häufig bei fremdfinanzierten Unternehmensaufkäufen, so genannten Leveraged Buy-outs, ein. Er kann sich aber auch aus einer wirtschaftlich schwierigen Lage des betreffenden Unternehmens erklären. Aufgrund des überdurchschnittlich hohen Ausfallrisikos von High Yield Bonds werden diese Anleihen oft auch als Junk Bonds bezeichnet, was wörtlich übersetzt soviel wie „Abfall- oder Schrottanleihen" bedeutet.

Das erhöhte Risiko eines High Yield Bond resultiert aus der Nachrangigkeit gegenüber anderem Fremdkapital des jeweiligen emittierenden Unternehmens. Im Falle des Konkurses gehen die Gläubiger von High Yield Bonds in der Regel leer aus oder erhalten nur eine sehr viel geringere Rückzahlungsquote als andere Gläubiger des Unternehmens.

Das erhöhte Risiko eines High Yield Bond wird auch durch das vergleichsweise schlechte Rating dieser Anleihen dokumentiert. Als Faustregel gilt dabei, dass eine Anleihe, die schlechter als Baa (Moody's) beziehungsweise BBB (Standard&Poors) bewertet wird, als High Yield Bond gelten muss. Nicht alle High Yield Bonds werden aber von den bekannten Rating-Agenturen bewertet. Oftmals wird die Bewertung des emittierenden Unternehmens beziehungsweise der Anleihe auch lediglich durch die beratende Investmentbank vorgenommen.

Je schlechter die Bewertung der jeweiligen Anleihe ausfällt, desto höher ist die Verzinsung des Papiers. Die Anleger lassen sich das hohe Risiko bezahlen. Typischerweise werden High Yield Bonds mit einer festen Verzinsung ausgestattet, die allerdings über der Verzinsung liegt, die normale Anleihen gleicher Laufzeit aufweisen. Die Laufzeit von High Yield Bonds liegt durchschnittlich bei zehn Jahren, wobei dem Emittenten (Schuldner) oft nach fünf Jahren eine Call-Option (siehe unten) gewährt wird. High Yield Bonds werden in der Regel nicht besichert.

Diese Art von Anleihen, die auf dem amerikanischen und englischen Kapitalmarkt schon seit längerer Zeit eine attraktive Alternative für den risikofreudigen, renditeorientierten Investor darstellen, sind in Deutschland bislang noch wenig bekannt. High Yield Bonds – in Deutschland oft auch als Risikoanleihen bezeichnet – werden aber aufgrund der zunehmenden Anzahl von fremdfinanzierten Unternehmensübernahmen auch am deutschen Kapitalmarkt vermehrt auftreten. In den USA werden diese Anleihen zum Teil von Investoren gekauft, die einerseits eine regelmäßige, feste Verzinsung ihres Kapitals wünschen, denen aber andererseits die relativ niedrige Verzinsung herkömmlicher festverzinslicher Anleihen nicht ausreicht. Auch Versicherungsgesellschaften und andere institutionelle Investoren sind immer häufiger Nachfrager solcher High Yield Bonds. Sie dienen ihnen zur Beimischung zu normalen Anleihen und sollen die Rendite des Gesamtportfolios verbessern.

Alternative für den privaten Anleger: Hohe Zinsen und Risikoverteilung

Auch private Anleger können durch den Kauf von Junk-Bonds wegen der hohen Zinsen viel Geld verdienen. Sie werden nicht nur in den USA, sondern auch in Europa aufgelegt – unter anderem von innovativen, schnell wachsenden Unternehmen mit hohem Kapitalbedarf. Um das mit der Anlage in High-Yield-Anleihen verbundene Verlustrisiko zu senken, können auch entsprechende Fondsanteile erworben werden. Sie bieten ebenfalls den Vorteil überdurchschnittlich hoher Erträge beziehungsweise Wertsteigerungen der Anteile, federn aber das Verlustrisiko ab: Die Fonds werden professionell gemanagt und verteilen ihre Mittel auf eine Vielzahl von Risikopapieren. Einige der Fonds spezialisieren sich auf Hochzinspapiere aus Europa, andere auf High Yield Bonds aus den USA oder Asien. In den Industrieländern kaufen sie meist Unternehmensanleihen, in den Schwellenländern (beziehungsweise Emerging Markets) Staatsanleihen mit geringem Rating, aber entsprechend hohen Zinsen.

Nachrangigkeit von Darlehen

Als nachrangige Darlehen bezeichnet man nicht oder nur sehr gering besicherte Kredite an ein Unternehmen. Es sind Darlehen, bei denen die Gläubiger im Konkursfall mit ihren Rechten und Ansprüchen hinter den anderen Gläubigern des Unternehmens stehen. Sie werden erst dann bedient, wenn die Forderungen der „normalen" Fremdkapitalgeber beglichen sind. Da die zu verwertenden Vermögenswerte eines Unternehmens im Konkursfall meist nicht ausreichen, um alle Gläubiger zu bedienen, gehen die Gläubiger von nachrangigen Darlehen, wie beispielsweise High Yield Bonds, in der Regel leer aus oder erhalten nur einen sehr geringen Anteil des von ihnen vergebenen Darlehens zurück.

Call-Option bei Anleihen

Im Zusammenhang mit Anleihen spricht man von einer Call-Option, wenn dem Emittenten das Recht eingeräumt wird, die Anleihe vor dem in den Emissionsbedingungen genannten Fälligkeitstermin zurückzuzahlen. Meist kann eine solche Call-Option erst nach Ablauf einer Mindestlaufzeit ausgeübt werden. Für den Emittenten ist eine Call-Option immer dann sinnvoll, wenn die Möglichkeit besteht, die Anleihe durch billigeres Kapital zu refinanzieren. Vor allem für Emittenten von High Yield Bonds ist eine Call-Option sinnvoll, da diese Anleihen vergleichsweise teuer sind, so dass das Unternehmen bestrebt sein wird, die Anleihe durch billigere Darlehensmittel zu refinanzieren, sobald es die Verschuldungssituation zulässt.

Für den Anleger ist eine Call-Option eher von Nachteil, da ihm bei Rückzahlung unter Umständen keine gleichwertige Anlagealternative zur Verfügung steht. Aus diesem Grund wird oft eine Vorfälligkeitsprämie in den Emissionsbedingungen vereinbart. In einem solchen Fall erhält der Anleger eine Rückzahlung, die über dem Nominalwert der Anleihe liegt, beispielsweise bei 101 Prozent des Nominalwerts.

Homebanking/Telebanking

Telefon- oder Telebanking und die Erledigung von Bankgeschäften vom heimischen PC aus (Homebanking) sind inzwischen eine weit verbreitete Variante des Privatkundengeschäfts der Banken und Sparkassen. Sie stellen für den Verbraucher als „Homebanking" eine Alternative zum Filialgeschäft dar. Beim Telefonbanking wickelt der Kunde seine Bankgeschäfte über das Telefon per Tasteneingabe ab, statt persönlich zur nächsten Geschäftsstelle zu gehen. Beim Homebanking kann er sich seine Kontostände auf den Bildschirm holen und vom eigenen PC aus Überweisungen vornehmen. Hierdurch ist der Kunde von den allgemeinen Öffnungszeiten und den Standorten der Banken unabhängig. Auch der direkte Kauf von Wertpapieren ist möglich. Das spart Kosten und erlaubt schnelle Reaktionen auf veränderte Wirtschaftsdaten. Allerdings fehlt die Beratung.

Homebanking oder Telebanking ermöglicht es dem Bankkunden, sich sowohl räumlich als auch zeitlich von den Filialen der jeweiligen Kreditinstitute und ihren Öffnungszeiten unabhängig zu machen. Statt für jedes Bankgeschäft zur nächsten Filiale zu gehen, kann der Kunde die meisten seiner Geschäfte per Telefon oder am

PC erledigen. Dies hat zum einen den Vorteil, dass sich der Kunde den Weg zur Bank erspart, und zum zweiten ist er von den Öffnungszeiten der einzelnen Filialen unabhängig. Hiermit kommt man dem Wunsch vieler Kunden entgegen, die ihre Bankgeschäfte nach Feierabend oder am Wochenende von der eigenen Wohnung aus oder unterwegs per Mobiltelefon erledigen wollen.

Der Begriff Telebanking kann weiter gefasst werden, wenn nicht nur die Abwicklung von Bankgeschäften per Sprach- oder Toneingabe über das Telefon betrachtet, sondern auch die Abwicklung über Computer, Bildschirmtext (Btx) oder Videotext mit einbezogen wird. Telefonbanking ist also nur eine Variante des Telebanking. Btx wird zunehmend durch die Nutzung des Internet verdrängt.

Um am Telebanking teilnehmen zu können, benötigt man einen Telefon- und einen Internet-Anschluss per Modem oder ISDN-Karte. Zudem muss zwischen Kunde und Bank ein Rahmenvertrag abgeschlossen werden, der einerseits dem Kunden gestattet, seine Geschäfte per Computer, Telefon oder in einer anderen elektronischen Form abzuwickeln, und es andererseits der Bank erlaubt, sowohl Aufträge entgegenzunehmen als auch Informationen zu übermitteln. Der Kunde bekommt einen Benutzernamen, ein Passwort oder eine Geheimnummer zugeteilt, damit er sich bei den jeweiligen Bankgeschäften ausweisen kann. Zur Bestätigung der Aufträge ist meist noch eine (nur einmalig verwendbare) TAN-Nummer oder eine elektronische Identifizierung und Signatur nach dem HBCI-Verfahren erforderlich, um missbräuchliche Zugriffe zu vermeiden. Chipkarten oder Disketten mit einem elektronischen Schlüssel ersetzen die Unterschrift.

Safety first

Die schnelle technische Entwicklung sorgt dafür, dass ständig neue Standards eingeführt werden, die das Homebanking bequemer und sicherer machen sollen. Ein Schritt in diese Richtung ist das Internet-Banking nach dem HBCI-Standard zum Verschlüsseln und Signieren der übermittelten Nachrichten. Allerdings fällt auch Hackern immer wieder etwas Neues ein, um in fremde Datenbanken einzudringen oder Daten bei der Übermittlung zu erfassen und dann in ihrem Sinne zu manipulieren. Deshalb sollte beim Internet-Banking und Internet-Broking immer sorgfältig auf die Einhaltung aller Sicherheitsmaßnahmen geachtet werden.

Erstreckten sich die möglichen Bankdienstleistungen, die der Kunde in Anspruch nehmen konnte, zunächst meist nur auf die Abfrage von Kontoständen sowie auf Überweisungsaufträge, so lassen sich heute fast alle Bankgeschäfte per Computer von zu Hause oder von unterwegs abwickeln. Von der Sparbuchanlage und dem Abschluss eines Dauerauftrags über den Kauf und Verkauf von Wertpapieren, vom Abschluss von Bausparverträgen bis hin zur Kreditvergabe ist bei vielen Instituten inzwischen fast alles möglich. Zudem kann der Kunde den aktuellen Stand seines

Kontokorrent- und Depotkontos abfragen und sich diesen entweder über Telefon, Bildschirm oder Faxgerät jederzeit rund um die Welt übermitteln lassen. So kann er auch abends, am Sonntag oder während einer Reise erfahren, welche Kontobewegungen im Laufe der Woche stattgefunden haben, wie der Saldo seines Girokontos ist oder welchen aktuellen Kurs seine Wertpapiere haben.

Nachdem in Großbritannien und den USA bereits seit längerer Zeit Spezialkreditinstitute existieren, die ganz auf ein Filialnetz verzichten und ihre Produkte ausschließlich per Telefon oder PC vertreiben, haben sich auch in Deutschland die Direktbanken in den Neunzigerjahren einen festen Platz erobert. Der Kostenvorteil, der diesen Banken entsteht, wird zumindest teilweise an die Kunden weitergegeben, so dass diese erheblich geringere Gebühren zahlen müssen als bei herkömmlichem Vertrieb.

Chancen im Internet

Das Internet bietet auch privaten Anlegern inzwischen Informationsmöglichkeiten, wie sie früher nur dem professionellen Händler zur Verfügung standen. Als Daytrader oder im Rahmen von Internet-Broking können private Anleger auch direkt über das Internet Aktien ordern und an Neuemissionen darauf spezialisierter Broker teilnehmen. Sie müssen sich dabei allerdings immer darüber im Klaren sein, dass ihre Daten Unbefugten in die Hände fallen können und dass der Anlegerschutz nicht immer gewährleistet ist.

Eine Möglichkeit, die Entwicklung des eigenen Depots oder von Wertpapieren, die man im Auge behalten möchte, (fast) in Realzeit verfolgen zu können, bieten die so genannten Musterdepots, die im Internet zur kostenlosen Nutzung angeboten werden. So können Sie unter http://www.zdf.de/wiso beziehungsweise zdf.msnbc nicht nur umfangreiche Börseninformationen erhalten, sondern sich auch verschiedene Musterdepots anlegen und deren Wertentwicklung permanent verfolgen.

So genannte Internet-Börsen, die von privaten Betreibern ins Netz gestellt werden, sollten von interessierten Anlegern sehr sorgfältig auf Seriosität geprüft werden, da es sich um betrügerische Unternehmen handeln kann. Siehe dazu unter Internet.

Hypothekenbanken

Hypothekenbanken sind spezialisierte Kreditinstitute, die sich im Wesentlichen auf die im Grundbuch gesicherte Vergabe von langfristigen Darlehen spezialisiert haben. Hypothekenbanken zählen damit zu den Realkreditinstituten. Hypothekenbanken vergeben vor allem langfristige Hypotheken- sowie Kommunaldarlehen. Die Refinanzierung der vergebenen Kredite erfolgt primär durch die Ausgabe von Pfandbriefen und Kommunalschuldverschreibungen. Art und Umfang der von den Hypothekenbanken getätigten Geschäfte werden durch das Hypothekenbankengesetz eng begrenzt. Daher handelt es sich um eine sehr sichere Form der Geldanlage.

Hypothekenbanken sind privatrechtliche Banken, deren Hauptgeschäftszweck in der Beleihung von Grundstücken sowie in der Vergabe von Darlehen öffentlicher Gebietskörperschaften, so genannter Kommunaldarlehen, liegt. Die Art der Geschäfte, die Hypothekenbanken eingehen dürfen, und die Form der Refinanzierung dieser Geschäfte wird im Hypothekenbankengesetz geregelt.

Hypothekenbanken spezialisieren sich damit auf eine Form der langfristigen Kreditvergabe, die im Vergleich zu anderen Varianten der Kreditvergabe mit relativ geringen Risiken verbunden ist. Während die Kreditvergabe an Kommunen, also beispielsweise an ein Bundesland oder eine Gemeinde, aufgrund der einwandfreien Bonität der Schuldner praktisch ohne Risiko für die Hypothekenbank ist, beschränkt sich das Risiko bei der Vergabe von Hypothekendarlehen auf das so genannte Verwertungsrisiko. Als Verwertungsrisiko bezeichnet man die Gefahr, dass das Grundstück beziehungsweise Gebäude, auf das die Hypothek eingetragen wurde, im Fall des Zwangsverkaufs weniger als die Höhe der ausstehenden Kreditforderung einbringt. Um dieses Risiko möglichst gering zu halten, werden in der Regel bestimmte gesetzliche oder von der Bank vorgegebene Beleihungsgrenzen nicht überschritten, wobei die Vorschriften des Hypothekenbankengesetzes als Mindeststandards zu sehen sind.

Die gegen Eintragung einer Hypothek beziehungsweise gegen Gewährleistung der Kommune vergebenen Kredite werden durch Pfandbriefe beziehungsweise Kommunalschuldverschreibungen refinanziert.

Bei Pfandbriefen handelt es sich um eigene Anleihen der Hypothekenbanken, die durch die als Sicherheit für die Kredite hereingenommenen Hypotheken gedeckt sind. Vom Betrag her ist die Ausgabe von Pfandbriefen durch das Hypothekenbankengesetz auf das 25fache der Summe des eingezahlten Grundkapitals, der gesetzlichen Rücklagen und anderen, ausschließlich zur Deckung von Verlusten beziehungsweise zu einer Kapitalerhöhung aus Gesellschaftsmitteln bestimmten Rücklagen begrenzt. Die Refinanzierung der Hypothekenbanken wird durch den besonderen Schutz der Pfandbrief- beziehungsweise Kommunalschuldverschreibungsgläubiger erheblich erleichtert. Aufgrund der besonderen Regelungen, die hinsichtlich des Gläubigerschutzes im Falle des Konkurses einer Hypothekenbank gelten, werden Pfandbriefe und Kommunalschuldverschreibungen im Allgemeinen als besonders sichere Anlagen eingestuft.

Von erheblicher Bedeutung für die Refinanzierung von Hypothekenbanken ist, dass Pfandbriefe und Kommunalschuldverschreibungen gesetzlich als geeignet zur Anlage von Mündelgeldern eingestuft werden. Das Gesetz zur Beaufsichtigung privater Versicherungsunternehmen und Bausparkassen hat dieser Art von Wertpapieren zudem die Deckungsstockfähigkeit zuerkannt.

Um die Sicherheit der Anlage in Pfandbriefen zu gewährleisten, werden an das „pfandbrieflich" zulässige Kreditgeschäft neben den oben bereits genannten quantitativen Grenzen zusätzliche „qualitative" Mindestanforderungen gestellt. Hierzu gehören beispielsweise folgende Punkte:

- Die Beleihung der jeweiligen Grundstücke ist in der Regel nur an erster Rangstelle des Grundbuchs möglich,
- die Beleihung darf höchstens 60 Prozent des Grundstückswerts betragen,
- der der Beleihung zugrunde gelegte „Beleihungswert" darf den festgestellten Verkehrswert nicht übersteigen,
- bei der Feststellung des Grundstückswerts sind nur die dauernden Eigenschaften des Grundstücks und der Ertrag, welchen das Grundstück bei ordnungsgemäßer Bewirtschaftung erwirtschaften kann, zu berücksichtigen.

Zu den Besonderheiten des Hypothekenbankengeschäfts zählt zudem, dass Hypothekenbanken grundsätzlich nur in der Rechtsform der Aktiengesellschaft oder Kommanditgesellschaft auf Aktien geführt werden dürfen.

Für den Kreditkunden stellen die Hypothekenbanken in der Regel eine im Vergleich zu normalen Geschäftsbanken kostengünstige Alternative zur langfristigen Finanzierung von Immobilienkäufen dar. Im Gegensatz zu Geschäftsbanken scheuen sich Hypothekenbanken nicht, Kredite mit einer Laufzeit von bis zu 30 Jahren zu vergeben.

Beleihungsgrenze

Als Beleihungsgrenze bezeichnet man gesetzliche und/oder satzungsmäßige Limite zur Begrenzung der Kreditgewährung auf bestimmte Prozentsätze des als Kreditsicherung dienenden Beleihungsobjekts. Die Bestimmung von Beleihungsgrenzen spielt eine besondere Rolle im Hypothekenkreditgeschäft sowie bei der Beleihung von Wertpapieren. Grundsätzlich muss zunächst der Beleihungswert des Beleihungsobjekts ermittelt werden. Im Falle von Grundstücken darf der Beleihungswert nie über dem Verkehrswert der Immobilie liegen, das heißt nie über dem Wert, der aller Wahrscheinlichkeit nach beim freien Verkauf erzielbar wäre. Von diesem Beleihungswert kann dann ein bestimmter Prozentsatz beliehen werden. Bei Hypothekenkrediten durch Hypothekenbanken gilt dabei ein Satz von 60 Prozent als Grenze. Beleihungen über diesen Wert hinaus sind zwar ebenfalls möglich, werden aber nicht mehr zur Besicherung von Pfandbriefen anerkannt. Als absolute Obergrenze gilt ein Satz von 80 Prozent des Beleihungswerts. Andere Kreditinstitute sind hinsichtlich der Beleihung von Grundstücken und Gebäuden weniger strengen gesetzlichen Richtlinien unterworfen, trotzdem werden in der Regel ähnliche Grenzen aufgestellt. Mit Hilfe der Beleihungsgrenzen sollen vor allem Preisänderungsrisiken abgedeckt werden, da die betreffenden Kredite oftmals sehr langfristig vergeben werden, das zugrunde liegende Beleihungsobjekt also im Zeitablauf erheblichen Schwankungen unterliegen kann.

Konkurs einer Hypothekenbank

Im Fall des Konkurses einer Hypothekenbank gehen die Forderungen der Pfandbriefgläubiger einschließlich ihrer seit Eröffnung des Konkursverfahrens laufenden Zinsforderungen den Forderungen aller anderen Gläubiger vor. Untereinander haben alle Pfandbriefgläubiger den gleichen Rang. Da der Nennwert aller umlaufenden Pfandbriefe immer durch Hypotheken im selben Wert beziehungsweise durch Ersatzdeckung abgesichert sein muss, laufen die Pfandbriefgläubiger ein relativ geringes Risiko eines Ausfalls ihrer Forderungen.

Ersatzdeckung

In einzelnen Fällen kann es immer wieder vorkommen, dass die vorhandenen Hypotheken nicht zur Deckung des Nennwerts aller ausgegebenen Pfandbriefe ausreichen. In diesem Fall muss die Hypothekenbank für eine Ersatzdeckung sorgen. Eine solche Ersatzdeckung kann in der Anlage in Schuldverschreibungen, Schatzwechseln und Anleihen des Bundes oder auch in Guthaben bei der Bundesbank bestehen. Insgesamt dürfen aber höchstens zehn Prozent des Nennwerts der umlaufenden Pfandbriefe durch Ersatzdeckungen gesichert sein.

IBIS

Das Inter-Banken-Informations-System (IBIS) war ein elektronisches Wertpapierhandelssystem, das von Kreditinstituten, Kursmaklern und freien Maklern angeboten wurde und den ganztägigen Handel mit den 30 umsatzstärksten deutschen Aktien sowie mit rund 20 Emissionen der öffentlichen Hand ermöglichte. Es wurde 1997 von dem umfassenderen elektronischen Handelssystem Xetra abgelöst.

IBIS war ursprünglich dafür konzipiert, den außerbörslichen Handel mit Aktien und Anleihen übersichtlicher zu machen. Dabei ging es um vor- und nachbörslichen Handel zwischen Banken, Investmentfonds und Maklern, der außerhalb der Präsenzbörse stattfand. Die Marktteilnehmer konnten zunächst in das Inter-Banken-Informations-System (IBIS) nur ihre unverbindlichen Kauf- und Verkaufsangebote für mindestens tausend Aktien oder bei festverzinslichen Wertpapieren für mindestens eine Million DM Nennwert in das Computersystem eingeben. Sie konnten sich außerdem über die Angebote der anderen Marktteilnehmer informieren, ohne selbst zu kaufen oder zu verkaufen. Der eigentliche Geschäftsabschluss musste aber telefonisch erfolgen. Nach Abschluss eines Geschäfts wurden Preis und Umsatz sofort in IBIS eingegeben, wodurch sich der Kurs ständig aktualisierte. IBIS war also ein reines Informationssystem. Die Käufe und Verkäufe wurden weiterhin über Telefon getätigt. Die Informationen standen dem Markt anonym zur Verfügung.

1991 wurde das von Kreditinstituten, Kursmaklern und freien Maklern betriebene „IBIS 2" in Betrieb genommen. Es handelte sich dabei um ein elektronisches Informationssystem für den Handel mit den 30 umsatzstärksten deutschen Aktien und für rund 20 Emissionen der öffentlichen Hand. Mit diesem System konnte von 8.30 bis 17.00 Uhr in der ganzen Bundesrepublik gehandelt werden. Wertpapiergeschäfte, die vorher außerbörslich telefonisch getätigt wurden, konnten nun über das Computernetz abgeschlossen werden. Die Händler gaben ihre verbindlichen Kauf- und Verkaufsangebote direkt über den Computer in IBIS ein. Telefonischer Kontakt war nicht mehr nötig. Der Handel über IBIS 2 war also im Gegensatz zum „Parketthandel" bereits eine reine Computerbörse. Ein Geschäft über das Inter-Banken-Informations-System musste aber ein Mindestvolumen von 500 Aktien oder von einer Million DM Nennwert bei festverzinslichen Wertpapieren haben. Kleinanleger konnten sich daher – anders als beim heutigen Xetra – am Vor- oder Nachmittag nicht am Handel beteiligen. Ihre Aufträge wurden nur während der Präsenzbörse (Parketthandel) abgewickelt.

Immobilienaktien █

Beteiligungspapiere börsennotierter Gesellschaften, deren Geschäftstätigkeit sich auf den Immobilienbereich konzentriert. Hierunter fallen beispielsweise Unternehmen, die Immobilien bauen, verkaufen oder vermieten, aber auch Maklerunternehmen, Hausverwaltungen und auf Immobilien spezialisierte Beratungsunternehmen. Im engeren Sinne versteht man unter Immobilienaktien allerdings Aktien von Unternehmen, die sich auf den Bau oder Erwerb sowie die Vermietung und den Verkauf von Immobilien spezialisiert haben. Aufgrund geringer werdender steuerlicher Vorteile beim Direkterwerb von Immobilien entwickeln sich Immobilienaktien zunehmend als interessante Anlagealternative.

International gewinnen Immobilienaktien zunehmend an Bedeutung. Dabei handelt es sich um Aktien von Gesellschaften, die sich auf den Erwerb, die Veräußerung, die Vermietung oder die Vermittlung von Immobilien spezialisiert haben. Es handelt sich also einerseits um Maklerunternehmen oder immobilienspezifische Beratungsgesellschaften in der Rechtsform der Aktiengesellschaft, andererseits aber auch um Anteilspapiere von Gesellschaften, deren Geschäftszweck im Erwerb oder der Erstellung von Immobilien für eine spätere Fremdvermietung besteht. Spricht man von Immobilienaktien, so ist vor allem die zweite Gruppe gemeint.

Der Erfolg des jeweiligen Unternehmens und damit auch die Entwicklung des Aktienkurses der Gesellschaft hängt von der Höhe der erzielten Mieteinnahmen einerseits sowie der Wertentwicklung der in ihrem Besitz befindlichen Immobilien andererseits ab. Charakteristisch für eine Immobilien-AG ist, dass die erzielten Erträge vergleichsweise stetig sind, es daher zu geringeren Kursschwankungen der jeweiligen Aktien kommen sollte. Aufgrund der meist hohen Vermögenswerte dieser Gesellschaften werden Immobilienaktien auch als Substanzwerte charakterisiert.

Immobilienaktien eignen sich vor allem für langfristig orientierte Anleger, die an einem relativ stabilen Ertrag, kombiniert mit der Chance auf langfristige Wertsteigerungen der zugrunde liegenden Immobilien, partizipieren wollen. Daneben sind Immobilienaktien vor allem auch für Anleger interessant, die aus Gründen der Risikostreuung einen Teil ihres Vermögens in Sachwerten investieren wollen, aber einen Direkterwerb einer Immobilie scheuen, oder denen die dafür notwendigen Geldmittel fehlen.

Die Anlage in Immobilien erfolgte in Deutschland bislang fast ausschließlich in Form des Direkterwerbs von Immobilien oder der Anlage in offene oder geschlossene Immobilienfonds. Dies erklärt sich zum einen aus den bis Ende 1998 sehr günstigen steuerlichen Rahmenbedingungen für Immobilienerwerber und zum anderen aus der zwar moderaten, aber kontinuierlichen jährlichen Geldentwertung in der Vergangenheit. Aufgrund der in den letzten Jahren faktisch bestehenden Geldwertstabilität einerseits und den geringer werdenden steuerlichen Vorteilen wird die Direktanlage in Immobilien aber zunehmend weniger attraktiv. Während Investitionen in Immobilien in der Vergangenheit fast ausschließlich aus steuerlichen Erwägungen erfolgten, treten jetzt ökonomische Gesichtspunkte, wie beispielsweise die Lage und der Zustand der Immobilien, die Bonität der Mieter sowie die absolute Höhe der Mieteinnahmen, wieder in den Vordergrund der Entscheidung. Immobilienaktien bieten Anlegern die Möglichkeit, in vergleichsweise wertstabile Vermögenswerte zu investieren, während die komplizierte Verwaltung eines Immobilienbestandes in den Händen von professionellen Managern liegt. Hinzu kommt, dass die Kapitalmärkte eine gewisse Kontrollfunktion auf das Management ausüben, da Managementfehler und damit unterdurchschnittliche Erträge von der Börse durch Kursrückgänge der betreffenden Aktien „bestraft" werden. Dadurch kann der Anleger Fehler der Geschäftsführung in der Regel wesentlich frühzeitiger erkennen als beispielsweise bei geschlossenen Immobilienfonds, bei denen Missmanagement oftmals erst dann bemerkt wird, wenn schon erheblicher Schaden entstanden ist.

Ein ganz entscheidender Vorteil der Immobilienaktie gegenüber geschlossenen Fonds oder der Direktanlage in Immobilien liegt in der wesentlich höheren Fungibilität (Möglichkeit der Weitergabe, des Handels) der Aktie. In der Regel kann der Anleger die von ihm erworbenen Aktien jederzeit ganz oder teilweise veräußern, wohingegen der Verkauf von Immobilien teilweise einen erheblichen Zeitaufwand erfordert. Sieht sich ein Anleger aus irgendeinem Grund gezwungen, eine Immobilie kurzfristig zu verkaufen, so muss er dafür oftmals erhebliche Preisabschläge hinnehmen, während ein schneller Verkauf der Aktien zum jeweiligen Marktpreis jederzeit ohne Probleme über die Börse erfolgen kann. Die vorzeitige Veräußerung von Anteilen an geschlossenen Immobilienfonds ist meist nicht möglich, da für Anteile an diesen Fonds bislang kein funktionsfähiger Sekundärmarkt existiert. Lediglich Anteile an offenen Immobilienfonds weisen eine ähnliche Fungibilität wie Immobilienaktien auf.

Der klare Nachteil der Anlage in Immobilienaktien gegenüber der Direktanlage in Immobilien beziehungsweise des Erwerbs von Anteilen an geschlossenen Immobilienfonds liegt darin, dass der Anleger keinerlei steuerliche Vorteile aus dieser Anlageform realisieren kann. Eine Reduktion der Steuerschuld ist mit dem Erwerb von Immobilienaktien nicht möglich. Andererseits ermöglichen Immobilienaktien einem breiten Teil der Bevölkerung die indirekte Anlage in Immobilien, einer Geldanlage, die ansonsten weitgehend den Beziehern höherer Einkommen vorbehalten ist. Ein indirektes Investment in Immobilien lässt sich durch den Erwerb von Immobilienaktien schon mit vergleichsweise niedrigen Beträgen realisieren.

In Deutschland wurden bis Ende der Neunzigerjahre nur wenige Immobilienaktien an der Börse gehandelt. Das ändert sich aber, und dem Investor stehen seit

Beginn der Währungsunion auch die Börsen der Mitgliedsländer ohne zusätzliches Währungsrisiko offen. Eine weitere Möglichkeit bieten Immobilienfonds.

Immobilienerwerb aus steuerlichen Erwägungen: Längere Spekulationsfrist

Der Erwerb von Immobilien gilt in Deutschland als eine der tragenden Säulen der Altersvorsorge. Vor allem Anleger mit hohen Grenzsteuersätzen haben in den Neunzigerjahren in erheblichem Umfang in Immobilien investiert, nicht zuletzt in den neuen Bundesländern, da dort der Erwerb mit besonders hohen steuerlichen Privilegien verbunden war. Daneben erlaubte es die Steuerfreiheit von Veräußerungsgewinnen, die erworbenen Immobilien nach relativ kurzer Zeit wieder zu verkaufen. Wenn die Immobilie nach Ablauf von zwei Jahren wieder veräußert wurde, blieb ein dabei erzielter Gewinn steuerfrei. Ab 1999 wurde die Spekulationsfrist für Immobilien von zwei auf zehn Jahre erhöht.

Immobilienfonds |

Immobilienfonds sind eine Spezialform der Investmentfonds. Dabei legt die Investmentgesellschaft die Gelder der Anleger ausschließlich in Immobilien an. Die Rendite ergibt sich aus der Wertsteigerung und den Mieteinnahmen der Immobilien. Die Geldanlage bei solchen Investmentfonds ist eher mit dem Erwerb von Grundbesitz als mit einer Wertpapieranlage zu vergleichen.

Immobilienfonds sind Sondervermögen einer Investmentgesellschaft, die die Gelder ihrer Anleger in eigenem Namen für gemeinsame Rechnung in Immobilien anlegt. Man unterscheidet offene und geschlossene Immobilienfonds.

Vor allem die Anlage in offenen Immobilienfonds ist schon mit relativ kleinen Beträgen möglich. Dadurch können sich auch Kleinsparer an Immobilienvermögen beteiligen. Die Anlage in Immobilienfonds und damit die mittelbare Beteiligung an Grundbesitz stellt eine wertbeständige Alternative der Vermögensbildung dar. Die Erträge aus solchen Investmentfonds setzen sich aus Miet- und Pachteinnahmen sowie aus der Wertsteigerung des Grundvermögens zusammen.

Offene Immobilienfonds schütten in der Regel einmal im Jahr die angefallenen Mieterträge (abzüglich der angefallenen Kosten) an die Anteilsinhaber aus. Zusätzlich können Wertzuwächse des Immobilienvermögens die Rendite erhöhen. Hierbei spielt die steuerliche Behandlung von Immobilienzertifikaten eine wichtige Rolle. Vor diesem Hintergrund ist die längerfristige Anlage in einem offenen Immobilienfonds vor allem für Anleger sinnvoll, für die die persönliche Ausnutzung der Steuervorteile, die mit Grundbesitz verbunden sind, nicht von Bedeutung ist. In diesem Fall nutzen die Investmentgesellschaften die Steuervorteile aus und geben diese mittelbar in Form höherer Ausschüttungen und Wertsteigerungen an ihre Anleger weiter. Anleger mit einer hohen Steuerprogression können hingegen die direkte Zurechnung von Steuervorteilen bei geschlossenen Immobilienfonds nutzen.

> **Vorsicht:** Beim Erwerb von Immobilienfonds müssen Sie sorgfältig zwischen offenen und geschlossenen Fonds unterscheiden. Geschlossene Immobilienfonds sind vor allem für auf diesem Gebiet noch wenig erfahrene Anleger oft eine gefährliche Falle. Die versprochenen wirtschaftlichen Ziele werden vielfach nicht erreicht. Ein Ausstieg ist meist nicht möglich oder sehr schwierig. Ziehen Sie deshalb immer einen neutralen (!) Berater hinzu, der diese Geldanlage auch unter sorgfältiger Berücksichtigung Ihrer persönlichen Verhältnisse und der sonstigen Vermögensstruktur beurteilt. Steuerersparnis allein ist kein Grund, unkalkulierbare Risiken einzugehen.

Der Wert eines Immobilienzertifikates ergibt sich aus dem Wert des gesamten Immobilienvermögens, dividiert durch die Anzahl der Zertifikate. Anders als bei Wertpapierfonds ist die Wertermittlung wesentlich komplizierter, weil sich tägliche Marktpreise nicht so einfach ermitteln lassen wie an der Börse. Wie bei Anteilen an Wertpapierfonds ist auch bei den Zertifikaten von Immobilienfonds beim Verkauf im Ausgabepreis ein Ausgabeaufschlag in Höhe von drei bis fünf Prozent enthalten.

Die Anlage in Immobilienfonds sollte langfristig gesehen werden, da sich die Wertzuwächse bei Immobilien nur über längere Zeiträume einstellen und die Erträge aus den Ausschüttungen alleine meist nur eine geringe Rendite erwirtschaften. Bei der Anlage in Immobilienfonds sollte die Bonität und die Seriosität der Investmentgesellschaft genau geprüft werden. Dies gilt vor allem bei einem Investment in einen geschlossenen Immobilienfonds. Bei dieser Art von Vermögensanlage finden sich in Deutschland neben einer großen Anzahl von seriösen und erstklassig verwalteten Unternehmen auch immer wieder „schwarze Schafe". (Zur Unterscheidung zwischen offenen und geschlossenen Immobilienfonds siehe: Investmentgesellschaften.)

Indexfonds

Dabei handelt es sich um Wertpapierfonds, deren Zusammensetzung der eines zugrunde gelegten Wertpapierindex entspricht. Ziel eines solchen Fonds ist es, an der Wertentwicklung der jeweiligen Wertpapierindizes teilzunehmen. Indexfonds werden von den verschiedenen Investmentgesellschaften für nahezu jeden gängigen Wertpapierindex angeboten. Indexfonds haben im Vergleich zu herkömmlichen Aktienfonds eine relativ geringe Volatilität und stellen damit für den Anleger eine interessante Alternative zu anderen Formen der Aktienanlage dar.

Indexfonds legen die Mittel ihrer Kunden ausschließlich in den Wertpapieren an, die in einem bestimmten, dem Fonds zugrunde gelegten Wertpapierindex enthalten sind. Dabei entspricht die Gewichtung der einzelnen Papiere genau der Gewichtung dieser Papiere in dem jeweiligen Index. Einmal investiert, erfolgen so lange keine Umschichtungen im Fonds mehr, bis es zu einer Veränderung bei den im Korb enthaltenen Wertpapieren kommt, die der Berechnung des Wertpapierindex dienen.

Die Wertentwicklung eines solchen Indexfonds entspricht fast exakt der Performance des zugrunde liegenden Wertpapierindex. Erzielt beispielsweise der Dow-Jones-Wertpapierindex einen Wertzuwachs von 15 Prozent in einem Jahr, wird auch ein Indexfonds, der den Dow Jones als Grundlage seiner Investmentstrategie hat, eine Rendite von 15 Prozent erzielen. Umgekehrt nimmt der Indexfonds aber natürlich auch an negativen Entwicklungen des zugrunde liegenden Index teil.

Die Idee, die zur Entwicklung von Indexfonds führte, basiert auf Studien in den USA, die ergeben haben, dass nur eine geringe Zahl der aktiv gemanagten Aktienfonds eine bessere Performance zeigt als die verschiedenen Aktienindizes. Daher ist es wirtschaftlich sinnvoller und zudem weniger riskant, lediglich eine genaue Abbildung des jeweiligen Aktienindex zu schaffen, als zu versuchen, diesen durch eigene Zusammenstellungen zu schlagen. Ein weiterer Vorteil von Indexfonds besteht darin, dass ein solcher Fonds kaum durch Zu- und Verkäufe umgeschichtet werden muss. Dadurch entstehen im Vergleich zu herkömmlichen Aktienfonds geringere Transaktionskosten, die den Ertrag des Fonds schmälern. Der Fondsmanager muss lediglich darauf achten, dass die Aktien und deren Gewichtung jeweils dem zugrunde liegenden Index entsprechen. So muss er bestimmte Aktien verkaufen, wenn diese nicht mehr für die Berechnung des Index verwendet werden, beziehungsweise solche dazukaufen, die für die Berechnung des Index neu herangezogen worden sind.

So wurden der DAX und alle ihm zugrunde liegenden Indexfonds unter anderem nach der Einführung der T-Aktie oder dem Ausscheiden der Hoechst-Aktie 1999 neu zusammengestellt. Dabei werden bestimmte Aktien nicht mehr zur Berechnung des DAX herangezogen, zum anderen werden die im DAX enthaltenen Aktien neu gewichtet.

Indexfonds werden sowohl in Deutschland als auch international für alle gängigen Wertpapierindizes angeboten. So gibt es beispielsweise Indexfonds, die auf der Zusammenstellung des DAX, des M-DAX, des Dow Jones, des Nikkei oder des FT-SE 100 (Börse London) basieren. Daneben gibt es Fonds, die wiederum aus verschiedenen Indexfonds bestehen, also an den Veränderungen verschiedener Wertpapierindizes gleichzeitig partizipieren.

Das Anlageinstrument der Indexfonds wurde – wie viele andere Finanzinnovationen – in den USA entwickelt und verbreitete sich von dort in die meisten Länder mit entwickeltem Börsensystem.

Inhaberaktien/Inhaberpapiere

Das sind Wertpapiere, die durch Einigung und Übergabe von einer Person auf eine andere übertragen werden können. Wer sie besitzt, gilt – anders als bei Namensaktien – zunächst als ihr Eigentümer. Inhaberaktien waren lange Zeit die in Deutschland überwiegende Form der Aktie.

Inhaberpapiere sind Wertpapiere, bei denen der Berechtigte namentlich nicht genannt wird. Inhaberaktien sind für den Handel an der Börse oder den direkten Handelsverkehr besonders gut geeignet, weil ein Eigentumswechsel sehr einfach zu vollziehen ist. Es reicht die Einigung und Übergabe. Damit gehen auch alle Rechte des Aktionärs auf den neuen Besitzer über. Wer im Besitz eines Inhaberpapiers ist, gilt grundsätzlich auch als der rechtmäßige Eigentümer. Nach dem Aktiengesetz dürfen Inhaberaktien deshalb nur nach Einzahlung der Einlage ausgegeben werden.

Der Nachteil von Inhaberaktien ist, dass der Kontakt zwischen dem jeweiligen Eigentümer und der Gesellschaft sehr gering ist. Das erschwert die Investor Relations. Daher gehen auch in Deutschland inzwischen immer mehr Aktiengesellschaften zur Namensaktie über. Sie erleichtert es ihnen auch, einen Überblick über die Struktur ihrer Aktionäre zu bekommen.

Insider/Insidergeschäfte

Eine Person, die im Zusammenhang mit Börsengeschäften aufgrund ihrer Tätigkeit in den Besitz von Informationen gelangt, die den Kurs einer Aktie beeinflussen könnten, ehe diese der breiten Öffentlichkeit zugänglich sind, wird als Insider bezeichnet. Hierunter können vor allem Bankangestellte, Wirtschaftsprüfer, Rechtsanwälte und Unternehmensberater fallen. Die Nutzung dieser Informationen für persönliche Börsengeschäfte ist nach dem Wertpapierhandelsgesetz verboten und kann mit einer Freiheitsstrafe oder einer Geldbuße geahndet werden. In Deutschland haben Banken in der Regel strenge interne Richtlinien, die den Umgang mit Insiderinformationen im eigenen Haus regeln.

Das Prinzip des fairen Börsenhandels basiert auf dem Grundsatz, dass grundsätzlich allen Marktteilnehmern die gleichen Informationen zur Verfügung stehen. Bestimmte Berufsgruppen geraten aufgrund ihrer Tätigkeit aber regelmäßig an Kenntnisse, die den Kurs von Wertpapieren, die an der Börse gehandelt werden, erheblich beeinflussen können, ehe diese der breiten Öffentlichkeit zur Verfügung stehen. Nutzen diese Personen die ihnen zugänglichen Informationen für sich selbst oder für Dritte, bevor sie allgemein zugänglich sind, so bezeichnet man dies als Insidergeschäft. Die jeweils betroffenen Wertpapiere werden als Insiderpapiere bezeichnet.

Um einen fairen Börsenhandel zu gewährleisten, bei dem alle Anleger grundsätzlich die gleichen Chancen und Risiken haben, ist der Umgang mit Insiderinformationen im deutschen Wertpapierhandelsgesetz streng geregelt. Insidergeschäfte sind in Deutschland generell verboten und strafbar. Ein Verstoß gegen die Insiderrichtlinien kann mit einer Freiheitsstrafe von bis zu fünf Jahren und/oder erheblichen Geldbußen bestraft werden. Verboten ist es dabei nicht nur, selbst aus den eigenen Kenntnissen Vorteil zu ziehen, sondern auch diese Kenntnisse dritten Personen zugänglich zu machen beziehungsweise dritten Personen den Kauf oder Verkauf von Insiderpapieren zu empfehlen.

Als Insiderinformationen bezeichnet man dabei alle Informationen, die Einfluss auf den Kurs von Aktien, Anleihen oder Derivaten haben können. Beispiele hierfür sind erhebliche Gewinnsteigerungen oder Verluste, geplante Dividendenerhöhungen, Fusionen, Liquiditätsschwierigkeiten und der bevorstehende Konkurs eines Unternehmens. Hierunter fallen in Deutschland sowohl Informationen, die auf ein in Deutschland gehandeltes Papier Einfluss haben können, als auch solche Informationen, die den Kurs von Wertpapieren beeinflussen können, die in einem anderen EU-Land gehandelt werden.

Für die Einhaltung der Insiderrichtlinien des Wertpapierhandelsgesetzes ist das Bundesaufsichtsamt für Wertpapierhandel zuständig. Es ist befugt, von inländischen Banken oder Unternehmen, deren Papiere zum Börsenhandel zugelassen sind, Auskunft über Geschäfte mit Insiderpapieren zu verlangen. Die Auskunftspflicht der Kreditinstitute erstreckt sich dabei auf alle Personen, bei denen das Bundesaufsichtsamt Anhaltspunkte auf Verstoß gegen die Insiderrichtlinien hat.

Aufgrund der strikten Handhabung der Insiderrichtlinien haben die deutschen Kreditinstitute in der Regel sehr strenge interne Richtlinien über den Umgang der eigenen Mitarbeiter mit Insiderinformationen. Dadurch soll jeder vorsätzliche oder versehentliche Verstoß gegen die gesetzlichen Vorschriften möglichst schon im Vorfeld ausgeschlossen werden.

Institutionelle Anleger

So werden die großen Kapitalsammelstellen bezeichnet, die das Geld ihrer Kunden an der Börse oder in anderen Anlageformen unterbringen müssen.

Zu den institutionellen Anlegern zählen vor allem die Banken und Sparkassen, die Investmentfonds und Versicherungen sowie große Vermögensverwaltungen. Bei ihnen gehen täglich Milliardensummen ein, die in der einen oder anderen Form angelegt werden müssen. Bei den Banken sind es Guthaben auf Spar- und Girokonten, die nicht kurzfristig wieder abgerufen werden, sowie die Beträge, die ihre Kunden mit ihrer Hilfe in Form von Anleihen, Aktien und anderen Wertpapieren an der Börse anlegen. Bei den Investmentfonds sind es die Beträge, die ihnen aus Einmalzahlungen oder Sparplänen zufließen und nach den Regeln des jeweiligen Fonds investiert werden müssen. Bei den Versicherungen handelt es sich vor allem um die regelmäßigen Prämienzahlungen aus der Sparte Lebensversicherung, für die sie eine langfristige und möglichst ertragreiche Anlage suchen.

Große Unternehmen und der Staat decken den größten Teil ihres Kapitalbedarfs bei den institutionellen Anlegern, bei denen sie sich das von ihnen benötigte Geld durch die Ausgabe von Anleihen oder Aktien beschaffen. Die institutionellen Anleger wiederum beschäftigen jeweils eine große Zahl von Analysten, die diese Nachfrager bewerten. Denn vor allem die Fonds und Versicherungen müssen wegen des scharfen Wettbewerbs darauf achten, dass sie die Erwartungen ihrer Kunden hinsichtlich der Überschussanteile bei den Lebensversicherungen und der Wertsteigerung bei Fondsanteilen nicht enttäuschen.

Internet

Das Worldwide Web. Es vernetzt unter anderem Datenbanken, Forschungseinrichtungen, Unternehmen, Banken, Börsen, Regierungsstellen, Versandhandelsunternehmen, Medien und private Nutzer. Ähnlich wie das Telefon bietet es die Möglichkeit, bestimmte Adressaten direkt anzuwählen, von dort Informationen zu beziehen oder selber zu verwenden. Da es ein interaktives Medium ist, können die Teilnehmer miteinander kommunizieren. Auch für den Anleger bietet das Internet zahlreiche Möglichkeiten der Information, aber auch des aktiven Handelns.

Eine ständig wachsende Zahl von Anlegern nutzt das Internet als Informationsquelle und Plattform für den Wertpapierhandel. Die Börsen, fast alle Banken und Sparkassen sowie andere Finanzdienstleister oder Medienunternehmen bieten ihren Kunden und oftmals auch jedem anderen Interessenten die Möglichkeit, Kursinformationen, Anlagetipps und Hintergrundwissen kostenlos abzufragen oder sich ihr eigenes Musterdepot anzulegen und dessen Kurs- beziehungsweise Wertentwicklung ständig zu verfolgen (so auch WISO unter www.wiso.de). Die Deutsche Börse (Adresse: www.exchange.de) überträgt per Web-Kamera die DAX-Kurve ins Internet. Dazu gibt es andere Börsen-Indizes, von MDAX bis REX, und die Kurse der 30 Xetra-DAX-Werte. Auch das Deutsche Aktieninstitut (Adresse: www dai.de) bietet im Internet Informationen rund um die Aktie. Daneben werden Verbindungen (Links) zu den Homepages börsennotierter Unternehmen geschaffen. Weltweit gibt es kaum noch ein Unternehmen, dessen Aktien an der Börse gehandelt werden, das nicht im Internet vertreten ist. So kann auch der Kleinanleger Informationen erhalten, die früher nur den Profis zugänglich waren. Durch das Zusammenwachsen von Mobiltelefon und Internet können die im Web angebotenen Informationen über den mobilen Datenterminal auch ortsunabhängig abgerufen werden. Fast überall auf der Welt, wo Sie einen Telefonanschluss finden, können Sie mit einem entsprechend ausgerüsteten Laptop die Börsenkurse verfolgen, Ihr eigenes Depot einsehen und dessen Wertentwicklung beobachten oder Orders erteilen.

Über das Internet haben die Nutzer entsprechender Angebote auch die Möglichkeit, im Rahmen des Intraday-Handels am eigenen Bildschirm innerhalb von Sekunden Wertpapiere zu kaufen oder zu verkaufen (siehe auch: Daytrader). Das ist aber nur dort sinnvoll, wo die Kurse in Echtzeit angeboten werden und nicht – wie bei vielen reinen Informationssystemen – mit einer Zeitverzögerung von 15 Minuten. Denn innerhalb einer Viertelstunde können sich die Kurse schon in eine ganz andere Richtung entwickelt haben. Da die Gebühren für eine Echtzeit-Übermittlung sehr hoch sein können, einige Anbieter sie aber auch kostenlos zur Verfügung stellen, sollten – ähnlich wie bei den Telefongebühren – die Konditionen der verschiedenen Dienstleister für das Internet-Broking immer wieder geprüft werden.

Auch hinsichtlich des Umfangs der Geschäfte, die am Bildschirm direkt getätigt werden können, unterscheiden sich die verschiedenen Broker und Direktbanken. Während bei einigen nur Optionsscheinhandel möglich ist, bieten andere im Intraday-Handel auch den Kauf von Aktien an. Einige verschaffen nur Zugang zu einem oder wenigen ausländischen Börsenplätzen, andere bieten ihren Kunden 30 und mehr Märkte an.

Angesichts der Fülle der Informationen im Internet ist es zunächst schwierig, die für den persönlichen Bedarf besten Quellen zu finden. Wer einfach nur „Börse" oder „Aktien" in eine Suchmaschine eingibt, dem werden Tausende von Treffern gemeldet. Deshalb ist es zweckmäßig, zunächst bei der Bank oder Sparkasse zu beginnen, die man kennt. Eine weitere Möglichkeit ist, bei einem der Anbieter ein kostenloses Musterdepot anzulegen (auch WISO lädt Sie dazu ein), um den Umgang mit den Informationen und Analyseinstrumenten zu üben, die im Internet angeboten werden. Hilfreich bei der Suche nach einem geeigneten Ansatzpunkt sind auch so genannte „Linklisten" zu bestimmten Themen, die bereits eine sinnvolle Vorauswahl enthalten. Eine solche Liste findet sich zum Beispiel unter www.financial.de/finanzradar.

Vorteile und Risiken

Internet-Handel bietet dem Anleger zahlreiche Vorteile, da er umfassende Informationen erhält, schnell reagieren kann und meist deutlich niedrigere Gebühren zahlt als beim Wertpapierkauf über eine Bank oder Sparkasse. Allerdings gehen Daytrader auch ein hohes Risiko ein. Längerfristig orientierte Anleger haben beim Internet-Handel ebenfalls den Gebührenvorteil, können ihre Anlageentscheidungen aber nicht mit einem erfahrenen Berater diskutieren. Überdies muss vor allem beim Handel mit bisher unbekannten Brokern geprüft werden, ob der Anbieter seriös ist und wie es um die Datensicherheit bestellt ist. Aber auch wenn Sie nur am Homebanking teilnehmen, müssen Sie immer sorgfältig auf die Einhaltung der Sicherheitsstandards achten, um Fremden keinen Einblick in Ihre Konten, Ihr Depot und Ihre Transaktionen zu ermöglichen.

Über das Internet wird auch eine wachsende Zahl von Neuemissionen angeboten. Die entsprechenden Informationen können bei den darauf spezialisierten Brokern abgerufen werden. Auch die Zeichnung beziehungsweise die Abgabe des Kaufantrags erfolgt meist über das Internet. Einige dieser Broker (wie zum Beispiel das virtuelle Emissionshaus WebStock AG/www.webstock.de) bieten eine Plattform für außerbörsliche Emissionen und Aktienhandel. Anleger können sich dadurch auch schon an jungen, kleinen Unternehmen beteiligen, deren Papiere noch nicht zum Börsenhandel zugelassen sind.

Einige interessante Adressen im Internet:

www.aktiencheck.de	Aktientipps, Analystenberichte
www.bank24.de	Homebanking, Informationen, Handel
www.comdirect.de	Informationen, Musterdepot, Handel, Homebanking
www.consors.de	Musterdepot, Informationen, Handel, Anlegerforum
www.deutsche-Bank.de	Kurse, Optionsscheinrechner, Informationen
www.double-digit.de	Linkliste zu Aktie, Börse
www.exchange.de	Homepage der Deutschen Börse AG
www.exite.com	Alles über Wall Street
www.financial.de/finanzradar	Linklisten, Informationen
www.finanzen.yahoo.de	Kurse, Nachrichten
www.finance.yahoo.com	Kurse, Nachrichten aus den USA usw.
www.interstoxx.de	Marktinformationen, Hintergrund
www.ipowatsch.de	Neuemissionen
www.nyse.comInformationen	über Wall Street
www.zdf.de/wiso	Aktienkurse, Geldtipps, Musterdepot, Nachrichten

Vorsicht bei „Internet-Börsen": Informieren Sie sich immer sorgfältig, ehe Sie sich auf Geschäfte an so genannten Internet-Börsen einlassen und dort Aktien kaufen. Es kann sich um geschickt getarnte Betrugsunternehmen handeln, die weder zum Börsenhandel zugelassen sind noch echte Wertpapiere anbieten. Oft stimmen weder die angebotenen Adressen noch handelt es sich bei den Aktien um Anteile an tatsächlich existierenden Unternehmen. Oder es werden Papiere von Scheinfirmen angeboten, die keiner regulären Geschäftstätigkeit nachgehen. Diese Internet-Börsen laufen oft auf den Servern von Dienstleistern, die sich nicht um die Geschäfte ihrer Kunden kümmern, oder sie laufen auf Servern in Übersee, auf die Polizei und Staatsanwälte in Europa keinen Zugriff haben.

Internet-Banking |

Unter Internet-Banking versteht man die Abwicklung von Bankgeschäften und anderen Zahlungsvorgängen über Online-Dienste. Die stark gewachsene Nutzung des Internet und anderer Dienste führt dazu, dass Kreditinstitute ebenso wie viele andere Unternehmen in diesem Medium als Anbieter auftreten. Die Bankdienstleistungen umfassen dabei vor allem die Kontoführung, Wertpapiergeschäfte und den Zahlungsverkehr mit digitalem Geld. Das bringt den Nutzern zwar Vorteile, stellt aber auch die Frage nach der Sicherung gegen Missbrauch.

Eine Expansion der via Worldwide Web (www) getätigten Geschäfte setzt voraus, dass Sicherheitsbedenken der Internet-Nutzer zerstreut werden. Entscheidend ist eine sichere elektronische Zahlungsfunktion. Bisher wurde dabei vor allem auf die bereits weltweit einsetzbaren Kreditkarten zurückgegriffen. Doch die unverschlüsselte Übermittlung von Kreditkartennummern kann zu Missbrauch führen. Mehr Sicherheit bieten geschlossene Benutzergruppen, bei denen die Transaktionen über einen Vermittler laufen, sichere Übertragungsprotokolle für Kreditkarten oder digitales Geld. Anonyme Zahlungen über das Internet erforderten die Entwicklung eines funktionierenden und sicheren digi-cash-Systems. Das spielt beim Aktienkauf über das Internet (Internet-Broking) eine ebenso entscheidende Rolle wie beim Aktiendirektvertrieb.

Beim kontrollierbaren Zugang zu speziellen Benutzergruppen (wie Compuserve oder America Online) erhält das Mitglied eine Zugangsberechtigung in Form eines Benutzernamens oder einer Nummer, mit der sich der Kunde gegenüber der Bank oder dem Händler ausweisen muss. Diese können so den Teilnehmer identifizieren und dessen Konto belasten. Kommerzielle Anbieter von Online-Diensten können ebenfalls innerhalb ihrer geschlossenen Benutzergruppen Leistungen in Rechnung stellen. Auch der direkte Zugang zu einer Bank wird durch Passworte und jeder Zahlungsvorgang durch Transaktionsnummern (TAN) geschützt. Weil dadurch aber die Nutzungsmöglichkeiten stark eingeschränkt sind, wird an Modellen für digitales Geld oder digi-cash gearbeitet, die auch im offenen Netz eingesetzt werden können.

Auch für das Homebanking über Internet muss ständig an der Lösung der Sicherheitsprobleme gearbeitet werden, weil umgekehrt Kriminelle immer wieder nach neuen Wegen suchen, um die Schranken zu überwinden.

Internet-Broking

Das Internet macht es möglich, Aktiengeschäfte vom eigenen PC aus zu tätigen, ohne eine Geschäftsbank oder Sparkasse einzuschalten. Der Aktienkauf über Discountbroker im Internet ist schneller, bequemer und kostengünstiger. Allerdings findet keine Beratung statt, und die Datensicherheit kann ein Problem sein.

Internet-Broking gibt auch Privatanlegern die Möglichkeit, fast ohne Zeitverlust an Informationen über die neuesten Börsenentwicklungen zu kommen und eventuell mit einem Aktienkauf oder -verkauf sofort zu reagieren. Wer sich nicht nur für die in Deutschland börsennotierten Unternehmen interessiert, kann im Internet auch den internationalen Börsen einen Besuch abstatten: Die Adressen der Börsen finden selbst wenig erfahrene Internet-Nutzer leicht mit Hilfe von Suchmaschinen, die auch auf ganz normale Fragen reagieren (wie zum Beispiel die des Unternehmens Ask jeeves, Adresse: www.askjeeves.com). Auch die deutschen Investmentgesellschaften haben ihre Homepages und listen Angebote, Konditionen und Wertentwicklungen ihrer Fonds auf. Direkt in Fondsanteile zu investieren, ist beim DIT möglich, dem Investmentfonds der Dresdner Bank. Wer will, kann vor einer Entscheidung für einen bestimmten Fonds per Mausklick sein persönliches Anlegerprofil testen: Bin ich ein sicherheits- oder chancenorientierter Anleger?

Discountbroker schaffen im Netz den Zugang zu Märkten rund um die Welt und rund um die Uhr. Dabei sind die Transaktionskosten im Internet deutlich geringer als beim herkömmlichen Aktienkauf. Discountbroker sind um bis zu 60 Prozent günstiger als Geschäftsbanken. Dafür muss der Kunde allerdings auf jegliche Beratung verzichten. Das kann für Anleger, die nur gelegentlich Aktien kaufen oder verkaufen, ein Problem sein, da sie sich vor jedem Aktienkauf gründlich über die Risiken und Chancen der jeweiligen Papiere informieren lassen sollten.

Auf die Sicherheit achten

Beim Internet-Broking ist immer der Sicherheitsaspekt zu bedenken. Zwar muss sich jeder Teilnehmer am Internet-Broking mit einer PIN-Nummer (seiner persönlichen Geheimzahl) ausweisen, für jede Transaktion eine neue, geheime Zahlenkombination (TAN-Nummer) eingeben oder den HBCI-Standard verwenden. Überdies werden die Order verschlüsselt über die Datenautobahnen geschickt. Aber bei Internet-Geschäften besteht immer die Gefahr, dass die Daten von so genannten Computer-Hackern manipuliert werden.

Investmentgesellschaften |

Unternehmen, die von Anlegern eingezahlte Gelder nach dem Prinzip der Risikostreuung in Wertpapieren, Grundstücken, Mobilien oder Unternehmensbeteiligungen anlegen. Anleger haben die Wahl zwischen verschiedenen Investmentfonds, die je nach vertraglichen Vereinbarungen in unterschiedliche Formen von Vermögensanlagen investieren.

Investmentgesellschaften legen die ihnen anvertrauten Gelder in verschiedenen Veranlagungsformen an. Hierbei handelt es sich meistens um Aktien, Anleihen und Immobilien. Sie geben aber auch zunehmend Investmentfonds heraus, die die ihnen zufließenden Mittel in Derivaten, wie beispielsweise Optionen und Futures, anlegen.

Für private Anleger bieten Investmentgesellschaften die Möglichkeit, sich auch mit relativ kleinen Beträgen an einem gut gemischten Depot zu beteiligen, was das Risiko der Anlage vermindert. Zudem werden die einzelnen Fonds der Investmentgesellschaften von professionellen Anlagespezialisten verwaltet, so dass der Anleger mit einer angemessenen Rendite rechnen kann.

Achtung: Die Banken versuchen zunächst fast immer, Fonds aus dem eigenen Hause anzubieten. Bestehen Sie deshalb auf dem Fonds Ihrer Wahl, wenn Sie davon überzeugt sind, den für Sie richtigen Fonds gefunden zu haben. Allerdings steigt die Zahl der Banken, die von dieser überholten „Hauspolitik" abrücken und neutral beraten. Den Beginn machte die Citibank in Deutschland, Mitte 2000 folgte die Hypovereinsbank. Die anderen können sich unter dem Druck des Wettbewerbs diesem Trend nicht entziehen.

Möchte ein Anleger sich an einem bestimmten Fonds einer Investmentgesellschaft beteiligen, so erwirbt er über seine Hausbank Anteile an diesem Fonds. Einzelne Anteile haben meist einen Wert zwischen 20 und 150 DM. Es ist aber auch möglich, Bruchteile von Anteilen zu erwerben. Bei Investmentanteilen unterscheidet man den Ausgabepreis und den Rücknahmepreis. Der Ausgabepreis liegt immer um den Ausgabeaufschlag über dem Rücknahmepreis. Die Spanne zwischen Ausgabe- und Rücknahmepreis beträgt in Deutschland etwa drei Prozent. Diesen Betrag vereinnahmt die Investmentgesellschaft als Spesen für ihre Dienstleistung. Die Anlage in Investmentanteilen sollte also zumindest so langfristig sein, dass die Wertsteigerung oder die Ausschüttung des Anteils diesen Ausgabeaufschlag zumindest wieder hereinholt.

In Deutschland arbeiten die Investmentgesellschaften nach dem „Open-end-System". Dies bedeutet, dass sie ständig verpflichtet sind, Fondsanteile auszugeben oder zurückzunehmen. Anleger können also an jedem Börsentag Anteile von Investmentfonds erwerben oder zurückgeben. Der Wert der Investmentanteile wird börsentäglich ermittelt. Im Gegensatz zu anderen Wertpapieren ergibt sich der Wert eines Investmentanteils nicht durch Angebot und Nachfrage an der Börse, sondern aus dem Wert des ihm zugrunde liegenden Investmentfonds. Zur Kursermittlung wird der Wert des Fonds jeden Tag errechnet und durch die Anzahl der ausgegebenen Anteile dividiert.

Der Anlageerfolg resultiert aus der Wertsteigerung der Investmentanteile und aus den Ausschüttungen der Fondsgesellschaften für die einzelnen Fonds. Der Erfolg einer Anlage in einen Investmentfonds wird nicht durch den Ausschüttungsbetrag pro Anteil allein, sondern auch durch die Preisveränderung der Anteile während des Anlagezeitraums ermittelt, also ähnlich wie bei der Renditeermittlung bei Aktienanlagen.

Anlegern steht eine breite Palette in- und ausländischer Investmentfonds, die von unterschiedlichen Gesellschaften angeboten werden, für ihre Kapitalanlage zur Verfügung. Sie können sich je nach Risikoneigung, gewünschter Anlagedauer und steuerlicher Situation zwischen Fonds entscheiden, die in inländischen oder ausländischen Anleihen, inländischen oder ausländischen Aktien, Immobilien oder vielen Mischformen anlegen.

Neutral beraten lassen

Da Anteile an geschlossenen Immobilienfonds nur schwer zu veräußern sind, muss jeder Anleger genau prüfen, ob er auf die angelegten Mittel für einen längeren Zeitraum verzichten kann. Bei kurzfristig auftretendem Liquiditätsbedarf sind die Anteile nur selten „flüssig" zu machen. Anlageberater, aber auch Banken verkaufen derartige Anteile oft, ohne den finanziellen Hintergrund und die persönliche Interessenlage des Kunden ausreichend zu hinterfragen. Überdies werden oft überhöhte Gewinnerwartungen geweckt. Anteile an geschlossenen Immobilienfonds sollten von Anlegern, die in diesen Geschäften wenig oder gar keine Erfahrung haben, nur nach gründlicher Beratung durch neutrale (!) Experten erworben werden. Auch wenn die Beratung gegen Honorar erfolgt, ist das gut angelegtes Geld.

Offene und geschlossene Immobilienfonds

Speziell bei Immobilienfonds unterscheidet man offene und geschlossene Immobilienfonds. Bei der Anlage in einen solchen Fonds ist diese Unterscheidung von Bedeutung. Offene Immobilienfonds geben laufend neue Anteilscheine heraus und nehmen diese auch jederzeit zurück. Bei geschlossenen Immobilienfonds hingegen werden nur so lange Zertifikate herausgegeben, bis das benötigte Kapital für die Realisierung eines speziellen Projekts, also beispielsweise für den Bau eines Bürogebäudes, aufgebracht ist. Dann wird der Fonds geschlossen. Von diesem Zeitpunkt an werden nur noch Anteile zwischen Anteilseignern und Kaufinteressenten gehandelt und keine weiteren Investmentanteile herausgegeben. Anders als bei Wertpapierfonds kann der Inhaber diese Anteile also nicht einfach wieder an die Investmentgesellschaft verkaufen. Er muss selbst einen Käufer suchen und mit diesem einen Verkaufspreis aushandeln.

Investmentklub/Aktienklub

Zusammenschlüsse von Aktiensparern, die gemeinsam Aktien kaufen und verkaufen. Sie diskutieren Anlagestrategien, tauschen Erfahrungen aus und bringen einen Teil ihres Kapitals in ein gemeinsames Depot ein. Dadurch erreichen sie eine breite Risikostreuung und können Anlagestrategien verfolgen, die so von den einzelnen Mitgliedern aufgrund ihrer relativ geringen Mittel nicht zu verwirklichen wären.

Nähere Informationen dazu unter Aktienklub.

Investor Relations

Der Begriff Investor Relations beschreibt die aktive Pflege der Beziehung zwischen dem Unternehmen und seinen tatsächlichen oder potenziellen Anteilseignern. Das Ziel dabei ist, durch Kommunikation von Informationen die Kapitalanleger zum Investment in das betreffende Unternehmen zu veranlassen. Die Investor-Relations-Politik großer Unternehmen ist in der Regel auf institutionelle Investoren wie Investmentfonds, Pensionskassen und Versicherungen ausgerichtet, kann sich aber auch an Privatanleger wenden.

Als Investor Relations lässt sich die gesamte Kommunikation zwischen dem Unternehmen und seinen Investoren bezeichnen. Ziel der Investor-Relations-Politik ist es, die Anleger möglichst umfassend und zeitnah über die wirtschaftliche Lage des Unternehmens, die angestrebten Ziele sowie die zur Erreichung dieser Ziele notwendigen Maßnahmen zu informieren. Die Investor-Relations-Politik ist damit ein Teil der Public Relations eines Unternehmens, die sich nicht nur an Investoren, sondern auch an andere Teile der Öffentlichkeit, wie beispielsweise politische Entscheidungsträger, Lieferanten, Kunden, Arbeitnehmer sowie Interessenverbände, wendet.

Die Investor-Relations-Politik ist speziell auf die Informationsbedürfnisse aktueller und potenzieller Investoren zugeschnitten, damit diese in das betreffende

Unternehmen investieren oder damit Kapitalgeber, die bereits in das Unternehmen investiert haben, die Kapitalanlage aufrechterhalten und die Anteile nicht wieder verkaufen. Die professionelle und gezielte Kommunikation von Informationen an die Kapitalanleger spielt vor allem für Aktiengesellschaften eine wichtige Rolle. Für börsennotierte Unternehmen ist es von entscheidender Bedeutung, sich bei allen Investoren möglichst positiv darzustellen, da ansonsten die Mittelbeschaffung über die Emission junger Aktien oder über Anleihen und Wandelschuldverschreibungen nur schwer oder unter hohen Kosten möglich ist.

Zielgruppe für die Investor-Relations-Politik eines Unternehmens sind in der Regel große institutionelle Anleger, wie beispielsweise Investmentfonds, Pensionskassen, Versicherungen oder Banken, die den größten Teil des frei umlaufenden Beteiligungskapitals kontrollieren. Weltweit verwalten Investmentgesellschaften umgerechnet etwa acht bis neun Billionen Euro für ihre Kunden. In Deutschland befinden sich rund 20 Prozent der nicht im Festbesitz befindlichen Aktien in den unterschiedlichen Investmentfonds dieser Gesellschaften. Aus diesem Grund spielen diese so genannten Kapitalsammelstellen eine besonders wichtige Rolle für die Kapitalbeschaffung von Aktiengesellschaften. In einigen Fällen werden aber auch Privatanleger direkt angesprochen, wie beispielsweise bei Emission der Telekom-Aktien. Die privaten Anleger werden immer dann in die Investor-Relations-Politik mit einbezogen, wenn geplant ist, einen großen Teil der zu emittierenden Aktien bei privaten Investoren zu platzieren. Namensaktien erleichtern es den Gesellschaften, den direkten Kontakt zu ihren Aktionären zu pflegen.

Wichtige Informationen im Rahmen der Investor Relations

Im Rahmen der Investor Relations werden Informationen auf unterschiedliche Weise kommuniziert. Eine große Bedeutung kommt dabei der Veröffentlichung des Jahresabschlusses zu. Der Jahresabschluss gibt den Kapitalanlegern wichtige Informationen über die aktuelle Lage des Unternehmens, erlaubt Vergleiche mit vergangenen Jahren und gibt in der Regel einen Überblick über die Erwartungen des Unternehmens für die Zukunft. Der Jahresabschluss sollte so gestaltet sein, dass er Vergleiche mit anderen Unternehmen aus dem In- und Ausland erlaubt. Aus diesem Grund fordern viele Anleger, dass die Aktiengesellschaften ihre Jahresabschlüsse nach einheitlichen internationalen Regeln, den International Accounting Standards (IAS), verfassen.

Neben dem Jahresabschluss spielt aber auch die Hauptversammlung der Gesellschaften eine wichtige Rolle für die Kommunikation von Informationen. Hier haben die Anleger die Möglichkeit, gezielte Fragen an die Geschäftsleitung zu richten und sich bei dieser über geplante Maßnahmen zu informieren und über diese Maßnahmen zu diskutieren. Die Hauptversammlung gibt der Geschäftsleitung außerdem die Möglichkeit, sich ein Bild von den Bedürfnissen, Sorgen und Erwartungen der Investoren zu machen. Oft unterscheidet sich das Bild eines Unternehmens (Corporate Image) und seiner Geschäftspolitik in der Öffentlichkeit erheblich von dem Bild, das ein Unternehmen nach draußen abgeben möchte. Die Hauptversammlung gibt den Verantwortlichen die Möglichkeit, den angestrebten Soll-Zustand mit dem Ist-Zustand zu vergleichen und dann eventuelle kommunikative Maßnahmen zu ergreifen, um dieses Bild zu verändern.

Neben der Möglichkeit, sich auf der Hauptversammlung zu präsentieren, nutzen Unternehmen zunehmend auch Mittel wie Einzelgespräche oder Informationsveranstaltungen, um gezielt wichtige Großinvestoren anzusprechen.

Die Vermittlung guter Ergebnisse stellt in der Regel für Unternehmen keine allzu große Schwierigkeit dar. Es ist aber zunehmend wichtig, auch schlechte Nachrichten so zu kommunizieren, dass ihre negativen Wirkungen auf den Kurs der Aktien und damit auf die Möglichkeit, Kapital aufzunehmen, möglichst gering bleiben. Hier zeigt sich, dass Unternehmen, die ihre Aktionäre regelmäßig informieren und mit diesen in engem Kontakt stehen, weniger Probleme haben als solche, die plötzlich an die Öffentlichkeit treten müssen. Unternehmen, die aktive Investor-Relations-Politik betreiben, genießen bei den Anlegern größeres Vertrauen als solche, die sich eher verschlossen zeigen. Dieses Vertrauen zahlt sich vor allem in schwierigen Zeiten aus.

Bei der steigenden Zahl von börsennotierten Unternehmen wird die aktive Kommunikation mit den Anlegern eine immer größere Rolle spielen. Das knappe Kapital wird zunehmend in jene Unternehmen investiert, die gute Ergebnisse erwirtschaften und diese Erfolge auch gut kommunizieren können.

IPO (Initial Public Offer)

Mit dem englischen Begriff IPO oder Initial Public Offer wird der erstmalige Börsengang eines Unternehmens bezeichnet. Dabei werden die neuen Aktien den Zeichnern zu einem vorher festgelegten Preis angeboten. Dieser kann sich schon in den ersten Minuten des Börsenhandels, wenn sich die freie Kursbildung aufgrund von Angebot und Nachfrage entwickelt, mehr oder weniger deutlich von dem Betrag entfernen, der von den Erstzeichnern verlangt wurde.

Der ursprüngliche oder erste öffentliche Angebotspreis wird von dem Unternehmen, das seine Aktien an die Börse bringen will, im Einvernehmen mit den Banken festgelegt, die diesen Börsengang begleiten. Dabei kann der Emissionspreis von vornherein festgesetzt werden. Oder es wird durch ein Bookbuilding-Verfahren versucht, den Preis herauszufinden, den der Markt hergibt. Dabei müssen widerstreitende Interessen in Einklang gebracht werden.

Die Anleger wünschen einen möglichst niedrigen Kurs, um später hohe Zeichnungsgewinne kassieren zu können. Das Unternehmen möchte so viel Kapital wie möglich über die Börse bekommen, also seine Aktien so teuer wie möglich verkaufen. Die Banken, die die Emission vorbereiten und das Unternehmen beraten, stehen zwischen den Fronten. Wenn sie einem zu hohen Kurs zustimmen, finden sich nicht genügend Käufer und sie sind verpflichtet, die nicht im Markt untergebrachten Aktien selber zu übernehmen. Es bleibt dann abzuwarten, ob und wann sie sich von diesen zu einem hohen Kurs erworbenen Beständen wieder trennen können. Ein Indiz dafür, wie hoch der Preis angesetzt werden kann, ohne dass die Gefahr eines Fehlschlags heraufbeschworen wird, liefern die Kurse, die sich vorab am grauen Markt bilden.

Auch für die Mitarbeiter ist der Emissionspreis und die spätere Kursentwicklung bei einem IPO oft sehr wichtig. Denn vor allem bei den Unternehmen, die ihre Anteile am Neuen Markt platzieren, besitzen sie häufig Aktienoptionen, deren Wert von der Kursentwicklung abhängt.

Einem IPO gehen monatelange, schwierige Vorbereitungen voraus. Die Unternehmen, die einen Börsengang vorbereiten, müssen nicht nur für einen möglichst hohen Bekanntheitsgrad sorgen, um Investoren auf sich aufmerksam zu machen. Sie müssen auch viele rechtliche Bedingungen beachten, umfangreiche Informationspflichten erfüllen (Bilanzpressekonferenzen, Quartalsberichte, Ad-hoc-Mitteilungen). Sie müssen den Analysten Einblick in ihre finanzielle Lage und ihre geschäftlichen Planungen geben, Geschäftsberichte vorbereiten und ihr Rechnungswesen auf die Anforderungen vorbereiten, die mit einer Börsenzulassung verbunden sind.

Islam-Fonds |

Wertpapierfonds, die auf Glaubensgrundsätze des Islam Rücksicht nehmen. Dies bedeutet vor allem, dass Zinseinnahmen verboten sind. Kursgewinne bei Aktien dagegen sind erlaubt. Wer am wirtschaftlichen Risiko beteiligt ist, darf auch am Gewinn partizipieren. Allerdings wird nicht jede Branche in diese Fonds aufgenommen.

Um auch Moslems eine rentierliche Kapitalanlage zu ermöglichen, ohne gegen zentrale Glaubensgrundsätze zu verstoßen, haben einige Banken und Fondsgesellschaften Islam-Fonds aufgelegt. Da die (erlaubte) Beteiligung am wirtschaftlichen Risiko auch eine Beteiligung am Gewinn rechtfertigt, sind der Besitz von Aktien sowie Dividendenzahlungen und Kursgewinne nach den religiösen Gesetzen des Islam (Sharia) erlaubt.

Dies bedeutet aber nicht, dass Aktien jeder Art in die Fonds aufgenommen werden dürfen. Da Banken und Versicherungen erhebliche Zinseinnahmen haben sowie Zinsgeschäfte vermitteln, dürfen deren Anteile nicht im Fondsvermögen enthalten sein. Ebenfalls nicht erlaubt – wenn auch aus anderen Gründen – sind Aktien von Brauereien und Spirituosenherstellern und -händlern, von Nachtclubs oder Spielkasinos. Überwacht wird die Auswahl von Sharia Boards. Nach deren strengen Regeln sind selbst die Aktien von Fluggesellschaften tabu, weil sie im Rahmen ihres Duty-free-Geschäfts alkoholische Getränke verkaufen. Ein weiteres Kriterium bei manchen Fonds ist auch der Verschuldungsgrad eines Unternehmens. Liegt er über 33 Prozent, dürfen dessen Aktien wegen der hohen Zinszahlungen nicht ins Portefeuille genommen werden.

Der Kauf von Anteilen an Islam-Fonds ist auch Christen und Ungläubigen gestattet. Die meisten sind allerdings in Deutschland nicht zugelassen. Daher ist ihr Erwerb für Inländer aus steuerlichen Gründen nicht zu empfehlen.

Junk Bonds

Als Junk Bonds oder High Yield Bonds werden Anleihen bezeichnet, die eine überdurchschnittlich hohe Verzinsung bei gleichzeitig überdurchschnittlich hohem Risiko aufweisen. High Yield Bonds werden von Unternehmen ausgegeben, die aufgrund ihrer bereits bestehenden hohen Verschuldung keine weiteren Bankdarlehen aufnehmen können beziehungsweise denen auch keine Emission von „normalen" Anleihen (mehr) möglich ist. Deshalb werden High Yield Bonds oft auch als Junk Bonds (wörtlich: Ramsch-, Schrott- oder Abfallanleihen) bezeichnet. Zur Risikostreuung können sie von privaten Anlegern auch über Fonds erworben werden.

Näheres dazu unter High Yield Bonds

Kapitalerhöhung

Die Finanzierung eines Unternehmens durch Erhöhung des Eigenkapitals. Die möglichen Formen der Kapitalerhöhung richten sich nach der Rechtsform der Unternehmen. Kapitalerhöhungen sind abhängig vom Kapitalbedarf und von den Möglichkeiten der Eigenkapitalbeschaffung.

Eine Kapitalerhöhung dient der Finanzierung eines Unternehmens. Hierbei werden die benötigten Mittel nicht durch Aufnahme von Fremdkapital (Kredite) beschafft, sondern durch Erhöhung des Eigenkapitals. Das Ausmaß der Kapitalerhöhung hängt zum einen vom Bedarf des einzelnen Unternehmens an zusätzlichen finanziellen Eigenmitteln ab, zum anderen von den Möglichkeiten der Eigenkapitalbeschaffung. Die Form und die Möglichkeiten für Eigenkapitalerhöhungen sind wiederum stark von der Rechtsform des Unternehmens abhängig.

Kapitalerhöhung bei Personengesellschaften

Personengesellschaften können ihr Kapital entweder durch Selbstfinanzierung oder durch zusätzliche Kapitaleinlagen bisheriger und neuer Gesellschaften erhöhen. Unter Selbstfinanzierung versteht man beispielsweise, dass Teile oder der gesamte erwirtschaftete Gewinn nicht an die Gesellschafter ausgeschüttet werden, sondern im Unternehmen verbleiben.

Bei Einlagen bisheriger oder neuer Gesellschafter müssen alle anderen Gesellschafter zustimmen, da es durch die Einlage zu einer Veränderung der Beteiligungsverhältnisse und damit auch der Einflussmöglichkeiten der Gesellschafter auf die Geschäftspolitik kommen kann.

Kapitalerhöhung bei Kapitalgesellschaften

1. Kapitalerhöhung einer Aktiengesellschaft: Bei Aktiengesellschaften muss man zwischen effektiven und nominellen Kapitalerhöhungen unterscheiden.

Bei einer *effektiven Kapitalerhöhung* handelt es sich um eine tatsächliche Zuführung neuer Mittel in das Unternehmen. Man unterscheidet hierbei wiederum zwischen einer ordentlichen Kapitalerhöhung, einer bedingten Kapitalerhöhung und genehmigtem Kapital. Die Aktionäre können in diesem Fall „junge Aktien" gegen Bareinzahlung erwerben.

Bei einer *nominellen Kapitalerhöhung* werden Gewinnrücklagen und Kapitalrücklagen in Grundkapital umgewandelt, wobei es nicht zum Zufluss neuer Mittel von außen kommt. Es handelt sich hier also um eine Form der Kapitalerhöhung aus Gesellschaftsmitteln. Die Aktionäre erhalten im Rahmen einer nominellen Kapitalerhöhung neue Aktien, ohne dass sie selbst Einzahlungen vornehmen müssen. Aus diesem Grund spricht man in diesem Zusammenhang oft von „Gratisaktien". Durch diese Form der Eigenkapitalerhöhung wird lediglich eine Umschichtung innerhalb der Bilanz vorgenommen, an der Kapitalausstattung des Unternehmens ändert sich nichts. Daher sinkt meist der Kurs der Aktien der jeweiligen Gesellschaft, da sich das Kapital der Gesellschaft nur auf mehr Aktien verteilt. Anders ausgedrückt: Der Wert der Gesellschaft wird also auf eine größere Anzahl von Aktien verteilt.

2. Kapitalerhöhung einer Gesellschaft mit beschränkter Haftung (GmbH): Auch bei Gesellschaften mit beschränkter Haftung (GmbH) gibt es verschiedene Möglichkeiten der Kapitalerhöhung. Man unterscheidet zwischen der formellen Kapitalerhöhung, dem Aufruf zu Nachschüssen und der Kapitalerhöhung aus Gesellschaftsmitteln.

Bei der *formellen Kapitalerhöhung* werden die Stammeinlagen der Gesellschafter erhöht. Die Gesellschafter zahlen aber erst wirklich neues Kapital in die

Gesellschaft ein, wenn die GmbH sich verschuldet. Ziel dieser Art der Kapitalerhöhung ist die Erhöhung der Kreditwürdigkeit gegenüber außenstehenden Fremdkapitalgebern sowie eine Ausweitung der Haftung.

Bei der *Kapitalerhöhung durch Nachschüsse* zahlen die Gesellschafter zusätzliche Mittel in die GmbH ein, die über den Nominalbetrag ihres Anteils an der GmbH hinausgehen. Im Gesellschaftsvertrag kann eine Nachschusspflicht durch die Gesellschafter vorgesehen sein.

Auch bei der GmbH ist es möglich, dass eine *Kapitalerhöhung aus Gesellschaftsmitteln* vorgenommen wird. Hierbei werden wieder Kapital- oder Gewinnrücklagen in Eigenkapital umgewandelt. Die Kapitalerhöhung aus Gesellschaftsmitteln kann nur erfolgen, wenn dreiviertel der Gesellschafter zustimmen. Die Umwandlung erfolgt durch Eintragung ins Handelsregister und Bildung neuer Anteile für die Gesellschafter beziehungsweise Erhöhung der alten Anteile.

Die Kapitalerhöhung mit dem Ziel der Beschaffung von Eigenkapital ist neben der Fremdkapitalaufnahme die wichtigste Form der Unternehmensfinanzierung. Die Möglichkeiten der Eigenkapitalerhöhung sind von Unternehmen zu Unternehmen sehr unterschiedlich. So haben junge Unternehmen oft einen Bedarf an Eigenkapital, der durch den klassischen Kapitalmarkt nicht befriedigt werden kann, da die Investition in solche Unternehmen mit einem nicht unerheblichen Risiko verbunden ist. In jüngster Zeit sind aus diesem Grunde Kapitalanlagegesellschaften entstanden, die sich auf die Vergabe von so genanntem Venture Capital spezialisiert haben. Große, bekannte Gesellschaften in der Rechtsform der Aktiengesellschaft haben dagegen weitaus bessere Möglichkeiten der Eigenkapitalerhöhung als kleine Personengesellschaften oder GmbHs.

Kapitalertragsteuer

Die Kapitalertragsteuer ist eine besondere Form der Einkommensbesteuerung. Hierbei werden Kapitalerträge (vor allem Zinsen, Dividenden) einheitlich mit 25 Prozent belastet. Sie wird direkt bei der Ausschüttung erhoben und von der Bank an den Fiskus abgeführt, sofern kein Freistellungsauftrag gegeben wurde. Die gezahlte Kapitalertragsteuer kann bei einkommensteuerpflichtigen Anteilseignern als besondere Form der Steuervorauszahlung auf die Einkommensteuer betrachtet werden. Neu: das Halbeinkünfteverfahren bei Dividenden.

Die Kapitalertragsteuer ist eine Steuer auf Kapitaleinkommen. Sie ist in diesem Sinne keine eigenständige Steuer, sondern eine bestimmte Form der Einkommensbesteuerung nach § 43 I EStG. Mit Hilfe der Kapitalertragsteuer wird eine Vorabbesteuerung von Kapitaleinkommen vorgenommen. Ziel der Kapitalertragsteuer ist es, die Hinterziehung von Steuern auf Kapitaleinkommen zu verhindern. Die Kapitalertragsteuer wird nämlich direkt von den Banken und Sparkassen an den Fiskus abgeführt und nur der verbleibende Betrag dem Konto des Kunden gutgeschrieben. Sie ist damit eine Form der Quellenbesteuerung. Bei den Unternehmen unterliegt der ausgeschüttete Gewinn zuvor schon der Körperschaftsteuer. Sie sinkt im Zuge der Steuerreform ab 2001 von 30 auf 25 Prozent des ausgeschütteten Gewinns. Gleichzeitig entfällt jedoch die Körperschaftsteuergutschrift, die es dem Aktionär bis dahin ermöglichte, sich die vom Unternehmen gezahlte Steuer auf den Gewinn vom Finanzamt zurückzuholen. Durch die Anrechnung der Kapitalertragsteuer auf die Einkommensteuerschuld sollte eine Doppelbesteuerung von Kapitalerträgen vermieden werden.

Zum Ausgleich wird nur noch die Hälfte der Dividende der Steuerpflicht unterworfen. Es gilt – ebenso wie bei Kursgewinnen – das Halbeinkünfteverfahren. Während Zinsen nach wie vor voll besteuert werden, sind Dividendeneinnahmen dadurch steuerlich besser gestellt. Ebenso wie zuvor bei der Steuergutschrift können ausländische Anteilseigner, die in ihrem Heimatland einkommensteuerpflichtig sind, allerdings nicht von dem Halbeinkünfteverfahren profitieren, wenn es in ihrer Heimat kein ähnliches Verfahren gibt. Dadurch wird die Attraktivität des deutschen Kapitalmarktes für ausländische Anleger vermindert.

Auf die Kapitalertragsbesteuerung kann bei einzelnen Anteilseignern verzichtet werden, wenn die Anteilseigner die Voraussetzungen des § 44 a II Einkommensteuergesetz (EStG) erfüllen. Das bedeutet, dass ihre Einkünfte so niedrig sind, dass sie nicht unter die Einkommensbesteuerung fallen. Solche Kapitaleigner können eine Nichtveranlagungsbescheinigung beantragen. Das Kreditinstitut kann dann ihre Kapitalerträge ohne Abzug der Kapitalertragsteuer auf dem Konto gutschreiben.

Die Kapitalertragsteuer greift aber auch bei voll steuerpflichtigen Beziehern von Zinsen und Dividenden erst ab Kapitalerträgen von mehr als 3.000 DM (1.533,87 Euro) und von 6.000 DM (3.067,75 Euro) bei Verheirateten, wenn der Bank ein Freistellungsauftrag erteilt wurde.

Vorteil für Dividendenbezieher: Durch das Halbeinkünfteverfahren verdoppelt sich der Betrag an Dividenden, der steuerfrei vereinnahmt werden kann. Erst bei Erträgen aus Aktienbesitz, die mehr als 6.000 DM (3.067,75 Euro) bei Singles und 12.000 DM (6.135,50 Euro) bei Verheirateten betragen, muss die Bank Kapitalertragsteuer an das Finanzamt abführen. Da in der Regel neben Dividenden auch Zinseinnahmen gutgeschrieben werden, die voll der Kapitalertragsteuer unterliegen, ist die Rechnung in der Praxis komplizierter. *Beispiel:* Bei Zinseinnahmen in Höhe von 1.000 Euro kann ein Alleinstehender nur noch Dividenden in Höhe von maximal 2.067,75 Euro steuerfrei kassieren. Auch unter diesem Gesichtspunkt sollte überlegt werden, wie im individuellen Fall die optimale Struktur des Wertpapierdepots aussehen müsste.

Kapitalgesellschaft

Eine Unternehmensform, bei der sich die Geldgeber am Kapital beteiligen können, ohne persönlich an der Leitung der Gesellschaft teilzunehmen. Die Geldanlage steht also im Vordergrund, nicht das eigene unternehmerische Handeln.

Im Gegensatz zu einer Personalgesellschaft ist bei den Geldgebern einer Kapitalgesellschaft die persönliche Mitwirkung im Management nicht erforderlich. Oft wird es von den Anlegern auch gar nicht gewünscht, weil die notwendigen Kenntnisse oder die Zeit fehlen. Oder die Mitwirkung aller Kapitalgeber an der Geschäftsleitung ist – vor allem bei Aktiengesellschaften – wegen der Vielzahl der Beteiligten gar nicht möglich.

Für Kapitalgesellschaften gibt es verschiedene Rechtsformen, zwischen denen je nach dem Zweck des Unternehmens, der Größe oder den steuerlichen Gegebenheiten gewählt werden kann. Dazu gehören vor allem die Aktiengesellschaft, die Kommanditgesellschaft auf Aktien (KGaA), die Gesellschaft mit beschränkter Haftung (GmbH) oder früher die Bergrechtliche Gewerkschaft.

Aus gesamtwirtschaftlicher Sicht ist der wichtigste Aspekt von Kapitalgesellschaften, dass es bei diesen Rechtsformen möglich ist, Geld aus einer Vielzahl von Quellen zu beschaffen. Das zur Finanzierung von Investitionen und damit zur Schaffung von Arbeitsplätzen notwendige Kapital kann auch dann aufgebracht werden, wenn die einzelnen Geldgeber sich jeweils nur mit relativ kleinen Beträgen beteiligen wollen oder können. Dies gilt insbesondere für das über die Börse aufgebrachte Kapital so genannter Publikumsgesellschaften.

Kapitalmarkt

Der Markt für längerfristige Geldanlagen. Dabei kann es sich um die Beteiligung an Unternehmen oder um die Kreditvergabe an staatliche Stellen, an Unternehmen und Private handeln. Neben dem organisierten Kapitalmarkt, an dem der Handel nach strengen Regeln stattfindet, gibt es einen nichtorganisierten Markt für längerfristige Anlagen und Kredite. Hier können die Konditionen zwischen Geldgeber und Kreditnehmer weitgehend frei ausgehandelt werden.

Über die Börse beschaffen sich Unternehmen Eigenkapital durch die Ausgabe von Aktien oder Fremdkapital, indem sie Anleihen oder Obligationen zu den marktüblichen Zinsen begeben. Dies ist allerdings nur solchen Unternehmen möglich, die die für den Gläubiger- und Anlegerschutz geschaffenen Voraussetzungen erfüllen. Auch staatliche Stellen (Bund, Länder, Gemeinden, ausländische Regierungen) sowie nationale und internationale Institutionen (wie Treuhandanstalt oder Weltbank) holen sich die zur Erfüllung ihrer Aufgaben benötigten langfristigen Kredite zu einem großen Teil über die Ausgabe von börsennotierten Anleihen. Das dazu erforderliche Geld stammt entweder direkt von privaten Sparern und Anlegern oder wird über die so genannten Kapitalsammelstellen zur Verfügung gestellt. Dazu gehören neben den Banken vor allem Versicherungen und Investmentgesellschaften.

Während am Geldmarkt kurzfristige Kredite vergeben werden, handelt es sich am Kapitalmarkt bei Krediten um Laufzeiten von über vier Jahren und bei Unternehmensbeteiligungen meist um die unbefristete Bereitstellung finanzieller Mittel zur Finanzierung der Geschäftstätigkeit. Ein großer Teil dieser Transaktionen wird über die Börse als organisiertem Kapitalmarkt abgewickelt und unterliegt strengen Regeln, deren Einhaltung durch die Börsen selbst, die Bundesbank und die staatlichen Aufsichtsbehörden überwacht wird.

Obwohl Aktienkapital von den Geldgebern grundsätzlich zeitlich unbegrenzt zur Verfügung gestellt wird und Anleihen eine festgelegte Laufzeit haben, können die Besitzer der entsprechenden Wertpapiere diese jederzeit wieder zum Tageskurs in Geld zurückverwandeln. Denn mit dem Käufer übernimmt ein anderer für sie die Stellung des Gläubigers oder Anteilseigners. Der Emittent der Wertpapiere bleibt von diesem Wechsel unberührt und kann weiterhin über das ihm ursprünglich zur Verfügung gestellte Kapital verfügen.

Im nicht organisierten Bereich des Kapitalmarktes spielen die Kreditinstitute ebenfalls eine wichtige Rolle. Bei ihnen geht es einerseits um die Funktion als Kapitalsammelstelle durch die Hereinnahme von Kundengeldern und andererseits um die langfristige Kreditvergabe. Denn Banken, Sparkassen, Pfandbriefanstalten oder Versicherungen leihen die Einlagen ihrer Kunden wieder an Unternehmen, staatliche Stellen oder private Kreditnehmer aus. Allerdings wird der ungeregelte Teil des Kapitalmarktes nicht allein von ihnen versorgt. Es kann sich bei den hier angelegten Geldern auch um Investitionskredite handeln, die sich Unternehmen gegenseitig gewähren, sowie um langfristige Lieferantenkredite oder um die Beteiligung an nichtbörsennotierten Unternehmen. Dazu zählen Anteile an einer GmbH oder an einer Kommanditgesellschaft ebenso wie eine stille Beteiligung oder die Geldanlage in einem geschlossenen Immobilienfonds.

Auch der langfristige Kredit, den sich Privatleute untereinander gewähren (etwa zur Finanzierung eines Hauskaufs oder zum Aufbau einer selbstständigen Existenz), wird dem nichtorganisierten Bereich des Kapitalmarkts zugerechnet.

Während der Kapitalgeber an der Börse jederzeit die langfristig zur Verfügung gestellten finanziellen Mittel durch Verkauf seiner Wertpapiere zurückbekommen kann, erhält derjenige, der seine Ersparnisse am nichtorganisierten Kapitalmarkt angelegt hat, sein Geld in der Regel erst bei Fälligkeit der Forderung zurück.

Bei Geschäftsanteilen an einer KG oder GmbH muss er sich selbst um einen Käufer bemühen, und der Preis für seine Anteile ergibt sich nicht wie an der Börse objektiv aus dem Verhältnis von Angebot und Nachfrage am Verkaufstag, sondern hängt weitgehend von seinem Verhandlungsgeschick ab.

Kassakurs |

Als Kassakurs wird ein von den Kursmaklern börsentäglich für alle amtlich notierten Aktien berechneter Einheitskurs bezeichnet. Der Kassakurs wurde an der deutschen Börse bis Ende 2000 um 12 Uhr mittags anhand der vorliegenden Aufträge nach dem Meistausführungsprinzip errechnet. Seit 1. Januar 2001 findet diese Feststellung des Einheitspreises nicht mehr statt.

Der Begriff Kassakurs beschreibt den börsentäglich ermittelten Einheitskurs für alle amtlich notierten Aktien. Hierbei musste zwischen zwei verschiedenen Kassakursen unterschieden werden. Zum einen errechneten die amtlichen Makler pro Börsentag einen Kassakurs für alle Aktien, die zum variablen Handel zugelassen waren. Zum anderen wurde täglich ein Kassakurs für alle Aktien ermittelt, die nicht variabel gehandelt wurden, die also nur im so genannten Kassamarkt notiert wurden. Für Aktien, die auch früher schon ausschließlich zum Einheitskurs notierten, kann die Kursfeststellung auch weiterhin so erfolgen. Das gilt auch für Genussscheine, Anleihen (Renten) und Zertifikate.

Der Kassakurs, der vom amtlichen Makler einmal börsentäglich für alle Aktien errechnet wurde, die am variablen Handel teilnahmen, diente vor allem der Abwicklung der Orders (Kauf- und Verkaufsaufträge), die auf weniger als 50 oder 100 Stück einer bestimmten Aktie lauteten. Hierzu zählen auch so genannte Spitzenbeträge bei größeren Kauf- oder Verkaufsorders. Der Makler berücksichtigt bei der Berechnung des Kassakurses:

- alle offenen Orders, für die im Verlauf des Handels keine geeigneten Handelspartner gefunden wurden,
- alle Kleinaufträge unter 50 Stück sowie die Spitzenbeträge und
- alle Großaufträge, die gemäß Auftrag des Kunden ausdrücklich zum Kassakurs durchgeführt werden sollen.

Beim Kassakurs im Kassamarkt wurde (beziehungsweise wird auch noch bei den genannten Ausnahmen) börsentäglich nur ein Kurs errechnet. Zu diesem Kurs werden alle Kauf- und Verkaufsaufträge ausgeführt, für die dies möglich ist. Der Makler darf also nicht durch limitierte Aufträge anderweitig angewiesen worden sein. Der Kassakurs wird aus den vorliegenden Orders nach dem so genannten „Meistausführungsprinzip" errechnet. Dies bedeutet, dass der Makler den Kurs sucht, bei dem ein maximaler Umsatz getätigt werden kann.

Der Kassakurs wurde bis Ende 2000 gegen 12.00 Uhr mittags gebildet und veröffentlicht. War ein Ausgleich zwischen Angebot und Nachfrage nicht sofort möglich, konnte der Makler zunächst den Kurs als Schätzkurs ausrufen, zu dem der höchste Umsatz getätigt werden konnte, um so möglicherweise weitere Aufträge zu diesem Kurs zu erhalten, die dann einen Ausgleich zwischen Angebot und Nachfrage ermöglichten. Oder er konnte versuchen, mit Hilfe der zusätzlichen Aufträge einen neuen Kurs zu bilden, zu dem ein Ausgleich zwischen den Wünschen von Käufern und Verkäufern erreicht werden konnte.

Gelang ein Ausgleich von Angebot und Nachfrage nicht, so konnte der Kursmakler den Überhang dadurch ausgleichen, dass er Aktien aus dem eigenen Bestand abgab oder selbst übernahm. Da aber auch Kleinanleger inzwischen ab einer Aktie jederzeit am variablen Handel teilnehmen können, hat der Kassakurs seine frühere Bedeutung verloren.

Katastrophen-Anleihen/Cat-Bonds

Mit der Entwicklung von so genannten Katastrophen-Anleihen (engl. Catastrophe-Bonds oder Cat-Bonds) sind zunächst in den USA neue Anleiheformen entwickelt worden, bei denen die Höhe der Verzinsung sowie die Rückzahlung der Bonds davon abhängt, ob sich bestimmte, vorab definierte Naturkatastrophen ereignen. Diese Anleihen werden von Versicherungsgesellschaften ausgegeben. Durch sie soll ein Teil der Risiken aus Naturkatastrophen auf die Zeichner der Anleihen überwälzt werden. Diese erhalten dafür überdurchschnittlich gute Zinsen.

Es hat sich gezeigt, dass die Abdeckung von Schadensrisiken aufgrund von Naturkatastrophen für Versicherungen ein immer größeres und kaum abschätzbares finanzielles Risiko darstellt. Erdbeben wie in Kobe (Japan), Flächenbrände wie in Kalifornien sowie Hochwasserschäden in Europa und Asien führen nicht nur bei den betroffenen Privatpersonen und Unternehmen, sondern auch bei der internationalen Versicherungswirtschaft zu einer hohen finanziellen Belastung.

Bei Unternehmen und Privatpersonen besteht daher ein zunehmendes Interesse, sich gegen diese so genannten Elementarrisiken zu versichern, die sich außerhalb ihres eigenen Handlungs- und Verantwortungsbereichs ereignen. Während für Versicherungen das Risiko, aufgrund von größeren Naturkatastrophen wie Erdbeben, (siehe auch: Erdbeben-Anleihen) Wirbelstürmen, Flutkatastrophen oder Waldbränden in größerem Maße in Anspruch genommen zu werden, in Ländern wie Deutschland oder Frankreich noch relativ überschaubar ist, kann es in den USA, Japan, Mexiko oder China angesichts der Dimensionen der angerichteten Verwüstungen zu finanziellen Belastungen kommen, die die Mittel der Versicherer übersteigen.

Die Versicherung gegen Naturkatastrophen unterscheidet sich zudem fundamental von der Versicherung allgemeiner Risiken. Das Prinzip „normaler" Versicherungen beruht darauf, dass Risiken, die zwar theoretisch alle Versicherten betreffen, tatsächlich aber nur bei einem Teil der Kunden eintreten, auf alle Versicherten verteilt werden. Beispiele hierfür sind Unfallversicherungen und Brandversicherungen. Bei einer Naturkatastrophe sind dagegen nicht nur einzelne Geschädigte betroffen, sondern alle Versicherten gleichzeitig. Die Zahlungen, die aufgrund solcher Schäden an einzelne Personen oder Unternehmen geleistet werden müssen, können also nicht durch die Beiträge der übrigen Versicherten ausgeglichen werden.

Versicherungen müssen sich daher verstärkt nach neuen Wegen der Risikoverteilung umsehen, um ihren Kunden weiterhin einen ausreichenden Schutz gegen Naturkatastrophen anbieten zu können. Aus dieser Problematik und aus der Erkenntnis, dass die internationalen Kapitalmärkte mit ihrem Volumen in Höhe von etwa 35 Billionen Euro finanziell wesentlich leistungsfähiger sind als die Versicherungsbranche allein, entstand die Idee zur Entwicklung von „Catastrophe-Bonds".

Dies sind Anleihen, bei denen die Höhe der Zinszahlungen und/oder der Rückzahlung des investierten Kapitals vom Eintreten beziehungsweise Nichteintreten bestimmter Naturkatastrophen abhängt. Dabei wird die Art der Naturkatastrophen, die die Rendite der Anleihe beeinflussen, vorab in den Anleihebedingungen definiert. Tritt eine der in den Anleihebedingungen genannten Naturkatastrophen während der Laufzeit der Anleihe tatsächlich einmal oder mehrfach auf, reduziert sich der Anspruch des Anlegers auf Zinszahlung oder auf Rückzahlung des Nominalbetrags der Anleihe automatisch. Hierbei kann die Reduktion der Ansprüche des Anlegers entweder von der absoluten Zahl der aufgetretenen Naturkatastrophen oder von der durch die Naturkatastrophen ausgelösten Höhe der Versicherungsansprüche abhängig gemacht werden.

Aus Sicht des Anlegers ist es besser, wenn sich sowohl die Höhe der jährlichen Zinszahlungen als auch die Höhe des Rückzahlungsanspruchs nach der Höhe der tatsächlichen Forderungen der Geschädigten gegenüber der Versicherung bemessen. Im Extremfall könnte es ja theoretisch so sein, dass es zwar zu einer in den Anleihebedingungen definierten Naturkatastrophe gekommen ist, diese aber nicht zu Schadenersatzansprüchen der Versicherten geführt hat.

Wenn die Zinshöhe und der Rückzahlungsanspruch von der tatsächlich von der Versicherung zu deckenden Schadenshöhe abhängt, ist allerdings der erforderliche Prüfungsaufwand beträchtlich größer. Die Prüfung der Höhe und der Angemessenheit der Versicherungsansprüche muss durch eine neutrale Stelle (wie beispielsweise eine Wirtschaftsprüfungsgesellschaft) erfolgen, damit die Zeichner der Anleihe nicht in unzulässiger Weise zur Begleichung der Schäden herangezogen werden.

Ein Cat-Bond ist für den Anleger also eine Mischform zwischen einer klassischen „risikolosen" Anleihe und einem spekulativen Investment. Anders als bei einer herkömmlichen Anleihe kann er die Rendite eines Cat-Bonds nicht schon bei Kauf der Anleihe errechnen. Bei Erwerb der Anleihe kann lediglich die maximale und die minimale Rendite des Cat-Bonds bestimmt werden, nicht aber die tatsächliche Rendite zum Zeitpunkt der Rückzahlung. Die maximale Rendite ist gleich der Rendite, die sich unter Berücksichtigung des Zins- und des Rückzahlungsanspruchs ergibt, wenn während der Laufzeit der Anleihe keine Katastrophe eintritt. Die geringste Rendite ergibt sich, wenn sich die in den Anleihebedingungen genannte maximale Zahl von Naturkatastrophen während der Laufzeit tatsächlich ereignet. Im Extremfall kann es zum Totalverlust des eingesetzten Kapitals kommen.

Zitterprämie

Das erhöhte Risiko, das mit dem Investment in einen Cat-Bond verbunden ist, wird dem Anleger durch einen Zinsanspruch vergütet, der deutlich über dem Nominalzins liegt, welcher für eine normale Anleihe gezahlt wird.

KGV (Kurs-Gewinn-Verhältnis)

Das Kurs-Gewinn-Verhältnis, kurz KGV, ist eine oft verwendete Kennzahl zum Vergleich und zur Bewertung von Aktien. Das Kurs-Gewinn-Verhältnis drückt aus, wie oft der Gewinn, den ein Unternehmen pro Aktie erwirtschaftet, im Kurs enthalten ist. Der Gewinn pro Aktie wird dabei mit Hilfe des Verhältnisses zwischen Jahresüberschuss und Anzahl der ausgegebenen Aktien berechnet. Der KGV selbst ergibt sich als Quotient vom Kurswert der Aktie durch den Gewinn pro Aktie.

Neben der Dividendenrendite zählt das Kurs-Gewinn-Verhältnis zu den am meisten verwendeten Kennzahlen zur Bewertung und zum Vergleich von Aktien. Das Kurs-Gewinn-Verhältnis, kurz KGV, gibt das Verhältnis zwischen dem erwirtschafteten Gewinn pro ausgegebener Aktie eines Unternehmens und dem Kurs dieser Aktie wieder. In anderen Worten: Das Kurs-Gewinn-Verhältnis gibt an, wie viel Geldeinheiten der Käufer einer Aktie für eine Geldeinheit zukünftigen Gewinns dieser Aktiengesellschaft bezahlen muss. Hat eine deutsche Aktie beispielsweise einen KGV von 20, so muss der Käufer dieser Aktien für einen Euro zukünftigen Gewinns heute 20 Euro bezahlen.

Der KGV wird einfach als Quotient vom Kurswert einer Aktie durch den Gewinn pro Aktie berechnet. Der Gewinn pro Aktie ergibt sich aus dem Jahresüberschuss, geteilt durch die Anzahl der ausgegebenen Aktien. Der Jahresüberschuss eines Unternehmens lässt sich wiederum der Gewinn- und Verlustrechnung des Unternehmens, die Teil des Jahresabschlusses ist, entnehmen.

KGV als Auswahlkriterium

Neben dem KGV, der auf dem im vergangenen Jahr erzielten Gewinn beruht, wird auch häufig ein KGV auf Basis zukünftiger, von Analysten geschätzter Gewinne errechnet, denn beim Kauf einer Aktie interessiert es den Anleger in der Regel mehr, wie viel ein Unternehmen in der Zukunft erwirtschaften kann und wie viel er dafür zu zahlen hat, als ihn die Gewinne der Vergangenheit interessieren, von denen er nur noch begrenzt Nutzen hat.

Der KGV kann dem Anleger eigentlich nur dann bei der Auswahl einer Aktie, in die er sein Geld investieren will, helfen, wenn er mit dem KGV anderer, möglichst ähnlicher Unternehmen verglichen wird. So kann ein Anleger, der sich überlegt, ob er Aktien von BASF, Bayer oder VW kaufen soll, den jeweiligen KGV betrachten. Wenn der Anleger die zukünftige Ertragskraft der drei Unternehmen etwa gleich einschätzt, dann sollte er die Aktie kaufen, deren Kurs-Gewinn-Verhältnis am niedrigsten ist.

Wie bei allen Kennzahlen sollte sich der Anleger bei seiner Kaufentscheidung auch beim KGV nicht auf die Aussagekraft einer einzelnen Kennzahl verlassen. Schließlich ist der KGV sehr stark von Sondereinflüssen abhängig.

Zudem muss man bei der Bewertung von Aktien mit Hilfe des KGV beachten, dass der Aktienkurs nicht nur die Höhe der erzielten beziehungsweise der zukünftigen Gewinne widerspiegelt, sondern auch andere Faktoren, wie beispielsweise die im Unternehmensbesitz befindlichen Vermögenswerte, stille Reserven sowie die Anfälligkeit des Kurswerts auf konjunkturelle Schwankungen.

Publikation des KGV

Während deutsche Anleger das Kurs-Gewinn-Verhältnis einzelner Aktien entweder selbst berechnen oder aber auf die von Wertpapieranalysten in Fachzeitschriften oder Börsensendungen veröffentlichten Werte zurückgreifen müssen, ist die Berechnung des KGV und dessen Veröffentlichung in den Geschäftsberichten für US-amerikanische Unternehmen Pflicht.

Neben dem KGV für einzelne Aktien werden teilweise Kurs-Gewinn-Verhältniszahlen für ganze Börsen berechnet. Hierbei wird der jeweilige Aktienindex durch die Gewinne aller Aktien geteilt. Ein solcher KGV kann bei der Beurteilung der Gesamtverfassung eines Marktes helfen. So lässt ein besonders niedriger KGV darauf schließen, dass die Anleger die Gewinnchancen der an der Börse gehandelten Aktien besonders pessimistisch eingeschätzt haben, die wirkliche Lage aber deutlich besser ist. Hier kann sich also unter Umständen eine interessante Einstiegschance für den Anleger bieten. Aber auch für diesen Fall ist zu sagen, dass man sich zur Einschätzung der Risiken eines Aktienmarkts nicht auf die Betrachtung einer Kennzahl verlassen sollte. Ein niedriger KGV kann auch auf eine bevorstehende Wirtschaftskrise hindeuten.

Kickstart-Zertifikate/Speed-Zertifikate

Gehören zu den vielen Fonds-Spezialprodukten, die die Banken anbieten. Sie können doppelt so hohe Gewinne bringen wie die zugrunde liegenden Aktien und sind weder teurer noch risikoreicher als die Basiswerte. Dafür werden Gewinne von einer bestimmten Höhe an „gedeckelt".

Näheres unter Speed-Zertifikate.

Kommunalschuldverschreibung/ Kommunalobligationen

Kommunalschuldverschreibungen oder Kommunalobligationen sind festverzinsliche Wertpapiere, die Kreditinstituten zur Refinanzierung von Krediten an inländische Körperschaften des öffentlichen Rechts dienen. Kommunalschuldverschreibungen werden sowohl von öffentlich-rechtlichen Kreditinstituten als auch von privaten Hypothekenbanken emittiert. Aufgrund der erstklassigen Bonität des Drittschuldners gelten Kommunalschuldverschreibungen sowohl als mündelsicher wie auch als deckungsstockfähig.

Der Kreditbedarf der inländischen Körperschaften des öffentlichen Rechts, wozu beispielsweise deutsche Städte, Landkreise, Gemeinden und Gemeindekreise zählen, wird zu einem wesentlichen Teil durch direkte Kreditaufnahme bei öffentlich-rechtlichen oder privaten Kreditinstituten gedeckt. Die Refinanzierung dieser Darlehen erfolgt überwiegend durch Emission von Kommunalschuldverschreibungen.

Besonders für die öffentlichen wie auch die privaten Hypothekenbanken stellt die Emission von Kommunalschuldverschreibungen neben der Ausgabe von Pfandbriefen eine wichtige Refinanzierungsquelle dar.

Kommunalschuldverschreibungen haben in der Regel einen festen Nominalzins, der über die Laufzeit konstant bleibt. In Ausnahmefällen und nur mit Einwilligung der Gläubiger der Schuldverschreibungen kann der Nominalzins während der Laufzeit der Kommunalschuldverschreibung an das herrschende Marktniveau angepasst werden. Geringfügige Unterschiede zwischen dem Nominalzins der Obligation und dem Marktzins zum Zeitpunkt der Erstausgabe werden durch die Anpassung des Ausgabekurses ausgeglichen. Liegt der Nominalzins der Obligation beispielsweise zum Zeitpunkt der Emission etwas unter dem Marktzins, so wird die Obligation zu einem Kurs unter 100 Prozent an die Anleger ausgegeben, so dass die Rendite der Obligation wieder der des Gesamtmarktes für mittel- bis langfristige Anleihen entspricht. Die Zinszahlungen erfolgen bei Kommunalschuldverschreibungen in der Regel auf halbjährlicher Basis.

Der aus der Ausgabe von Kommunalschuldverschreibungen erzielte Emissionserlös wird ausschließlich zur Vergabe von Kommunalkrediten an inländische Gebietskörperschaften verwendet. Die Darlehensmittel werden in der Regel zur Finanzierung öffentlicher Investitionen, wie beispielsweise zur Finanzierung von Umweltmaßnahmen oder für den Bau von Gemeindeeinrichtungen, verwendet.

Weil eine öffentliche Gebietskörperschaft zumindest indirekt Schuldner der jeweiligen Kommunalschuldverschreibungen ist, gelten diese als besonders sichere Anlageform und als „mündelsicher". Tatsächlich ist aber die emittierende Bank rechtlicher Schuldner der jeweiligen Kommunalschuldverschreibung, und nicht die Körperschaft, an die die erhaltenen Mittel in Form eines Kommunalkredites weitergeleitet wurden. Trotzdem sind die Gläubiger einer Kommunalschuldverschreibung durch die Bonität des Drittschuldners vergleichsweise gut abgesichert, da die Rückflüsse (Zinsen und Tilgung) aus den Kommunalkrediten im Falle des Konkurses der emittierenden Bank primär zur Befriedigung der Anleihegläubiger verwendet werden, so dass das Ausfallrisiko sehr niedrig ist und nur zu einem geringen Teil von der Bonität der Bank abhängt.

Die besondere Sicherheit der Anlage in Kommunalschuldverschreibungen drückt sich auch darin aus, dass Kommunalschuldverschreibungen sowohl als mündelsicher gelten wie auch den Status der Deckungsstockfähigkeit genießen. Vor allem der Status der Deckungsstockfähigkeit eröffnet den emittierenden Kreditinstituten einen breiten Absatzmarkt für die Wertpapiere, da so der Verkauf an Versicherungsunternehmen möglich ist. Der Versicherungsmarkt als Absatzmarkt für Anlageprodukte gilt im Allgemeinen als besonders aufnahmefähig, da Versicherer (wie beispielsweise Anbieter von Lebensversicherungen) ständig Anlagemöglichkeiten für die Einlagen ihrer Kunden suchen.

Kommunalschuldverschreibungen eignen sich als Anlageform für vorsichtige Anleger, die ein langfristig sicheres Zinseinkommen wünschen. Das Risiko eines Ausfalls ist bei Kommunalschuldverschreibungen sehr gering. Dafür ist aber auch die Rendite, dem geringen Anlagerisiko entsprechend, vergleichsweise niedrig.

Öffentlich-rechtliche Kreditinstitute

Als öffentlich-rechtliche Kreditinstitute oder Banken bezeichnet man alle vom Staat oder einer öffentlichen Körperschaft betriebenen Kreditinstitute. Öffentlich-rechtliche Banken können in der Rechtsform der AG oder GmbH sowie als Anstalt des öffentlichen Rechts betrieben werden. Zu den öffentlich-rechtlichen Kreditinstituten zählt vor allem der Sparkassensektor, und zu diesem wiederum die Sparkassen, die Landesbanken sowie die Deutsche Girozentrale, aber auch einige Spezialkreditinstitute, wie beispielsweise die Kreditanstalt für Wiederaufbau. Ursprünglich wurden öffentlich-rechtliche Kreditinstitute gegründet, um staatliche Aufgaben wahrzunehmen und einer breiten Bevölkerungsschicht den Zugang zu Bankdienstleistungen zu ermöglichen. Heute konkurrieren die meisten öffentlich-rechtlichen Banken um dieselben Kunden und Geschäfte wie Privatbanken.

Kommunalkredite

Als Kommunalkredite werden alle Darlehen an Gemeinden, Gemeindeverbände, Städte, Stadtkreise, Landkreise, Kirchengemeinden und andere inländische Körperschaften des öffentlichen Rechts bezeichnet. Teilweise werden aber auch Kredite an Unternehmen unter dem Begriff des Kommunalkredites zusammengefasst, wenn diese Kredite durch eine Ausfallbürgschaft einer Körperschaft des öffentlichen Rechts abgesichert sind. Genauer müsste man hier eigentlich von kommunal verbürgten Krediten sprechen. In der Regel bürgt eine Kommune immer dann für einen Kredit eines privaten Unternehmens, wenn dieses die Mittel für eine Investition verwendet, die im öffentlichen Interesse steht.

Aufgrund der erstklassigen Bonität und der Steuerkraft des Schuldners sowie des damit verbundenen geringen Ausfallrisikos gelten Kommunalkredite als besonders sichere Form der Kreditvergabe.

Körperschaftsteuer ▌

Die Körperschaftsteuer kann man als Einkommensteuer für Unternehmen mit der Rechtsform der juristischen Person betrachten. Besteuert wird der Gewinn einer Unternehmung pro Periode (Geschäftsjahr). Der relevante Steuersatz richtet sich nach der Verwendung des Gewinns. Das Aufkommen der Körperschaftsteuer steht je zur Hälfte dem Bund und den Ländern zu. Ab 2001 gibt es für den Aktionär wichtige Änderungen bei der Körperschaftsteuer.

Die Körperschaftsteuer ist mit einem Anteil von sieben Prozent am Gesamtsteueraufkommen der Bundesrepublik eine der wichtigen Einnahmequellen für den Bund und die Länder. Die Einnahmen stehen beiden Gebietskörperschaften zu jeweils 50 Prozent zu.

Von der Körperschaftsteuer wird der Gewinn aller juristischen Personen erfasst. Die Mehrheit aller körperschaftsteuerpflichtigen Institutionen sind Unternehmen. Der zu versteuernde Gewinn ermittelt sich aus Bruttoeinnahmen der Körperschaft abzüglich der Betriebsausgaben, die im Zusammenhang mit der Einkommenserzielung stehen.

Für bis einschließlich 2000 erzielte Gewinne gilt:

Bei der Körperschaftsteuer richtet sich die Höhe des relevanten Steuersatzes nicht nach der Höhe des zu versteuernden Einkommens, wie bei der Einkommensteuer (es gibt also keinen progressiv steigenden Steuersatz), sondern nach der Art der Gewinnverwendung. Für Gewinne, die in Geschäftsjahren bis einschließlich 2000 erzielt wurden, gibt es zwei Steuersätze:

- Für den Fall, dass das Unternehmen den Gewinn nicht (oder nur teilweise) an die Anteilseigner ausschüttet, gilt ein Steuersatz in Höhe von 45 Prozent für den einbehaltenen Gewinn.
- Bei vollständiger oder teilweiser Ausschüttung gilt bei bis einschließlich 2000 erzielten Gewinnen für den ausgeschütteten Teil ein Steuersatz in Höhe von 30 Prozent.

Zunächst wird der Bruttogewinn immer mit dem Steuersatz für nicht ausgeschütteten Gewinn belastet. Im Falle der Ausschüttung erfolgt eine Rückvergütung der zu viel gezahlten Steuer durch das Finanzamt. Eine Ausnahme stellt Gewinn dar, der der Körperschaft von einer ausländischen Tochter zufließt und dort bereits mit einer Körperschaftsteuer belastet wurde. Hier hat der Staat die Möglichkeit, ganz oder teilweise auf die Besteuerung dieses Teils des Gewinns zu verzichten, um so eine Doppelbelastung zu vermeiden.

Eine Besonderheit der Körperschaftsteuer war bis zur Steuerreform 2000 die Anrechenbarkeit der anteiligen Körperschaftsteuer auf die Einkommensteuer des Anteilseigners bei Ausschüttung. So sollte eine Doppelbelastung des Gewinns durch Körperschaftsteuer (beim Unternehmen) und Einkommensteuer (beim Aktionär) vermieden werden. Der Anteilseigner erhält deshalb für alle bis zum Geschäftsjahr 2000 erzielten und ausgeschütteten Gewinne zusammen mit der Dividende eine Gutschrift. So kann er die vom Unternehmen bereits gezahlten 30 Prozent Körperschaftsteuer mit seiner Einkommensteuer verrechnen.

Für alle ab 2001 erzielten Gewinne gilt:

Die Körperschaftsteuer wird auf einen einheitlichen Satz von 25 Prozent gesenkt. Die Körperschaftsteuergutschrift für den Aktionär entfällt. Dafür wird nur noch die Hälfte der an ihn gezahlten Dividende der Kapitalertragsteuer unterworfen (Halbeinkünfteverfahren). Das bedeutet, dass sich die Summe der Dividendeneinnahmen, die steuerfrei vereinnahmt werden können, bei Ledigen von 3.000 auf 6.000 DM (3.067,75 Euro) und bei Verheirateten von 6.000 auf 12.000 DM (6.135,50 Euro) verdoppelt. Dies gilt aber nur, wenn der Bank oder Sparkasse ein Freistellungsauftrag erteilt wurde. Diese Auftrage können auch gestückelt auf mehrere Kreditinstitute verteilt werden, dürfen in der Summe aber den Höchstbetrag nicht überschreiten.

> **Achtung:** Falls auch Zinseinnahmen erzielt werden (die nicht nach dem Halbeinkünfteverfahren, sondern weiterhin voll von der Kapitalertragsteuer erfasst werden), sinkt dementsprechend der Dividendenbetrag, der steuerfrei vereinnahmt werden kann.
> *Beispiel:* Bei Zinseinnahmen in Höhe von 1.000 Euro kann ein Alleinstehender nur noch Dividenden in Höhe von maximal 2.067,75 Euro steuerfrei kassieren. Auch unter diesem Gesichtspunkt sollte überlegt werden, wie im individuellen Fall die optimale Struktur des Wertpapierdepots aussehen müsste.

Neben der Körperschaftsteuer wird der Anteilseigner bei Gewinnausschüttungen von Kapitalgesellschaften noch mit der Kapitalertragsteuer belastet, sobald seine Kapitaleinkünfte den Freibetrag übersteigen. Der Kapitalertragsteuersatz liegt auch nach der Steuerreform 2000 einheitlich bei 25 Prozent und ist auf die Einkommensteuer anrechenbar.

Kursmakler

> **Kursmakler sind amtlich bestellte und vereidigte Börsenteilnehmer, die mit der Vermittlung von Wertpapiergeschäften zwischen den Börsenbesuchern betraut sind. Kursmakler werden in amtliche und freie Kursmakler unterteilt. Amtliche Kursmakler unterliegen strengeren Richtlinien als freie Kursmakler und dürfen keine Eigengeschäfte tätigen, während freien Kursmaklern solche Geschäfte erlaubt sind. Die so genannten amtlichen Börsenkurse hingegen können nur amtliche Kursmakler feststellen.**

Kursmakler sind Kaufleute, deren Aufgabe darin besteht, Verträge über Kauf und Verkauf von Wertpapieren zwischen den an der Börse zugelassenen Börsenbesuchern zu vermitteln. Man unterscheidet dabei zwei Arten von Kursmaklern, die so genannten amtlichen Makler und die Freimakler.

Amtliche Kursmakler

Sie werden von der Börsenaufsichtsbehörde auf Vorschlag des Börsenvorstands ernannt und vereidigt. Die Hauptaufgabe der amtlichen Makler besteht darin, zwischen den Besuchern der Börse, also vor allem zwischen Banken, die Kauf- und Verkaufsaufträge für Aktien, Anleihen, Optionsscheine und Bezugsrechte zu vermitteln. Sie fungieren damit als Bindeglied zwischen den einzelnen Handelspartnern, die nicht direkt miteinander in Kontakt treten. Amtlichen Kursmaklern ist es nicht erlaubt, über das Vermittlungsgeschäft hinaus so genannte Eigengeschäfte zu tätigen. Hierin unterscheiden sie sich unter anderem in ihren Rechten und Pflichten von den Freimaklern. Amtliche Kursmakler sind verpflichtet, jedes von ihnen vermittelte Geschäft in ein so genanntes Kursmaklertagebuch einzutragen. Dieses Buch dient dem Nachweis der getätigten Geschäfte. Stirbt der Kursmakler oder scheidet er aus seinem Amt aus, so ist sein Tagebuch beim Börsenvorstand oder bei der Maklerkammer zu hinterlegen.

Zu den Aufgaben des amtlichen Maklers gehört neben der reinen Vermittlung von Wertpapiergeschäften zwischen den Börsenteilnehmern auch die Ermittlung der amtlichen Kurse. Diese können nur von amtlichen Maklern festgestellt werden. Sie werden sowohl im amtlichen Kursblatt als auch in Zeitungen veröffentlicht.

Jeder Makler betreut grundsätzlich nicht alle an der Börse gehandelten Wertpapiere, sondern ist lediglich für bestimmte, festgelegte Wertpapiere zuständig. In der Regel sind jeweils zwei Makler für jede Wertpapiergruppe verantwortlich. Sie werden dann als Maklergruppe bezeichnet.

Die an der Börse vertretenen Parteien können die Dienste eines Kursmaklers in Anspruch nehmen, müssen dies aber nicht tun. Allerdings besteht nur dann ein Anspruch auf Abwicklung eines Kauf- oder Verkaufsauftrags in Wertpapieren, wenn der Auftrag über einen amtlichen Makler ausgeführt wurde.

Für ihre Dienste erhalten die amtlichen Makler eine Provision, die so genannte Courtage. Die Höhe der Courtage richtet sich zum einen nach der Art des gehandelten Wertpapiers und zum anderen nach der Höhe der Wertpapiertransaktion.

Die amtlichen Makler sind in der so genannten Maklerkammer organisiert. Die Maklerkammern gehören zu den Börsenorganen und bestehen an allen deutschen Börsen. Sie üben die Aufsicht über die Kursmakler aus. Das heißt, sie überwachen die Kursfeststellung, schlichten Unstimmigkeiten zwischen den Maklern und geben das amtliche Kursblatt heraus.

Freie Kursmakler

Neben den amtlichen Kursmaklern gibt es an der Börse eine zweite Gruppe von Kursmaklern, die so genannten freien Makler oder Freimakler. Die Freimakler sind von den strengen Richtlinien der amtlichen Kursmakler befreit, können also beispielsweise Eigengeschäfte tätigen. Im Gegensatz zu amtlichen Kursmaklern werden freie Makler nicht vereidigt. Sie können auch keine amtlichen Kurse feststellen. Freie Kursmakler vermitteln in der Regel Geschäfte zwischen den an der Börse als Börsenbesuchern zugelassenen Banken in Wertpapieren, die nicht zum amtlichen Handel zugelassen sind.

Kurszusätze

Kurszusätze geben dem Anleger Zusatzinformationen zu den veröffentlichten Kursen der an der Börse gehandelten Aktien. Die jeweils verwendeten Kürzel geben Hinweise auf das Zustandekommen einzelner Kurse sowie auf die damit zusammenhängende Börsensituation. Der Anleger kann so Ungleichgewichte zwischen Angebot und Nachfrage, erfolgte Dividendenzahlungen, Aktiensplits, Bezugsrechtsabschläge sowie andere entscheidungsrelevante Ereignisse erfahren.

In vielen Fällen kann der Anleger aus den an der Börse entstandenen Wertpapierkursen allein noch nicht genug Informationen über Angebot und Nachfrage nach einer bestimmten Aktie gewinnen. So ist es nicht möglich, allein aus dem Kurs der Aktie zu erkennen, ob Angebot und Nachfrage übereingestimmt haben oder ob es einen Angebots- beziehungsweise Nachfrageüberhang gegeben hat. Oftmals können zu bestimmten Kursen nicht alle Kauf- und Verkaufsaufträge ausgeführt werden. Gerade bei kleineren Werten lassen sich Angebot und Nachfrage nur in den seltensten Fällen vollständig in Einklang bringen. Der Anleger kann solche Angebots- und Nachfrageüberhänge aber nur unzureichend aus den Veröffentlichungen der reinen Wertpapierkurse ablesen.

Auch andere Ereignisse, die Einfluss auf den Kurs einer Aktie haben, wie beispielsweise Kursabschläge aufgrund von gezahlten Dividenden, die Ausgabe von Berichtigungsaktien oder Bezugsrechten, lassen sich nicht allein aus dem Kurs ablesen. Aus diesem Grund werden zusätzlich zu den reinen Kursen noch verschiedene Zusätze veröffentlicht, die dem Anleger nähere Informationen über den Handelsverlauf und die Entwicklung der jeweiligen Aktien geben. Der Kurszusatz, den man auch im Börsenteil einschlägiger Tageszeitungen findet, bezieht sich immer auf den Kurs, der direkt davor steht. So kann es sein, dass bei Aktien, die variabel notiert werden, verschiedene Kurse festgestellt werden, aber nur einer mit einem Zusatz versehen wird, weil zu diesem Kurs eine Zusatzinformation notwendig erscheint.

Die verwendeten Zusätze variieren von Börsenplatz zu Börsenplatz. Man kann die im Allgemeinen verwendeten Zusätze danach unterscheiden, ob sie Informationen darüber geben, in welchem Umfang Angebot und Nachfrage befriedigt werden konnten, oder ob sie den Anleger über andere kursrelevante Ereignisse beziehungsweise Marktbesonderheiten informieren.

I. Kurszusätze zu Angebot und Nachfrage

- *b, bz, bez oder Kurs ohne Zusatz = „bezahlt"*

Alle zu diesem Kurs limitierten Aufträge (Angebot und Nachfrage) konnten ausgeführt werden. An verschiedenen Börsen oder von den Medien wird jeweils eine dieser Abkürzungen verwendet. Sie drücken aber alle den gleichen Tatbestand aus.

- *bG, bzG oder bezG = „bezahlt Geld"*

Dieser Zusatz weist auf eine Marktsituation hin, in der nicht alle zu diesem Kurs limitierten Kaufaufträge ausgeführt werden konnten. Die Nachfrage war größer als das Angebot. Auch hier werden unterschiedliche Abkürzungen für den gleichen Tatbestand verwendet.

- *bB, bzB oder bezB = „bezahlt Brief"*

Der Zusatz kennzeichnet Marktsituationen, in denen zu dem zustande gekommenen Kurs nicht alle zu diesem Kurs limitierten Verkaufsaufträge ausgeführt werden konnten. Das Angebot zu diesem Kurs war größer als die Nachfrage.

- *ebG, etw. bG, etw. bzG oder etw. bezG = „etwas bezahlt Geld"*

Alle zu diesem Kurs limitierten Kaufaufträge konnten nur zu einem geringen Teil ausgeführt werden. Die Nachfrage war also wesentlich größer als das Angebot.

- *ebB, etw. bB, etw. bzB oder etw. bezB = „etwas bezahlt Brief"*

Hier hat eine Marktsituation vorgelegen, in der die zu diesem Kurs limitierten Verkaufsaufträge nur zu einem geringen Teil ausgeführt werden konnten. In diesem Fall war das Angebot deutlich größer als die Nachfrage.

- *ratG, bG rep., bzG rep. oder bezG rep. = „rationiert Geld" oder „bezahlt Geld repartiert"*

Der Kurszusatz kennzeichnet Situationen, in denen die zu diesem Kurs und darüber limitierten sowie die unlimitierten Kaufaufträge nur in beschränktem Maße ausgeführt werden konnten. In einer solchen Situation werden die Kaufinteressenten beispielsweise nach einer bestimmten Quote von den Maklern bedient: Es werden beispielsweise jeweils nur 20 Prozent der georderten Aktien zugeteilt.

- *ratB, bB rep., bzB rep. oder bezB rep. = „rationiert Brief" beziehungsweise „bezahlt Brief repartiert"*

Der Kurszusatz kennzeichnet eine Marktsituation, in der die zum Kurs und niedriger limitierten sowie die unlimitierten Verkaufsaufträge nur zu einem geringen Maß ausgeführt werden konnten.

2. Kurszusätze für besondere Marktsituationen oder Ereignisse

- *G = „Geld"*

Der Zusatz Geld drückt aus, dass zu diesem Kurs lediglich Nachfrage bestand, nicht aber Angebote. Es wurden zu diesem Kurs also nur Kauforders abgegeben, denen aber keine Verkaufsangebote gegenüberstanden.

- *B = „Brief"*

Umgekehrt zum obigen Fall liegen beim Zusatz „Brief" nur Verkaufsaufträge, aber keine Kaufaufträge vor.

- *– = „gestrichen"*

Es konnte kein Kurs für das betreffende Wertpapier festgestellt werden, da keine Orders vorlagen.

- *– G = „gestrichen Geld"*

Es lagen lediglich unlimitierte Kaufaufträge vor, so dass ebenfalls kein Kurs festgestellt werden konnte.

- *– B = „gestrichen Brief"*

In einer Situation, in der nur unlimitierte Verkaufsaufträge vorlagen, so dass auch hier kein Kurs zustande kam, wird dieser Zusatz verwendet.

- *– T = „gestrichen Taxe"*

Mit dem Zusatz „gestrichen Taxe" wird ausgedrückt, dass kein Kurs festgestellt werden konnte, der Preis für das Wertpapier also lediglich geschätzt wurde.

- *– GT = „gestrichen Geld/Taxe"*

Es konnte kein Kurs festgestellt werden; es wurde lediglich ein Nachfragepreis geschätzt.

- *– BT = „gestrichen Brief/Taxe"*

In diesem Fall wurde nur ein Angebotspreis geschätzt.

- *exD, ex Div = „ohne Dividende"*

Dieser Zusatz kennzeichnet den ersten Kurs nach Zahlung der Dividende. Der vergleichsweise niedrigere Kurs ist damit nicht auf einen Kursverfall aufgrund von höherem Angebot als Nachfrage zu verstehen, sondern beinhaltet den so genannten Dividendenabschlag.

- *exB, ex BR = „ohne Bezugsrecht"*

Der Kurs wurde nach dem Abschlag der jeweiligen Bezugsrechte festgestellt. Der Kursverfall ist nicht primär auf Angebot und Nachfrage zurückzuführen.

- *ex BA = „ohne Berichtigungsaktien"*

Analog weist dieser Kurszusatz darauf hin, dass der Kurs direkt nach der Ausgabe von Berichtigungsaktien festgestellt wurde. Dadurch ist der Kurs niedriger als der vorausgegangene, da sich nach Ausgabe der so genannten Gratisaktien das Vermögen der Gesellschaft nun auf mehr Aktien verteilt.

- *ex SP = „nach Splitting"*

Dieses Kürzel bedeutet „nach Splitting" und taucht auf, wenn eine Aktiengesellschaft ein Splitting vorgenommen hat, also aus einer vorhandenen Aktie zwei oder mehr neue Aktien gemacht hat. Da das Vermögen der Gesellschaft durch den Split unverändert bleibt, reduziert sich der Kurswert der einzelnen Aktien in der Regel. An dem Wert des gesamten Aktienpakets ändert sich nichts.

Kurszusätze helfen den Anlegern und Börsenbesuchern, die jeweilige Marktsituation beziehungsweise die wirtschaftlichen Gründe, die zu einem bestimmten Aktienkurs geführt haben, besser einschätzen zu können. Vor allem jene Zusätze, die Auskunft über das Verhältnis zwischen Angebot und Nachfrage geben, können dem Anleger wichtige Hinweise auf die Stimmung rund um die jeweilige Aktie geben.

Kuxe

Dies sind Anteile an bergrechtlichen Gewerkschaften. Sie stellen einen ideellen Anteil am Vermögen der betreffenden Gewerkschaft dar. Kuxe lauten auf den Namen des Inhabers und werden im so genannten Gewerkenbuch eingetragen. Kuxe verbriefen ein Recht auf Teilnahme am Gewinn, verpflichten den Inhaber aber – anders als bei Aktien – zur Nachschusspflicht, wenn zusätzlicher Kapitalbedarf auftritt. Kuxe spielen heute als Finanzierungsform praktisch keine Rolle mehr.

Kuxe verkörpern Anteilsrechte an bergrechtlichen Gewerkschaften. Sie verbriefen keinen festen Nennbetrag, sondern lediglich einen Anteil am Vermögen der Gewerkschaft. Über die jeweiligen Anteilsrechte werden Kuxscheine ausgestellt, die auf den Namen des Inhabers lauten und in das Gewerkschaftsbuch eingetragen werden. Die Gesellschafter einer bergrechtlichen Gewerkschaft werden Gewerken genannt.

Kuxe verbriefen für den Anteilseigner ein Recht auf Teilnahme am Gewinn der bergrechtlichen Gewerkschaft. Umgekehrt ist der Gewerke aber auch zum Kapitalnachschuss (Zubuße) verpflichtet, wenn die Gewerkschaft zusätzliches Kapital benötigt und der Vorstand eine Kapitalerhöhung beschließt. Dies ist ein wesentlicher Unterschied zur Aktie. Der Gewerke kann sich durch Verzicht und kostenlose Rückgabe seines Anteils an die Gewerkschaft (Abandonnierung) von der Pflicht zum Nachschuss befreien.

Bergwerksgesellschaften werden heute kaum noch als bergrechtliche Gewerkschaften, sondern fast ausschließlich als Aktiengesellschaften geführt. Die Finanzierung von Gesellschaften durch Ausgabe von Kuxen ist im Vergleich zur Ausgabe von Aktien nachteilig, da bei notwendigen Kapitalerhöhungen lediglich auf die Gewerken zurückgegriffen werden kann und nicht, wie bei der Aktiengesellschaft, auf den gesamten Kapitalmarkt. Die Finanzierung durch Ausgabe von Kuxen hat daher sehr an Bedeutung verloren. Der Handel von Kuxen an der Börse ist stark zurückgegangen.

Länder- und Regionalfonds |

Länder- und Regionalfonds gehören zur Familie der Aktienfonds, spezialisieren sich aber in ihren Investments auf bestimmte Länder oder Regionen. Wie bei allen Fondsarten wird der Anleger auch hier Mitbesitzer eines Aktiendepots, dessen Gesamtwert von der Wertentwicklung der darin befindlichen Wertpapiere abhängt. Durch die Beschränkung der Investments auf bestimmte Länder sind die Fonds in ihrer Möglichkeit zur Risikostreuung im Vergleich zu herkömmlichen Aktienfonds beschränkt. Im Unterschied zu normalen Aktienfonds werden Länder- und Regionalfonds teilweise auch als geschlossene Investmentfonds aufgelegt.

Seit den spektakulären Kursentwicklungen an den Börsen einiger Emerging Markets in Osteuropa und Asien erfreut sich die Anlage in Länder- und Regionalfonds bei risikofreudigen und international orientierten Investoren steigender Beliebtheit. Sie hat allerdings durch die Börsencrashs in Hongkong, Korea und anderen „Tigerstaaten" 1997/98 einen Dämpfer erhalten.

Länder- und Regionalfonds sind eine spezielle Form der Aktienfonds, die sich auf die ausschließliche Anlage in bestimmten Ländern oder Regionen spezialisiert haben. In Deutschland werden beispielsweise Fonds gehandelt, die ausschließlich Aktien französischer Unternehmen enthalten. Andere Fonds investieren die Mittel ihrer Anleger an bestimmten Börsen in Asien. Für den international ausgerichteten Anleger bieten die in Deutschland zugelassenen Investmentfonds die

Möglichkeit, seine Mittel in nahezu jedem Land der Welt zu investieren, das über eine funktionierende Börse verfügt.

Wie bei allen Investmentfonds wird der Anleger auch bei Länder- und Regionalfonds Anteilseigner an einem bestimmten Wertpapierdepot, das in der Fachsprache als Sondervermögen bezeichnet wird. Der Anleger erwirbt kein Recht an einzelnen Wertpapieren in dem Depot, sondern lediglich einen Anteil am Gesamtdepot. Die Anteile an dem Sondervermögen werden dem Anleger durch so genannte Investmentzertifikate verbrieft. Der Wert des einzelnen Investmentzertifikats ergibt sich bei offenen Investmentfonds aus dem Gesamtwert des Wertpapierdepots, dividiert durch die Anzahl der ausgegebenen Zertifikate.

Eine Besonderheit dieser Fondsvariante liegt darin, dass Länder- und Regionalfonds im Gegensatz zu herkömmlichen Aktienfonds teilweise als geschlossene Investmentfonds konzipiert werden. Der Verkauf der Anteile wird dann nicht mehr durch Rückgabe an den Fonds vollzogen, sondern durch Verkauf der Anteile über die Börse. Dadurch errechnet sich der Verkaufswert dieser Fondsvariante nicht anhand der Division des Gesamtvermögens durch die Anzahl der ausgegebenen Zertifikate. Vielmehr ergibt sich der Wert eines Anteils aus Angebot und Nachfrage an der Börse, also aus dem Kurs. Bei dieser Fondsart kommt es daher oft zu dem Phänomen, dass die Summe des Börsenwerts der Anteile vom Gesamtwert des zugrunde liegenden Sondervermögens nach oben oder unten abweicht. Die Abweichung erklärt sich durch die bei den Börsenteilnehmern vorherrschenden Erwartungen bezüglich der Wertentwicklung des Sondervermögens. Erwarten die Marktteilnehmer, dass der Wert des Sondervermögens in der Zukunft steigen wird, so sind sie bereit, heute schon mehr für den Anteil zu zahlen, als er gemäß der darin enthaltenen Papiere rechnerisch wert ist. Umgekehrt führen negative Erwartungen zu Kursen, die unter dem aktuellen Wert der Fondspapiere liegen.

Länder- und Regionalfonds: Lassen Sie die Profis arbeiten

Für den interessierten Anleger bietet es sich an, seine Mittel in entsprechende Investmentfonds anzulegen. Hier übernehmen professionelle Fondsmanager die Auswahl der Aktien und überwachen ständig das wirtschaftliche und politische Umfeld im jeweiligen Anlagegebiet. Auch in diesem Fall bleibt der Anleger dem politischen und wirtschaftlichen Risiko bis zu einem gewissen Grad ausgesetzt. Doch es wird durch das hochspezialisierte Management einerseits und durch die fondstypische Risikostreuung andererseits erheblich gesenkt. Trotzdem ist die Anlage in Länder- und Regionalfonds, speziell wenn sie in die Emerging Markets investieren, nicht für Anleger geeignet, die dauerhafte und sichere Erträge wünschen. Die Länderfonds sind für risikofreudige Investoren gedacht, die eine chancenreiche Beimischung für ihr Wertpapierdepot suchen.

Länder- und Regionalfonds sind vor allem für Anleger interessant, die die teilweise beträchtlichen Kurschancen an den Emerging Markets nutzen wollen, ohne direkt in einzelne Wertpapiere zu investieren, die an den jeweiligen Börsen gehandelt werden. Das direkte Engagement an solchen Börsen ist in der Regel nur sehr erfahrenen Anlegern zu raten, da diese Länder nicht nur Chancen bieten, sondern auch erhebliche Risiken. So ist es für einen einzelnen deutschen Investor beispielsweise kaum möglich, verläßliche Unternehmensdaten von koreanischen Unternehmen zu erhalten. Selbst wenn es ihm gelingen sollte, entsprechende Bilanzen zu erhalten, ist deren Aussagewert schon aufgrund der sehr unterschiedlichen Bilanzierungsvorschriften für ihn relativ gering.

Daneben schwankt die Ertragssituation der in diesen Schwellenländern ansässigen Unternehmen oft sehr stark, so dass es zu heftigen Kursausschlägen kommen kann. Diese Kursausschläge werden durch die geringe Zahl der an der Börse gehandelten Aktien dieser Unternehmen noch verstärkt. Neben diesen wirtschaftlichen Schwierigkeiten sind außerdem politische und rechtliche Risiken zu beachten, die ein deutscher Kleinanleger kaum überblicken kann. Die Einschätzung dieser Risiken ist nur von professionellen, auf diese Länder spezialisierten Managern zu bewältigen.

Abgesehen davon steht der deutsche Anleger vor der Problematik, dass die Aktien der meisten Unternehmen aus den Schwellenländern nicht an deutschen Börsen gehandelt werden und eine Direktanlage von Deutschland aus in diesen Ländern entweder mit sehr hohen Kosten verbunden oder aus rechtlichen Gründen gar nicht möglich ist, da diese Börsen Ausländern nur beschränkt oder gar nicht offenstehen.

Leitzinssatz/Leitzinsen

Der von der Europäischen Zentralbank (EZB) festgelegte Zinssatz, zu dem sie die Geschäftsbanken mit Geld versorgt, das diese wiederum an ihre Kundschaft ausleihen können. Der Leitzins ist an die Stelle der früher von der Bundesbank verwendeten Diskont- und Lombardsätze getreten. Die Zinsbeschlüsse der Notenbank sind immer ein wichtiges Signal für die Gesamtwirtschaft, da sie zeigen, wie die EZB die konjunkturelle Lage und die Inflationsgefahren einschätzt. Für den Anleger sind sie ebenfalls von großer Bedeutung, da positive oder negative Zinserwartungen die Tendenzen an den Börsen stark beeinflussen.

Mit Beginn der Europäischen Währungsunion sind zwei „klassische" Instrumente der Geldpolitik weggefallen, die von der Bundesbank jahrzehntelang eingesetzt wurden: der Diskontsatz und der Lombardsatz. Von der Europäischen Zentralbank (EZB) wird lediglich das früher als „dritter Leitzins" bezeichnete Instrument der Geldmengensteuerung beibehalten. Das ist der Zins, zu dem sie im Rahmen der Offenmarktpolitik beziehungsweise der „Wertpapierpensionsgeschäfte" der Wirtschaft Geld zur Verfügung stellt. Der Preis, den die Geschäftsbanken für das von der EZB zur Verfügung gestellte Geld zahlen müssen, ist ein wesentlicher Faktor dafür, zu welchen Zinsen Banken und Sparkassen ihrerseits Kredite an Unternehmen oder Privatpersonen vergeben und wie hoch die Zinsen sind, die sie für Guthaben auf Sparbüchern, Giro- oder Festgeldkonten zahlen. Dies wiederum beeinflusst das Spar- und Investitionsverhalten und damit die allgemeine Preisentwicklung (Inflation).

Bei den Wertpapierpensionsgeschäften hinterlegen die Geschäftsbanken Wertpapiere (festverzinsliche staatliche Anleihen) bei der Notenbank. Diese stellt ihnen dafür Zentralbankgeld zu dem von ihr festgelegten Zinssatz zur Verfügung. Die Banken müssen sich verpflichten, die Wertpapiere nach einer festgelegten Zeit gegen Rückzahlung des Kredits wieder einzulösen. Der wichtigste europäische Leitzins ist der, der jeweils für Pensionsgeschäfte von zweiwöchiger Dauer festgelegt wird. Die Zentralbank kann im Rahmen ihrer Offenmarktpolitik aber auch längerfristige Wertpapierpensionsgeschäfte zulassen.

Da sich eine Veränderung der Leitzinsen und damit des durchschnittlichen Zinsniveaus in der Wirtschaft sofort auf die Kurse der Anleihen auswirkt, sind Zinsbeschlüsse der Europäischen oder US-Notenbank auch für Aktiensparer von großer Bedeutung. Denn bei steigender Verzinsung von Anleihen fließt Kapital aus den Aktien- in die Anleihemärkte. Zudem wird das wirtschaftliche Wachstum gedämpft, da die Unternehmen bei steigenden Zinskosten weniger investieren und auch die Nachfrage privater Bauherren zurückgeht. Das dämpft dann den Preisauftrieb – womit das Ziel der Notenbank erreicht wird. Dadurch wird aber auch Druck auf die Gewinne der Unternehmen ausgeübt. Diese Folgen von Zinserhöhungen wirken sich negativ auf die Aktienkurse aus. Da die Anleger dies wissen und fürchten, setzt meist schon dann eine Verkaufswelle an der Börse ein, wenn Zinserhöhungen noch gar nicht beschlossen sind, aber befürchtet werden. Die Kurse sinken. Umgekehrt ist es, wenn Zinssenkungen erwartet werden.

Was passiert morgen?

Da an der Börse immer „Zukunft gekauft" wird, sinken oft die Aktienkurse trotz zunehmender Beschäftigung, guter Umsätze und Gewinne, sobald die Sorge vor höheren Zinsen aufkeimt. Umgekehrt kann trotz schlechter Konjunktur ein kräftiger Kursanstieg einsetzen, wenn Leitzinssenkungen erwartet werden. Ähnliches gilt für einzelne Unternehmen: Wenn ein künftiger Aufschwung, eine Sanierung erwartet wird, kann es trotz roter Zahlen im laufenden Geschäftsjahr zu starken Kurssteigerungen kommen. Und die Kurse können trotz steigender Gewinne einbrechen, wenn noch höhere Gewinnerwartungen enttäuscht wurden.

Leverage Buy-out

Ein Leveraged Buy-out ist ein mit Hilfe von Krediten finanzierter Unternehmenskauf durch eine Gruppe von Investoren. Ziel einer solchen Transaktion ist meist nicht die Fortführung des Unternehmens in seiner bestehenden Form, sondern eine Umstrukturierung mit anschließendem Verkauf einzelner oder aller Teile des Unternehmens. Oft handelt es sich dabei vor allem um ein Spekulationsgeschäft.

Bei einem Leveraged Buy-out versuchen ein oder mehrere Investoren, ein Unternehmen durch Erwerb der Kapitalmehrheit in ihren Besitz zu bringen. Meist handelt es sich um Gesellschaften, deren Aktien an der Börse unterbewertet erscheinen. In vielen Fällen werden zunächst in kleineren Schritten Aktien über die Börse aufgekauft oder größere Kapitalanteile von Einzelpersonen oder Banken als Paket übernommen. Dann wird den übrigen Aktionären ein Übernahmeangebot für ihre Aktien gemacht, das deutlich über dem derzeitigen Börsenkurs liegt. Gelingt es den Investoren auf diesem Weg, die notwendigen Anteile am Grundkapital zusammenzubringen, können sie mit der Umstrukturierung beginnen.

Die erste Möglichkeit besteht darin, nach dem Verkauf von nicht benötigten Grundbesitz- und Betriebsteilen das Unternehmen in einer neuen, schlankeren Struktur weiterzuführen. In diesem Fall war das Unternehmen vorher zu groß, zu schwerfällig und unrentabel geworden. Durch den Verkauf von Tochtergesellschaften, Unternehmensteilen oder gehorteten Immobilien werden notwendige Mittel beschafft, um die für den Aufkauf der Gesellschaft aufgenommenen Fremdmittel (Kredite) ganz oder teilweise zurückzuzahlen. Diese Mittel wurden oft durch Einschaltung von Investmentbanken beschafft. Die Restrukturierung des Unternehmens soll in einem solchen Fall die Rentabilität und Wettbewerbsfähigkeit erhöhen.

Die zweite Möglichkeit ist, dass nach der Auflösung und Umstrukturierung eines Konzerns alle Teile und Immobilien des Unternehmens verkauft werden. In diesem Fall handelt es sich um eine Zerschlagung.

In beiden Fällen entsteht oft ein beträchtlicher Gewinn, da ein Verkauf des Unternehmens in Teilen mehr einbringt, als der Kaufpreis für das Unternehmen in seiner ursprünglichen Struktur betrug. Im Zuge der Restrukturierung können verlustbringende Betriebe geschlossen, unrentable Produktionen aufgegeben, in früheren Zeiten erworbene, aber für den eigentlichen Betriebszweck nicht (mehr) benötigte Grundstücke abgestoßen und unzweckmäßige Organisationsformen aufgelöst werden.

Für den Versuch eines Leveraged Buy-out werden häufig Unternehmen ausgewählt, bei denen der Aktienkurs so niedrig ist, dass der Börsenwert der Gesellschaft deutlich unter dem Betrag liegt, den das Unternehmen bei einem Verkauf in Teilen erzielt. Allerdings stößt ein solcher Übernahmeangriff von außen oft auf den erbitterten Widerstand des bisherigen Managements. Denn dieses sieht dadurch seine bisherige Strategie bedroht und muss in der Regel fürchten, dass es von den neuen Eigentümern entlassen wird. Daher versuchen die Führungskräfte des angegriffenen Unternehmens, bei Banken oder bei anderen Unternehmen Verbündete zu finden. Sie sollen durch gezielte Aktienkäufe verhindern, dass die Übernahme der Kapitalmehrheit durch die Investoren gelingt. Zum Teil sind diese Abwehrversuche erfolgreich, weil sie den Börsenkurs so in die Höhe treiben, dass die Übernahme unrentabel erscheint, oder weil größere Aktienpakete in den Besitz von Gruppen gelangen, die nicht mit dem Aufkäufer zusammenarbeiten wollen. Ein prominentes Beispiel ist der 1995 gescheiterte Versuch des zuvor in anderen Fällen sehr erfolgreichen amerikanischen Firmenaufkäufers Kerk Kerkorian, den Automobilkonzern Chrysler zu übernehmen, um ihn anschließend neu zu strukturieren.

Das Risiko bei einem Leveraged Buy-out liegt für den Investor in der meist extrem hohen Fremdkapitalbelastung. Für einige dieser vor allem in den USA häufigeren Transaktionen mussten die Käufer zunächst Kredite in Höhe von mehreren Milliarden Dollar aufnehmen. Bei der Beschaffung dieser Mittel werden meist Investmentbanken eingeschaltet. Sind die Zinsbelastungen zu hoch und kann das Fremdkapital nicht schnell genug durch Verkauf von Betriebsteilen oder Grundbesitz verringert werden, wird das übernommene Unternehmen durch die finanzielle Last dieser Manöver oft in den Konkurs getrieben.

Völlig anders sind die Verhältnisse bei einem Management-Buy-out oder bei einem Management-Buy-in. Denn hier wollen die Investoren, das heißt die firmeneigenen Manager, den Betrieb nicht zerschlagen. Sie wollen ihn vielmehr erwerben, um ihn selbst erfolgreich weiterzuführen.

LIBOR (London Interbank Offered Rate) |

Die London Interbank Offered Rate, besser bekannt unter der Abkürzung LIBOR, ist ein Zinssatz für kurzfristige Geldmarktgeschäfte zwischen bonitätsmäßig einwandfreien Banken am Finanzplatz London. Der LIBOR wird für Geldmarktgeschäfte in den meisten gängigen Währungen berechnet und ist der international bedeutendste Referenzsatz für kurzfristige Kredit- und Anlagegeschäfte. Das deutsche Pendant zum LIBOR war der FIBOR (Frankfurt Interbank Offered Rate), der 1999 durch den EURIBOR abgelöst wurde.

Die London Interbank Offered Rate (kurz: LIBOR) ist der weltweit bedeutendste Referenzsatz für kurzfristige Finanzgeschäfte, so genannte Geldmarktgeschäfte. Der LIBOR ist ein Durchschnittszinssatz, der täglich von der British Bankers' Association (BBA) in Zusammenarbeit mit der Nachrichtenagentur Telerate aus Angebotszinssätzen für kurzfristige Geldmarktkredite mit einer Laufzeit von einem, drei und sechs Monaten ausgewählter Londoner Banken gebildet wird.

Ähnlich wie der EURIBOR wird auch der LIBOR aus den Angebotssätzen verschiedener in- und ausländischer Banken in London gebildet. Dabei werden die LIBOR-Sätze für Geldmarktkredite in US-Dollar, britischen Pfund, D-Mark und ECU auf Basis der Quotierungen von 16 Banken gebildet. Die LIBOR-Sätze für andere Währungen werden auf Basis der Quotierungen von acht Banken gebildet. (Im Unterschied dazu erfolgt die Berechnung des Frankfurter FIBOR grundsätzlich auf Basis der Angebotssätze von 19 Banken.) Zur Berechnung des LIBOR-Satzes in Euro, US-Dollar, ECU und britischen Pfund werden von den 16 Quotierungen die jeweils vier höchsten beziehungsweise niedrigsten Sätze gestrichen. Aus den verbleibenden acht Sätzen wird dann das arithmetische Mittel gebildet. Der jeweilige Satz lässt sich auf den von Telerate angebotenen, kostenpflichtigen Bildschirmseiten abrufen. Die Berechnung des LIBOR wird als LIBOR-Fixing bezeichnet.

Die jeweiligen LIBOR-Zinssätze gelten dabei allerdings nur im Interbankenhandel zwischen bonitätsmäßig erstklassigen Banken. Die Zinssätze, die Industrieunternehmen beziehungsweise Banken mit schlechterer Bonität für Geldmarktkredite zu entrichten haben, können erheblich von den LIBOR-Sätzen abweichen.

Die jeweilige Höhe des LIBOR und damit auch der zugrunde liegenden Angebotszinssätze orientiert sich stark an der Höhe der US-Geldmarktzinsen mit gleicher Laufzeit.

Neben dem LIBOR werden auch der LIBIT sowie der LIMEAN berechnet. Der LIBIT ist der Satz, zu dem von ihrer Bonität her einwandfreie Banken am Londoner Geldmarkt kurzfristige Kredite nachfragen. Der LIBIT liegt daher immer unter dem LIBOR für gleiche Laufzeit. Das Fixing des LIBIT erfolgt auf die gleiche Weise wie das des LIBOR. Der LIMEAN stellt den Mittelwert zwischen LIBOR und LIBIT dar. Die Differenz zwischen LIBOR und LIBIT kann zum Beispiel bei 0,04 Prozent liegen. Das bedeutet, dass der LIMEAN um 0,02 Prozent niedriger ist als der LIBOR und um 0,02 Prozent höher als der LIBID.

Der LIBOR ist als Referenzzinssatz sowohl für kurzfristige Geldmarktgeschäfte als auch für mittel- bis langfristige Kredite mit variabler Zinsbasis von Bedeutung. Während bei kurzfristigen Geldmarktkrediten die Laufzeit des LIBOR meist identisch ist mit der Laufzeit des Kredites, wird der Zinssatz bei langfristigen Krediten auf LIBOR-Basis jeweils nach einer Periode von einem, drei oder sechs Monaten neu festgelegt. Man spricht bei dieser Art von Kredit meist von einem Roll-Over-Kredit. Dabei vereinbart der Kreditnehmer mit der Bank oder dem Bankenkonsortium, dass als Zinssatz jeweils der LIBOR für einen, drei oder sechs Monate zuzüglich einer Zinsmarge gelten soll. Die Zinsmarge bleibt über die Gesamtlaufzeit des Kredites unverändert, während der zugrunde gelegte LIBOR, je nach Vereinbarung, alle ein, drei oder sechs Monate neu festgelegt wird. Das Risiko von Zinsänderungen liegt dabei allein beim Kreditnehmer, da sich der von ihm zu zahlende Zins jeweils nach Ablauf der Zinsperiode erhöhen kann. Der Vorteil für den Kreditnehmer liegt darin, dass die kurzfristigen Zinsen meist niedriger sind als die langfristigen, so dass bei über die Laufzeit einigermaßen unverändertem Zins ein Kredit auf LIBOR-Basis meist billiger ist als ein Kredit mit festem Zinssatz über die Laufzeit.

Durch entsprechende Maßnahmen zur Zinssicherung (Hedging) kann der Kreditnehmer seine variable Verzinsung auf LIBOR-Basis rechnerisch in einen Kredit mit Festsatz umwandeln. So lassen sich die Vorteile einer Verzinsung auf kurzfristiger Basis mit den Vorteilen einer konstanten Zinshöhe verbinden. Das Hedging kann dabei zum Beispiel auf Basis von Optionen oder Swaps erfolgen.

Limitierter Kaufauftrag (Verkaufsauftrag)

Als limitierter Kauf- oder Verkaufsauftrag wird im Wertpapiergeschäft eine vom Anleger vorgegebene und von Händlern oder Maklern einzuhaltende Preisober- oder Preisuntergrenze beim Handel mit Wertpapieren sowie Derivaten verstanden. Auch Zeichnungsaufträge bei Neuemissionen von Wertpapieren, bei denen die Preisfindung mit Hilfe des Bookbuilding-Verfahrens erfolgt, kann der Anleger mit einem Kauflimit geben.

Grundsätzlich können Anleger Kauf- und Verkaufsaufträge mit und ohne Preisgrenzen vergeben. Bei Kauf- oder Verkaufsaufträgen ohne jegliche Preisbegrenzung spricht man im Wertpapiergeschäft von „bestens" oder „billigst" ausgeführten Aufträgen. Hierbei muss sich der Kommissionär oder Makler an keinerlei Preisgrenzen halten. Bei Kaufaufträgen wird er lediglich versuchen, die gewünschten Wertpapiere zum niedrigsten, am Ausführungstag möglichen Kurs zu erwerben. Umgekehrt wird der beauftragte Händler bei unlimitierten Verkaufsaufträgen versuchen, die betreffenden Papiere zum höchstmöglichen Kurs zu verkaufen. Für den tatsächlich erzielten Kurs übernimmt der Kommissionär oder Makler keine Haftung, das heißt, er garantiert nicht, dass dies tatsächlich der niedrigste oder höchste Kurs des Tages ist.

Gibt der Anleger hingegen ein Preislimit vor, so erhält der Händler eine klare Anweisung, zu welchem Preis er die Wertpapiere höchstens kaufen oder mindestens verkaufen darf. Die Preislimitierung gilt lediglich als Ober- beziehungsweise Untergrenze, das heißt, bei einem Verkaufslimit muss mindestens der vorgegebene Kurs erreicht werden, ein höherer Kurs ist natürlich erlaubt. Umgekehrt legt ein Kauflimit lediglich die Preisobergrenze fest, niedrigere Kurse sind aber möglich.

Bei Auftragserteilung muss der Anleger die Gültigkeitsdauer des vorgegebenen Limits festlegen. In der Regel werden Limitierungen entweder nur für einen Tag oder bis Monatsende vergeben, abweichende Regelungen sind aber möglich.

Für die Limitierung der Wertpapierorder berechnet die Bank meistens eine Gebühr zur Abdeckung der Kosten, die entstehen, wenn über einen Zeitraum wiederholt versucht werden muss, den Auftrag zum vorgegebenen Preis durchzuführen. Wird das Limit lediglich für den Tag der Auftragsvergabe vorgegeben oder wird das Limit schon am ersten Tag der Laufzeit erreicht, so werden oftmals keine Gebühren berechnet.

Kommt es während der Laufzeit der Limitierung eines Aktienkaufs oder -verkaufs zu einer Dividendenausschüttung und damit zu einem Kursabschlag bei dem betreffenden Papier, so wird automatisch ein gleich hoher Abschlag bei dem vorgegebenen Preislimit vorgenommen.

Limitierte Wertpapierorders können grundsätzlich bei allen Wertpapiergeschäften, die über die Börse getätigt werden, vergeben werden. So lassen sich Kauf- und Verkaufslimite beim Handel mit Aktien, Anleihen oder Optionsscheinen, aber auch bei Derivaten, wie Optionen und Futures, einsetzen.

Bei Emissionen von Wertpapieren, bei denen die Preisfindung mit Hilfe des Bookbuilding-Verfahrens erfolgt, wie beispielsweise bei der Emission der T-Aktie, können ebenfalls Kauflimits vorgegeben werden.

Der Vorteil bei limitierten Aufträgen besteht darin, dass der Anleger nicht riskiert, bei einem Kauf einen zu hohen Preis zu zahlen beziehungsweise bei einem Verkauf einen zu niedrigen Preis zu erzielen. Das ist besonders wichtig bei Papieren mit geringer Marktkapitalisierung, da hier oft schon Aufträge von geringem Umfang starke Kursbewegungen auslösen oder Marktteilnehmer dazu bringen können, einen unvorsichtigen Anleger „über den Tisch zu ziehen". Auf der anderen Seite geht der Anleger natürlich immer das Risiko ein, bei dem betreffenden Geschäft nicht zum Zuge zu kommen, wenn der Kurs des Papiers über (bei Kauf) oder unter (bei Verkauf) seinem Limit liegt. Speziell beim Verkauf von Wertpapieren kann dies ein großer Nachteil sein, wenn beispielsweise der Kurs einer Aktie aufgrund schlechter Unternehmensnachrichten fällt, der Anleger einen limitierten Verkaufsauftrag gibt und der Kurs dann unter diesem Limit liegt, so dass der Verkauf nicht zustande kommt. Fällt der Kurs am nächsten Handelstag weiter, so ist der Verlust des Anlegers größer als bei einem sofortigen unlimitierten Verkauf. Steigt der Kurs der Aktie hingegen wieder, dann war es von Vorteil, sie nicht zu einem niedrigeren Kurs abgegeben zu haben.

Das gleiche Risiko geht der Anleger auch ein, wenn er bei der Zeichnung von Aktien im Rahmen des Bookbuilding-Verfahrens ein Limit vorgibt. Liegt der von dem Bankenkonsortium festgestellte Emissionspreis über der vorgegebenen Preisobergrenze, so kommt der Anleger bei der Zeichnung nicht zum Zuge und muss, wenn er die betreffenden Papiere trotzdem haben möchte, diese später über die Börse erwerben. Auf der anderen Seite kann er mit Hilfe der Preislimitierung vermeiden, die Aktien zu einem aus seiner Sicht nicht marktgerechten Kurs zu zeichnen.

Wann limitieren?

Als Faustregel lässt sich sagen, dass limitierte Aufträge bei den Aktien großer Unternehmen, die in hoher Stückzahl an der Börse gehandelt werden, weniger notwendig sind als bei Aktien kleiner Unternehmen, bei denen es aufgrund der geringen Stückzahl der gehandelten Papiere zu großen, teilweise nicht gerechtfertigten Kursschwankungen kommen kann. Es kann aber auch sein, dass die gesetzten Limits nicht erreicht werden und deshalb ein geplanter Kauf oder Verkauf nicht zustande kommt. Das kann ärgerlich sein, wenn anschließend die Kurse davonlaufen. Sowohl limitierte als auch unlimitierte Aufträge bergen für den Anleger also gewisse Risiken, die dieser immer abwägen muss.

Lombardsatz

Der Lombardsatz ist der von einer Notenbank (wie früher der Bundesbank) für Lombardkredite an Geschäftsbanken erhobene Zinssatz, wenn diese gegen die zeitweilige Hergabe von Wertpapieren Geld von der Zentralbank erhalten. Der Lombardsatz galt früher in Deutschland neben dem Diskontsatz als der wichtigste Leitzins für den Kapitalmarkt. Wenn Geschäftsbanken Geld gegen Hinterlegung von Wertpapieren ausleihen, wird dies ebenfalls als Lombardkredit bezeichnet. Seit Beginn der Währungsunion gibt es keinen Lombardsatz mehr.

Der regelmäßig von der Bundesbank veröffentlichte Lombardsatz war der von der Zentralbank festgelegte Zinssatz für von ihr gewährte Lombardkredite an die Geschäftsbanken. Unter der Bezeichnung **Lombardkredit** existieren zwei unterschiedliche Finanzierungsinstrumente:

- zum einen Betriebsmittelkredite, die Geschäftsbanken an Unternehmen zur Überbrückung kurzfristiger finanzieller Engpässe gegen Verpfändung leicht veräußerbarer Sicherheiten (wie zum Beispiel Waren, Wertpapiere und Wechsel) gewähren;
- zum anderen war es eine der Refinanzierungsmöglichkeiten der Geschäftsbanken bei der Bundesbank im Rahmen der von dieser betriebenen Offenmarktpolitik.

Während der Lombardkredit durch Geschäftsbanken an Unternehmen in Deutschland eine eher untergeordnete Rolle spielt, war die Möglichkeit der Refinanzierung der Geschäftsbanken bei der Bundesbank über Lombardkredite von großer Bedeutung. Die gegen Verpfändung von bestimmten Wertpapieren und Schuldbuchforderungen von der Deutschen Bundesbank gewährten Lombardkredite stellten neben dem Rediskontkredit die zweite Möglichkeit der Banken dar, sich bei der Notenbank liquide Mittel zu beschaffen (Refinanzierung). Um an Zentralbankgeld zu gelangen, konnten die Banken bestimmte Wertpapiere bei der deutschen Bundesbank verpfänden. Die Höhe des Kredits richtete sich nach dem Wert der hinterlegten Papiere.

In der Europäischen Währungsunion ist der Leitzins der EZB an die Stelle von Diskontsatz und Lombardsatz getreten. Für den Anleger hat der Leitzins heute die gleiche Bedeutung wie Diskont und Lombard, da Zinserwartungen eine wichtige Rolle für die Entwicklung der Kurse von Aktien und Anleihen spielen.

Marktkapitalisierung/Börsenkapitalisierung ▌

Der Wert eines Unternehmens, gemessen an der Bewertung seiner Aktien an der Börse. Im Gegensatz zu anderen Formen der Wertermittlung handelt es sich hierbei um einen stark schwankenden Betrag, da sich der Wert an dem im Tagesverlauf ständig schwankenden Kurs der Aktie orientiert. Insbesondere bei einem Börsencrash kann sich die Börsenkapitalisierung einer Gesellschaft innerhalb kürzester Zeit stark verändern. Die Börsenkapitalisierung ist eine wichtige Kennziffer für die Aufnahme einer Aktie in einen Index oder für das Gewicht, das ihr in einem Fonds eingeräumt wird.

Näheres dazu unter Börsenkapitalisierung.

M-DAX ▌

Der 1996 eingeführte M-DAX steht für „Midcap-Index", also für einen Index, der die Kursentwicklung von Aktien mittelgroßer Unternehmen widerspiegelt. Der M-DAX setzt sich aus den Kursen von 70 Aktien zusammen, die eine mittlere Marktkapitalisierung aufweisen.

Seit 19. Januar 1996 veröffentlicht die Deutsche Börse AG den neuen M-DAX. Der Name M-DAX ist eine Kurzform für Midcap-Index. Er enthält die Papiere von 70 mittelgroßen, an der deutschen Börse notierten Unternehmen und spiegelt deren Kursentwicklung wider. Der Index leitet sich aus dem Xetra-DAX 100 ab, von dem die 30 DAX-Werte abgezogen werden. Ziel der Einführung des M-DAX war es, den Handel von Aktien mittelgroßer Unternehmen und damit die Liquidität in diesem Marktsegment zu erhöhen. So sollen diese Papiere für Anleger attraktiver gemacht werden. Vor allem institutionellen Anlegern soll ein Anreiz gegeben werden, verstärkt in diese Papiere zu investieren. Dieser Gruppe von Anlegern soll es zudem möglich gemacht werden, sich mit Hilfe von Optionen oder Futures auf den M-DAX gegen Kursrückschläge abzusichern (Hedging), eine Möglichkeit, die es bis zur Einführung des M-DAX nicht gab.

Der M-DAX wurde so gestaltet, dass ein übermäßig großer Einfluss einzelner Aktien auf den Index ausgeschlossen ist. Hierzu wurde das maximale Gewicht jeder einzelnen Aktie im Index auf zehn Prozent begrenzt. In der Begrenzung der maximalen Gewichtung einzelner Aktien liegt ein großer Unterschied zum DAX 100. Er spiegelt auf Grund des übergroßen Gewichts der 30 DAX-Werte nicht den Kursverlauf der Aktien von mittelgroßen Unternehmen wider.

Der M-DAX wurde lange Zeit sowohl auf Basis der Kurse der Frankfurter Präsenzbörse als auch auf Basis der Xetra-Notierungen berechnet. Seit 1999 wird er wie die gesamte DAX-Familie nur noch auf der Basis des vollelektronischen Handelssystems Xetra ermittelt. Die Berechnungen erfolgen täglich während der gesamten Handelszeit von 09.00 bis 20.00 Uhr. Basis für die Darstellung sind die Kurse per ultimo 1987 mit 1.000 Punkten.

Die Wirkung der Neueinführung des M-DAX ließ sich schon in den ersten Handelstagen erkennen. Einige der im M-DAX enthaltenen Werte konnten überdurchschnittliche Kursgewinne verbuchen. Der Handel mit Terminkontrakten auf den M-DAX ist ebenfalls möglich. Mit Hilfe des M-DAX sollte die Frankfurter Börse für private und institutionelle Anleger attraktiver werden. Dies soll die Wettbewerbsposition gegenüber den anderen großen europäischen Börsen verbessern.

Die Werte im M-DAX werden im Bedarfsfall in ihrer Gewichtung angepasst. Zudem können bestimmte Werte gegen andere ausgetauscht werden, wenn das aufgrund ihrer Bedeutung notwendig erscheint, also beispielsweise eine bestimmte Aktie von ihrem Profil her nicht mehr in den Index passt.

Mergers & Acquisitions

Unter dem Begriff Mergers & Acquisitions (kurz M & A) werden Beratungsdienstleistungen im Rahmen des Kaufs oder Verkaufs sowie der Fusion von Unternehmen zusammengefasst. Anbieter solcher Dienstleistungen sind vor allem Banken, hauptsächlich Investmentbanken, sowie hochspezialisierte Berater. Wurde das M & A-Geschäft bis vor kurzem eher als Nebenprodukt zum normalen Bankgeschäft betrachtet, hat sich hieraus in den letzten Jahren eines der attraktivsten und vor allem rentabelsten Dienstleistungsangebote des Finanzgewerbes entwickelt. Auch Kleinaktionäre gehören angesichts der dadurch ausgelösten Kurssteigerungen oft zu den Gewinnern.

Beratungen bei Mergers & Acquisitions (zu Deutsch: Fusionen und Übernahmen) gehören auf Grund einiger spektakulärer Großtransaktionen (so genannter Megadeals) in den letzten Jahren zu den am meisten beachteten Dienstleistungen der Investmentbanken. Unter Mergers & Acquisitions wird eine relativ breite Palette von Beratungsdienstleistungen rund um den Kauf, Verkauf und die Fusion von ganzen Unternehmen oder Unternehmensteilen verstanden.

Die Dienstleistungspalette der M & A-Berater umfasst dabei sowohl die Unterstützung bei der Suche nach geeigneten Käufern beziehungsweise Verkäufern von Unternehmen als auch die umfassende Unterstützung bei der Realisierung des eigentlichen Kaufs, Verkaufs beziehungsweise der Fusion. Die reine Maklerfunktion der M & A-Berater spielt dabei eher eine untergeordnete Rolle und wird vor allem von ausländischen Kunden in Anspruch genommen.

Sucht ein Unternehmen den Eintritt in einen Markt, in dem es bis dahin nicht oder nur kaum vertreten war, so kann der Kauf eines etablierten Unternehmens eine erfolgversprechendere Strategie sein, als selbst eine Position im Markt aufzubauen. In einem solchen Fall kann ein lokaler M & A-Berater bei der Auswahl eines geeigneten Übernahmekandidaten behilflich sein. Bei einem solchen Schritt ist es von hoher Wichtigkeit, dass die notwendigen Nachforschungen sehr diskret durchgeführt werden, um weder die Konkurrenz von den eigenen Plänen zu informieren, noch im Markt bekannt werden zu lassen, dass ein bestimmtes Unternehmen zum Verkauf steht, da dies sowohl die Kunden dieses Unternehmens verunsichern als auch weitere Bieter anlocken könnte, was in der Regel zu einer Erhöhung des Kaufpreises führen würde.

Der wesentliche Teil der M & A-Beratung folgt jedoch erst nach Auswahl des zur Übernahme geeigneten Unternehmens. Hauptaufgabe des beauftragten M & A-Beraters ist die optimale Umsetzung der eigentlichen Übernahme beziehungsweise Fusion. Ziel des Käufers ist es, das ausgewählte Unternehmen so billig wie möglich zu bekommen und das Risiko so gering wie möglich zu halten. Im Falle einer freundlichen Übernahme, also wenn das zu übernehmende Unternehmen damit einverstanden ist, aufgekauft zu werden, wird das Interesse des Verkäufers darin liegen, einen möglichst hohen Preis zu erzielen und gleichzeitig möglichst wenig Zugeständnisse zu machen. In vielen Fällen zieht der Verkäufer selbst einen M & A-Berater zu den Verhandlungen hinzu, um sich möglichst optimal vertreten zu lassen.

Im Falle einer so genannten feindlichen Übernahme (engl.: unfriendly takeover) wird das Zielunternehmen in der Regel ebenfalls einen M & A-Berater hinzuziehen, der dabei helfen soll, eine möglichst wirkungsvolle Abwehrstrategie zu entwickeln. In den weitaus meisten Fällen erfolgt die Übernahme aber in beiderseitigem Einverständnis, so dass die eingeschalteten Mergers & Acquisitions-Berater lediglich die Aufgabe haben, die Transaktion für ihre Klienten möglichst optimal zu gestalten.

Bekannt geworden ist dieser Teil des Investmentbanking in Deutschland vor allem durch spektakuläre Megafusionen beziehungsweise Übernahmen, wie beispielsweise die Fusion zwischen der Bayerischen Vereinsbank und der Bayerischen Hypotheken- und Wechselbank oder der zunächst versuchten „feindlichen Übernahme" von Thyssen durch Krupp, die dann schließlich zu einem Zusammenschluss am Verhandlungstisch führte. Auf Grund der Tatsache, dass Deutschland im Bereich der Übernahme und Fusion von Unternehmen deutlich hinter der Entwicklung in anderen Industrienationen zurückliegt, wird es in Zukunft mit Blick auf den größeren Europa-Markt mit hoher Wahrscheinlichkeit eine steigende Nachfrage nach M & A-Dienstleistungen geben. Vor allem im Finanzgewerbe gehen Experten von einer Reihe von Zusammenschlüssen aus, da in Deutschland im internationalen Vergleich zu viele Banken tätig sind, so dass viele kleinere Banken nur durch den Zusammenschluss mit anderen Banken überleben können.

Solche Fusionen und Übernahmen sind für die Börse immer sehr interessant, da sie schon im Vorfeld auf Grund von Spekulationen meist zu heftigen Kursausschlägen führen. Kleinanleger, die über Bestände der jeweiligen Aktien verfügen, können damit oft beträchtliche Kursgewinne erzielen. Deshalb ist es immer interessant, rechtzeitig Aktien von Unternehmen zu erwerben, bei denen es „Kursphantasie" angesichts möglicher Zusammenschlüsse gibt.

Mindestreserven

Die Mindestreserve war ein Betrag, den Kreditinstitute bei der Bundesbank zinslos hinterlegen mussten. Die Mindestreservepolitik war neben dem Diskont- und Lombardsatz eines der Instrumente der Notenbank zur Steuerung der Geldmenge. Diese Einflussnahme erfolgte indirekt über die Steuerung der Liquidität der Geschäftsbanken. Die Bundesbank konnte so die Geldmenge verändern, die den Banken für Kreditgeschäfte zur Verfügung stand. Dies wiederum diente der Beeinflussung der Zinshöhe, der Steuerung des Konjunkturverlaufs und damit der Erhaltung der Geldwertstabilität. Seit Beginn der Währungsunion werden diese Instrumente nicht mehr eingesetzt.

In einem Land, in dem die Mindestreservepolitik angewendet wird, müssen die Geschäftsbanken bestimmte Geldbeträge als unverzinsliche Guthaben bei der Notenbank (in Deutschland bis zur Einführung des Euro der Bundesbank) halten. Die Berechnung der Höhe der jeweils von einer Bank zu hinterlegenden Mindestreserve erfolgt auf Grundlage der bei ihr von den Kunden auf Girokonten unterhaltenen Sichteinlagen, der Termineinlagen sowie der Spargutaben.

Die Mindestreserven, die von den Banken als Guthaben bei der Bundesbank eingezahlt werden müssen, dienten ursprünglich zur Sicherung der Kundengelder bei den Geschäftsbanken. Sie sollten Gewähr leisten, dass die Zahlungsfähigkeit der Banken jederzeit sichergestellt war. Heute wird die Zahlungsfähigkeit der Banken durch den Einlagensicherungsfonds des Bundesverbands deutscher Banken (siehe Einlagensicherung) sowie durch strenge Gesetze bezüglich der Kreditvergabe geregelt. Die Mindestreserven dienten der Bundesbank daher nahezu ausschließlich als Instrument zur Steuerung der Geldmenge. Die Mindestreservepolitik stellte bis Ende 1998 neben der Rediskontpolitik (siehe Diskontsatz), der Offenmarktpolitik und der Festlegung des Lombardsatzes eines der geldpolitischen Instrumente der Bundesbank dar.

Obwohl die Bundesbank über die Mindestreserven ein wirkungsvolles Instrument zur Beeinflussung der wirtschaftlichen Entwicklung und damit auch zur Bekämpfung inflationärer Entwicklungen hatte, war die Mindestreservepflicht in Deutschland immer umstritten. Einer der Gründe war, dass zum Beispiel so genannte Kreditvermittler nicht der Mindestreservepflicht unterlagen. Mindestreservepflichtige Banken haben gegenüber diesen Instituten einen Nachteil, da sie auch Zinsen für den Teil der Kundengelder zahlen mussten, die unentgeltlich auf Konten bei der Bundesbank lagen. Das Instrument wirkte also wettbewerbsverzerrend. Zudem galt das Gesetz nur für in Deutschland tätige Banken. Kreditinstitute im Ausland unterlagen nicht der Mindestreservepflicht und hatten dadurch ebenfalls einen Wettbewerbsvorteil gegenüber deutschen Banken.

Mündelsicher

Ein für die Anlage von Mündelgeldern geprägter Begriff, der aber auch in anderer Weise gebraucht wird und eine weitgehend risikofreie Anlage von Vermögen umschreibt. Mündelsicherheit bei der Kapitalanlage wird vielfach gesetzlich gefordert oder in Verträgen vorgeschrieben.

Um minderjährige Erben oder andere Personen zu schützen, die wegen körperlicher oder geistiger Schwächen nicht in der Lage sind, selbst ihr Vermögen zu verwalten, wurden gesetzliche Vorschriften für die Verwaltung geschaffen, die ein Höchstmaß an Sicherheit erzwingen sollen. Der Vormund einer solchen Person soll das Vermögen für sein Mündel deshalb zwar zinsbringend anlegen, um dessen Wert zu erhalten und möglichst zu steigern. Er muss es aber in einer möglichst risikoarmen Form tun. Der Rahmen dafür ist gesetzlich festgelegt. Er gilt auch für alle anderen Vermögen, die „mündelsicher" verwaltet werden müssen. Um ein Höchstmaß an Sicherheit für das Vermögen zu erreichen, wird dabei bewusst auf einen maximalen Ertrag verzichtet.

Für die regelmäßige Anlage von Mündelgeldern sind daher nur Spareinlagen bei inländischen öffentlichen Sparkassen, die als mündelsicher erklärt worden sind, zugelassen. Mündelsicher sind auch sichere inländische Hypotheken, Grundschulden, mündelsichere Wertpapiere sowie die Anlage bei staatlichen Banken, bei einer Landesbank, bei der Deutschen Genossenschaftskasse und bei der Girozentrale. Dies darf allerdings nur „hilfsweise" geschehen – also wenn die oben zunächst genannten Anlageformen aus triftigem Grund nicht genutzt werden können. Ein Kauf von Aktien und andere Formen der Geldanlage sind nur möglich, wenn das Vormundschaftsgericht zuvor zugestimmt hat.

Münzen und Medaillen

Münzen sind gesetzliche Zahlungsmittel. Oft werden sie auch als reine Sammlerstücke geprägt und kommen dann nur in Ausnahmefällen in Umlauf. Manchmal haben sie über den eingeprägten Wert hinaus noch einen gewissen Sammlerwert. Medaillen sind private Prägungen, die an Liebhaber verkauft werden; sie gelten nicht als Zahlungsmittel. In der Regel haben sie auch keinen Sammlerwert und sind kaum wieder verkäuflich. Für private Anleger sind sie daher zur Vermögensbildung nicht geeignet.

Münzen als Geldanlage sind nur in wenigen Fällen ein gutes Geschäft. Wer sich auf dem Sammlermarkt nicht sehr gut auskennt, macht in der Regel nur Verluste. Das beginnt schon damit, dass das in Münzen angelegte Geld keine Zinsen bringt. Diese Verluste sind auch bei einem späteren Verkauf über dem Einstandspreis kaum wieder hereinzuholen. Sie eignen sich daher weder generell als Geldanlage noch als Schutz vor inflationären Gefahren. Gedenkmünzen sind nur für den Staat ein profitables Geschäft, da er den meist deutlich über den Herstellungskosten liegenden Gegenwert bekommt, ohne dass die Münzen tatsächlich als Zahlungsmittel genutzt werden.

Auch Alter ist bei Münzen noch nicht gleich bedeutend mit Wert. So sind viele römische Münzen praktisch Massenware, da sie auch heute noch oft in großen Stückzahlen gefunden werden.

Fast immer wertlos und für einen Wiederverkauf ungeeignet sind die so genannten Gedenkmedaillen, die von verschiedenen Anbietern herausgegeben werden. Medaillen – meist von privater Seite hergestellte runde Metallstücke mit irgendwelchen Darstellungen – sind später in der Regel unverkäuflich oder bringen nicht annähernd so viel, wie sie gekostet haben. Wer Münzen und Medaillen sammelt, sollte dies nur dann tun, wenn er persönlich Spaß daran hat. Wenn sich damit später einmal tatsächlich ein Gewinn auf dem Sammlermarkt erzielen lässt, ist das ein erfreulicher Nebeneffekt, aber nicht die Regel.

Warnung: Immer wieder verschicken Anbieter Werbebriefe mit amtlich klingenden Firmenbezeichnungen, in denen sie durch geschickte Formulierungen den Eindruck erwecken, dass sie Sonderprägungen von offiziellen Zahlungsmitteln anbieten, die besonders wertvoll sind. Auch wenn von zeitlich befristeter Bestellmöglichkeit die Rede ist, wenn „Zuteilungsnummern" vergeben oder Ihnen angeblich „nicht übertragbare Bezugsrechte" gewährt werden: Lassen Sie sich davon nicht beeindrucken. Diese Medaillen sind Ihr Geld nicht wert, von schlechter Qualität und später unverkäuflich. Sie haben weder Metall- noch Sammlerwert und sind in keinem Fall Zahlungsmittel.

Namensaktie/Namenspapier |

Im Gegensatz zur Inhaberaktie ist der Eigentümer der Namensaktie für die Aktiengesellschaft kein „unbekanntes Wesen". Er wird in das Aktienbuch des Unternehmens eingetragen. Bei jedem Eigentumswechsel muss daher auch das Aktienbuch korrigiert werden. Die inzwischen übliche elektronische Erfassung erleichtert dies aber. Die Namensaktie ist international weitgehend Standard. Ihre Bedeutung hat auch in Deutschland seit Ende der Neunzigerjahre wieder stark zugenommen. Hinsichtlich der Rechte und Pflichten des Aktionärs gibt es prinzipiell keinen Unterschied zwischen Namens- und Inhaberaktien.

Während Inhaberaktien anonym sind und ihre Besitzer der Gesellschaft in der Regel nicht bekannt sind, werden sie bei Namensaktien im Aktienbuch des Unternehmens vermerkt. Das bedeutet, dass nach jedem Besitzwechsel eine Korrektur vorgenommen werden muss. Daher waren im Gegensatz zu Ländern wie den USA oder Großbritannien Namensaktien in Deutschland lange Zeit eher selten. Grundsätzlich unterscheiden sich Inhaber- und Namensaktien hinsichtlich der Rechte und Pflichten der Aktionäre zwar nicht. Bei Namenspapieren kann aber nur der namentlich genannte Inhaber oder sein Rechtsnachfolger die verbrieften Rechte des Aktionärs geltend machen. Das Recht, in die Aktienpositionen aller anderen Aktionäre Einblick zu nehmen, wird durch eine Gesetzesänderung abgeschafft, da Datenmissbrauch befürchtet wird.

Namensaktien mussten früher in Deutschland mit Namen, Wohnort und Beruf in das Aktionärsbuch eingetragen werden. Sie können jedoch (im Gegensatz zu vinkulierten Namensaktien) ebenso wie Inhaberaktien jederzeit und ohne Einwilligung der Gesellschaft übertragen werden. Allerdings muss sich der neue Inhaber wieder mit seinem Namen registrieren lassen, da er nur dann gegenüber der Gesellschaft legitimiert ist und seine Ansprüche (wie Vertretung in der Hauptversammlung, Zahlung von Dividende) geltend machen kann. In der Regel übernimmt dies aber die Bank oder Sparkasse, bei der die Aktien im Depot verwahrt werden.

Dies gilt auch für die Umstellung von Inhaber- auf Namensaktien. Nur Aktionäre, die ihre Wertpapiere selber verwahren, müssen sich – vor allem beim Umtausch von Inhaber- in Namensaktien – um die Einreichung der bisherigen Aktien und die Eintragung kümmern. Aktionäre, die anonym bleiben wollen, können ihre Erfassung im Aktienbuch verhindern, müssen dann aber auch auf eine Stimmabgabe auf der Hauptversammlung verzichten. Das lässt sich allerdings umgehen, wenn eine Depotbank ins Buch eingetragen wird und diese wiederum dem Aktionär eine Vollmacht zur Ausübung des Stimmrechts gibt.

Seit Ende der Neunzigerjahre hat in Deutschland eine wachsende Zahl von Aktiengesellschaften (darunter so große wie Siemens, Telekom, Dresdner Bank, SAP oder die Deutsche Bank) von Inhaber- auf Namensaktien umgestellt. Als

Gründe dafür werden genannt: schnellerer und direkterer Kontakt zu den Aktionären, leichtere Zulassung zum Handel in den USA, wo Namensaktien Standard seien, sowie generell Anpassung an den internationalen Standard. So sollen mehr ausländische Anleger als Kapitalgeber gewonnen werden. Eine Registrierung der Anteilseigner erleichtert es den Gesellschaften auch, einen Überblick über die Struktur ihrer Aktionäre zu bekommen (In- und Ausländer, Männer oder Frauen, Berufsgruppen, Fonds, andere Unternehmen oder private Anleger) und zu erkennen, ob sich ein einzelner Investor oder eine Gruppe darum bemüht, maßgebliche Teile des Kapitals an sich zu bringen.

Das Führen eines Aktienbuches galt lange Zeit als von der Verwaltung her kompliziert, aufwändig und daher auch kostenintensiv. Das hat sich durch den Einsatz der elektronischen Datenverarbeitung in Zusammenhang mit der Girosammelverwahrung der Wertpapiere geändert. Die Verwaltung des Aktienbuches kann die Gesellschaft einem darauf spezialisierten Dienstleistungsunternehmen übertragen, das dann auch Daten über die Aktionärsstruktur aufbereitet.

Achtung: Namensaktien geben nicht nur der jeweiligen Gesellschaft die Möglichkeit, die Anteilseigner persönlich anzusprechen und ihre Aktionärsstruktur besser zu durchleuchten. Auch der Fiskus kann sich durch Einsicht in das Aktionärsbuch Informationen darüber beschaffen, wer welche Aktien besitzt – zum Beispiel wenn Steuerhinterziehung bei Tafelgeschäften vermutet wird.

Nasdaq

Die US-Börse für Technologieaktien. Sie entspricht dem Neuen Markt in Deutschland und den vergleichbaren Märkten in anderen europäischen Ländern und in Japan. Die Zulassungsbedingungen sind ebenso wie an den anderen Märkten für junge, innovative Unternehmen weniger streng als an den älteren Börsen.

Die amerikanische Nasdaq wurde 1971 neben der traditionellen Börse an der Wall Street geschaffen, um einen Markt für die risikoreicheren Unternehmen der New Economy zu schaffen. Es handelt sich dabei um innovative, junge Unternehmen. Sie sind vor allem in den Bereichen Elektronik, Software, Telekommunikation, Medien und Biotechnologie aktiv. Meist sind sie den strengen Kriterien für die Zulassung an der Wall Street (noch) nicht gewachsen.

Die Nasdaq soll auch ihnen den Zugang zum Kapitalmarkt öffnen und risikobereiten Anlegern die Möglichkeit geben, sich an Wachstumsunternehmen mit zum Teil großem Zukunftspotenzial zu beteiligen. Deshalb wurde dafür in New York ein eigenes Börsensegment geschaffen. Die Nasdaq ist auch räumlich von der traditionsreichen Börse an der Wall Street getrennt und residiert am Times Square in der Nähe des Theaterbezirks am Broadway.

Am 8. Februar 1971 wurden die ersten Aktien an der Nasdaq gehandelt – und zwar erstmals ausschließlich per Computer, ohne Einschaltung eines Kursmaklers. In der zweiten Hälfte der Neunzigerjahre hat die Nasdaq, gemessen an der Zahl der gehandelten Aktien, die traditionsreiche New York Stock Exchange (NYSE) an der Wall Street überholt. Mit Technologiewerten wie Microsoft, Cisco, Yahoo oder Intel wurden 1999/2000 an der Nasdaq viele der – gemessen an der Börsenkapitalisierung – wertvollsten Unternehmen der Welt gehandelt.

Die Nasdaq wurde zum Vorbild für zahlreiche andere Technologiebörsen, darunter den Neuen Markt in Frankfurt.

Nebenwerte/Small Caps ▌

Als Nebenwerte werden an der Börse Aktien bezeichnet, die nicht zu den „Blue Chips" gehören und nicht in den international beachteten Indizes wie DAX, CAC, Dow Jones, Stoxx oder Nikkei vertreten sind oder an den Neuen Märkten gehandelt werden. Es geht dabei meist um die Aktien mittelgroßer Unternehmen, die auch in den meisten Aktienfonds nicht enthalten sind und von den privaten Anlegern mangels Kenntnis wenig beachtet werden. Das gilt erst recht für die Small Caps, die an ausländischen Börsen gehandelt werden. Dabei sind es oft sehr ertragreiche Unternehmen.

Nebenwerte, auch als „Small Caps" bezeichnet, fristen an den Börsen oft ein Schattendasein. Großanleger meiden sie wegen ihrer geringen Markt- oder Börsenkapitalisierung. Private Anleger kennen die Gesellschaften oft nicht. Informationen über sie sind nur schwer zu bekommen. Dabei finden sich unter den mittelgroßen Unternehmen oft sehr ertragsstarke Gesellschaften. Oft wendet sich das Interesse der Analysten und Kleinaktionäre ihnen erst dann zu, wenn nach einem längeren Kursanstieg die „Blue Chips" ausgereizt erscheinen und bei den Modeaktien (Neuer Markt, Internet-Werte) die Kurse solche Höhen erreicht haben, dass ein Rückschlag befürchtet wird. Dabei bieten Nebenwerte vor allem für langfristig orientierte Anleger oft interessante Perspektiven. Das Kurs-Dividenden-Verhältnis ist häufig so günstig, dass die Rendite der Aktien sich durchaus mit festverzinslichen Wertpapieren messen kann und die Papiere gleichzeitig Kurschancen bieten. Während bei DAX-Werten das Kurs-Gewinn-Verhältnis bei zwanzig und mehr liegen kann, ist es bei den Small Caps oft nicht höher als zehn oder zwölf.

Auf dem deutschen und erst recht dem europäischen Aktienmarkt sind die interessanten Nebenwerte für private Anleger oft nicht leicht ausfindig zu machen.

Deshalb bieten sich auch hier spezielle Fonds an, die dem Wertpapiersparer die Qual der Wahl abnehmen.

Eine Hilfe für den Anleger ist die 1999 geschaffene Handelsplattform SMAX. Dieses elektronische System ist nicht für die am Neuen Markt gehandelten jungen Unternehmen gedacht, sondern für erfolgreiche, etablierte mittelständische Unternehmen. Unternehmen, die sich für den SMAX-Handel registrieren lassen wollen, müssen die von der deutschen Börsen AG gesetzten Bedingungen erfüllen. Sie bieten damit dem Anleger eine Gewähr für Qualität. Die Entwicklung der Spitzenvertreter unter den im SMAX vertretenen Aktiengesellschaften wiederum zeichnet der SDAX-Index nach, der hundert Werte umfasst und ebenfalls 1999 das Licht der Börsenwelt erblickte.

Spezialisierte Fonds, die sich im europäischen Rahmen, in den USA, Japan oder anderen wirtschaftlich interessanten Regionen im Bereich der kleinen und mittleren Unternehmen engagieren, bieten oft interessante Anlagemöglichkeiten mit mittel- und langfristig guten Ertragsaussichten.

Nemax

Der Index für die 50 Spitzenwerte des Neuen Marktes. Enthalten sind die nach Marktkapitalisierung und Umsatz größten Werte unter den in diesem Spezialsegment notierten Aktien. Der Nemax wird ebenso wie die übrigen deutschen Indizes von Zeit zu Zeit der Entwicklung im jeweiligen Börsenbereich angepasst.

Der Nemax spiegelt etwa 85 Prozent der Marktkapitalisierung in seinem Segment wider. Die in ihm vertretenen Aktien bestreiten rund 80 Prozent des Handelsumsatzes am Neuen Markt. Alle sechs Monate wird seine Zusammensetzung überprüft, damit er auch tatsächlich die jeweiligen Spitzenwerte enthält.

Der neue Index startete Anfang Juli 1999 mit dem Wert von 1.000 Punkten. Neben dem Nemax gibt es weiterhin den alten Index, der alle Werte am Neuen Markt erfasst und in den auch jede Neuemission aufgenommen wird. Sein Name änderte sich aber von „Neuer-Markt-Index" in Nemax-All-Shares.

Anleger können sich über Indexzertifikate sowohl am marktbreiten Nemax-All-Shares als auch am Blue-Chips-Index Nemax 50 beteiligen.

Nennwert

Der Nennwert ist der auf einer Aktie oder Anleihe aufgedruckte Euro-Wert des Papiers. Bei einer Aktie gibt der Nennwert an, wie hoch der absolute, in Euro ausgedrückte Anteil ist, den die Aktie am Grundkapital der betreffenden Gesellschaft repräsentiert. Bei einer Schuldverschreibung gibt der Nennwert an, wie hoch der Betrag ist, den der Schuldner bei Fälligkeit zurückzahlt. An der Börse weicht der Nennwert eines Wertpapiers fast immer deutlich vom Kurswert des betreffenden Papiers ab.

Der Nennwert ist der auf ein Wertpapier aufgedruckte Wert. Bei den verschiedenen Arten von Wertpapieren hat er jedoch eine unterschiedliche Bedeutung. Bei Aktien gibt er den Anteil am Grundkapital in absoluter beziehungsweise nominaler Größe an. Rechnerisch ergibt sich daher der Nennwert einer Aktie auch mittels Division des Grundkapitals der Aktiengesellschaft durch die Anzahl der ausgegebenen Aktien. Der Mindestnennwert deutscher Aktien belief sich bis 1994 auf 50 DM. Daneben war ein Nennwert in Höhe von 100 DM oder einem Vielfachen davon möglich. Mit Verabschiedung des Finanzmarktförderungsgesetzes von 1994 wurde der Mindestnennbetrag zunächst von 50 DM auf fünf DM herabgesetzt. Mit der Einführung des Euro wurde er auf einen Euro reduziert. Die Unternehmen haben aber auch die Möglichkeit, auf nennwertlose Aktien umzustellen. Der tatsächliche Wert einer Aktie ergibt sich jedoch nicht aus ihrem Nennbetrag, sondern aus ihrem jeweiligen Kurs (Börsenpreis). Nur zu diesem Preis kann sie zum jeweiligen Zeitpunkt an der Börse gekauft oder verkauft werden. Bei der Berechnung des Dividendenanspruchs hingegen zählt nicht der Kurswert, sondern der Nennwert. Bei einer Aktie mit dem Nennwert von fünf € bedeutet eine zehnprozentige Dividende, dass der Aktionär pro Aktie 50 Cent erhält. Zur gleichen Zeit kann der Kurswert beispielsweise 17,55 € betragen.

Der Marktwert (Börsenkurs eines Wertpapiers) kann und wird in der Regel vom Nennwert abweichen. Daher gilt, dass der Nennwert einer Aktie den Anteil darstellt, den ihr Inhaber am Grundkapital der einzelnen Gesellschaft besitzt. Der Kurs der Aktie dagegen gibt an, welchen Anteil der Inhaber am gegenwärtigen Gesamtwert des Unternehmens (seiner Markt- oder Börsenkapitalisierung) besitzt. Im jeweiligen Börsenkurs spiegeln sich die Gewinnaussichten des Unternehmens, seine stillen Reserven oder andere Größen wider, die die Erwartungen der Anleger über die künftige Entwicklung bestimmen.

Bei Schuldverschreibungen (Anleihe oder Obligationen) gibt der Nennwert an, wie hoch der Teilbetrag ist, den das einzelne Papier am Gesamtvolumen der Anleihe repräsentiert. Dieser Teilbetrag wird dem Inhaber verzinst und am Ende der Laufzeit zurückgezahlt. In Deutschland liegt der Mindestnennbetrag einer Schuldverschreibung im Allgemeinen bei 100 DM oder 50 Euro. Theoretisch sind aber auch niedrigere Nennbeträge möglich.

Der Kurs einer Anleihe weicht ebenfalls meist von ihrem Nennwert ab. Ausschlaggebend für diese Differenz sind vor allem die Höhe des allgemeinen Marktzinses im Vergleich zur Verzinsung der Anleihe sowie die Erwartungen der Anleger über die künftige Zinsentwicklung. Bei Anleihen wird der aktuelle Wert immer in Prozent vom Nennwert (beziehungsweise Rückzahlungsbetrag bei Fälligkeit) angegeben.

Das Finanzmarktförderungsgesetz von 1994 machte es möglich, Aktien mit einem Nennwert von fünf DM (heute ein Euro) zu emittieren oder den Nennwert bereits emittierter Aktien durch Splitting herunterzusetzen. Durch die Einführung von Aktien mit geringerem Nennwert sollen auch Anleger für das Aktiensparen gewonnen werden, die von den hohen Kursen der alten Papiere abgeschreckt wurden, denn durch Splitting wird eine Aktie nicht nur optisch billiger, sondern auch leichter handelbar. Denn die Umstellung von 50- oder 100-Mark-Aktien auf Fünf-Mark oder Ein-Euro-Aktien reduziert den Kurswert der einzelnen Aktie, sie wird „leichter". Durch die Herabsetzung des Nennwerts lassen sich die jeweiligen Aktien auch besser handeln, da die Anzahl der umlaufenden Aktien bei Herabsetzung des Nennwerts entsprechend zunimmt. Dadurch können sich mehr Anleger die Aktien teilen.

Nennwertlose Aktien/Quotenaktien

Nennwertlose Aktien waren eine in Deutschland bis Ende der Neunzigerjahre nicht zulässige Form der Aktie. Im Gegensatz zur Nennwertaktie bezieht sich der Wert der nennwertlosen Aktie nicht auf eine feste Summe, sondern auf einen bestimmten Anteil am Gesellschaftsvermögen des Unternehmens (eine Quote). Eine Form der nennwertlosen Aktie ist die Quotenaktie, die auch als „unechte nennwertlose Aktie" bezeichnet wird. Der Aktionär ist hierbei mit einem bestimmten Prozentsatz am Vermögen des Unternehmens beteiligt. Nennwertlose Aktien findet man vor allem in den USA und in Kanada. Mit Blick auf die Europäische Währungsunion wurden sie seit 1998 auch in Deutschland von vielen Gesellschaften eingeführt.

Neben der in Europa gebräuchlichen Form der Nennwertaktie gibt es in den USA und in Kanada seit langem so genannte nennwertlose Aktien. Dabei handelt es sich um Aktien, die nicht auf einen festen Geldbetrag lauten, sondern auf einen bestimmten prozentualen Anteil am Gesamtvermögen des Unternehmens. Aus diesem Grund werden nennwertlose Aktien teilweise auch als Quotenaktien bezeichnet.

Streng genommen muss man bei nennwertlosen Aktien aber zwischen „echten nennwertlosen Aktien" und „unechten nennwertlosen Aktien" (Quotenaktien) unterscheiden. Der Unterschied zwischen diesen beiden Formen der „nennwertlosen Aktie" besteht vor allem in der Berechnung des Anteils am Grundkapital, den das einzelne Papier verbrieft.

Echte nennwertlose Aktien tragen nur die Bezeichnung „Stück" auf der Urkunde. Es wird also weder ein betragsmäßiger noch ein prozentualer Anteil am Grundkapital des Unternehmens auf der Aktie angegeben. Die Höhe des Grundkapitals ist variabel und hängt davon ab, wie viel Kapital die Aktionäre eingezahlt haben. In diesem Fall kann also kein festes Grundkapital in das Handelsregister eingetragen werden, wie es in Deutschland üblich ist. Der Anteil am tatsächlichen Grundkapital, den die einzelne Aktie verbrieft, ergibt sich somit durch Division des am betrachteten Tag vorhandenen Grundkapitals durch die Anzahl der ausgegebenen Aktien.

Unechte nennwertlose Aktien tragen ebenfalls die Angabe „Stück" auf der Urkunde, zusätzlich wird aber ein fester Quotient angegeben, der den prozentualen Anteil am Grundkapital bezeichnet. Solche Wertpapiere werden deshalb auch Quotenpapiere genannt. Bei dieser Form der nennwertlosen Aktie ist das Grundkapital seiner Höhe nach bestimmt. Der Anteil, den die Aktie am Grundkapital des Unternehmens verbrieft, ergibt sich durch Multiplikation des angegebenen Quotienten mit dem Grundkapital der Aktiengesellschaft.

In der Bundesrepublik Deutschland war die Ausgabe von nennwertlosen Aktien im Gegensatz zu anderen Ländern bis Ende der Neunzigerjahre verboten. Jede Aktie musste auf einen bestimmten Nennwert lauten. Kurz vor Beginn der Europäischen Währungsunion (EWU) wurde sie dann auch in Deutschland zugelassen. Dadurch wurde die Umwandlung der auf die jeweilige Landeswährung lautenden Nennwertaktien auf das neue, auf Euro lautende Grundkapital der Aktiengesellschaften erleichtert. Denn wenn der alte Nennwert bei der wertgleichen Umstellung in Euro ausgedrückt wird, ergeben sich „krumme" Nennwerte: Aus einer 50-DM-Aktie wird eine über 25,5646 €. Das war nach deutschem Aktienrecht bisher nicht zulässig. Die Mehrzahl der großen deutschen Aktiengesellschaften hat daher bereits vor oder kurz nach Beginn der Währungsunion auf nennwertlose Aktien umgestellt. Für den Aktionär ändert sich dadurch bei Kurs und Dividende nichts. Auch alle anderen Rechte bleiben unberührt.

Neuer Markt

Der „Neue Markt" ist ein Segment der Börse Frankfurt, der vor allem dem Handel mit Aktien junger Technologieunternehmen aus den Bereichen Umwelttechnik, Biotechnologie, Telekommunikation und Multimedia dient. An dem von der Deutschen Börse AG betriebenen Marktsegment sollen risikofreudige Investoren und kapitalbedürftige junge Unternehmen zusammengeführt werden. Die interessierten Unternehmen müssen auf Grund des überdurchschnittlichen Risikos für die Investoren hinsichtlich ihrer Informationspolitik besonders hohe Erwartungen erfüllen. Im Übrigen gelten aber erleichterte Zugangsbedingungen.

Der so genannte Neue Markt ist ein – inzwischen nicht mehr ganz so neues – Börsensegment, das vor allem dem Handel von Aktien kleiner und mittelgroßer Unternehmen dienen soll. Der Neue Markt stellt neben dem amtlichen Handel, dem geregelten Markt und dem Freiverkehr das vierte Marktsegment zum Handel von Aktien an der Frankfurter Börse dar. Ziel der Deutschen Börse AG ist es, risikofreudige Investoren mit kapitalbedürftigen jungen Unternehmen zusammenzubringen, die auf wachstums- und zukunftsträchtigen Märkten tätig sind. Zuvor war es kleinen Unternehmen kaum möglich, in Deutschland Kapital über die Börse aufzunehmen. Entweder waren die für den amtlichen Handel, den geregelten Markt oder den Freiverkehr geltenden Kriterien nicht erfüllbar, oder die mit der Emission verbundenen Kosten waren für solche Gesellschaften zu hoch. Aus diesem Grund waren viele innovative Technologieunternehmen gezwungen, in die USA auszuweichen. Dort war eine Börseneinführung sowohl kostengünstiger als auch einfacher. Der Neue Markt sollte diese Lücke auf dem deutschen Kapitalmarkt schließen. Mitte 2000 waren dort bereits 390 Unternehmen gelistet.

Die Unternehmen, die eine Notierung am Neuen Markt anstreben, müssen allerdings auch bestimmten Anforderungen entsprechen. Hierzu gehören:
- ein Mindestemissionsvolumen von fünf Millionen Euro,
- ein Streubesitz von mindestens 15 Prozent,
- Jahresabschlüsse nach den Regeln des amerikanischen GAAP oder den internationalen Bilanzierungsregeln IAS (International Accounting Standards),
- die Geschäftsbeziehungen des Unternehmens sollen international ausgerichtet sein,
- die Geschäftsführung soll eine möglichst umfassende Politik der Investor Relations betreiben,
- es müssen ausschließlich Stammaktien emittiert werden,
- der Börsenzulassungsprospekt muss nach den internationalen Standards verfasst werden,

- die Emission sollte zu mindestens 50 Prozent über eine Kapitalerhöhung erfolgen.

Vor allem auf die Transparenz des Neuen Marktes wird bei der Auswahl geeigneter Unternehmen besonderer Wert gelegt. Aus diesem Grund werden die betreffenden Unternehmen dazu verpflichtet, eine aktive Informationspolitik (Investor Relations) zu betreiben. Dazu gehören beispielsweise regelmäßige Analysten- und Investorenveranstaltungen, in denen ausführlich über die Entwicklung des Unternehmens berichtet wird. Daneben wird von den Unternehmen verlangt, dass sie ihre Jahresabschlüsse nach den Regeln der (in Deutschland bisher noch nicht weit verbreiteten) US-GAAP oder den internationalen IAS sowohl in deutscher als auch in englischer Sprache veröffentlichen. Die Veröffentlichung hat – wie auch in den USA üblich – jährlich und zum Quartal zu erfolgen.

Nicht immer ein Erfolg: Das große Interesse der Anleger am Neuen Markt, die oft spektakuläre Kursentwicklung nach einem IPO und die Aussicht auf eine günstige Eigenkapitalbeschaffung haben die Zahl der Unternehmen stark steigen lassen, die ihre Aktien an die Börse bringen wollen. Die hohe Zahl der Neuzulassungen hat allerdings 1999/2000 dazu geführt, dass die Börsenreife der Kandidaten nicht immer sorgfältig genug geprüft wurde. Deshalb kam es immer öfter vor, dass Aktien schon bald deutlich unter ihren Einführungskurs absackten. Altaktionäre trennten sich zu überhöhten Kursen und gelegentlich entgegen den Regeln von ihren Anteilen. Allzu optimistische Geschäftserwartungen führten bei einigen Unternehmen dazu, dass das bei den Aktionären eingesammelte Kapital regelrecht verbrannt wurde. Erste Pleiten waren die Folge. Anleger sollten deshalb nicht blind jede neue Aktie zeichnen und nur einen Teil ihres Kapitals am Neuen Markt investieren. Spektakulären Kursgewinnen stehen auch viele Enttäuschungen gegenüber.

Neben der hohen Markttransparenz strebt die Deutsche Börse AG für den Neuen Markt eine möglichst hohe Liquidität der gehandelten Titel an. Es soll also jederzeit möglich sein, die betreffenden Aktien zu einem marktgerechten Preis zu kaufen oder zu verkaufen. Hierzu erhält jedes gelistete Unternehmen einen Betreuer, der auf Anfrage Preise für Kauf oder Verkauf des Titels stellt. Der Betreuer tritt also zu jeder Zeit als Käufer oder Verkäufer der betreffenden Aktie auf und sichert damit die notwendige Liquidität. Daneben unterrichtet er die von ihm betreute Gesellschaft ständig über den Handel mit ihren Aktien, hilft dem Unternehmen bei der Pflege der Investor Relations und begleitet zukünftige Kapitalerhöhungen.

Der Neue Markt soll (ebenso wie der Nieuwe Markt in Amsterdam, die Easdaq in Brüssel und die anderen Neuen Märkte in der EU) dem wachsenden Bedarf an Risikokapital in Europa gerecht werden. Zukunftstechnologie wird oftmals nicht von den großen Unternehmen entwickelt, die ausreichend mit Eigenkapital ausgestattet sind und einen guten Zugang zum internationalen Kapitalmarkt haben. Es sind vielmehr kleine innovative Unternehmen mit motivierten und kreativen Mitarbeitern. Die große Zahl von Neuemissionen, die seit seiner Gründung über den Neuen Markt erfolgte und weiter stattfindet, hat selbst Optimisten überrascht. Die Anleger am Neuen Markt wurden für ihre Risikobereitschaft durch oft spektakuläre Kurssteigerungen belohnt.

Diese Unternehmen sind meist nur mit sehr wenig Kapital ausgestattet, benötigen aber sowohl für Forschung und Entwicklung als auch für die Markteinführung ihrer Produkte erhebliche Mittel. Unternehmen, die zwar schon mit Erfolg am internationalen Markt vertreten sind, aber zusätzliche finanzielle Mittel benötigen, um zu expandieren und ihre Produkte weiterzuentwickeln, soll der Neue Markt einen Zugang zum Kapitalmarkt verschaffen. Für Investoren bietet der Neue Markt hochrentable Anlagemöglichkeiten. Hier werden vor allem Anleger angesprochen, die bereit sind, erhöhte Risiken zu tragen, wenn sich dafür die Chance auf überdurchschnittliche Kursgewinne bietet.

Auch die Entwicklung am Neuen Markt lässt sich über die entsprechenden Indizes verfolgen. Dazu gehört der Nemax-All-Shares, der die ganze Breite des Marktes spiegelt, und der Nemax 50, der die Entwicklung der „Blue Chips" in diesem Marktsegment wiedergibt.

Über Fonds das Risiko überschaubar halten

Für den Kleinanleger ist der Neue Markt auf Grund der damit verbundenen überdurchschnittlich hohen Risiken nur bedingt geeignet. Es gibt aber die Möglichkeit, sich an Fonds zu beteiligen, die in den Neuen Markt investieren und neben professionellem Management auch eine Risikostreuung bieten. Nicht-Profis können auch durch den Kauf von Indexfonds an den Erfolgen am Neuen Markt partizipieren. Alle diese Fonds spiegeln neben den Chancen aber auch die Risiken am Neuen Markt.

New Economy/Old Economy |

Durch neue Techniken wurde um die Jahrtausendwende in den USA und Europa eine Gründungswelle ausgelöst. Zahlreiche junge Unternehmen drängten auf die Märkte und an die Börse. Das hat dazu geführt, dass von Anlegern zeitweise scharf zwischen New und Old Economy unterschieden wurde. Eine klare Definition für diese Begriffe gibt es nicht. Gemeint sind aber in der Regel mit der New Economy junge, technologieorientierte Unternehmen. Zur Old Economy zählen traditionelle Branchen wie Stahl, Chemie oder Auto. Ob die Unterscheidung sinnvoll ist, ist umstritten.

Der rasche technische Fortschritt im Bereich der Informationstechniken (IT) und der Software, die schnelle Ausbreitung der Internet-Nutzung und der darauf ausgerichteten Dienstleistungen löste ab der Mitte der Neunzigerjahre in den USA und Europa eine Gründungswelle aus. Auch in der Gen- und Biotechnologie, der optischen Industrie und der Medienbranche kam es in allen Industrieländern zu einer Welle von Neugründungen. Um diese jungen Wachstumsunternehmen mit dem erforderlichen Kapital zu versorgen, ohne sie sofort den gleichen strengen Regeln und teuren Auflagen zu unterwerfen wie die Aktiengesellschaften, die an den traditionellen Wertpapiermärkten zugelassen sind, wurde ein neues Börsensegment geschaffen: die Neuen Märkte. Unternehmen, die dort nach einem IPO registriert sind, werden meist pauschal der New Economy zugerechnet.

Die Neuen Märkte in Europa und Japan und deren Vorbild, die US-Wachstumsbörse Nasdaq, sollen die Gründer und die risikobereiten Investoren zusammenführen. Da sich das Interesse der Anleger vor allem 1999/2000 stark auf die Unternehmen der New Economy konzentrierte, kam es zu oft spektakulären Kurssteigerungen. Da viele der jungen Unternehmen noch keine Gewinne auswiesen, wurden von manchen Analysten und auch von Wirtschaftswissenschaftlern herkömmliche Instrumente der Aktienbewertung, wie etwa das Kurs-Gewinn-Verhältnis (KGV), in diesem Sektor für überholt erklärt. Stattdessen wurden Kennzahlen wie das Kurs-Umsatz-Verhältnis herangezogen, um einen Vergleichsmaßstab für die Bewertung der Unternehmen an den Neuen Märkten zu schaffen.

Zeitweise wurden die Unternehmen der Old Economy, der Branchen wie Chemie, Maschinenbau, Automobilindustrie, Elektrotechnik, Nahrungsmittel, Stahl oder Luftfahrt zugerechnet werden, kaum noch beachtet. Selbst die Blue Chips am Ersten Markt gerieten 1999/2000 in den Schatten der New Economy und wurden in der Börsenkapitalisierung zum Teil von Unternehmen überholt, die noch nie einen Gewinn ausgewiesen hatten. Die schweren Kurseinbrüche im Laufe des Jahres 2000 an den Neuen Märkten führten dazu, dass die Werthaltigkeit einer Aktie wieder stärker in das Blickfeld von Anlegern und Analysten geriet.

Viele sehen die Synthese von New und Old Economy als erstrebenswertes Ziel: Solide finanzierte und gut am Markt positionierte Unternehmen der Old Economy, die die technischen Möglichkeiten und Managementmethoden der New Economy erfolgreich integrieren. Da der Unterschied zwischen New und Old Economy fließend ist, weil sich Unternehmen aus beiden Bereichen zunehmend zusammenschließen und weil die Unternehmen aus dem Technologiesektor den gleichen konjunkturellen Schwankungen und „Alterungsprozessen" unterliegen wie alle anderen Unternehmen auch, wird von vielen Ökonomen der Sinn dieser Unterscheidung generell in Frage gestellt.

Nieuwe Markt

Der Nieuwe Markt ist eine speziell für junge, innovative Unternehmen eingerichtete Börse in Amsterdam. Sie entspricht ähnlichen Einrichtungen in Brüssel, Frankfurt und Paris. Diese für Europa neuartigen Börsen sollen interessanten, aber mit hohem Risiko behafteten Unternehmen den Zugang zum Kapitalmarkt öffnen.

Der Nieuwe Markt oder kurz NMAX gehört zu einer neuen Börsenform für junge, innovative Unternehmen, die zur Expansion und zur Entwicklung beziehungsweise Weiterentwicklung ihrer Produkte zusätzliches Eigenkapital benötigen. Für solche Unternehmen bietet der Nieuwe Markt Aufnahmekriterien, die weitaus leichter zu erfüllen sind als das, was normalerweise an der Amsterdamer Börse gefordert wird. Hierzu zählt beispielsweise ein Eigenkapital in Höhe von mindestens zwei Millionen Gulden (normalerweise zehn Millionen Gulden). Daneben wird, wie auch am Frankfurter Neuen Markt, viel Wert auf eine investorenfreundliche Informationspolitik, so genannte Investor Relations, gelegt. Die besonderen Erwartungen hinsichtlich der Informationspolitik erklären sich aus dem, im Vergleich zu etablierten Unternehmen, relativ hohen Risiko, das mit einer Investition in solche jungen Unternehmen verbunden ist.

Der Amsterdamer Nieuwe Markt strebt eine Kooperation mit vergleichbaren europäischen Börsen wie dem Nouveau Marché in Paris und dem Neuen Markt in Frankfurt an, um so einen unproduktiven Wettbewerb um dieselben Unternehmen und Investoren zu vermeiden. In Zukunft soll es den Investoren möglich sein, von jeder der genannten Börsen direkt an den jeweils anderen Börsen zu handeln. Der Nieuwe Markt startete im März 1997.

Nominalzins |

Als Nominalzins wird der Zins bezeichnet, der auf den Nennwert einer Anleihe oder eines Kredits, auf ein Guthaben auf dem Girokonto, ein Sparbuch oder eine Hypothek gezahlt wird. Er muss vom Effektivzins und vom Realzins unterschieden werden, wenn die tatsächliche Rendite oder Belastung (bei Krediten) festgestellt werden soll.

Der Nominalzins gibt nur einen ersten Anhaltspunkt dafür, wie hoch der Ertrag einer Anleihe oder einer anderen Geldanlage mit fester Verzinsung tatsächlich ist. Umgekehrt gilt dies auch für die Kosten eines Kredits. Deshalb muss bei Hypotheken-, Verbraucher- oder anderen Bankkrediten usw. neben dem Nominalzins immer auch der Effektivzins genannt werden. Nur beim Vergleich der Effektivzinsen mehrerer Angebote kann der Geldgeber oder Kreditnehmer erkennen, wie hoch die Unterschiede beim Zinsertrag oder der Belastung tatsächlich sind. Denn bei der Ermittlung des Effektivzinses kommt es darauf an, ob ein Agio oder Disagio berechnet wird, wie hoch die Tilgungsraten sind oder über einen wie langen Zeitraum sie sich erstrecken. Auch eventuelle Gebühren müssen in die Berechnung einbezogen werden, wenn ein genauer Vergleich von Belastung oder Rendite angestellt wird. Beim Kauf einer Anleihe an der Börse ist für die tatsächliche Verzinsung entscheidend, zu welchem Kurs sie erworben wurde.

Ein weiterer wichtiger Gesichtspunkt ist die Realverzinsung. Denn sowohl bei der Betrachtung des Nominal- als auch des Effektivzinses darf die jeweilige Geldentwertungsrate (Kaufkraftschwund, Inflation) nicht vergessen werden. Wenn beispielsweise ein Zinssatz von fünf Prozent vereinbart wird, die Preissteigerungsrate aber ebenfalls fünf Prozent beträgt, gleicht die Verzinsung gerade mal den Kaufkraftschwund des eingesetzten Kapitals aus. Real bleibt für den Kreditgeber kein Ertrag (oder Lohn für den zeitweiligen Konsumverzicht) übrig. Wenn während der Laufzeit des Kredits oder der Anleihe die Inflation zunimmt, ist das Kapital bei einer späteren Fälligkeit selbst unter Einbeziehung der vereinnahmten Zinsen weniger wert als bei Hergabe des Kredits. Wie dies bewertet wird, hängt allerdings von der jeweiligen Interessenlage ab: Während eine über dem vereinbarten Zinssatz liegende Inflationsrate aus der Sicht des Kreditgebers zu einem Verlust führt, wird der Gläubiger dies als einen Vorteil betrachten, da er seinen Kredit am Ende der Laufzeit mit weniger wertvollem Geld zurückzahlt.

Da Zinseinnahmen grundsätzlich steuerpflichtig sind, muss ein Kreditgeber (oder der Erwerber einer Anleihe) bei der Berechnung seiner tatsächlichen Rendite gegebenenfalls auch eine Betrachtung seines Zinsertrags nach Steuern anstellen. Dies gilt in Deutschland immer dann, wenn die Zinseinnahmen (plus eventueller Dividenden aus Aktienanlagen) den Sparerfreibetrag übersteigen. Wie hoch die Abzüge sind, hängt vom persönlichen Steuersatz ab: Je höher das zu versteuernde Einkommen ist, umso höher sind prozentual auch die steuerlichen Abzüge.

Das heißt: Um sich ein realistisches Bild vom Zinsertrag einer bestimmten Form der Geldanlage zu machen, muss neben dem Nominalzins zunächst der Effektivzins berechnet werden. Der Effektivzins muss dann entsprechend dem individuellen Steuersatz gekürzt werden. Anschließend kann der so ermittelte reale Zinssatz mit der Inflationsrate verglichen werden. Nur wenn die Rate der Geldentwertung während der Laufzeit der Anleihe geringer ist als der Zinssatz, findet kein Vermögensverlust statt.

Rendite nach Steuern: Bei Beziehern höherer Einkommen kann der Steuersatz im Jahr 2001 auf 48,5 Prozent (plus Solidaritätszuschlag, plus Kirchensteuer) steigen. 1999 waren es sogar 53 und im Jahr 2000 noch 51 Prozent. Aus einem Nominalzins von sechs Prozent und einem Effektivzins von fünf Prozent wird dann nach Steuern ein Ertrag von rund zwei Prozent. Bei einer Inflationsrate von beispielsweise 1,8 Prozent bleibt schließlich noch eine Realverzinsung für den Anleger von 0,2 Prozent. Wenn dagegen der individuelle Steuersatz nur bei 25 Prozent liegt, ergibt sich nach Steuern eine Verzinsung von 3,75 Prozent. Unter Berücksichtigung der Geldentwertung errechnet sich aus dem Nominalzins von sechs Prozent schließlich für diesen Anleger ein realer Ertrag von 1,95 Prozent.

Bei Anleihen ist die Unterscheidung zwischen Nominalzins und Realzins vor allem dann wichtig, wenn sie nicht „zu pari", sondern mit einem Agio oder Disagio ausgegeben werden. Ähnliches gilt, wenn sie später an der Börse erworben werden. Dann stimmen Nominal- und Realzins so gut wie nie überein.

Beispiele: Wenn eine mit einem Nominalzins von sechs Prozent ausgestattete Anleihe über 100 Euro (oder Pfund, Dollar usw.) zu einem Kurs von 98 ausgegeben wird, dann errechnet sich für den Ersterwerber eine effektive Rendite von 6,122 Prozent. Wenn der Kurs an der Börse auf 89 Prozent sinkt, erzielt ein Anleger, der sie zu diesem Zeitpunkt erwirbt, eine effektive Rendite von 6,74 Prozent. Tatsächlich kann die Rendite sogar noch höher sein, wenn dieser Anleger die Anleihe bis zur Fälligkeit behält, da er dann auch noch einen Kursgewinn von elf Euro macht.

Umgekehrt ist es, wenn der Kurs der Anleihe steigt. Wenn ein Sparer sie dann beispielsweise für 105 Euro, Yen oder Dollar erwirbt, bedeutet der ihm zufließende nominale Zinsertrag von sechs Euro (Yen, Dollar) real nur noch eine Verzinsung von 5,71 Prozent. Auch der bei Fälligkeit der Anleihe zu verbuchende Rückzahlungsverlust von fünf Euro muss kalkuliert werden, wenn neben dem nominalen der tatsächliche Zinsertrag berechnet werden soll.

Null-Kupon-Anleihe/Zero-Bonds

Ein Wertpapier, bei dem während der gesamten Laufzeit keine Zinsen ausgezahlt werden. Der Ertrag dieser Form der Geldanlage ergibt sich aus dem Unterschied zwischen dem Ausgabepreis und dem Betrag, der später zurückgezahlt wird.

Der Ausgabekurs von Zero-Bonds liegt immer unter dem vereinbarten Rückzahlungskurs. Aus der Differenz zwischen diesen beiden Werten ergibt sich für den Anleger die Verzinsung seiner Geldanlage. Je nach Lage am Kapitalmarkt kann der Kurs von Null-Kupon-Anleihen an der Börse stark schwanken. Für den Erwerber gilt aber immer die gleiche Regel: Der von ihm zu erzielende Zins oder die Rendite errechnen sich aus dem Unterschied zwischen dem Kauf- und dem Verkaufskurs unter Berücksichtigung der Zeit, in der die Anleihe im Besitz des Anlegers war.

Bei Zero-Bonds gibt es eine aufgezinste und eine abgezinste Variante. Wie groß der Anleiheschuldner den Unterschied zwischen Ausgabepreis und Rückzahlungsbetrag machen muss, um Käufer für die Anleihe zu finden, hängt vor allem von der Lage am Kapitalmarkt zur Zeit der Emission und der erwarteten Zinsentwicklung ab. Während der Laufzeit der Null-Kupon-Anleihe richtet sich ihr Kurs wie bei jeder anderen Anleihe vor allem nach dem jeweils aktuellen Zinsniveau. Weitere Faktoren sind die bereits aufgelaufenen Zinsen und die Restlaufzeit. Je näher der Zeitpunkt der Rückzahlung kommt, umso deutlicher nähert sich der Kurs dem Rückzahlungsbetrag.

Zero-Bonds werden wie andere Rentenpapiere an der Börse gehandelt und können täglich gekauft oder verkauft werden. Allerdings schwankt ihr Kurs stärker als bei anderen Anleihen. Denn weil die „in dem Papier steckenden" Zinsen und Zinseszinsen im aktuellen Kurs berücksichtigt werden, ergibt sich eine gewisse Hebelwirkung: Sinken die allgemeinen Zinsen, dann steigt der Kurs der Zero-Bonds stärker als bei normalen Anleihen mit regelmäßiger Zinszahlung. Bei steigenden Zinsen fällt ihr Kurs entsprechend deutlicher. Das können spekulative Anleger nutzen.

Das Finanzamt interessiert sich bei Zero-Bonds nicht für den tatsächlichen Ertrag, der sich aus der Nutzung von Kursschwankungen ergibt, sondern legt für alle Zero-Bonds einen rechnerischen Ertrag fest. Das kann je nach tatsächlicher Kursentwicklung für den Steuerzahler Vor- oder Nachteile haben. Bei vorzeitigem Verkauf von Bonds wird nur der Teil des bis dahin aufgelaufenen Zinsertrags versteuert, der rechnerisch auf die Zeit des Besitzes entfällt. Kursgewinne oder -verluste bleiben unberücksichtigt.

Obligation

Ursprüngliche Bezeichnung für ein Schuldverhältnis zwischen zwei oder mehreren Personen. Dabei muss es jeweils zumindest einen Gläubiger und einen Schuldner geben. Heute wird der Begriff Obligation fast ausschließlich als Ausdruck für festverzinsliche Wertpapiere genutzt. Obligationen verbriefen dem Inhaber das Recht auf Zahlung einer bestimmten Summe Geld am Ende der vereinbarten Laufzeit sowie eine jährliche fixe Zinszahlung. Obligationen werden vom Staat, von Banken und großen Industrieunternehmen emittiert. Der Kurs einer Obligation wird in der Regel in Prozent angegeben.

Der Begriff Obligation ist ein gebräuchlicher Oberbegriff für ein Wertpapier, das dem Inhaber das Recht auf (Rück-)Zahlung einer festen Summe (Nominalbetrag) am Ende einer festgelegten Laufzeit sowie eine jährlich feste Verzinsung des Nominalbetrags verbrieft. Diese Wertpapiere werden auch als Anleihe bezeichnet.

Obligationen werden vom Staat (Kommunalobligationen, Staats- oder Länderanleihen), von Banken (Pfandbriefe, Bankanleihen) sowie Industrie- und Handelsunternehmen (Industrieobligationen) emittiert. Sie werden in der Regel nach Emission an der Börse gehandelt und können somit ständig ge- und verkauft werden. Die Emission von Obligationen erfolgt fast ausnahmslos über eine oder mehrere Banken, die als Vermittler zwischen dem Schuldner und den Gläubigern fungieren.

Der Gesamtbetrag der jeweiligen Emission wird dabei in Teilbeträge gestückelt (zum Beispiel 10.000, 5.000, 1.000 und 500 Euro), so dass sowohl institutionelle Anleger, wie Investmentfonds oder Versicherungen, als auch Kleinanleger den für sie jeweils optimalen Betrag anlegen können. Somit steht wenigstens theoretisch jedem Anleger der Zugang zu Obligationen als Anlagevariante offen. In der Praxis ist jedoch auf die jeweiligen An- und Verkaufsgebühren der Depotbanken zu achten, die eine Anlage unter einer bestimmten kritischen Grenze unrentabel machen.

Die Verzinsung von Obligationen wird in der Regel zum Emissionszeitpunkt festgelegt und bis zum Laufzeitende nicht mehr variiert. Eine Ausnahme stellen Floating-rate-notes dar, bei denen die Verzinsung innerhalb bestimmter Grenzen an die jeweilige Kapitalmarktverzinsung angepasst wird. Die Anpassung der Effektivverzinsung findet bei Obligationen über den Börsenkurs des Papiers statt: Mit steigender Kapitalmarktverzinsung sinkt der Kurs der Obligation, weil Anleger nur noch zu einem niedrigeren Kaufpreis bereit sind, die Anleihe zu erwerben. Umgekehrt wirkt sich eine fallende Kapitalmarktverzinsung kurserhöhend aus. Der Kurs einer Obligation wird dabei immer in Prozent angegeben.

Die Rückzahlung von Obligationen kann wahlweise in einer Summe am Laufzeitende oder in bestimmten Teilbeträgen bis zum Laufzeitende erfolgen.

Dabei wird bei der zweiten Variante schon bei der Ausgabe festgelegt, ab wann und in welchen Teilbeträgen die Rückzahlung erfolgt. Zudem hält sich der Emittent oft die Möglichkeit offen, die Anleihe frühzeitig zurückzuzahlen. Eine solche frühzeitige Rückzahlung kann beispielsweise dann sinnvoll sein, wenn der Kapitalmarktzins seit dem Emissionszeitpunkt deutlich gesunken ist, so dass eine Umfinanzierung für den Schuldner zu einer deutlich geringeren Zinsbelastung führt. Auf jeden Fall muss der Anleger über eine solche Option auf frühzeitige Rückzahlung in den Emissionsbedingungen informiert werden. In den meisten Fällen ist dem Schuldner die frühzeitige Rückzahlung erst nach einem bestimmten Zeitraum erlaubt.

Obligationen werden in der Regel in Form von Inhaberpapieren ausgestaltet, im Gegensatz zu Namensaktien wird der Name des Besitzers also nicht mit der Obligation beziehungsweise Anleihe in Verbindung gebracht.

Old Economy/New Economy ▌

Durch neue Techniken wurde um die Jahrtausendwende in den USA und Europa eine Gründungswelle ausgelöst. Zahlreiche junge Unternehmen drängten auf die Märkte und an die Börse. Das hat dazu geführt, dass von Anlegern zeitweise scharf zwischen New und Old Economy unterschieden wurde. Eine klare Definition für diese Begriffe gibt es nicht. Gemeint sind aber in der Regel mit der New Economy junge, technologieorientierte Unternehmen. Zur Old Economy zählen traditionelle Branchen wie Stahl, Chemie oder Auto.

Näheres dazu unter New Economy.

Ombudsmann der Banken ▌

Eine von den Banken geschaffene Stelle, an die sich Kunden wenden können, die in einem Streitfall mit ihrem Kreditinstitut zu keiner Einigung kommen. Dies gilt auch bei Differenzen über Wertpapiergeschäfte. Der Ombudsmann hat die Aufgaben einer Schiedsstelle und soll dazu beitragen, oft kostspielige und langwierige Rechtsstreitigkeiten zu vermeiden.

Wenn ein Sparer oder Anleger sich mit seinem Kundenberater in einem Streitfall nicht einigen kann und auch ein Gespräch mit dessen Vorgesetzten zu keinem befriedigenden Ergebnis führt, kann vor dem Gang zum Anwalt und notfalls Gericht zunächst die Beschwerdestelle der Bank oder Sparkasse eingeschaltet werden. Allerdings verfügen nicht alle Institute über eine solche Stelle.

Die Hypothekenbanken haben jedoch eine zentrale Beschwerdestelle eingerichtet, und die privaten Banken haben die Stelle eines Ombudsmannes geschaffen. An ihn können sich auch Kunden privater Banken wenden, die der Ansicht sind, dass sie bei Wertpapiergeschäften ungenügend oder falsch beraten wurden. Der Ombudsmann entscheidet in einem außergerichtlichen Verfahren über derartige Kundenbeschwerden. Bis zu einem Streitwert von 10.000 Mark ist sein Spruch für das Kreditinstitut bindend. Liegt der Streitwert über dieser Summe, muss die Bank den Spruch des Schlichters zwar nicht akzeptieren. Die Erfahrung hat aber gezeigt, dass dies in der Regel dennoch geschieht. Der Kunde dagegen kann in jedem Fall ein ordentliches Gericht anrufen, wenn er sich weiterhin ungerecht behandelt oder übervorteilt fühlt.

Beim Bundesverband deutscher Banken üben ehemalige hohe Richter das Amt des Ombudsmannes aus. Kunden, die sich beschweren wollen, müssen bei den entsprechenden Stellen ihre Unterlagen einreichen. Sie werden dort zunächst auf Vollständigkeit geprüft, und fehlende Informationen werden angefordert. Bestehen Zweifel an der Zulässigkeit der Beschwerde, wird sie dem Ombudsmann sofort zur Entscheidung vorgelegt. Gibt es derartige Zweifel nicht, wird die betroffene Bank um eine Stellungnahme gebeten. Lenkt die Bank an dieser Stelle nicht bereits ein, entscheidet ein Schlichtungsspruch des Ombudsmannes.

Adressen der Beschwerdestellen:

Kundenbeschwerdestelle beim
Bundesverband deutscher Banken
Postfach 10 05 55
50445 Köln

Kundenbeschwerdestelle beim
Verband deutscher Hypothekenbanken
Postfach 12 06 40
53048 Bonn

Optionen

Eine Option ist ein Finanzinstrument, das dem Käufer das Recht einräumt, ihn aber nicht verpflichtet, einen vereinbarten Handelsgegenstand (meist ein Wertpapier) innerhalb einer bestimmten Frist oder zu einem bestimmten künftigen Zeitpunkt und zu einem vorab vereinbarten Preis zu kaufen oder zu verkaufen. Für dieses Recht muss der Optionskäufer dem Optionsverkäufer eine Prämie zahlen. Man unterscheidet zwischen Kauf- und Verkaufsoptionen.

Im Wertpapierhandel zählen Optionen zu den derivativen Finanzinstrumenten, deren Wert sich von dem zugrunde gelegten Handelsgegenstand ableitet. Der Handel mit Optionen findet an den Terminbörsen statt, zum Beispiel in Deutschland und der Schweiz an der Terminbörse Eurex. Man unterscheidet Kaufoptionen (Calls) und Verkaufsoptionen (Puts).

Der zugrunde liegende Handelsgegenstand (Basiswert) kann eine Aktie oder Anleihe, ein Wertpapierindex, ein Warenterminkontrakt oder ein Rohstoff sein. Der Käufer einer Kaufoption erwirbt das Recht, einen vereinbarten Handelsgegenstand (Basiswert) innerhalb einer bestimmten Zeitspanne (Optionslaufzeit) oder zu einem bestimmten Zeitpunkt in der Zukunft zu einem vorher vereinbarten Preis (Basiskurs) zu erwerben. Der Verkäufer einer Kaufoption (Stillhalter) verpflichtet sich, den Basiswert innerhalb der vereinbarten Laufzeit oder zu einem vereinbarten Zeitpunkt zum Basiskurs zu verkaufen. Der Käufer der Kaufoption muss für dieses Recht eine Prämie (Optionsprämie) an den Verkäufer der Kaufoption zahlen.

Der Käufer einer Verkaufsoption erwirbt das Recht, den vereinbarten Handelsgegenstand innerhalb einer bestimmten Zeitspanne oder zu einem bestimmten Zeitpunkt in der Zukunft zu einem festgelegten Preis zu verkaufen. Der Verkäufer eines Puts (Verkaufsoption) verpflichtet sich, den Basiswert innerhalb der vereinbarten Laufzeit oder zu einem bestimmten Zeitpunkt zum Basiskurs zu erwerben. Der Käufer der Verkaufsoption muss für dieses Recht eine Optionsprämie an den Verkäufer zahlen.

Der Käufer einer Option kann diese während der Laufzeit jederzeit an der Terminbörse veräußern. Der Kurs der Option ergibt sich wie bei anderen Wertpapieren aus Angebot und Nachfrage. Diese orientieren sich vor allem am Basiskurs, dem Kurs des Basiswerts und der Laufzeit der Option.

Käufer und Verkäufer einer Option haben unterschiedliche Erwartungen hinsichtlich des Kursverlaufs des Basiswerts innerhalb der Laufzeit. Der Käufer einer Kaufoption rechnet damit, dass sein Kurs innerhalb der Laufzeit über den vorab vereinbarten Preis steigen wird, während der Verkäufer erwartet, dass der Kurs des Basiswerts unter den vereinbarten Basispreis sinkt. Umgekehrt verhält es sich bei einer Verkaufsoption.

Je nachdem, ob der Erwerber einer Option sein Recht während der gesamten Laufzeit oder nur zu einem bestimmten Zeitpunkt am Ende der Laufzeit ausüben kann, unterscheidet man so genannte amerikanische Optionen und europäische Optionen.

Der Handel mit Optionen findet an der Eurex im standardisierten Handel statt. Das bedeutet, dass nur bestimmte Laufzeiten, Basispreise und Optionspreise möglich sind. Der Handel mit Optionen hat in Deutschland seit Einführung der Deutsche Terminbörse (DTB) und späteren Eurex stark an Bedeutung gewonnen. Die Eurex überflügelte schon nach kurzer Zeit den Terminmarkt in London.

Käufer von Optionen erwerben diese aus unterschiedlichen Gründen. So können sie Optionen erwerben, um sich gegen Kursrisiken abzusichern, sie können sie aber auch aus rein spekulativen Absichten kaufen.

Von Optionen sind die Optionsscheine zu unterscheiden, die im Rahmen der Emission von Optionsanleihen ausgegeben und an den Wertpapierbörsen gehandelt werden.

Handel mit Erwartungen

Risiko und Gewinnpotenzial der beiden Kontraktpartner liegen bei Optionen in der Preisentwicklung des zugrunde gelegten Handelsgegenstands während der Laufzeit der Option.

Im Falle einer **Kaufoption** rechnet der Käufer der Option mit steigendem Kurs und der Verkäufer mit sinkendem Kurs des zugrunde gelegten Wertes. Steigt der Kurs des Titels während der Laufzeit über den Basiskurs, so kann der Käufer der Kaufoption vom Verkäufer den Basiswert gegen Entrichtung des vereinbarten Preises beziehen und ihn dann anschließend an der Börse zum höheren Tageskurs verkaufen. Der Gewinn (Verlust) des Käufers (Verkäufers) ist also die Differenz zwischen Börsenkurs des Basiswerts und der Summe aus vereinbartem Preis und Optionsprämie.

Fällt der Kurs des Basiswerts hingegen unter den vereinbarten Preis, so ist die Option am Ende der Laufzeit nichts mehr wert, da es billiger wäre, den Handelsgegenstand (zum Beispiel eine Aktie) an der Börse zu kaufen, als ihn beim Verkäufer der Kaufoption zu erwerben. Der Verlust (Gewinn) des Käufers (Verkäufers) der Kaufoption ist die gezahlte Optionsprämie, also jener Preis, der für das Recht zu entrichten war.

Im Falle einer **Verkaufsoption** rechnet der Käufer der Option mit sinkendem und der Verkäufer mit steigendem Preis der zugrunde gelegten Ware. Fällt der Kurs des Basiswerts unter den vereinbarten Preis, so kann der Käufer der Verkaufsoption den Handelsgegenstand an den Verkäufer zu einem höheren Preis verkaufen, als er an der Börse erzielen würde. Der Gewinn (Verlust) des Käufers (Verkäufers) ergibt sich aus der Differenz zwischen Basiskurs und der Summe aus Börsenkurs und Optionsprämie.

Beispiel: Herr Meier kauft eine Kaufoption, die ihn berechtigt, eine BASF-Aktie innerhalb der nächsten drei Monate für 45 Euro von Herrn Müller zu kaufen. Für dieses Recht muss er an Müller drei Euro zahlen.

Wenn der Kurs der BASF-Aktie an der Börse am Ende der Laufzeit beispielsweise 49 Euro beträgt, so kann Meier die Aktie zu 45 Euro von Müller beziehen und dann für 49 Euro an der Börse verkaufen. Herr Meier macht also einen Gewinn von einem Euro (49 minus 45 minus 3).

Der Gewinn oder Verlust von Müller ist abhängig von dem Kurs, den er ursprünglich für die BASF-Aktie bezahlt hat, die er Meier für 45 Euro überlassen musste. Der Verlust wird auf jeden Fall um die drei Euro Optionsprämie vermindert (oder der Gewinn gesteigert), die er von Herrn Meier erhalten hat. Wenn er die Aktie früher selber für 40 Euro gekauft hat, beträgt sein Gewinn sechs Euro.

Fällt der Kurs der BASF-Aktie hingegen innerhalb der drei Monate beispielsweise auf 41 Euro, so ist die Option nichts mehr wert, da es für Herrn Meier billiger wäre, die BASF-Aktie für diesen Preis an der Börse zu kaufen, als sie für 45 Euro zu beziehen. Müller behält in diesem Fall die Aktie und zusätzlich die Prämie in Höhe von drei Euro.

Kauft Herr Meier hingegen eine Verkaufsoption, die ihn berechtigt, eine BASF-Aktie für 42 Euro an Herrn Müller zu verkaufen und muss dafür wieder drei Euro als Prämie an Müller zahlen, macht er einen Gewinn, wenn die BASF-Aktie in den folgenden drei Monaten unter 39 Euro fällt. Sinkt der Kurs der Aktie beispielsweise auf 36 Euro, kann Herr Meier eine BASF-Aktie für 36 Euro an der Börse kaufen und hat das Recht, sie für 42 Euro an Müller weiterzugeben. Herr Meier macht dabei einen Gewinn von drei Euro (42 minus 36 minus 3). Herr Müller hingegen erleidet einen Verlust von insgesamt drei Euro: Er muss für die Aktie sechs Euro mehr zahlen, als sie an der Börse wert ist, kann aber seine drei Euro Prämie dagegenrechnen.

Steigt die Aktie auf über 45 Euro, so wird die Option wertlos, weil es günstiger ist, die Aktie an der Börse zu verkaufen. Herr Meier verliert seine drei Euro, die er für die Option gezahlt hat. Herr Müller dagegen hat drei Euro Prämie kassiert, ohne die Aktie kaufen zu müssen.

Instrument der Risikominderung

Optionen dienen in vielen Fällen zur Absicherung von Kursrisiken. Eine Kurssicherung kann zum Beispiel erfolgen, wenn ein Aktienbesitzer befürchtet, dass der Kurs seiner Aktien in Zukunft fallen könnte. Er hat nun die Möglichkeit, seine Aktien sofort zu verkaufen und somit kein Risiko einzugehen. Es kann aber sein, dass er die Aktien aus irgendeinem Grund nicht verkaufen will, weil er zum Beispiel das Kursrisiko nur kurzfristig sieht, langfristig aber mit steigendem Kurs rechnet. Um sein Risiko zu vermindern, kann er Verkaufsoptionen erwerben. Sie geben ihm das

Recht, seine Aktien an den Verkäufer der Option zu einem vereinbarten Preis zu verkaufen, wenn der Kurs tatsächlich fallen sollte. In diesem Fall stellt eine Option eine Art Versicherung gegen Kursrisiken dar. Den Preis, den der Käufer der Option an den Verkäufer zu entrichten hat, kann man dann als die Versicherungsprämie betrachten.

Optionen werden vor allem von großen Investmentfonds verwendet. Dadurch versuchen die Manager der Investmentgesellschaft, das Kursrisiko für ihre Anleger so gering wie möglich zu halten.

Risikopapiere: Hohe Gewinne oder Verluste

Optionen werden zunehmend auch als Spekulationsobjekte verwendet. Erwartet ein Anleger steigende Aktienkurse, so kann er – statt Aktien zu kaufen – eine Kaufoption für das betreffende Papier erwerben. Steigt der Kurs der Aktie tatsächlich, so kann er die Kaufoption entweder zu einem höheren Preis wieder an der Terminbörse verkaufen oder die Aktie zum vereinbarten Preis vom Verkäufer beziehen, um sie dann selbst zu einem höheren Preis an der Börse zu verkaufen. Das Spekulieren mit Optionen ermöglicht hohe Gewinnchancen bei relativ geringem Kapitaleinsatz, da Optionen grundsätzlich wesentlich billiger sind als die zugrunde liegenden Titel. Es birgt aber auch ein hohes finanzielles Risiko, da ein Totalverlust des eingesetzten Geldes nie ausgeschlossen werden kann.

Optionsanleihen ▌

Eine Optionsanleihe ist eine von Aktiengesellschaften herausgegebene Schuldverschreibung, die neben dem Recht auf Zahlung des vereinbarten Zinssatzes sowie der Rückzahlung des Nennwertes am Ende der Laufzeit auch noch das Recht beinhaltet, eine bestimmte Anzahl von Aktien des betreffenden Unternehmens zu einem festen Preis innerhalb einer bestimmten Frist zu erwerben.

Eine Optionsanleihe unterscheidet sich von einer herkömmlichen Anleihe nur dadurch, dass der Erwerber zusätzlich zu den Zinsscheinen noch Optionsscheine (engl. warrants) erhält. Diese Optionsscheine beinhalten für den Inhaber das Recht, nicht aber die Pflicht, Aktien des herausgebenden Unternehmens (Emittent) zu einem festen Preis (Zuzahlungsbetrag) innerhalb einer bestimmten Frist zu erwerben. Mit Beginn der Optionsfrist kann über die Anleihe und die Optionsscheine getrennt verfügt werden. Der Inhaber einer Optionsanleihe kann beispielsweise die Aktien beziehen oder die Optionsscheine an der Börse verkaufen, ohne sich – im Gegensatz zur Wandelschuldverschreibung – von der zugehörigen Anleihe zu trennen. Es

gibt dann an der Börse sowohl Notierungen für die Anleihe mit und ohne Optionsscheine als auch für den Optionsschein allein.

Der Kurs eines Optionsscheines an der Börse ergibt sich wie bei jedem an der
Börse gehandelten Wertpapier aus Angebot und Nachfrage. Wichtig für die Bewertung durch Käufer und Verkäufer sind der Zuzahlungsbetrag, die Restlaufzeit des
Optionsscheins und der Kurs der zugrunde liegenden Aktie. Der Kurs einer Optionsanleihe mit Optionsschein ergibt sich aus dem Kurs des Optionsscheins und des
vereinbarten Zinssatzes sowie aus Angebot und Nachfrage.

Der Kurs einer Optionsanleihe ohne Optionsschein ergibt sich aus Angebot
und Nachfrage sowie dem jeweiligen Zinssatz und dem allgemeinen Zinsniveau.

Der Zinssatz einer Optionsanleihe liegt meist unter dem Zinssatz solcher
Anleihen, die kein Optionsrecht einräumen. Der Käufer einer Optionsanleihe ist
also bereit, für das ihm gewährte zusätzliche Optionsrecht einen niedrigeren
Zinssatz als bei normalen Anleihen in Kauf zu nehmen. Er hat dafür durch das
Optionsrecht die Chance, durch Kursgewinne einen Anlageerfolg zu erzielen, der
über der Durchschnittsverzinsung von vergleichbaren Schuldverschreibungen
ohne Optionsrecht liegt.

Der Käufer einer Optionsanleihe erwartet, dass der Kurs der Aktie, die er beziehen kann, über den vereinbarten Zuzahlungsbetrag steigt und er somit zusätzlich
zu den festen Zinszahlungen einen Kursgewinn erzielt.

Für das Unternehmen hat die Emission einer Optionsanleihe den Vorteil, dass
es relativ billiges Fremdkapital erhält, da der Zinssatz geringer ist als bei normalen
Anleihen. Außerdem bietet sich die Chance, an zusätzliches Eigenkapital zu gelangen. Die Ausgabe einer Optionsanleihe bedeutet für das Unternehmen eine bedingte Kapitalerhöhung.

Renditen von Optionsanleihen

Die Rendite einer Anlage in Optionsanleihen hängt neben dem festen Zinssatz auch
vom Kurs der Aktie ab, die der Käufer zu einem festen Preis beziehen kann. Steigt
der Kurs der betreffenden Aktie innerhalb der vereinbarten Frist über den festgelegten Zuzahlungsbetrag, so kann der Inhaber der Optionsanleihe entweder seine Optionsscheine zu einem gestiegenen Kurs an der Börse verkaufen oder die Aktien zum
vereinbarten Preis erwerben und sie dann zum höheren Tageskurs an der Börse verkaufen. Der Kurs des Optionsscheins ist – neben Angebot und Nachfrage – vom
Zuzahlungsbetrag, der Laufzeit und vom Kurs der Aktie abhängig. Fällt der Kurs
der Aktie hingegen bis zum Ende der Ausübungsfrist unter den Zuzahlungspreis, so
sind die Optionsscheine nichts mehr wert, da es für den Anleger billiger wäre, die
Aktien direkt an der Börse zu erwerben, als sie zum vereinbarten Zuzahlungspreis
zu beziehen. Die Rendite der Anleihe ergibt sich jetzt nur noch aus der Höhe der erhaltenen Zinszahlungen.

Beispiel: Herr Baum kauft eine Optionsanleihe zum Nennwert von 1.000 €. Die Anleihe ist mit einem Zinskupon von vier Prozent ausgestattet und berechtigt zum Erwerb einer XY-Aktie zum Preis von 200 €. Die Optionsanleihe hat eine Laufzeit von fünf Jahren. Der Optionsschein darf in den letzten drei Monaten der Laufzeit ausgeübt werden. Eine vergleichbare Bundesanleihe hat einen Zinssatz von sieben Prozent und ebenfalls eine Laufzeit von fünf Jahren.

Steigt der Kurs der XY-Aktie bis zur Ausübungsfrist auf einen Kurs von 500 €, so kann Herr Baum die Aktie zu 200 € beziehen und zu 500 € an der Börse verkaufen. Er macht einen Gewinn von 300 €. Innerhalb der fünf Jahre Laufzeit der Anleihe hat Baum aus der Anleihe fünf Mal Zinsen in Höhe von 40 € erhalten. Am Ende der Laufzeit erhält er seine 1.000 € aus der Anleihe zurück. Insgesamt hat Herr Baum nun einen Betrag von 1.500 € angesammelt.

Für die Bundesanleihe hätte er in fünf Jahren 350 € Zinsen erhalten und ebenfalls am Ende der Laufzeit seine 1.000 € zurückerhalten. Insgesamt wären es also 1.350 €. In diesem Fall hat es sich für X gelohnt, die Optionsanleihe statt der Bundesanleihe zu erwerben.

Wäre der Kurs der Aktie auf 350 € gestiegen, so hätte der Gewinn aus dem Bezug der Aktie über den Optionsschein und Verkauf der Aktie an der Börse nur 150 € (350 minus 200) betragen, und der Ertrag aus Zins und Gewinn hätte bei 350 € (200 € Zinsen plus 150 € Gewinn) gelegen. Das entspricht dem Ertrag aus den Zinszahlungen der Bundesanleihe. In diesem Fall macht es also keinen Unterschied, ob X sein Geld in der Optionsanleihe anlegt oder in der Bundesanleihe. Liegt aber der Kurs der XY-Aktie während der Optionsfrist unterhalb von 350 €, so erbringt die Optionsanleihe einen niedrigeren Ertrag als die Bundesanleihe.

Der geringstmögliche Ertrag der Optionsanleihe liegt bei 200 €. Dies ist der Fall, wenn der Kurs der XY-Aktie innerhalb der Optionsfrist unter den Zuzahlungsbetrag fällt und die Optionsscheine somit wertlos werden, weil die Aktie billiger über die Börse zu beziehen ist. Der Anleger bekommt aber immer noch den vereinbarten Zinssatz von vier Prozent. Das entspricht in fünf Jahren 200 €. Außerdem bekommt er am Ende der Laufzeit der Anleihe den Nennwert von 1.000 € zurück. Der Anleger kann also keinen Verlust bei der Anlage in Optionsanleihen machen, die Gewinnmöglichkeiten sind aber theoretisch unbegrenzt.

Bedingte Kapitalerhöhung

Die Hauptversammlung einer Aktiengesellschaft kann eine Kapitalerhöhung beschließen, die nur dann effektiv wird, wenn die Inhaber von Optionsanleihen und Wandelschuldverschreibungen, die vorher von der Aktiengesellschaft herausgegeben wurden, von ihrem Bezugsrecht Gebrauch machen. Eine solche Kapitalerhöhung wird bedingte Kapitalerhöhung genannt. Es kann also nur die maximale Anzahl von jungen Aktien festgelegt werden; es kann aber nicht vorhergesagt werden, wie viele tatsächlich bezogen werden. Der Beschluss über die bedingte Kapitalerhöhung bedarf einer Mehrheit von rund drei Viertel des auf einer Hauptversammlung vertretenen Aktienkapitals sowie einer staatlichen Genehmigung. Den Aktionären ist ein Bezugsrecht auf die Optionsanleihe zu gewähren.

Optionsschein ▌

Ein Optionsschein ist ein Wertpapier, das dem Inhaber das Recht einräumt, eine bestimmte Zahl von Aktien zu einem festen Preis innerhalb einer bestimmten Frist zu kaufen. Optionsscheine werden häufig in Verbindung mit Optionsanleihen emittiert.

Optionsscheine können zusammen mit einer Anleihe als Optionsanleihe von Aktiengesellschaften herausgegeben werden und berechtigen den Inhaber, eine bestimmte Zahl von Aktien zu einem festen Kurs (Zuzahlungsbetrag, Basispreis) innerhalb einer bestimmten Frist (Optionsfrist) zu kaufen. Der Inhaber von Optionsscheinen ist aber nicht verpflichtet, von seinem Recht Gebrauch zu machen. Optionsscheine werden entweder zusammen mit der Anleihe oder getrennt von der Anleihe an der Börse gehandelt.

Der rechnerische Wert eines Optionsscheins ergibt sich aus der Differenz zwischen dem Preis der zugrunde liegenden Aktie an der Börse und dem Zuzahlungspreis. Dieser Wert entspricht also jenem Preis, den ein Anleger theoretisch bereit wäre, für den Optionsschein zu zahlen, wenn er die zugrunde gelegte Aktie erwerben will und vor der Alternative steht, dies direkt an der Börse zu tun oder über einen Optionsschein. Der Anleger wird bereit sein, einen Preis zu zahlen, bei dem für ihn die Kosten für den Kauf der Aktie genauso hoch sind wie beim Direkterwerb an der Börse.

Spekulative Anleger schätzen Optionsscheine wegen der hohen Gewinne, die sich bei positivem Kursverlauf ergeben. Den möglichen hohen Gewinnen mit Optionsscheinen stehen aber auch beträchtliche Risiken gegenüber. Fällt der Kurs der zugrunde gelegten Aktie unter den Zuzahlungsbetrag, so ist der rechnerische Wert der Option gleich null, da es billiger wäre, die Aktie direkt über die Börse zu kaufen.

Der tatsächliche Kurs eines Optionsscheins an der Börse kann vom rechnerischen Wert abweichen, da die Bewertung an der Börse auch von Angebot und Nachfrage abhängig ist. So kann es sein, dass Anleger in Erwartung steigender Kurse an der Aktienbörse bereit sind, mehr für einen Optionsschein zu zahlen, als er zu diesem Zeitpunkt rechnerisch wert ist. Den Betrag, um den der Börsenkurs des Optionsscheines den rechnerischen Wert übersteigt, nennt man Aufgeld. Spätestens am letzten Tag der Optionsfrist stimmen der rechnerische Wert und der Börsenwert des Optionsscheins aber überein, da es nun keine spekulativen Kurserwartungen mehr gibt.

Bei den oben behandelten „klassischen" Optionsscheinen muss man so genannte gedeckte Optionsscheine (covered warrants) und „nackte" Optionsscheine unterscheiden.

Beispiel bei positivem Kursverlauf: Der Aktienkurs der XY AG beträgt Anfang Januar 200 €, der Optionsschein berechtigt dazu, die XY-Aktie zu 150 € zu kaufen. Der rechnerische Wert des Optionsscheins beträgt dann 50 € (200 € minus 150 €). Anfang März notiert die XY-Aktie bei 250 €. Der Besitzer der Aktie hat einen Gewinn von 50 € gemacht. Das entspricht einer Rendite von 25 Prozent. Der rechnerische Wert des Optionsscheins hat sich auf 100 € erhöht, dies entspricht einer Rendite von 100 Prozent. Der Besitzer des Optionsscheines hat also eine vier Mal so hohe Rendite erzielt wie der Besitzer der Aktie. Dies wird als die „Hebelwirkung" von Optionsscheinen bezeichnet.

Wertentwicklung bei fallenden Kursen

Wenn der Kurs der Aktie zum Ende der Laufzeit unter den Zuzahlungspreis von 150 € fällt, wird der Optionsschein wertlos, denn dann ist es billiger, die Aktie direkt an der Börse zu kaufen. Die Hebelwirkung von Optionsscheinen ergibt sich bei negativem Kursverlauf ebenso wie bei positivem Kursverlauf.

Beispiel: Der Kurs der XY-Aktien beträgt Anfang Januar 200 €, der Optionsschein berechtigt dazu, die Aktie zu 150 € zu kaufen. Der rechnerische Wert des Optionsscheins beträgt dann 50 € (200 € minus 150 €). Fällt der Kurs der XY-Aktie auf 180 € gegenüber dem Anfangskurs von 200 €, so beträgt der Kursverlust für den Aktienbesitzer 20 €. Das entspricht einer negativen Rendite von zehn Prozent. Der rechnerische Wert des Optionsscheins liegt nur noch bei 30 € (180 € minus 150 €). Der Besitzer der Option hat also ebenfalls 20 € Verlust gemacht. Prozentual entspricht dies aber einem Verlust von 40 Prozent des eingesetzten Kapitals.

Gedeckte Optionsscheine

Diese Art von Optionsschein (engl. covered warrants) wird ohne Emission einer Optionsanleihe ausgegeben. Covered warrants berechtigen den Inhaber, eine bestimmte Zahl von Aktien zu einem festgelegten Preis innerhalb einer bestimmten Frist zu erwerben. Die zugrunde gelegten Aktien befinden sich bereits im Umlauf und sind in einem Sperrdepot des Emittenten festgelegt. Eine bedingte Kapitalerhöhung der Aktiengesellschaft, deren Aktien zugrunde gelegt sind, erfolgt nicht. Die

Laufzeiten der gedeckten Optionsscheine sind relativ kurz und liegen meist zwischen zwölf und 18 Monaten. Einige Emittenten von gedeckten Optionsscheinen behalten sich das Recht vor, statt der Lieferung der Aktien den positiven Unterschied zwischen Aktienkurs und Optionspreis durch Barausgleich zu regeln.

Nackte Optionsscheine

Unter „nackten" Optionsscheinen versteht man Optionsscheine, die nicht ursprünglich Bestandteil einer Optionsanleihe waren. Solche Papiere werden meist von Banken emittiert und treten in Form von gedeckten Optionsscheinen, Zinsoptionsscheinen, Indexoptionsscheinen und Währungsoptionsscheinen auf. Sie berechtigen dazu, den zugrunde gelegten Handelsgegenstand zu einem festen Preis innerhalb der Laufzeit oder zu einem festen Zeitpunkt zu kaufen oder zu verkaufen. Es ist auch möglich, dass die Differenz zwischen Zuzahlungsbetrag und Börsenkurs des Basiswerts vom Emittenten bar gezahlt wird.

Hebelwirkung von Optionsscheinen

Als Hebelwirkung bei Optionsscheinen bezeichnet man das Phänomen, dass sich der Kurs eines Optionsscheins in der Regel prozentual wesentlich stärker verändert als der Kurs des zugrunde liegenden Basiswerts. Das Verhältnis zwischen Kurssteigerung des Basiswerts und des Optionsscheins wird durch den Hebel ausgedrückt. Der Hebel misst, um wie viel Prozent sich der Kurs des Optionsscheins verändert, wenn sich der Kurs des Basiswerts um einen Prozent verändert.

Beispiel: Die Aktie A hat einen Kurs von 400 €. Der Optionsschein B berechtigt dazu, die Aktie A zu einem Preis von 300 € zu kaufen, und notiert bei 100 €. Der Optionsschein ist also gerade noch im Geld, das heißt, es wäre genauso teuer, die Aktie über den Optionsschein zu erwerben, als sie direkt über die Börse zu kaufen. Nun steigt die Aktie A um vier Euro, also um einen Prozent. Der Optionsschein B steigt im Zuge der Erhöhung der Aktie ebenfalls um vier Euro auf 104 €. Hier macht die absolute Kurssteigerung um vier Euro eine prozentuale Steigerung um vier Prozent vom Kurswert des Scheins aus. In diesem Fall hat der Optionsschein einen Hebel von vier.

Optionsscheinfonds

Optionsscheinfonds sind eine Spezialform der Investmentfonds. Diese Wertpapierfonds investieren die Mittel ihrer Kunden meist ausschließlich in Optionsscheine und weisen dadurch hohe Kursschwankungen auf. Optionsscheinfonds richten ihr Angebot primär an risikofreudige, spekulativ eingestellte und vor allem renditeorientierte Anleger. Optionsscheinfonds eignen sich aber auch für konservative Anleger, die ihrem eher sicherheitsorientierten Depot eine kleine spekulative Komponente hinzufügen möchten.

Optionsscheinfonds gehören trotz ihrer immer stärkeren Verbreitung zu den Exoten unter den in Deutschland gehandelten Investmentfonds. Bei den meisten Varianten dieser Anlageform werden die Mittel der Anleger in Optionsscheine investiert, die zum Bezug von Aktien berechtigen. Es sind aber auch Fondskonstruktionen möglich, bei denen die Optionsscheine zum Bezug von Devisen – wie dem US-Dollar oder dem japanischen Yen – berechtigen. Zudem werden eine Reihe von Investmentfonds gehandelt, die primär in Aktien und/oder Anleihen investieren, daneben aber auch einen gewissen (meist geringen) Prozentsatz ihres Vermögens in Optionsscheinen anlegen. Solche Fonds werden allerdings nicht zu den Optionsscheinfonds gezählt.

Der Kauf von Optionsscheinen ist für renditeorientierte Anleger eine interessante Anlagealternative, da die Rendite dieses Finanzinstruments auf Grund des vorhandenen Hebels meist deutlich höher ist als die der zugrunde liegenden Aktien. Das Investment in Optionsscheine kann daher in Phasen steigender Börsenkurse zu hervorragenden Ergebnissen führen. Andererseits birgt die Anlage in Optionsscheine aber auch hohe Risiken, die im Extremfall sogar zum Totalverlust der investierten Mittel führen können.

Dieses Risiko extremer Verluste wird durch den Kauf eines Optionsscheinfonds stark reduziert, da der Fonds – in Abhängigkeit von seinen Anlagegrundsätzen – die Mittel seiner Anleger in eine breite Palette unterschiedlicher Optionsscheine investiert. Die Verluste einiger Scheine im Fondsvermögen werden so durch Gewinne mit anderen Scheinen ausgeglichen. Gerade bei Optionsscheinfonds kommt das Grundprinzip der Risikostreuung, auf dem die Fondsidee basiert, voll zur Geltung. Durch die für einen Investmentfonds typische breite Streuung der Mittel seiner Anleger auf viele unterschiedliche Wertpapiere lässt sich das relativ hohe Risiko von Optionsscheinen auf ein auch für kleinere Anleger tragbares Maß reduzieren. Umgekehrt werden die Gewinnchancen dadurch vermindert. Denn Gewinne einiger Scheine können durch gleichzeitig auftretende Verluste bei anderen Scheinen wieder aufgezehrt werden. Es muss aber beachtet werden, dass allgemeine Kursrückgänge an der Börse bei Optionsscheinfonds zu dramatischen Wertverlusten der Investmentfirmen führen können.

Die Anlage in einen Optionsscheinfonds ermöglicht es auch Anlegern, die wenig Erfahrung im Umgang mit Optionsscheinen haben, an den Gewinnchancen dieser Wertpapiere teilzunehmen. Die Bewertung und Auswahl der Optionsscheine übernimmt das Fondsmanagement. Für den Anleger bleibt allerdings noch das Problem, welchen Fonds er auswählen soll. Hier kann ein Blick in die regelmäßig erscheinenden Renditevergleiche der in Deutschland gehandelten Fonds hilfreich sein. Die jeweilige Performance, die meist für Zeiträume von einem, fünf und zehn Jahren dargestellt wird, erlaubt einen Rückschluss auf die Qualität des Managements. Ein Blick in die Vergangenheit erlaubt aber auch hier keine verlässliche Aussage über die Zukunft, sondern kann nur Anhaltspunkte geben.

Optionsscheinfonds stellen eine gute Depotbeimischung für renditeorientierte und risikofreudige Anleger dar. Die Ergebnisse, die Optionsscheinfonds erzielen, liegen im positiven wie auch im negativen Bereich oftmals deutlich über den Ergebnissen vergleichbarer Aktienfonds. Aus diesem Grund muss der Anleger bei dieser Fondsart den Kurs des Fonds wesentlich zeitnäher verfolgen als beispielsweise bei einem Aktienfonds oder einem Rentenfonds. Nur so lassen sich bei guter Kursentwicklung Gewinne realisieren oder aber die bei negativer Kursentwicklung auftretenden Verluste durch rechtzeitigen Verkauf minimieren. Optionsscheinfonds sind daher Instrumente für die kurz- bis mittelfristige Anlage. Sie eignen sich nicht dazu, ein langfristiges Sparziel zu verfolgen.

Aber auch für eher konservativ orientierte Anleger können Optionsscheinfonds eine sinnvolle Anlageform sein. So empfehlen viele professionelle Anlageberater ihren Kunden eine 90:10-Depotmischung. Hierbei werden 90 Prozent der Mittel in Anleihen investiert, die eine stetige, sichere, aber vergleichsweise niedrige Rendite erwirtschaften. Daneben werden zehn Prozent der Anlagemittel in Optionsscheine oder Optionsscheinfonds investiert, die in guten Börsenjahren, abhängig vom jeweiligen Fondsmanagement, eine weit überdurchschnittliche Rendite erzielen können. Diese Strategie ermöglicht es, dass der Anleger in Zeiten steigender Aktienkurse eine überdurchschnittliche Rendite erzielt, während mögliche Verluste der Optionsscheine in schwachen Jahren durch die stetigen Erträge der Anleihen ganz oder teilweise kompensiert werden.

Pensions-Sondervermögen |

Pensions-Sondervermögen sind eine neue Form von Investmentfonds, die seit Anfang 1998 in Deutschland zum Handel zugelassen sind. Sie dienen dem langfristigen Aufbau einer zusätzlichen Altersvorsorge und sind daher als Ergänzung zur traditionellen staatlichen Rente gedacht. Primäres Anlageziel ist dabei grundsätzlich die Substanzerhaltung. Das spiegelt sich auch in dem gesetzlich geregelten hohen Aktienanteil wider. Einzahlungen in Pensions-Sondervermögen können sowohl vom Arbeitgeber als auch vom Arbeitnehmer vorgenommen werden. Eine Verfügung über die angesparten Beträge inklusive der von der Fondsgesellschaft erwirtschafteten Erträge ist erst nach Ende der Vertragslaufzeit möglich.

Mit Inkrafttreten des Dritten Finanzmarktförderungsgesetzes wird es deutschen Arbeitnehmern und Arbeitgebern erstmals möglich sein, diese in den USA, in Japan und Großbritannien seit Jahren sehr populäre Form der Altersvorsorge in Anspruch zu nehmen. Das Prinzip der Pensions-Sondervermögen gleicht dem der „normalen" Investmentfonds. Der Arbeitgeber und/oder Arbeitnehmer zahlt über eine bestimmte Laufzeit, die so genannte Ansparphase, monatlich einen bestimmten Betrag in ein Pensions-Sondervermögen einer Investmentgesellschaft ein. Nach Ende der Ansparphase, meist im Pensionsalter, kann der Begünstigte, also der Arbeitnehmer, über den angesparten Betrag ganz oder in monatlichen Raten verfügen. Während der Ansparphase haben weder Arbeitgeber noch Arbeitnehmer ein Verfügungsrecht über die im Fonds angelegten Mittel. Der Arbeitnehmer kann lediglich in einigen Fällen die Art der Anlageobjekte verändern. So kann der Arbeitnehmer kurz vor seiner Pensionierung entscheiden, ob er seine Mittel von einem Fonds, der überwiegend in Aktien investiert, in einen Fonds umschichten will, der einen höheren Anteil an Anleihen im Sondervermögen hat. Auf diese Weise kann das Risiko kurzfristiger größerer Verluste weitgehend vermieden werden.

Pensions-Sondervermögen sollen der langfristigen Substanzerhaltung und Mehrung der angesparten Mittel dienen, also möglichst vor inflationären Tendenzen geschützt sein. Dieser Substanzerhaltungsgedanke zeigte sich auch in dem Gesetzesentwurf zur Auflage und zum Management dieser Fonds. So müssen in Deutschland vertriebene Pensions-Sondervermögen einen hohen Anteil der ihnen zur Verfügung gestellten Mittel in Aktien und/oder Immobilien investieren, wobei der Aktienanteil aber eine Grenze von 75 Prozent des Fondsvermögens nicht überschreiten darf. Um dem Sicherheitsaspekt dieser Art der Altersvorsorge gerecht zu werden, ist außerdem die Anlage in hochspekulative Derivate grundsätzlich verboten. Im Gegensatz zu normalen Aktienfonds und Rentenfonds, bei denen es sich der Anleger in der Regel aussuchen kann, ob er sich die jährlichen Zins- und Dividendenerträge auszahlen oder aber die Erträge reinvestieren lässt, ist es Pensions-Sondervermögen nicht erlaubt, während der Laufzeit Ausschüttungen an die Begünstigten vorzunehmen. Die Erträge werden grundsätzlich wieder angelegt, wodurch ein Zinseszinseffekt entsteht.

Pensions-Sondervermögen bieten sowohl den Arbeitnehmern als auch den Arbeitgebern eine Neuerung gegenüber der traditionellen betrieblichen Altersvorsorge. Zum einen muss der Arbeitgeber nun nicht mehr eine vom Betrag her feste Pensionszusage geben. Er zahlt nur noch monatlich eine bestimmte Summe an eine Investmentgesellschaft. Die Ablaufleistung, also der Betrag, den der Arbeitnehmer am Ende der Vertragslaufzeit erhält, hängt einerseits vom Können des Fondsmanagements ab und andererseits von der Entwicklung der Finanzmärkte. Die Fondsgesellschaft als solche gibt in der Regel keinerlei Versprechen hinsichtlich der Höhe der Rendite zum Ende der Laufzeit ab.

Von der „normalen" betrieblichen oder staatlichen Pensionsvorsorge unterscheidet sich die Altersvorsorge mit Hilfe von Pensions-Sondervermögen außerdem noch in zweierlei Hinsicht:

- Auf der einen Seite bieten Pensions-Sondervermögen den Angehörigen des Berechtigten im Todesfall nur einen begrenzten oder keinen Schutz;
- zum anderen kann es passieren, dass das angesparte Vermögen im Falle des Erreichens eines sehr hohen Alters schon vor dem Tode verbraucht ist.

Diesem Risiko steht aber einerseits ein wesentlich höheres Mitspracherecht bei der Auswahl der Vermögensanlage und der Höhe der monatlichen Sparleistung gegenüber und andererseits die Chance einer deutlich höheren Ablaufleistung als bei vergleichbaren Formen der betrieblichen oder staatlichen Altersvorsorge. Wie bei allen marktwirtschaftlich gesteuerten Formen der Vorsorge und Vermögensbildung wird die Konkurrenz zwischen den verschiedenen Fondsgesellschaften dafür sorgen, dass sich die Fondsmanager anstrengen werden, möglichst hohe Renditen für ihre Anleger zu erzielen.

Aus den genannten Gründen können Pensions-Sondervermögen sicherlich kein Ersatz zur staatlichen Rente sein, wohl aber eine sinnvolle Ergänzung. Dies gilt vor allem vor dem Hintergrund, dass die staatliche Rente den Versicherten immer weniger in die Lage versetzen wird, seinen gewohnten Lebensstandard im Alter aufrechtzuerhalten. Volkswirtschaftlich haben Pensions-Sondervermögen außerdem den Vorteil, dass im Zeitablauf große Teile der Bevölkerung in zunehmendem Maße am Produktivvermögen beteiligt werden, der Anteil der Gewinneinkommen am Gesamteinkommen also weiter steigen wird.

Sondervermögen

Als Sondervermögen bezeichnet man die vom eigenen Vermögen einer Investmentgesellschaft rechtlich getrennten Wertpapierfonds, die sich aus den Einzahlungen der Anleger bilden. Solche Sondervermögen gleichen einem großen Topf, in den viele Anleger einzahlen und dessen so gesammelte Gelder in verschiedene Wertpapiere angelegt werden. Der einzelne Anleger besitzt dann nicht bestimmte Wertpapiere, sondern lediglich einen Anteil am Gesamttopf. Die Verwahrung des Sondervermögens erfolgt grundsätzlich nicht durch die Fondsgesellschaft selbst, sondern durch eine Bank, die so genannte Depotbank.

Höhe der monatlichen Sparbeträge

Im Gegensatz zur staatlichen Rente und in der Regel auch im Gegensatz zur herkömmlichen betrieblichen Altersvorsorge hat der Arbeitnehmer bei der Altersvorsorge mit Hilfe von Pensions-Sondervermögen die Möglichkeit, auf die Höhe der monatlichen Ansparleistung Einfluss zu nehmen. Neben dem Betrag, den der Arbeitgeber auf Grund freiwilliger Vereinbarungen einzahlt, kann der Arbeitnehmer freiwillig einen Betrag seiner Wahl zuschießen. Auf diese Weise kann der Arbeitnehmer Einfluss auf die Höhe seiner Altersvorsorge nehmen.

Pfandbriefe |

Pfandbriefe sind festverzinsliche Wertpapiere, die von privaten oder öffentlich-rechtlichen Realkreditinstituten aufgelegt werden. Mit den Einnahmen aus der Emission von Pfandbriefen werden langfristige Hypothekendarlehen zur Finanzierung von Grundstücken und Gebäuden sowie Schiffen vergeben. Pfandbriefe werden mit erstklassigen Grundpfandbriefen besichert.

Pfandbriefe werden von Realkreditinstituten emittiert und dienen zur Finanzierung von Hypothekendarlehen. Es handelt sich um festverzinsliche Anleihen mit einer festen Laufzeit und vorab bekannten Rückzahlungsbedingungen. Die gesamte Anleihe wird in einer marktgerechten Stückelung ausgegeben. Die übliche Stückelung liegt in einer Höhe von 100, 200, 500 oder 1.000 DM beziehungsweise dem entsprechenden Betrag in Euro. Pfandbriefe sind Wertpapiere, die meistens in Form von Inhaberpapieren und in Ausnahmefällen in Form von Namenspapieren ausgeben werden.

Der Zinssatz eines Pfandbriefs richtet sich bei Ausgabe durch das Kreditinstitut nach den Marktbedingungen. Der Effektivzins wird wie bei allen Anleihen durch Nominalzins und Ausgabekurs bestimmt. Die Zinszahlung erfolgt in der Regel jährlich oder halbjährlich. Es ist möglich, dass in den vertraglichen Vereinbarungen eine Nominalzinsanpassung an die Marktverzinsung vorgesehen wird. Die Verzinsung ist dann variabel. Der Ausgabekurs ist bei Pfandbriefen in der Regel unter pari, das heißt, der Verkauf erfolgt bei Emission unter dem Nennwert.

Die Rückzahlung erfolgt immer zum Nennwert. Bezüglich der Form der Rückzahlung bestehen verschiedene Varianten. So sind Pfandbriefe meist mit einer befristeten Unkündbarkeitsklausel ausgestattet. Die Rückzahlung am Ende der Laufzeit oder nach erfolgter Kündigung durch den Emittenten kann entweder ganzheitlich (dann wird die ganze Anleihe auf einmal zurückgezahlt) oder in Teilstücken erfolgen. Zudem ist es möglich, dass die Kreditinstitute einen freihändigen Rückkauf vornehmen. Dann werden die Pfandbriefe in Teilstücken auf dem freien Markt zu den täglichen Kursen zurückgekauft.

Die Emission von Pfandbriefen unterliegt speziellen Gesetzen, die sich nach der Art des emittierenden Kreditinstituts richten. Zur Ausgabe von Pfandbriefen bedarf es der Genehmigung des Bundeswirtschaftsministers.

Die Besicherung von Pfandbriefen erfolgt unter anderem mit Grundpfandrechten. Da die Mittel aus der Emission von den Realkreditinstituten zur Vergabe von Hypothekendarlehen verwendet werden, dienen die zur Besicherung dieser Kredite an die Banken abgetretenen Grundpfandrechte gleichzeitig zur Besicherung der Pfandbriefe. Im Falle der Zahlungsunfähigkeit des Realkreditinstituts werden die Forderungen der Pfandbriefgläubiger aus den Grundpfandrechten befriedigt. Damit die Zinsforderungen der Pfandbriefgläubiger ebenfalls gesichert sind, ist von den Realkreditinstituten sicherzustellen, dass den jeweiligen Pfandbriefen Hypotheken mit gleichem Zinssatz gegenüberstehen. Die zur Besicherung dienenden Hypotheken müssen gesetzlichen Mindestanforderungen genügen. Neben der Besicherung der Pfandbriefe durch Hypotheken gibt es noch weitere gesetzliche Regelungen, die die Gläubiger schützen sollen. So darf beispielsweise das Gesamtvolumen aller emittierten Pfandbriefe das Sechzigfache des haftenden Eigenkapitals nicht übersteigen.

Pfandbriefe sind auf Grund der gesetzlichen Anforderungen sehr sichere Papiere, die dem risikoscheuen Anleger eine Alternative zu Bundesanleihen oder erstklassigen Industrie- und Bankobligationen bieten. Sie erfüllen die Bedingungen der Mündelsicherheit (siehe Mündelsicher). Auf Grund ihrer normierten Ausgestaltung lassen sich Pfandbriefe leicht veräußern. An der Börse werden allerdings nur wenige Pfandbriefe gehandelt, so dass die Kursbeobachtung für den privaten Anleger schwieriger ist als beispielsweise bei Staatspapieren. Dieses Defizit soll durch den neuen Pfandbriefindex (PEX) behoben werden.

Pfandbriefindex (PEX)

Der deutsche Pfandbriefindex ist das neuste Mitglied der Index-Familie am deutschen Wertpapiermarkt. Der Index misst die Rendite deutscher Pfandbriefe und damit die Marktentwicklung am Pfandbriefmarkt. Der PEX ist von seinem Aufbau her dem Index für Anleihen – dem Rentenindex REX – sehr ähnlich. Das ermöglicht Vergleiche zwischen der Entwicklung von Staatspapieren und Pfandbriefen.

Der Deutsche Pfandbriefindex PEX gehört neben den bekannten Indizes DAX, REX, DAX 100 und Composite DAX (CDAX) zu den gebräuchlichen Wertpapierindizes in der Bundesrepublik. Der PEX soll die Renditeentwicklung der Pfandbriefe auf dem deutschen Markt widerspiegeln und wurde deshalb entwickelt, weil in der Bundesrepublik Deutschland bis jetzt kein institutsunabhängiger Index für Pfandbriefe bestand. Die Entwicklung der Preise und Renditen war damit für Investoren und Händler nur schwer zu beobachten. Der REX eignet sich nicht als allgemein anerkannter Index für die Entwicklung von Pfandbriefen, da er sich aus Staatspapieren errechnet.

Der Pfandbriefindex PEX wurde vom Verband Deutscher Hypothekenbanken, vom Verband öffentlicher Banken sowie vom Schweizerischen Institut für Banken und Finanzen der Hochschule St. Gallen für den deutschen Kapitalmarkt entwickelt. Der PEX ist von seinem Aufbau her dem REX sehr ähnlich und ermöglicht damit Vergleiche zwischen der Entwicklung von Staatspapieren und Pfandbriefen.

Der Berechnung des PEX liegt das so genannte Notional-Bond-Konzept zugrunde. Der Index wird nach diesem Konzept mit Hilfe von synthetischen Wertpapieren ermittelt. Bei synthetischen Wertpapieren handelt es sich um künstlich entworfene idealtypische Wertpapiere, also Wertpapiere, die gar nicht wirklich existieren, sondern nur für die Berechnung des Index entworfen werden. Der Wert eines synthetischen Wertpapiers leitet sich aus anderen, tatsächlich existierenden Papieren ab. Synthetische Wertpapiere sind damit eine besondere Form von Derivaten. Dies unterscheidet den PEX von vielen anderen Wertpapierindizes, bei denen die Berechnung auf einem Portfolio aus tatsächlich am Markt gehandelten Wertpapieren basiert.

Mit Hilfe eines speziellen Berechnungssystems werden die Kurse der künstlichen Pfandbriefe berechnet. Dazu werden zunächst Marktdaten gesammelt und dann in Kurse für die synthetischen Wertpapiere umgerechnet. Die dabei entstehenden Kurse sind ebenfalls idealtypische Kurse, also Kurse, die bei den am Markt beobachteten Zinssätzen entstehen müssten. Man spricht hier von so genannten fairen Kursen. Die in der Realität entstehenden Kurse können von diesen fairen Kursen auf Grund von Erwartungen der Marktteilnehmer oder aufgrund anderer Effekte kurzfristig abweichen. Die Kurse der verschiedenen idealtypischen Wertpapiere werden dann zu einem Index, dem PEX, zusammengefasst.

Das Problem bei der Ermittlung der Kurse von künstlichen Pfandbriefen liegt darin, dass die Kurse der realen Papiere nicht einfach am Markt beobachtet werden können. Im Gegensatz zu vielen anderen festverzinslichen Wertpapieren, wie beispielsweise Bundesobligationen, Bundesanleihen oder Industrieobligationen, lassen sich die Kurse von Pfandbriefen nicht einfach an der Börse beobachten, da nur wenige Pfandbriefe an den deutschen Wertpapiermärkten gehandelt werden. Die meisten Umsätze mit Pfandbriefen werden telefonisch getätigt und sind deshalb nicht unmittelbar zu beobachten. Aus diesem Grund dienen Pfandbriefemittenten und Pfandbriefhändler als Informationslieferanten. Diese sollen täglich die Renditen bei An- und Verkauf von Pfandbriefen melden. Die Meldung der An- und Verkaufsrenditen wird per EDV übermittelt, und mit den erhaltenen Werten wird der PEX berechnet.

Ziel der Entwicklung des PEX war eine Erhöhung der Markttransparenz, also der Übersichtlichkeit auf dem Markt für Pfandbriefe für Investoren und Emittenten. Zusammen mit dem Rentenindex REX kann die Entwicklung von rund 80 Prozent der deutschen Rentenpapiere verfolgt und zudem die Entwicklung von Pfandbriefen mit der Entwicklung von Staatspapieren verglichen werden.

Portfolio/Portefeuille

Damit wird der Bestand eines Anlegers an Aktien, Anleihen, Wechseln oder anderen Wertpapieren umschrieben. Wörtlich übersetzt bedeutet dieser aus dem Französischen stammende Begriff Aktenmappe oder Brieftasche und beschreibt damit die früher übliche Aufbewahrung von Wertpapieren im privaten Bereich. Heute ist das Portfolio in der Regel gleichzusetzen mit dem Wertpapierdepot, das von einem Kreditinstitut oder der Bundesschuldenverwaltung im Auftrag des Kunden verwaltet wird.

Wertpapiere werden heute aus Gründen der Sicherheit und Bequemlichkeit nur noch selten privat verwahrt. Die früher üblichen Tafelgeschäfte, bei denen ein Sparer seine Aktien oder Anleihen (beziehungsweise die Dividenden- und Zinskupons) bei Fälligkeit zur Bank oder Sparkasse brachte, um sich die Zinsen oder Dividenden bar auszahlen zu lassen, sind eher unüblich geworden. Sparer, die die private Verwahrung auch heute noch vorziehen, müssen nämlich nicht nur die verschiedenen Zins- und Dividendentermine selbst im Auge behalten und ihre Kupons rechtzeitig einlösen. Sie sind auch für die sichere Aufbewahrung (Verlust, Feuer, Diebstahl) verantwortlich. Überdies müssen sie befürchten, dass das Finanzamt ihnen eventuell unterstellt, dass sie ihre Wertpapiererträge einer ordnungsgemäßen Besteuerung zu entziehen versuchten. Das Portfolio ist daher heute weitgehend zum

Synonym für das Depot eines Anlegers geworden. Der Begriff spielt allerdings im Zusammenhang mit der Portfoliotheorie immer noch eine wichtige Rolle. Bei dieser Theorie geht es darum, Maßstäbe für die optimale Zusammensetzung des Vermögens oder der Wertpapierbestände eines Anlegers zu finden. Allerdings gibt es dafür nicht nur eine (theoretisch) richtige Lösung. Die optimale Portfolio- oder Depotmischung hängt immer auch davon ab, wie hoch das jeweilige Vermögen ist, wie die Ertragserwartungen sind, welche Anlageziele verfolgt werden und zu welchem Risikotyp der jeweilige Anleger gehört. Bei der Strukturierung des Portfolios ist zum Beispiel zu überlegen:

Wie langfristig kann das Geld angelegt werden?

- Wird ein allgemeiner Vermögensaufbau angestrebt oder wird auf ein konkretes Ziel hin gespart – wie den Kauf eines Autos, eines Hauses, die Ausbildung der Kinder, die Aufrechterhaltung des Lebensstandards im Alter?
- Befindet sich der Anleger noch in der Ansparphase? Dann sind seine Wahlmöglichkeiten und vor allem die Fähigkeit zur breiteren Streuung der Vermögensanlagen noch begrenzt. Immobilienerwerb scheidet wegen des hohen Kapitaleinsatzes meist aus – es sei denn, es lassen sich besondere steuerliche Fördermaßnahmen nutzen.
- In der Ansparzeit muss besonders sorgfältig geprüft werden, ob das vorhandene Kapital bei hochspekulativen Geschäften riskiert werden soll. Davon ist fast immer abzuraten.
- Um nicht „alle Eier in einen Korb zu legen", sollte bei wachsenden Beständen das Vermögen auf Anleihen, Aktien, Immobilien und eventuell auch Gold und andere Sachwerte aufgeteilt sowie eine ausreichende Barreserve gehalten werden. Bei genügend anderweitig angelegten Mitteln kann eventuell ein bestimmter Teil des Portfolios für gewinnträchtige, aber riskante Anlageformen (Optionen, Puts, Calls, Warentermingeschäfte usw.) eingesetzt werden.
- Eine breitere Streuung des Risikos kann auch bedeuten, dass die verschiedenen Geldanlagen auf unterschiedliche Länder oder Währungen verteilt werden.
- Je nach Sicherheitsbedürfnis beziehungsweise Risikobereitschaft kann der Anteil an festverzinslichen Wertpapieren, Aktien und Immobilien unterschiedlich gewichtet werden. Auch innerhalb dieser Kategorien kann zwischen Blue Chips und risikoreicheren Papieren mit höheren Zinsen oder größerer Kursfantasie unterschiedlich gewichtet werden.
- Je nach steuerlicher Situation muss überlegt werden, ob bei der Zusammenstellung des Portfolios mehr auf Zinserträge oder auf Kursgewinne gesetzt wird, ob Rendite- oder Abschreibungsobjekte bevorzugt werden.
- Wichtig ist auch, ob ein Depot oder das gesamte Vermögen vor allem der eigenen Alterssicherung dienen oder ob es im Hinblick auf die Erben (beziehungsweise zur Vermeidung hoher Erbschaftssteuern) optimiert werden soll.

Nach der Portfoliotheorie soll bei der Abschätzung der Risiken, Chancen und Ertragsaussichten sowie bei den steuerlichen Überlegungen immer das gesamte Depot betrachtet beziehungsweise für den Versuch einer Optimierung herangezogen werden.

Präsenzbörse

Die Präsenzbörse ist die klassische Form des Börsenhandels, bei dem die Geschäftsabschlüsse auf dem Börsenparkett zwischen den Händlern im persönlichen Kontakt stattfinden. Von einer Computerbörse spricht man, wenn die Marktteilnehmer den Handel mit Hilfe von Computern abwickeln können, ohne persönlich oder telefonisch in Kontakt zu treten.

Näheres dazu unter Computerbörse.

Private Equity/Private-Equity-Fonds

Hier handelt es sich um Beteiligungskapital, das bei privaten Anlegern eingesammelt und (in der Regel) noch nicht börsennotierten Unternehmen zur Verfügung gestellt wird. Vielfach ist aber auch Beteiligungskapital gemeint, das in junge, wachstumsstarke Unternehmen investiert wird, die später an die Börse gebracht werden sollen. Private Equity bedeutet oft nicht nur die Kapitalbereitstellung, sondern auch aktive unternehmerische Mitgestaltung bei den Gesellschaften, die mit Wagniskapital versorgt werden. In Deutschland hat sich erst seit Mitte der Neunzigerjahre ein Markt für Private Equity entwickelt, der sich mit den angelsächsischen Vorbildern vergleichen lässt. Privatanleger können sich auch über Fonds daran beteiligen.

Eine allgemein gültige Definition von Private Equity (PE) gibt es nicht. Meist werden darunter nicht öffentlich (an der Börse) gehandelte Unternehmensbeteiligungen zusammengefasst. Während Venture Capital in junge, wachstumsstarke Unternehmen investiert wird, die für einen späteren Börsengang in Frage kommen, wird Kapital im Rahmen von Private Equity auch bereits länger existierenden mittelständischen Betrieben zur Verfügung gestellt, für die kein IPO vorgesehen ist. Es können rentable Familienbetriebe sein, bei denen die Nachfolgefrage ungeklärt ist. Oder Betriebe, die interessante Produkte und eine gute Stellung am Markt besitzen, die aber über zu wenig Wagniskapital verfügen. Während diese Form der Finanzierung in den angelsächsischen Ländern und vor allem in den USA schon lange weit verbreitet ist und auch in Schweden oder den Niederlanden eine wichtige Rolle spielt, hat sie sich in Deutschland erst seit der Mitte der Neunzigerjahre stärker entwickelt. Noch 1990 wurde lediglich eine Milliarde Mark neu investiert und in dieser Höhe bewegten sich die neu aufgebrachten Mittel bis 1996. Sie sprangen dann 1997 auf rund 2,5 Milliarden und erreichten 1999 über sechs Milliarden (3,06 Milliarden €). Möglich wurde dies durch den Erfolg des Neuen Marktes. Denn von den rund dreihundert Unternehmen, die Mitte 2000 dort gelistet waren, waren über 40 Prozent vor ihrem IPO durch Private Equity gefördert worden.

Die Manager von Private Equity beschränken sich dabei immer weniger auf eine reine Finanzierungsfunktion. Sie unterstützen die jungen ebenso wie die älteren mittelständischen Unternehmen bei der Führung der Betriebe. PE-Gesellschaften streben keine dauerhafte Beteiligung an den von ihnen geförderten Unternehmen an. Sie erzielen ihre Gewinne fast ausschließlich aus dem späteren Verkauf der Anteile. Deshalb sind sie sehr daran interessiert, dass die betreuten Unternehmen rasch ihre Marktstellung ausbauen und in die Gewinnzone kommen. Renditen von über tausend Prozent sind dann beim Verkauf der Anteile keine Seltenheit. Sie müssen allerdings auch einen Ausgleich für die Flops bieten, die bei diesem Geschäft nicht zu vermeiden sind. Es zeigt sich, dass durchschnittlich 30 der im Portfolio einer PE-Gesellschaft befindlichen Unternehmen über einen Börsengang (IPO) wieder abgegeben werden. Rund die Hälfte werden an strategische Investoren verkauft. Etwa 20 bis 30 Prozent der Unternehmen, in die investiert wurde, schaffen dagegen den wirtschaftlichen Durchbruch nicht. Diese Investments müssen abgeschrieben werden.

Da Veräußerungsgewinne durch die Steuerreform ab 2002 stark begünstigt werden, hat dies den PE-Gesellschaften einen starken Auftrieb gegeben. Deshalb wurden auch spezielle Fonds aufgelegt, die sich ihrerseits an verschiedenen Gesellschaften beteiligen und die auch Kleinanlegern offen stehen, die nicht gleich 50.000 Euro investieren können, jedoch mit kleineren Beträgen bei diesem riskanten, aber in der Regel hochprofitablen Finanzierungsgeschäft dabei sein wollen. Private Equity ist allerdings nicht so stark risikobehaftet wie Venture Capital, da das Geld der Anleger für ein bis fünf Jahre vor allem in bereits erfolgreiche Unternehmen und Konzepte investiert wird. Danach wird der Anteil wieder verkauft.

Private-Equity-Fonds werden als „geschlossene Fonds" (zu den Risiken siehe unter: Investmentgesellschaften) aufgelegt. Sie haben eine feste Laufzeit von meist zehn Jahren. Spätestens bei Ablauf werden alle noch bestehenden Beteiligungen wieder verkauft. Private-Equity-Dachfonds investieren meist in zehn bis 15 Private-Equity-Fonds, um eine breitere Risikostreuung zu erreichen. Es sind ebenfalls geschlossene Fonds mit begrenzter Laufzeit.

Achtung: Der Anleger kann aus geschlossenen Private-Equity-Fonds sein Kapital in der Regel nicht vor Ende der Laufzeit abziehen, da es – wie bei allen geschlossenen Fonds – keinen geregelten Markt für diese Anteile gibt. Ein Käufer für die Anteile ist deshalb nur schwer zu finden. Die offenen Fonds sind meist keine Alternative, da diese sich ihre Kunden oft selber aussuchen und Mindestanlagebeträge fordern, die zwischen einer und zehn Millionen Euro liegen können.

Auch an Venture Capital können sich private Anleger seit einigen Jahren über Fonds beteiligen. Die Mindestbeteiligungen liegen weit niedriger als bei direkter Beteiligung an einer Venture-Gesellschaft. Die breitere Streuung mindert zudem das Risiko.

Put

Ein Put oder eine Verkaufsoption ist ein Finanzinstrument, das den Verkäufer verpflichtet, einen vereinbarten Handelsgegenstand (meist ein Wertpapier) innerhalb einer bestimmten Frist oder zu einem bestimmten künftigen Zeitpunkt zu einem im Voraus vereinbarten Preis zu kaufen. Für dieses Recht muss ihm der Käufer der Option eine Prämie zahlen. Diese Strategie wird eingesetzt, um Risiken abzusichern. Sie kann aber auch spekulativen Zielen dienen.

Der Handel mit Puts findet im Rahmen des Optionshandels statt und ist eine spezielle Form des Wertpapierhandels. Optionen zählen zu den so genannten Derivaten, deren Wert sich von dem zugrunde gelegten Handelsgegenstand ableitet. Der Handel mit Optionen findet an den Terminbörsen statt, zum Beispiel in Deutschland an der Eurex. Das Gegenstück zur Verkaufsoption (Put) ist die Kaufoption (Call). Der zugrunde liegende Handelsgegenstand (Basiswert) kann eine Aktie, eine Anleihe, ein Wertpapierindex, ein Warenterminkontrakt oder ein bestimmter Rohstoff (Öl, Weizen, Schweinebäuche, Kaffee usw.) sein.

Der Verkäufer einer Option (Stillhalter) verpflichtet sich bei diesem Termingeschäft, den Basiswert innerhalb der vereinbarten Laufzeit oder zu einem vereinbarten Zeitpunkt zu einem im Voraus vereinbarten Preis (Basiskurs) zu kaufen. Der Käufer der Option muss für dieses Recht eine Prämie (Optionsprämie) an den Verkäufer der Kaufoption (des Puts) zahlen. Er erwirbt dadurch das Recht (hat aber nicht die Pflicht), den vereinbarten Handelsgegenstand innerhalb einer bestimmten Frist zu dem festgelegten Preis zu verkaufen. Der Verkäufer eines Puts (Verkaufsoption) verpflichtet sich, den Basiswert innerhalb der vereinbarten Laufzeit oder zu einem bestimmten Zeitpunkt zum Basiskurs zu kaufen. Dafür erhält er die Optionsprämie. Er kann aber nicht verlangen, dass die Option durch den Käufer tatsächlich ausgeübt wird. Denn wenn der Kurs der Anleihe, Aktie oder Ware zum Zeitpunkt der möglichen Optionsausübung an der Börse höher ist als der Basispreis, ist es für den Käufer günstiger, die Option verfallen zu lassen und zum Beispiel das Wertpapier an der Börse zum Tageskurs zu verkaufen. Er verliert allerdings in diesem Fall die an den Verkäufer der Option gezahlte Prämie.

Während ihrer Laufzeit sind Optionen handelbar. Der Erwerber einer Verkaufsoption kann sie also jederzeit an der Börse verkaufen. Das Recht auf Lieferung geht dann an den Erwerber über. Je nach der Kursentwicklung des zugrunde liegenden Wertes (Aktie, Anleihe, Rohstoff) unterliegt der Kurs der Option überproportionalen Schwankungen. Der Gewinn oder Verlust kann bei gleichem Kapitaleinsatz deshalb ein Vielfaches der Gewinne oder Verluste betragen, die zur gleichen Zeit zum Beispiel mit der auf Termin verkauften Aktie gemacht werden können. Optionen sind deshalb hochspekulativ.

Der Verkäufer des Puts rechnet damit, dass der Kurs des zugrunde liegenden Wertes (Aktie, Anleihe, Rohstoff) innerhalb der Laufzeit über den vorab vereinbarten Preis steigt. Der Verkäufer erwartet also eher einen steigenden oder gleichbleibenden Kurs der zugrunde gelegten Ware. Sinkt dagegen der Kurs des Basiswerts unter den vereinbarten Preis, so muss der Verkäufer der Option (des Puts) den Handelsgegenstand zu einem niedrigeren Betrag abgeben, als zum gleichen Zeitpunkt damit an der Börse zu erzielen gewesen wäre. Als Ausgleich dafür hat er zuvor die Prämie kassiert.

Der Gewinn (Verlust) des Käufers (Verkäufers) ergibt sich jeweils aus der Differenz zwischen Basiskurs und der Summe aus Börsenkurs und Optionsprämie.

Verkäufer von Optionen (Puts) können dieses spekulative Geschäft aus unterschiedlichen Motiven machen. So können sie Optionen auf ihre Wertpapiere oder Waren verkaufen, um durch den Erlös bereits erzielte Kursgewinne noch zu erhöhen. Denn wenn am Erfüllungstag der Kurs oberhalb des vereinbarten Preises liegt und sich für den Erwerber die Ausübung der Option nicht lohnt, kann der Verkäufer des Puts in jedem Fall die kassierte Prämie behalten.

Optionen werden vor allem von Investmentgesellschaften als Instrument der Risikominderung eingesetzt.

Quellensteuer

Eine steuerliche Abgabe, die dort erhoben wird, wo der Ertrag anfällt. Das gilt für Zins- oder Dividendenerträge, die schon bei der Bank vor der Gutschrift auf dem Konto des Kapitaleigners abgezogen werden, ebenso wie für die Lohnsteuer, die vom Arbeitgeber direkt an das Finanzamt überwiesen wird. Eine Quellensteuer entlastet das Finanzamt von Verwaltungsarbeit und erschwert die Steuerhinterziehung.

Zinsen und Dividenden werden in fast allen Industrieländern direkt an der Quelle beziehungsweise bei den Banken besteuert. Erst der verbleibende Betrag wird dem Konto des Kapitaleigners gutgeschrieben. In Deutschland kann der Quellenabzug im Rahmen der jeweils geltenden Freibeträge (3.000 DM für Alleinstehende, 6.000 DM für Verheiratete plus Werbungskostenpauschale) vermieden werden. Dazu muss dem kontoführenden Kreditinstitut ein Freistellungsauftrag erteilt werden.

Die Quellensteuersätze sind in den einzelnen Ländern sehr unterschiedlich. Sie liegen in der Schweiz bei 35 Prozent. In Deutschland und den USA oder Schweden betragen sie 30 Prozent. In vielen EU-Ländern (wie Frankreich, Österreich, Niederlande oder Dänemark) liegen sie bei 25 und in Japan bei 20 Prozent.

Anleger, die Zinsen oder Dividenden von ausländischen Schuldnern oder Unternehmen erhalten und im jeweiligen Land dem Steuerabzug an der Quelle unterliegen, können dies im Inland geltend machen. Dadurch soll eine doppelte Besteuerung vermieden werden. Voraussetzung ist, dass zwischen der Bundesrepublik und dem jeweiligen Land ein Doppelbesteuerungsabkommen besteht. Dann behandelt der deutsche Fiskus den Abzug ebenso wie die deutsche Quellensteuer als Vorauszahlung auf die Einkommensteuer. Allerdings sind oft nur Teile der Steuer anrechenbar. Den Rest der gezahlten Quellensteuer muss sich der Steuerzahler deshalb oft direkt durch ein besonderes Antragsverfahren aus dem jeweiligen Land zurückholen.

Quotenaktien

Eine Form der nennwertlosen Aktie ist die Quotenaktie, die auch als „unechte nennwertlose Aktie" bezeichnet wird. Der Aktionär ist hierbei mit einem bestimmten Prozentsatz am Vermögen des Unternehmens beteiligt. Nennwertlose Aktien findet man vor allem in den USA und in Kanada. Mit Blick auf die Europäische Währungsunion wurden sie ab 1998 auch in Deutschland von vielen Gesellschaften eingeführt.

Näheres unter Nennwertlose Aktie.

Rating

Das Rating ist ein Wertmaßstab für die Zahlungsfähigkeit und Kreditwürdigkeit von Wertpapieremittenten. Es wird von spezialisierten Instituten vorgenommen und gibt dem Anleger wichtige Hinweise darauf, wie sicher die Anleihen bestimmter Schuldner sind. Je geringer die Bonität ist, umso höhere Zinsen muss der Schuldner bieten, um risikobereite Geldgeber anzulocken.

Spezialisierte Wirtschaftsprüfungsgesellschaften bewerten im Auftrag von Institutionen und Unternehmen, die Geld auf den internationalen Anleihemärkten aufnehmen wollen, deren Bonität. Ein gutes Ergebnis macht es für die Schuldner leichter und billiger, für ihre Anleihen, Schatzbriefe oder Obligationen Käufer zu finden. Die Rating-Agenturen prüfen, ob sie in der Lage sind, ihren Zahlungsverpflichtungen rechtzeitig und in vollem Umfang nachzukommen, oder ob mit einem Ausfallrisiko gerechnet werden muss. Sie prüfen allerdings nur Schuldner, die auf dem Anleihemarkt auftreten. Dies können Staaten, internationale Organisationen, Bundesländer, Kommunen oder Industrie- und Dienstleistungsunternehmen sein. Wer in Kleinanzeigen mit dem Versprechen hoher Zinsen um Kunden wirbt, wird von Rating-Agenturen nicht durchleuchtet. Die international bekanntesten Prüfunternehmen sind Moody's und Standard&Poors.

Wird zum Beispiel ein Industrieunternehmen von den Rating-Agenturen eingeschätzt, dann prüfen sie neben der Bonität des Schuldners auch die Qualität der verschiedenen Anleihearten, die von dem Unternehmen zum Verkauf angeboten werden sollen. Bewertet werden zudem die Aussichten der Branche und die gesamtwirtschaftliche Lage des Staates, in dem sich das Unternehmen befindet. Je nach Ergebnis werden die Schuldner verschiedenen Risikogruppen zugeordnet und in einer Rating-Skala dargestellt.

Ihre Bewertungsergebnisse bestehen aus einer Kombination von Buchstaben und Zahlen. Die Rating-Skalen gliedern sich in Ränge von A bis D.

A = Investment. Sichere Geldanlage, kein erkennbares Risiko.
B = Spekulativ. Risikoreiche Geldanlage.
C = Hochspekulativ. Hohe Zinsen, aber auch hohes Risiko bei niedriger Qualität, zum Beispiel Junk Bonds.
D = Notleidend. Keine Geldanlage zu empfehlen.
C = Niedrigste Qualität, Gefahr des Zahlungsverzugs oder Schuldner ist mit Zinszahlung bereits in Verzug.

Je nach Rating-Agentur gibt es innerhalb der einzelnen Stufen noch unterschiedliche Zusätze, die eine feinere Differenzierung erlauben. So bedeutet bei Moody's oder Standard&Poors Aaa beziehungsweise AAA „Beste Qualität", von AA1 beziehungsweise AA+ bis Aa3 beziehungsweise AA- „Hohe Qualität mit geringen Abstrichen", und bei der niedrigsten Qualitätsstufe reichen die Differenzierungen von Caa bei Moody's und CCC bei Standard&Poors über Ca beziehungsweise CC bis C.

Je blumiger die Versprechungen, umso höher das Risiko

Wer kennt diese Angebote nicht: „Rendite-Renner", „Höchst-Renditen nur bei uns" und ähnliche reißerische Angebote im Anzeigenteil der Presse. Solche Versprechungen sind jedoch mit Vorsicht zu betrachten. Wer sein Geld sicher anlegen will, ist bei solchen Schuldnern an der falschen Adresse. Denn diesen Anlageangeboten fehlt ein für den vorsichtigen Investor wichtiges Qualitätsmerkmal: das Rating. Es wird von darauf spezialisierten Unternehmen vorgenommen, die Anleiheschuldner genauestens unter die Lupe nehmen.

Faustregeln für das Risiko: Eine in Aussicht gestellte „hohe" Rendite muss oft mit einem höheren Sicherheitsrisiko bezahlt werden. Deshalb gilt:
- Je schlechter das Rating, desto höher die Rendite.
- Je besser das Rating, desto niedriger die Rendite der Anleihe.

Wertpapieremittenten, die Anleihen über eine lange Laufzeit von zum Beispiel zehn Jahren herausgeben und eine A-Note erhalten, können auf Grund ihrer guten Bonität auch bei vergleichsweise niedriger Rendite genügend Käufer finden. Dagegen ist die Nachfrage nach Papieren von zweifelhaften Schuldnern selbst bei hohen Renditeversprechungen eher gering.

Rating ist Vorschrift: Zum Schutz der Anleger besteht eine Rating-Pflicht für alle Wertpapieremittenten in den USA sowie in Kanada, Japan und Australien. In Deutschland gibt es solche Vorschriften nicht. Häufig werden deshalb gerade von ausländischen Emittenten zweifelhafte Papiere auf dem deutschen Kapitalmarkt angeboten. Der Anleger hat durch die fehlende Bonitätseinschätzung keine Vergleichsmöglichkeiten zu anderen Anleihen und muss insbesondere bei langen Laufzeiten damit rechnen, dass das Ausfallrisiko größer wird.

Viele international tätigen Emittenten (darunter auch deutsche Unternehmen) lassen ihre Papiere freiwillig „raten", um Skepsis von vornherein auszuschließen. Andere, die nicht gesetzlich dazu gezwungen sind, entscheiden sich jedoch für ein „no rating". Ein Grund dafür kann die Befürchtung sein, dass ihr Rating vergleichsweise „schlecht" ausfällt. Ein weiterer Grund ist, dass sie die mit der Untersuchung beauftragte Rating-Agentur bezahlen müssen.

Neben dem an der Sicherheit einer Anlage orientierten Rating gibt es auch ökologisches Rating oder ethisches Rating. Bei Islam-Fonds sind es religiöse Kriterien, nach denen Aktien beurteilt werden.

Realkreditinstitute |

Realkreditinstitute sind private oder öffentlich-rechtliche Kreditinstitute, die darauf spezialisiert sind, langfristige Kredite zu vergeben, welche durch Grundpfandrechte besichert sind. Die Mittel zur Vergabe der Kredite werden durch die Emission von Pfandbriefen aufgebracht. Daneben vergeben Realkreditinstitute oftmals auch Kredite an Gemeinden. Die Mittel für Gemeindekredite werden durch die Emission von Kommunalschuldverschreibungen beschafft.

Realkreditinstitute sind eine Spezialform der Kreditinstitute, die vom Gesetz her in ihrer Geschäftstätigkeit stark beschränkt sind. Realkreditinstitute dürfen gemäß dem Hypothekenbankengesetz nur folgende Geschäfte tätigen:

1. Vergabe von Hypothekendarlehen im Inland oder im europäischen Ausland. Außerdem Vergabe von nachrangigen Krediten.

2. Emission von Pfandbriefen zur Beschaffung der notwendigen Mittel zur Kreditvergabe.

3. Vergabe von Krediten (nichthypothekarischen Krediten) an Körperschaften oder öffentlich-rechtliche Anstalten. Eine Vergabe an Dritte ist möglich, wenn die Bürgschaft für diesen Kredit von einer Körperschaft oder öffentlich-rechtlichen Anstalt übernommen wird.

4. Emission von Kommunalschuldverschreibungen zur Beschaffung der Mittel zur Kreditvergabe an öffentlich-rechtliche Anstalten oder Körperschaften.

Daneben dürfen Realkreditinstitute noch einige nichtriskante Geschäfte tätigen. Im Interesse der Gläubiger aus dem Pfandbriefgeschäft unterliegen die Realkreditinstitute besonders strengen Vorschriften und Aufsichtsnormen des Bundesaufsichtsamts für Kreditwesen. Dazu gehört vor allem das so genannte Kongruenzprinzip. Es besagt, dass dem Gesamtbetrag der im Umlauf befindlichen Pfandbriefe ein mindestens genauso hoher Betrag an Hypothekendarlehen entgegenstehen muss, der einen mindestens so hohen Zinsertrag erbringt.

Man unterscheidet zwischen öffentlich-rechtlichen und privaten Realkreditinstituten. Zu den privaten Realkreditinstituten zählen:

1. Hypothekenbanken
2. Schiffspfandbriefbanken

Zu den öffentlich-rechtlichen Realkreditinstituten zählen:

1. Landschaften
2. Ritterschaften
3. Stadtschaften
4. sonstige Realkreditinstitute

Daneben gibt es noch die gemischten Hypothekenbanken und die öffentlich-rechtlichen Institute, die neben dem Hypothekenkreditgeschäft und dem Pfandbriefgeschäft auch sonstige Bankgeschäfte betreiben.

Hypothekenbanken dürfen nur in der Rechtsform der Aktiengesellschaft oder der Kommanditgesellschaft auf Aktien (KGaA) geführt werden.

Regionalbörsen

In Deutschland gibt es neben dem dominierenden Frankfurter Wertpapiermarkt sieben Regionalbörsen. Sie stehen untereinander in einem harten Wettbewerb. Durch Spezialisierung versuchen die Regionalbörsen ein Gegengewicht zur Frankfurter Börse zu bilden.

Deutsche Regionalbörsen gibt es in Stuttgart, München, Düsseldorf, Berlin, Hamburg, Bremen und Hannover. Die deutschen Regionalbörsen stemmen sich gegen die Übermacht der Frankfurter Börse. Allerdings konzentriert sich rund 80 Prozent des Geschäfts auf den Finanzplatz Frankfurt. Die Regionalbörsen wenden sich vor allem an den privaten Anleger und seine Bedürfnisse und weniger an institutionelle Anleger. Die Regionalbörsen ermöglichten zum Beispiel bei Aktien den Handel schon ab einem Stück und führten früher als Frankfurt verlängerte Handelszeiten ein.

Überdies betreiben sie eine stärkere Spezialisierung. Zum Beispiel wirbt der Finanzplatz Berlin mit seinem breiten Angebot an ausländischen Aktien und von Papieren, die im Freiverkehr gehandelt werden. Die Stuttgarter Börse ist besonders kreativ beim Handel von Optionsscheinen. Zu den Instrumenten im Wettbewerb um private Anleger gehört die Länge der Handelszeiten, die Transparenz des Marktes beziehungsweise der Ausführung von Order, eine hohe Liquidität und nicht zuletzt niedrige Transaktionskosten (wie Courtage). Über die Angebote der Regionalbörsen, ihre Spezialitäten und Serviceangebote können sich Anleger auf den Internet-Seiten der Regionalbörsen informieren.

Rendite

Die Rendite bezeichnet den in Prozent ausgedrückten Ertrag eines Investments. Man unterscheidet zum einen zwischen Bar- und Anlagerendite und zum anderen zwischen der so genannten Ex-post- und der Ex-ante-Rendite. Die Rendite als Kennziffer für den relativen Erfolg einer Geldanlage wird sowohl zur Beurteilung von Anlagen in Aktien, festverzinslichen Wertpapieren und Investmentfonds als auch zur Erfolgsmessung von Immobiliengeschäften und Unternehmensinvestitionen verwendet.

Die Rendite ist die gebräuchlichste Kennzahl zur Beurteilung des relativen, also auf den Kapitaleinsatz bezogenen Erfolgs einer Kapitalanlage. Sie drückt den Ertrag eines Investments in Prozent der eingesetzten Mittel aus und eignet sich sowohl zur Beurteilung von Investments am Kapitalmarkt und Geldmarkt als auch zur Einschätzung des Erfolgs von Unternehmensinvestitionen sowie von Geldanlagen im Immobilienbereich. Eine wichtige Größe ist dabei auch die Umlaufrendite.

Für den Privatanleger spielt der Begriff der Rendite vor allem im Bereich der Anlage in Aktien, Anleihen, Derivaten und Investmentanteilen eine Rolle. Hierbei muss man allerdings zwischen der Ex-ante- und der Ex-post-Rendite unterscheiden. Als Ex-ante-Rendite bezeichnet man die Rendite, die sich zum Zeitpunkt des Investments auf Basis geplanter Größen errechnet. Die Ex-post-Rendite hingegen ergibt sich nach Abschluss des Investments auf Basis der tatsächlich erwirtschafteten Erträge. Die Ex-ante-Rendite ist eine mit Unsicherheiten behaftete Größe, da nicht mit Sicherheit vorgesehen werden kann, ob die in die Berechnung einbezogenen Größen (zum Beispiel Dividenden und Verkaufs- oder Rückzahlungskurse) auch tatsächlich erreicht werden. Die Ex-post-Rendite errechnet sich dagegen auf Grund bereits erfolgter Zahlungen, beinhaltet also keine Unsicherheiten mehr. Vernünftige Ex-ante-Renditen lassen sich nur dann berechnen, wenn die zu erwartenden Zahlungen mit relativ hoher Wahrscheinlichkeit so eintreten wie angenommen. Ex-ante-Renditen können zur Beurteilung verschiedener Investitionsmöglichkeiten herangezogen werden, sind also als Entscheidungskriterium zu verwenden. Die Ex-post-Renditen dienen dagegen lediglich zur nachträglichen Beurteilung des Erfolgs eines Investments.

Die Berechnung der Rendite erfolgt überall nach ähnlichem Muster, wobei die Ermittlung der Rendite von Anleihen als Grundmuster für alle anderen Verwendungsarten eingesetzt werden kann. Zudem gehören Anleihen zu den wenigen Anlageinstrumenten, bei denen eine aussagekräftige Ex-ante-Rendite berechnet werden kann.

Rendite von Anleihen

Hinsichtlich der Berechnung der Rendite von Investments in Anleihen muss man zwischen der so genannten Barrendite und der Anlagerendite unterscheiden. Die **Barrendite** drückt einfach die in einem Jahr erhaltenen Zinszahlungen als Prozentsatz vom Kurswert aus. Da sich aber der Kurswert einer Anleihe in der Regel vom Rückzahlungswert der Anleihe unterscheidet, gibt der Barwert eine sehr ungenaue Vorstellung von dem tatsächlich realisierten Erfolg der Anlage. Aus diesem Grund verwendet man in der Regel die so genannte **Anlagerendite** zur Beurteilung der Ertragskraft einer Anleihe. Die Anlagerendite in ihrer reinen Form bezieht die exakte Restlaufzeit, den Kaufkurs, den Rückzahlungskurs, die Höhe der Zinszahlungen sowie die Stückzinsen in die Berechnung mit ein. Die Problematik dabei liegt allerdings darin, dass die Anlagerendite bei Einbeziehung dieser Determinanten mit Hilfe komplizierter mathematischer Formeln berechnet werden muss. In der Regel ist die Ermittlung nur anhand von Computern mit entsprechender Software möglich. Aus diesem Grund wird die Anlagerendite meist mit Hilfe einer Faustformel ermittelt. Sie erlaubt zwar keine exakte Berechnung, bietet aber eine für die meisten Anleger ausreichende Annäherung.

Die Anlagerendite wird häufig auch als Effektivverzinsung bezeichnet. Die Effektivverzinsung kann in die so genannte Umlaufrendite und die Emissionsrendite unterteilt werden. Die **Emissionsrendite** gibt an, wie hoch die Effektivverzinsung zum Zeitpunkt der Emission der Anleihe war. Ist eine Anleihe mit einem Nominalwert von 100 Euro, einem Zinskupon in Höhe von acht Euro und einer Laufzeit von fünf Jahren beispielsweise zu einem Kurs von 101 ausgegeben worden, so beträgt die Emissionsrendite gemäß „Faustformel" 7,72 Prozent. Hiervon ist die **Umlaufrendite** zu unterscheiden, die die Effektivverzinsung der Anleihe zu einem bestimmten Zeitpunkt nach der Emission angibt. Notiert die Anleihe beispielsweise nach einem Jahr bei 103 Euro, so beträgt die Umlaufrendite 7,03 Prozent.

Die Rendite ist ein gebräuchliches Instrument zur Beurteilung und zum Vergleich von Anleihen. Stehen einem Anleger mehrere Anleihen von Emittenten gleicher Bonität zur Verfügung, sollte er immer diejenige auswählen, die die höchste Rendite aufweist. Hierbei ist aber zu beachten, dass diese Rendite nur dann mit Sicherheit erzielt werden kann, wenn die Anleihe bis zum Laufzeitende gehalten wird. Wird die Anleihe vor Ende der Laufzeit verkauft, kann die tatsächliche Rendite auf Grund des dann zu erzielenden Kurses von der Rendite abweichen, die zum Zeitpunkt des Kaufs berechnet wurde. Ein weiterer Punkt, der bei der Beurteilung von Investments mit Hilfe der Rendite zu beachten ist, liegt in der Tatsache, dass die Rendite die Wiederanlagemöglichkeiten der Zinserträge (Zinseszinseffekt) nicht in die Berechnung mit einbezieht.

Rendite von Aktien

Anders als bei Anleihen lässt sich die Rendite von Aktien zum Zeitpunkt des Erwerbs der Aktien kaum berechnen, da der Rückzahlungskurs nicht bekannt ist. Eine Renditeberechnung kann also lediglich nach Abwicklung des gesamten Geschäfts, also nach abgeschlossenem Kauf und Verkauf der Aktie, stattfinden. Daher eignet sich die Rendite nur sehr bedingt als Entscheidungskriterium beim Erwerb von Aktien. Lediglich die so genannte Dividendenrendite wird teilweise als Kriterium für die Attraktivität von Aktien herangezogen. Die Rendite als solche, die sich bei Aktien unter Berücksichtigung des Kauf- und Verkaufskurses (Gewinn oder Verlust), der gezahlten Dividenden sowie der Gesamtanlagedauer ergibt, lässt sich lediglich zur nachträglichen Beurteilung des Anlageerfolges verwenden.

Auch bei der Erfolgsermittlung von Anlagen in Investmentfonds lässt sich die Rendite nur als nachträglicher Erfolgsindikator verwenden, nicht aber als Entscheidungskriterium für die Auswahl verschiedener Fonds. Eine Ausnahme hiervon bilden lediglich Fonds, die eine feste Laufzeit sowie einen garantierten Mindestrücknahmepreis haben. Hier kann schon vor Ende des Investments eine Mindestrendite errechnet werden.

Auch bei der Anlage in Immobilien oder Immobilienfonds lässt sich die Rendite nur sehr bedingt als Auswahlkriterium verwenden, da sich der Wiederverkaufspreis schwer voraussagen lässt.

Rentenfonds

Rentenfonds stellen die in Deutschland lange Zeit beliebteste Variante der Investmentfonds dar. Sie investieren die Mittel, die ihnen von ihren Anlegern zur Verfügung gestellt werden, hauptsächlich in festverzinsliche Wertpapiere wie Anleihen, Obligationen, Schuldverschreibungen und Schatzwechsel in- und ausländischer Emittenten. Der einzelne Anleger ist dann zu einem bestimmten Anteil am Gesamtportfolio beteiligt. Die Rendite eines Rentenfonds ergibt sich aus den regelmäßigen Zinszahlungen sowie eventuell erzielten Kursgewinnen der Wertpapiere im Portfolio des Fonds. Beides spiegelt sich in den Zahlungen, die der Fonds an seine Anteilseigner ausschüttet, sowie im Kurswert der Zertifikate wider.

Rentenfonds stellten lange Zeit das stärkste Segment der in Deutschland gehandelten Investmentfonds dar. (1999/2000 rückten die Aktienfonds an die erste Stelle.) Rentenfonds investieren ihre Mittel überwiegend in festverzinsliche Wertpapiere in- und ausländischer Emittenten. Der Anleger erwirbt mit dem Kauf der angebotenen Investmentzertifikate einen Anteil am Gesamtportfolio. Der Wert des einzelnen

Anteils ergibt sich aus dem Wert des gesamten Portfolios, dividiert durch die Anzahl der ausgegebenen Zertifikate. Der Anleger kann die Anteile börsentäglich zum Tageswert an den Fonds zurückverkaufen.

Wie bei allen Wertpapierfonds gibt es auch bei dieser Variante viele verschiedene Ausprägungen mit unterschiedlichen Anlageschwerpunkten. So gibt es Rentenfonds, die ihre Mittel ausschließlich in Anleihen, Obligationen und Schatzanweisungen der Bundesrepublik Deutschland anlegen. Andere investieren in Papiere verschiedener europäischer Emittenten oder haben ihren Anlageschwerpunkt in amerikanischen Rentenpapieren. Ferner unterscheiden sich die Fonds häufig durch die Laufzeit der Papiere, in die das Management investiert.

Grundsätzlich kann man Rentenfonds danach unterscheiden, ob sie ausschließlich in DM-Papiere anlegen oder ob die Anlage in internationale Rentenpapiere erfolgt.

Rentenfonds mit Anlageschwerpunkt in deutschen Rentenpapieren

Wie bei allen Wertpapierfonds liegt auch bei Rentenfonds die Grundidee des Konzepts darin, dass durch Streuung der dem Fonds anvertrauten Mittel eine angemessene Risikobegrenzung bei gleichzeitig attraktiver Rendite erreicht werden soll. Das Risiko liegt darin, dass auch festverzinsliche Wertpapiere gewissen Kursschwankungen unterliegen, die man durch Streuung der Mittel in einem bestimmten Umfang vermeiden kann. Tendenziell lässt sich feststellen, dass die Kurse von festverzinslichen Wertpapieren an der Börse bei steigendem Zinsniveau fallen, während sie bei sinkendem Zinsniveau steigen. Anders als bei Aktien ist aber eine Risikostreuung bei der ausschließlichen Anlage in deutsche Rentenpapiere nur in sehr begrenztem Maße möglich.

Hinsichtlich des Kursrisikos unterscheidet sich die Anlage in einen Rentenfonds, der ausschließlich in festverzinsliche Wertpapiere investiert, die auf Euro lauten und an einer deutschen Börse gehandelt werden, kaum von der Direktanlage in solche Papiere. Die Risikostreuung eines Rentenfonds, der ausschließlich in Papiere eines Marktes investiert, kann lediglich durch die Anlage in Papiere unterschiedlicher Laufzeit eine Risikominderung erreichen, da Papiere mit kürzerer Restlaufzeit weniger im Kurs schwanken als Papiere mit langer Restlaufzeit. Dadurch verringert sich aber auf der anderen Seite die Rendite der Anlage, da Papiere mit kurzer Restlaufzeit meist eine etwas geringere Rendite haben als Papiere mit langer Restlaufzeit.

Kritiker dieser Form der Anlage behaupten daher auch, dass die Anlage in Rentenfonds, die nur in einem Markt investieren (wie beispielsweise Fonds, die ausschließlich in deutsche Rentenpapiere anlegen), keine Vorteile hinsichtlich des Risikos gegenüber der direkten Anlage in einzelne Anleihen hat.

Für den Anleger stellt die Anlage in solche Rentenfonds aber trotzdem gewisse Vorteile gegenüber der Direktanlage dar, da ihm die gesamte Verwaltung der Papiere durch das Fondsmanagement abgenommen wird. So kümmert sich das Fondsmanagement um die Vereinnahmung von Zinszahlungen und der Rückzahlungen an den Fälligkeitsterminen sowie um die Wiederanlage der erhaltenen Mittel. Dadurch erzielt der Kunde zusätzlich einen gewissen Zinseszinseffekt, der sich bei Direktanlage oft nicht oder nur in geringerem Umfang realisieren lässt.

Für das Management des Fonds zahlt der Anleger dem Fonds beim Kauf einen gewissen Aufgabeaufschlag auf die Fondsanteile, der aber wesentlich geringer ausfällt als beim Kauf von Anteilen eines Aktienfonds.

Internationale Rentenfonds

Für Anleger kann die Anlage in Rentenpapiere ausländischer Emittenten von Vorteil hinsichtlich der Höhe der erzielbaren Rendite sein. In der Vergangenheit ließ sich oftmals beobachten, dass das Zinsniveau an ausländischen Kapitalmärkten deutlich höher war als am deutschen Markt. So lag das Zinsniveau in den USA in den letzten Jahren meist über dem Zinsniveau in Deutschland.

Auf der anderen Seite ist aber die Geldanlage im Ausland mit erheblichen Währungsrisiken verbunden, die den Zinsvorteil bei entsprechend negativer Entwicklung leicht zunichte machen können. Zudem ist es für den Anleger oft mit erheblichen Kosten verbunden, Anleihen im Ausland zu kaufen, da die deutschen Banken für solche Transaktionen in der Regel hohe Gebühren verlangen, die ebenfalls den Renditevorteil der betreffenden Papiere schmälern.

Gerade für Kleinanleger stellen daher internationale Rentenfonds eine gute Alternative zur Direktanlage dar. Hier treten die Vorteile eines Investmentfonds deutlich hervor. Zum einen erreichen diese Fonds durch Anlage ihrer Mittel in unterschiedlichen Ländern eine gewisse Risikostreuung, die den Anleger vor extremen Zins- und Währungsrisiken schützt. Zum anderen sind die Transaktionskosten, also die Gebühren, die für eine solche Anlage in einem internationalen Rentenfonds anfallen, wesentlich niedriger als bei der direkten Anlage in entsprechende Papiere. Ein weiterer Vorteil liegt darin, dass die Gelder von professionellen Managern verwaltet werden, die sich täglich mit den Chancen und Risiken auf den entsprechenden Märkten auseinander setzen, was ein Privatanleger schon aus zeitlichen Gründen nur selten tun kann.

Internationale Rentenfonds werden von fast jeder Fondsgesellschaft in den unterschiedlichsten Variationen angeboten. So ist auch hier wiederum eine gewisse Risikostreuung für den Anleger möglich, indem er seine Mittel in verschiedenen Fonds anlegt, die wiederum ihre Mittel in unterschiedlichen Märkten investieren.

Die Frage, welchen Fonds der Anleger wählen soll, kann bei der Vielzahl angebotener Fonds letztlich nur durch die persönliche Einschätzung des Anlegers sowie die Beratung durch die Wertpapierspezialisten seiner Hausbank beantwortet werden. Eine Hilfe können die regelmäßig erscheinenden Performance-Vergleiche in Fachzeitschriften und Wirtschaftsblättern darstellen.

Die Ausgabeaufschläge, also die tägliche Differenz zwischen dem Ausgabe- und dem Rücknahmepreis für einen Fondsanteil, liegen auf Grund des höheren Management- und Verwaltungsaufwands bei internationalen Rentenfonds oft ein wenig höher als bei rein deutschen Rentenfonds, sind aber dennoch in der Regel deutlich niedriger als bei Aktienfonds.

REX |

Der Deutsche Rentenindex (REX) misst die Kursentwicklung am Rentenmarkt anhand eines ausgewählten Musterdepots. Der Index basiert auf den effektiven Renditen der börsennotierten öffentlichen Anleihen. Er gilt als neutraler und nachprüfbarer Maßstab für die Marktbewegungen bei Anleihen.

Der REX wurde 1991 an der Deutschen Börse eingeführt. Er besteht wie der Deutsche Aktienindex DAX aus 30 Standardwerten. Allerdings sind die Wertpapiere nicht real am Markt handelbar, sondern fiktiv zusammengestellt. Der Grund liegt in der Natur der festverzinslichen Wertpapiere. Anleihen haben einen Fälligkeitstermin, laufen also zu bestimmten Terminen aus und verschwinden dann vom Markt. Deshalb wurde bei der Zusammenstellung der 30 REX-Titel ein fiktives Portefeuille zugrunde gelegt. Dabei beschränkte man sich auf das repräsentativste und liquideste Marktsegment. Das sind Bundesanleihen, Bundesobligationen und Bundesschatzanweisungen (einschließlich „Fonds Deutsche Einheit"). Damit deckt der REX zwar nur 20 Prozent der emittierten Titel ab, aber immerhin 80 bis 90 Prozent der notierten Börsenumsätze.

Bei der Ermittlung der 30 REX-Titel wurden als Basis die effektiven Renditen aller börsennotierten Bundesanleihen gewählt. Diese sind nach zehn Laufzeitklassen und drei Zinskuponklassen sortiert. Berücksichtigt werden Laufzeiten von ein bis zehn Jahren und Kupons von 6,0, 7,5 und 9,0 Prozent. Aus der Kombination von beiden ergibt sich eine Gewichtungsmatrix, die in ihrer Struktur immer konstant ist und somit Vergleiche möglich macht. In einem zweiten Schritt wurden die Renditen und nachfolgend die Kurse der 30 fiktiven Wertpapiere mittels einer Zinsstrukturkurve, die bis 1968 zurückreicht, gewichtet. Drittens werden die Kurse der 30 fiktiven Anleihen zum REX-Gesamt-Index aufsummiert.

In der Praxis hat sich der REX nach anfänglicher Skepsis durchgesetzt. Denn mit Hilfe der Gewichtungsmatrix und der Zinsstrukturkurve kann jede Anleihe an jedem Tag bewertet werden. Zum Beispiel wurde eine sechsprozentige Anleihe mit fünf Jahren Restlaufzeit an einem bestimmten Börsentag gar nicht gehandelt, also auch kein aktueller Kurs festgestellt. Gleichzeitig hat sich die Zinsstruktur am Rentenmarkt verändert. Im fiktiven Musterdepot ist aber auch diese Anleihe enthalten, so dass für jeden Tag bis zum Fälligkeitstermin eine Rendite und ein Kurs festgelegt werden kann. Damit ist sichergestellt, dass alle Laufzeit- und Zinskombinationen im Rentenindex enthalten sind. Marktverzerrungen können somit ausgeschlossen werden, und die Vergleichbarkeit bleibt erhalten.

Der REX in seiner jetzigen Form ist ein Kursindex. An seiner Größe lassen sich alle Kursschwankungen ablesen, die sich durch Zinsveränderungen ergeben haben. Steigende Indexziffern bedeuten einen Kursanstieg (Zinsrückgang), während fallende Indexzahlen einen Kursrückgang (Zinsanstieg) zeigen.

Der REX wird regelmäßig im Wirtschaftsteil vieler Tageszeitungen veröffentlicht. Daneben befindet sich in der Regel noch ein weiterer Rentenindikator, die durchschnittliche Umlaufrendite, die in Prozent ausgedrückt wird. Sie ist nicht gewichtet und zeigt nur die durchschnittlich erzielte Rendite aller gehandelten öffentlichen Anleihen. Beide Zahlen zusammen geben den Börsenteilnehmern einen guten Aufschluss über die derzeitige Verfassung des Rentenmarktes.

Risikomaße (Aktien)

Um zu einer ausgewogenen Anlageentscheidung zu kommen, benötigen Investoren Entscheidungshilfen, die ihnen Informationen über das Verhältnis von Chancen und Risiken bestimmter Anlageformen geben. Zur Beurteilung von Aktien wurden verschiedene Kennzahlen entwickelt, die zusammengefasst als Risikomaße bezeichnet werden. Die wichtigsten Risikomaße zur Beurteilung von Aktien sind die Volatilität und der Betafaktor.

Grundlage der meisten Anlageentscheidungen ist die mit dem Investment möglicherweise zu erzielende Rendite sowie das damit verbundene Risiko. Je höher das mögliche Verlustrisiko bei einer Anlageform ist, desto wichtiger ist es für einen Anleger, möglichst viele Informationen über Chancen und Risiken der einzelnen Papiere zu erhalten. Speziell bei Aktien und Derivaten verlangen Investoren nach Entscheidungshilfen, die es ihnen erleichtern, die zu ihrer individuellen Risikoneigung passende Anlage zu finden. Aus diesem Grund haben sich verschiedene Kennzahlen herausgebildet, die das Verhältnis Chancen/Risiken von an der Börse gehandelten Papieren kennzeichnen. Diese zur Risikomessung entwickelten Kennzahlen werden allgemein als Risikomaße bezeichnet. Die wichtigsten und gebräuchlichsten Risikomaße sind die Volatilität und der Betafaktor.

Durch Kombination zu einem risikolosen Portfolio

Der Anleger X möchte ein Portfolio aus zwei Aktien so zusammenstellen, dass kein Kursrisiko mehr besteht. Hierzu sucht er sich aus dem Börsenteil seiner Zeitung die Aktien A und B aus, die beide einen Betafaktor von 1,7 Prozent aufweisen. Zusätzlich wurde für die Aktie A ein Korrelationskoeffizient von 1 und für die Aktie B ein Korrelationskoeffizient von –1 errechnet. Die Aktie A kostet momentan 100 €, während die Aktie B einen Kurswert von 50 € aufweist. Der Anleger erwirbt eine A-Aktie und zwei B-Aktien, womit der Gesamtwert seines Portfolios 200 € beträgt. Steigt nun der durchschnittliche Kurswert im Gesamtmarkt um zehn Prozent, so verändert sich der Kurswert der A-Aktie positiv um 17 Prozent (1,7fache von zehn Prozent) auf 117 €, während sich der Kurswert der B-Aktien jeweils um 17 Prozent auf 41,5 € reduziert. Der Gesamtwert des Portfolios beträgt weiterhin 200 €. Würde sich der durchschnittliche Kurswert im Gesamtmarkt um fünf Prozent vermindern, so würde sich der Kurswert der A-Aktie von 100 € auf 91,5 € reduzieren, während der Kurswert der B-Aktien auf 54,25 € steigen würde. Auch in diesem Fall bleibt der Gesamtwert des Portfolios gleich.

Roll-Over-Kredit ▮

Beim Roll-Over-Kredit handelt es sich um einen mittel- bis langfristigen Großkredit mit speziellen Zinsvereinbarungen. Dabei wird der Zinssatz nicht für die gesamte Laufzeit festgelegt, sondern vielmehr in bestimmten Abständen an die jeweilige Situation am Kreditmarkt angepasst. Vor allem am Euro-Markt spielt diese Kreditart eine Rolle.

Beim Roll-Over-Kredit wird die gesamte Laufzeit in verschiedene Zinsperioden unterteilt. Diese können zwischen drei und sechs Monaten betragen. Innerhalb der jeweiligen Zeiträume bleibt der Zinssatz unverändert. Danach findet jeweils eine Anpassung des Zinses an die jeweilige Marktlage statt. Der Schuldner muss sich also darauf einstellen, dass die Kosten für den aufgenommenen Kredit steigen können. Er hat aber – im Gegensatz zu einem Kredit mit festen Konditionen – auch die Chance, von sinkenden Zinsen zu profitieren. Für den Kreditgeber hat ein Roll-Over-Kredit den Vorteil, dass er sich die erforderlichen Mittel leichter beschaffen (refinanzieren) kann, weil er die sich unter Umständen ändernden Zinskosten immer wieder auf den Schuldner überwälzen kann. Das macht es möglich, einen langfristig vergebenen Kredit durch die ständige Neuaufnahme kurzfristig verfügbarer Mittel zu finanzieren.

Roll-Over-Kredite spielen besonders am Euro-Kreditmarkt eine wichtige Rolle. Zu den verschiedenen Arten von Roll-Over-Krediten, die sich dabei herausgebildet haben, zählen vor allem die Euro-Darlehen, die revolvierenden Kredite sowie die so genannten Stand-by-Kredite.

- **Euro-Darlehen:** Hierbei handelt es sich um einen Kredit, bei dem der genaue Betrag, die Kreditlaufzeit sowie der Rückzahlungstermin schon bei Vertragsabschluss feststehen. Diese Kreditart ähnelt den Standarddarlehen, die an den nationalen Kreditmärkten vergeben werden.
- **Revolvierender Kredit:** Hier wird die genaue Höhe der ausgereichten Tranche am Anfang jeder Periode neu ausgehandelt. Dabei dürfen gewisse Höchstgrenzen, die zu Vertragsabschluss festgelegt wurden, nicht überschritten werden.
- **Stand-by-Kredit:** Bei dieser Variante wird dem Kreditnehmer eine bestimmte Summe zur Verfügung gestellt. Für die Bereitstellung muss der Kreditnehmer eine Bereitstellungsprovision entrichten. Der Kreditnehmer kann bis zu der vereinbarten Maximalsumme die Höhe der jeweils in Anspruch genommenen Tranchen sowie die Länge der Laufzeit wählen. Für die Inanspruchnahme des Kredits ist dann der Marktzins plus Marge zu entrichten.

Beim Roll-Over-Kredit gibt es auch hinsichtlich der Höhe verschiedene Varianten. So kann ein bestimmter Betrag fest vereinbart werden, der zu einem festgelegten Zeitpunkt in einer Summe ausgezahlt wird. Oder der Kreditnehmer hat die Möglichkeit, innerhalb vereinbarter Grenzen einen Betrag abzurufen, der seinen aktuellen Bedürfnissen entspricht. Schließlich gibt es die oben erwähnte Möglichkeit, die Mittel nur für den Fall eines unvorhergesehenen Finanzierungsbedarfs bereitzustellen (Stand-by).

> **Hinweis:** Die Euro-Geldmärkte und -Kreditmärkte haben nichts mit der Schaffung einer Europäischen Währungsunion oder der europäischen Währungseinheit Euro zu tun. Sie sind schon lange vor dem Vertrag von Maastricht entstanden.

Rückkaufswert

Begriff aus dem Versicherungsrecht. Bei vorzeitiger Kündigung von Lebens- und Unfallversicherungen besteht Anspruch auf Rückzahlung eines Teils der eingezahlten Prämien. Das ist der Garantiewert. Der Rückkaufswert (die Rückvergütung) drückt die Höhe dieses Anspruchs aus.

Der Garantiewert entsteht aus den angesammelten Sparanteilen, die in den Versicherungsprämien enthalten sind, und aus den im Lauf der Zeit gutgeschriebenen Überschussanteilen (der Gewinnbeteiligung). Der Rückkaufswert (oder die Rückvergütung) ist in den ersten Jahren sehr gering, baut sich also erst nach einer gewissen Anlaufzeit dynamisch auf. Das liegt vor allem daran, dass der Versicherer vom ersten Tag an den vollen Versicherungsschutz übernommen hat, bei Unfall oder Tod also die volle Versicherungssumme auszahlen muss. Die Kalkulationsanteile für die Risikodeckung mindern deshalb den Rückkaufswert. Hinzu kommen die vertragsbedingten Verwaltungskosten. Dabei schlagen die Abschlussprovisionen für den Versicherungsaußendienst in den Anfangsjahren besonders stark zu Buche.

In den ersten Jahren nach Versicherungsabschluss ist der Rückkaufswert daher gering. In den meisten Fällen ist erst ab dem zehnten bis zwölften Versicherungsjahr ein Rückkaufswert erreicht, der den bis dahin eingezahlten Beiträgen entspricht. Das heißt: Je länger die Lebensversicherung bereits läuft, desto größer ist das im Vertrag enthaltene Guthaben.

Versicherte, die ihr Geld lieber an der Börse, in Aktien, Anleihen oder Fondsanteilen anlegen möchten, sollten sehr genau überlegen, ob ein „Rückkauf" sinnvoll ist. Es kann besser sein, den Vertrag „prämienfrei zu stellen" und so die monatlichen Zahlungen zu stoppen beziehungsweise das Geld in Fonds zu investieren.

Erst rechnen, dann kündigen

Sparer, die das in eine Lebensversicherung investierte Geld anders anlegen wollen, sollten sorgfältig nachrechnen, ob dies angesichts des Rückkaufswertes sinnvoll ist. Denn da die anfänglichen Prämienzahlungen von den Provisionen der Vertreter und den Verwaltungskosten der Versicherungsunternehmen weitgehend aufgezehrt werden, sind die Auszahlungen bei vorzeitiger Kündigung zunächst äußerst gering. Auch wer in den letzten Jahren vor Ablauf der Versicherung aus dem Vertrag „aussteigt", verliert viel Geld, weil in der Schlussphase Zinsen und Überschußanteile besonders stark zu Buche schlagen. Wer nicht sicher ist, dass der Vertrag bis zur Fälligkeit gehalten werden kann, sollte die verfügbaren Gelder daher besser in Fondsanteile oder ähnliche Geldanlagen investieren.

Rückstellungen

Der Begriff Rückstellungen beschreibt eine Position auf der Passivseite der Bilanz, in der bestimmte Verbindlichkeiten und Aufwendungen des Unternehmens dargestellt werden. Bei diesen Verbindlichkeiten handelt es sich um Verpflichtungen des Unternehmens gegenüber Dritten, die hinsichtlich ihres tatsächlichen Bestehens oder ihrer genauen Höhe unsicher sind. Zu den unter den Rückstellungen bilanzierten Aufwendungen gehören aber auch solche, die zwar dem betrachteten Wirtschaftsjahr zugerechnet werden, aber erst in einem späteren Jahr zu Ausgaben führen.

Bei den Rückstellungen handelt es sich um eine Position, die auf der Passivseite einer Bilanz ausgewiesen wird. Man unterscheidet dabei zwei Arten von Rückstellungen: Rückstellungen für ungewisse Verbindlichkeiten und Rückstellungen für Aufwendungen, deren Ursprung im abgelaufenen Geschäftsjahr liegt, die aber erst in einer der folgenden Perioden zu Ausgaben führen.

Rückstellungen für ungewisse Verbindlichkeiten

In der Bilanz eines Unternehmens dürfen unter der Position „Verbindlichkeiten" nur solche Verpflichtungen gegenüber dritten Personen verbucht werden, die sowohl hinsichtlich ihres Bestehens als auch nach ihrer Höhe und ihrer Fälligkeit sicher sind. Es gibt aber auch Verbindlichkeiten, bei denen weder mit völliger Sicherheit gesagt werden kann, ob sie überhaupt jemals zu einer Ausgabe führen werden, noch wann sie zu einer Ausgabe führen oder wie hoch diese sein wird. Trotzdem werden solche Verpflichtungen für so wahrscheinlich gehalten, dass sie nicht einfach unbeachtet bleiben können. Der wesentliche Grund für die Bildung von Rückstellungen für ungewisse Verpflichtungen sowie deren Verbuchung als Aufwand in der Gewinn- und Verlustrechnung ist das Prinzip der Vorsicht. Danach soll sich ein ordentlicher Kaufmann im Zweifel eher ärmer als reicher darstellen.

Bei Rückstellungen für ungewisse Verbindlichkeiten unterscheidet man zwischen Rückstellungen für Verbindlichkeiten, die auf rechtlichen Ansprüchen der Gläubiger basieren, und Rückstellungen für Verbindlichkeiten, für die keine rechtliche Verpflichtung besteht. Garantierückstellungen sind ein Beispiel für die erste Kategorie. Kulanzleistungen zählen zur zweiten Kategorie. Bei Kulanzleistungen handelt es sich um Leistungen, zu denen das Unternehmen nicht verpflichtet ist, die es aber trotzdem erbringt, um seinen guten Ruf zu schützen.

Zu der (wichtigeren) Kategorie der Rückstellungen, die auf Grund einer rechtlichen Verpflichtung bestehen, zählen:

- Pensionsrückstellungen
- Steuerrückstellungen
- Garantierückstellungen
- Rückstellungen für drohende Verluste
- Rückstellungen für Umweltschutzmaßnahmen.

Aufwandsrückstellungen

Unter den Aufwandsrückstellungen werden jene Aufwendungen verbucht, deren Entstehungsgrund zwar im abgelaufenen Geschäftsjahr lag, die aber erst in einer späteren Periode zu tatsächlichen Ausgaben führen werden. So können beispielsweise Rückstellungen für unterlassene Aufwendungen zur Instandhaltung gebildet werden. Zudem sind nach dem Handelsgesetzbuch Rückstellungen für unterlassene Aufwendungen für Abraumbeseitigung zu bilden.

Es ist gesetzlich vorgeschrieben, dass solche Aufwandsrückstellungen zu bilden sind, wenn die zugrunde liegenden Arbeiten innerhalb der ersten drei Monate des folgenden Geschäftsjahres verrichtet werden. Ist hingegen geplant, die Arbeiten erst nach Ablauf dieser drei Monate, aber noch innerhalb des folgenden Geschäftsjahres vorzunehmen, so besteht ein Passivierungswahlrecht: Das Unternehmen kann eine Rückstellung bilden, muss das aber nicht tun. Sollen die Instandsetzungsarbeiten erst in einem späteren Geschäftsjahr erfolgen, so darf keine Rückstellung gebildet werden.

Der Hauptunterschied zwischen den Rückstellungen für Verpflichtungen gegenüber Dritten und den Aufwandsrückstellungen ist, dass die Erstgenannten den Charakter von Fremdkapital haben (weil Beträge, die anderen zustehen, noch im Unternehmen verblieben sind). Die Aufwandsrückstellungen dagegen sind eher Verbindlichkeiten des Unternehmens gegenüber sich selbst. Die Rückstellungen auf Grund von Verbindlichkeiten gegenüber Dritten werden vor allem gebildet, um die tatsächliche Verschuldung und damit die tatsächliche Höhe des vorhandenen Haftungskapitals des Unternehmens darzustellen. Die Aufwandsrückstellungen dienen dagegen eher der periodengerechten Erfolgsermittlung.

Die Bildung von Rückstellungen ist im Handels- sowie im Steuergesetz genau geregelt. Sie vermindert den Jahresüberschuss in der Periode, in der Rückstellungen gebildet werden, da eine Gegenbuchung in der Gewinn- und Verlustrechnung unter der Position „sonstiger Aufwand" erfolgt. Werden die Rückstellungen tatsächlich verbraucht (beispielsweise weil Kunden ihre Garantieleistungen in Anspruch nehmen), so berührt dieser Verbrauch die Gewinn- und Verlustrechnung nicht; es werden lediglich die Rückstellungen in der Bilanz um den betreffenden Betrag vermindert. Stellt sich hingegen heraus, dass die Rückstellungen nicht benötigt werden, da der betreffende Aufwand nicht oder in einer geringeren Höhe aufgetreten ist, so erfolgt eine Gegenbuchung in der Gewinn- und Verlustrechnung als „sonstiger betrieblicher Ertrag". Dadurch erhöht sich auch der zu versteuernde Gewinn. Ein solcher Fall kann beispielsweise auftreten, wenn das Unternehmen feststellt, dass die gebildeten Garantierückstellungen nicht mehr notwendig sind, da die gesetzlichen Garantiefristen abgelaufen sind, ohne dass ein Kunde von seinem Recht Gebrauch gemacht hat.

Schuldscheindarlehen |

Schuldscheindarlehen sind langfristige Kredite an Großunternehmen, an die öffentliche Hand und an bestimmte Kreditinstitute mit Sonderaufgaben. Sie haben bezüglich ihrer Ausstattung viel Ähnlichkeit mit Anleihen, werden aber nicht an der Börse gehandelt. Kreditgeber sind meist die so genannten Kapitalsammelstellen. Dazu gehören zum Beispiel Versicherungsgesellschaften. Die Vermittlung dieser Art von Krediten übernehmen meist Kreditinstitute.

Die Aufnahme eines Schuldscheindarlehens ist eine Möglichkeit der Fremdfinanzierung am Kapitalmarkt. Schuldscheindarlehen werden meist langfristig vergeben, wobei die Laufzeit in der Regel mindestens zwei Jahre beträgt und Laufzeiten von zehn Jahren keine Seltenheit sind. Das Mindestvolumen einer solchen Finanzierung liegt normalerweise bei vier Millionen DM. Schuldscheindarlehen werden nur an erstklassige Kreditnehmer vergeben. Hierbei handelt es sich um Großunternehmen mit einwandfreier Bonität, staatliche Stellen oder Kreditinstitute mit Sonderaufgaben.

Meist treten Geschäftsbanken gegenüber dem Gläubiger als primäre Kreditgeber auf. Von diesen Banken erhält der Schuldner die gesamte Summe gegen Herausgabe eines Schuldscheins. Die Kreditinstitute treten anschließend Teile oder das gesamte Darlehen an Kapitalsammelstellen ab. Hierbei handelt es sich vor allem um Versicherungsgesellschaften, aber auch um Sozialversicherungsträger und Vermögensverwaltungen. Durch die Abtretung können die Kreditinstitute einerseits ihr Risiko einschränken und andererseits ihre Kapitalbindung durch die Kreditvergabe verringern.

Die Teilbeträge, die an Kapitalsammelstellen abgetreten werden, liegen in der Regel nicht unter einer Summe von 50.000 €.

Im Allgemeinen werden die vermittelnden Kreditinstitute bereits vor der Darlehensvergabe sicherstellen, dass bei den Kapitalsammelstellen ein entsprechender Anlagebedarf besteht. Die Aufteilung der Kreditsumme zwischen der Bank und den Kapitalsammelstellen erfolgt also meistens schon vor der Unterzeichnung des

Kreditvertrages. Für die Vermittlung des Darlehens vereinnahmen die Kreditinstitute eine Provision, deren Höhe zwischen einem achtel Prozent und einem Prozent der Darlehenssumme liegt.

Schuldscheindarlehen werden nicht an der Börse gehandelt und können vom Gläubiger daher nicht so einfach weiterveräußert werden wie beispielsweise börsenfähige Anleihen. Diese Form der Kapitalanlage ist also nur für langfristig orientierte Anleger von Interesse. Aus diesem Grund liegt der Zinssatz für Schuldscheindarlehen auch in der Regel über dem Satz für Anleihen und Obligationen, die an der Börse gehandelt werden.

Schwarzer Freitag

Dieser Begriff ist zum Synonym für einen Börsenkrach oder auch einen anderen plötzlichen Rückschlag mit überregionaler Wirkung geworden. Er geht zurück auf die panikartigen Wertpapierverkäufe vom Freitag, dem 9. Mai 1873, die in Deutschland und anderen Ländern in eine schwere Rezession mündeten. Wenn vom „Schwarzen Freitag" gesprochen wird, ist allerdings in der Regel der 25. Oktober 1929 gemeint, an dem ein Kurszusammenbruch in den USA die bisher schwerste Krise der Weltwirtschaft auslöste.

In den „Gründerjahren" nach dem deutsch-französischen Krieg von 1870/71 und der deutschen Reichsgründung hatte der Börsenboom zu einer stark überhitzten Wirtschaftsentwicklung geführt. Das Ende wurde am Freitag, den 25. Oktober 1929 eingeläutet. In Erinnerung daran wurde dieser Tag des Jahres 1929, an dem es völlig überraschend zu einem sich später katastrophal auswirkenden Kurseinbruch an der Wall Street kam, als „Schwarzer Freitag" bezeichnet. In Wirklichkeit war es aber Donnerstag, der 24. Oktober 1929. Ihm folgten allerdings ein ebenso schwarzer Freitag und viele weitere Tage, an denen die Kurse dramatisch fielen, weil es plötzlich viele Verkäufer, aber kaum Interessenten für Aktien gab. Vorausgegangen war eine Zeit wilder Spekulationen. Wer Aktien ausgab, konnte sicher sein, dafür Käufer zu finden, die gar nicht erst fragten, was für ein Unternehmen dahinter stand.

Der Crash von 1929 beendete eine lange Periode steigender Kurse und ein damit verbundenes Spekulationsfieber in der amerikanischen Bevölkerung. Der so genannte Schwarze Freitag in New York wurde so der wohl bekannteste Börsencrash seit Bestehen des organisierten Handels mit Wertpapieren. Damals sank der Kurs der wichtigsten amerikanischen Aktien innerhalb von wenigen Stunden um 13 Prozent. Es kam zu panikartigen Verkäufen von Tausenden von Anlegern, die oftmals ihre Wertpapiere mit Hilfe von Krediten erworben hatten.

Während sie niemanden fanden, der ihnen ihre Aktien wieder abnehmen wollte, verlangten die Banken ihr Geld zurück. Weil so eine Vielzahl von Anlegern ihre Schulden nicht mehr zurückzahlen konnten, kam es zu einer Serie von Bankpleiten. Der Börsenkrach an der Wall Street läutete eine mehrjährige weltweite Rezession ein, in deren Folge Millionen von Menschen arbeitslos wurden. In diesen Jahren verloren viele amerikanische Aktien bis zu 90 Prozent ihres Wertes. Die Aktie des weltweit größten Autoherstellers General Motors stürzte sogar von 180 auf unter zehn Dollar.

Vom Oktober 1929 bis ins Jahr 1933 ging es fast ohne Unterbrechung immer weiter bergab. Schließlich war der Wert aller an der US-Börse notierten Aktien auf ein Sechstel des zuvor erzielten Spitzenwertes gefallen. Die Pleiten und Bankzusammenbrüche in den USA lösten einen starken Abzug amerikanischer Gelder aus Europa aus. Als deswegen die angesehene Creditanstalt in Wien am 11. Mai 1931 ihre Schalter schließen musste, riss sie auch viele deutsche Banken mit ins Verderben. Am 11. Juli des gleichen Jahres musste die Darmstädter und Nationalbank die Zahlungen einstellen. Im September musste sogar die Bank of England erklären, dass sie den Goldstandard (die Verpflichtung, Banknoten jederzeit in Gold einzulösen) nicht mehr aufrechterhalten konnte. Zahlreiche Länder folgten diesem Beispiel. Wegen des Ansturms der Gläubiger schlossen alle amerikanischen Banken im April 1933 vorübergehend ihre Schalter.

Die Folgen für die produzierende Wirtschaft waren dramatisch. Überall gingen die Nachfrage und die Produktion zurück. Der Außenhandel brach ein: Die Exporte der USA schrumpften zwischen 1929 und 1932 von 5,2 auf 1,6 Milliarden Dollar, die Einfuhren von 4,4 auf 1,3 Milliarden Dollar. Der deutsche Außenhandel sank ebenfalls drastisch: Die Exporte gingen von zwölf auf 4,9 Milliarden Reichsmark zurück, die Importe von 10,4 auf 4,2 Milliarden. Die Folge war, dass in allen Industrieländern die Arbeitslosigkeit steil anstieg. Der Crash an der Wall Street mündete in eine Weltwirtschaftskrise.

Aus diesem Grund ist der so genannte Schwarze Freitag noch heute der Inbegriff für einen Crash, obwohl der so genannte Schwarze Montag vom 19. Oktober 1978 an der Wall Street mit einem Kursverlust von rund 23 Prozent eine weitaus größere Dimension hatte. Da die Börse in New York auch andere wichtige Handelsplätze mit in die Tiefe riss, verloren an diesem Tag die Anleger weltweit 520 Milliarden Dollar – zumindest auf dem Papier. Allein deutsche Investoren mussten an diesem Tag Verluste in Höhe von etwa 45 Milliarden DM verkraften. Im Gegensatz zum Crash 1929 war der „Schwarze Montag" des Jahres 1978 aber nicht Auslöser einer weltweiten Rezession. Die Abwärtsbewegung der Kurse wurde bald gestoppt. Die Erholung erfolgte wesentlich rascher, zog sich in diesem Fall aber über mehrere Jahre hin. Auch der Crash von 1987 blieb für die Gesamtwirtschaft ohne gravierende Folgen.

Shareholder Value

Shareholder Value lässt sich mit dem Begriff Aktionärsvermögen ins Deutsche übersetzen. Hinter diesem Konzept verbirgt sich ein Managementprinzip, das die Unternehmenspolitik primär auf die Steigerung des Gesamtwerts eines Unternehmens ausrichtet. Der Wert des Unternehmens wird dabei in erster Linie aus der Sicht der Anteilseigner betrachtet. Für den Anteilseigner zeigt sich der Erfolg der Geschäftsführung in der Höhe der Dividendenausschüttungen und der Kursentwicklung der Aktien. Die zentrale Größe zur Messung des so definierten Unternehmenswertes ist der zukünftige freie Cash-Flow.

Der Grundgedanke des Shareholder-Value-Konzepts geht davon aus, dass das Management eines Unternehmens in erster Linie den Eigentümern des Unternehmens verantwortlich ist und diese primär an einem steigenden Wert ihres Eigentums interessiert sind. Somit ist die wichtigste Aufgabe des Managements, den Gesamtwert des Unternehmens und damit das Aktionärsvermögen zu steigern. Für die Anteilseigner des Unternehmens zeigen sich diese Bemühungen der Geschäftsführung in der Entwicklung des Marktwerts sowie in den jährlichen Gewinnausschüttungen des Unternehmens. Dabei liegt der Schwerpunkt in der Erhöhung des Marktwerts des Unternehmens. Dieser lässt sich bei Aktiengesellschaften am Kurswert der gehandelten Aktien erkennen. Eine Steigerung des Marktwertes spiegelt sich für den Aktionär in Kurssteigerungen der Aktie wider. Bei Unternehmen in anderen Rechtsformen ist der Marktwert schwieriger zu beobachten.

Das Shareholder-Value-Konzept bedeutet in der Praxis eine deutliche Ausrichtung der Unternehmenspolitik auf die Interessen der Anteilseigner. Diese recht einseitige Sichtweise wird teilweise kritisiert, da sie scheinbar die Interessen der Arbeitnehmer und des Staates beziehungsweise der Gesellschaft außer Acht lässt. Die Verfechter des Shareholder Value argumentieren allerdings, dass eine Unternehmenspolitik, die auf eine maximale Steigerung des Unternehmenswerts ausgerichtet ist, letztlich auch den Arbeitnehmern und dem Staat dient, da sie sichere und attraktive Arbeitsplätze schafft. Sicherlich wird sich eine solche Politik gegen unrentable Arbeitsplätze wenden und kann daher zunächst auch den Verlust von Beschäftigungsmöglichkeiten bedeuten. Langfristig wird ein nach dem Shareholder-Value-Prinzip geführtes Unternehmen aber im Wettbewerb bestehen und dadurch sichere und gut bezahlte Arbeitsplätze bieten.

Die Unternehmensführung nach dem Shareholder-Value-Konzept verlangt von der Geschäftsführung, dass diese ständig überprüft, ob in den einzelnen Unternehmensbereichen Werte geschaffen oder vernichtet werden. So kann es sein, dass ein Geschäftsbereich zwar Gewinne erzielt, diese Gewinne sogar absolut durch zusätzliche Investitionen gesteigert werden könnten, trotzdem aber eine Vernichtung von Unternehmenswerten stattfindet, da die erwirtschafteten Zusatzerträge unter den Kosten der Investitionen liegen. Hierbei zeigt sich, dass der Gewinn als zentrale Größe zur Bewertung eines Unternehmens dem Prinzip des Shareholder Value nicht gerecht wird. Ein Unternehmen, das Gewinne erzielt, kann trotzdem an Wert verlieren, weil das Kapital nicht optimal genutzt wird.

Ein ganz wichtiger Aspekt beim Shareholder-Value-Konzept ist die Überprüfung, ob einzelne Geschäftsbereiche in dem betrachteten Unternehmen optimal geführt beziehungsweise genutzt werden oder ob es vielleicht andere Unternehmen oder Eigentümer geben könnte, die aus diesem Bereich mehr Wert ziehen könnten. Das Shareholder-Value-Konzept verlangt also vom Management, auch solche Geschäftsbereiche zu verkaufen, die zwar Gewinne erzielen, aber von einem anderen Unternehmen noch rentabler geführt werden könnten. Solche Unternehmensteile lassen sich in der Regel zu einem hohen Preis veräußern, und die erzielten Mittel können rentabler in anderen Bereichen des Unternehmens reinvestiert werden.

Die Möglichkeiten des Shareholder Value zeigen sich deutlich in der großen Zahl von Firmenübernahmen in den USA. Hier machen sich Spezialisten gezielt auf die Suche nach Unternehmen, deren Wert durch geeignete Maßnahmen deutlich gesteigert werden könnte. Diese Unternehmen werden meist in Form eines Leveraged Buy-out übernommen. Das gesamte Unternehmen wird dann neu organisiert, einige Teile werden verkauft, und der Wert des Unternehmens wird so gesteigert. Mit solchen Transaktionen ließen sich in der Vergangenheit teilweise Gewinne in Milliardenhöhe erzielen. Bei Unternehmen, die konsequent nach dem Shareholder-Value-Prinzip geführt werden, wäre eine solche Transaktion sinnlos, da diese vom Markt schon mit dem maximal zu realisierenden Wert bewertet werden. Eine Reorganisation oder ein Teilverkauf würde zu keiner zusätzlichen Wertsteigerung führen.

Der theoretische Wert eines Unternehmens nach dem Konzept des Shareholder Value leitet sich aus der diskontierten Summe des zukünftigen freien Cash-Flow ab, also jenem Teil des Cash-Flow, der nach Abzug der Mittel für Ersatz- oder Neuinvestitionen übrig bleibt. Die möglichst genaue Ermittlung des künftigen freien Cash-Flow erfordert allerdings anspruchsvolle mathematische Verfahren. Die Berechnung des freien Cash-Flow erfolgt dabei meist mit Hilfe von Schätzverfahren. Die Verwendung von Zukunftsgrößen ist deshalb sinnvoll, weil kurzfristige, betriebswirtschaftlich unsinnige Maßnahmen zur Gewinnsteigerung keine Vorteile bringen. Dadurch würde nur der künftige Cash-Flow reduziert. Das Shareholder-Value-Prinzip ist daher ein langfristig orientiertes Managementkonzept.

SICAV

Mit dieser Abkürzung werden Fondsgesellschaften Luxemburger Rechts bezeichnet. SICAV sind vor allem in Frankreich sehr verbreitet. Es sind Gesellschaften mit schwankendem Kapital.

Die französische Bezeichnung für eine Wertpapier-Investmentgesellschaft mit schwankendem Kapital lautet „Société d'investissement à capital variable", abgekürzt SICAV. Es sind Aktiengesellschaften Luxemburger Rechts, deren ausschließlicher Geschäftszweck es ist, ihre Mittel in Wertpapieren anzulegen. Sie wollen damit das Risiko streuen und die Anteilseigner am Erfolg ihres Investments beteiligen. Ihre Aktien werden beim Publikum platziert. Die Satzung muss die Bestimmung enthalten, dass das Kapital jederzeit dem Nettovermögen der Gesellschaft entspricht.

Die SICAV unterliegen dem Aktienrecht. Der Anleger ist Aktionär und besitzt ein Stimmrecht. Das Gesellschaftskapital entspricht dem Nettovermögen des Fonds. Insofern sind die Aktien von SICAVS Fondsanteile. Der Wert des Kapitals der AG schwankt entsprechend der Entwicklung der Kurse der Aktien, die sich jeweils im Besitz der SICAV befinden.

Small Caps

Als Small Caps oder Nebenwerte werden an der Börse Aktien bezeichnet, die nicht zu den „Blue Chips" gehören und nicht in den international beachteten Indizes wie DAX, CAC, Dow Jones, Stoxx oder Nikkei vertreten sind oder an den Neuen Märkten gehandelt werden. Es geht dabei meist um die Aktien mittelgroßer Unternehmen, die auch in den meisten Aktienfonds nicht enthalten sind und von den privaten Anlegern mangels Kenntnis wenig beachtet werden. Dabei handelt es sich aber oft um hochrentable Unternehmen, und die Aktien haben ein gutes Kurs-Gewinn-Verhältnis. Um auch diesen Werten mehr Beachtung zu verschaffen, wurden an vielen europäischen Börsen spezielle Indizes für Small Caps geschaffen. Dazu gehört auch der deutsche SMAX.

Um auch den Nebenwerten an der Börse mehr Beachtung zu verschaffen, wurden an vielen europäischen Börsen seit Ende der Neunzigerjahre spezielle Indizes für Small Caps geschaffen. Dazu gehört auch der deutsche SMAX.

Näheres zu Small Caps siehe Nebenwerte und SMAX.

SMAX

Im April 1999 wurde von der Deutschen Börsen AG ein neues Marktsegment für die „Small Caps" genannten Nebenwerte an der deutschen Börse eingeführt. Der Small-Caps-Index SDAX spiegelt die Entwicklung der Aktien ausgesuchter mittelgroßer, börsennotierter Unternehmen wider und soll das Interesse der Analysten und Anleger auf den oft vernachlässigten Bereich der so genannten Nebenwerte lenken.

Neben den so genannten Blue Chips gibt es eine große Zahl innovativer, etablierter und ertragsstarker Aktiengesellschaften, die aber von den Anlegern, den großen Fonds und den Wertpapieranalysten der Banken oft vernachlässigt werden. Daher werden sie auch als Nebenwerte bezeichnet. Um diesen Unternehmen mehr Beachtung zu verschaffen, ihre Aktien leichter handelbar zu machen und auch einen Markt für auf dem Index basierende Derivate zu schaffen, wurde an der Börse neben dem amtlichen Handel, dem geregelten Markt, dem Neuen Markt und dem Freiverkehr ein spezieller Bereich für solide Nebenwerte geschaffen. Ähnlich wie beim Neuen Markt ist auch beim SMAX die Zahl der Gesellschaften, die zu diesem Marktsegment zugelassen werden, durch Qualitätsmerkmale begrenzt. Um in den SMAX aufgenommen zu werden, müssen die Unternehmen bestimmte Bedingungen erfüllen und ihre Einhaltung gewährleisten. Zum Handel in diesem Bereich der Börse werden nur Aktien zugelassen, die:

- auch für den amtlichen Handel oder den geregelten Markt zugelassen sind;
- mindestens 20 Prozent (und möglichst 25 Prozent) der Aktien müssen für den freien Handel zur Verfügung stehen, dürfen also nicht in „festen Händen" sein;
- die Unternehmen müssen regelmäßig und zeitnah Quartalsberichte (auch in englischer Sprache) vorlegen;
- ein Kreditinstitut oder Finanzdienstleister muss als Betreuer fungieren und auf Anfrage Kurse nennen sowie Informationsmaterial bereit stellen;
- die Gesellschaft muss sich dazu verpflichten, dass die Kleinaktionäre bei einer Übernahme ein Abfindungsangebot erhalten;
- der Aktienbesitz von Vorstand und Aufsichtsrat muss im Jahresbericht genannt werden;
- die Aktiengesellschaft muss mindestens einmal im Jahr eine Informationsveranstaltung für Analysten anbieten.

Aus dem Kreis der SMAX-Unternehmen werden hundert für den SDAX ausgewählt. Dieser Index soll die Entwicklung der wichtigsten Nebenwerte abbilden und damit einen Maßstab setzen, an dem alle in diesem Bereich notierten Aktien gemessen werden können.

Speed-Zertifikate/Kickstart-Zertifikate

Eines von vielen Fonds-Spezialprodukten, die die Banken anbieten. Sie können doppelt so hohe Gewinne bringen wie die zugrunde liegenden Aktien und sind weder teurer noch risikoreicher als die Basiswerte. Dafür werden Gewinne von einer bestimmten Höhe an „gedeckelt".

Ebenso wie bei Discountzertifikaten werden bei Speed-Zertifikaten die Vorteile für den Anleger dadurch erkauft, dass seine Gewinnmöglichkeiten begrenzt sind. Diese Zertifikate eignen sich für Anleger, die mit nur geringen Kurssteigerungen rechnen, diese aber verdoppeln wollen. Über das Zertifikat erwerben sie praktisch eine Aktie und einen Call gleichzeitig. Die Scheine sind deshalb nur dann wirklich von Vorteil, wenn die zugrunde liegende Aktie im erwarteten Ausmaß steigt.

Für die Speed-Zertifikate wird ein Start- und ein Stoppkurs festgelegt. Außerdem werden alle Gewinne, die innerhalb dieser Spanne verdient werden, verdoppelt. Der Startkurs ist zugleich der Preis des Zertifikats. Das wirkt sich dann so aus:

- Wenn der aktuelle Börsenkurs bei Fälligkeit des Zertifikats zwischen Start- und Stoppkurs liegt, wird dem Anleger die Aktie ins Depot gelegt. Außerdem erhält er die Differenz zum Ausgabekurs noch einmal bar ausgezahlt. Dadurch verdoppelt sich der Gewinn.
- Liegt der Kurs der Aktie bei Fälligkeit über dem Stoppkurs, erhält der Anleger maximal den Zertifikatspreis plus der doppelten Differenz zwischen Start- und Stoppkurs. Nur wenn der Kurs der Aktie in der Zwischenzeit noch stärker gestiegen ist, hätte der Anleger mit dem direkten Kauf ein besseres Geschäft gemacht.
- Liegt der Aktienkurs bei Fälligkeit des Zertifikats unter dem Startkurs, wird dem Anleger die Aktie geliefert. Er steht dann weder besser noch schlechter da als beim direkten Kauf der Aktie.

Beispiel: Wenn das Zertifikat auf die XY-Aktie einen Startpreis von 200 € und einen Stoppkurs von 260 € hat und die Aktie am Ende der Laufzeit des Zertifikats bei 220 steht, erhält der Anleger die Aktie plus die doppelte Kurssteigerung (220 + 2 x 20), also insgesamt 260 €. Liegt der Aktienkurs genau beim Stoppkurs oder darüber, erhält der Anleger den Startpreis plus den doppelten Gewinn (200 + 2 x 60), also insgesamt 320 €. Erst bei einem Kurs über 320 wäre der direkte Kauf der XY-Aktie vorteilhafter gewesen. Steht der Kurs der Aktie am Ende der Laufzeit zum Beispiel bei 175 €, erhält der Anleger die Aktie. Der Verlust liegt mit 25 € ebenso hoch wie beim direkten Kauf der Aktie.

Da die Bank sich über einen Call absichert, macht sie in keinem Fall einen Verlust.

Spekulationsfrist/Spekulationssteuer

Als Spekulationsfrist wird jener Zeitraum bezeichnet, der zwischen dem An- und Verkauf bestimmter Wirtschaftsgüter liegen muss, damit die dabei erzielten Gewinne steuerfrei sind. Diese Mindestzeiträume hängen zum einen davon ab, um welche Art von Wirtschaftsgut es sich handelt, und zum anderen davon, ob es sich bei dem Steuerpflichtigen um ein Unternehmen oder eine natürliche Person handelt. Spekulationsgewinne können steuerlich mit Verlusten innerhalb der geltenden Fristen verrechnet werden, auch mit Verlusten in Vorjahren. Gewinne und Verluste bei Börsengeschäften können jedoch nicht mit anderen Einkünften verrechnet werden. Ab 2002 muss aber nur noch die Hälfte des Gewinns aus Spekulationsgeschäften versteuert werden.

Die Besteuerung von Spekulationsgewinnen, also von Wertzuwächsen, die beim Kauf und Verkauf bestimmter Wirtschaftsgüter erzielt werden, ist eines der umstrittensten Gebiete der Steuerlehre. Die Frage, ob Wertzuwächse als Bruttoeinkommen betrachtet oder ob sie steuerfrei gestellt werden sollten, stellt sich vor allem im Bereich der Einkommensteuer und der Körperschaftsteuer. Es geht dabei im Besonderen um Gewinne, die mit Wertpapieren und Immobilien erzielt werden.

Bei der grundsätzlichen Frage, ob Wertzuwächse besteuert werden sollen, muss zunächst zwischen realisierten und nichtrealisierten Wertzuwächsen unterschieden werden. Nur bei einem realisierten Wertzuwachs, wenn also das betreffende Wirtschaftsgut auch wieder verkauft wurde, kann man von einem tatsächlichen Spekulations- oder Veräußerungsgewinn sprechen. Solange die Gewinne nur auf dem Papier stehen, können sie sich innerhalb kurzer Zeit in Verluste verwandeln und umgekehrt. In Deutschland werden grundsätzlich nur realisierte Wertzuwächse besteuert. Nichtrealisierte Wertzuwächse sind steuerfrei.

Bei der Besteuerung realisierter Wertzuwächse wird zudem unterschieden, ob sie im Rahmen des Betriebsvermögens – also im Unternehmenssektor – oder im Rahmen der Einkommenserzielung privater Haushalte entstanden sind.

Besteuerung von Wertzuwächsen bei privaten Haushalten

Private Veräußerungsgewinne sind grundsätzlich steuerfrei. Hiervon gibt es lediglich zwei Ausnahmen: Spekulationsgewinne nach § 23 Einkommensteuergesetz (EStG) und Veräußerungsgewinne beim Verkauf von wesentlichen Beteiligungen an Unternehmen. Nach § 23 EStG gilt als Spekulationsgeschäft:

- Veräußerung von Grundstücken und grundstücksgleichen Rechten, wenn der Zeitraum zwischen An- und Verkauf weniger als zehn Jahre (bis 1999 zwei Jahre) beträgt;

- Veräußerung von Wertpapieren und anderen Wirtschaftsgütern, wenn der Zeitraum zwischen An- und Verkauf weniger als ein Jahr (bis 1999 sechs Monate) beträgt;
- Veräußerungsgeschäfte, bei denen die Veräußerung der Wirtschaftsgüter früher erfolgt als der Erwerb dieser Güter (Verkäufe auf Termin).

Nur wenn eine dieser drei Voraussetzungen erfüllt ist, gilt ein Gewinn als Spekulationsgewinn, der nach dem Einkommensteuergesetz zu den Einkünften zählt und damit steuerpflichtig ist. Der Begriff des Spekulationsgewinns wird also im Einkommensteuerrecht stark eingeschränkt und damit grundsätzlich von Veräußerungsgewinnen unterschieden. So erzielt eine Privatperson, die eine Wohnung kauft und nach zehn Jahren zu einem höheren Preis wieder verkauft, lediglich einen Veräußerungsgewinn, aber keinen Spekulationsgewinn. Daher fallen auch keine Steuern an, da diese Gewinne im privaten Sektor grundsätzlich steuerfrei sind. Wird die Immobilie nach weniger als zehn Jahren wieder verkauft, gilt dies als steuerpflichtiger Spekulationsgewinn. **Ausnahme:** die eigengenutzte Wohnung. Sie kann jederzeit wieder verkauft werden, ohne dass ein dabei erzielter Überschuss als Spekulationsgewinn versteuert werden muss.

Nur die Hälfte ist steuerpflichtig: Ab 2002 brauchen Aktionäre nur noch die Hälfte des Gewinns aus Spekulationsgeschäften als Einkommen in dem Jahr versteuern, in dem der Gewinn erzielt wurde. Ab 2002 gilt für Spekulationsgewinne und Dividenden das Halbeinkünfteverfahren. Allerdings können auch Spekulationsverluste nur noch mit 50 Prozent gegen Spekulationsgewinne aufgerechnet werden. Es sollte immer geprüft werden, ob unvermeidliche Verluste noch bis Jahresende 2001 realisiert werden, da sie dann noch voll angerechnet und auch in Folgejahre übertragen werden können. Steuerpflichtige Gewinne dagegen sollten nach Möglichkeit ins Jahr 2002 verlagert werden. Der Verkauf sollte also erst ab dem 1.1.2002 getätigt werden, wenn bis dahin keine stärkeren Kursrückschläge erwartet werden. Gewinne und Verluste, die mehr als zwölf Monate nach dem Kauf einer Aktie realisiert werden, interessieren das Finanzamt nicht.

Die im Einkommensteuergesetz angegebenen Zeiträume von zwölf Monaten bei Wertpapiergeschäften oder von zehn Jahren bei Immobiliengeschäften werden als Spekulationsfristen bezeichnet. Jede Privatperson, die darauf achtet, dass zwischen An- und Verkauf des betreffenden Wirtschaftsgutes ein Zeitraum von mindestens zwölf Monaten beziehungsweise zehn Jahren liegt, braucht den erzielten Gewinn nicht zu versteuern. Das Problem liegt allerdings darin, dass ein Investor bei der Entscheidung, ob er beispielsweise ein Wertpapier vor Ablauf der Zwölfmonatsfrist verkauft oder den Mindestzeitraum abwartet, das Risiko einkalkulieren muss, dass der

Kurs seines Wertpapiers in der bis zum Ablauf der Spekulationsfrist noch verbleibenden Zeit wieder fällt. Aus dem Gewinn kann in dieser Zeit ein Verlust werden.

Seit der Neuregelung können aber nicht nur Verluste aus Wertpapier- oder Grundstücksgeschäften, die innerhalb des gleichen Jahres gemacht wurden, gegen Gewinne aufgerechnet werden. Entsprechende Verluste können auch von einem Jahr auf ein anderes vor- und/oder rückgetragen werden. Wenn im Jahr 1999 oder 2000 insgesamt durch Käufe und Verkäufe von Wertpapieren *innerhalb* der Spekulationsfrist Verluste realisiert wurden, können sie von entsprechenden Gewinnen im Jahr 2001 oder 2002 und später abgezogen werden. Nur der restliche Gewinn muss als Einkommen versteuert werden. Der Verlustvortrag gilt zeitlich unbegrenzt.

Wichtig für die Steuerpflicht

Wird die Spekulationsfrist auch nur um einen Tag unterschritten, ist ein erzielter Gewinn aus Wertpapiergeschäften voll steuerpflichtig. Anleger sollten deshalb sehr sorgfältig darauf achten. Ähnliches gilt für die Freigrenze bei Kursgewinnen. Nur wenn die Gewinne aus Spekulationsgeschäften unter 1.000,00 DM beziehungsweise 511,29 € bleiben, unterliegen sie nicht der Einkommensteuerpflicht. Sobald diese Beträge erreicht oder überschritten werden, setzt die volle Steuerpflicht (für den gesamten Betrag!) ein. Es handelt sich nämlich um eine Freigrenze und nicht um einen Freibetrag. Ein Pfennig oder Cent kann also ausschlaggebend sein. Und bei der Spekulationsfrist führt ein Tag weniger als zwölf Monate zur vollen Steuerpflicht.

Spezialfonds

Investmentfonds lassen sich bezüglich ihres Anlegerkreises in Publikums- und Spezialfonds unterteilen. Während die Anlage in Publikumsfonds für jeden Anleger möglich ist, steht die Anlage in Spezialfonds nur institutionellen Anlegern offen. Die maximale Anzahl an Anlegern, die in den einzelnen Spezialfonds investieren dürfen, ist zumeist eng begrenzt und wird in den Anlagegrundsätzen des Fonds festgelegt. Im Gegensatz zu einem Publikumsfonds haben die Anteilseigner eines Spezialfonds ein Mitspracherecht hinsichtlich der Anlageentscheidungen. Hauptkunden von Spezialfonds sind Versicherungsgesellschaften, Pensionsfonds und Sozialversicherungsträger.

Die zahlreichen Investmentfonds lassen sich in unterschiedlichster Weise gliedern und voneinander abgrenzen. Eine Möglichkeit, sie in verschiedene Kategorien zu unterteilen, ist die Aufteilung in Publikumsfonds und Spezialfonds. Während die

Anlage in einem Publikumsfonds jedem privaten und institutionellen Anleger offensteht, richtet sich das Angebot der Spezialfonds lediglich an die so genannten institutionellen Anleger.

Spezialfonds investieren ihre Mittel – genau wie Publikumsfonds – nach bestimmten, in den Anlagegrundsätzen festgelegten Prinzipien. So gibt es Spezialfonds in der Variante der Aktienfonds, der Rentenfonds, der Indexfonds, der Immobilienfonds sowie der Länder- und Regionalfonds. Die jeweiligen Anlagegrundsätze werden aber bei den Spezialfonds im Gegensatz zu den Publikumsfonds in enger Zusammenarbeit mit den jeweiligen Anlegern erarbeitet und auf diese zugeschnitten.

Zumeist wird auch die maximale Zahl der Anleger von vornherein festgelegt, so dass sich ein Spezialfonds oft in der Art eines geschlossenen Fonds präsentiert. Im Gesetz über Kapitalanlagegesellschaften (KAGG) ist die maximale Anzahl der Investoren in einem Spezialfonds sogar festgeschrieben, wobei die Formulierung eine recht weite Interpretation zulässt.

Zu den Kunden der Investmentgesellschaften, die Spezialfonds auflegen, gehören vor allem Sozialversicherungsträger, Versicherer und Pensionsfonds. Kennzeichnend für diese Anleger ist, dass sie über hohe Geldmittel verfügen, die sie kurz- bis langfristig anlegen wollen, dabei aber verschiedenste Kriterien berücksichtigen müssen. So können Versicherungsgesellschaften ihre Mittel beispielsweise nur in Wertpapieren anlegen, die deckungsstockfähig sind. Andere institutionelle Investoren benötigen Anlageformen, die eine rasche Liquidität ermöglichen oder bestimmte Mindestausschüttungen Gewähr leisten. Wiederum andere Anleger benötigen unter Umständen besonders langfristige Anlagemöglichkeiten, die gleichzeitig eine maximale Rendite gewährleisten.

Eine weitere Besonderheit von Spezialfonds liegt darin, dass die Anleger eines solchen Fonds ein mehr oder weniger großes Mitspracherecht bezüglich der Anlage der verwalteten Mittel sowie der Ausschüttung der erwirtschafteten Zinsen und Gewinne haben. Je nach Vereinbarung kann der Anleger teilweise sehr starken Einfluss auf diese Entscheidungen nehmen. Forum für diese Einflussnahme ist der so genannte Anlageausschuss, der sich aus Vertretern der Anleger, der Depotbank sowie des Fondsmanagements zusammensetzt. Je nach Vertragsgestaltung haben die verschiedenen Mitglieder des Anlageausschusses unterschiedlich starke Entscheidungskompetenz.

Für institutionelle Anleger bietet das Instrument der Spezialfonds die Möglichkeit, die Verwaltung und Anlage der bei ihnen angesammelten Mittel professionellen Anlagegesellschaften zu überlassen. So muss sich beispielsweise ein Unternehmen, das seinen Mitarbeitern eine zusätzliche betriebliche Altersversorgung anbietet, entscheiden, ob es die so angesammelten Beträge selbst verwaltet und anlegt oder ob es diese Aufgabe einer Investmentgesellschaft überlässt. Industrieunternehmen haben oft keine Börsen- und Kapitalmarktspezialisten in ihrem Unternehmen, so dass es sich für sie anbieten kann, ein externes Unternehmen mit dem Management der Geldmittel zu beauftragen. Daneben entfallen alle Buchungs- und Verwaltungsarbeiten, die ansonsten anfallen würden, wenn das Kapital selbst verwaltet würde. Überdies genießen Spezialfonds steuerliche Vorteile, die die institutionellen Anleger nicht wahrnehmen können, wenn sie ihre Mittel selbst verwalten.

Investmentgesellschaften, die Spezialfonds auflegen, erhalten von den Anlegern eine Verwaltungsgebühr, die pauschal oder erfolgsabhängig vereinbart wird. Die bei Publikumsfonds üblichen Ausgabeaufschläge werden bei Spezialfonds nicht erhoben.

Splitting

Im Wertpapierrecht ist damit die Teilung einer Aktie oder eines Investmentanteils gemeint. Im Einkommensteuerrecht versteht man darunter eine Form der Besteuerung von Ehegatten, die in dieser Form in Deutschland seit 1958 besteht. Dabei wird das Einkommen beider Eheleute zunächst addiert und dann wieder halbiert (gesplittet). Für diese Einkommenshöhe wird nach der Einkommensteuertabelle die Steuerschuld ermittelt. Der Betrag wird schließlich wieder verdoppelt und stellt dann die gemeinsam geschuldete Einkommensteuer dar.

Beim Splitting zahlt ein Ehepaar so viel Steuer wie zwei Alleinstehende mit je einem Einkommen in Höhe des halben Familieneinkommens. Durch das Splitting soll bei unterschiedlich hohen Einkommen der Ehepartner die Progression der Einkommensteuer gemildert werden. Die angestrebte Steuerentlastung von Familien wirkt sich dann am stärksten aus, wenn nur einer der Partner ein Einkommen aus Arbeit, Vermögen, Vermietung oder Verpachtung bezieht. Mit dieser Regelung soll die Familie gegenüber Alleinstehenden begünstigt werden, und es soll ein Ausgleich dafür geschaffen werden, dass ein Verdiener den Unterhalt des anderen mit erarbeiten muss und eventuell auch noch Kinder zu unterhalten hat. Dabei wird rechnerisch so vorgegangen, als ob der nicht verdienende Partner (meist die Frau) durch die Hausarbeit und mit der Kindererziehung ebenso viel verdient wie der andere Ehepartner.

Der Begriff „Splitting" kommt auch im Wertpapierrecht vor. Gemeint ist damit die Teilung einer Aktie oder eines Investmentanteils. Vor allem in den USA wird ein Stock Split von Aktien in zwei oder mehrere neue Anteile häufig vorgenommen. Dies geschieht immer dann, wenn der Kurs des Wertpapiers so gestiegen ist, dass es vielen Anlegern als zu teuer erscheint. Durch die Teilung der Aktie oder des Investmentpapiers (und damit auch des Nennwerts und des Kurses) wird das Wertpapier wieder leichter handelbar. Auch in vielen Ländern der Europäischen Währungsunion ist das Splitting üblich. In Deutschland wird ein ähnlicher Effekt durch die Herabsetzung des Nennwertes (zum Beispiel von 50 auf fünf Euro) erzielt. Statt einer Aktie im Nennwert von 50 Euro erhalten die Anteilseigner zehn mit dem Nennwert fünf Euro. Siehe Aktien-Splitting.

Stammaktien

Stammaktien sind die Grundform der Aktie in Deutschland. Sie verbriefen dem Inhaber ein Miteigentum an einer Aktiengesellschaft sowie die normalen, im Aktiengesetz festgelegten Rechte und Pflichten. Hierzu gehört das Stimmrecht in der Hauptversammlung, ein Bezugsrecht bei Ausgabe von jungen Aktien sowie die Pflicht zur Leistung der Einlage. Stammaktien gibt es in Form von Inhaberaktien und als Namensaktien. Das Gegenstück zur Stammaktie ist die Vorzugsaktie.

Die Stammaktie ist die am weitesten verbreitete Form der Aktie in Deutschland. Im Gegensatz zur Vorzugsaktie gewährt die Stammaktie dem Aktionär alle „normalen", im Aktiengesetz vorgesehenen Rechte und Pflichten. Aus diesem Grund werden Stammaktien auch als Grundform aller Aktien angesehen. Der Inhaber beziehungsweise Eigentümer einer Stammaktie ist Teilhaber an einer Aktiengesellschaft und damit am Gewinn anteilsmäßig beteiligt.

Die Rechte und Pflichten eines Stammaktionärs werden im Aktiengesetz (AktG) geregelt. Zu den wichtigsten Rechten des Stammaktionärs gehören:

● Das Recht auf Teilnahme an der Hauptversammlung.
● Das Stimmrecht in der Hauptversammlung. Jeder Stammaktionär hat eine Stimme pro Aktie in seinem Eigentum. Eine Ausnahme hiervon bilden lediglich Mehrstimmrechtsaktien.
● Das Recht auf eine anteilige Dividende, wenn die Gesellschaft die Ausschüttung des Gewinns beschließt.
● Das Recht auf Information. Jeder Aktionär kann in der Hauptversammlung vom Vorstand Auskunft über Dinge oder Vorkommnisse verlangen, die zur Beurteilung des betreffenden Tagesordnungspunktes notwendig sind. Der Vorstand hat in bestimmten Fällen ein Auskunftsverweigerungsrecht.
● Bei Liquidation der Gesellschaft hat der Aktionär Anspruch auf den anteilsmäßigen Liquidationserlös.

Die Pflichten des Aktionärs erstrecken sich im Wesentlichen auf die Pflicht zur Leistung der vereinbarten Einlage, also des Nennwerts plus eines eventuellen Agios.

Stammaktien können sowohl als Inhaberaktien als auch als Namensaktien ausgegeben werden. Die Inhaberaktie war auf Grund ihrer einfachen Übertragbarkeit in Deutschlang jahrzehntelang die populärere Form. Die Globalisierung des Wertpapiergeschäfts führt aber dazu, dass auch in Deutschland immer mehr Gesellschaften auf Namensaktien umstellen.

Das Gegenstück zur Stammaktie bilden die so genannten Vorzugsaktien, die ihren Eigentümern bestimmte Vorzugsrechte, wie beispielsweise eine höhere Dividende, einen höheren Anteil am Liquidationserlös oder eine Dividendengarantie, verbriefen. Als Gegenleistung dafür fehlt Vorzugsaktien aber meist eines der wichtigsten Rechte, die den Eigentümern von Stammaktien zustehen: das Stimmrecht.

Die meisten in Deutschland gehandelten Aktien sind Stammaktien. Nur wenige Unternehmen emittieren Vorzugsaktien, da diese den Anlegern auf Grund des meist fehlenden Stimmrechts weniger attraktiv als Stammaktien erscheinen.

Steueroasen

Als Steueroasen werden solche Länder bezeichnet, die ein deutlich niedrigeres Steuerniveau haben als die meisten anderen Staaten. Die Gesetzgebung der Oasenstaaten erlaubt es, Einkünfte durch geschickte „Gestaltung" dem Zugriff des Fiskus im Heimatland des Steuerpflichtigen teilweise zu entziehen oder sie ganz zu verbergen. Oft geben die Behörden dieser Länder keine Auskünfte über die Vermögensverhältnisse der in ihrem Bereich tätigen Firmen oder Einzelpersonen. Deshalb verfolgt die Steuerfahndung Transaktionen mit diesen Ländern immer mit besonderer Aufmerksamkeit.

Für Bewohner von so genannten Hochsteuerländern sind Staaten verlockend, in denen keine oder nur sehr niedrige Steuern oder sonstige Abgaben auf Einkommen und Vermögen erhoben werden. Diese Länder werden im Sprachgebrauch als „Steueroasen" bezeichnet. Gebietsfremde, die sich der drückenden heimischen Steuerlast zumindest teilweise entziehen wollen, ohne gleichzeitig ihren Wohnsitz oder ihre geschäftlichen Aktivitäten zu verlagern, gründen in den Niedrigsteuerländern häufig Holding-Gesellschaften oder auch so genannte Briefkastenfirmen, denen sie entweder Vermögensteile oder bestimmte Rechte (Patente, Lizenzen) übertragen. Die Erträge aus diesen Rechten werden dann in dem Land, in dem sie steuerlich gesehen anfallen, wesentlich niedriger belastet als im Heimatland – oder gar nicht besteuert.

Zu den bekanntesten Steueroasen gehören die Bermuda-Inseln, die Bahamas sowie – mit gewissen Einschränkungen – Liechtenstein, Monaco und die Schweiz. Ein Teil dieser Länder versucht die fehlenden Einnahmen auf Grund vergleichsweise niedriger Steuern und Abgaben dadurch auszugleichen, dass an anderer Stelle sonst nicht zu erwartende Einnahmen erzielt werden (Konzessionen, Lohnsteuern aufgrund zusätzlicher Arbeitsplätze und Ähnliches). In einigen dieser Länder mit gering entwickelter Wirtschaft können gebietsfremde Steuerzahler auch nur durch das Angebot einer deutlich niedrigeren Steuerlast angelockt werden.

Das niedrige Steuerniveau kann entweder auf einer generell geringen maximalen Steuerbelastung beruhen oder auf Steuer- und Abgabenprivilegien für bestimmte Anlagearten, Gesellschaftsformen oder nur für Gebietsfremde, die dadurch als zusätzliche Steuerzahler gewonnen werden sollen.

Das im Verhältnis zu anderen Staaten niedrige Steuer- und Abgabenniveau bildet einen starken Anreiz zur Verlagerung von Einkünften, Vermögen oder auch Teilen der Produktion beziehungsweise von Bank- oder Handelsaktivitäten in diese Länder. In solchen Fällen handelt es sich dann nicht mehr nur um die Gründung reiner Briefkastenfirmen, sondern um die tatsächliche Verlagerung wirtschaftlicher Aktivitäten auf Grund des herrschenden steuerlichen Gefälles.

Staaten mit hohem Steuerniveau bemühen sich im Gegenzug, die Abwanderung von Produktionen oder Dienstleistungen aus steuerlichen Motiven zu verhindern. Das gilt erst recht für die Gründung von Scheinfirmen, die allein der günstigeren steuerlichen „Gestaltung" oder der Steuerflucht dienen. So wurde in Deutschland nach Erlass des Außensteuergesetzes (AStG) von 1972 die Gründung von Firmen, die allein der Steuerverlagerung dienen, wesentlich weniger attraktiv. In bestimmten Fällen wurde der steuerliche Effekt sogar ins Gegenteil verkehrt.

Stille Reserven |

Stille Reserven oder stille Rücklagen sind Teile des Eigenkapitals eines Unternehmens, die in der Bilanz für Außenstehende nicht oder nur schwer erkennbar sind. Stille Reserven entstehen entweder durch Unterbewertung von Aktiva oder durch Überbewertung von Passiva. Sie sind also auf beiden Seiten der Bilanz zu finden. Stille Reserven erhöhen den Wert eines Unternehmens über den Wert hinaus, der aus der Bilanz sowie aus der Gewinn- und Verlustrechnung ersichtlich ist. Steuerlich bedeuten stille Reserven eine zeitweise Verminderung der steuerlichen Bemessungsgrundlage.

Der Begriff der stillen Reserven oder stillen Rücklagen gehört zu den umstrittensten Bereichen der Bilanzierung, Rechnungslegung und Besteuerung von Unternehmen. Stille Reserven sind neben dem Grund- oder Stammkapital, den Rücklagen sowie dem Gewinn oder Verlust Teile des Eigenkapitals eines Unternehmens. Ihre Existenz ist aus der Bilanz nicht ersichtlich. Sie können sowohl auf der Aktivseite als auch auf der Passivseite der Bilanz entstehen, also sowohl beim Vermögen wie bei den Verbindlichkeiten. Durch die Bildung von stillen Reserven kann das Unternehmen seinen ausgewiesenen Gewinn und damit auch seine Steuerschulden reduzieren. Deshalb werden die Bilanzierungsmethoden von den Steuerbehörden sorgfältig geprüft.

Prinzipiell können stille Reserven entweder durch Überbewertung von Verbindlichkeiten auf der Passivseite der Bilanz oder durch Unterbewertung von Vermögensgegenständen auf der Aktivseite entstehen. Allgemein lässt sich sagen, dass stille Reserven die Differenz zwischen dem von dem Unternehmen in seiner Bilanz ausgewiesenen Nettovermögen (Vermögen abzüglich Verbindlichkeiten) und dem tatsächlichen Nettovermögen bei Bewertung von Vermögen und Verbindlichkeiten zu Marktpreisen angeben. Durch eine Unterbewertung von Vermögensgegenständen (wie beispielsweise Immobilien, Patenten, Maschinen, Waren, Rohstoffen oder auch Wertpapieren und Forderungen) wird der Besitz des Unternehmens nach außen zu niedrig ausgewiesen. Ein zu niedriger Ausweis des Vermögens bewirkt automatisch einen geringeren Gewinnausweis. Ebenso bewirkt ein zu hoher Ausweis von Verbindlichkeiten, wie beispielsweise Schulden oder Rückstellungen, einen zu niedrigen Gewinnausweis.

Durch die Bildung von stillen Reserven kann das Unternehmen seine steuerliche Bemessungsgrundlage verringern. Hierdurch sind Steuerersparnisse bei der Vermögenssteuer, Körperschaftsteuer beziehungsweise Einkommensteuer sowie der Gewerbesteuer möglich. Diese Steuerersparnisse sind aber in der Regel nicht dauerhaft, sondern werden bei der Auflösung der stillen Reserven wieder rückgängig gemacht. Es handelt sich also nur um eine Steuerstundung.

Zur Auflösung oder Aufdeckung von stillen Reserven kommt es beispielsweise, wenn das Unternehmen Teile seines Anlagevermögens zum „Marktpreis" verkauft. Die Differenz zwischen dem Verkaufserlös und dem Betrag, der in der Bilanz ausgewiesen war, wird als „sonstiger betrieblicher Ertrag" verbucht und erhöht so den Jahresgewinn. Es kommt gleichzeitig zu einer erhöhten Steuerzahlung. Ebenso kommt es zu einer Aufdeckung von stillen Reserven, wenn das Unternehmen eine zu hoch angesetzte Rücklage (beispielsweise zur Begleichung von Forderungen aus Lieferungen und Leistungen oder für mögliche Schadenersatzforderungen) bei Fälligkeit der Zahlung auflöst. Die Differenz zwischen Rücklage und tatsächlicher Verbindlichkeit wird ebenfalls als „sonstiger betrieblicher Ertrag" verbucht und erhöht den Gewinn.

Die Möglichkeit, stille Reserven zu bilden, kann aus betriebswirtschaftlicher Sicht sehr unterschiedlich beurteilt werden. Hauptkritikpunkt ist, dass die tatsächliche wirtschaftliche Lage des Unternehmens aus dem Jahresabschluss nicht mehr klar ersichtlich ist.

Durch die Bildung von stillen Reserven werden der Gewinn und das Vermögen des Unternehmens geringer ausgewiesen als tatsächlich vorhanden. Dadurch wird die Gewinnausschüttungsmöglichkeit an die Anteilseigner geringer. Auf der anderen Seite schützt die Bildung von stillen Reserven aber auch die Gläubiger des

Unternehmens (zum Beispiel Banken und andere Kreditgeber), weil geringere Teile des Vermögens aus dem Unternehmen abfließen und die Haftungsbasis somit höher bleibt.

Die Auflösung von stillen Reserven kann ebenfalls die wirtschaftliche Lage des Unternehmens für externe Betrachter verschleiern. So kann die Geschäftsleitung in wirtschaftlich schlechten Zeiten stille Reserven auflösen und damit den Gewinn des Unternehmens optisch erhöhen. Es wird eine Rentabilität vorgetäuscht, die in Wirklichkeit so nicht besteht. Dies kann dazu führen, dass die wirtschaftliche Lage, die aus dem Jahresabschluss ersichtlich ist, nicht dem tatsächlichen Geschäftsverlauf entspricht. Auf der anderen Seite helfen stille Reserven dem Unternehmen aber auch, in schlechten Zeiten zu überleben.

Man muss also bei der Beurteilung immer hinterfragen, ob die stillen Reserven aus kaufmännisch sinnvollen Gründen gebildet oder aufgelöst wurden oder ob sie der Manipulation dienten. In der Praxis ist eine solche Differenzierung für den externen Betrachter aber häufig kaum möglich.

Stock Split |

Der so genannte Stock Split gehört zu den Besonderheiten des amerikanischen Aktienrechts. Beim Stock Split werden die umlaufenden Aktien einer Aktiengesellschaft eingezogen, entwertet und durch eine höhere Anzahl neuer Aktien ersetzt. Das Verhältnis, in dem alte in neue Aktien umgetauscht werden, wird als Splitting-Verhältnis bezeichnet. Der Anteil, den der einzelne Aktionär an dem Unternehmen hält, ist vor und nach dem Stock Split unverändert. Das Vermögen der Gesellschaft verteilt sich einfach auf mehr Aktien als vorher. Der Stock Split dient vor allem der optischen Verbilligung und damit der Verbesserung der Handelbarkeit der jeweiligen Aktien. Auch Gesellschaften im Euro-Währungsgebiet nutzen die Möglichkeit des Splits immer häufiger, um ihre Aktien leichter handelbar und optisch billiger zu machen.

Näheres dazu unter Aktien-Splitting.

Stop-Buy-Order

Als Stop-Buy-Order beziehungsweise Stop-Buy-Auftrag wird ein automatisierter Aktienkauf bezeichnet, der von der Bank für den Anleger ausgeführt wird, wenn ein bestimmter Kurs erreicht oder überschritten wird. Stop-Buy-Order können einerseits dazu genutzt werden, an bestimmten plötzlichen Aufwärtsbewegungen bei einzelnen Aktien teilzunehmen. Andererseits können sie aber auch zur Risikobegrenzung für Stillhalter von Kaufoptionen genutzt werden. Seit 1989 sind Stop-Buy-Aufträge auch in Deutschland zugelassen.

Das Instrument der Stop-Buy-Order ist ebenso wie der Stop-Loss-Auftrag seit 1989 in Deutschland zugelassen. Bei Stop-Buy-Ordern gibt der Anleger seiner Bank den Auftrag, eine bestimmte Anzahl einer Aktie zu erwerben, wenn der Kurs dieser Aktie einen bestimmten Wert erreicht oder überschreitet. Der vereinbarte Kurs wird in der Regel als Stop-Buy-Kurs beziehungsweise Stop-Buy-Marke bezeichnet. Die Bank erwirbt dann die vereinbarte Anzahl an Aktien zum nächsten aktuellen Börsenkurs. Der Kurs, zu dem das Geschäft ausgeführt wird, kann auch über oder unter dem vereinbarten Stop-Buy-Kurs liegen. Sowohl bei Stop-Buy-Aufträgen als auch bei einem Stop-Loss-Auftrag kann der Kurs, zu dem der Auftrag durchgeführt wird, nicht limitiert werden. Eine Kombination von limitiertem Kaufauftrag und Stop-Buy-Order ist nicht möglich.

Stop-Buy-Aufträge können jeder im Wertpapiergeschäft tätigen Bank oder einem Brokerhaus erteilt werden, bei dem der Anleger sein Depotkonto hat. Voraussetzung ist allerdings, dass die betreffende Aktie im variablen Handel notiert wird und der Auftrag über 50 Aktien beziehungsweise ein Vielfaches davon lautet, weil sonst eine Ausführung zum nächsten aktuellen Börsenkurs nicht möglich ist. Für die Dienstleistung vereinnahmt die jeweilige Bank eine Gebühr, die von Institut zu Institut unterschiedlich sein kann.

Stop-Buy-Aufträge eignen sich sowohl zur Absicherung in Optionsgeschäften wie auch als spekulatives Anlageinstrument. Mit Hilfe von Stop-Buy-Aufträgen kann ein Anleger an einer plötzlichen Kursralley teilnehmen, ohne den betreffenden Wert schon lange vor Beginn dieses Kursanstiegs in seinem Depot halten zu müssen. Erwartet ein Anleger beispielsweise, dass ein bestimmtes Unternehmen in nächster Zeit Ziel einer Übernahme durch ein anderes Unternehmen wird, so kann er den Stop-Buy-Auftrag an seine Bank geben, dieses Papier ab einem bestimmten Kurs, den der Anleger als Zeichen für eine Übernahme wertet, zu erwerben.

Stop-Buy-Order lassen sich aber auch zur Absicherung von Stillhaltepositionen von Call-Optionen nutzen. So kann beispielsweise der Verkäufer einer Kaufoption einen Stop-Buy-Auftrag für die der Option zugrunde liegende Aktie erteilen, so dass sein Verlustrisiko bei einem steigenden Kurs eliminiert beziehungsweise stark eingeschränkt werden kann.

Problematisch bei Stop-Buy- wie auch bei Stop-Loss-Aufträgen ist, dass sie in extremen Börsensituationen wie einem sich anbahnenden Crash verstärkend auf die ohnehin schon übertriebenen Kursbewegungen wirken können. Kommt es beispielsweise in einer Hausse-Phase zu starken Kurssteigerungen, so werden diese durch eventuelle Stop-Buy-Aufträge noch verstärkt. Die Stop-Buy-Aufträge sorgen für eine weitere Erhöhung des Nachfragedrucks und damit für einen weiteren Anstieg der Kurse. Mit jedem weiteren Anstieg der Kurse werden aber womöglich weitere Stop-Buy-Marken erreicht, was wiederum zu einer Verstärkung der Kursausschläge führt. Die Nutzung von Stop-Loss- beziehungsweise Stop-Buy-Aufträgen kann also zu einer zunehmenden Volatilität (starken Kursschwankungen) der Börse führen.

Ein anderes Instrument zur Risikobegrenzung sind limitierte Aufträge zum Kauf oder Verkauf von Wertpapieren.

Beispiel: Spekulation unter Verwendung von Stop-Buy-Aufträgen

Anleger Meier vermutet, dass die XY AG Ziel einer Übernahme durch ein anderes Unternehmen werden könnte. Da Herr Meier aber weder ganz sicher ist, ob es tatsächlich zu einer solchen Übernahme kommen wird, noch weiß, wann diese stattfinden könnte, möchte Herr Meier die Aktien dieses Unternehmens, das ansonsten keine besonders attraktive Investition darstellt, nicht schon jetzt kaufen. Anleger Meier will die Aktien nur haben, wenn es tatsächlich zu einer Übernahme kommt.

Aus diesem Grund gibt er seiner Bank einen Stop-Buy-Auftrag. Als Indikator dafür, dass es tatsächlich zu einer Übernahme kommen wird, setzt Herr Meier das Erreichen eines Kurses von 70 € pro XY-Aktie fest. Er vereinbart daher mit seiner Bank, dass diese 500 XY-Aktien für seine Rechnung kaufen soll, wenn der Kurs der XY-Aktie 70 € erreicht oder überschreitet. Der Stop-Buy-Auftrag soll für einen Monat gelten. Erreichen die Aktien tatsächlich den Kurs von 70 €, so wird die Bank 500 Aktien zum nächstmöglichen aktuellen Kurs kaufen. Erreicht die XY-Aktie hingegen die Stop-Buy-Marke nicht, so verfällt der Auftrag am Ende der Laufzeit.

Beispiel: Hedging mit Hilfe von Stop-Buy-Aufträgen

Anleger Müller hat eine Kaufoption verkauft, die zum Erwerb von 100 Aktien der Dresdner Bank AG zum Kurs von 45 € berechtigt. Herr Müller ist also der Stillhalter dieser Option. Um das Risiko größerer Verluste zu begrenzen, die auftreten würden, wenn der Kurs der Dresdner-Bank-AG-Aktie tatsächlich über 45 € steigt, gibt Herr Müller seiner Bank den Auftrag, 100 Dresdner-Bank-Aktien zu kaufen, sobald der Kurs 47 € erreicht oder überschreitet.

Erreicht der Kurs der Dresdner-Bank-Aktie nun tatsächlich einen Kurs von 47 €, so wird die Bank von Herrn Müller zum nächsten aktuellen Kurs 100 Dresdner-Bank-Aktien erwerben. Wird der Kurs beispielsweise zu 48 € ausgeführt, muss Herr Müller 4.800 € für die Aktien zahlen. Zum Fälligkeitstermin der Kaufoption steht der Kurs der Dresdner-Bank-Aktien bei 50 €.
Übt der Käufer der Kaufoption nun sein Recht aus, muss Herr Müller diesem die Aktien zum Preis von 4.700 € überlassen. Sein Verlust beträgt 100 €. Hätte Herr Müller keinen Stopp-Buy-Auftrag gegeben, sondern die Aktien erst am Fälligkeitstag erworben, hätte sein Verlust 300 € betragen.

Stop-Loss-Order

Bei einem Stop-Loss-Auftrag beziehungsweise Stop-Loss-Order handelt es sich um einen unlimitierten Verkaufsauftrag, der automatisch bei Erreichen eines vom Kunden vorgegebenen Kursniveaus des zugrunde liegenden Wertpapiers ausgeführt wird. Stop-Loss-Aufträge sind als kostengünstiges, risikofreies Kurssicherungsinstrument auch für Kleinanleger geeignet. Für die Börse können Stop-Loss-Aufträge eine gewisse Gefahr darstellen, da sie unter Umständen verstärkend auf Kursrückgänge wirken. Seit 1989 können in Deutschland Stop-Loss-Aufträge erteilt werden.

Stop-Loss-Aufträge sind eine einfache und relativ kostengünstige Möglichkeit, einzelne Aktienpositionen gegen größere Kursverluste abzusichern. Seit 1989 kann diese Möglichkeit der Kurssicherung auch von deutschen Anlegern genutzt werden. Bei einem Stop-Loss-Auftrag gibt der Anleger seiner Bank oder seinem Brokerhaus den Auftrag, eine bestimmte Aktie automatisch bei Erreichen eines bestimmten Kurses zu verkaufen. Das jeweilige Papier wird dann, wenn der Stop-Loss-Kurs erreicht oder unterschritten wird, automatisch zum nächsten aktuellen Börsenkurs verkauft. Eine Limitierung dieses Kurses ist nicht möglich, so dass es sein kann, dass der erzielte Verkaufspreis sowohl weit unter als auch weit über der Stop-Loss-Marke liegt. Gerade im Falle eines Börsenkrachs kann es sein, dass der tatsächlich erzielte Kurs deutlich von dem Stopp-Loss-Kurs abweicht. Für die Entgegennahme und tägliche Überwachung eines Stop-Loss-Auftrags vereinnahmt die jeweilige Bank beziehungsweise der Broker eine Gebühr, die von Anbieter zu Anbieter unterschiedlich sein kann. Stop-Loss-Aufträge werden für eine bestimmte Dauer erteilt, meist bis zum Monatsultimo.

Ein Stop-Loss-Auftrag ist für den Anleger grundsätzlich eine Entscheidung zwischen dem Sicherstellen eines bestimmten Kursgewinns beziehungsweise der Begrenzung des maximalen Verlusts und der möglichen Aufgabe der Chance, später höhere Gewinne zu erzielen. Kommt es nämlich nur kurzfristig zu einer Unterschreitung der Stop-Loss-Marke und danach gleich wieder zu einem Wiederanstieg des Kurses, entgehen dem Anleger dadurch unter Umständen erhebliche Gewinne. Bei der Verwendung von Stop-Loss-Aufträgen ist also grundsätzlich sowohl das Börsenumfeld als auch der zugrunde liegende Wert zu beachten. Kommt es auf Grund von externen Einflüssen, wie beispielsweise hohen Verlusten an ausländischen Börsen, zu kurzfristigen Kurseinbrüchen an der deutschen Börse, obwohl die grundsätzliche (fundamentale) Situation in Deutschland gut ist, und spricht auch die wirtschaftliche Lage des betreffenden Unternehmens nicht gegen einen weiteren Kursanstieg, so kann es sinnvoll sein, auf einen automatischen Verkaufsauftrag zu verzichten. In einem solchen Fall sollte der Anleger das tägliche Geschehen an der Börse verfolgen und einen eventuell notwendig werdenden Verkauf selbst auslösen. Wird allerdings eine längere Schwächeperiode vermutet oder ist der Anleger nicht in der Lage, den Kurs seiner Papiere immer zeitnah zu verfolgen, so kann ein Stop-Loss-Auftrag vor größeren Kursverlusten schützen oder erreichte Gewinne absichern.

Der jeweilige Stop-Loss-Kurs sollte auf jeden Fall so gesetzt werden, dass kurzfristige Kursausschläge des Alltagsgeschäfts nicht bereits zu einem Verkauf der Aktien führen. So kann man beispielsweise den Stop-Loss-Kurs jeweils um zehn bis 15 Prozent unter den aktuellen Kurs bei Auftragsvergabe setzen, so dass keine allzu große Gefahr besteht, dass der Auftrag aufgrund kurzfristiger Kursausschläge ausgelöst wird.

Der Anleger muss zudem beachten, dass der Stop-Loss-Auftrag an die jeweilige Performance, das heißt an das jeweilige Kursniveau der Aktie, angepasst werden muss. Eine Anpassung kann dabei nach oben oder unten erfolgen. Die Anpassung der Stop-Loss-Marke nach oben ist immer dann sinnvoll, wenn die jeweilige Aktie seit Erteilung des Stop-Loss-Auftrags deutlich gestiegen ist, so dass ein höherer Gewinn abgesichert werden muss. Eine Anpassung nach unten, das heißt eine Herabsetzung des Stop-Loss-Kurses, kann sinnvoll sein, wenn sich der Kurs der jeweiligen Aktie zwar dem Stop-Loss-Kurs genähert hat, der Anleger aber kurzfristig eine deutliche Erholung erwartet.

Aufträge können nur für Auftragsgrößen von 50 Aktien oder einem Vielfachen davon gesetzt werden. Außerdem müssen die betreffenden Aktien im variablen Handel notiert werden. Nur so ist eine sofortige Reaktion auf das Erreichen eines bestimmten Kursniveaus möglich. Ein exakter Verkaufskurs kann nicht festgesetzt werden; die Bank ist lediglich verpflichtet, zum nächstmöglichen Kurs zu verkaufen. Die Überwachung der Stop-Loss-Aufträge obliegt dem von der Bank des Anlegers beauftragten Kursmakler.

Stop-Loss-Aufträge sind vor allem für solche Anleger sinnvoll, die nicht genug Zeit haben, das Geschehen an der Börse selbst täglich zu verfolgen, aber trotzdem sichergehen wollen, dass das Verlustrisiko begrenzt bleibt.

Das Gegenstück zum Stop-Loss-Auftrag ist der so genannte Stop-Buy-Auftrag, bei dem ein automatischer Kauf eines bestimmten Papiers bei Erreichen eines vorab vereinbarten Kursniveaus ausgelöst wird.

Sowohl Stop-Loss- als auch Stop-Buy-Aufträge können in extremen Börsensituationen – also bei starken Kursrückgängen beziehungsweise -steigerungen – zu einer weiteren Überhitzung führen, weil sie den ohnehin schon starken Kursdruck weiter verstärken.

Ein anderes Instrument zur Risikobegrenzung sind limitierte Aufträge zum Kauf oder Verkauf von Wertpapieren.

Beispiel: Verwendung von Stop-Loss-Aufträgen

Der Anleger Müller hat 100 Aktien der Dresdner Bank AG zum Kurs von 45 € pro Aktie erworben. In den darauf folgenden neun Monaten steigt der Kurs der Dresdner-Bank-Aktien auf 70 € pro Aktie. Herr Müller erwartet auf Grund der guten Geschäftsentwicklung bei der Bank sowie der guten Entwicklung der deutschen Börse, dass der Kurs noch weiter steigen wird, so dass er die Papiere weiter halten will. Trotzdem will er seinen Kursgewinn gegen starke Kursverluste absichern.

Der Anleger Müller erteilt seiner Bank einen Stop-Loss-Auftrag mit einem Stop-Loss-Kurs von 65 €. In den folgenden Wochen geraten die deutschen Börsen in den Sog von größeren Kursverlusten an den asiatischen Börsen, die auch den Kurs der Dresdner-Bank-Aktie drücken. An einem Tag wird der von Herrn Müller gesetzte Stop-Loss-Kurs erreicht, so dass die Hausbank von Herrn Müller die Aktien zum nächstfolgenden Kurs verkauft. Der nächste Kurs beträgt 59 €, so dass Herr Müller einen Kursgewinn von 14 € pro Aktie retten konnte.

Fällt der Kurs der Dresdner-Bank-Aktie im Folgenden weiter, so hat der Stop-Loss-Auftrag Herrn Müller vor stärkeren Verlusten bewahrt. Kommt es allerdings schnell wieder zu einer Erholung der Kurse, die den Kurs der Dresdner-Bank-Aktie wieder über 59 € steigen lässt, so hat Herr Müller womöglich durch den Stop-Loss-Auftrag die Chance auf einen höheren Kursgewinn vertan.

Beispiel: Dynamische Anpassung von Stop-Loss-Aufträgen an die jeweilige Kursentwicklung

Herr Meier hält 100 Aktien der Siemens AG in seinem Depot, die er zum Kurs von 70 € pro Aktie erworben hat. Der Kurs steht aktuell bei 88 €, so dass Herr Meier den erzielten Gewinn nach unten absichern möchte. Herr Meier erteilt seiner Bank also einen Stop-Loss-Auftrag zum Kurs von 80 €.

In den folgenden Wochen steigt der Kurs der Siemens-Aktie auf 104 €, so dass eine Anpassung des Stop-Loss-Kurses sinnvoll ist, um so das nun erreichte Gewinniveau abzusichern. Herr Meier erteilt seiner Bank daher den Auftrag, die Stop-Loss-Marke auf 94 heraufzusetzen. Hätte der Anleger Meier keine Anpassung des Stop-Loss-Kurses vorgenommen, so würde seine Bank erst bei einem Kursverlust von fast 25 Prozent einen Verkauf auslösen.

Durch die Anpassung des Stop-Loss-Kurses wird nun schon nach einem Kursverfall von circa zehn Prozent der Verkaufsauftrag ausgelöst. Kommt es zu weiteren Kurssteigerungen bei der Siemens-Aktie, so wird Herr Meier die Stop-Loss-Marke weiter nach oben anpassen.

Stoxx/EWU-Aktienindex

Die Börsen in Frankfurt, Paris und Zürich haben sich im Februar 1998 auf gemeinsame Indizes geeinigt, die die Kursentwicklung innerhalb der Länder der Währungsunion und in Europa insgesamt abbilden: den „Euro-Stoxx 50" als EWU-Index und den „Stoxx 50" für die gesamte Europäische Union plus Schweiz. Es handelt sich um die 50 Top-Werte aus den jeweiligen Gebieten. Sie sind für Aktiensparer von Bedeutung, da diese Unternehmen das Börsengeschehen insgesamt stark beeinflussen und die Kursbewegungen bei den im Index enthaltenen Werten meist ausgeprägter sind als bei den Nebenwerten. Sie haben deshalb ein stärkeres Kurspotenzial. Überdies werden Zertifikate über diese Indizes angeboten.

Ähnlich wie beim deutschen Aktienindex DAX, dem französischen CAC oder dem österreichischen ATX stehen auch die im EWU-Index und Europa-Index enthaltenen 50 Werte im Blickpunkt der Börse, der Fonds und anderer Großanleger. Daher sind sie für Anlageentscheidungen von Aktiensparern innerhalb der Währungsunion von großer Bedeutung. Stoxx Ltd., ein Gemeinschaftsunternehmen der Börsen in Frankfurt, Paris, Zürich und des amerikanischen Unternehmens Dow Jones, hat die Indizes entwickelt, um das Börsengeschehen innerhalb des gemeinsamen europäischen Währungsraumes beziehungsweise der damit eng verbundenen Märkte abbilden zu können. Nach Einführung des Euro verlieren die bisherigen nationalen Wertpapiermärkte zunehmend an Gewicht.

Der EWU-Index „Dow Jones Euro Stoxx 50" enthält die Spitzenwerte der Mitgliedsländer der Währungsunion, darunter elf deutsche Aktiengesellschaften. Der Europa-Index „Dow Jones Stoxx 50" enthält 50 europäische „Börsenschwergewichte" aus der gesamten EU unter Einschluss der Schweiz. In diesem Index sind neun deutsche Werte enthalten (nur Lufthansa und Metro fehlen gegenüber dem Euro-Index). Ausgewählt wurden die Index-Unternehmen unter den Kriterien Marktkapitalisierung, Liquidität und Branchenzugehörigkeit.

Immer aktuell informieren

Ebenso wie die DAX-Indizes und andere „Börsenbarometer" werden auch die Stoxx-Indizes von Zeit zu Zeit überprüft. Das ist nicht nur wegen der sich verändernden Marktkapitalisierung einzelner Gesellschaften erforderlich. Auch Fusionen (wie Hoechst und Rhône-Poulenc zu Aventis oder Daimler und Chrysler zu DaimlerChrysler) machen dies erforderlich. So wie beim DAX oder SMAX sind auch beim Stoxx und anderen wichtigen Indizes der jeweilige Stand, der Verlauf und die im Korb enthaltenen Gesellschaften dem Kursteil vieler Tageszeitungen oder den zahlreichen Börseninformationen zu entnehmen, die im Internet angeboten werden. Anleger sollten sich dort regelmäßig informieren, da die in den Indizes enthaltenen Werte das Börsengeschehen sehr stark beeinflussen.

Neben den beiden Indizes, die nur Blue Chips enthalten, wurden auch noch der „Dow Jones Stoxx" geschaffen, der 666 börsennotierte Unternehmen aus 16 europäischen Ländern umfasst, sowie der „Dow Jones Euro Stoxx" mit 326 Unternehmen aus dem EWU-Gebiet (beide etwa vergleichbar mit dem deutschen M-DAX).

Streubesitz

Als Streubesitz wird der Teil der Aktien einer Gesellschaft bezeichnet, die sich nicht als „Paket" im Besitz eines anderen Unternehmens oder als Daueranlage in den Händen eines Großinvestors befinden, sondern bei Anlegern liegen, die sie nach kürzerer oder längerer Zeit wieder an den Markt bringen. Nur wenn genügend Aktien im Streubesitz sind, besteht eine ausreichende Liquidität und damit die Chance, sie jederzeit zu fairen Kursen kaufen und verkaufen zu können. Für die Aufnahme eines Wertes in Indizes, die die Entwicklung des breiten Marktes widerspiegeln sollen, ist der Umfang des Streubesitzes ein wichtiges Kriterium.

Auch bei Großunternehmen ist oft nur ein kleiner Teil der Aktien bei Privatanlegern oder Fondsgesellschaften platziert und der überwiegende Teil befindet sich im Besitz eines anderen Unternehmens oder staatlicher Stellen. Dies ist besonders häufig bei Unternehmen, die erst vor relativ kurzer Zeit privatisiert wurden. Sofern es sich dabei um eine Daueranlage handelt, die aus politischen oder wirtschaftlichen Gründen beibehalten werden soll, bedeutet dies, dass nur ein kleiner Teil der Aktien am freien Markt gehandelt wird. Das erschwert den jederzeitigen Kauf oder Verkauf der betreffenden Aktie an der Börse und beeinflusst deshalb die Kursbildung. Überdies ist nicht gewährleistet, dass bei den Entscheidungen der Unternehmensführung die Interessen der Kleinaktionäre angemessen berücksichtigt und alle Aktionäre immer gleich behandelt werden, wie es zum Beispiel das Konzept der Corporate Governance fordert.

Deshalb ist für die Aufnahme einer Aktie in die Indizes, die die Entwicklung des Gesamtmarktes widerspiegeln sollen, der Streubesitz zu einem Kriterium geworden, dem neben den anderen Kriterien ein zunehmend höheres Gewicht gegeben wurde. Bei der Markt- beziehungsweise Börsenkapitalisierung wird nur der Teil der Aktien berücksichtigt, der tatsächlich dem Markt zur Verfügung steht (free flow). Sowohl beim ATX und Stoxx als auch beim DAX, dem S-DAX oder dem Nemax 50 (ab 2002) wird der Streubesitz als wichtiges Merkmal herangezogen, wenn Änderungen an der Zusammensetzung des Index vorgenommen werden. Als Streubesitz werden dabei alle Anteile am Gesamtkapital bezeichnet, die bei maximal fünf Prozent liegen. Nur die Anteile, die von Fondsgesellschaften gehalten werden, dürfen höher sein, da hier keine Dauerbeteiligung zu vermuten ist, die zur Beherrschung der Gesellschaft oder ähnlichen Zwecken gehalten wird.

Stripping

Als Stripping wird die Möglichkeit bezeichnet, den Mantel und die Zinskupons einer Anleihe getrennt voneinander zu handeln. Seit dem 4. Juli 1997 sind in Deutschland erstmals auch Bundesanleihen zum Stripping zugelassen. Das Strippen von Anleihen bietet die Möglichkeit, aus einer normalen Bundesanleihe eine Reihe von Null-Kupon-Anleihen zu machen. Für den Anleger kann das Strippen von Anleihen, je nach seiner individuellen Steuerprogression, zu einer verbesserten Rendite nach Steuern führen.

Das Stripping (Seperate Trading of Registered Interest and Principal Securities) von Anleihen, also das getrennte Handeln des Anleihemantels und der zugehörigen Zinsscheine, war bis zum 4. Juli 1997 in der Bundesrepublik Deutschland zumindest mit Bundesanleihen nicht erlaubt. Im Rahmen der angestrebten Verbesserung der Wettbewerbsfähigkeit des Finanzplatzes Deutschland wurden aber 1997 die rechtlichen Voraussetzungen für diese aus Sicht eines Privatanlegers interessante Anlagealternative geschaffen.

Die Möglichkeit der Trennung von Mantel und Zinsscheinen schafft, ähnlich wie bei einer Optionsanleihe, drei verschiedene Anlageinstrumente. Ein Anleger kann sich nun aussuchen, ob er die vollständige Anleihe kaufen oder verkaufen will, man spricht dann von der „Anleihe cum", oder ob er jeweils nur die Zinsscheine („Zins-Strips") beziehungsweise den Mantel „Anleihe ex" erwerben oder veräußern will.

Für alle drei Varianten einer solchen Bundesanleihe wird ein separater Kurs an der Börse ermittelt, der sich am allgemeinen Zinsniveau und an den Erwartungen der Anleger orientiert. Wirtschaftlich betrachtet entstehen bei Trennung von Zinskupons und Mantel mehrere Null-Kupon-Anleihen mit verschiedenen Laufzeiten.

Der Mantel der Anleihe repräsentiert dabei eine Null-Kupon-Anleihe, deren Kurswert sich durch Abzinsung des Nominalwerts ergibt. Der von den Zinskupons getrennte Mantel beinhaltet kein Recht auf jährliche Zinszahlungen mehr. Er wird aber am Ende der Laufzeit zum vollen Nennwert zurückgezahlt. Für Investoren mit einer hohen Steuerprogression kann es sinnvoll sein, solche Anleihemäntel zu erwerben, da sie die Versteuerung des anfallenden Zinsertrages auf das Ende der Laufzeit verschieben. Erfolgt die Rückzahlung der Anleihe beispielsweise nach der Pensionierung des Anlegers, so kann die Nachsteuerrendite des Anlegers (unter der Voraussetzung, dass zu diesem Zeitpunkt das zu versteuernde Einkommen des Anlegers niedriger ist als zu Zeiten der Berufstätigkeit) höher sein, als wenn er jährliche Zinszahlungen erhalten hätte.

Die Zinskupons selbst kann man als eine Reihe von Null-Kupon-Anleihen mit verschiedenen Laufzeiten betrachten. Die einzelnen Laufzeiten ergeben sich daraus, in welchem Jahr die einzelnen Kupons zur Zahlung fällig sind. Der Bogen einer Anleihe mit vier Jahren Restlaufzeit kann also als vier Zero-Bonds mit Laufzeiten von einem, zwei, drei und vier Jahren betrachtet werden. Der Nennwert des Bogens ermäßigt sich bei jeder Zinszahlung um die ausbezahlten Zinsen. Der Kurswert des Gesamtbogens ergibt sich wieder analog zum Kurswert des Mantels durch Diskontierung des Nennwerts. An der Börse werden alle Zinsscheine separat zum Kauf und Verkauf angeboten.

Strombörsen

Märkte für den Handel mit elektrischer Energie. Strombörsen entstanden zunächst in den USA. Die zunehmende Liberalisierung der Energiemärkte in Europa lässt aber seit den Neunzigerjahren auch in Europa Strombörsen entstehen, an denen wie auf anderen Warenterminmärkten die Ware Strom auf Termin gehandelt werden kann. Die erste große europäische Strombörse entstand in Norwegen. In Deutschland begann Leipzig mit einer Strombörse. Im August 2000 folgte Frankfurt.

In den USA ist der Handel mit Wetter-Derivaten ein etabliertes Geschäft. In Europa wurde zwar im Laufe der Neunzigerjahre der zuvor streng reglementierte und kartellierte Strommarkt schrittweise liberalisiert. Aber neben dem Handel mit Strom an Spot-Märkten etablierten sich nur langsam Strombörsen für den Terminhandel. Die erste Strombörse Europas war „Nord Pool" in Oslo, die 1993 als Strombörse für Norwegen, Schweden und Finnland gegründet wurde und Ende der Neunzigerjahre auch den Handel für Dänemark übernahm. Sie erlebte ein stürmisches Wachstum und wickelte 1999 bereits den Handel für ein Viertel des in den skandinavischen Ländern insgesamt produzierten Stroms ab.

Seit 1995 werden an der Strombörse in Oslo durch Futures nicht nur die Strompreise gegen die extremen Schwankungen an den Spot-Märkten (Handel mit sofort benötigten und sofort lieferbaren Strommengen) abgesichert. Es wird auch wie an allen anderen Börsen spekuliert. Seit kurzem werden außerdem Strom-Optionen angeboten. Mit der zunehmenden Liberalisierung der Strommärkte im übrigen Europa entsteht Nord Pool Konkurrenz, unter anderem durch die deutsch-schweizerische „European Energy Exchange" (EEX) und die britische Strombörse. Die EEX ist eine Tochtergesellschaft der Eurex, die wiederum gemeinsam von der Schweizer Börse und der Deutschen Börsen AG betrieben wird. Der Handel mit Strom und mit Wetter-Derivaten tritt so neben die traditionellen Warenterminbörsen.

Stückaktien/Nennwertlose Aktien |

Nennwertlose Aktien waren eine in Deutschland bis Ende der Neunzigerjahre nicht zulässige Form der Aktie. Im Gegensatz zur Nennwertaktie bezieht sich der Wert der nennwertlosen Aktie nicht auf eine feste Summe, sondern auf einen bestimmten Anteil am Gesellschaftsvermögen des Unternehmens (eine Quote). Eine Form der nennwertlosen Aktie ist die Quotenaktie, die auch als „unechte nennwertlose Aktie" bezeichnet wird. Der Aktionär ist hierbei mit einem bestimmten Prozentsatz am Vermögen des Unternehmens beteiligt. Nennwertlose Aktien findet man vor allem in den USA und in Kanada. Mit Blick auf die Europäische Währungsunion wurden sie ab 1998 auch in Deutschland von vielen Gesellschaften eingeführt.

Näheres unter Nennwertlose Aktien.

Swaps/Zinsswaps

Swap bedeutet die gegenseitige Nutzung der jeweiligen Kostenvorteile zweier Vertragspartner. Dies spielt vor allem bei Zinszahlungen eine Rolle. Ein Zinswap ist eine vertragliche Vereinbarung zwischen zwei Marktteilnehmern, einen Austausch unterschiedlich gestalteter Zahlungsströme für einen bestimmten Zeitraum vorzunehmen. Bei den Zahlungsströmen, die ausgetauscht werden, handelt es sich meist um feste und variable Zinssätze. Solche Vereinbarungen werden in der Regel vorgenommen, um sich gegen steigende oder fallende Zinsätze abzusichern. Zinsswaps spielen neben Zinsoptionen, Forward Rate Agreements und Zinsfutures eine wichtige Rolle im Zinsmanagement von Unternehmen.

Zinsswaps sind Austauschvereinbarungen zwischen zwei Marktteilnehmern, die der Absicherung gegen steigende oder fallende Zinsen dienen. Bei einem Zinsswap handelt es sich also um eine vertragliche Vereinbarung zwischen zwei Partnern, bestimmte, unterschiedlich gestaltete Zahlungsströme auszutauschen. Bei den angesprochenen Zahlungsströmen handelt es sich um verschieden gestaltete Zinsvereinbarungen, meist feste oder variable Zinssätze. Diese Rechte auf Zinszahlungen können von den Inhabern gegeneinander ausgetauscht werden. Einen solchen Austausch bezeichnet man als Swap.

Als Basis zur Berechnung dient ein vereinbarter nominaler (fiktiver) Betrag. Während der Laufzeit des Swaps wird dann, anstatt der Zahlung des gesamten Zinses, nur noch die jeweilige Zinsdifferenz ausgetauscht. Liegt der variable Zins über dem festen Zins, so muss der Vertragspartner, der die Verpflichtung aus dieser Zinsvereinbarung erhalten hat (also einen variablen Satz entrichten muss), an den jeweils anderen zahlen. Liegt dagegen der feste Zinssatz über dem variablen Zins, erfolgt die Zahlung umgekehrt.

Zinsswaps werden grundsätzlich über Banken abgeschlossen. Die Banken fungieren dabei als Agent zwischen den einzelnen Marktteilnehmern. Sie führen als Makler die Tauschwilligen zusammen, ohne dass diese direkt miteinander in Verbindung treten.

Swaps werden aus verschiedenen Beweggründen abgeschlossen. So können beispielsweise Unternehmen ihre auf variabler Basis abgeschlossenen Kredite gegen steigende Zinsen absichern. Umgekehrt können Unternehmen, die ihre Kredite zu Festsätzen aufgenommen haben und mit fallenden Zinssätzen am Markt rechnen, diese mit Hilfe eines Swaps in variable Sätze tauschen, um so von den erwarteten Zinssenkungen zu profitieren.

Neben Unternehmen, die Swaps zur Absicherung von Krediten einsetzen, können aber auch Anleger von Zinsswaps profitieren. So kann ein Anleger, der eine Anleihe mit fester Verzinsung in seinem Bestand hat, diese mit Hilfe eines Swaps in eine variable Verzinsung tauschen. Das könnte dann vorteilhaft sein, wenn der Anleger von steigenden Zinsen am Markt ausgeht. Andersherum kann der Inhaber eines Floaters die variable Verzinsung mit Hilfe eines Swaps in eine feste Verzinsung umdrehen.

Der Nachteil von Zinsswaps im Vergleich zu Zinsoptionen und Zinsfutures, wie beispielsweise dem Bund-Future, liegt darin, dass sich Zinsswaps nicht einfach an der Börse verkaufen lassen. Sie müssen in der Regel bis zum Ende der Laufzeit gehalten werden. Die vorzeitige Auflösung eines Zinsswaps ist meist nur gegen Zahlung einer Prämie an die Bank möglich. Die Höhe der Prämie richtet sich zum einen nach der Restlaufzeit des Swaps und zum anderen nach der jeweiligen Zinshöhe am Markt. Aus diesem Grund eignen sich Zinsswaps auch weniger für den privaten Investor als vielmehr für Unternehmen zur Absicherung gegen Risiken.

Tafelgeschäfte

Eine Form des Wertpapiergeschäfts, bei dem sich Kauf und Verkauf sowie die Zins- oder Dividendenauszahlung am Bankschalter abspielen: Geld und Wertpapiere werden über den Tisch (die „Tafel") geschoben. Der Anleger verwahrt und verwaltet seine Wertpapiere in diesem Fall persönlich. Die Kapitalertragsteuer ist mit 35 Prozent höher als bei Wertpapieren, die im Depot einer Bank verwahrt werden.

Bei Tafelgeschäften werden Wertpapiere (vor allem Aktien und Anleihen) in der Regel gegen Bargeld bei einem Kreditinstitut erworben und entweder im Bankschließfach oder zu Hause aufbewahrt. Die Zinserträge oder die Gewinnanteile bei Aktien werden gegen Vorlage der jeweiligen Zins- oder Dividendenscheine vom Inhaber bar entgegengenommen und nicht auf ein Konto überwiesen. Bei Schenkungen oder im Erbschaftsfall können so erworbene und im Banksafe gelagerte Wertpapiere ebenfalls leichter unter Umgehung der Erbschafts- oder Schenkungssteuer weitergegeben werden.

Die Hinterziehung der Kapitalertragsteuern ist allerdings seit Anfang 1993 weniger lukrativ. Denn seit der Einführung der Zinsabschlagsteuer von 30 Prozent auf alle Zinseinkünfte und dem höheren Steuersatz von 35 Prozent auf bare Zinsauszahlungen bei Tafelgeschäften kann nur dann noch (zumindest teilweise) Steuer gespart werden, wenn der individuelle Steuersatz zwischen 35 und dem (vom insgesamt zu versteuernden Einkommen abhängigen) Höchstsatz der Steuerprogression liegt.

Dass es dennoch immer noch Tafelgeschäfte gibt, hat im Einzelfall höchst unterschiedliche Gründe. Geldanleger wollen ihre Wertpapiere in natura besitzen, weil:

- sie in eventuellen Krisenzeiten jederzeit darüber verfügen oder sie im Fluchtgepäck mitnehmen wollen,
- sie sie durch Anfassen „sinnlich" erleben wollen,
- sie kein Zutrauen zu den Kreditinstituten haben,
- Dritten (vor allem dem Fiskus) keine Möglichkeit geben wollen, Einblick in ihre Vermögensverhältnisse zu nehmen,
- weil sie Steuern „sparen" wollen.

Tafelgeschäfte dienen deshalb häufig der Steuerhinterziehung und der Anlage von nicht ordnungsmäßig versteuerten Einkünften (Schwarzgeld). Sparer, die in Grenznähe leben, bringen ihre Papiere bei Fälligkeit von Dividende und Zinszahlungen zu ausländischen Banken, da diese nicht die 35-prozentige deutsche Zinsabschlagsteuer einbehalten. Allerdings bringt die private Verwahrung auch viele Risiken mit sich.

Zu Hause oder im Schließfach statt im Depot

Privat verwaltete und verwahrte Wertpapiere sind nicht gegen Diebstahl, Feuer oder Verlust geschützt. Auch wenn sie im Banksafe liegen, muss beachtet werden: Statt einer sicheren Aufbewahrung und Terminüberwachung durch das Kreditinstitut (zum Beispiel Zins- und Rückzahlungstermine bei Anleihen; Dividendenzahlungen, Kapitalerhöhungen, Bezugsrechte, Splits bei Aktien) muss der Anleger die gesamte Verwaltung seiner Wertpapiere selber übernehmen. Wenn Anzeichen für eine mögliche „Geldwäsche" vorliegen, **muss** das Kreditinstitut dies der Staatsanwaltschaft melden. Diese **muss** die Steuerfahndung informieren, und die prüft auch dann, wenn der Verdacht der Geldwäsche sich als unbegründet oder nicht beweisbar herausstellt.

Unabhängig davon weckt private Verwahrung beim Fiskus leicht den Verdacht der Steuerhinterziehung. Im Todesfall müssen die Sparkassen und Banken in jedem Fall Schließfächer und Konten bis zur Klärung aller mit der Erbschaft zusammenhängenden Fragen blockieren. Die Erben müssen unter Umständen erhebliche Nachzahlungen leisten, wenn dann nicht deklarierte Kapitaleinkünfte entdeckt werden.

Seit einigen Jahren haben Zollbeamte das Recht, Reisende nicht nur beim Grenzübertritt, sondern auch auf Bahnhöfen, Flughäfen oder in Zügen zu fragen, wie viel Bargeld und Wertgegenstände sie bei sich führen. Falsche Angaben (auch aus Unkenntnis über den Wert von mitgeführtem Schmuck oder Uhren) können zur Beschlagnahme und zu hohen Bußgeldern führen.

Telebanking

Telefon- oder Telebanking und die Erledigung von Bankgeschäften über den heimischen PC (Homebanking) sind eine Variante des Privatkundengeschäfts der Banken und Sparkassen. Sie stellen für den Verbraucher als „Homebanking" eine Alternative zum Filialgeschäft dar. Beim Telefonbanking wickelt der Kunde seine Bankgeschäfte über das Telefon und Faxgerät (Konto- und Depotauszüge) ab, statt persönlich zur nächsten Geschäftsstelle zu gehen. Hierdurch ist der Kunde von den Öffnungszeiten und Standorten der Banken unabhängig. Zudem sind die Kosten für die Dienstleistungen sowohl für den Kunden als auch für die Bank oft deutlich niedriger.

Näheres dazu unter Homebanking.

Termineinlage

Die Festlegung eines bestimmten Geldbetrages bis zu einem vorher festgelegten Zeitpunkt. Der Gläubiger stellt diesen Betrag für die vereinbarte Zeit zur Verfügung und erhält dafür eine Verzinsung. Dies wird auch als Festgeldgeschäft bezeichnet.

Näheres dazu unter Festgeld.

Themenzertifikate

Dies sind Zertifikate, die Anteile an verschiedenen Aktien einer Branche oder eines Sektors verbriefen. Statt sich für eine bestimmte Aktie aus einem aussichtsreichen Wirtschaftszweig zu entscheiden, hat der Anleger durch das Zertifikat die Möglichkeit, einen Korb zu kaufen und dadurch am Erfolg einer Branche oder Gruppe von Unternehmen zu partizipieren und gleichzeitig eine Risikostreuung zu erreichen.

Themenzertifikate beziehungsweise Aktienbaskets geben Anlegern die Möglichkeit, Geld in einer für aussichtsreich gehaltenen Branche zu investieren, ohne sich dabei für ein einzelnes Unternehmen entscheiden zu müssen, dessen wirtschaftliche Lage, Managementqualität und Marktstellung er nicht so leicht beurteilen kann. Dadurch, dass Fachleute die Titel auswählen und dass es sich um ein Bündel von Aktien handelt, werden Zufallstreffer oder Flops vermieden und das Risiko wird breiter gestreut. Der Wert des Baskets schwankt mit den Kursen der darin enthaltenen Aktien. Aktienzertifikate können sich auch auf einen Anteil an einer bestimmten Aktie beziehen, die wegen ihres hohen Preises für einzelne Anleger zu „schwer" ist.

Die Laufzeit der Zertifikate ist in vielen Fällen begrenzt und beträgt in der Regel drei bis fünf Jahre. Die Zertifikate sind aber handelbar und können börsentäglich ge- oder verkauft werden.

Themenzertifikate können sich auf bestimmte Länder, Emerging Markets oder bestimmte Branchen beziehen. So sind Osteuropa-Zertifikate ebenso möglich wie Biotechnologie- oder Medienbaskets. Auch Ökologie kann ein Thema für den Basket sein. Es kann aber auch eine internationale Auswahl von B2B-Aktien sein, also Aktien von Unternehmen, die sich via Internet dem Geschäft Business to Business widmen, den Geschäftsbeziehungen zwischen Unternehmen.

Gegenüber Investmentfonds haben Basketzertifikate den Vorteil, dass es keinen Ausgabeaufschlag gibt. Anleger kennen im Gegensatz zum Fonds, der oft umgeschichtet wird, die genaue Zusammensetzung des Korbs. Da nicht umgeschichtet wird, sind die Verwaltungsgebühren meist geringer oder werden durch das Einbehalten der Dividendenzahlungen abgedeckt. (Es gibt allerdings auch Baskets, bei denen eine Veränderung des Aktieninhalts bei veränderter Marktlage möglich ist.) Außerdem gibt es keine so langen Genehmigungsverfahren wie bei Fonds. Sie können in einer bestimmten Situation deshalb viel schneller auf den Markt gebracht werden.

Tracking Stocks

Bei Tracking Stocks handelt es sich um eine Sonderform der Aktie. Tracking Stocks verbriefen dem Inhaber das Recht auf Gewinnbeteiligung, aber kein Stimmrecht in dem emittierenden Unternehmen. Der Inhaber eines Tracking Stocks partizipiert damit am wirtschaftlichen Erfolg, wird aber nicht Anteilseigner des jeweiligen Unternehmens. Die ausgegliederten Unternehmensteile bleiben rechtlich und wirtschaftlich mit dem Mutterunternehmen verbunden. Tracking Stocks ermöglichen es einem Konzern, Unternehmensteile auszugliedern, ohne die Kontrolle darüber zu verlieren.

Tracking Stocks sind eine in den USA gebräuchliche Form der Aktie. Entwickelt wird dieses in Europa nicht verwendete Wertpapier vor allem von Konzernen, die sich zwar „optisch" durch einen Verkauf („Spin-Off") von Tochtergesellschaften trennen möchten, die tatsächliche Gewalt darüber aber nicht verlieren wollen.

Der Grund für einen Spin-Off liegt oftmals darin, dass die Kapitalmärkte „fokussierte Unternehmen" bevorzugen, also Gesellschaften, die sich auf ein bestimmtes Tätigkeitsgebiet (Kerngeschäft) konzentrieren. Im Rahmen des Shareholder-Value-Konzepts sehen sich Konzerne daher mehr und mehr dazu gezwungen, Konzernteile zu verkaufen, die entweder nicht zu ihren Kernaktivitäten zählen oder nicht die gewünschte Mindestrendite erwirtschaften. Gerade Konzerntöchter, die in neuen Wachstumsmärkten agieren – wie beispielsweise dem Internet –, erwirtschaften oft zunächst für einige Jahre Verluste, ehe sie ein positives Ergebnis erzielen können. Die Verluste dieser Gesellschaften haben dann einen negativen Effekt auf das Gesamtergebnis des Konzerns und damit auch die Kursentwicklung seiner Aktien. Um den Wünschen der Aktionäre nach Renditesteigerung auch kurzfristig gerecht werden zu können, sieht sich das Management oftmals gezwungen, diese Konzerntöchter zu verkaufen beziehungsweise als eigenständige Unternehmen an die Börse zu bringen. Trotzdem kann es aber sein, dass die Konzernführung den jeweiligen Unternehmensteilen einen bestimmten Wert beimisst – sei es strategischer Natur oder wegen der Nutzung vorhandener Verlustvorträge. Deshalb wollen sie keine tatsächliche Trennung.

Um dieses Dilemma zu überwinden, wurde das Instrument der Tracking Stocks entwickelt. Hierbei handelt es sich um eine Art Aktie, die dem Inhaber zwar das volle Gewinnrecht verbrieft, das heißt das Recht auf Dividende, ihm aber das sonst übliche Stimmrecht in der Hauptversammlung vorenthält. Wegen des Gewinnanspruchs entwickelt sich der Börsenkurs eines Tracking Stocks analog zur normalen Aktie. Steigende Gewinnerwartungen lassen den Kurs tendenziell steigen, bei sinkenden Gewinnerwartungen und bei Verlusten fällt der Kurs ebenso wie der Börsenwert der Aktie.

Die Besonderheit der Tracking Stocks liegt also darin, dass der Mutterkonzern des emittierenden Unternehmens auch weiter sein Inhaber bleibt. Auch die Vermögensgegenstände, die Aktiva der Unternehmen, die Tracking Stocks ausgeben, bleiben weiter in der Bilanz des Mutterkonzerns. Die Konzernzugehörigkeit lässt sich oftmals auch daran erkennen, dass das Management des Konzerns und des Tochterunternehmens weitgehend identisch ist. Die Unabhängigkeit des Unternehmens, die durch die Emission der Tracking Stocks suggeriert wird, besteht also faktisch nicht.

Für einen Anleger, der auf das Stimmrecht keinen großen Wert legt, kann das Investment in Tracking Stocks durchaus interessant sein, da er sich so gezielt am Erfolg bestimmter Unternehmensteile eines Konzerns beteiligen und andere, aus seiner Sicht weniger reizvolle Bereiche ausklammern kann. So wäre es theoretisch möglich, sich bei einem Konzern wie der Mannesmann AG gezielt an den Mobilfunk- oder Telefonaktivitäten des Konzerns zu beteiligen, ohne sich gleichzeitig auch in den sonstigen Aktivitäten dieses Mischkonzerns (wie Maschinen oder Röhren) zu engagieren. Die Verwendung von Tracking Stocks kann damit eine Alternative zur Aufspaltung von klassischen Mischkonzernen in ihre Bestandteile sein. Für Kleinaktionäre, die ihrem Stimmrecht auf Grund ihres geringen Einflusses auf die

Entscheidungen der Hauptversammlung wenig Wert beimessen, kann das Investment in Tracking Stocks daher eine interessante Anlagealternative sein.

Für den Anleger haben Tracking Stocks noch einen weiteren Vorteil: Die Wahrscheinlichkeit eines Konkurses ist relativ gering, da die Muttergesellschaft im Zweifelsfall für die Verbindlichkeiten des Tochterunternehmens aufkommen wird. Dies ist gerade bei Unternehmen in der Internet-Branche, im Mediensektor, der Biotechnologie oder der Telekommunikation von Bedeutung, da Unternehmen in diesen jungen Wachstumsmärkten in der Regel hohe Anlaufverluste hinnehmen müssen, die bei Gesellschaften mit geringem Eigenkapital immer mit der Gefahr der Insolvenz behaftet sind.

Auch in den USA waren Tracking Stocks noch Ende der Neunzigerjahre eher Exoten. Ihre Zahl nimmt aber auf den Kurszetteln der amerikanischen Börse zu, da immer mehr international bekannte Konzerne (wie General Motors, Walt Disney, die Investmentbank Donaldson Lufkin & Jenrette) Tracking Stocks emittieren. Das Instrument der Tracking Stocks wird zunehmend zur optischen Ausgliederung von Internet-Aktivitäten genutzt. Es kann vorkommen, dass sich die jeweiligen Tracking Stocks bei den Anlegern größerer Beliebtheit erfreuen als die Aktien der Muttergesellschaft.

Umlaufrendite

Die Umlaufrendite drückt die durchschnittliche Rendite aller in einem Markt gehandelten Anleihen aus. Sie ist ein Indikator für das Zinsniveau in einer Volkswirtschaft. Die Rendite einzelner Anleihen kann von der Umlaufrendite abweichen, da neben dem allgemeinen Zinsniveau auch andere Faktoren für die Rendite individueller Anleihen von Bedeutung sind.

Die Umlaufrendite verzinslicher Wertpapiere gilt als einer der wichtigsten Indikatoren für das allgemeine Zinsniveau einer Volkswirtschaft. Die Umlaufrendite gibt die durchschnittliche Rendite aller in einem Markt gehandelten verzinslichen Wertpapiere (wie Anleihen, Obligationen, Schuldverschreibungen) am jeweiligen Börsentag wieder. Die Umlaufrendite ändert sich börsentäglich. Sie kann an der Frankfurter Aktienbörse für die dort gehandelten verzinslichen Anleihen an einem Tag bei 4,38 Prozent liegen und am nächsten Tag 4,36 Prozent betragen.

Die Umlaufrendite kann den meisten Tageszeitungen mit eigenem Wirtschafts- und Börsenteil entnommen werden. Sie unterscheidet sich in der Regel von der Rendite einzelner Anleihen sowie von der Emissionsrendite. Die Rendite einzelner Anleihen hängt zwar auch von der Umlaufrendite, also vom allgemeinen Zinsniveau ab. Daneben gibt es aber auch andere Faktoren, wie beispielsweise die Bonität des jeweiligen Anleiheschuldners und die Restlaufzeit der Anleihe.

Die Umlaufrendite kann dem Anleger einen Hinweis darauf geben, welche Rendite sich momentan am Markt durchschnittlich erzielen lässt. Dabei muss er aber beachten, dass die Umlaufrendite sich auch auf die durchschnittliche Laufzeit aller derzeit gehandelten Anleihen bezieht. Erwirbt der Anleger eine Anleihe mit einer kürzeren Laufzeit, so wird die Rendite dieser Anleihe (gleiche Bonität des Anleiheschuldners vorausgesetzt) meist eine niedrigere Rendite aufweisen. Umgekehrt verhält es sich meist bei Anleihen mit einer längeren Laufzeit. Der Grund ist, dass sich die Umlaufrendite auf eine durchschnittliche Laufzeit bezieht und langlaufende Anleihen in der Regel höher verzinst sind als Kurzläufer.

Universalbanken

Unter Universalbanken versteht man Banken, die zur Durchführung aller Arten von Bankgeschäften berechtigt sind und dieses Recht auch wahrnehmen. Das Universalbankensystem ist das in der Bundesrepublik Deutschland vorherrschende System.

Die als Universalbanken bezeichneten Kreditinstitute sind zur Durchführung aller Arten von Bankgeschäften berechtigt, soweit diese nicht durch ein Sondergesetz einen bestimmten Banktyp voraussetzen. Universalbanken bieten meist alle gängigen Arten von Finanzdienstleistungen an, wie beispielsweise Wertpapiergeschäfte, Kredit- und Einlagengeschäfte. Der Typ der Universalbank herrscht in der Bundesrepublik Deutschland vor.

Im Gegensatz dazu gilt in den USA das System der Spezialbanken. Spezialbanken sind entweder nur zu bestimmten Bankgeschäften berechtigt oder üben nur bestimmte Geschäftsarten aus, oder sie sind nur auf bestimmte Kundenkreise spezialisiert. So gibt es Spezialbanken, die nur das Wertpapiergeschäft betreiben, und andere, die nur im Kredit- und Einlagengeschäft tätig sind. Auch in Deutschland gibt es vor allem im Wertpapierbereich einige Spezialbanken, die sich auf bestimmte Dienstleistungen konzentriert haben. Meist handelt es sich dabei um Tochtergesellschaften amerikanischer Wertpapierbanken.

Andere Spezialbanken konzentrieren sich nur auf einen bestimmten Kundenkreis und bieten für diese Kunden maßgeschneiderte Dienstleistungen an. Spezialbanken können für sich in Anspruch nehmen, dass sie sich auf bestimmte Bereiche konzentrieren und ihren Kunden dadurch in diesem Sektor einen besonders guten Service bieten können. Oder sie können durch eine geringere Größe, mit weniger kostenintensiven Geschäftsbereichen einerseits und größerer Spezialisierung auf einzelne Sparten andererseits ihre Dienste billiger anbieten.

Der Vorteil von Universalbanken kann zum einen darin gesehen werden, dass durch eine gewisse Diversifizierung ein geringeres Insolvenzrisiko besteht, da Verluste aus einem bestimmten Bereich durch Gewinne aus einem anderen Bereich kompensiert werden können. Für den Kunden bieten Universalbanken den Vorteil, dass er alle seine Finanzangelegenheiten unter einem Dach regeln kann. Das heißt, er kann bei einer einzigen Bank seine laufenden Geschäfte (wie Überweisungen, Scheckeinlösungen, Daueraufträge) abwickeln, kurzfristige Kredite aufnehmen, ein Hypothekendarlehen beantragen und sein Depotkonto für die Wertpapiergeschäfte unterhalten.

In den Neunzigerjahren haben sich in Deutschland Konzerne entwickelt, die Allfinanz betreiben und damit noch über Universalbanken hinauswachsen. Neben den traditionellen Bankdienstleistungen bieten sie auch Versicherungen und Bausparverträge an.

Unternehmensbeteiligungsgesellschaft

Hierbei handelt es sich um Unternehmen, deren einziger Geschäftszweck darin liegt, sich durch Bereitstellung von Eigenkapital an anderen Unternehmen zu beteiligen. Die gesetzliche Grundlage für diese Gesellschaftsform ist in Deutschland das Gesetz über Unternehmensbeteiligungsgesellschaften (UBGG). Unternehmensbeteiligungsgesellschaften können im Rahmen des Einkommen-, Vermögen- und Gewerbesteuerrechts bestimmte steuerliche Privilegien für sich in Anspruch nehmen, die privaten Anlegern einen Anreiz geben sollen, sich an solchen Unternehmen zu beteiligen.

Unternehmen, die ihren Geschäftszweck einzig und allein auf den Erwerb, die Verwaltung und die Veräußerung von Anteilen oder Beteiligungen an anderen Unternehmen richten, werden als Unternehmensbeteiligungsgesellschaften bezeichnet. Die rechtlichen Rahmenbedingungen für solche Gesellschaften werden durch das Unternehmensbeteiligungsgesetz vorgegeben. Zum Aufbau ihres Beteiligungsportfolios dürfen Unternehmensbeteiligungsgesellschaften nichtbörsennotierte beziehungsweise -gehandelte Aktien, GmbH-Anteile, Kommanditanteile sowie stille Beteiligungen an nichtbörsennotierten Gesellschaften erwerben. Es dürfen grundsätzlich nur Minderheitsbeteiligungen eingegangen werden; eine Ausnahme besteht dann, wenn die Beteiligung höchstens zehn Jahre im Portfolio gehalten wird und das betreffende Unternehmen seit weniger als fünf Jahren besteht. Die einzelnen Beteiligungen dürfen jeweils einen Gegenwert von höchstens 20 Prozent des Grundkapitals der Unternehmensbeteiligungsgesellschaft nicht übersteigen.

Unternehmensbeteiligungsgesellschaften mussten früher in der Rechtsform der Aktiengesellschaft geführt werden und ein voll eingezahltes Grundkapital von mindestens zwei Millionen € aufweisen. Es besteht die Verpflichtung, innerhalb von zehn Jahren nach Gründung der Unternehmensbeteiligungsgesellschaft mindestens 70 Prozent der eigenen Aktien öffentlich zum Verkauf an Dritte anzubieten. Das Verkaufsangebot ist so lange zu wiederholen, bis tatsächlich 70 Prozent des Grundkapitals an Dritte veräußert wurden. Gemäß UBGG müssen Unternehmensbeteiligungsgesellschaften ihren Sitz im Inland haben. Die oben genannten Regelungen werden durch das Dritte Finanzmarktförderungsgesetz teilweise abgeschwächt.

Obwohl Unternehmensbeteiligungsgesellschaften ihrer Tätigkeit nach den Kreditinstituten zuzurechnen sind, unterliegen sie nicht dem Kreditwesengesetz (KWG), sondern werden vom Gesetz über Unternehmensbeteiligungsgesellschaften (UBGG) erfasst.

Dieses Gesetz wurde 1987 mit dem Ziel der Stärkung der Finanzkraft kleiner und mittlerer Gesellschaften erlassen. Ziel des Unternehmensbeteiligungsgesellschaftengesetzes ist es, kleinen und mittleren Unternehmen zumindest einen mittelbaren Zugang zum Kapitalmarkt zu verschaffen. Durch diese Form der Beteiligung kann das Eigenkapital der Gesellschaften gestärkt werden, ohne dass sie ihre wirtschaftliche Eigenständigkeit verlieren. Zudem kann eine Beteiligung einer Unternehmensbeteiligungsgesellschaft an einer nichtbörsennotierten Gesellschaft für diese den ersten Schritt zur Börseneinführung und damit zum direkten Zugang zum Kapitalmarkt bedeuten. Für die Unternehmensbeteiligungsgesellschaft kann nämlich die Börsenemission der von ihr gehaltenen Minderheitsbeteiligung ein günstiger Weg sein, sich von einer Beteiligung wieder zu trennen.

Ein weiterer Grund für den Erlass des Unternehmensbeteiligungsgesellschaftengesetzes lag in dem Wunsch, weite Teile der Bevölkerung am Produktivvermögen der Volkswirtschaft zu beteiligen. Anleger können durch den Erwerb von Anteilen an Unternehmensbeteiligungsgesellschaften, ähnlich wie bei Investmentfonds, einen Anteil an einem Portfolio, bestehend aus Geschäftsanteilen an verschiedenen Unternehmen, erwerben. Eine Risikostreuung erfolgt aus den Vorschriften des UBGG, das allen Unternehmensbeteiligungsgesellschaften vorschreibt, dass sie über Anteile an mindestens zehn unterschiedlichen Gesellschaften verfügen müssen. Da außerdem lediglich Minderheitsbeteiligungen gehalten werden dürfen, können die Anleger indirekt die steuerlichen Vorteile des Schachtelprivilegs nutzen, wonach wesentliche Beteiligungen (größer als 20 Prozent) an Kapitalgesellschaften nicht der Vermögensteuer unterliegen. Zudem sind Unternehmensbeteiligungsgesellschaften von der Gewerbesteuer befreit und können die Vergünstigungen gemäß § 6 b Einkommensteuergesetz für sich in Anspruch nehmen.

Im Dritten Kapitalmarktförderungsgesetz wurden die rechtlichen Anforderungen des UBGG noch einmal modifiziert, um dieser Unternehmensform, die sich bis heute noch kaum am deutschen Kapitalmarkt durchgesetzt hat, zum Durchbruch zu verhelfen. Die wichtigsten Neuerungen sind dabei, dass Unternehmensbeteiligungsgesellschaften nun auch in der Rechtsform der GmbH, der KG oder der KGaA geführt werden dürfen, die eigenen Aktien nicht mehr öffentlich angeboten werden müssen und die Vorteile des § 6 b EStG schon nach einer Mindestbeteiligungsdauer von einem Jahr in Anspruch genommen werden können.

Value Stocks/Werthaltige Aktien ▮

Als werthaltige Aktien, Substanzwerte oder (englisch) Value Stocks werden Papiere bezeichnet, die Anteile an Unternehmen verbriefen, welche solide finanziert sind, regelmäßig angemessene Gewinne ausschütten und auf ihrem jeweiligen Markt gut positioniert sind. Die Kursrisiken sind geringer, das Wachstum und die Gewinnaussichten sind es aber auch. Vor allem konservative Anleger investieren in diese Aktien. Die Unternehmen sind meist in traditionellen Branchen angesiedelt.

Näheres dazu unter Werthaltige Aktien.

V-DAX ▮

Der DAX-Volatilitätsindex (V-DAX) drückt die erwartete Breite der Kursschwankungen des Deutschen Aktienindex (DAX) aus. Die erwartete Schwankungsbreite des DAX wird aus den Preisen der an der Terminbörse Eurex gehandelten Optionen abgeleitet. Er ist vor allem für solche Anleger gedacht, die am Optionsmarkt engagiert sind. Der V-DAX wird börsentäglich einmal berechnet und jeweils um 13.45 Uhr veröffentlicht.

Der V-DAX, der seit Dezember 1994 veröffentlicht wird, drückt die erwartete Volatilität des DAX (Deutscher Aktienindex) aus. Mit Volatilität wird die erwartete Schwankungsbreite des DAX bezeichnet. Die Schwankungsbreite des DAX gibt an, zwischen welchem Höchst- und Niedrigstkurs der DAX schwankt. In diesem Fall geht es darum, wie stark er nach Meinung der Terminhändler in den jeweils folgenden zwölf Monaten schwanken wird. Die zukünftige Volatilität wird aus den Preisen der an der Eurex gehandelten Optionen berechnet. Am Optionsmarkt ist die Volatilität die wichtigste Komponente der Optionspreisbildung. Erwarten Händler größere Kursschwankungen, so werden sie bereit sein, höhere Optionsprämien (Optionspreise) zu zahlen. Man kann daher auch sagen, dass der V-DAX die Preisentwicklung eines Korbes von Optionen wiedergibt.

Der V-DAX ist ein Informationsmedium sowohl für die Optionshändler an der Terminbörse als auch für Aktienhändler, Anlageberater und Anleger. Optionshändler können aus dem Verlauf des V-DAX die aktuelle Preisentwicklung für einen ganzen Korb von Optionen ersehen, ähnlich wie man aus dem DAX die Preisentwicklung eines „Aktienkorbes" erkennen kann. Der V-DAX gibt somit die durchschnittliche Preisentwicklung der Optionen an, die im Index verwendet werden.

Für Aktienhändler, Anlageberater und Anleger ist der V-DAX interessant, weil er, im Gegensatz zum DAX, nicht die aktuelle Kursentwicklung widerspiegelt, sondern Zukunftserwartungen der Marktteilnehmer ausdrückt. Denn wenn der V-DAX anzieht, zeigt dies, dass die Preise für Optionen steigen. Die Marktteilnehmer erwarten also stärkere Kursschwankungen des DAX und damit auch der zugrunde gelegten Aktien. Das Risiko, aber auch die Gewinnchancen einer Aktienanlage steigen. Fällt der V-DAX, so erwarten die Marktteilnehmer im Durchschnitt geringere Kursschwankungen im zugrunde liegenden Zeitraum. Die privaten und institutionellen Anleger sowie die professionellen Händler können ihre eigenen Erwartungen mit denen des Marktes vergleichen. Der V-DAX wird börsentäglich einmal berechnet und jeweils um 13.45 Uhr veröffentlicht.

Wichtig: Aus dem V-DAX können keine sicheren Informationen über die zukünftige Entwicklung des DAX gewonnen werden, da sein jeweiliger Wert auf den Erwartungen der Marktteilnehmer beruht. Diese Erwartungen können ebenso richtig wie falsch sein. Der V-DAX eignet sich aber gut dazu, allen Interessenten ein Bild über die Stimmungslage am Aktienmarkt zu vermitteln. Dieser Index ist neben dem Composite DAX (CDAX) und anderen Indizes ein weiteres Instrument, das den Anleger dabei unterstützt, möglichst rationale Entscheidungen zu treffen und damit sein Verlustrisiko zu vermindern. Wie alle Informationsinstrumente zur Anlageentscheidung darf er jedoch nie alleine verwendet werden, sondern nur im Verbund mit anderen Hilfsmitteln.

Venture Capital

Als Venture Capital werden Finanzmittel bezeichnet, die durch eine Investmentgesellschaft für eine bestimmte Zeit anderen Unternehmen als Eigenkapital zur Verfügung gestellt werden. Bei den Empfängern des Kapitals handelt es sich meist um junge Unternehmen, die Projekte realisieren wollen, welche hohe Erträge versprechen, aber auch mit großen Risiken behaftet sind. Im Gegensatz zur herkömmlichen Kreditvergabe trägt der Kapitalgeber beim Venture Capital auch unternehmerisches Risiko. Er erhält deshalb für sein Kapital keine Zinsen, sondern ist am Gewinn beteiligt. Venture Capital ist auch für private Anleger als „Beimischung" geeignet. Eine Beteiligung ist auch über Fonds möglich.

Der Begriff Venture Capital kommt aus dem Amerikanischen und lässt sich nur unzureichend mit „Wagniskapital" oder „Risikokapital" übersetzen. Kennzeichnend für Venture Capital ist zum einen, dass es sich um die Bereitstellung von Eigenkapital handelt; zum anderen, dass die Mittel durch spezielle Beteiligungsgesellschaften aufgebracht werden, von so genannten Venture-Capital-Gesellschaften.

Venture Capital wird zumeist an junge Unternehmen vergeben, die ein Projekt realisieren wollen, das ihre eigenen Mittel übersteigt. Meist handelt es sich dabei um innovative Projekte aus zukunftsträchtigen Branchen – wie Elektronik, Gentechnik, Pharmazie, Multimedia –, die eine hohe Rendite versprechen, aber auf der anderen Seite auch große Risiken bergen: Es handelt sich um noch nicht erschlossene Märkte, und oft ist auch ungewiss, ob die Produktidee bis zur Marktreife gebracht werden kann. Die Unternehmen, die mit Venture Capital finanziert werden, stammen überwiegend aus Hightech-Branchen. Vor allem in den USA stehen oft Wissenschaftler oder Universitätsabsolventen, die Ideen und Forschungsergebnisse vermarkten wollen, dahinter. Nach einem ähnlichen Konzept arbeitet Private Equity. Dabei geht es jedoch meist um eine Beteiligung an bereits etablierten, aber nicht börsennotierten Unternehmen.

Unternehmen, bei denen eine Venture-Capital-Finanzierung in Frage kommt, weisen einige Besonderheiten auf. Der Cash-Flow ist in der Anfangsphase meist so niedrig, dass er weder für die notwendigen Investitionen noch für die Zins- und Tilgungszahlungen herkömmlicher Bankkredite ausreicht. Auf der anderen Seite haben diese Unternehmen, gerade in der Anfangsphase, einen sehr hohen Kapitalbedarf und müssen in den ersten Jahren mit Anlaufverlusten rechnen. Zudem weisen solche Unternehmen ein hohes objektives Risiko auf. Ihre Gründer haben nur geringe oder keine Sicherheiten zu bieten, so dass eventuelle Kredite mit einem hohen Risikozuschlag auf den Marktzins versehen sein müssten. Diese hohen Kapitalkosten lassen sich von den jungen Unternehmen nicht erwirtschaften. Eine klassische Kreditfinanzierung ist deshalb kaum möglich.

Die Vergabe von Venture Capital hängt nicht – wie bei einem Kredit – davon ab, ob beleihungsfähige Sicherheiten (Immobilien, Maschinen, Wertpapiere) vorhanden sind. Bewertet werden ausschließlich die Ertragschancen des zu finanzierenden Objekts.

Das Kapital für die als zukunftsträchtig eingestuften Projekte wird von so genannten Venture-Capital-Gesellschaften bereitgestellt. Diese spezialisierten Investmentgesellschaften sammeln Gelder von Banken, institutionellen Anlegern, aber auch von privaten Kapitalanlegern. Die Venture-Capital-Gesellschaften versuchen solche Kapitalgeber zu gewinnen, die zum einen über genügend Mittel verfügen, um später im Bedarfsfall weiteres Kapital nachschießen zu können, und die zum anderen durch ihr eigenes Know-how zum Gelingen des Projekts beitragen können.

Da die Mittel ausschließlich in Projekte investiert werden, die zwar hohe Renditen versprechen, aber auch zum Totalverlust führen können, engagieren sich Venture-Capital-Gesellschaften bei einer größeren Zahl von jungen Unternehmen in verschiedenen Branchen und mit unterschiedlicher Zielsetzung. Durch diese breite Streuung (Diversifikation) soll das Risiko der Anleger in Grenzen gehalten werden. Verluste bei einem Projekt stehen dann Gewinne bei anderen gegenüber.

Die Venture-Capital-Gesellschaften verfügen über Teams von Spezialisten, die die möglichen Investitionen nach ihren Chancen und Risiken bewerten. Diese Spezialisten begleiten auch die weitere Entwicklung der von den Investmentgesellschaften finanzierten jungen Unternehmen und beraten sie in Technik, Finanzierung oder Marketing. Die Venture-Capital-Gesellschaften nehmen also neben der reinen Finanzierungsfunktion auch eine betreuende Funktion für die von ihnen finanzierten Unternehmen wahr. Als Kapitalgeber spielen sie so eine viel aktivere Rolle als klassische Kreditgeber.

Die Venture-Capital-Gesellschaften erzielen Einnahmen ausschließlich aus Gewinnanteilen an den von ihnen finanzierten Unternehmen. Erweist sich das Projekt als ein Erfolg, so erhält die Venture-Capital-Gesellschaft eine vorab vereinbarte Beteiligung am Gewinn. Erweist sich das Projekt als ein Fehlschlag, kann die Investmentgesellschaft ihr dabei eingesetztes Kapital ganz oder teilweise verlieren.

Die Beteiligung an neu gegründeten Unternehmen findet in der Regel nicht als kurzfristige Geldanlage statt, soll aber auch nicht dauerhaft sein. Meist engagieren sich die Investoren für mehr als fünf Jahre. Wenn sich danach die Venture-Capital-Gesellschaft von ihrer Beteiligung trennen will, werden die Kapitalanteile entweder an ein anderes Unternehmen verkauft oder durch Emission der Aktien über die Börse dem Publikum angeboten.

Die Idee der Venture-Capital-Finanzierung kommt aus den USA. Sie wird aber auch in Deutschland zunehmend angewendet. Hintergrund dieser Art der Unternehmensfinanzierung ist die Erkenntnis, dass kleine, junge Unternehmen oft besonders innovativ und deshalb sehr wichtig für Fortschritt und Wachstum einer Volkswirtschaft sind. Die herkömmlichen Finanzierungsformen der Kreditinstitute entsprechen aber weder den wirtschaftlichen Gegebenheiten solcher Unternehmen, noch können die Banken diesen Unternehmen die Beratung und Betreuung bieten, die diese Firmen benötigen. Den Gründern fehlen oft die notwendigen Markt- und Managementkenntnisse, und die jungen Unternehmen sind zudem personell noch nicht ausreichend ausgestattet. In den USA hat diese Art der Finanzierung dazu geführt, dass junge Unternehmer mit neuen innovativen Ideen ihre Vorhaben realisieren können, ohne jahrelang um die Finanzierung bei herkömmlichen Kreditinstituten kämpfen zu müssen. In Bereichen wie der Computerindustrie oder der Biochemie sind damit große Erfolge gelungen. Oftmals wurde durch diese jungen Unternehmen die Basis für ganz neue Wirtschaftszweige gelegt.

Anlegern bieten Venture-Capital-Gesellschaften neue und interessante Anlagemöglichkeiten. Sie sind zwar mit einem hohen Risiko verbunden, versprechen dafür aber auch eine überdurchschnittliche Rendite. In der Praxis hat sich gezeigt, dass von zehn Investments einer Beteiligungsgesellschaft im Durchschnitt nur ein bis zwei Unternehmen die erhoffte überdurchschnittliche Rendite erbringen. Daneben sind drei bis vier Totalausfälle zu verzeichnen. Die übrigen Firmen erwirtschaften letztlich nur eine unterdurchschnittliche Rendite. Trotzdem erreichen die Venture-Capital-Gesellschaften in den USA mit ihrem Fondsvermögen in vielen Fällen ein überdurchschnittliches Ergebnis für ihre Anleger. Renditen von 20 bis 25 Prozent sind keine Seltenheit.

Private Anleger sollten wegen des hohen Risikos aber nur fünf bis zehn Prozent ihres Vermögens in Venture Capital investieren.

Vinkulierte Namensaktien

Eine spezielle Form der Namensaktie: Bei der Übertragung der Aktie auf einen anderen Aktionär muss der Vorstand der Aktiengesellschaft seine Zustimmung geben. Der Nachteil der vinkulierten Namensaktien liegt in der relativ schweren Handelbarkeit der Aktie, da vor jedem Verkauf die Zustimmung der Gesellschaft eingeholt werden muss. Der Vorteil für das Unternehmen ist, dass bekannt ist, welcher Aktionär wie viel des Grundkapitals hält, und dass eine feindliche Übernahme der Gesellschaft kaum möglich ist. Vinkulierte Namensaktien sind in Deutschland sehr selten.

Vinkulierte Namensaktien beinhalten alle Aktionärsrechte. So wie bei normalen Namensaktien wird jeder Anteilseigner in das Aktionärsbuch der Gesellschaft eingetragen. Sein Verfügungsrecht ist aber in einem Punkt eingeschränkt: Der Aktionär kann seine Anteile nicht einfach an einen anderen Investor verkaufen und übertragen. Er benötigt dazu die Zustimmung des Vorstands der Gesellschaft.

Vinkulierte Namensaktien sind eine in Deutschland relativ seltene Form der Namensaktie.

Für Aktiengesellschaften ist die Ausgabe von vinkulierten Namensaktien deshalb von Vorteil, weil eine feindliche Übernahme der Gesellschaft kaum oder gar nicht möglich ist, da der Vorstand grundsätzlich die Zustimmung zur Übertragung geben muss. Ein weiterer Grund, der vor allem für Familienunternehmen von Relevanz sein kann, ist der Schutz vor „Überfremdung" des Aktionärskreises. Familienunternehmen möchten oftmals wissen, wer ihre Eigenkapitalpartner sind, oder sich aussuchen können, wer in den Aktionärskreis aufgenommen wird und wer nicht.

Teilweise sieht die Satzung von Aktiengesellschaften, die vinkulierte Namensaktien ausgeben, ausdrücklich die Gründe vor, in denen die Zustimmung auf Übertragung auf einen anderen Aktionär verweigert werden kann oder muss. So kann beispielsweise festgelegt werden, dass kein Verkauf an Konkurrenten erfolgen darf.

Für den Aktionär hat die Anlage in vinkulierte Namensaktien den Nachteil, dass sie nur schwer handelbar sind, ihre Fungibilität also stark eingeschränkt ist. Durch neue Abwicklungsformen (Einsatz der Elektronik) an der Börse hat sich dieser Nachteil zwar reduziert, trotzdem gelten vinkulierte Namensaktien eher als Exoten unter den Aktien und kommen in Deutschland nur sehr selten vor.

Volatilität

Der Begriff der Volatilität kommt ursprünglich aus dem Italienischen und bedeutet so viel wie „Flatterhaftigkeit". Die Volatilität drückt das Ausmaß der Renditeschwankungen eines bestimmten Papiers über einen bestimmten Zeitraum aus. In der Regel wird die Volatilität einer Aktie über einen Zeitraum von einem Jahr ausgedrückt. Die Berechnung der Volatilität beruht auf der so genannten Standardabweichung.

Die Renditeschwankung beziehungsweise Volatilität einer Aktie wird in der Regel in Prozenten ausgedrückt und von der Deutschen Börse AG börsentäglich berechnet. Eine Darstellung in absoluten Zahlen ist ebenfalls möglich. Die täglich berechnete Volatilität bezieht sich immer auf den Kurs an diesem Tag. Wird also beispielsweise an einem bestimmten Tag für die Aktie der Siemens AG eine Volatilität von 15 Prozent, bezogen auf ein Jahr, errechnet, so bedeutet dies, dass die Rendite, die ein Investor mit der Aktie im Jahresverlauf erzielen konnte, im Durchschnitt 15 Prozent um den Kurs an diesem Tag schwankte. Die Volatilität gibt allerdings keinen Hinweis darauf, ob die Renditen positiv oder negativ waren, so dass allein aus der Volatilität noch kein Rückschluss darauf gezogen werden kann, ob die Aktie im

Jahresverlauf nur gestiegen, nur gefallen oder gar ständig um 15 Prozent gestiegen und dann wieder bis auf 15 Prozent unter den aktuellen Kurs gefallen ist. Die Volatilität gibt lediglich an, wie groß die Schwankungen waren. Sie sagt nicht, in welche Richtung sie zeigten.

Allgemein kann man sagen, dass das Risiko – aber auch die Ertragschancen – einer Anlage mit zunehmender Volatilität steigt. Daher ist die Ermittlung dieses Faktors wichtig für die Berechnung der Risikomaße von Aktien.

> **Beispiel:** Am Tag X wird für die Aktie der Dresdner Bank AG ein Kurs von 45 € festgestellt. Gleichzeitig wird auf Basis der Kurse des letzten Jahres eine Volatilität von 20 Prozent errechnet. Für den Anleger bedeutet dies, dass der Kurs der Dresdner-Bank-Aktie im Durchschnitt 20 Prozent um den am Tag X erreichten Kurs schwankte. Der Kurs der Aktie lag also im Durchschnitt etwa um 20 Prozent niedriger oder höher. Es wird mit dieser errechneten Volatilität keine Aussage darüber getroffen, ob die Renditen positiv oder negativ waren, der Kurs der Dresdner-Bank-Aktie also gestiegen oder gefallen ist. Die Volatilität gibt lediglich Auskunft über die absolute Höhe der Ausschläge, nicht aber darüber, ob diese eher positiv oder negativ waren.

Vorzugsaktien

Ebenso wie Stammaktien repräsentieren Vorzugsaktien einen Anteil am Unternehmen beziehungsweise an dessen Eigenkapital. Im Unterschied zu Stammaktien hat der Vorzugsaktionär aber in der Regel kein Stimmrecht bei der Hauptversammlung der Gesellschaft. Dieser Nachteil wird durch ein bevorzugtes Anrecht auf den Gewinn der Aktiengesellschaft, den so genannten Vorzug, ausgeglichen. Vorzugsaktien dürfen in Deutschland nur bis zu 50 Prozent des Grundkapitals repräsentieren.

Eine Reihe von Aktiengesellschaften emittieren neben Stammaktien auch so genannte Vorzugsaktien. Der Name Vorzugsaktien leitet sich dabei aus bestimmten Besonderheiten dieser Aktienart ab, die dem Inhaber Vorrechte gegenüber anderen Aktionären (den Stammaktionären) geben. In der Regel besteht das Vorrecht aus einer bevorzugten Behandlung der Stammaktionäre bei der Verteilung des Jahresgewinns. Die Vorzugsbehandlung kann darin bestehen, dass der zur Verfügung stehende Gewinn zunächst an die Vorzugsaktionäre ausgeschüttet wird und erst dann der verbleibende Rest auf die Stammaktionäre verteilt wird. Eine andere, in der Praxis überwiegende Form ist, dass ein Zuschlag auf die beschlossene Dividende gezahlt wird.

Beispiel: Die XY AG hat sowohl Stamm- als auch Vorzugsaktien emittiert. Der Gesellschaftsvertrag sieht vor, dass die Vorzugsaktionäre jeweils einen Aufschlag auf die beschlossene Dividende erhalten. Das Unternehmen hat in diesem Jahr einen Jahresüberschuss von zwei Millionen Euro erwirtschaftet. Es wird der Hauptversammlung vorgeschlagen, eine Gewinnausschüttung in Höhe von einer Million Euro vorzunehmen und den restlichen Gewinn in die Gewinnrücklagen zu stellen. Von dem auszuschüttenden Gewinn erhalten die Stammaktionäre eine Dividende in Höhe von zwei Euro pro Aktie, während die Vorzugsaktionäre 2,50 Euro pro Aktie erhalten.

Der Bevorzugung bei der Ausschüttung steht aber auch ein Nachteil gegenüber. Vorzugsaktionäre haben in aller Regel kein Stimmrecht auf der Hauptversammlung der Aktiengesellschaft, müssen also auf ein wesentliches Recht des Aktionärs verzichten. Dieser Nachteil wird ihnen durch die oben beschriebenen „Vorzüge" versüßt. Alle anderen Aktionärsrechte stehen auch dem Vorzugsaktionär zu.

Kann eine Aktiengesellschaft in wirtschaftlich schlechten Jahren keine Dividende zahlen oder zumindest keinen Aufschlag auf die „normale" Dividende, so wird der Vorzugsaktionär in den folgenden Jahren dementsprechend überproportional berücksichtigt, das heißt, er erhält neben dem üblichen Vorzug auch eine Nachzahlung auf die entgangenen Zahlungen. Sollte auch in dem folgenden Jahr keine Zahlung des Vorzugs nebst Nachzahlung des im vorangegangenen Jahrs nicht gezahlten Vorzugs möglich sein, so erhält der Vorzugsaktionär ebenfalls ein Stimmrecht. Dieses Stimmrecht bleibt ihm so lange erhalten, bis die entgangenen Zahlungen durch die Gesellschaft geleistet wurden.

Neben der bevorrechtigten Behandlung bei der Verteilung des Gewinns genießen Vorzugsaktionäre auch bei Liquidation, also bei einer Auflösung der Aktiengesellschaft, gewisse Vorteile. Sie werden beim Liquidationserlös (dem Betrag, der übrig bleibt, wenn alle Vermögensgegenstände des Unternehmens verkauft und alle ausstehenden Schulden bezahlt sind) zuerst oder mit einem höheren Anteil bedacht.

Für den Kleinaktionär ist der Verlust des Stimmrechts auf den ersten Blick kein echter Nachteil, da seine Stimme auf Grund der geringen Anzahl der in seinem Besitz befindlichen Aktien meist kein großes Gewicht auf der Hauptversammlung hat. Es scheint also sinnvoll, einen ohnehin nur geringen Einfluss auf das Schicksal der Aktiengesellschaft gegen eine bevorzugte Stellung bei der Gewinnverteilung – also höhere Rentabilität der Geldanlage – zu tauschen. Das Investment in Vorzugsaktien kann sich in einigen Fällen aber auch zum Nachteil für Kleinaktionäre entwickeln. Dies ist vor allem dann der Fall, wenn das Unternehmen Ziel einer feindlichen Übernahme wird. Hier unterliegt der Kurs der Stammaktien oft erheblichen Kursschwankungen, während sich der Kurs der Vorzugsaktien kaum bewegt. Das erklärt sich daraus, dass die Investoren, die das Unternehmen übernehmen wollen, zunächst an der Kontrolle über die Gesellschaft interessiert sind. Diese erhalten sie nur über die Stammaktien, da nur sie mit den notwendigen Stimmrechten ausgestattet sind. Kommt es tatsächlich zu einer Übernahme, so gleicht sich der Kurs von Stamm- und Vorzugsaktien zwar wieder an, aber die oftmals spekulativ steigenden Kurssteigerungen der Stammaktien kann der Vorzugsaktionär nicht für Gewinnmitnahmen nutzen. Scheitert die Übernahme, so geht der Kurs der Stammaktien oft wieder auf sein Ursprungsniveau zurück, so dass es gar nicht erst zu einer Kursangleichung von Stamm- und Vorzugsaktien nach oben kommt. Die Möglichkeit, kurzfristige Gewinne zu erzielen, ist also für den Vorzugsaktionär oft gar nicht gegeben.

Unternehmen haben unterschiedliche Beweggründe, Vorzugsaktien zu emittieren. Oftmals wollen Familienunternehmen, die an die Börse gehen, die Kontrolle über ihr Unternehmen nicht aus der Hand geben. Sie beteiligen daher Außenstehende nur am Kapital, nicht aber an den Stimmrechten. Ein anderer Grund kann darin liegen, dass ein in wirtschaftlichen Schwierigkeiten steckendes Unternehmen zusätzliches Eigenkapital benötigt und potenziellen Investoren einen Anreiz zum Kauf der Aktien geben möchte.

Wandelschuldverschreibung

Diese Anleihe einer Aktiengesellschaft gibt dem Inhaber neben dem Recht auf die Zahlung eines festen Zinses die Möglichkeit, die Schuldverschreibung zu einem bestimmten Zeitpunkt in einem festen, im Voraus festgelegten Verhältnis in Aktien umzutauschen.

Wandelschuldverschreibungen werden von Aktiengesellschaften ausgegeben und verbriefen neben dem Recht auf die Zahlung eines festen, im Voraus vereinbarten Zinses auch die Möglichkeit, nicht aber die Pflicht, die Anleihe in Aktien der emittierenden Gesellschaft umzutauschen.

Die Wandelschuldverschreibung lässt sich als Anlageinstrument zwischen Aktie und Anleihe einordnen. Für den Anleger vereint sie die Vor- und Nachteile dieser beiden Wertpapiere. Auf der einen Seite ermöglicht sie das Erzielen von Kursgewinnen wie bei der Aktienanlage, auf der anderen Seite ist das Risiko durch das Anrecht auf eine feste Verzinsung und die garantierte Rückzahlung zum Nennwert begrenzt. Aus diesem Grunde wird die Anlage in Wandelschuldverschreibungen oft auch als „Spekulation mit Netz" bezeichnet. Der Kurs der Wandelschuldverschreibung wird sich bei ungünstigem Kursverlauf der Aktie im schlimmsten Fall nach dem Kapitalmarktzins richten.

Die Emission einer Wandelschuldverschreibung ist aktienrechtlich eine bedingte Kapitalerhöhung, zu der eine Mehrheit von zwei Drittel des bei der Hauptversammlung der Aktiengesellschaft vertretenen Kapitals notwendig ist. Da die Emission einer Wandelschuldverschreibung das Aktienkapital der emittierenden Gesellschaft erhöht und somit die relativen Anteile der Altaktionäre am Grundkapital reduziert, muss diesen ein Bezugsrecht eingeräumt werden.

Für den Anleger bieten Wandelschuldverschreibungen den Vorteil, dass sie neben der sicheren Zinszahlung die Möglichkeit bieten, an steigenden Aktienkursen zu partizipieren. Der Inhaber ist aber nicht verpflichtet, seine Anleihen in Aktien umzutauschen. Er kann sich auch am Ende der Laufzeit, zum Beispiel bei ungünstiger Entwicklung des Aktienkurses, den Nennwert der Obligation zurückzahlen lassen. Steigt der Aktienkurs der emittierenden Gesellschaft hingegen bis zum Zeitpunkt der Umwandlung, so entsteht für den Anleger ein Zusatzgewinn.

Zum Zeitpunkt der Ausgabe einer Wandelschuldverschreibung werden alle relevanten Konditionen festgelegt. Dazu gehören die Laufzeit und der Nominalzins der Anleihe, aber auch der Wandlungstermin, an dem die Anleihe in Aktien umgewandelt werden kann. Zudem werden das Wandlungsverhältnis und ein eventueller Zuzahlungsbetrag festgelegt.

Wandelschuldverschreibungen werden an der Börse gehandelt. Der Kurs einer Wandelschuldverschreibung ergibt sich aus Angebot und Nachfrage. Die Anleger orientieren sich bei ihren Preisvorstellungen an der börsentäglichen Durchschnittsrendite und dem Kurs der Aktie, die der Anleger im Falle einer Wandlung erhalten würde. Käufer von Wandelschuldverschreibungen erwarten einen steigenden Kurs der zugrunde gelegten Aktie.

Der Nominalzins einer Wandelschuldverschreibung liegt bei der Emission meist niedriger als der einer (im Bezug auf die Laufzeit) vergleichbaren Anleihe ohne Wandlungsrecht. Der Anleger erkauft sich also die Chance auf einen Kursgewinn mit einer niedrigeren Verzinsung.

Für die emittierende Aktiengesellschaft kann die Ausgabe einer Wandelschuldverschreibung aus zwei Gründen vorteilhaft sein. Zum einen kommt sie, da die Verzinsung unter der marktüblichen Verzinsung vergleichbarer Anleihen liegt, an relativ billiges Fremdkapital. Zum anderen hat sie die Möglichkeit, das Fremdkapital zu einem späteren Zeitpunkt in Eigenkapital umzuwandeln.

Bedingte Kapitalerhöhung

Um das Umtauschrecht der Wandelschuldverschreibung zu sichern, ist eine bedingte Kapitalerhöhung notwendig. Eine bedingte Kapitalerhöhung muss durch die Hauptversammlung mit einer Mehrheit von mindestens drei Viertel der anwesenden Grundkapitalvertreter beschlossen werden. Unter einer bedingten Kapitalerhöhung versteht man eine Erhöhung des Grundkapitals, die nur in dem Maße tatsächlich durchgeführt wird, wie von dem Wandlungsrecht (bei der Emission einer Wandelschuldverschreibung) oder dem Optionsrecht (bei der Ausgabe einer Optionsanleihe) Gebrauch gemacht wird. Das genaue Ausmaß der Kapitalerhöhung ist also erst nach Ablauf der Options- oder Wandlungsfrist erkennbar. Der Nennbetrag des bedingten Kapitals (also der maximal möglichen Kapitalerhöhung, wenn alle Anleger von ihrem Bezugsrecht Gebrauch machen) darf die Hälfte des zum Zeitpunkt der Beschlussfassung vorhandenen Grundkapitals nicht übersteigen.

Wandlungstermin

Unter Wandlungstermin versteht man die Termine und Fristen, zu denen Wandelanleihen in Aktien umgetauscht werden können. Teilweise werden in den Wandelbedingungen Sperrfristen am Anfang und/oder am Ende der Laufzeit festgelegt, innerhalb derer nicht gewandelt werden darf. Ist eine vorzeitige Kündigung der Anleihe möglich, so muss sichergestellt sein, dass die Inhaber der Schuldverschreibungen noch bis zu einem bestimmten Termin wandeln können. Meist werden die Wandlungstermine auf bestimmte Kalenderzeiten beschränkt.

Wandlungsverhältnis

Unter dem Wandlungsverhältnis versteht man das Verhältnis des Nominalbetrags einer Wandelschuldverschreibung zur Anzahl der dafür eintauschbaren Aktien. Das Wandlungsverhältnis hängt maßgeblich vom Kurs der Aktie ab.

Zuzahlungsbetrag

Unter dem Zuzahlungsbetrag versteht man einen Betrag, den der Inhaber einer Wandelschuldverschreibung neben der Hingabe der Anleihe noch zahlen muss, um die Aktie des Emittenten zu erhalten. Der Zuzahlungsbetrag kann fest oder variabel vereinbart werden. Bei festem Wandlungsbetrag steht der Preis, den der Anleger zuzahlen muss, schon im Voraus fest. Bei variablem Zuzahlungsbetrag richtet sich der Zuzahlungsbetrag nach bestimmten Bezugsgrößen (wie beispielsweise der Aktienkursentwicklung oder der Dividendenhöhe) und ist erst zum Wandlungszeitpunkt zu ermitteln.

Durchschnittsrendite

Unter der Durchschnittsrendite versteht man den Durchschnitt der Renditen aller an der Börse gehandelten festverzinslichen Wertpapiere. Hierbei wird oftmals zwischen der Rendite von Wertpapieren unterschiedlicher Laufzeiten unterschieden. Gebräuchlich ist die Unterscheidung zwischen den Laufzeiten von drei bis fünf Jahren, fünf bis acht Jahren und acht bis 15 Jahren. Je nach Laufzeit können sich die Durchschnittsrenditen voneinander unterscheiden. Meist weisen Papiere mit einer langen Laufzeit eine höhere Rendite auf, da der Inhaber eines Papiers mit langer Laufzeit ein höheres Risiko eingeht, in dieser Zeit Kursverluste zu erleiden. Dies gilt vor allem in Zeiten niedriger Zinsen, in denen sich die Anleger ungern für einen längeren Zeitraum binden, da sie auf höhere Zinsen in der Zukunft hoffen.

Warenterminbörsen

Warenterminbörsen sind Börsen, die auf den Handel mit derivativen Finanzinstrumenten auf Basis von Waren spezialisiert sind, die im Welthandel eine Rolle spielen. Gehandelt werden Kontrakte, die den Inhaber berechtigen, bestimmte Waren zu einem vorab festgelegten Preis zu kaufen oder zu verkaufen. Die wichtigsten Warenterminbörsen sind die Börsen von New York, London, Kansas City, Minneapolis und Winnipeg.

Warenterminbörsen entstanden aus dem Wunsch der Anbieter und Nachfrager von Nahrungsmitteln und Rohstoffen, sich gegen die stark schwankenden Preise dieser Güter und die daraus resultierenden Risiken abzusichern. Die Sicherung der Kauf- und Verkaufspreise erfolgt dabei in der Regel mit so genannten Derivaten, also Finanzinstrumenten, die den Inhaber berechtigen (und teilweise auch verpflichten), bestimmte Waren zu einem vorab festgelegten Preis zu kaufen oder zu verkaufen. Je nach Ausgestaltung der Rechte und Pflichten aus einem solchen Kontrakt unterscheidet man verschiedene Arten von Warenterminkontrakten wie Forward Rate Agreements sowie Optionen und Futures.

Der Handel an den Warenterminbörsen und die dabei verwendeten Finanzinstrumente sind stark standardisiert. So sind in der Regel bestimmte Mengen und Qualitäten der zugrunde gelegten Ware fest vorgegeben. Zudem sind nur bestimmte Laufzeiten und Erfüllungstermine möglich. Lediglich der Preis für einen Kontrakt ist eine variable Größe, die zwischen den Marktteilnehmern ausgehandelt wird, sich also letztlich aus Angebot und Nachfrage ergibt.

Warenterminkontrakte lassen sich auf die unterschiedlichsten Nahrungsmittel und Rohstoffe abschließen, wie beispielsweise Baumwolle, Orangensaft, Sojabohnen, Schweinebäuche, Gold, Kupfer, Zinn oder Kaffee.

Gehandelt werden die Warenterminkontrakte an den jeweiligen Börsen entweder von Brokern oder – in selteneren Fällen – von Banken auf Rechnung ihrer Kunden. Als Broker bezeichnet man Makler an Börsen, die als Mittler zwischen Anbietern und Nachfragern nach Aktien, Anleihen und Terminkontrakten auftreten. Für ihre Dienste erhalten die Broker eine Maklergebühr, die sich nach Anzahl und Wert der gehandelten Wertpapiere oder Derivate richtet.

Die Kunden sind dabei sowohl Produzenten der zugrunde liegenden Waren als auch weiterverarbeitende Hersteller. Weitere wichtige Kundengruppen sind institutionelle sowie private Spekulanten, die Gewinne aus den teilweise sehr starken Schwankungen an den Rohstoffmärkten ziehen wollen. Die Broker treten lediglich als Vermittler zwischen diesen Marktteilnehmern auf, handeln also nicht in eigener Rechnung.

Bei dem größten Teil der gehandelten Kontrakte kommt es nie zur Lieferung der zugrunde liegenden Ware, sondern lediglich zur vorzeitigen Glattstellung, also zum Ausgleich der Position durch ein entsprechendes Gegengeschäft. Somit hat die Warenterminbörse für die Anbieter und Nachfrager der Rohstoffe und Nahrungsmittel nur eine Art Versicherungsfunktion, dient aber nicht tatsächlich dem Austausch von Waren. Speziell die Spekulanten haben kein Interesse daran, dass die vereinbarte Ware tatsächlich geliefert wird. Sie wollen lediglich von den Preisschwankungen profitieren und übernehmen damit sozusagen die Rolle eines Versicherers. Würden die zugrunde liegenden Waren tatsächlich ausgetauscht, wäre der Handel an der Warenterminbörse mit hohem logistischen Aufwand verbunden. So kommt es lediglich zur Zahlung der vereinbarten Kontraktpreise beziehungsweise der auftretenden Preisdifferenzen.

Entwicklung der Warenterminbörsen

Die erste echte Warenterminbörse entstand 1720 in Antwerpen, der eigentliche Warenterminhandel begann jedoch erst im 19. Jahrhundert. Damals waren vor allem Getreide und Getreideprodukte Grundlage des Terminhandels. Bis zum Zweiten Weltkrieg gab es auch in Deutschland verschiedene Warenterminbörsen, beispielsweise in Hamburg, Danzig und Leipzig. Die einzige deutsche Warenterminbörse ist die WTB in Hannover. Sie startete 1998. Dort können Kontrakte auf Schweine, Raps, Heizöl, Weizen und Kartoffeln gehandelt werden.

Heute spielt sich der Handel mit Warenterminkontrakten vor allem an den Warenterminbörsen in New York, London, Kansas City, Minneapolis und Winnipeg ab, wobei einzelne Börsen auf bestimmte Güter spezialisiert sind. Der Handel an den Warenterminbörsen findet in der Regel in computerisierter Form statt.

Preissicherung mit Hilfe von Warenterminbörsen

Für die Produzenten und die Nachfrager von Rohstoffen und Nahrungsmitteln bestand schon seit Beginn des nationalen wie internationalen Handels mit diesen Waren das Bedürfnis, sich gegen die zum Teil extremen und schwer vorhersehbaren Preisschwankungen zu schützen. Zum ersten Warenterminhandel kam es im 17. Jahrhundert. Um das Risiko möglichst stark zu minimieren, waren sowohl Käufer als auch Verkäufer von Naturprodukten bereit, bestimmte Entgelte zu entrichten.

Beispielsweise ein Hersteller von Textilien: Er weiß, dass er in sechs Monaten zehn Tonnen Baumwolle benötigt. Er möchte sich schon heute den Preis für diese Menge sichern, da er befürchtet, dass die Preise für Baumwolle am Weltmarkt steigen werden. Der Textilhersteller könnte natürlich direkt zu einem Baumwollproduzenten gehen und mit diesem einen Preis für die Lieferung in sechs Monaten aushandeln. Sowohl der Textilhersteller als auch der Baumwollproduzent würden dann aber das Risiko eingehen, dass die jeweils andere Partei zum vereinbarten Zeitpunkt entweder liefer- oder zahlungsunfähig ist. Zudem müsste man sowohl Preis als auch Liefermenge und Lieferzeitpunkt aushandeln.

Diese Probleme entstehen bei Preissicherungsgeschäften an der Warenterminbörse nicht. Sowohl die Nachfrager und die Anbieter von Rohstoffen oder Nahrungsmitteln als auch Spekulanten schließen das Geschäft nicht direkt miteinander ab, sondern jeweils mit den Betreibern der Börse. Da die Betreiber der Börse grundsätzlich Personen oder Unternehmen mit erstklassiger Bonität sind, ist das Erfüllungsrisiko damit praktisch nicht mehr gegeben.

Gehandelt werden verschiedene derivative Instrumente, wie beispielsweise Warenfutures oder Warenoptionen, so dass den individuellen Bedürfnissen der verschiedenen Marktteilnehmer entsprochen wird. Auch werden von vornherein nur standardisierte Kontrakte gehandelt, das heißt, Laufzeit, Menge und Qualität der Ware sind vorgegeben, so dass keine mühsame Suche nach einem Marktkontrahenten erfolgen muss, der genau das gleiche Absicherungsbedürfnis hinsichtlich Menge, Ware und Lieferzeitpunkt hat. Lediglich der Preis beruht auf Verhandlung beziehungsweise auf dem Verhältnis von Angebot und Nachfrage.

Versicherungsfunktion

Brothersteller A benötigt in sechs Monaten 1.000 Tonnen Weizen zur Herstellung von Brot. Da der Großbäcker mit steigenden Preisen an den Weizenmärkten rechnet, möchte er sich schon heute den Einkaufspreis sichern. Aus diesem Grund schließt er einen Warenterminkontrakt ab, der ihn berechtigt, bis zum 31.9.1998 1.000 Tonnen Weizen zu einem Preis von 300 € pro Tonne zu erwerben. Hierfür zahlt er eine Prämie von 5.000 €.

Der Preis für Weizen steigt innerhalb der vereinbarten sechs Monate tatsächlich auf 350 € pro Tonne. Hersteller A schließt seinen Kontrakt kurz vor dem Verfalltermin durch ein identisches Gegengeschäft und erlöst bei dieser Transaktion 50.000 €. Nun geht der Produzent zu seinem langjährigen Weizenlieferanten B und kauft 1.000 Tonnen Weizen zu einem Preis von 350 € pro Tonne. Er muss also 350.000 € für die Lieferung zahlen. Abzüglich der von ihm aus dem Warentermingeschäft erlösten 50.000 € kostet ihn die Weizenmenge 300.000 €. Hinzu kommt lediglich die Prämie in Höhe von 5.000 €, die er für das Termingeschäft entrichten musste.

> **Achtung:** Warentermingeschäfte werden häufig von Anbietern aus dem Grauen Kapitalmarkt offeriert. Dabei werden meist sehr hohe Gewinne versprochen beziehungsweise „vorgerechnet". Diese Angebote sind oft unseriös oder mit extrem hohen Gebühren belastet, dass der Anleger selbst bei positivem Ergebnis der Spekulation leer ausgeht oder sogar noch nachzahlen muss. Vorsicht bei Angeboten per Telefon. Überprüfen Sie unbedingt die Anlageberater. Holen Sie Rat von Fachleuten ein.

Wechsel

Ein Wechsel ist ein Wertpapier, das die unbedingte Anweisung des Ausstellers an den Bezogenen enthält, zu einem bestimmten Zeitpunkt oder innerhalb einer bestimmten Frist einen festen Betrag auszuzahlen. Begünstigter der Zahlung kann entweder der Aussteller selbst oder eine dritte Person sein. Wechsel dienen primär der Finanzierung von Handelsgeschäften. Bestimmte Wechsel können an Geschäftsbanken und die Bundesbank verkauft werden.

Wechsel sind Wertpapiere, die vor allem der Finanzierung von Handelsgeschäften dienen. Daneben erfüllen sie aber noch weitere wirtschaftliche Funktionen. Die Entstehung dieses Wertpapiers geht auf das frühe Mittelalter zurück. Im internationalen Handel stellte die Mitnahme von Geld auf Grund der Gefahr von Überfällen und den vielen unterschiedlichen Währungen in Europa eines der größten Probleme dar. Durch die Einführung des Wechsels wurde diese Schwierigkeit überwunden. Die Händler gaben in ihrer Heimatstadt einem Geldwechsler die von ihnen benötigte Summe gegen Ausstellung eines Wechsels. Den Wechsel konnte der Händler dann an seinem Zielort bei einem Geschäftspartner des Geldwechslers in einen entsprechenden Betrag der dortigen Währung eintauschen.

Ein Wechsel enthält die Anweisung des Ausstellers an den Zahlungspflichtigen, einen bestimmten Geldbetrag an einen Begünstigten zu zahlen. Beim klassischen Wechsel gibt es also immer drei beteiligte Personen: den Aussteller, den Bezogenen und den Begünstigten.

Damit eine Urkunde als Wechsel anerkannt wird, muss sie acht verschiedene, im Wechselgesetz vorgeschriebene Bestandteile aufweisen. Hierzu zählen:

- die Bezeichnung „Wechsel" im Text des Wertpapiers
- die unbedingte Anweisung, einen bestimmten Betrag zu zahlen
- der Name des Zahlungspflichtigen (Bezogener)
- die Angabe der Verfallzeit
- die Angabe des Zahlungsorts
- der Name des Begünstigten
- die Angabe des Ausstellungstags und des Ausstellungsorts
- die Unterschrift des Ausstellers.

Das Wechselgesetz unterscheidet zwei Formen des Wechsels: den gezogenen Wechsel und den Solarwechsel. Den **gezogenen Wechsel** kann man als die Normalform des Wechsels bezeichnen, bei dem der Aussteller dem Bezogenen die Anweisung gibt, an den Begünstigten zu zahlen. Der gezogene Wechsel muss die oben genannten gesetzlichen Bestandteile aufweisen. Der **Solarwechsel** hingegen enthält das Versprechen des Ausstellers, selbst die vereinbarte Summe an den Begünstigten zu zahlen. Aus diesem Grund wird der Solarwechsel auch als „eigener Wechsel" bezeichnet. Hinsichtlich der vorgeschriebenen Bestandteile unterscheidet sich der Solarwechsel vom gezogenen Wechsel dadurch, dass die Angabe des Bezogenen fehlt.

Ein Vorteil des Wechsels liegt darin, dass er problemlos vom jeweils Begünstigten auf Dritte übertragen werden kann. Hierzu muss der Begünstigte lediglich auf der Rückseite des Wechsels unterschreiben (querschreiben) und den Wechsel übergeben. Die Unterschrift wird in diesem Fall als **Indossament** bezeichnet. Die empfangende Person wiederum kann den Wechsel durch ein eigenes Indossament weitergeben. Das Indossament hat drei Funktionen:

- die Übertragungsfunktion
- die Legitimationsfunktion
- die Haftungsfunktion.

Wechsel können neben der Finanzierungsfunktion noch weitere wirtschaftliche Funktionen erfüllen. Hierzu zählen vor allem die Zahlungsmittelfunktion, die Refinanzierungsfunktion, die Sicherungsfunktion und die Geldanlagefunktion.

1. Die Finanzierungsfunktion eines Wechsels: Begleicht ein Zahlungspflichtiger seine Rechnung durch einen Wechsel, so stellt dies einen Kredit des Zahlungsempfängers (zum Beispiel eines Lieferanten von Ware) an den Zahlungspflichtigen dar. Die eigentliche Zahlung erfolgt erst bei Fälligkeit des Wechsels.

2. Die Zahlungsmittelfunktion eines Wechsels: Die Übergabe eines Wechsels stellt für den Empfänger ein verhältnismäßig sicheres Zahlungsversprechen dar. Durch die Strenge des Wechselgesetzes und die Haftung, die jeder Unterzeichner übernimmt, wird die Gefahr eines Zahlungsausfalls stark vermindert. Aus diesem Grund kann ein Wechsel auch als Zahlungsmittel verwendet werden.

3. Die Refinanzierungsfunktion eines Wechsels: Von der Refinanzierungsfunktion eines Wechsels spricht man, weil der Aussteller eines Wechsels oder eine dritte Person, die den Wechsel besitzt, die Möglichkeit hat, diesen einer Bank zu verkaufen. Man spricht dann von einem Wechseldiskontkredit.

4. Die Sicherungsfunktion eines Wechsels: Von der Sicherungsfunktion spricht man, da Wechsel auf Grund der Strenge des Wechselgesetzes als relativ sichere Anlageform gelten. In Einzelfällen werden Wechsel aus diesem Grund zur Besicherung von anderen Krediten verwendet.

5. Die Geldanlagefunktion eines Wechsels: Besonders für Banken bieten Wechsel eine Möglichkeit, liquide Mittel kurzfristig anzulegen. Der Ertrag einer solchen Anlage liegt in der Differenz zwischen Wechselankaufskurs und Nominalwert (Nennwert) des Wechsels.

Wechseldiskontkredit

Unter einem Wechseldiskontkredit versteht man den Ankauf eines Wechsels durch eine Bank von ihrem Kunden. Der Kunde erhält den Wechselbetrag abzüglich Zinsen, Provision und Spesen gutgeschrieben. Die Rückführung des Kredits erfolgt in der Regel nicht durch den Kreditnehmer, sondern durch den im Wechsel genannten Bezogenen. Die Laufzeit eines Wechseldiskontkredites überschreitet selten eine Dauer von 90 Tagen.

Bei einem Wechseldiskontkredit handelt es sich technisch und rechtlich um einen Kaufvertrag, bei dem eine Bank ihrem Kunden einen Wechsel vor Fälligkeit abkauft. Der Kreditnehmer erhält die Wechselsumme abzüglich Zinsen, Provision und Spesen auf seinem Konto gutgeschrieben. Meist geht es darum, dass ein Unternehmen Waren oder Dienstleistungen an einen Abnehmer geliefert hat, der nicht sofort zahlen will oder kann und stattdessen einen Wechsel ausstellt, der nach Ablauf einer festgelegten Frist eingelöst werden muss. Der Lieferant gibt in diesem Fall seinem Kunden Kredit. Wenn der Lieferant selbst Geld braucht, kann er den Wechsel weiterverkaufen. In der Regel ist der Käufer eine Bank. Es kann aber auch ein anderes Unternehmen oder eine Privatperson sein. Bei Wechseldiskontkrediten handelt es sich um kurzfristige Finanzierungen, die eine Laufzeit von 90 Tagen selten überschreiten. In der Praxis wird dem Kunden allerdings vielfach eine Kreditlinie eingeräumt, ähnlich einem Dispositionskredit, die es ihm ermöglicht, kontinuierlich Wechsel einzureichen, solange die Gesamtsumme eine vereinbarte Höchstsumme nicht überschreitet. Die Höhe der Kreditlinie richtet sich nach der Bonität (Kreditwürdigkeit) des Kunden und der im Wechsel angegebenen Bezogenen.

Eine Diskontkreditlinie wird einem Kunden nur nach vorheriger Kreditwürdigkeitsprüfung von Seiten der Bank gewährt. Hierbei wird zunächst die Bonität des Kunden überprüft.

Reicht der Kunde einzelne Wechsel zum Diskont ein, so überprüft die Bank, ob der betreffende Wechsel zum Ankauf geeignet ist. Die Bank behält sich das Recht vor, einzelne Wechsel abzulehnen. Zunächst wird überprüft, ob der eingereichte Wechsel bundesbankfähig ist, also den Anforderungen der Deutschen Bundesbank zum Rediskont von Wechseln entspricht. Nur mit solchen Wechseln kann sich die Bank später bei der Bundesbank refinanzieren, also selbst wieder Geld beschaffen. Wechsel, die diesen Anforderungen nicht genügen, werden von Geschäftsbanken nur in Ausnahmefällen und meist zu wesentlich höheren Zinsen angekauft. Neben der Bundesbankfähigkeit wird noch die Bonität des Bezogenen (also des eigentlichen Schuldners) überprüft, denn dieser muss später die Wechselsumme an die Bank zurückzahlen. Da der Bezogene nur in Ausnahmefällen ebenfalls Kunde der kreditgebenden Bank ist, lässt sich eine solche Bonitätsprüfung oft nur schwer durchführen. Die Bank kann sich hierzu nur an ihre Filialen, befreundete Kreditinstitute und gewerbliche Auskunfteien wenden. Die Informationen, die ihr auf diesem Wege zukommen, sind meist lückenhaft.

Beurteilt die Bank den vorgelegten Wechsel als ankauffähig, so erhält der Kunde eine Gutschrift über den Wechselbetrag, abzüglich Spesen, Provision und Zinsen. Der Zins wird in diesem Fall als Diskontsatz bezeichnet. Die Höhe des Diskontsatzes, den die Geschäftsbank vereinnahmt, richtet sich im Allgemeinen nach dem Diskontsatz, den die Deutsche Bundesbank für den Rediskont (beim Ankauf durch die Notenbank) der Wechsel berechnet.

Die Bank hat zwei Verwendungsmöglichkeiten für den angekauften Wechsel zur Auswahl: Sie kann den Wechsel selbst (im eigenen Portefeuille) verwahren und bei Fälligkeit dem Bezogenen vorlegen und die jeweilige Summe kassieren. Oder sie kann den Wechsel bei der Bundesbank einreichen (rediskontieren). Behält sie den Wechsel in ihrem eigenen Portefeuille, so besteht der Ertrag der Bank in der Differenz zwischen der Summe, die sie ihrem Kunden zuvor ausbezahlt hat, und dem auf dem Wechsel vermerkten Betrag. Gibt die Bank den Wechsel der Bundesbank zum Rediskont, so ergibt sich der Ertrag aus der unterschiedlichen Höhe der Diskontsätze der Geschäftsbank und der Bundesbank. Der Vorteil des Rediskontgeschäfts für die Bundesbank liegt in der verbesserten oder eingeschränkten Liquidität der Geschäftsbanken. Das aus dem Rediskont erhaltene Geld kann wieder als Kredit vergeben werden und erhöht so die in der Volkswirtschaft umlaufende Geldmenge. Wenn die Bundesbank diese Geldmenge verringern möchte, um inflationäre Entwicklungen zu bremsen, erhöht sie den Diskontsatz und macht es dadurch für die Geschäftsbanken und die Unternehmen teurer, sich zu verschulden.

Der Wechseldiskontkredit wird bei Fälligkeit des Wechsels durch den Bezogenen (den Schuldner) zurückgezahlt. Eine Besonderheit eines solchen Kredites liegt also darin, dass der Kredit im Normalfall nicht durch den Kreditnehmer zurückgezahlt wird, sondern durch den Wechselbezogenen. Nur wenn der Bezogene zahlungsunfähig ist, muss der Kreditnehmer einspringen und den Wechseldiskontkredit aus eigenen Mitteln zurückführen.

Werthaltige Aktien/Value Stocks

Als werthaltige Aktien, Substanzwerte oder (englisch) Value Stocks werden Papiere bezeichnet, die Anteile an Unternehmen verbriefen, welche solide finanziert sind, regelmäßig angemessene Gewinne ausschütten und auf ihrem jeweiligen Markt gut positioniert sind. Die Kursrisiken sind geringer, das Wachstum und die Gewinnaussichten sind es aber auch. Vor allem konservative Anleger investieren in diese Aktien. Die Unternehmen sind meist in traditionellen Branchen angesiedelt.

Als werthaltige Aktien oder Value Stocks wurden früher vor allem Anteile an Unternehmen mit umfangreichem, wertvollem Immobilienbesitz bezeichnet. Selbst wenn die Gesellschaft in ihrem eigentlichen Geschäftsfeld keine großen Erfolge mehr hat oder in Konkurs geht, sichert der Grundbesitz den Aktionär gegen einen Totalverlust seines investierten Kapitals ab. Oft werden solche Unternehmen sogar gezielt aufgekauft und dann stillgelegt, um die wertvollen Immobilien zu marktgerechten Preisen verwerten zu können. In diesen Fällen ist die Börsenkapitalisierung geringer als der Wert des Immobilienvermögens.

Heute werden auch Aktien als Value Stocks bezeichnet, hinter denen kein solcher Immobilienbesitz steht, die aber ein niedriges Kurs-Gewinn-Verhältnis (KGV) haben, gut geführt werden, regelmäßig angemessene Gewinne erwirtschaften und entsprechende Dividenden ausschütten. Substanzwerte sind meist günstig zu erwerben und bringen den Anteilseignern regelmäßige Einkünfte. Wie Untersuchungen gezeigt haben, entwickeln sich auf längere Sicht auch die Kurse werthaltiger Aktien meist besser als die von „Wachstumswerten". Denn deren Kurse werden oft für einige Zeit spekulativ in die Höhe getrieben, fallen dann aber wieder.

Zu finden sind werthaltige Aktien vor allem in Branchen wie Konsum, Nahrungsmittel, Pharma, Energie, Auto, Maschinenbau oder Banken, die der Old Economy zugerechnet werden. Der Anleger erkennt Value Stocks vor allem an den folgenden Markmalen:

- hohe Dividendenrendite,
- niedriges Kurs-Gewinn-Verhältnis (KGV),
- Gewinn je Aktie (möglichst dauerhaft) über dem Branchendurchschnitt,
- niedriges Verhältnis des Aktienkurses zum Buchwert pro Aktie,
- hohe Eigenkapitalquote,
- hoher Marktanteil im Bereich des Kerngeschäfts.

Substanzwerte eignen sich besonders für langfristig orientierte Anleger, die nicht so sehr am „schnellen Euro", sondern an einem regelmäßigen Wachstum ihres Kapitals interessiert sind. Es sind daher auch typische Papiere für die Altersvorsorge.

Wertpapiere

Als Wertpapiere werden Urkunden bezeichnet, die private Vermögensrechte verbriefen. Über die mit der Urkunde verbundenen Rechte kann derjenige verfügen, der dazu berechtigt ist. Bei Inhaberpapieren wird davon ausgegangen, dass der Besitzer über diese Rechte verfügt. Sie müssen deshalb gegen Diebstahl besonders geschützt werden. Bei Wertpapieren, die auf den Namen des Berechtigten ausgestellt sind (Rektapapiere), kann nur der Genannte über die Rechte verfügen.

Im weiteren Sinne gehören Schecks, Überweisungen oder Wechsel ebenfalls zu den Wertpapieren, da sie auf einen bestimmten Geldbetrag ausgestellt sind und in Bargeld eingelöst werden können. Auch die Wertpapiere des Güterverkehrs (Lagerschein, Ladeschein, Konnossement beziehungsweise Frachtbrief) zählen dazu. Sie verbriefen das Anrecht auf bestimmte Güter. Der Grundschuldbrief ist ebenfalls Mitglied dieser Gruppe. Im allgemeinen Sprachgebrauch sind aber vor allem die Papiere gemeint, die der Kapitalbeschaffung beziehungsweise der Kapitalanlage dienen: Aktien, Anleihen, Obligationen, Investmentzertifikate.

Wenn an der Börse von Wertpapieren gesprochen wird, so sind damit allein die zuletzt genannten Papiere gemeint, die dort zu täglich wechselnden Kursen gehandelt werden. Sie müssen überdies gegenseitig austauschbar (fungibel) sein. Die börsennotierten Wertpapiere gliedern sich im Wesentlichen in:

- Mitgliedschafts- oder Anteilpapiere: Aktien
- Forderungspapiere: Anleihen und Pfandbriefe
- Miteigentumsrechte: Investmentanteile
- derivative Finanzprodukte: Optionen und Futures

Diese Wertpapiere werden an der Börse gehandelt. Ihr Preis (der Kurs) ergibt sich aus Angebot und Nachfrage. Wertpapiere können vom privaten Anleger nur über ein Kreditinstitut gekauft und verkauft werden. Üblicherweise lassen Wertpapierbesitzer ihre Aktien, Anleihen und Investmentanteile auch von einer Bank oder Sparkasse verwahren und verwalten. Um das kostspielige und risikoreiche Aufbewahren und Versenden von einzelnen Stücken zu vermeiden, wurden schon in den Dreißigerjahren Wertpapiersammelbanken (auch Kassenvereine genannt) gegründet, die ihren Sitz am jeweiligen Börsenplatz haben.

Die Sammelbanken wickeln für die Kreditinstitute und deren Kunden eine Reihe von Aufgaben ab. Zum Beispiel wird bei Kauf und Verkauf die Umbuchung von Wertpapieren von einem Konto zum anderen mittels Wertpapierschecks vorgenommen – ähnlich wie beim bargeldlosen Zahlungsverkehr. Bei der Eigentumsübertragung brauchen die Wertpapierurkunden also nicht körperlich bewegt zu werden. Die Sammelverwahrung gilt in der Bundesrepublik als rationell und kostengünstig. Bei der so genannten Streifbandverwahrung, bei der die effektiven Stücke für jeden Depotkunden gesondert im Banktresor verwahrt werden, fallen höhere Kosten und Gebühren an. Die effektive Auslieferung von Wertpapieren wird immer seltener und ist heute nur noch bei Tafelgeschäften üblich. Historische Wertpapiere, die von Sammlern erworben werden, liefern die Händler dagegen fast immer an den Käufer aus. Sie dienen meist auch nicht in erster Linie der Kapitalanlage, sondern werden vielmehr wegen ihrer grafischen Gestaltung oder ihrer wirtschaftsgeschichtlichen Bedeutung gesucht.

Wertpapiere, die als gedruckte Urkunde auf den Markt kommen, bestehen aus zwei Teilen: dem Bogen und dem Mantel. Der Mantel ist die eigentliche Urkunde und verbrieft das Hauptrecht (bei Aktien den Anteil am Unternehmen, bei Anleihen das Recht auf Rückzahlung, bei Investmentzertifikaten das Miteigentumsrecht). Der Bogen enthält die Nebenrechte, also vor allem den Anspruch auf Dividende oder Zins. Die Nebenrechte werden gegen Ablieferung der Kupons, aus denen der Bogen besteht, eingelöst (ausgezahlt).

Während Wertpapiere früher grundsätzlich effektive Stücke waren, die gedruckt wurden und dem Erwerber ausgehändigt werden konnten, nimmt der „stücklose Verkehr" zu. Dabei kann es sich im Fall von Aktien um Sammelurkunden handeln, mit denen eine Wertpapiersammelbank die einzelnen Stücke ersetzt. Auf Verlangen müssen dem Aktionär aber in angemessener Zeit (zum Beispiel für die Beschaffung oder den Druck) die dadurch verbrieften Wertpapiere ausgehändigt werden. Bundesanleihen und Bundesobligationen dagegen existieren nicht als effektiv lieferbare Stücke, sondern nur als Wertrechte. Sie eignen sich daher nicht für Tafelgeschäfte. Die Verwaltung kann auch nicht der Käufer einer Bundesanleihe selbst übernehmen. Dies kann nur durch Banken und Sparkassen oder gebührenfrei durch die Bundesschuldenverwaltung geschehen.

Wertpapierindex |

Wertpapierindex ist ein Sammelbegriff für Aktien-, Renten- und Derivate-Indizes. Wertpapierindizes werden berechnet, um die Gesamtverfassung eines Marktes für bestimmte Arten von Wertpapieren in einer Kennzahl darzustellen. Daneben dienen Wertpapierindizes als Erfolgsmaßstab für Investmentfonds. Vielfach erfolgen auch Kurssicherungsmaßnahmen auf Basis von Wertpapierindizes. Die Berechnung der einzelnen Wertpapierindizes wird mit Hilfe von mathematischen Formeln sowie statistischen Methoden vorgenommen.

Ein Index ist eine Kennzahl, die eine Vielzahl von Daten – hier Finanzinformationen – zu einer einzigen Kennziffer verdichtet. Als Wertpapierindex bezeichnet man damit eine Kennzahl, die den Durchschnittskurs einer bestimmten Gruppe von

Wertpapieren, in der Regel Aktien oder Anleihen, darstellt und dem Anleger Informationen über die Gesamtverfassung des jeweiligen Marktes gibt.

Grundsätzlich muss man zwischen Aktien- und Rentenindizes sowie zwischen Kurs- und Performance-Indizes unterscheiden.

1. Aktienindizes

Ein Aktienindex zeigt dem Anleger den Durchschnittskurs einer ausgewählten Gruppe von Aktien zu einem bestimmten Zeitpunkt. Dieser Durchschnittskurs soll die Marktverfassung repräsentativ für alle gehandelten Wertpapiere an der jeweiligen Börse darstellen. Steigt der Durchschnittskurs, so kann der Betrachter davon ausgehen, dass die Gesamtverfassung des betrachteten Marktes zu diesem Zeitpunkt positiv ist. Ein steigender Aktienindex bedeutet also, dass die Kurse der an dem jeweiligen Markt gehandelten Aktien im Durchschnitt steigen. Das Ansteigen eines Aktienindex bedeutet hingegen nicht zwingend, dass alle Aktienkurse gestiegen sind, zumal in die Berechnung des Index in der Regel nicht alle an der jeweiligen Börse gehandelten Aktien einbezogen werden. Es kann also durchaus sein, dass einige Aktien Kursverluste zu verzeichnen hatten, obwohl der Index gestiegen ist.

Das Verhalten der verschiedenen Aktienindizes wird maßgeblich durch die Gewichtung der zur Berechnung des Index verwendeten Aktien beeinflusst. Hinsichtlich der Berechnung der einzelnen Aktienindizes und der dafür vorgenommenen Gewichtung kann man zwischen kapitalisierungsgewichteten, gleichgewichteten und preisgewichteten Aktienindizes unterscheiden.

Kapitalisierungsgewichtete Aktienindizes

Diese Indizes berücksichtigen die Größe der Gesellschaften, deren Aktien in die Berechnung einbezogen werden. Die Gewichtung erfolgt dabei meist anhand des Grundkapitals oder der Börsen- beziehungsweise Marktkapitalisierung der Aktiengesellschaft. Je höher das Grundkapital oder die Marktkapitalisierung ist, desto stärker wird die betreffende Aktie im Index gewichtet. Mit steigender Gewichtung der jeweiligen Aktien steigt auch der Einfluss des Kurses dieser Aktie auf die Entwicklung des Gesamtindex. So werden beispielsweise die für den DAX verwendeten Kurse der 30 wichtigsten Aktien, die an der Frankfurter Wertpapierbörse gehandelt werden, sehr unterschiedlich gewichtet. Die Gewichtung erfolgt nach der Marktkapitalisierung der einzelnen Aktien. Daher beeinflusst die Kursveränderung der Aktie der Allianz AG, die in der Berechnung mit circa elf Prozent gewichtet wird, den DAX wesentlich stärker als eine Kursveränderung der Henkel KGaA, die mit unter einem Prozent im Gesamtindex berücksichtigt wird.

Gleichgewichtete Aktienindizes

Bei einigen Aktienindizes werden alle verwendeten Aktienkurse gleich gewichtet. Zu den gleichgewichteten Indizes zählt beispielsweise der niederländische EOE Dutch Stock Index. Bei diesen Indizes wird bei der Berechnung in jede einbezogene Aktie der gleiche Betrag investiert. Das bedeutet, dass von einer relativ teuren Aktie weniger Stücke in die Berechnung des Index einbezogen werden als von einer billigeren Aktie. Kostet zum Beispiel die A-Aktie 400 € und die B-Aktie 200 €, dann werden dementsprechend doppelt so viele B-Aktien in die Berechnung einbezogen wie A-Aktien. Durch diese Vorgehensweise reagiert der Index auf prozentual gleich hohe Kursschwankungen der einzelnen Aktien mit derselben Veränderung. Steigt beispielsweise der Kurs der A-Aktie um fünf Prozent, während der Kurs der B-Aktie um fünf Prozent fällt, bleibt der Index unverändert.

Preisgewichtete Aktienindizes

Eine dritte Gewichtungsvariante der zur Berechnung des Index verwendeten Aktienkurse ist die preisgewichtete Berechnung. Hierbei wird von jeder Aktie die gleiche Stückzahl zur Berechnung herangezogen, also beispielsweise drei A-Aktien und drei B-Aktien. Bei dieser Vorgehensweise hat eine Kursveränderung einer relativ teuren Aktie einen wesentlich größeren Einfluss auf den Index als eine prozentual gleich hohe Kursveränderung einer relativ billigen Aktie. Steigt beispielsweise der Kurs der A-Aktie um fünf Prozent, während der Preis der B-Aktie um fünf Prozent fällt, so steigt der Index um etwa 1,6 Prozent.

Ein solches Berechnungsverfahren wird unter anderem bei der Ermittlung des Dow Jones Industrial Average Index verwendet.

Aktienindizes spielen im täglichen Börsenleben eine wichtige Rolle, da sie zum einen als Maßstab für die Verfassung des betrachteten Marktes dienen, zum anderen aber auch den Vergleich der Kursentwicklung einzelner Aktien im Vergleich zum Gesamtmarkt ermöglichen. So findet man häufig bei der Analyse einzelner deutscher Aktien den Vergleich des Einzelkurses über einen bestimmten Zeitraum (meist zwölf Monate) mit der Entwicklung des DAX in demselben Zeitraum. Auch der Erfolg von Aktienfonds wird regelmäßig durch den Vergleich mit dem passenden Index gemessen.

Daneben werden Aktienindizes auch zur Kursabsicherung verwendet. So kann Hedging (die Absicherung eines Risikos durch ein entsprechendes Gegengeschäft) etwa mit Hilfe von DAX-Optionen oder DAX-Futures vorgenommen werden.

II. Rentenindizes

Ähnlich wie Aktienindizes sind auch Rentenindizes Kennzahlen, die die Kurs- und/oder Gesamtertragsentwicklung mittel- bis langfristiger Anleihen beziehungsweise Schuldverschreibungen beschreiben. Bei der Betrachtung von Rentenindizes muss man zwischen Indizes unterscheiden, die auf Basis von tatsächlich gehandelten Papieren ermittelt werden, und solchen, die auf fiktiven Anleihen beruhen.

Daneben lassen sich Rentenindizes auch danach unterscheiden, ob es sich um reine Kursindizes oder um so genannte Performance-Indizes handelt. Ein reiner

Kursindex gibt lediglich an, wie sich der durchschnittliche Kurs der Anleihen, die auf einem bestimmten Markt gehandelt werden, verändert. Weist der Deutsche Rentenindex (REX) einen Kurs von 107,5 auf, kann man daraus ablesen, dass deutsche Rentenpapiere an diesem Tag durchschnittlich mit einem Kurs von 107,50 € pro Anleihe mit einem Nominalwert von 100 € notierten. Ein Performance-Index hingegen zeigt, wie sich der Wert eines Wertpapierportfolios im Zeitablauf verändert hat, wenn ein bestimmter Betrag (zum Beispiel 100 €) zu einem bestimmten Zeitpunkt investiert wurde. Dabei wird davon ausgegangen, dass der Anleger die zwischenzeitlich erhaltenen Zinsen sofort wieder reinvestiert hat, daneben aber weder zusätzliches Geld investiert noch Geld aus dem Portfolio abgezogen hat.

Neben einer Reihe von nationalen Rentenindizes werden von einigen Banken auch so genannte Weltindizes berechnet und veröffentlicht. Diese Indizes zeigen die durchschnittliche Entwicklung festverzinslicher Wertpapiere ausgewählter Länder in einer Kennzahl. Hierbei wird also davon ausgegangen, dass ein Anleger ein Portfolio hat, das sowohl nationale als auch internationale Papiere beinhaltet. Solche internationalen Indizes werden beispielsweise von Salomon Brothers (World Government Bond Market Performance Index) sowie Merrill Lynch (Global Government Bond Index) veröffentlicht. Beide Indizes werden auf Basis von internationalen Staatsanleihen, wie beispielsweise Bundesanleihen, errechnet.

Rentenindizes geben dem Anleger Hinweise auf die Kurs- und Renditeentwicklung am Kapitalmarkt. So weist beispielsweise ein fallender Rentenindex auf ein Ansteigen des Marktzinses hin, während ein ansteigender Index auf fallende Kapitalmarktzinsen deutet. Daneben dienen Rentenindizes (vor allem Performance-Indizes) auch der Bewertung des Erfolgs von Rentenfonds. Liegt die Wertentwicklung eines Rentenfonds unter der Performance-Entwicklung eines solchen Indizes, wäre es für den Anleger besser gewesen, sein Geld direkt in Staatsanleihen zu investieren, als es dem Investmentfonds anzuvertrauen. Allerdings muss man bei diesen Vergleichen beachten, dass Performance-Indizes auf fiktiven Anleihen beruhen, so dass ein genau entsprechendes Investment für einen Anleger nicht immer möglich ist. Zudem werden in der Berechnung der Performance-Indizes die Transaktionskosten, die einem Anleger entstehen, also Depotgebühren, Steuern sowie An- und Verkaufsprovisionen, nicht berücksichtigt.

Wertpapierverwahrung

Für die Verwahrung von Wertpapieren privater Anleger kommen generell drei Möglichkeiten in Frage: die Streifbandverwahrung, die Girosammelverwahrung oder die persönliche Verwahrung. Vor allem wegen der Sicherheit und der Verwaltung der Wertpapiere gibt es große Unterschiede zwischen den verschiedenen Aufbewahrungsarten.

Wenn die Wertpapiere privater Anleger einem Kreditinstitut zur sicheren Aufbewahrung und zur Verwaltung der Fälligkeitstermine anvertraut werden, kann zwischen Streifband- und Girosammelverwahrung gewählt werden.

I. Streifbandverwahrung

Bei dieser Form der Verwahrung werden die Wertpapiere getrennt nach Eigentümern aufbewahrt. Alle Wertpapiere eines Eigentümers werden dabei mit einem Streifband umschlossen, auf dem seine Daten sowie seine Wertpapiere einzeln vermerkt sind. Im Tresorraum der Bank werden die Bündel dann gelagert. Aus Sicherheitsgründen werden darüber hinaus Mantel und Bogen (Aktie und Kupons) in getrennten Tresoren aufbewahrt und von verschiedenen Personen verwaltet.

Als Nachweis erhält der Eigentümer ein Stücke- oder Nummernverzeichnis. Mit ihm kann er belegen, dass ihm die Wertpapiere rechtmäßig gehören.

Diese Form der Verwahrung ist mit einem großen Arbeitsaufwand verbunden. Dazu kommen Risiken vor allem beim Transport. Deshalb ist sie für die Banken kostenintensiv und für die Kunden entsprechend teuer.

II. Girosammelverwahrung

Bei dieser Form der Aufbewahrung im Rahmen eines Depotkontos werden die Papiere nicht nach Eigentümern getrennt, sondern nach Wertpapierart zusammengefasst. Der Käufer eines Papiers erhält beim Kauf ein Miteigentum auf dem Sammelbestand. Mit Einlieferung des betreffenden Wertpapiers in den Sammelbestand geht der Anspruch des Eigentümers auf die Auslieferung eines Wertpapiers mit einer bestimmten Seriennummer verloren. Die Verwahrung der Sammelbestände wird nicht von den Kreditinstituten, sondern von den zuständigen Wertpapiersammelbanken, den Kassenvereinen, vorgenommen. Die Übertragung von Wertpapieren erfolgt durch einfache Depotbuchungen. Vorteil der Methode: Die einzelnen Wertpapiere müssen nicht mehr körperlich bewegt werden.

Die Girosammelverwahrung kann auf ausdrücklichen Wunsch des Kunden entfallen. Dazu muss er eine schriftliche Erklärung an seine Bank abgeben. Grundsätzlich sind alle Wertpapiere girosammelverwahrfähig.

III. Persönliche Verwahrung

Jeder Eigentümer eines Wertpapiers kann dieses auch selbst verwahren. Das kann entweder im Schließfach einer Bank oder an einer anderen, vom Eigentümer gewählten Stelle sein. Da diese Form jedoch mit hohen Risiken verbunden ist, ist davon abzuraten. Die Papiere könnten verloren gehen, gestohlen oder beschädigt werden. Auch vergessen die Eigentümer manchmal, die Zinsscheine rechtzeitig einzureichen. Deshalb wird von dieser Möglichkeit nur noch sehr selten Gebrauch gemacht. Ein Grund für die persönliche Verwahrung und Verwaltung der Wertpapiere ist der Wunsch, die Zinsen und Dividenden ohne Beteiligung des Fiskus bar zu kassieren. Diese Tafelgeschäfte sind aber seit Einführung der Zinsabschlagsteuer auch unter diesem Gesichtspunkt weniger interessant geworden.

> **Keine Gebühren:** Anleihen des Bundes werden nicht nur von Banken (gegen Gebühr), sondern auch von der Bundesschuldenverwaltung (kostenlos) verwaltet. Banken weisen aus Konkurrenzgründen nur selten auf diese Möglichkeit hin. Besonders bei langfristiger Anlage ist es aus Kostengründen zu empfehlen, diesen Service zu nutzen. Näheres dazu unter Bundesschuldenverwaltung.

Wetter-Derivate/Energie-Derivate

Die in den USA gehandelten Wetter-Derivate stellen eine Spielart der Termingeschäfte dar. Hierbei handelt es sich um den standardisierten Handel mit Energie auf Termin. Genutzt werden hierzu Optionen und Futures-Kontrakte, die es den Käufern ermöglichen, eine bestimmte Menge an Energie zu einem bestimmten Preis zu einem Termin in der Zukunft zu kaufen oder zu verkaufen. Der Handel mit Wetter-Derivaten war zunächst nur in den USA möglich. Nach der Liberalisierung des Strommarktes in Deutschland und Europa entstehen aber auch hier Strombörsen.

In den USA wird Energie – anders als vielfach noch in Europa – als reine Ware betrachtet, die man jederzeit kaufen und verkaufen kann, deren Preis sich also nach Angebot und Nachfrage richtet und damit größeren Schwankungen unterliegt. So kommt es beispielsweise beim Preis für eine Megawattstunde Strom in der Spitze zu Preisschwankungen zwischen 12 und 350 US-Dollar. Die Höhe des Preises hängt dabei unter anderem stark von der Tageszeit und den herrschenden Temperaturen ab. So wird an heißen Tagen mehr Strom verbraucht als an kalten Tagen. Zudem steigt die Nachfrage nach Energie während der Arbeitsstunden, während sie abends und nachts wieder fällt.

Für große Produzenten mit einem hohen Energiebedarf (wie beispielsweise Unternehmen der Papierindustrie, Automobilhersteller oder Stahlproduzenten) stellen die Energiekosten einen wichtigen Kostenfaktor dar, der maßgeblich für die Rentabilität ihrer Produktion ist. Einen entsprechend hohen Stellenwert nimmt damit die Energiebeschaffung, das heißt der Einkauf von preiswerter Energie ein. Der größte Teil der benötigten Energie wird auf den so genannten Spot-Märkten erworben. Hierbei kaufen die Unternehmen die benötigte Energie zum Tagespreis gegen sofortige Lieferung. Das bedeutet, dass sowohl die Produzenten als auch die Nachfrager nach Strom auf dem Spot-Markt keine Möglichkeit haben, langfristig mit festen Preisen zu kalkulieren. Sowohl Käufer als auch Verkäufer sind vollständig den Preisschwankungen des Marktes ausgesetzt.

Um sowohl den Energieerzeugern als auch den Verbrauchern die Möglichkeit zu geben, ihren Absatz beziehungsweise ihre Nachfrage nach Energie langfristig zu kalkulieren, wurde in den USA an den Strombörsen der Terminhandel mit Energie-Derivaten ermöglicht. Wegen der starken Abhängigkeit des Strompreises von den herrschenden oder zu erwartenden Temperaturen werden sie auch Wetter-Derivate genannt (nicht zu verwechseln mit Katastrophen-Bonds). Hierbei handelt es sich (vergleichbar mit dem Handel an der Warenterminbörse) um Optionen oder Futures, die den Handel mit Energie auf Termin erlauben. So berechtigt beispielsweise eine Energie-Kaufoption (Call) den Käufer, eine bestimmte Menge Strom zu einem bestimmten Termin zu einem vorab vereinbarten Preis zu erwerben. Der Verkäufer des Energie-Calls hingegen verpflichtet sich schon bei Abschluss des Kontrakts, dem Käufer des Energie-Calls im Falle der Ausübung die vereinbarte Menge Energie zum vereinbarten Zeitpunkt beziehungsweise innerhalb einer bestimmten Frist, zu einem vorab vereinbarten Preis zu verkaufen.

Anders bei einer Energie-Verkaufsoption (Put): Hier ist der Käufer des Put berechtigt, eine bestimmte Menge Energie innerhalb einer bestimmten Frist zu einem vorab festgelegten Preis an den Verkäufer des Put zu verkaufen. Der Verkäufer des Put muss die vereinbarte Menge Energie zum vereinbarten Preis kaufen, wenn der Käufer die Option ausübt.

Die gehandelten Derivate berechtigen in der Regel zum Bezug einer bestimmten Menge Energie zu einem bestimmten Preis für einen vorab festgelegten Zeitraum, zum Beispiel eine Stunde, einen Tag oder einen Monat.

Rechnet beispielsweise ein Automobilhersteller mit einem besonders heißen Sommer und daher mit steigenden Energiekosten (unter anderem wegen des Einsatzes von Klimaanlagen), so kann er einen Energie-Call erwerben, der ihn berechtigt, im Sommer den benötigten Strom zu einem fest vereinbarten Preis zu erwerben. Kommt es im Sommer tatsächlich zu den von dem Automobilhersteller erwarteten hohen Temperaturen, so kann er die benötigte Menge Energie durch Ausübung seines Calls beziehen. Gegenüber den Tagespreisen für Strom spart er dadurch Geld.

Liegen die Temperaturen (und damit die Strompreise) hingegen unter den erwarteten Werten, so lässt der Automobilproduzent seinen Call einfach verfallen. Er nutzt sein Recht also nicht aus und erwirbt die zur Produktion notwendige Energie billiger am Spot-Markt. In diesem Fall sind für ihn lediglich die Kosten für den Erwerb des Calls entstanden. Der Erwerb der Kaufoption kann also aus Sicht des Automobilherstellers mit dem Abschluss einer Versicherung gegen steigende Stromkosten verglichen werden, wobei die Optionsprämie die Versicherungsprämie darstellt. An diesem Markt für Wetter-Derivate können sich auch private Anleger beteiligen.

Wiederanlagerisiko

Für Anleger hängt die Rendite einer Anleihe neben dem Kurs und der Nominalverzinsung der Anleihe auch davon ab, ob die Zinserträge, die während der Laufzeit der Anleihe erzielt werden, zu einem gleich hohen oder besseren Zinssatz wie jener der Anleihe wieder angelegt werden können. Das Risiko, dass der allgemeine Marktzins während der Laufzeit unter die Verzinsung der Anleihe fällt, wird allgemein als Wiederanlagerisiko bezeichnet. Das Ausmaß des Wiederanlagerisikos hängt von der Ausgestaltung der jeweiligen Anleihe ab. Lediglich Zero-Bonds beinhalten keinerlei Wiederanlagerisiko.

Anleger, die in Anleihen investieren, setzen sich neben dem Kursrisiko und dem Bonitätsrisiko vor allem einem Wiederanlagerisiko aus. Unter dem Wiederanlagerisiko versteht man die Gefahr, dass während der Laufzeit erfolgende Zins- und Tilgungszahlungen nicht wieder zum gleichen Zinssatz anlegt werden können.

Im positiven Fall (wenn das Marktzinsniveau während der Laufzeit der Anleihe steigt) wird das Endvermögen des Anlegers höher sein, als wenn er zum selben Zinssatz wie dem Nominalzins der Anleihe angelegt hätte. Im negativen Fall (wenn das Marktzinsniveau während der Laufzeit sinkt) wird das Endvermögen niedriger sein, als wenn der Anleger zum Anleihezinssatz angelegt hätte. Der während der Anlagedauer erwirtschaftete Zinseszins entwickelt sich in Abhängigkeit vom Marktzins dann entweder höher oder niedriger, als der Anleger bei seiner Investitionsentscheidung kalkuliert hatte. Dadurch fällt das Endvermögen beziehungsweise der „Return on Investment" höher oder geringer aus als geplant.

Das Ausmaß des Wiederanlagerisikos hängt neben der Entwicklung des Marktzinses von der Ausgestaltung der Anleihe ab:

- Je länger die Laufzeit der Anleihe ist, desto mehr Zinszahlungen müssen wieder angelegt werden.
- Je höher die Kupon- beziehungsweise Tilgungszahlungen sind, desto höhere Beträge müssen während der Laufzeit angelegt werden.

Im Allgemeinen sinkt das Wiederanlagerisiko mit zunehmender Duration, denn je länger die Kapitalbindungsdauer ist, desto weniger Erträge müssen während der Laufzeit wieder angelegt werden. Die einzigen Anleiheformen, die keinerlei Wiederanlagerisiko beinhalten, sind so genannte Zero-Bonds, bei denen während der Laufzeit keine Zinszahlungen erfolgen. Daher ist auch keine Wiederanlage von Erträgen möglich oder notwendig. Dies zeigt sich deutlich, wenn man die Duration eines Zero-Bonds errechnet: Sie ist gleich der Restlaufzeit und erreicht damit den maximal möglichen Wert.

Kursrisiko

Die Anlage in börsennotierte festverzinsliche Wertpapiere beinhaltet immer dann ein Kursrisiko, wenn der Anleger das Papier vor Ende der Laufzeit veräußern will oder muss. Bei einem Verkauf über die Börse hängt der erzielbare Kurs von Angebot und Nachfrage ab. In Zeiten steigender Zinssätze wird der Anleger in der Regel Kursverluste erleiden, während bei sinkendem Zinsniveau Kursgewinne erzielbar sind.

Beispiel: Auswirkung von Marktzinsentwicklungen während der Laufzeit einer Anleihe auf den Anlageerfolg

Ein Anleger erwirbt für 100.000 € eine Anleihe mit einer Nominalverzinsung von sieben Prozent und einer Laufzeit von zwei Jahren zum Nominalkurs von 100 Prozent. Die Anleihe soll bis zum Ende der Laufzeit gehalten werden.

A. Der Marktzins steigt auf acht Prozent

1. Jahr	Zinszahlung:	7.000 €

Der Anleger legt die erhaltenen Zinsen in einer einjährigen Anleihe (Kurs und Rückzahlung 100 Prozent) zum Zinssatz von acht Prozent an.

2. Jahr	Zinszahlung 1:	7.000 €
	Zinszahlung 2:	560 €
	Tilgung 1:	100.000 €
	Tilgung 2:	7.000 €
Gesamtvermögen:		114.560 €

B. Der Marktzins sinkt auf sechs Prozent

1. Jahr   Zinszahlung 1:   7.000 €

Der Anleger legt die erhaltenen Zinsen in einer einjährigen Anleihe (Kurs und Rückzahlung 100 Prozent) zum Zinssatz von sechs Prozent an.

2. Jahr   Zinszahlung 1:   7.000 €
             Zinszahlung 2:   420 €

             Tilgung 1:   100.000 €
             Tilgung 2:   7.000 €

Gesamtvermögen: 114.420 €

Wäre der Marktzinssatz unverändert geblieben, hätte der Anleger ein Endvermögen in Höhe von 114.490 € erzielt.

Xetra

Xetra ist die Bezeichnung für ein elektronisches Handelssystem, das Ende November 1997 an der Frankfurter Wertpapierbörse eingeführt wurde. Es löste zunächst das frühere IBIS-System ab. Von Anfang an war aber geplant, den Parketthandel (oder die „Präsenzbörse") ebenfalls voll durch Xetra zu ersetzen. Seit Juli 1999 werden die DAX-Indizes ausschließlich auf Basis der Xetra-Kurse berechnet. Fast genau zwei Jahre nach der Einführung in Deutschland wurde das Handelssystem Xetra im November 1999 auch an der Börse in Wien eingeführt.

Das Handelssystem Xetra macht es möglich, alle Börsengeschäfte vollelektronisch abzuwickeln. Statt wie früher zunächst mit der Computerbörse (IBIS-Handel) zu beginnen, dann den Parketthandel abzuwickeln (Präsenzbörse, bei der die Kursmakler und Bankenvertreter persönlich im Börsensaal anwesend sind) und dann am Nachmittag wieder den Computerhandel weiterlaufen zu lassen, hat Xetra die frühere Computerbörse IBIS abgelöst und wird an den deutschen Börsen und in Wien während der gesamten Handelszeit eingesetzt. Xetra hat auch den Parketthandel weitgehend verdrängt. Das führt insgesamt zu einer wesentlich längeren Handelszeit auch für Kleinanleger, die ihre Aufträge früher nicht über IBIS abwickeln lassen konnten. In Deutschland war der erste Xetra-Handelstag der 28. November 1997.

Xetra ist ein Kunstwort aus den Begriffen „Exchange Electronic Trading". Mit Xetra soll der Handel für alle am Börsengeschehen Beteiligten transparenter, schneller und vor allem auch billiger werden. Ein Orderbuch wird überflüssig. Alle Geschäfte werden elektronisch abgewickelt. Das bedeutet, dass jeder Auftrag, der über die Börse läuft, für jeden der Beteiligten einsehbar ist. Manipulationen an den Kursen werden dadurch selbst bei Papieren mit geringen Umsätzen erschwert.

Auch dem kleinen Anleger bringt Xetra Vorteile. Seit das System Ende 1998 seine volle Funktionsfähigkeit erreicht hat, können Aufträge privater Anleger bis zum Schluss der Handelszeit bearbeitet werden. Zuvor wurden sie nur während der Zeit des Parketthandels ausgeführt, der schon mittags beendet wurde. Bei Stückzahlen unter hundert konnten Aktienkäufe und -verkäufe sogar nur einmal täglich „zur Kasse", also bei der Feststellung der Einheitskurse erledigt werden.

Gegen Xetra regte sich zunächst Widerstand, vor allem an den deutschen Regionalbörsen, die sich durch das System in ihrer Existenz bedroht sahen. Denn die sieben Regionalbörsen wurden – anders als beim IBIS-System – zunächst nicht an Xetra angeschlossen. Überdies waren bei Einführung nur die 109 wichtigsten deutschen Aktien über Xetra handelbar. Erst seit 1999 kann der gesamte deutsche Börsenhandel über Xetra laufen.

Obwohl in Deutschland und Österreich ab Ende 1999 das gleiche elektronische Handelssystem verwendet wird, konnten deutsche Banken nicht sofort direkt am Handel in Wien teilnehmen (und umgekehrt österreichische Banken nicht an deutschen Börsenplätzen), da die jeweiligen Computersysteme technisch erst noch entsprechend umgerüstet werden mussten.

Zero-Bonds |

Ein Wertpapier, bei dem es keine regelmäßigen Zinszahlungen gibt. Deshalb werden diese Papiere oft auch als „Null-Kupon-Anleihen" bezeichnet. Der Ertrag dieser Form der Geldanlage ergibt sich aus dem Unterschied zwischen dem Ausgabepreis und dem Betrag, der später zurückgezahlt wird.

Näheres dazu unter Null-Kupon-Anleihen.

Zinsabschlagsteuer

Eine Quellensteuer auf inländische Zinseinkünfte (in der Regel 30 Prozent), die seit 1. Januar 1993 von den Kreditinstituten einbehalten und direkt an das Finanzamt abgeführt wird. Diese Kapitalertragsteuer an der Quelle ist eine Steuervorauszahlung. Sie wird auf die gesamte Einkommensteuerschuld des Steuerpflichtigen angerechnet. Die Abführung der Steuer beginnt allerdings erst, wenn der jeweilige Freibetrag überschritten wird. Voraussetzung ist, dass der Steuerpflichtige seiner Bank einen entsprechenden Freistellungsauftrag erteilt. Die Summe kann auch auf mehrere Kreditinstitute, Fonds usw. aufgeteilt werden.

Als Folge der vom Bundesverfassungsgericht erzwungenen Änderung der Zinsbesteuerung werden in Deutschland alle Zinserträge, die nach dem 1. Januar 1993 anfallen, vorab an der Quelle besteuert. Das gilt grundsätzlich für alle Zinseinnahmen – gleichgültig, ob es sich um die Erträge von Sparbüchern oder die Zinsen auf Anleihen, Pfandbriefe, Null-Kupon-Anleihen, Optionsanleihen, Index- oder Fremdwährungsanleihen, DM-Auslandsanleihen, Investmentfonds, Bundesschatzbriefe oder ähnliche Papiere handelt. Es gilt auch für Dividenden. Voraussetzung ist, dass diese Papiere bei einer inländischen Bank im Depot liegen. Banken mit Sitz im Ausland sind nicht zur Abführung der Zinsertragsteuer für deutsche Konteninhaber verpflichtet. Dies ist der Grund, warum seit Einführung der Zinsabschlagsteuer deutsches Geld in Milliardenhöhe auf Konten im Ausland geflossen ist.

Gemildert wird die Zinsertragsteuer allerdings für die große Mehrzahl der deutschen Sparer dadurch, dass der frühere Sparerfreibetrag auf das Zehnfache erhöht wurde. Das heißt, dass bei Einzelpersonen bis zu 3.000 DM beziehungsweise 1.533,88 € (bis Ende 1999 waren es 6.000 DM) und bei Verheirateten bis 6.000 DM beziehungsweise 3.067,75 € (bis Ende 1999 waren es 12.000 DM) steuerfrei bleiben. Dazu kommen 100 DM beziehungsweise 51,13 € Werbekostenpauschale pro Person. Wer seiner Bank oder Sparkasse einen entsprechenden Freistellungsauftrag erteilt, dem werden Zinsen in dieser Höhe ohne Abzug gutgeschrieben oder auf Wunsch bar ausgezahlt. Der Betrag kann auch auf mehrere Banken, Sparkassen, Fonds usw. aufgeteilt werden. Dazu muss jeweils ein entsprechender Freistellungsauftrag erteilt werden. Der Gesamtbetrag der Aufträge darf aber die Freibetragsgrenze nicht überschreiten. Dies gilt sonst als Versuch der Steuerhinterziehung.

Zu beachten ist, dass nicht alle Zinseinkünfte unter die Zinsertragsteuer fallen und dass für bestimmte Erträge keine Freistellungsanträge gestellt werden müssen oder können. In manchen Fällen gelten Sonderregelungen: zum Beispiel für Vereine, für bestimmte Wertpapiere, für Instandhaltungsrücklagen, Notaranderkonten (treuhänderische Konten) oder Mietkautionen.

Freistellungsaufträge: Jährlich überprüfen

Wer vergisst, seinem Kreditinstitut einen Freistellungsauftrag zu erteilen, dem werden automatisch 30 Prozent von den Zinserträgen abgezogen. Zwar kann man diese Beträge später beim Finanzamt geltend machen – aber erst mit einer Einkommensteuererklärung. Wer keine Steuererklärung abgeben muss (Rentner, Kinder), hat dann große Schwierigkeiten, wieder an sein Geld zu kommen. Auch für die neuen (niedrigeren) Freibeträge müssen wieder Freistellungsaufträge erteilt werden. Geschieht dies nicht, halbieren die Kreditinstitute automatisch die Beträge. Das schließt dann auch die (an sich von der Steueränderung nicht betroffenen) Werbungskosten ein und bringt vor allem Ehepaaren Nachteile. Bei einer Aufteilung der Summe auf verschiedene Banken, Sparkassen oder Investmentfonds sollte jedes Jahr geprüft werden, ob die einzelnen Beträge nicht an einer Stelle nur zum Teil ausgeschöpft und an anderer Stelle aber überschritten werden. Auch das Halbeinkünfteverfahren bei der Dividendenbesteuerung muss bei der Aufteilung von Freistellungsaufträgen im Rahmen des Gesamtfreibetrages berücksichtigt werden. Ab 2002 wird nur die halbe Dividende dem steuerpflichtigen Einkommen zugerechnet.

Zinsoptionen

Grundsätzlich beinhalten Zinsoptionen das Recht, nicht aber die Pflicht, ein zugrunde liegendes festverzinsliches Wertpapier zu einem vorab vereinbarten Kurs zu erwerben oder zu verkaufen. Die an der Terminbörse Eurex gehandelten Zinsoptionen unterscheiden sich von diesem allgemeinen Typ dadurch, dass nicht eine Anleihe, sondern ein Future als Basiswert dient, der Käufer einer solchen Zinsoption also das Recht erwirbt, einen Bund- oder Bobl-Future zu erwerben/veräußern.

Zinsoptionen sind mit Aktienoptionen vergleichbar. Eine Zinsoption gibt dem Erwerber das Recht, nicht aber die Pflicht, eine zugrunde liegende Anleihe zu einem vorab vereinbarten Preis zu erwerben oder zu verkaufen. Je nachdem, ob die Option zum Kauf oder zum Verkauf des festverzinslichen Wertpapiers berechtigt, unterscheidet man zwischen Kaufoptionen (auch Zins-Call) oder Verkaufsoptionen (auch Zins-Put).

Wie bei allen Optionen unterscheidet man auch bei einer Zinsoption zwei beteiligte Marktkontrahenten: den Käufer der Option und den Verkäufer der Option. Der Käufer einer Zinsoption erwirbt vom Verkäufer das Recht, nicht aber die Pflicht, ein festverzinsliches Wertpapier zu einem vereinbarten Kurs zu erwerben.

Der Käufer hat also ein Wahlrecht, ob er die Option nutzen will oder nicht. Damit reduziert sich das Verlustrisiko des Käufers auf den Preis der Option, die so genannte Optionsprämie.

Der Verkäufer einer Zinsoption, auch Stillhalter genannt, geht mit dem Verkauf der Option hingegen eine Verpflichtung ein. Er muss das zugrunde liegende Wertpapier auf Wunsch des Käufers der Option entweder verkaufen (im Falle einer Kaufoption beziehungsweise Zins-Calls) oder kaufen (im Falle eines Zins-Puts). Im Gegensatz zum Käufer der Option hat er kein aktives Wahlrecht: Ob die Option ausgeübt wird oder nicht, hängt einzig und allein vom Käufer der Option ab. Aus diesem Grund ist das Verlustrisiko des Verkäufers einer Zinsoption auch theoretisch unbegrenzt, während sein maximaler Gewinn in der Höhe der vom Käufer der Option entrichteten Optionsprämie liegt. In der Praxis kann der Verkäufer einer Option sich allerdings seinem Risiko entledigen, wenn er eine hinsichtlich ihrer Ausgestaltung identische Option erwirbt, da dann der Verlust der verkauften Option mit dem Gewinn der gekauften Option kompensiert wird.

Bei Zinsoptionen werden grundsätzlich folgende Parameter „vertraglich" festgelegt:

- der zugrunde liegende Basiswert, also das festverzinsliche Wertpapier, das entweder gekauft oder verkauft werden kann,
- der Kurs, zu dem die Option erworben werden kann,
- der Nominalwert des Wertpapiers, das erworben oder veräußert werden kann, beispielsweise 10.000 Euro,
- die Laufzeit der Option,
- der oder die Ausübungszeitpunkte (hierbei werden grundsätzlich Optionen amerikanischen und europäischen Typs unterschieden),
- die Optionsprämie.

Der Kurswert einer Zinsoption hängt von der Zinsentwicklung am Kapitalmarkt sowie von Angebot und Nachfrage nach dem jeweiligen Basiswert ab. Grundsätzlich kann man sagen, dass der Kurswert einer Zinskaufoption mit fallenden Zinsen (also steigenden Kursen von festverzinslichen Wertpapieren) steigt, während er bei steigenden Zinsen fällt. Der Kurs eines Zins-Puts hingegen verhält sich genau umgekehrt: Der Kurs steigt bei steigenden Zinsen und fällt bei Zinsrückgängen.

Zinsoptionen an der Eurex

Von dieser grundsätzlichen Form der Zinsoptionen unterscheiden sich die Zinsoptionen, die an der deutsch-schweizerischen Terminbörse gehandelt werden, dadurch, dass nicht mehr auf den Zins als solches, sondern auf einen Future (genauer gesagt auf den Bund-Future sowie auf den Bobl-Future) abgestellt wird. Der Grund hierfür ist, dass der Markt für Futures wesentlich liquider ist als der Markt für Anleihen. Somit ist stets garantiert, dass der Anleger einen fairen Kurs gestellt bekommt, was beim Kassamarkt nicht unbedingt immer der Fall sein muss.

Der Erwerber einer Kaufoption (Verkaufsoption) auf den Bund-Future erhält das Recht, den Bund-Future zu einem bestimmten Preis zu kaufen (verkaufen). Der Grundgedanke ist dabei gleich wie bei der generellen Form der Futures, nur dass hier ein indirektes Kauf-/Verkaufsrecht auf eine Anleihe erworben wird.

Zinsoptionen eignen sich beispielsweise dazu, ein aus festverzinslichen Wertpapieren bestehendes Wertpapierdepot gegen Kursverluste abzusichern beziehungsweise einen später zu erfolgenden Wertpapierkauf kursmäßig schon heute zu fixieren.

Das Motiv zum Verkauf von Zinsoptionen liegt hingegen in der Regel darin, dass der Stillhalter die Rendite seines Portfolios erhöhen will. Der Verkäufer eines Zins-Calls rechnet dabei mit einem unveränderten beziehungsweise steigenden Zinsniveau, während der Verkäufer eines Zins-Puts mit einem unveränderten beziehungsweise sinkenden Zinsniveau rechnet.

Optionsprämie

Die Optionsprämie ist der Preis, den der Käufer einer Zinsoption an den Verkäufer der Zinsoption für das Recht, eine Anleihe von diesem zu kaufen oder an diesen zu verkaufen, zahlen muss. Die Höhe der Optionsprämie richtet sich nach der Laufzeit der Option sowie dem Kurs (Strike Price), zu dem die Anleihe gekauft beziehungsweise verkauft werden kann. Je näher der Strike Price am aktuellen Kurs ist, desto höher ist die Optionsprämie. Hinsichtlich der Laufzeit kann man sagen, dass die Prämie umso höher liegt, desto länger die Laufzeit der Option ist, da die Chance des Käufers beziehungsweise das Risiko des Verkäufers mit zunehmender Laufzeit steigt.

Optionen amerikanischen und europäischen Typs

Bei Optionen wie auch Optionsscheinen unterscheidet man hinsichtlich ihrer Ausgestaltung grundsätzlich zwischen dem europäischen und dem amerikanischen Typ.

- **Der amerikanische Typ** zeichnet sich dadurch aus, dass er während der gesamten Laufzeit ausgeübt werden kann. Der Anleger hat also die freie Wahl, wann er den zugrunde gelegten Basiswert kauft oder verkauft.

- **Europäische Optionen** beziehungsweise Optionsscheine hingegen können nur zu einem bestimmten Zeitpunkt beziehungsweise in einem bestimmten Zeitraum am Ende der Laufzeit ausgeübt werden. Einen Nachteil hat der Erwerber einer/eines europäischen Option/Optionsscheins immer dann, wenn der zugrunde liegende Basiswert nur kurzzeitig während der Laufzeit einen Kurs erreicht, zu dem das Ausüben der Option sinnvoll ist, danach aber wieder auf einen ungünstigen Kurs fällt.

In der Praxis relativiert sich dieser Nachteil aber wieder, da die meisten Käufer von Optionen beziehungsweise Optionsscheinen diese gar nicht ausüben wollen, sondern am so genannten Sekundärmarkt verkaufen. Der erzielbare Kurs am Sekundärmarkt spiegelt den so genannten inneren Wert (Marktwert) der Option wider, so dass Gewinne auch vor Fälligkeit realisiert werden können. Aus diesem Grund kann man in der Praxis kaum Kursunterschiede zwischen Optionen/Optionsscheinen europäischen und amerikanischen Typs ausmachen.

Hedging mit Zins-Puts

Zinsoptionen eignen sich sowohl zur Spekulation auf Zinsänderungen als auch zur Absicherung (Hedging) gegen Zinsänderungsrisiken.

So kann es sinnvoll sein, Zinsoptionen zu erwerben, wenn man ein Depot mit Anleihen mit fester Verzinsung hat und einen Zinsanstieg befürchtet. In diesem Fall kann man sein Depot mit dem Erwerb von Verkaufsoptionen absichern. Tritt der Zinsanstieg tatsächlich ein, so wird der Kursverlust der Anleihen durch den Kursgewinn der Verkaufsoptionen kompensiert. Kommt es hingegen nicht zu einem Zinsanstieg, so begrenzt sich der Verlust des Anlegers auf die gezahlte Optionsprämie. Die Optionsprämie muss demnach als eine Art Versicherungsprämie angesehen werden.

Andererseits kann auch ein Kreditnehmer Zinsverkaufsoptionen erwerben, um sich gegen einen Zinsanstieg abzusichern. Steigen die Zinsen tatsächlich, so werden die Zusatzkosten aus dem Kredit durch die Wertsteigerung der Verkaufsoption kompensiert.

Hedging mit Zins-Calls

Der Einsatz von Kaufoptionen kann sinnvoll sein, wenn man einen Rückgang der Zinsen befürchtet, sich aber zum jetzigen Zeitpunkt noch nicht mit Anleihen eindecken kann. Fallen die Zinsen tatsächlich, so wird der Nachteil, den man beim jetzt teureren Erwerb der Anleihen hat, durch den Kursgewinn der Kaufoption kompensiert. Kommt es nicht zu dem erwarteten Zinsverfall, so begrenzt sich der Verlust auch hier auf die Prämie, die man für die Option zahlen musste.

Motive des Stillhalters von Zinsoptionen

Der Verkauf von Optionen kann beispielsweise genutzt werden, um die Rendite des eigenen Wertpapierportfolios zu erhöhen. Hält ein Anleger beispielsweise ein Depot mit einer Anleihe zum Nominalwert von 100.000 €, einer Nominalverzinsung in Höhe von sieben Prozent und einem Kurs von 98 Prozent, das heißt einem Kurswert von 98.000 €, so kann er, in Erwartung eines Zinsanstiegs, Zinskaufoptionen verkaufen, die den Erwerber berechtigen, seine Anleihen zu einem Kurs von 98 Prozent zu erwerben. Steigen die Zinsen am Kapitalmarkt tatsächlich, so wird der Erwerber der Kaufoption diese mit sehr hoher Wahrscheinlichkeit verfallen lassen, da er die Anleihen am Kapitalmarkt zu einem niedrigeren Kurs erwerben kann. Der Verkäufer der Option hätte damit die Rendite seines Depots um die erhaltene Optionsprämie verbessert. Fallen die Zinsen allerdings, so wird der Käufer der Option diese mit hoher Wahrscheinlichkeit ausüben. Der Verkäufer muss seine Anleihe zum Kurs von 98 Prozent verkaufen, obwohl diese einen unter Umständen wesentlich höheren Marktwert haben. Der Verlust, den er bei fallenden Zinsen haben kann, ist theoretisch unendlich hoch.

Rechnet der Anleger hingegen mit fallenden Zinsen, so kann er Zinsverkaufsoptionen erwerben. Fallen die Zinsen tatsächlich, so werden die Kurse von festverzinslichen Papieren steigen. Der Käufer des Zins-Puts wird diesen mit hoher Wahrscheinlichkeit verfallen lassen, da er bei Verkauf seiner Anleihen über die Börse einen besseren Kurs erhält. Liegt der Verkäufer des Zins-Puts hingegen mit seiner Zinsprognose falsch, so muss er die Anleihen womöglich zu einem Kurs erwerben, der weit über dem Börsenkurs liegt.

Zinsswaps

Ein Zinsswap ist eine vertragliche Vereinbarung zwischen zwei Marktteilnehmern, einen Austausch unterschiedlich gestalteter Zahlungsströme für einen bestimmten Zeitraum vorzunehmen. Bei den Zahlungsströmen, die ausgetauscht werden, handelt es sich meist um feste und variable Zinssätze. Solche Vereinbarungen werden in der Regel vorgenommen, um sich gegen steigende oder fallende Zinssätze abzusichern.

Zinsswaps spielen neben Zinsoptionen, den Forward Rate Agreements und Zins-Futures eine wichtige Rolle im Zinsmanagement von Unternehmen. Näheres dazu unter Swaps.

Wenn Sie ...

... nach einer systematischen, leicht verständlichen Einführung in das Börsengeschäft suchen, empfehlen wir Ihnen „WISO Aktien • Fonds • Futures", erschienen im Wirtschaftsverlag Ueberreuter, 316 Seiten, Preis: 29,90 DM.

... nach allgemein verständlichen Informationen rund um die Themen Wirtschaft und Soziales suchen, empfehlen wir Ihnen „WISO Wirschaftswissen", erschienen im Wirtschaftsverlag Ueberreuter, 552 Seiten, Preis: 48 DM.

Zuschauer-Service von WISO:

Das ZDF-Wirtschaftsmagazin gibt nicht nur auf dem Bildschirm Tipps und Informationen. Sendebegleitende Infos, geldwerte News und Ratgeber gibt es auch auf Papier, auf Diskette oder CD-ROM und im Internet.

WISO. Das Wirtschaftsmagazin – montags, 19:25 Uhr im ZDF.

WISO im ZDF-Videotext.

WISO-Faxabruf – eine Übersicht der aktuellen Themen unter Fax-Nr. 0190/25 00 25.

WISO im Internet – www.zdf.de, WISO

WISO-Begleitheft – erscheint monatlich mit vielen zusätzlichen Infos zu den Sendungen des Vormonats. Preis: 10 Mark, im Abo 7,50 Mark. Zu bestellen per Postkarte an: ZDF/WISO, Heft, 55115 Mainz, oder im Internet www.zdf.de, WISO

WISO Monats-CD-ROM – erscheint monatlich, ebenfalls mit vielen Zusatzinformationen zu den Sendungen des Vormonats, mit sich aufbauender Wissensbank, mit Grafik-Lexikon und vielen Software-Knüllern. Preis: 14,50 Mark, im Abo 11,50 Mark. Zu bestellen bei Buhl-Data unter der Telefonnummer 0180/535 45 51 oder im Internet unter www.zdf.de, WISO.

Bookware u. a.

WISO-BÖRSE: Finanzsoftware zur Verwaltung des persönlichen Aktiendepots

WISO Homebanking: Alle Bankgeschäfte bequem vom heimischen PC aus

WISO (Steuer-)Sparbuch – Begleitbuch und Software machen die Steuererklärung zum Kinderspiel. Preis: je 79,90 Mark/40,85 €.

WISO-SteuerBrief – informiert aktuell und umfassend über legale Steuersparmöglichkeiten. Erscheint monatlich im IWW-Verlag Würzburg. Zwölf Ausgaben kosten 198 Mark inklusive Versandkosten und Umsatzsteuer. Bezugsmöglichkeit: IWW Abonnenten-Service, 74168 Neckarsulm.

WISO-Bücher: Aktuelle Ratgeber für den Umgang mit Geld, konkrete Ratgeber für Existenzgründer und Internet-Neulinge. Im Wirtschaftsverlag Ueberreuter sind u. a. bisher erschienen:

- **WISO Vermögensberater**. Finanzielle Sicherheit und Altersvorsorge. Preis: 29,90 Mark.

- **WISO Existenzgründung**. Mit Business-Plan, Checklisten, Adressen und Diskette. Preis: 29,80 Mark.

- **WISO Aktien, Fonds, Futures** – eine Einführung in die Börse. Preis: 29,90 Mark.

- **WISO Geld-Buch**. Einkommen, Vermögensverwaltung, Kredite, Versicherungen, Gewährleistungen, Umgang mit dem Euro. Preis: 29,90 Mark.

- **WISO Wirtschaftswissen** – Von Abfindung bis Zahlungsbilanz. Preis: 48,00 Mark.

Ausführliche Informationen zum kompletten WISO-Zuschauer-Service im Internet unter www.zdf.de, WISO.

Bücher

MICHAEL JUNGBLUT (HRSG.)

EIN RATGEBER
DER ZDF-
WIRTSCHAFTS-
REDAKTION

WISO
VERMÖGENSBERATER

• KARRIERE
• WOHLSTAND
• SICHERHEIT

328 Seiten, Paperback
DM 29,90
ISBN 3-7064-0667-5

Nichts dem Zufall überlassen

Vermögensbildung, Vorsorge für Wechselfälle des Lebens und finanzielle Sicherheit im Alter: Das darf niemand dem Zufall überlassen. Erfolg bei der Geldanlage haben auf die Dauer nicht die Zocker, sondern diejenigen, die gezielt anlegen.

Dieser Ratgeber hilft mit informativen und praktischen Tipps. Er wendet sich an alle, die vernünftig und solide planen möchten. Doch Geld allein reicht nicht für eine sinnvolle Lebensplanung. Neben der finanziellen Sicherheit durch Immobilien, Aktien und Versicherungen sind deshalb auch Ausbildung, Karriereplanung, Erziehungsurlaub, Ehevertrag, Scheidung und Testamentsgestaltung Themen dieses Buches. Die einzelnen Kapitel werden durch Gesetzestexte, Checklisten und Musterverträge ergänzt.

Überall im Buchhandel!

BESTELLUNGEN MIT BEILIEGENDER BESTELLKARTE!

Basiswissen für Börseneinsteiger

Aktien als Geldanlage, als Spekulationsobjekt oder als Baustein einer privaten Altersvorsorge – immer mehr Menschen interessieren sich für die Börse. Viele Sparer wählen den Weg über Fonds und überlassen damit die Auswahl der richtigen Werte professionellen Managern. Aber nicht alle Fonds sind gleich gut. Wie meidet man die schlechten und findet unter den guten die besten? Bringt es mehr, seine Börsengeschäfte selbst zu managen? Wie erkennt man Chancen und vermeidet Risiken?

Antworten auf alle Fragen rund ums Thema bietet dieser Börsenratgeber aus der ZDF-Wirtschaftsredaktion. Allgemein verständlich begleitet er den Anleger von den ersten Schritten auf dem Börsenparkett bis zur Kunst der Spekulation.

304 Seiten, Paperback
DM 29,90
3-7064-0624-1

MICHAEL OPOCZYNSKI / JÜRGEN E. LESKE

EIN RATGEBER DER ZDF-WIRTSCHAFTS-REDAKTION

ERBEN UND VERERBEN

- TESTAMENT
- ERBFOLGE
- PFLICHTTEIL
- STEUERN

Der beste Wille

Mehr als 400 Billionen Mark an Vermögen wird in diesen Jahren über Erbschaften auf die nächste Generation übertragen. Mit solchen Werten sollte man nicht leichtfertig umgehen: Kluge Erbschaftsplanung sichert das Vermögen für die nachfolgende Generation und bewahrt es vor dem Zugriff des Staates.

240 Seiten, Paperback
DM 29,90
ISBN 3-7064-0669-1

Für die professionelle Gestaltung eines Erbfalls braucht es nicht nur einen kühlen Kopf und die Bereitschaft, dieses Thema ohne Tabu zu durchdenken, sondern vor allem handfeste Informationen. Dieser Ratgeber erklärt, was jeder tun kann, um seinen letzten Willen durchzusetzen, und wie man sich als Erbe verhalten sollte. Mustertestamente und -verträge helfen bei der praktischen Umsetzung.

Überall im Buchhandel!

BESTELLUNGEN MIT BEILIEGENDER BESTELLKARTE!

288 Seiten, Paperback
DM 29,80
ISBN 3-7064-0591-1

Der Autor: **Michael Hölting** arbeitete nach dem Studium der Volkswirtschaftslehre als Redakteur bei der 3sat-Börse und später als Ressortleiter Wirtschaft beim ZDF-Morgenmagazin. Seit 1997 ist er Chef vom Dienst beim ZDF-Wirtschaftsmagazin WISO.

Der Weg zu den eigenen vier Wänden

Jeder träumt von den eigenen vier Wänden. Doch vor die Frage gestellt, ob sie sich diesen Traum auch finanziell leisten können, sind die meisten überfordert. Es fehlt an den nötigen Informationen. Wie groß ist der finanzielle Spielraum, wie teuer darf die Immobilie sein, welche Darlehensformen gibt es, welche Vor- und Nachteile sind damit verknüpft und welche steuerlichen sowie rechtlichen Aspekte müssen beachtet werden?

Auf alle diese Fragen gibt der neue Ratgeber der ZDF-Wirtschaftsredaktion klare Antworten. Einsteigern bietet er die Möglichkeit, sich dem Thema Immobilienerwerb Schritt für Schritt zu nähern. Aber auch wer bereits eine Immobilie sein Eigen nennt, wird in dem Buch eine Fülle von Tipps finden, wie er als Eigenheimbesitzer oder Kapitalanleger sein finanzielles Engagement optimieren kannn.

Überall im Buchhandel!